[新加坡] 卓南生 著

中國近代報業發展史

1815～1874 增订新版

中国社会科学出版社

图书在版编目(CIP)数据

中国近代报业发展史：1815～1874／(新加坡) 卓南生著．—2 版
(增订本)．—北京：中国社会科学出版社，2015.5
(北京大学新闻学研究会学术文库)
ISBN 978－7－5161－6268－2

Ⅰ．①中…　Ⅱ．①卓…　Ⅲ．①报纸—新闻事业史—研究—
中国—1815～1874　Ⅳ．①G219.295

中国版本图书馆 CIP 数据核字(2015)第 111974 号

出 版 人　赵剑英
责任编辑　张小颐　田　文
责任校对　林福国
责任印制　王　超

出　　版　中国社会科学出版社
社　　址　北京鼓楼西大街甲 158 号
邮　　编　100720
网　　址　http://www.csspw.cn
发 行 部　010－84083685
门 市 部　010－84029450
经　　销　新华书店及其他书店

印刷装订　北京君升印刷有限公司
版　　次　2015 年 5 月第 2 版
印　　次　2015 年 5 月第 1 次印刷

开　　本　787×1092　1/16
印　　张　31.5
插　　页　2
字　　数　600 千字
定　　价　96.00 元

凡购买中国社会科学出版社图书，如有质量问题请与本社联系调换
电话：010－84083683

"北京大学新闻学研究会学术文库"
总　序

程曼丽　[新加坡]卓南生※

经过一番甄选与琢磨,"北京大学新闻学研究会学术文库"即将陆续出版。它既是学会复会六年来所开展的学术研究与学术活动的集萃,也是吾辈向创会前辈敬献的一份厚礼。

历史上的北大新闻学研究会成立于 1918 年 10 月 14 日,由时任校长蔡元培亲自发起并担任会长,他同时聘请留美研习新闻学归国的徐宝璜、《京报》社长邵飘萍担任研究会的导师,这三人也因此被称为北大新闻学研究会的三驾马车。

蔡元培校长亲自起草研究会章程,确立研究会宗旨为"灌输新闻知识,培养新闻人才"。学会拟定的章程、宗旨,学会开设的课程,出版的刊物、教材,成为中国新闻学科建设最初的范本,也使北京大学毫无疑问地成为中国新闻教育和新闻学研究的摇篮。

北大新闻学研究会的会员很多是当时的进步学生,其中的一些后来成为中国最早的马克思主义者,中国共产党的早期领导人,也有一些成为著名的新闻人。据史料记载,在获得证书的 55 人中,就有毛泽东、罗章龙等人的名字。这段往事已经在中国新闻发展史上留下了深刻的印记。

2008 年 4 月 15 日,北京大学新闻学研究会恢复成立,按照惯例,许智宏校长任会长,并聘请首批 10 位海内外学者担任研究会导师。《光明日报》用整版篇幅介绍了北京大学新闻学研究会的历史及恢复成立的情况;人民网对导师聘

※　程曼丽,北京大学新闻学研究会执行会长、北京大学新闻与传播学院教授、中国新闻史学会会长。

卓南生,新加坡旅华学者,北京大学新闻学研究会导师兼副会长、北京大学新闻与传播学院客座教授、日本龙谷大学名誉教授。

任仪式进行了全程直播报道。

恢复成立后的北京大学新闻学研究会一方面继承和发扬历史传统，另一方面，力求开拓进取，创造新的业绩。

复会以来，研究会连续举办了五届年会，主题分别为“纪念五四运动90周年暨五四时期新闻传播专题史研究”、“东亚新闻学与新闻事业的回顾与反思”、“新闻史论教育与研究面临的难题与困惑”、“如何研究新闻史？如何弘扬学术精神——以《新闻春秋》公开发行为契机”、“新闻传播学的本土化与主体性的再思考”。

复会以来，研究会传承历史，连续举办了五届新闻史论师资特训班，截至2013年，毕业学员达到100名。学员来自国内三个新闻机构、一所海外大学和64所国内高校，包括北京大学、清华大学、中国人民大学、复旦大学、中国传媒大学、河南大学、河北大学、湖南大学、厦门大学、广西大学、西北大学、暨南大学、上海大学、华中科技大学，等等。2011年，特训班学员自行成立了同窗会，2012年和2014年又相继成立了两湖分会和东北分会。

复会以来，研究会与北京大学世界华文传媒研究中心联合举办了40多次北大新闻学茶座。光临茶座的有来自美国、英国、加拿大、日本、新加坡以及中国大陆、中国香港、中国台湾的学者和业界人士。茶座讲座的部分内容刊登在《国际新闻界》、《世界知识》、《参考消息》、《新闻春秋》、新加坡《联合早报》等报刊和财团法人卓越新闻基金奖的网站上。近年来，北大新闻学茶座吸引了一批志同道合的中青年学者、学子，形成了一个跨国、跨界、跨校、跨学科的学术共同体。

复会以来，研究会出版《北大新闻学通讯》13期(第14期正在编辑中)，并且开设了专门的网站（http://ioj.pku.edu.cn）和专门的公共邮箱(iojpku@126.com)。

在广泛开展学术交流活动的基础上，2013年7月，学会成员首次走出国门，与韩国言论学会联合举办有关两国媒介产业发展的研讨会，搭建起了中韩两国学者可持续交流的平台。

2013年11月9日，在国务院新闻办的支持下，北大新闻学研究会和新闻与传播学院联合举办了“十年再出发——中国新闻发布实践与创新论坛”，各部委十数位新闻发言人与会并围绕如何推动新闻发布制度建设等问题进行了探讨。人民网、中国网全程直播，《人民日报》、《中国青年报》等作了大篇幅的报道。论坛文集《十年——新闻发言人面对面》已由清华大学出版社出版。

复会以来，北大新闻学研究会开展的一系列学术活动在海内外新闻传播学界产生了较大的影响,获得了广泛的认可。在北京大学新闻与传播学院建院十周年之际,新闻学著名教授、中国新闻史学会创会会长、北大新闻学研究会学术总顾问方汉奇先生对于北大的新闻学教学、研究作出这样的评价:"北大新闻与传播学院建院十周年了。她在新闻学研究和新闻教育方面拥有四个全国第一,加上站在她背后的北大的声望和影响,近年来发展十分迅速,已经后来居上,跻身于中国新闻教育的第一团队。希望她脱颖而出,为中国新闻学研究和新闻教育的发展继续努力,不断作出新的贡献。"(参见方汉奇教授2011年5月29日的微博)2013年12月21日,在纪念北京大学新闻学研究会成立95周年复会五周年的学术研讨会上,方汉奇教授作为学会成长的见证者,在发言中强调:"从复会到现在,会员们对新闻理论与实践中的众多问题进行了研究和探讨……北大新闻学研究会复会后五年的工作已经为中国新闻传播学研究的发展作出了贡献,我们期待她百尺竿头再进一步,为中国新闻传播学研究的发展,作出更多的贡献。"

"北京大学新闻学研究会学术文库"即是研究会复会六年来所开展的学术研究与学术活动的全面展示。它主要由四个部分组成:经典新闻学著作的再版,研究会导师的研究成果,特训班学员的优秀成果以及研究会学术活动荟萃。我们的初衷和心愿是:通过"文库"的出版,贯通"古今",延续血脉,传承薪火,砥砺来人,让北京大学新闻学研究会的优良传统在新的时代发扬光大。对吾辈而言,这也是一份历史责任。

2014年10月14日

复会六周年纪念

目　录

自　序

——我对中国近代新闻史研究的若干思考和体会

如果说，笔者在20世纪70年代对中国新闻史研究的最初20年，基本上是寓居东瀛，或者说，只与日本新闻史学界交往和切磋，而颇有“踽踽独行”之感的话，最近20余年来接触与交流的对象，可以说已逐步扩大至中国新闻史学界的主流。为此，笔者再也不能像过去那样自娱自乐地钻研我自家流的新闻史研究，也不能不同时分享两岸三地中国新闻史学界对相关课题研究存在的苦与乐。特别是在1998年拙著《中国近代报业发展史1815~1874》(繁体字版）于台北出版、2002简体字增订版在北京面世之后带来的反响，更迫使笔者对中国近代新闻史研究的问题意识与研究方法论，不能不有所思考和回应。

笔者是在20世纪80年代后半期初访中国大陆并和中国新闻史学界进行学术交流的。至于在中国各大学正式开课和参与或担任硕士、博士生导师，则始自2000年。其间最发人深思的，莫过于过去五年间身兼北京大学新闻学研究会主办的五届“新闻史论师资特训班”的学术总指导，与百名来自天南地北的青年学员的直接对话与探讨。

换句话说，从“寓居东瀛”的“踽踽独行”到转战神州，欣叹“吾道不孤”之余，笔者也责无旁贷地得回应中国青年学子乃至中国新闻学界当前面对的研究困惑与烦恼，特别是与拙著相关年代和相关领域的研究课题。其中既牵涉到拙著的命题、立论，也涉及新闻史研究的方法和途径，现借拙著增订新版付梓之良机，分别论述如下。

一、“近代中文新闻纸成立史”研究的意义与问题意识

首先，是有关拙著对“近代新闻纸”（即“近代报纸”，modern newspapers）的界定和拙著撰写的基本问题意识。

也许是因为本书十分重视论据，重视第一手资料（着重报刊等原件之发掘与利用），并附有甚多与本文相互印证的图片的缘故（特别是简体字增订版，还附有 79 份《香港船头货价纸》原件的复印本），致使一部分学者将之列为“文献学”或以考据为中心的“考据学”著作。

实际上（至少是我的主观愿望），重视与发掘原件的目的，无非是为了加强论据。本书的命题是十分明确的，那就是绪论中的第一句话：

> 本书旨在以新的论据与观点，揭示自 1815 年伦敦布道会在马六甲（亦译为麻六甲）创办的第一家近代中文报刊《察世俗每月统记传》发行开始，至 1874 年由中国人出资自办成功的中文日报《循环日报》在香港诞生为止的 60 年间，中文报纸的发展、演变过程及其特征与意义。

换句话说，正如新闻史学界前辈宁树藩教授在评介本书（繁体字版）时指出的一样，本书的重点（原文为“贡献”，指“取得的重大进展”），是在回答中国报纸（按：指“近代报纸”）是“怎样而来的”的难题（见本书简体字版[增订版]附录Ⅱ）。他指出：

> 我们知道，中国中文报纸的历史实际上是鸦片战争后从香港起步的。香港这阶段报史，是一部中国新闻史的源头。历史学应该回答这样一个问题，即各种事务都是怎样而来的。（罗素）

诚然，笔者长期努力寻觅各种早期中文报刊的原件或准原件，从而摸索与探求各报刊之创刊缘由与特征，最终都回归至如下的原点（即问题意识）：近代中文报刊是“怎样而来的”？说得更清楚些，为近代中文报纸正本清源，是本书最主要的目的。

也许，更能准确表达本书意旨的，是 1990 年百利坚出版社发行的日文版之书名：《中国近代新闻成立史 1815~1874》。此书是笔者在 1986 年向立教大学社会学研究院提呈的博士论文的基础上修订的。原题为：《近代型中文报纸的形

成过程与确立——从 1815 年〈察世俗每月统记传〉创刊至 1874 年〈循环日报〉的诞生》。

日文版“成立史”，或者说学位论文的“形成过程与确立”等关键词，可以说更确切地表达了笔者力图厘清“近代化中文报纸”或“近代型中文报纸”从雏形逐步演变为完整报纸全过程的问题意识。如此这般有针对性的问题意识，实际上是始自 1970 年考进研究生院的年代，笔者 1972 年提交的日文硕士论文原题就是:《关于 19 世纪华字新闻纸产生之缘由(日文原文为“发生事情”)与特征的考察(1815~1856)——以〈察世俗每月统记传〉和〈遐迩贯珍〉为中心》。

二、“宗教月刊”与“新报”的连续性及其不可分割性

所谓“近代中文报纸”，从严格的意义上来说，是指鸦片战争后在中国境内(包括香港)发行的中文“新报”。在这一点上，笔者认同中国史学界长期以来对近代史分期的界定，无意在历史分期问题上与传统的说法唱反调。拙著《中国近代报业发展史 1815~1874 》之所以将研究年代追溯至鸦片战争前的 1815 年，发行地点之所以延伸至马六甲等东南亚华人聚居的区域，是结合中国近代中文报刊从萌芽、成长与演变的曲折与特殊的历史过程予以考虑的。为方便说明(当然也是基于对早期各报刊研究的归纳与总结)，笔者将始自 1815 年的《察世俗每月统记传》、止于 1858 年闭刊于上海的《六合丛谈》称之为“宗教月刊时期”，而将 1857 年以后以“船头(ships)”和“货价(commerce)”为象征，与商品社会紧密挂钩、在香港发行的三大“新报”，列为“新报时期”。

鉴于中文“新报”与中文“宗教月刊”有着前后不可分割的关系，笔者在谈论与探讨中国近代报业发展史时，特别是在追溯其源头时，就不可避免地要详述“中国近代中文新闻纸”产生的全过程，即从其雏形(即“宗教月刊时期”)谈起。

针对“宗教月刊”与“新报”的关系，笔者在中、日文版绪论的第一个长篇注释中，已经清楚地交代。为方便说明，现重录如下:

> 19 世纪萌芽期近代化中文报业的特征之一是“报纸”与“杂志”尚未严格区分，有人称之为“报纸杂志混合型”(见冯爱群编著《中国新闻史》，第 42~50 页)，或泛称之为“报刊”。其二是报纸的出版周期由长而短，从月刊逐步发展为日刊。尽管办报者未必是同一批人，以及主角已逐步从西方传教士转为欧美商人乃至中国知识分子。其三是不管是从版面形式或者内容的变化(如新闻报道量逐步增加，宗教月刊登载市场消息和广告)等方面

来看，当时的月刊与后来的日报是有前后相互影响与不易分割的关系的。因此，尽管《察世俗每月统记传》等宗教刊物在出版周期、版式与内容上与今日之“杂志”颇为接近，但从中国近代报业发展史的角度来看，它们却是近代化中文报纸的重要组成部分与先驱。本书日文版根据日本新闻学界的传统称法，将这些早期的“报纸杂志混合物”依其出版周期称为“月刊新闻纸”(即“月刊报纸”)。但由于“月刊报纸”在中文中很少使用，本书中文版沿袭中国新闻史学界的说法，泛称之为“报刊”，但在探讨上述具体的刊物时，则根据其出版周期而称之为“月刊”。

在这里，注释开门见山，指出19世纪萌芽期近代化中文报纸的特征之一是“报纸”与“杂志”尚未严格区分(有人称之为“报纸杂志混合型”)。接着，是从出版的周期由长而短乃至版面形式或者内容的变化，论述“宗教月刊”与后来的“新报”有着“前后相互影响与不易分割的关系”。

最后，则着重强调应该从中国近代报业发展史的角度来理解“宗教月刊”草创期的特性，不赞同以今日“报纸”与“杂志”严格划分的概念而来否定“宗教报刊”为“新报”鼻祖的传统说法。

同样的，发行于东南亚马六甲等地的“宗教月刊”，尽管不是在中国境内出版，但不论是从传教士报人出版的动机，他们迁往马六甲等地出版的考虑因素，乃至其刊物锁定的受众和最终冀图传播的区域，都离不开“中国人”与“中国”(本书第2章及第3章对此有详细的记述)。从这个角度来看，这些早期在南洋发行的华文报纸，既是东南亚华文报史的一个组成部分，也是中国近代华文报业史的源头。将它们称为中国近代中文报业的先驱，是丝毫没有错误的。

三、“新报”与传统的“邸报”、《京报》等的差异与自我定位

“新报”与传统的“邸报” 和《京报》等是有巨大的差异的。

笔者在20世纪七八十年代钻研中国近代报纸的“发生史”时，就留意到草创期中文近代报刊经常自我标榜为“新报”，及引述或转载同时期“中文新报”乃至翻译其他“外文(主要是英文)新报”的报道与评论的现象。笔者之所以在本书中将草创期的中文报刊划分为“宗教月刊”与“新报”两个阶段就是基于长期对相关报刊原件的考究、考察与发现的结果，也可以说是遵循“论从史出”原则得出的些微研究心得。因为在此之前，“新报”的诞生及其特征与意义，似乎并未受到新闻史学界的足够关心与重视，也少有见到提及或论述“新报”的专文或

专著。

为此，本书在绪论中谈到早期香港的三大新报时，除了指出其形态与内容有别于传统的“邸报”、《京报》等“官报”，而被时人称为“新报”之外，还得对“新报”作如下的注释：

> 为了与传统的“邸报”及《京报》等有所区别，当时的报纸常以“新报”为其报名。例如香港的《香港中外新报》、上海的《上海新报》和汉口的《昭文新报》等。上海《申报》的美查(Ernest Major)最初也考虑将报名命为《申江新报》，后将之略称为《申报》。为了向读者说明“新报”的内容与特征，该报在创刊初期曾数度刊文解说，并介绍有关香港“新报”的情况。参看上海书局《申报》编印组编印《〈申报〉介绍》，第 11~13 页；梁家禄等：前引书，第 36 页。(见本书第一章绪论注释[19])

那么，当时的中文“新报”又是怎样“自我定位”的呢？

笔者在本书第 5 章(即“香港最早的中文报刊——《遐迩贯珍》(1853~1856 年)”第三节介绍该刊的特征与内容时，除了指出该刊每号都有“近日杂报”(创刊号的目录则写为“近日各报”)，重视消息栏之外，便不忘引述编者麦都思在该刊创刊号中对邸报与西方日报的差异所作的如下界定：

> 在该刊创刊号的序言中，麦都思就指出“中国除邸抄载上谕奏折、仅得朝廷举动大略外、向无日报之类”的事实，接着则着重介绍西方日报的情况及其功能。他写道：
>
> > 惟泰西各国、如此帙者、恒为叠见、且价亦甚廉虽寒素之家、亦可购阅、其内备载各种信息、商船之出入、要人之往来并各项著作篇章、设如此方、遇有要务所关、或奇信始现、顷刻而四方皆其详、前此一二人所仅知者、今乃为众人所瞩目焉。
>
> 他希望《遐迩贯珍》能多少肩负起此任务，使中国人受惠，“俾得以洞明真理而增智术之益”。

换句话说，麦都思强调邸报的内容局限于“上谕奏折”，读者仅能从中“得朝廷举动大略”；至于泰西日报，不仅价廉，而且还包罗万象，既有新兴商贾关心的“商船之出入”和各方关注的“要人之往来”的信息，也及时登载重要新闻和新奇事务。除此之外，泰西日报的另一特征是快(即时效性)且价廉，它能在顷刻之间将各种信息传达给无数的众人(即广大的受众),引起受众的关注。这一切都是传统的媒介(邸抄等)所不具有的。

不过,值得注意的是,尽管鸦片战争后受人重视的首家宗教月刊《遐迩贯珍》郑重地向其受众阐明泰西日报的功能与特征,指出它与中国传统的邸报等的差异,并声称将朝着泰西日报的理念和方式办报(该刊每号特辟"近日杂报"栏,及于1855年第一号起特设"布告编"栏目,以"告帖"和"启帖"名目刊登广告等创举,就是该报力图实践其理念与方式的一种尝试),但该报并未以"新报"为报名。

推究其因,也许办报者认为自己所办的宗教月刊虽然有意模仿泰西日报,但自知与后者还有一定的差距。从这个角度来看,我们可以将《遐迩贯珍》(《六合丛谈》亦然)视为早期中文报刊从宗教月刊逐步演变为完整的"新报"的过渡期代表刊物,也可称之为转型期的宗教月刊或者"准新报"。

与《遐迩贯珍》同样有意模仿"泰西日报",在实质上也只能称为"准新报",但却大胆打出"新报"旗号的,是比《遐迩贯珍》晚一年出版,由美国传教士玛高温(Deniel Jerome MacGowen, 1814~1893)医生1854年在宁波创刊的《中外新报》[初为半月刊,后改为月刊,到了第二任编者应思理(Elian B. Inslee, 1822~1871)末期,则成为不定期刊物乃至休刊]。[1]该刊不仅自称为"新报",开了中文报刊以"新报"为报名的先河,而且也将同年代的宗教月刊一律称之为"新报"。

例如,在分析《遐迩贯珍》何以停刊,而《中外新报》何以还能生存的文章中,玛高温就写道:

> 香港新报、名曰遐迩贯珍、现已停止不刊、因刊印之费大、而见售者少、予观其报、与予所著之新报为较胜、而在广售卖者何以见少、在宁售卖者何以见多、此盖江浙人之善于广识胜于广东人。[2]

同样的,在向读者发布《六合丛谈》即将出版的消息时,《中外新报》就直截了当将之定位为"新刊新报"。编者玛高温写道:

> 明年正月初一日、上海墨海书馆有新刊新报、名曰六合丛谈、其纸账(原文)有六页每本计卖价钱十二文……[3]

紧接着,编者还借此良机,向读者阐明"新报"的作用及其服务对象:

> 予思新报一事、为中外修好之法、盖彼此事务、得有新报载明、则瞭如指掌、甚愿五码头人民具有新报可买、则消息不隔远近、一切国事民事、以及商贾买卖均有利益焉。[4]

换句话说,美国在华首家中文“新报”的编者明确指出,“新报”的重要任务是致力于“中外修好”。他希望五码头(即五个通商口岸)的人民都有新报可以购阅。这样一来,不论是远近的消息,一切有关国事民事的消息都能获悉。这对从事商业活动的买卖双方都有好处。

四、中文“新报”的源头就是“载道”

从上述转型期宗教定期刊物(也可称之为“准新报”)的自我定位,及对“新报”的定义与认识的叙述中,不难发现下列的几个特征:

其一是,尽管传教仍是当时宗教定期刊物的主体内容,但已经将其视野扩大至香港和通商五口岸新兴商贾阶层(即雏形经济市场)所期待的商业活动信息。

其二是,在介绍和尝试模仿“泰西日报”(即西方“新报”)的办报理念和模式时,转型期的宗教月刊固然穿插和传播不少“新知”和“遐迩”的信息,但不忘将“中外修好”视为至关重要的任务。

在这一点上,鸦片战争后由西方传教士所办、在形式与内容上更为接近“泰西日报”的“宗教月刊”,与鸦片战争前所办的宗教月刊[特别是《南京条约》中英文起草者郭实猎(郭士立)与马儒翰主编的《东西洋考每月统记传》]旨在改善中国人眼中的西人、西学与西教的形象,为西方势力敲开中国大门尽其犬马之劳的自我定位是一致的。1854 年至 1861 年,由两名分属美国不同教会的传教士玛高温和应思理先后在宁波创办的《中外新报》,尽管出版序号没有“连续性”,但不论是在形式或内容上,前后期《中外新报》的基调是保持其“连续性”的。两者的共同编辑方针和手法,都是采取内外有别的“双重标准”和以美国利益为依归的“国益论”。[5]足见最早将西方“近代报纸”(“新报”)概念引进到东方的传教士(不论是来自伦敦布道会还是美国不同的教派),与其说是在传播“新知”和引入“客观报道”的理念,不如说是带有强烈的“说教”的“神圣任务”。

从这个角度来看,将“新报”与“新知”简单地画上等号,显然并不符合草创期的“近代中文报纸”在东南亚和已沦为英国殖民地的香港及中国东南沿海开放通商口岸创始之宗旨与实践的实际情况。同理,将“文人论政”视为中国人办报独有的传统和特有现象，也不符合报史的基本事实。

认真追溯中国近代中文报纸发展史的谱系及其源头，不难发现，被视为近代中文报刊鼻祖的《察世俗每月统记传》在其发刊词的序中，就开宗明义表示该刊的中心内容是“讲道理”。编者米怜不仅强调“察世俗必载道理”，还指出其优先顺序为“最大是神理。其次人道。又次国俗”。足见作为“新报”源头的“宗教月刊”从一开始就十分重视讲“道理”(以“神理”为中心)，即“文以载道”。至于介绍“新知”、传播“新知”，并非摆在其首位。米怜就清楚地将“知识与科学”定位为类似“宗教的仕女”，坦率地承认《察世俗每月统记传》之所以介绍西洋知识，与其说是为了普及科学知识，不如说是为了与中国人的传统天文学知识，即“关于神与宇宙的错误观念对抗”。到了鸦片战争前夕，在广州创刊的《东西洋考每月统记传》，更把该刊的首要任务定位为改变中国人对西洋人的“偏见”——即维护欧美旅华人士的共同利益，其说教味更浓(详文见本书第4章第四节)。

由此可见，不论是以“神理”为重中之重的《察世俗每月统记传》，还是鸦片战争前夕公然扬言旨在改变中国人对西洋人的“偏见”的《东西洋考每月统记传》，或者鸦片战争后在《南京条约》(1842年)和《望厦条约》(1844年)庇护之下在香港和五个通商口岸“播道”的欧美传教士们所办的诸家“准新报”(特别是美国人在华首家中文报刊《中外新报》)，都不忘其根本任务是在“载道”和“说教”。

说得更加确切些，在西方“政、教、商”三者一体，倾其全力维护欧美在华共同利益的背景下，由热心“播道”的传教士率先引介至中国及其周边区域的舶来品——“近代报纸”(即“新报”)及其前身的“准新报”和“宗教月刊”，从其创刊的第一天(《察世俗每月统记传序》，《察世俗每月统记传》第一卷第一号第一页，1815年8月5日)开始，就毫不含糊地摆明其办报的首要宗旨，就是讲“道理”，也就是“文以载道”。换句话说，“近代报纸”概念的东传，是与传教士编者旨在引进西洋人世界观的总体战略目标分不开的。

五、“新报”带来的冲击与影响

了解了“新报”之源头就是高举“文以载道”旗号的基本事实，我们再回头看中国人自办成功的首家中文报纸，也是有“中国首家政论报纸”之誉的《循环日报》，就不会简单地将之定位为“中国人爱谈政治”或者王韬继承中国文人的传统，喜爱论政(即“文人论政”或“文人办报”)的结果了。

恰恰相反，中国首家政论报纸《循环日报》的诞生，正如本书结论章所考察一般，是香港报业先驱者对西人引介和操纵下的“新报”的不满和反弹：

——它(指《循环日报》)将西方传教士旨在改变中国对外态度的传播媒介——报纸,转而成为中国人自己论政的讲坛(所谓"以子之矛,攻子之盾")。该报同仁深知报纸的功用,也深知只有中国人自己出资、自己主持的中文报(甚至是外文报刊),中国人的利益才会有所保障。

——从上述三家报纸(按:指《香港中外新报》的前身《香港船头货价纸》、《香港华字日报》的前身《中外新闻七日报》和《循环日报》)立论的差异与演变,可以清楚地看出传媒控制权与舆论之间的相互关系。事实上,正是在自己的体验与实践的过程中,萌芽期近代中文报的先驱们充分认识到外资控制下的传媒,言论受到诸多限制。这些强烈不满的情绪,也正是促使他们出资自办报纸的原动力。从这角度来看,我们可以这么说,萌芽期中国近代报业史,其实正是一部中国人要求摆脱外国势力对传媒的控制,争取言论自由,从而表达国家民族意识的斗争史。

——当时的香港报人由于最早接触外界,既看清来华西人的不怀好意,又洞悉国际形势的走向;他们也对腐败的中国政府表示不满,殷切期望中国富强。因此,当他们在争取并掌握传媒这项工具之后,即逐步地发挥了忧国忧民、要求改革的舆论作用。这是我们在回顾与总结早期报业史时,应该予以高度评价的。

换句话说,中国人自办的"新报"(特别是重视政论的"新报"),之所以有较为鲜明的批判性色彩,并不单单是由于中国文人独特的传统,而是与西方"新报"这一新型媒介引进中国的特定时代背景和过程分不开的。从外人出资、外人主宰的"新报"到中国人出资、中国人操权的"近代报刊",从任由外人"说教"、外人"诱导舆论"到力图摆脱外来势力的干预与牵制、进而畅所欲言地发出自己的声音,毫无疑问,是中国人自办"新报"的艰辛历程,也是中国人自办"新报"诞生与成长的原动力。

六、"宗教月刊"与"准新报"如何看待与"安置""邸抄"和《京报》

仔细阅读和比较19世纪草创期的中文报刊,特别是宗教月刊,不难发现东来"拓教"的西方传教士报人为开展其"文字播道"工作而引介与利用西方近代报刊这一新型媒介的概念时,从一开始就十分重视中国读书人的阅读习惯。他们也留意到当时在中国的上层社会，已存在着一种传播信息的古老传媒和管道——即“邸抄”、《京报》(见图 1)等。

图 1 《京报》封面与内页

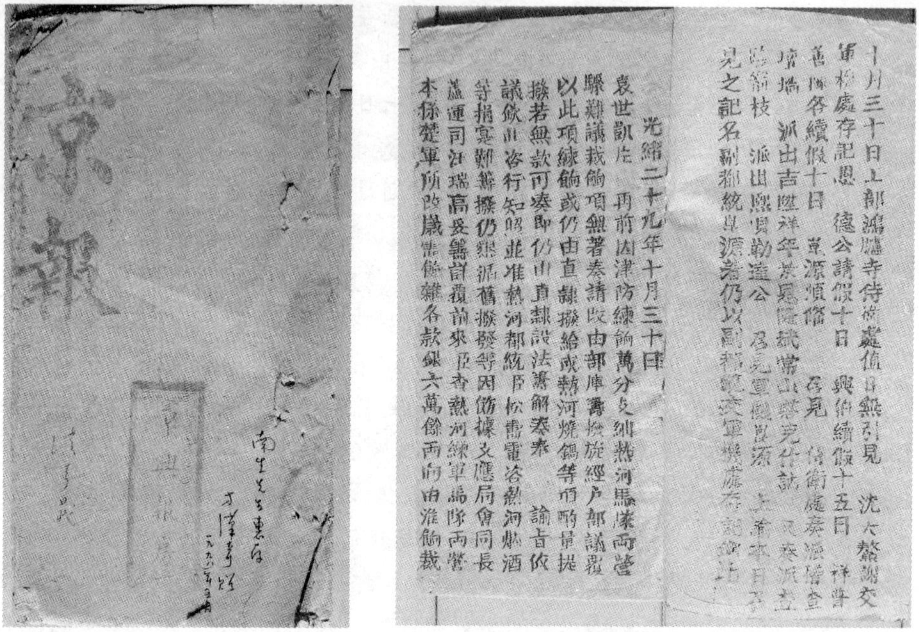

(方汉奇教授赠、作者收藏)

为了争取中国的读者，《察世俗每月统记传》等早期宗教报刊不仅在形态上迎合中国读书人熟悉的阅读习惯、以小册子面世，并采用由右而左的直排版式，还各在版头页上引用中国古人的名言，并署上自己的中文笔名，以便拉近办报者与中国受众的距离。《察世俗每月统记传》编者米怜的中文笔名是“博爱者”，他在封面刊载的语录是出自《论语》的“子曰多闻择其善者而从之”（见本书第3章插图 3-2)；《特选撮要每月纪传》编者麦都思的中文笔名是“尚德者”，封面的名言同样是引自《论语》的“子曰亦各言其志也已矣”(见本书第 4 章插图 4-1)。至于中国境内最早的中文月刊《东西洋考每月统记传》的编者、也是《南京条约》的中文起草者郭实猎，更将自己的中文名命为“爱汉者”。该刊的语录同样是出自《论语》的“人无远虑必有近忧”(见本书第 4 章插图 4-2)。

不仅如此，当代中国新闻史权威方汉奇教授在伦敦大英图书馆阅读早期的宗教中文报刊之原件时，还注意到如下的细节：

这份报纸(按：指《察世俗每月统记传》)的封面是用黄色的毛边纸印刷

的，外观很像国内报房出版的黄皮京报。……我认为，这和在它的封面上印有孔子说的“多闻择其善者而从之”那句话一样，都是一种包装。用孔子的话，是一种思想上的包装；用黄纸作封面，则是一种发行上的包装，目的都在迎合中国读者的习惯。一个是思想上的习惯，一个是阅读上的习惯。[6]

以上种种，在在说明了“拓教期”西方传教士对中国读书人（即宗教报刊所期待的基本受众）与中国既有的媒体《京报》等的重视。

正因为办报者心目中有上述明确的受众，并对中国固有传媒《京报》的内容和作用保持密切关注，西方传教士在《东西洋考每月统记传》1837 年 5 月（丁酉年四月）号的“新闻”栏中，还转载了原刊于《京报》的中国官吏许乃济之奏文《奏为鸦片》[7]，开了“近代中文报刊”转载《京报》内容的先河。

值得注意的是，该刊在转载《京报》的《奏为鸦片》时，还附有编者按语，强调要禁绝鸦片，“莫若多讲善言、劝人善行、教人以善守志、守道、且广布耶稣之道、除此之外无他方法”。其弦外之音是，鸦片之流毒中国，咎在中国人不信耶稣，不讲“善言”、“善行”，而与英商大量运来鸦片无关。类似的编辑手法和按语也体现在该刊 1837 年 6 月（丁酉年五月）号[8]和 7 月（丁酉年六月）号[9]转载《京报》的版面上。

由此可见，该刊之首次转载《京报》内容，一方面是反映了传教士报人对中国传统媒体《京报》内容的关注和重视，即将之作为了解、刺探中国朝廷动静与思路的消息源；另一方面，也旨在利用宗教月刊，反驳中国传统媒体对西方不利或西人不认可的言论。

也许最能反映或者说继承传教士报人如此这般的“邸抄观”或“京报观”（包括其先刊载《京报》内容，后予以反论的编辑手法和技巧）的，莫过于鸦片战争后英国传教士在已沦为英国殖民地香港所办的第一家中文宗教月刊，也可视之为“准新报”的《遐迩贯珍》（1853~1856 年）。

从附表 1“《遐迩贯珍》有关邸抄、《京报》内容一览表”中，不难发现该刊创刊（1853 年 8 月）后不久，就十分关注来自邸抄或《京报》的消息。先是间接引述可能源自邸抄的报道（1853 年 11 月号），后是在“近日杂报”栏中摘录邸抄（始自 1854 年 1 月号）。从 1854 年 7 月号开始，《遐迩贯珍》的英文目录中添加了“Extracts from Peking Gazattes (有时写为 Gazatte)”栏，即“邸抄或《京报》节录”栏的小标题。自 1855 年 5 月号起，该刊的中文目录中的“近日杂报”栏更增添《京报》的小标题。到了最后两期，《京报》的内容则移至“近日杂报”栏之前。

《遐迩贯珍》编者重视邸抄,《京报》所提供的消息,不仅反映在该刊上述栏目的编排与变迁,也体现在"上谕"、《京报》等相关内容转载率之频繁及比重的增加。从1854年12月号开始,该刊几乎每号(1855年1月号、4月号例外)都有节录自邸抄或《京报》的消息;至于所占篇幅也从最初的1~2页增至3~4页不等(最后一期长达7页)。

至于内容,则以朝廷动静及与太平军相关的信息为重点。

但与此同时,该刊对"邸报"、《京报》等所载内容是否翔实及各奏折所提的方策等也经常提出质疑,乃至批判。

就以1854年10月号的相关内容为例,该刊编者先是引述京抄中一则有关"缺铜铸钱事"的奏折(其大意为"欲将宫中铜器收蓄、以为铜钱之用、且敕各州府县、将民间铜器一切呈上。铜有一千之重、即给大钱二个、或小钱二百云云"),接着就发表其评论:"我西人闻此奏章、深为怪诧、一则诧其痴呆、一则怪其不公、盖奏章云、铜有一千之重、即给回大钱二个或小钱二百、夫以钱二个、只有三两之铜耳、其痴呆不公、莫以此为甚、铜且缺乏、国之空匮可知、奈何朝廷上下、竟无忠智之士、能以善言谏诤、而挽国家于颓靡之势乎。"

又如1854年12月号,该刊编辑在引述《遐迩贯珍》1854年7月号有关"上海官军与贼交仗"之报道时,便论述京抄载"江抚台奏折"之虚构性,并进而抨击中国朝廷"当道之人、粉饰太平、假言乱奏、罔上欺君"。

同样的,在1855年11月号,《遐迩贯珍》的编者在选录《京报》的部分内容之后,加上如下的评语:"以上所录、七月十二日抄所载、闽督奏剿灭匪贼、厦门官绅冒功妄报、果系该督臣分所应尔、但恐折内仍有不实、兹据本港政令报所载、称云……"

除了指责中国官吏虚报战果之外,该刊编辑对京抄所载的有关"宝山县城隍显灵"(载1855年9月号)和七月六日邸抄内的"关公显灵"奏折(载1855年11月号)之迷信与无知,也极尽其讥讽之能事。

对于前者,编者认为"实乃奇事",指出"若非江督有意欺罔天子,则江督必为庸人所欺"。接着,针对"其所请赐封号(按:指给显灵的城隍),以答神庥"一事,编者表示:"窃思各州县被贼占据城池者甚多、不知该处城隍可有减削爵号否耳、堪为一笑。"

对于后者,编者则断言"关公有灵、亦断不藉人间爵位、以为先代光宠……且纵令关公能显灵拒逆、亦不过奉上帝所命、赏赐自有帝裁、若以人道待之、似属不必。"

综上所述,可以看出,作为"准新报"的《遐迩贯珍》,尽管编者对中国固有的传媒(即邸抄、《京报》)内容不尽同意,但仍视之为重要的消息源,不忘将之纳入其重要版面。但与此同时,也随时对上述流传于中国上层社会的既存媒体的内容,予以驳斥和订正,进而建立西人引进的新媒体(“新报”)在中国受众中的威信,并宣扬其所载内容(其主要信息来源是西方在华官员、商人与传教士)的“客观性”“时宜性”与“准确性”。可以这么说,“准新报”宗教月刊《遐迩贯珍》接纳中国旧有媒体京抄、《京报》等内容,或者说中国固有媒体所载内容之所以吸引西方传教士报人之眼球,与其说是反映了“准新报”办报者对中国固有媒体的认可与评价,不如说是将之作为刺探中国朝廷动向等的情报源乃至“反面教材”。这一明确定位,加之中国旧有媒体与生俱来的局限性和落后性,实际上也为这被寓居于“准新报”的邸抄、《京报》势必被新报所吸纳、取代和淘汰埋下了伏线。

附表 1　　《遐迩贯珍》有关邸抄、《京报》内容一览表 (作者整理)

年月	卷	号	邸抄、《京报》	页码	备注
1853.11	1	4	“……闻现下京师戒严、朝廷敕谕满蒙汉各员兵丁,竭力剿 ……”	11	间接引述自邸抄(?)
1854.1	2	1	“京报有癸丑十月三十日一折……”	13	开始录于“近日杂报”栏
1854.4	2	3,4	“十一月初旬邸抄有云……”“上年十二月中旬邸抄……”	9	
			“正月二十二日邸抄……”	15	
1854.6	2	6	“邸抄二月初九日”“又二月初五至初十等日”“二月十二等日”	5	
1854.7	2	7	“邸抄上谕”三则	11-12	英文目录中开始列入“Extracts from Peking Gazettes”
1854.10	2	10	编者引述六月二十一日京抄“奏为缺铜钱事”,发表评论,予以讥讽。	12-13	英文目录:“Memorial in the Peking Gazette on the scarcity of Copper”
1854.12	2	12	编者引述《遐迩贯珍》1854年第7号有关“上海官军与贼交仗”之报道,论述京抄载江苏抚台奏折之虚构性(“与贯珍所载,大相径庭”),进而抨击中国朝廷当道之人,粉饰太平、假言乱奏、罔上欺君。	12-13	英文目录:“The Peking Gazette on the attack of the Imperialists on Shang-hae, on the 25th May, contrasted with the account given in the Serial.”

续表

年月	卷	号	邸抄、《京报》	页码	备注
1855.2	2	2	“僧格林沁奏……” “曾国藩塔齐步奏……”“上谕……”	12 – 13	“Extracts from the Peking Gazette”
1855.3	3	3	京报(小题)	13 – 15	1). “Extracts from the Peking Gazette from December 12th to 31st, detailing successful operations against the rebels in hoo – pih and Hoo – nen.” pp. 13 – 152). “近日杂报”栏开始列小标题
1855.5	3	5	京报(小题)	14 – 15	1)中文目录的“近日杂报”栏中增加“京报”小题 2) Extracts from the Peking Gazettes from 16th Feburary to 10th March. pp. 14 – 15
1855.6	3	6	京报(小题)	13 – 14	“Extracts from the Peking Gazettes from March 13th to April 11th.” pp. 13 – 14
1855.7	3	7	京报(小题)	13 – 15	“Extracts from the Peking Gazettes, from April 21st to May 6th; – The Capture of Woo – ch'ang by the rebels; Recapture by the Imperialists of Hwuy – chow and See – been; Victories over the rebels by Toh – ming – o and Heang Yung.”
1855.8	3	8	京报(小题)	13 – 17	“Extracts from the Peking Gazettes, from May 7th to June 3rd – Defeats of the Rebels in Keangse, Ngan – hwei, Sze – chuen, Kwei – chow, Hoonan, &c.” pp. 13 – 17

续表

年月	卷	号	邸抄、《京报》	页码	备注
1855.9	3	9	京报(小题) 编者按语:"以上五月十二日京抄所载、宝山县城隍显灵、实乃奇事、若非江督有意欺罔天子、则江督必为庸人所欺、其所请赐封号、以答神庥、窃思各州县被贼占据城池者甚多、不知该处城隍、可有减削爵号否耳、堪为一笑。"	17–19	"Extracts from the Peking Gazette, from June 11th to June 30th: – Degradation of the victory of Hoo – Hwang; Success of the rebels in Seang – Yang; Execution of rebel – chiefs; Defeat of the rebels at Jaou – chow; and in Keang – se; help granted to the Imperialists, by the tutelary spirit of the city of Paou – shan, & c." pp. 17 – 19
1855.10	3	10	京报(小题)	14–17	"Extracts from the Peking Gazette, from July 3rd to August 2an: – Progress of the struggle with the rebels, successes and reverses – successes mostly – in Hoo – pih, Hoo – nan, Ngan – hwuy, Keang – soo, Kwei – chow, Yun – nan, Kwang – tung and Kwang – se." pp. 14 – 17
1855.11	3	11	京报(小题) 编者按语: • "以上所录、七月十二日抄所载、闽督奏剿灭匪贼、厦门官绅冒功妄报、果系该督臣分所应尔、但恐折内仍有不实、兹据本港政令报所载、称云于二月初二日、有大英二枝桅兵船一支、泊在厦门、有一英商达知船主、说近南澳海面、有贼船一帮、横行肆劫、该船主本欲前来香港、遂立意顺道探其虚实、初三日船到南澳、南澳唐官所说、与英商无异、该唐官遂委一员在英船指引贼处……" • "又七月初六日抄内有奏关公显灵、请旨王其三世、窃以为关公有灵、亦断不藉人间爵位、以为先代光宠、孰若将此封号、移赠有功诸臣、俾知勤勉、斯为实济、且纵令关公果能显灵拒逆、亦不过奉上帝所命、赏赐自有帝裁、若以人道待之、似属不必。"	11–14	"Extracts from the Peking Gazette, from Aug. 5th to Sept. 1st: – Reports of Engagements with the rebels, from Canton, and other provinces; The overflow of the Yellow River; Honours granted to the ancestors of the god Kwan for his assistance of the Imperialists; with remarks by the Editor on the report of the Victory of Fuh – keen on the destruction of pirates near Namoa, on the 21st March, 1855." pp. 10 – 14(按:页码有误)

续表

年月	卷	号	邸抄、《京报》	页码	备注
1855. 12	3	12	京报(小题)	15 – 21	"Extracts from the Peking Gazette, from Aug. 20th to Oct. 11th:-Reports from various provinces of engagements, mostly successful, with the rebels; Decrees relating to the late Empress-dowager; Honours decreed to the ancestors of Confucius &c. &c." pp. 15 – 19(按:页码有误)
1856. 1	4	1	奏稿(小题) 京报(小题)	6 – 910 – 13	"The Memorial of Tsang Wang-Yen?" "Extracts from the Peking Gazettes"(按:未注明页码)
1856. 2	4	2	京报(小题)	6 – 9	"Extracts from the Peking Gazettes"(按:未注明页码)
1856. 3	4	3	京报(小题)(移至"近日杂报"栏目之前)	6 – 7	"Extracts from the Peking Gazettes"(按:未注明页码)
1856. 5	4	5	京报(移至"近日杂报"栏目之前)	13 – 19	"Extracts from the Peking Gazettes"(按:未注明页码)

七、香港三大新报如何看待与"安置""邸抄"和《京报》

被视为中文日报萌芽期的香港三大新报(即《香港中外新报》、《香港华字日报》和《循环日报》)对于来自"邸抄"和《京报》的消息是十分重视的。

就以《香港中外新报》的前身《香港船头货价纸》而言,在79份现存的原件当中,就有8份设有"京报"栏(No.256,No.260,No.266,No.272,No.279,No.281,No.284和No.285),另有4份以"上谕"为标题,摘录来自"邸抄"或《京报》(No.246,No.251,No.253和No.259)的内容。此外,还有几则刊于"新闻栏"虽未明列

"京报"或"上谕",但很明显系源自"邸抄"等的消息。

至于流传于幕府末年的该报日本版(包括《官版香港新闻》《香港新闻》和写本等各种版本),更常有"上谕"之转载。特别是日文版《香港新闻纸》(自No.1068,即1864年9月1日至No.1077号,即1864年9月22日),更常有"选录京报"之栏题。其中甚至有一期只收录一篇长达3000字左右的《恭录复金陵上谕》(No.1070,甲子年八月初六日,即公元1864年9月6日)。从内容和篇幅来看,当时翻刻的日文版《香港新闻纸》之原件很可能已易名为《香港中外新报》。

以我们目前所能看到的《香港中外新报》最早原件,是藏于英国剑桥大学图书馆的1872年5月4日,当日新闻版(第二页)栏题的顺序是:"本港新闻""中外新闻""羊城新闻"和"选录京报",足见1872年的《香港中外新报》与1864年的《香港新闻纸》,同样对"选录京报"十分重视。

鉴于1872年5月4日以后的《香港中外新报》原件无法觅得,我们无从了解之后该报新闻版面的确切变化,但据笔者在拙作《中国近代报业发展1815~1874年》(增订版) 出版之后发掘的一份现藏于德国亚琛市国际报纸博物馆的原件(第五千九百三十壹号,光绪十一年岁次乙酉五月二十七日,1885年7月9日)(见图2)。该报新闻版(第二页,见图3)的头条新闻,虽未明列"京报选录"或"上谕",但显然是源自"邸抄"或《京报》,这说明《香港中外新报》至19世纪80年代后半期,仍然将邸抄等视为重要的新闻线索和来源,摆为新闻版的头条新闻。

同样的,作为《德臣报》(*The China Mail*)的中文专页,也是《香港华字日报》前身的《中外新闻七日报》,尽管其版面十分有限,也经常刊载"选录京报"。"选录京报",可以说是继"本港新闻"栏、"中外新闻"栏,"羊城新闻"栏(有时排在"中外新闻"栏之前)之后最常见于《中外新闻七日报》的栏目题,内容多则占全版的三分之一,少则殿居于版面的末端。

在1872年4月《香港华字日报》脱离西字日报母体创刊之后,"选录京报"仍然是该报的主要内容之一。

1874年2月21日(同治十三年甲戌正月初五日),《香港华字日报》从原有每周一、三、五出版的周三次刊(行情纸每日派送),改为"新闻纸每日派送 行情纸另行备列"的日报之后,更明确地表示将加强力度和加快速度刊载来自京城的邸报。在当天的一则告白中,该报写道:

> 谨启者:本馆日报之设,于各国时事,莫不博采咨询,贪多务得。即于

图2 1885年的《香港中外新报》

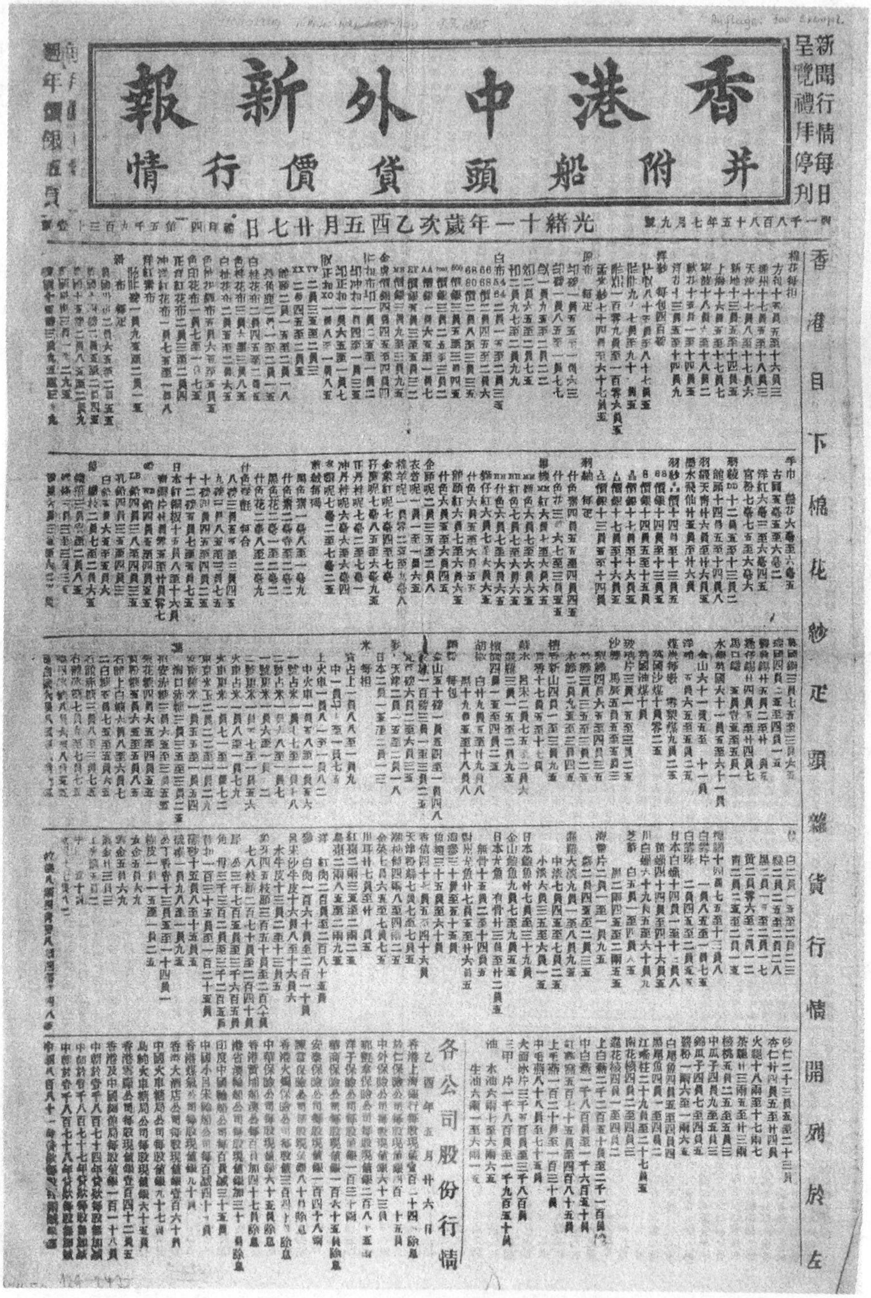
香港中外新報

并附船頭貨價行情

新聞行情每日呈覽禮拜停刊

光緒十一年歲次乙酉五月廿七日

香港目下棉花紗疋頭雜貨行情開列於左

各公司股份行情

藏于德国亚琛市国际报纸博物馆

图3

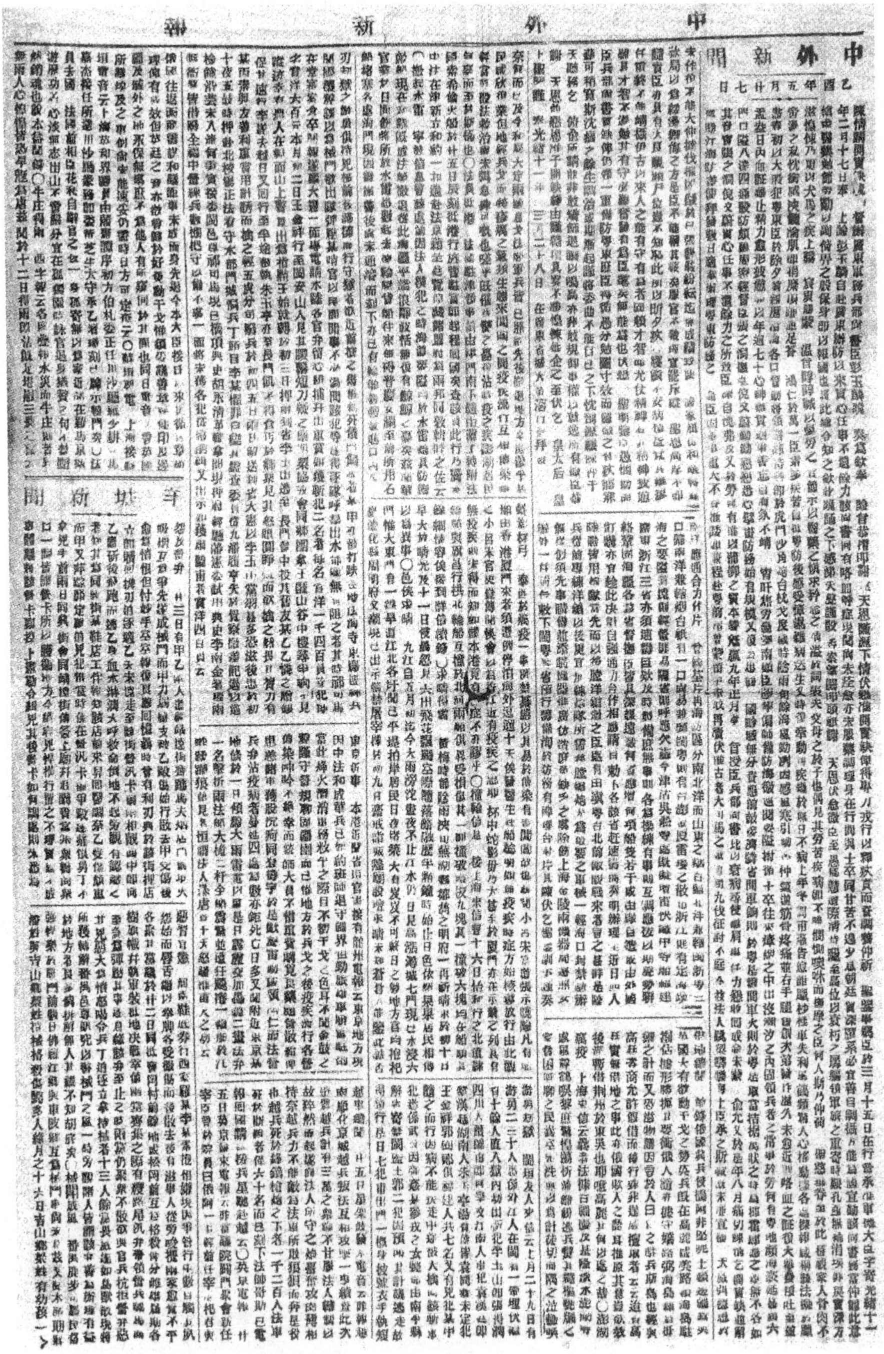
中外新報

中外新聞

乙酉年五月廿七日

羊城新聞

邸报一端,系自帝都邮寄,及其速捷,较之他家,奚止相隔天渊。

接着,告白指出过去由于版面受到限制,无法详刊《京报》全文(“特是向以中西各事极繁,且间日刊发一张,故尔累累堆积,似若颇置忽”),但在该报改为日刊之后,首先要做的事便是详载《京报》的内容(“兹以新闻日日刷印,遣人上呈,是以首将全日京报,备为详载”)。

不仅如此,《香港华字日报》的告白还强调,改为日刊后该报每年的收费仍将维持在四员的原价,读者即使只是阅读邸报,也价有所值(“其收四员之费,譬诸止阅邸报者,价值为廉”)。

换句话说,启事除了强调该报的邸报直接邮寄自帝都,速度远非其他报馆所能比拟之外,还透露该报在改为日刊之后将会全文刊载《京报》的内容,取代原来只是“选录京报”的编辑方针。至于订阅费,并不会因此而有所提高。

与此同时,值得注意的是,在改为日报之前,《香港华字日报》新闻版(即第二页)的优先顺序是:《告白》(最多的是《本馆告白》,但不是每期都有),“中外新闻”栏,“羊城新闻”栏和“选录京报”(有时省略)等;改版为日刊之后,其顺序则改为:《告白》(最多的也是与该馆有关的《本馆告白》,但并非每期刊登),然后是“京报全录”(或简称“京报”)栏,接着是“羊城新闻”栏和“中外新闻”栏。

《京报》的内容从“选录”和殿后的顺序,转为“全录”而冠于新闻版,当然是体现了该报对邸报等讯息及固有传媒受众之重视;“羊城新闻”栏之被安排在“中外新闻”之前,则体现了华人编者乡土意识之加强。由于当时的香港居民多来自广东,将“羊城”(即广州)的相关新闻排在“中外新闻”栏之前,从亲疏关系和读者关心度的角度来看,是合乎常理的。

翻开同时间段香港的另一新报——《循环日报》的原件,不难发现上述排版的特征(即“京报全录”取代“选录京报”及新闻版面的优先顺序安排)也体现在《循环日报》的版面上。

《循环日报》是《香港华字日报》的竞争者,也是合作者(后者的主持人陈蔼廷还一度身兼两报的行政主管),前者创刊于1874年2月4日,一开始就以日报姿态出现,后者则于两个多星期后的1874年2月21日改刊为日报,两者基本上都把“京报全录”摆在新闻版之首,并优先刊载“羊城新闻”甚于“中外新闻”。这既可理解为两报主持人对《京报》之重视,也可视之为彼此在编辑方针上的一种共识。

和《香港华字日报》强调其邸报系邮寄自帝都,极其速捷一样,创办《循环日

图4 甲戌科会试题名全录

甲戌科會試題名全錄本館先將次第分列以俟續刊 一秦應逵 湖北孝感 米協麟 山東濟甯 路金甯 順
天武淯 陳光煦 浙江錢唐 張明毅 江西萍鄉 馮鍾岱 江蘇武進 寶 昌 正黃滿州 楊懷震 永 富 朱
百遂 江蘇寶應 牟陰喬 山東福山 陳賓圖 福建長樂 劉傳福 江蘇吳縣 許晉濟 廂黃漢軍 林紹年 福
建閩縣 檀 機 安徽望江 劉鳳翀 湖北武縣 譚光黎 河南商縣 曾秀翘 福建南安 張坤其 岳州華容
徐汗章 湖北 徐兆達 江蘇江都 陳榮仁 福建晉江 鳳 鳴 正黃旗滿 王 烈 陝西城固 賴煥辰 江西
飯戟 何子雲 廣東香山 羅錦文 四川崇甯 孔廣鑑 山東寧海 殷 源 江蘇吳江 鄭恩賀 河南祥符 高
繼光 廣西岑溪 陳壿炯 廣東新會 葉如圭 浙江西安 陳 秀 江蘇吳縣 彭億淯 直隸永平 鍾家彥 湖
北咸甯 何才价 安徽霍縣 袁韻春 貴州貴筑 郭安仁 山西五台 劉鳳綸 湖北興國 郭兆福 福建侯官
陸潤祥 江蘇元和 楊廷潦 河南舞陽 陳建常 浙江嚴州 傅丞憲 四川重慶 周長玉 廣東高要 吉康 尉

报》的中华印务总局,在其《本局告白》(1874 年 5 月 7 日,《循环日报》)中,表示该局"所刊邸抄系从京师邮递至粤,至为快捷"。

同则告白指出,以往的邸报多通过海运,所费时日较长,与该局直接邮递自京城的方式无法比拟:

> 盖轮船南来必经港中,及其分派粤垣,本局早已刊录,若由转刻者尚需时日,是则先睹为快,不胫而走,无论于此矣!

不仅如此,该局还同时强调"京报于官场仕途大有裨益",间接透露了《循环日报》的部分读者层,其实是锁定在某些志在"官场仕途"的中国读书人。

两周之后,中华印务总局再刊登启事,指出该局除了将迅捷抵达的《京报》按期全文刊载之外,也将其中"事关至要者"另"略撮大意刊入新闻",以飨读者(1874 年 5 月 23 日,《循环日报》)。

同则《本局告白》还表示,邸报每日一本,而该报每周日又停派,为确保读者能阅读邸报的全部内容,该报偶尔也有"叠登两期者"(即将两期的《京报》内容同时刊载)。该局特别强调,《循环日报》如此重视邸报,除了此前强调的"于官场仕途大有裨益"之外,还指出其如下功用:"草野中欲闻朝事者,亦得全览无遗不虞或有间断矣。"意思是,即使是志不在官场仕途的老百姓也可以从《京报》的内容当中获知朝廷的动向。

同样的,为了争夺这些阅读"于官场大有裨益"的《京报》读者群,同年代的《香港华字日报》还于 1874 年 7 月 11 日和 12 日一连两天刊载"甲戌科会试题名全录"(见图 4)。

香港新报之全录中国科举考试录取者名单,就目前我们所能看到的报纸原件,这还是第一次。足见当时香港新报争夺中国传统读书人受众竞争激烈之一斑。

当然,应该指出的是,对于早期的香港新报来说,最重要的受众还是从事买卖的"商贾"。《香港船头货价纸》之报名本身,就已清楚表明"船头"(Ships)和"货价"(Commerce)是该报中心内容之所在。同样的,该报易名后的《香港中外新报》,之所以要在报头下面加上"并附船头货价行情"之副题(《香港华字日报》版头之副题为"并附船舶消息行情"),并将头版全版刊载行情消息与广告,无非是要向读者清楚说明其编辑方针与自身定位。这种以商场人士所需讯息为中心的办报方针,即使是以"华人资本、华人操权"为标榜,强调要为华人发出声音的《循环日报》也无法忽视。该报在头版全版登载行情消息是一个例子;从创刊号(1874 年 2 月 4 日)开始,该报每日同时发行行情纸是另一个例子。(按:原为周三次刊的《香港中外新报》自 1872 年 5 月 4 日开始,每日派送行情纸,同样是周三次刊的《香港华字日报》则从 1874 年 4 月 17 日创刊时就每日刊印行情纸。)

凡此种种,无一不说明香港三大新报把“商贾”视为首要的受众。但与此同时,本文要强调的是,关心“官场仕途”和“朝廷动静”的传统读书人所渴求的信息,也是新报不能忽视的重要内容。新报新闻栏从“选录京报”改为“京报全录”,科举会试录取者之全体名单之所以见报,原因即在于此。

香港三大新报如此重视《京报》的编辑方针,直到 19 世纪 80 年代的后半期,也没有改变。正如前面所述,现藏于德国亚琛市国际报纸博物馆的《香港中外新报》(1885 年 7 月 19 日)的新闻版头条新闻就是录自《京报》;至于藏于东京大学明治新闻杂志文库的同年代《香港华字日报》(见图 5)和《循环日报》(见图 6),虽不再全录《京报》的内容,但“选录京报”仍然是两报新闻版的头条栏题。

与此同时,值得注意的是,当时的《香港华字日报》版头已删去其原有“并付船舶消息货价行情”的副题,头版也由广告取代了原有行情表。这些版面变化究竟说明什么,显然还有待进一步分析。

从这个角度来看,直到 19 世纪 80 年代末期,寓居香港三大新报的《京报》仍然还未被挤出其冠首于新闻的版面,这说明了其讯息仍是当时受众关心之焦点。《京报》何时、缘何全面退出新报所提供的舞台,并被时代所淘汰,固然与其与生俱来的弱点有关,但显然是与当时的历史大背景(包括政治、社会的变化等)有着密切的关系。新报与《京报》如何并存与竞争的错综复杂关系,是值得进一步梳理和研究的。

综上所述,可以看出,如果和上一节所谈的“宗教月刊”(如《东西洋考每月统记传》或“准新报”《遐迩贯珍》)选录《京报》的编辑手法相比较,以华人编辑为中心的香港三大新报对待《京报》的态度,有着如下明显的差异:前者之刊登邸报等的消息,除了旨在刺探朝廷动静及其内外政策之外,还经常会附上类似编者按语的点评,反驳朝廷官员之奏章或采取冷嘲热讽的口吻揭发中国的黑暗面。与此相反,香港三大新报则只选录或全录《京报》的内容,竞相以最快速度将之呈现给读者而不加置评。

换句话说,前者的重点,除了有选择性地提供朝廷动静的信息之外,还有将之视为“反面教材”的用意,后者则除了为“草民”提供朝廷碎片化的信息之外,重点是放在争取那些志在“官场仕途”的读者群。三大新报无微不至地照顾这

图5 1896年9月《香港华字日报》的新闻版

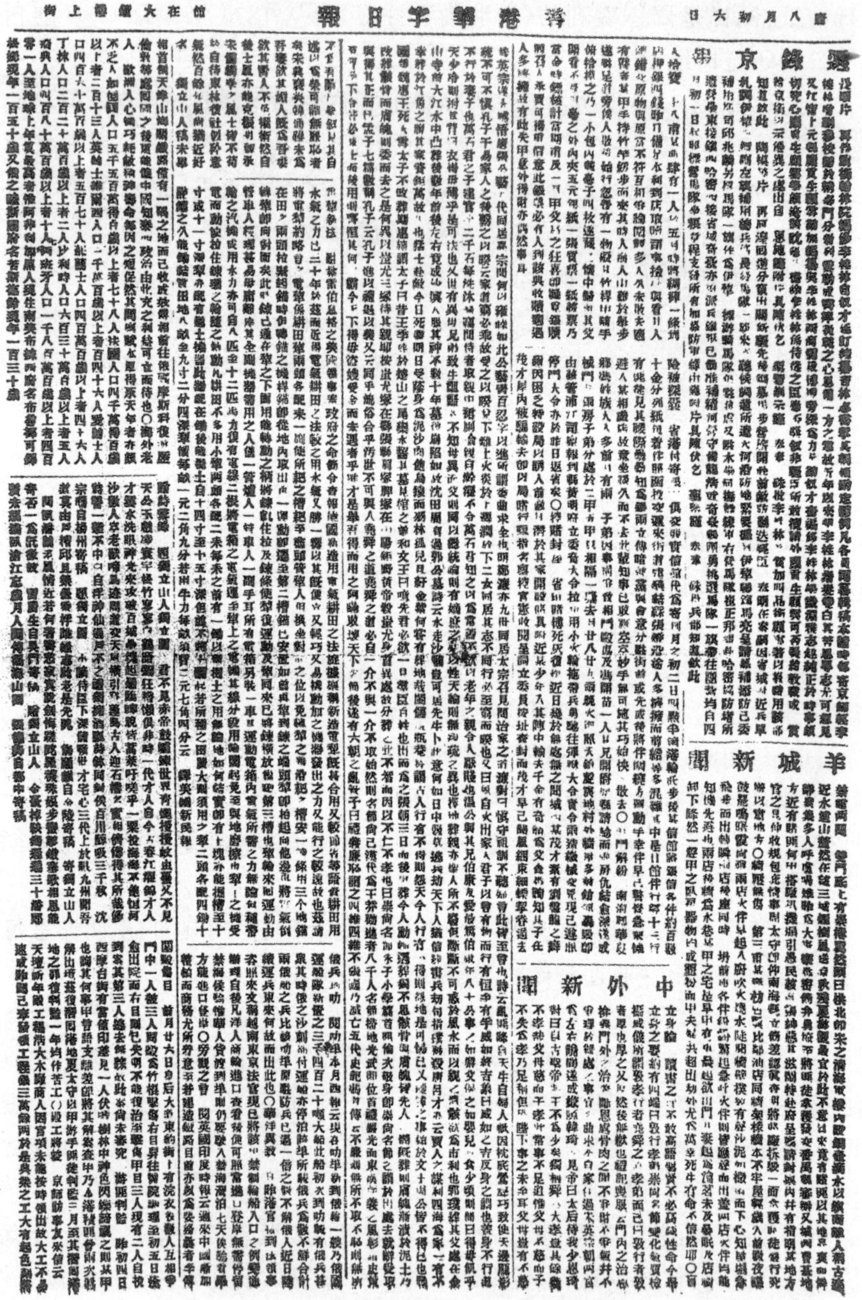
香港華字日報

京錄

羊城新聞

中外新聞

藏于东京大学明治新闻杂志文库

图6 1880年6月《循环日报》的新闻版

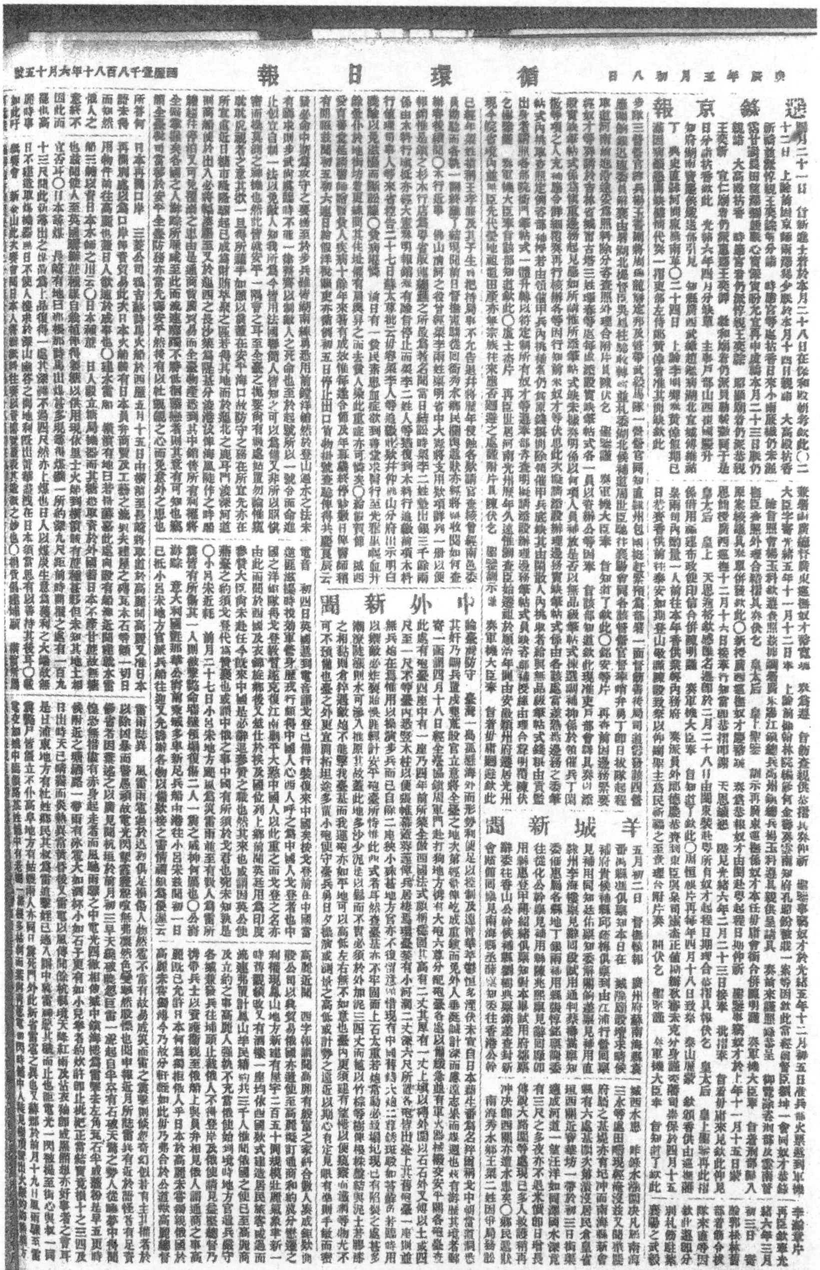
循環日報

中外新聞

羊城新聞

藏于东京大学明治新闻杂志文库

些读者群的需求,竞相以最快速度、最详尽、最完整地呈现《京报》内容,说明了这些传统读书人的受众,是该报当时所要争取的重要固定订户。足见新报与《京报》之间,并不是简单的相互竞争与相互排斥的关系,而是经历过包括“互补”与“共存”的这一过程。

针对西力东渐带来的舶来品——“新报”,最早接触西人、西学、西报的中国先驱报人王韬等,虽然心仪欧美的新报(特别是“人仰之如泰山北斗”的英国《泰晤士报》),但对于“借事生风”“冀幸中国之有事以为荣”的西方日报(即西方新报),则主张针锋相对,予以反驳(详见本书第9章)。实际上,对于前述宗教月刊等先摘录《京报》的部分内容,后予以反驳的编辑手法,王韬在主持《循环日报》时,虽不用在点评《京报》的内容,但却运用在评论西报的言论上。对于西字新报对华不利的言论,该报不仅经常转录,而且还在必要时,以《书西字日报后》等方式给予无情的驳斥,就是明证。足见当时华文报业先驱对于“新报”这一“公器”的双刃性质和功能有充分的认识。他们并不盲目颂赞“新报”。

八、结论

综合以上之考察(详细论据见本书各章),本文再次确认了中国近代新闻纸“形成过程与确立”的如下几个特征:

其一是,中国近代报刊之诞生,并非出自中国的“内因”,而是来自“外因”。

其二是,东来拓教的西方传教士之所以引介“新报”的概念,并非旨在传播“新知”,而是把“载道”(即讲“神理”)摆在第一位。

说得确切些,传教士报人从东来办报的第一天开始,就将“新报”(包括其源头的宗教月刊)视为开展“文字播道”的“喉舌”和手段。

其三是,在西方的传教士、政客与商人“教、政(军)、商”铁三角相互扶持与呼应的背景下,宗教月刊(以《东西洋考每月统记传》最为典型)一打入中国本土,就明确其自我定位:致力于改变中国人的西洋观与西人观,维护在华西方人士的共同利益。

至于鸦片战争后,身兼英国殖民地香港高官或通商口岸驻华代表或中文秘书等要职的传教士报人,更把宗教月刊视为达致上述目标的手段,自不待言。与此同时,美国在华首家中文报刊、也是首家以“新报”为报名的中文报刊——宁波《中外新报》,尽管先后由两名分属不同教会的传教士主编,但有着如下共同的编辑方针:露骨地在其报道与评论中推行其内外有别的“双重标准”和以“美国利益”为依归的“国益至上”政策。足见西人早期在引介“泰西日报”的概念时，就远离“客观”与“平衡”的原则而存有极大的偏差。

其四是，西人在引进“新报”（包括其源头的“宗教月刊”）的概念时，从一开始就注意到当时流传于中国上层社会有一传统的信息媒介——《京报》，并留意其受众，即中国读书人的阅读习惯。以书本形态面世的《察世俗每月统记传》等封面使用黄色毛边纸印刷，就是仿自中国报房出版的黄皮《京报》；至于早期各宗教月刊在其封面上印有孔子的语录，也无非是为了迎合中国的读者。正如方汉奇教授所说一般：“用孔子的话，是一种思想上的包装；用黄色纸做封面，则是一种发行上的包装。”

其五是，正因为西方传教士报人心中有着邸抄、《京报》等中国旧有报纸（即“古代报纸”）的影子，为向中国读者说明其报刊与中国固有报纸之差异，他们将自己所办的报刊，列为源自“泰西日报”概念的“新报”。“新报”的自我标榜，其实也意味着他们承认和同意《京报》等也是“报纸”，但与“新报”有着不同的内涵和特征。

从这个角度来看，治史者先辨析这两者的差异（实际上，历来中国报史学家对此皆有清晰的认识），在方法论上是有其生产性的，但借此否定中国本土“古代报纸”的存在，则未免走得太远。

其六是，自从《东西洋考每月统记传》1837 年 5 月号开了转载《京报》内容的先河之后，不少宗教月刊和后来的中文新报都经常转载来自《京报》的内容。特别是到了 19 世纪 70 年代，香港三大新报（当时皆以完整日报姿态面世）更竞相把“选录京报”栏改为“全录京报”栏，《京报》俨然成为当时新报新闻版最主要的组成部分。

值得注意的是，仔细比较宗教月刊（包括“准新报”的《遐迩贯珍》等）与后来香港三大新报具体处理《京报》内容的编辑手法及其演变，不难看出两者有明显的差异。宗教月刊之转载《京报》的部分内容，固然反映了传教士报人对中国传统媒体的关注与重视，将之作为了解和刺探中国朝廷动静与官方思路的情报源。但与此同时，也将之作为“反面教材”，随时回应和反驳中国固有报纸对西方不利或西人不认可的言论。宗教月刊编者常在转载《京报》内容之前后添加诸如“余思……”（或“窃思……”）“我西人闻此奏章……”等按语，或以夹叙夹议、貌似第三者的公正手法抨击《京报》，就是明证。早期华文报报道与评论不严加区分，乃至夹叙夹议的写法，其原型就是来自宗教月刊。

与此相反，香港三大新报之摘录或全录《京报》的内容，正如各报力图以最快速度转载相关内容一般，更重要的是出自争取固定读者群的需要，并未添加评述或按语。

至于被寓居于诸多新报的邸抄与《京报》,之所以从“盛”(各报竞相以最快速度“全录京报”)到衰乃至最终被挤出报坛,固然与其自身与生俱来的局限性和落后性(特别是其封建性和专制性)有关,但最重要的原因,是与《京报》等赖以生存的旧有庞大帝国官僚体制的政权(即将《京报》作为向各地方官僚机构传达中央政治中枢讯息的媒介情报管理体制)走向衰亡和崩溃直接相关。

其七是,对于西人带来的舶来品——新报,最早接触和参与新报或“准新报”活动的中国报业先驱王韬等虽然有所心仪,也对“泰西日报”予以高度评价并力倡推广新报,但从一开始便对“借事生风”或者“冀幸中国之有事以为荣”的西人西报,保持高度的警惕。他们并不盲目赞颂新报。特别是通过自身的实践和体验,他们深知媒体控制权与舆论之间的相互关系。中华印务总局同人之所以高举“华人资本、华人操权”的旗号,无疑正是报业先驱们对既有“西士馆主”所办华文新报的诸多限制不满的结果。

正如本书结论所强调一般:“这些不满的情绪,正是促使他们出资自办新报的原动力”“萌芽期中国近代报业史,其实正是一部中国人要求摆脱外国势力对传媒的控制、争取言论自由,从而表达国家民族意识的斗争史。”

由此可见,盲目颂赞与夸大新报传播“新知”的贡献,突出“近代报纸”在其欧洲发祥地的“民主性”与“开放性”,进而想象东来“新报”的纯朴性,显然是漠视了萌芽期中国近代新闻纸“形成过程与确立”的基本特征和事实。

诚如日本江户传播史权威,也是笔者学生时代的恩师平井隆太郎先生在为本书的日文版(1990年)撰写的序言结尾指出的一般:“最后,想附带指出的是,这些早期的华文报纸是作为殖民地报纸而创始的,这种情况与幕府末期外国人在日本发行的居留地新闻(纸),在许多方面俱有类比之处。”

草创期中国近代报刊史与日本有何近似或差异之处,也许得留待“东亚新闻事业比较论”之类的专文才能够说得清楚,但认清中日两国的“新报”始自“殖民地报纸”和“居留地新闻(纸)”这一基本特征,明确“泰西日报”的起源与东来“新报”有着截然不同的语境与内涵,无疑有助于我们厘清中国近代报业发展史的基本思路。

正本清源,论从史出。愿与治史同道共勉之!

作者

2015年元旦

脱稿于北京昆玉河畔

注释

[1] 详见卓南生《〈中外新报〉(1854~1861)原件及其日本版之考究》,程曼丽主编:《北大新闻与传播评论》第三辑,第260~291页。

[2] 《中外新报》第三卷第六号、咸丰六年六月十五日(1856年7月16日),第4页。

[3] 《中外新报》第三卷第十二号,咸丰六年十二月十五日(1857年1月10日),第1页。

[4] 同上。

[5] 详见卓南生《美国在华首家华文报刊的自我定位与"国益论"——宁波〈中外新报〉(1854~1861)编辑方针论析》,程曼丽主编:《北大新闻与传播评论》第4辑,第95~121页。

[6] 方汉奇:《在大英图书馆看报》,《方汉奇文集》,汕头大学出版社,2004年12月第二版,第647页。

[7] 《奏为鸦片》,《东西洋考每月统记传》,丁酉年四月(1837年5月)号,第14~15页。

[8] 《奏为鸦片》,《东西洋考每月统记传》,丁酉年五月(1837年6月)号,第12~13页。

[9] 《奏为鸦片》,《东西洋考每月统记传》,丁酉年六月(1837年7月)号,第14~15页。

序　　言

方汉奇　中国人民大学新闻学院教授
中国新闻史学会会长

近二十年来，新加坡的卓南生教授以国际问题评论家和新闻史研究专家蜚声于海内外。作为国际问题评论家，他的文章毛举鹰击，纲领昭畅，议论豪健，字挟风霜，经常以如椽之笔，剖析形势，使奸邪为之辟易，使公理和正义得到伸张。作为新闻史研究专家，他对近代中国新闻事业史的发展，特别是 19 世纪初叶到 70 年代中期的那一段新闻事业的历史，有十分独到的研究，在中外新闻史学界有很大的影响。呈现在读者面前的这部《中国近代报业发展史》，就是他在这一领域内的重要成果。

卓南生教授有关中国近代报业发展史的研究，是从上个世纪 70 年代开始的。他是在日本江户传播史权威及日本新闻学与新闻史开山祖小野秀雄教授和日本著名新闻学教授平井隆太郎两位大师级学者的启发和引导下，进入这一领域的。最先接触的，是被小野秀雄称之为"我邦(指日本)报纸的祖先"的那一批"官版翻刻汉字新闻"，即所谓的"官版翻刻报纸"。这是当时的日本人为了获取国外信息，用日文摘编翻印的一些在中国境内外出版的汉文报纸。他是从关注这些"官版翻刻报纸"开始，逐步转入了对中国近代早期在海内外出版的汉文报纸的研究的。从 1970 年开始，到 1986 年止，他在一度担任《星洲日报》执行编辑和社论委员的同时，用了近 16 年的时间进行这方面的研究，取得了很多阶段性成果，陆续在日本学术刊物上发表，并在此基础上完成了博士论文，获得了日本立教大学首名社会学(主修新闻学)的博士学位。1990 年出版的日文版《中国近代新闻成立史 1815~1874》一书，就是以他的博士论文为基础，经过修改和补充后完成的。1998 年 4 月由台北正中书局出版的《中国近代报业发展史》，是由他自己编译的这部书的中文繁体字版。呈现在读者面前的这部《中国近代报业发展史》增订版，则是经过他自己审定的上述那部书的中文简体字版，并增录79份《香港船头货价纸》珍贵原件影印本。

上个世纪80年代中期以后，卓南生教授在日本学术刊物上发表的有关中国近代报业发展史的一些论文，开始被译成中文，在中国内地的《新闻传播》、《新闻大学》、《新闻研究资料》等专业杂志上刊出，立即引起了中国新闻史研究工作者的高度重视。这些论文中所提出的一些观点，如中国历史上并不曾有过一份戈公振在《中国报学史》中称之为《香港新闻》的报纸；《香港中外新报》创刊的年份是1857年的11月3日，而不是戈公振《中国报学史》中所说的1858年；创刊时的报名是《香港船头货价纸》，而不是《中外新报》，若干年后才改称《香港中外新报》；《香港华字日报》创刊于1872年4月17日，其前身是1871年3月11日创刊的《中外新闻七日报》，而不是戈公振在《中国报学史》中所说的1864年。这些论文和论文中的上述观点，都引起了中国新闻史研究工作者的震惊。我也是其中的一个。因为长期以来，戈公振的那部书，一直被认为是中国新闻史研究的权威，其中的一些论据和观点经常为在它以后出版的各种新闻史专著和教材所引用。我自己也一直奉它为圭臬，从来没有对它的论述有过怀疑，从来没想到过这部权威性的著作，在如此关键性的问题上，会出现如此严重的失误和差错。

1992年中国新闻史学会在北京举行学术研讨会，卓南生教授从日本东京赶来参加，在会上宣读了已在日本发表了的有关香港《循环日报》研究的论文，提出了该报创刊于1874年2月4日，而不是通常认为的1874年1月5日，并对该报人员的组成，版面的安排，新闻和评论的内容，以及王韬在该报的活动情况，作了全面的介绍和剖析，纠正和补充了中国大陆学者在《循环日报》研究中的一些不正确的和不够全面的看法。他的这次发言，同样也在中国新闻史学界引起了石破天惊的效应。

之所以出现上述的情况，是因为前面提到的那些报纸和刊物，除了《遐迩贯珍》、《六合丛谈》等少数几家在中国国内有少量存留外，大部分在两岸三地都已失藏。除了戈公振在上个世纪20—30年代，曾经专程到伦敦大英博物馆查阅过它们的部分原件外，其他的中国新闻史研究工作者都没有接触过这些原始材料。从1935年戈公振逝世，到上个世纪70年代末80年代初中国实行改革开放的近半个世纪期间，由于国内外战争和被迫中断国际间的正常文化交往等众所周知的原因，中国两岸三地的新闻史研究工作者，特别是中国大陆的新闻史研究者，没有机会到海外去搜访相关的资料。研究这一段时期的新闻史和涉及这部分报刊的时候，只能重复戈公振已经作出的结论，或根据一些十分有限的二手材料，作进一步的诠释和演绎。错误、缺失和局限，都在所难免。这也正是卓南生教授的那些论文和发言引起轰动的一个重要的原因。

卓南生教授的上述论文,现在已经全部收入本书。它们所提出的一些观点,所作出的一些论证,对中国两岸三地新闻史研究的影响,是不言而喻的。20世纪90年代以后出版的各类中国新闻史专著和教材,纷纷根据他的上述研究成果,作了相应的修订,使半个多世纪以来,在中国近代早期报业史研究的某些重要的问题上,以讹传讹的局面宣告结束,使已出版的中国新闻史专著和教材中的夺失得到纠正,就是一个明显的证明。

收入本书的卓南生教授有关中国近代报业发展历史的众多研究成果,体现了作者在治学问题上的以下两个突出的特点。

首先,是重视第一手材料的开掘和利用。为了掌握第一手的原始材料,他不仅跑遍了日本各大学的图书馆,东京神保町附近的旧书店,东京的东洋文库,东京大学的社会情报研究所图书馆、明治新闻杂志文库和东洋文化研究所图书馆,而且横跨东西两洋,访遍了世界各地的几个主要的图书馆,包括英国的大英博物馆东方图书研究室,伦敦大学亚非学院图书馆,剑桥大学图书馆,美国的麻省 Peabody Essex Museum 图书馆和香港大学图书馆, 在这些公私图书馆和文献资料收藏中心中, 翻阅了它们所庋藏的大量的近代早期中文报刊的原件,并对这些原件进行了深入细致的分析和研究。这种"上穷碧落下黄泉",不达目的决不罢休的孜孜以求的精神,是十分令人钦佩的。

其次,是坚持严谨求实的学风。他对他所提出来的每一个观点,都作了认真深入的推敲和论证,探赜求索,勾微阐幽,条分缕析,考订精详,确实做到了言必有征,无一语无根据,无一语无出处。这种严谨的求实的学风,在本书有关《察世俗每月统记传》、《特选撮要每月纪传》、《遐迩贯珍》等宗教月刊和《香港船头货价纸》、《香港华字日报》、《循环日报》等中文报纸的研究中,都得到了充分的体现。

正因为有了以上两个突出的特点,加上它所征引的大量原始材料,附在各章正文之后的详细注释和插刊于书前书后与正文之间的大量的罕见的报刊原件照片,使得卓南生教授的这部专著,具有很高的学术价值和研究使用价值。它不仅如日本立教大学的平井隆太郎教授所说的,"首次填补了日本在这研究领域之空白",也填补了中国新闻史学者在这一领域研究的空白。它和日本著名学者小野秀雄、小野川秀美等有关中国新闻史研究的著作一样,都体现了中国新闻史研究的国际化,都达到了中国境外学者研究中国新闻史的新的高峰。

我和卓南生教授相知相识近20年,曾经多次在国内外学术会议上进行切磋和交流。中国新闻史学会成立之初,他就参加了学会主办的各项学术活动,是学会境外名誉会员当中最积极最活跃的人士之一。1988年我应东京上智大学和《朝日新闻》社的邀请赴日讲学,1998年又应京都龙谷大学的邀请赴日讲学,两次活动都得到过他的热情接待和帮助。从近十五年的交往中,我深深感觉到,他既是才情敏给,议论风生的报刊政论家,岳峙渊渟,淹博多识的教授和新闻史学家,也是一位宽厚朴挚的谦谦君子。他的这部专著得以在中国大陆出版,对他自己,对中国大陆渴望看到他的论著的广大新闻史研究工作者和正在接受新闻教育的莘莘学子们,都将是一个好的消息。谨罄一瓣心香,预为祝贺,是为序。

2002年1月17日

于北京宜园

自 序

新闻史学界前辈或同行每每问起《中国近代新闻成立史 1815~1874》的中文版是否已经面世时，我总是感到几分欣慰，同时也很觉尴尬与不安。欣慰的是，多年来埋在旧书报中的挖掘和考证成果有人关怀，可谓“吾道不孤也”。尴尬与不安的是，中文译稿虽已断断续续完成，其中主要内容也已在中国大陆和台湾的学术刊物上分别发表，却苦于无法腾出时间详细校阅和定稿。因此，中文版的出版合同虽已签了好几年，却始终没法交卷。所幸本书未成明日黄花。在过去的十几年里，笔者考证的这段报史尚未有新资料发现。

回想自己走过的中国新闻史研究的道路，路程是曲折与孤独的。60年代中期，笔者只身从位于赤道的新加坡飞抵东京学习新闻学。当时日本学界对中国新闻史并不关心。至于留学生界，念新闻学的可以说是少之又少。七八年的留日生活里，除了在早稻田大学新闻系曾遇见一名比我高一年的台湾同学之外，就只有在东京大学新闻研究所认识的几位来自韩国的学生了(几乎都是韩国各传媒驻日特派员)。由于关心课题不尽相同，彼此也少有交流，更谈不上对中国新闻史研究的相互切磋。

不过，这个孤立或孤独的大环境，却促使笔者走上了一条略异于一般中国新闻史研究者的道路。在缺乏同行和知音的背景下，笔者在起步研究时只好尽可能地向日本新闻史学界寻求借鉴，并从中学习其严谨的治学态度与方法论。

尤其难得的是，正是从研究日本新闻史入门，笔者很早就接触了一批一般中国新闻史学者不会留意或没有机会查阅的“官版翻刻汉字新闻”。原来在幕府末期，曾有大量在中国东南沿海地区与香港发行的汉文报刊传入日本。这些报刊或以手抄本的形式在知识分子中流传，如《遐迩贯珍》；或经过当时“蕃书调所”(后易名为“洋书调所”)的教授们审阅和删定后翻印出版，如《官板六合丛谈删定本》、《官板中外新报》、《官板中外杂志》和《官版香港新闻》(“板”、“版”皆根据原件之写法——笔者按)等。值得注意的是，这些曾经广泛流传于江户知识界及在早期的日本报业史上占有特殊地位的翻刻版汉字报刊,由于系经当局的审阅和删改,有的还保留原名,有迹可寻,如上海出版的《六合丛谈》被更称为《官板六合丛谈删定本》;有的则被改得面目全非,如香港《孖剌西报》(*The Daily Press*)附属的中文报《香港船头货价纸》则被删称为《官版香港新闻》。由于中文原件不易寻觅或者根本已告佚失,这段中文报史的研究不得不借助于这批东洋翻刻版。但由于一部分报名曾被改得面目全非,这批东洋版也给中国新闻史学界带来了一些混乱和误解。自从1927年戈公振的《中国报学史》将日本《官版香港新闻》的中文报刊之原名误为《香港新闻》以来,中国新闻史学界就一直沿袭此说,以为在香港曾出版过名为《香港新闻》的刊物。从这个角度来看,改头换面的东洋翻刻版确曾给中国新闻史研究者增加了新难题。不过,认真而言,还得感谢这些官版翻刻本。要不是有这些虽经删改,但妥善地保留下来的东洋版,我们可就少了不少足以印证早期报史的有力资料和线索。如果说,笔者对中国近代报史的考证与研究有些许突破的话,那么,其中部分功劳也许得归于早年接触了这些“来历不明”的报刊。正是在这些“西方及中日文化交流产物”(?)的刺激下,笔者产生了极力探求中文原件予以印证,以便正本清源的动机。

笔者是在1970年到立教大学攻读研究生时,从导师平井隆太郎教授(以研究“瓦版新闻”闻名、日本江户传播史权威)那儿获得官版汉字新闻的研究线索的。在平井老师的推荐下,笔者得以拜访了当时还健在的日本新闻学与新闻史开山鼻祖的小野秀雄先生。那时高龄逾八十的小野先生虽已离开了由他一手培植的东京大学新闻研究所和上智大学新闻系,但却退而不休,正在撰写其《新闻研究五十年》的大作。虽然与先生的交谈只有两次,但他对新闻史研究的热情以及对年轻人教诲不倦的精神,却给我留下了深刻的印象。

记得在日式平房的书房里,小野先生从衣柜中取出了用布巾包裹的资料和文件。他一边滔滔不绝地向笔者叙述当年曾两度迢迢千里,前往大英博物馆查阅《察世俗每月统记传》等华文报刊的经过,一边解开资料包让我翻阅他那写得密密麻麻的读报笔记。他还拿出了私藏的《遐迩贯珍》原件,并建议我最好从资料较易找到的汉文报刊着手研究。

在小野先生的启发下,我开始到处打听早期流入日本的汉文报刊的下落。几家大学的图书馆不用说,早稻田大学、东京大学附近与神保町的旧书店都是我经常涉足之地。在个别旧书店店东的特别照顾下,一些尚未整理的书库也常有我的踪影。然而,令人遗憾的是,除了一部分已为人所知的报刊原件、官版翻刻新闻与写本之外,并没有新的发现。如此只是耕耘而无收获的日子和新闻史料调查研究的滋味,或许只有真正曾身历其境的同行才能体会和知晓。

眼看着论文提交日期步步逼近，我只好利用日本所藏的部分原件及其手抄本等资料来完成硕士论文。不过，那时我已经萌发了步中国报史专家戈公振先生及日本新闻史学者小野先生后尘，前往英国伦敦查寻早期报刊原件及相关资料，以便整理近代中文报史的念头。

在这个时期，我也常常利用途经港台的机会，走访两地图书馆及新旧书坊寻找有关史料，并拜访了还在《香港时报》任职的报史研究前辈林友兰先生及台湾政治大学新闻研究所著名报史学者李瞻教授，从他们那里得到了不少的教示。当时，林先生正在陆续撰写香港早期报业史，但苦于找不到原件予以印证。他很中肯地告诉笔者很多原件已无法在港台和中国大陆找到，并希望笔者能利用在国外学习的有利条件，努力挖掘新的新闻史料以填补这段报史研究的空白。这番话对于刚刚开始敲叩报史之门，却又四处碰壁的笔者来说，无异是莫大的鼓舞。

1973 年夏，笔者修毕博士课程，正在考虑前往英伦时，恰好接到新加坡《星洲日报》总经理黄溢华先生和总编辑黄思先生的盛情邀请，要我加入报社撰写社论，以便减轻并逐步替代老主笔郭史翼先生的工作。撰写社论与时评，也是我一向的兴趣所在。作为新闻系毕业生，我自然不愿轻易放弃这个学以致用的机会，于是匆匆回国，投身于繁忙的国际时评活动，报史的研究工作只好暂时停顿。不过，我一直还惦念着那未完成的报史作业。

两年多后，在确认了郭老主笔的健康状态还能继续主持笔政的情况下，我鼓足勇气向报馆提呈停薪留职，前往伦敦留学的要求，并幸运地获得馆方的同情与支持而成行。紧接着的又是一番“大翻书报”的作业。关于伦敦布道会传教士所办宗教月刊的研究，因原件资料比较齐全，所以进展相对也十分顺利。因此我很快便将旧论文中《遐迩贯珍》及《六合丛谈》的部分改写，并先后刊于母校立教大学学术刊物《应用社会学研究》上。至于早期日报(即所谓“新报”)的研究则进展缓慢，但也总算找到了一些线索，并发现了好些尚未被挖掘与利用的重要报纸原件。其中包括了刊于 1872 年 5 月 4 日的《香港中外新报》(藏于剑桥大学图书馆)和 1874 年 2 月 4 日创刊后最初几个月的《循环日报》(藏于大英图书馆)的报纸原件。

笔者是在大英图书馆东方图书研究室职员陆玉英女士的协助与特别许可下，在 Store Street 的书库中发现《循环日报》原件的。当时，该报尚未被复制成缩微胶卷。因此，笔者除了每天在图书馆一页一页地翻阅报纸和做笔记之外，不得不要求馆方网开一面，特许我自带相机拍摄报纸的原件。在图书馆当局准许下，我一大清早就劳驾了当时正在伦敦攻读美术，现为著名画家的老同学唐大雾兄带着大量摄影器材进入书库，帮我拍摄了不少《循环日报》照片。现在回想起来，当年为了报史研究，未免过于兴师动众。

在收集了大量的资料后，笔者兴致冲冲地飞往东京。当时正准备结合日本的资料进行相互印证的研究，无奈却接到了《星洲日报》馆方的急电，要我马上回去报到。于是乎，我只好辞退了刚租下的房子，返回新加坡出任执行编辑兼社论委员。1984年春天，在日本国际交流基金会专家计划下，笔者重返日本，总算有了整理搁置多年的资料的机会。边研究边在日本的学术刊物上发表论文，其中包括《香港华字日报》创刊年号考、第一家中文日报《香港中外新报》及其前身的《香港船头货价纸》等考证文章。1986年2月，笔者完成了报史研究的博士论文，并于同年9月获得立教大学首名社会学(主修新闻学)博士学位。

80年代中期，在笔者逐篇将研究心得发表于日本学术刊物以及日文版《中国近代新闻成立史 1815—1874》(东京百利坚社，1990年)面世后，笔者与海峡两岸的学者也有了密切的交流。在与中国大陆学界的交流方面，首先应该感谢上海复旦大学新闻系张国良教授。他曾花费了不少时间和精力将拙作不同章节译成中文，先后刊于《新闻传播》(中国黑龙江省新闻研究所)、《新闻大学》(复旦大学新闻系)和《新闻研究资料》(中国社会科学院新闻研究所)等学术刊物上。正是在张教授的翻译、介绍下，笔者的上述研究引起了大陆学界的关注。特别是报史学界前辈方汉奇教授和宁树藩教授，更对笔者的考证予以肯定和诸多勉励。

1992年，中国新闻史学会在北京宣告成立。笔者在会上宣读了已在日本发表了的有关《循环日报》的考证论文，并结识了不少中国新闻史的专家和学者。能和这么多的同行进行交流，对于长期寓居东瀛，在中国报史领域踽踽独行的我来说，感受是十分强烈和新鲜的。

差不多在同一时期，在香港中文大学新闻与传播学系系主任朱立教授(现为香港浸会大学传理学院院长)的介绍下，笔者结识了台湾著名中国新闻史学家朱传誉先生及台湾政治大学新闻研究所的汪琪教授和彭家发教授，还与在70年代有一面之缘的陈世敏教授重逢。在他们的推介下，数篇有关报史考证的拙稿得以在政大的《新闻学研究》上发表。笔者与台湾新闻传播学界的交流有了进一步的加深。本书得以在台北顺利出版，就是承蒙陈教授的推荐。

从1986年提交博士论文迄今已逾10年，1990年日文版《中国近代新闻成立史 1815~1874》问世也逾七载。这些年来，我很高兴地看到不少报史的新著引用或参照笔者有关的考据。不过，由于本书迟迟未能出版，致使一部分只看到个别拙稿而未阅全书的学者在论述有关报史时，虽部分采用笔者的新观点，但又部分地沿袭旧说而产生混乱与前后矛盾的现象。在这方面，拖延本书出版的笔者也有一定的责任。

值此付梓之际,谨向所有关心此书出版以及在编印过程中予以各方面协助的前辈、同行与朋友致以衷心的谢忱。特别应该感谢为此书穿针引线的陈世敏教授和负责烦杂编务的正中书局编审部的胡慧馨小姐,以及在百忙中为本书题写书名的新加坡著名诗人、第一书法家潘受老先生。

卓南生

1997 年深秋于日本京都

日文版原序

珍贵的研究成果

平井隆太郎　日本立教大学名誉教授

在中国，类似于报纸的资讯传媒与其文化一样历史悠久。宋代的王安石曾评《春秋》为“断烂朝报”，于是一部分历史学家就此认为，周代编年史书《春秋》是中国报纸的起源。“朝报”是中国宋代发行的一种报纸，相当于唐代的“邸报”。其实，针对这部被公认为古典权威的《春秋》，王安石当时只不过是贬之为有如宋代“朝报”那样零散，没有史书价值可言而已，并非认为《春秋》就是类似于“朝报”的新闻媒体。

一般认为，中国的报纸起源于唐代的“邸报”，它和罗马时代的《罗马公报》一样，流传于民间。“邸报”又称“杂报”、“朝报”、“塘报”等，其传统风格被后来清朝的《京报》所继承。

本书作者卓南生把“邸报——京报”称为中国的“古代报纸”，把欧美人士以东南亚及中国沿海港口为据点，定期出版的华文资讯传媒，称作“近代型中文报纸”。换句话说，作者是将后者划入欧洲近代出现的所谓“报纸”的系统与范畴。

日本在明治维新以后，曾进口许多介绍欧美报业情况的专著。与此同时，日本人撰写的有关研究著作也不少。不过，或许是由于中国报业不受重视的缘故，迄今为止，较为人所知的，只有1943年出版的《支那新闻学史》(原书为戈公振在1927年出版的《中国报学史》)。这几乎是唯一介绍中国报业发展史的专著。

对于作者在著作中提及的“古代报纸”(即《京报》一类的刊物)，即使是在江户时代，也就是日本在文化上一边倒向中国的时代，或者更早的年代，日本方面的有关知识也是十分贫乏的。在宝历十三年(1763)出版的青木昆阳的《昆阳漫录》中，在涉及“邸报”时，也和戈公振一样，引用了《宋史》的曹补传，而没有联想到“报纸”这个概念。

对于清代的《京报》，驻于长崎的中文通译应该是知道的，但一般知识分子却未必会知晓。当时有关中国的讯息是通过贸易船定期得到的。在贸易船长向长崎奉行所(按:长崎地方政府)报告后,有关讯息即被传抄而流传全国。其中相信也包括来自《京报》的讯息,但这一切只是根据船长所述,并没有注明出处。这一点与著名的《阿兰陀风说书》(即《荷兰传闻书》)是一样的。

幕府末期的安政年间,取代原来的《阿兰陀风说书》呈献给幕府当局的是,荷兰东印度总督府在巴达维亚(现雅加达)发行的机关报《爪哇新闻报》(*Javasche Courant*)。此后,日本国内有关欧美报纸的知识迅速得到普及。也在同一时期,日本对中国的报纸有了进一步的了解。本书的研究对象,即在中国沿海城市出版的华文报纸,就是在此时期传入日本的。日本文久年间(1861~1863)出版了一批所谓官版翻印报纸,如《官板中外新报》、《官板六合丛谈》、《官版香港新闻》、《官板中外杂志》等。另外,还有一些并非官版的报纸,如《遐迩贯珍》、《香港新闻纸》等也为人所知。《香港新闻》和《香港新闻纸》的原件是《香港船头货价纸》,其他各报则使用原来的报名。这些官版报纸注有日文句号和训读的符号,对于当时的知识分子来说并不一定需要,因为实际上在官版翻印以前,抄写自原件的写本已经有所流传。在喜多村信节的《听来的事》一文中,曾根据长崎奉行所的报告,记录了嘉永六年(1853)的天德王之乱事件(太平天国事件),原文如下:"唐山香港风说书遐迩贯珍曰、上海火轮邮船来信、非路兵信云云、九月初四日至、曾见到藁城伤兵万人、而长发党众死者五六百人、逃逸者二千人等等。"可见,早在文久年间官版翻印报纸出现的七年以前,《遐迩贯珍》等华文报纸就已为日本知识分子所熟悉。日本的嘉永六年是中国清朝道光三十年,也正是《遐迩贯珍》创刊之年。

此外,万延元年(1860)名村五郎八在他的《亚行日记》("亚"系指"亚墨利加",即美国)(收录于《万延使节随行记二》)中记载:"市中西边有书院,叫英华书院。书铺设有唐文书。十分钱买到香港船头货价纸一份。这就是每日发行的活字印刷汉文报纸","到汉英书林英华堂一趟,在英华堂买到遐迩贯珍、六合丛谈等书"……

再如,在题为《花吹雪隅手洒尘》这一有关幕府末期的记录(收录于《近代风俗见闻集第四部》)中,这样写道:"文久三亥年(1863)、闰三月六日、在一个叫爪哇的地方读卖、欧洲一带香港发行的报纸。"此文有词不达意之处,因为它是经过许多人辗转抄写的消息。内容是关于万延元年(1860)的大老伊井扫部头的暗杀事件:"万延庚申、兹闻在日本国京城、有十七人行、刺其国主。查此十七人、乃系美督公子之从人、此美督公子不愿外国人在日本国贸易、因上年日本国主、与外国立和约、准各国、船进日本、各港贸易、是以美督公子有谋反之意、买(?)人谋刺国主、幸得其国主护身兵勇、保驾救脱国主、口被折伤、日本京城总督照会、各外国公大臣、各宜谨慎防虞。”(国主系指伊井大老,美督公子则指水户齐昭公)上述消息是事件发生三年后才报道的,它之所以在海外引起反响,大概是由于其趣味性。从登载的时间看,应该是刊于《香港船头货价纸》。

由此可见,在幕府末期,日本对当时来自中国的华文报纸及通过荷兰传入的海外讯息是同等重视的。但在明治维新以后,由于日本的文化气息迅速地一边倒向欧美,各方对有关华文报纸原件的研究陷入了近乎于零的状态。其原因一方面是由于人们对中国文化的关心淡薄,另一方面也与报纸原件之不易觅得,以及阅读理解能力迅速下降有关。

卓南生君经过多年心血写成的这部著作,可以说是首次填补了日本在这研究领域之空白并发出光芒。实际上,在国际学术界里,对本书所涉及的中国报业史有关时期的研究或论著,甚至比日本还更为贫乏。从这个角度来看,说本书具有极其重大意义,毫不过分。

在本书中,作者详细阐明了中国近代报纸产生与发展的历史过程。跨越年代从1815年马六甲的《察世俗每月统记传》发刊开始,至1874年香港的华文日报《循环日报》创刊为止。

作者指出,以在马六甲出版的《察世俗每月统记传》为首的,在东南亚和中国沿海城市出现的早期报纸,最初是基督教以传教为宗旨的宗教月刊,后来,则把重点逐步转向对中国人进行思想启蒙教育。这些刊物是以西方立场为出发点的,它们逐步发展而日趋接近于近代报纸,其代表是香港的《遐迩贯珍》。《遐迩贯珍》也是作者1972年提出的硕士论文的中心题目,作者对它尤有详细的论述。如前所述,在嘉永六年(1853年),《遐迩贯珍》已为日本人所知,它恐怕是最早传入日本的一份华文报纸。因此,作者的有关论证在日本将会引起关注。

必须指出的是,作者对最早的华文日报《香港船头货价纸》的考究,是有其创见的。在日本,该报是以《香港新闻》的报名而为人所知,它曾经成为当时翻印与手抄的对象。该报创刊于1857年,在19世纪60年代前期改名为《香港中外新报》。万延元年九月,名村五郎八在香港买到的是易名前的《香港船头货价纸》。据作者说:“香港船头货价纸(小型版)——香港中外新报(大版)是最早采用两面印刷的近代报纸,并且成为后来报纸的模式。”与此同时,作者也指出,这家报纸是代表英国利益的,具有殖民地报章的特性。

相对上,作者认为在某种程度上较能反映中国人立场的报章,是1871年在香港创刊的《中外新闻七日报》,该报于第二年易名为《香港华字日报》。原因是,这家报纸虽然是由英国人所办,却聘请中国人(陈霭廷)主持编务工作。

最后,作者把重点放在1874年在香港创刊的《循环日报》上,并对该报进行详细的分析,从而证实这是一份名副其实,站在中国人立场,由中国人自办成功的最早的中文日报。

本书的成功在于作者全面地考察了19世纪初期出现的"近代"华文报纸的整个发展过程,并为读者展示了一幅清晰的鸟瞰图。最后,想附带指出的是,这些早期的华文报纸是作为殖民地报纸而创始的,这种情况与幕府末期外国人在日本发行的居留地新闻(纸),在许多方面有其类比之处。从这个意义上来看,本著作的研究成果对于日本近代新闻史的研究,也毫无疑问地具有宝贵的参考价值。作者卓南生君作出的上述贡献,令人深感敬佩。

第1章

绪　论

本书旨在以新的论据与观点，揭示自1815年伦敦布道会在马六甲(亦译为麻六甲)创办的第一家近代化中文报刊[1]《察世俗每月统记传》[2]发行开始，至1874年由中国人出资自办成功的中文日报《循环日报》在香港诞生为止的60年间，中文报纸的发展、演变过程及其特征与意义。

关于中国报纸的起源，有着各种各样的学说。[3]但在唐代，即一千多年前，中国已有原始形态的报纸，也有人称之为"古代报纸"[4]，却几乎已经是公认的定论。[5]中国的"古代报纸"，是以"邸报"的传媒形态为主，也就是以传播朝廷发布的诏书、法令等官文书为中心内容而发展起来的。[6]

所谓"邸报"，是中国古代报纸的统称，而不是固定的报名。在有些古代文献中，"邸报"也被称为"邸钞"、"阁钞"、"朝报"、"杂报"、"条报"、"除目"、"状"、"状报"、"报状"或"京报"。[7]它起了传达中央政治中枢讯息给各地诸侯的桥梁作用。唐朝的"邸报"是由各地派驻首都的邸务留后使负责传发。在宋朝则改由中央政府统一编印和发行。到了16世纪中叶，明朝当局才允许民间在官方的监督下自设报房印刷与发行"京报"。至于以固有报名《京报》的姿态出现，是在清朝末年以后的事。换句话说，《京报》是中国首次使用固有报名的"古代报纸"。

由此可见，"邸报"等"古代报纸"，在维持与加强当时庞大帝国官僚机构的统治秩序上，曾扮演着重大的角色。它之受到当时封建社会的封建性与专制性的影响与制约，是不言而喻的。各朝代的中央政府对"邸报"的发布不但有具体的规定，并进行管理与监督，还禁止"邸报"以外的任何报纸的流传。宋朝当局严禁"小报"[8]的出版，就是一个很好的例子。[9]从这角度来看，严格而言，中国的"古代报纸"并不能有如已故中国报史研究奠基人戈公振以"官报"一语概括，而"中国古代报纸"的历史，也不等于一部"邸报"史[10]，但从总体和本质上看，却与"官报"并无太大差异。

世界上最早的第一份近代化中文报刊，是1815年由伦敦布道会在马来半岛的马六甲创刊的中文月刊《察世俗每月统记传》。[11]至于中国境内的近代化中文报刊，则以1833年在广州创刊的《东西洋考每月统记传》为最早。[12]但是，如果人们单纯以现代报业的眼光来看待这些宗教刊物，它们能否称得上是“报纸”，仍有商榷之余地。因为尽管它们具有“定期性”的特征，但却是每月出版一次。至于内容，则以宣传基督教教义为主，近似时事性、评论性的文章可以说是少之又少。虽然如此，《察世俗每月统记传》的问世，无疑给闭关自守的中国提供了以中国统治阶层或上层社会人士为对象，以反映朝廷动态的官文书等为中心内容的“邸报”以外的另一种报刊形态。从近代化中文报业发展史的角度来看，它们是有别于现代的“杂志”，而具有特殊的意义。[13]本书的第2章至第4章，就着重探讨这些宗教月刊发行的背景，并以《察世俗每月统记传》(1815~1821)及《东西洋考每月统记传》(1833~1835，1837~1838)这两份鸦片战争以前发行的宗教报刊为中心，针对其特征与内容进行分析。

1842年，随着《南京条约》的签订，香港被割让为英国殖民地及上海、宁波、福州、厦门和广州被辟为通商口岸，原本以东南亚的马六甲等地为基督教(新教)据点的西方传教士，纷纷把阵地转移至香港及上述五个通商口岸，准备向中国境内进行大规模的传教活动。与此同时，作为“文字播道”的手段，西方传教士也办了不少近代化中文定期刊物。其中包括在香港出版的《遐迩贯珍》(1853~1856)、上海的《六合丛谈》(1857~1858)和《中外杂志》(1862~1863)及宁波的《中外新报》(1854~1861年)[14]等。

值得注意的是，上述的定期刊物不仅在中国境内流传，还输往日本，并于日本文久(1861~1863)年间，或以手抄本方式，或通过当时幕府的洋学研究所“蕃书调所”(1862年改称为“洋书调所”)翻印(即所谓“官版翻刻报纸”)而在日本国内流传。借用已故日本报业史权威小野秀雄的话来说，这些汉文翻刻报纸和《官板巴达维亚新闻》一样，是“我邦(指日本——笔者按)报纸的祖先”[15]。从这角度来看，研究上述中文报刊，不仅能对鸦片战争以后西方传教士在英国殖民地的香港及上海等通商口岸的办报情况有所了解，也能为日本的早期报纸《官板六合丛谈删定本》等“翻刻报纸”或翻译报纸的由来提供答案。本书的第5章与第6章即分别针对《遐迩贯珍》及《六合丛谈》这两家香港及上海最早的近代化中文报刊进行考察。

但是，上述的刊物基本上只能称为宗教报刊。中文报刊真正达到有突破性的发展，摆脱宗教报刊范畴，并以报纸形态出现的，还是在19世纪50年代香港西报的中文版问世以后的事。在这方面，一般报史学家都沿袭戈公振的说法。戈氏认为,《香港中外新报》创刊于咸丰八年即1858年,《香港华字日报》则始自同治三、四年(即1864、1865)。[16]两家早期的中文报纸皆发端于外人,分别附属于当时香港的两家西报。[17]

在中国报业史上,《香港中外新报》和《香港华字日报》都曾扮演重要角色。从19世纪后半期至20世纪初期或前半期,两报与后来在1874年创刊的《循环日报》,成为了鼎立于香港的三大日报。在一段相当长的时期里,它们与上海的《申报》(1872~1949)等日报,在中国报坛一直处于领导地位。

香港是当时最繁荣的商业城市,也是当时外文报纸及中文报纸发行的中心地。[18]上述香港三大报纸在报业史上又各有其受人注目与重视的特色:《香港中外新报》被认为是最早的中文日报;《香港华字日报》则发行至1941年底,也就是日军占领香港前夕才告停刊,是历史最为悠久的中文日报之一。至于《循环日报》,则不仅是中国人出资自办成功的最早中文日报,也是中国最早的政论报纸。因此,研究当时在中英文报业中心地香港发行的上述三家有代表性的中文日报,不但有助于了解早期中文报的面貌,还可窥见19世纪萌芽期的近代化中文日报发展与演变过程之一斑。本书从第7章至第9章即分别针对上述三大日报进行详尽的考证与分析。

但是,要研究上述早期的香港报纸(由于它们在形态上与内容上有别于传统的“邸报”、《京报》等“官报”,当时人们称之为“新报”[19]),其困难要远比对前述西方传教士发行的中文宗教报刊之研究为艰巨。因为尽管这些中文宗教报刊的原件已无法在当时发行地的马六甲或香港等地找到,而中国大陆与台湾也几乎没有保存,唯在大英博物馆内的大英图书馆(British Library),却有比较完整的收藏。也基于这个因素,20世纪60年代末期以来,先后对上述报史进行研究,或个别介绍、评论的文章也相继出现。[20]

与此相反,有关香港早期三大日报研究的文章,却不多见。由于早期报纸的佚失,无法找到原件印证,因此,即使是有关报纸的创刊日期、版面形态与内容也还处于不清楚的阶段。也因为如此,人们对于《香港中外新报》和《香港华字日报》的研究,除了半个多世纪以前戈公振略有提及[21]外,可以说是一片空白。绝大多数报史学者不是沿袭戈氏说法,就是在肯定戈氏叙述的基础上,提出些微的补充、订正与质疑,而未进行深入研究。[22]

至于有关《循环日报》的研究,大多数研究者与其说是着重于研究这份报纸本身,不如说是从研究中国近代史的角度,对该报倡办人王韬及其思想、文学以及他在中国近代化过程中所扮演的角色发生浓厚兴趣。[23]在资料方面,绝大多数研究者也未曾利用早期的《循环日报》,而是把王韬的政论集《弢园文录外编》

或者《弢园尺牍》等当作研究主体。[24]人们对于《循环日报》版面的安排、内容乃至创刊日期等一直只是停留在从间接资料推测的阶段。

对于报史研究者来说，要搞清楚上述三大报纸(也就是所谓“新报”)早期面貌的轮廓，最重要的莫过于设法寻觅第一手资料——当时报纸的原件，或者可靠、接近于第一手资料的有关证据。只有在发掘新资料与小心求证的情况下，才能准确或比较准确地辨认当时“新报”的内容与特征。

针对《香港中外新报》，小野秀雄曾以幕府末年在日本国内发行的《官版香港新闻》[25]以及当时的手抄本《香港船头货价纸》等资料为基础发表研究论文。[26]在有关论文中，小野认为《官版香港新闻》的“中文原书”是《香港船头货价纸》，而《香港船头货价纸》与《香港中外新报》是同一系统的报纸。当然，小野撰写这篇论文的目的，无非是为了解决与解释日本早期报史的问题，他所引用的资料也是以日本方面的资料为中心。不过，从中国报业史研究的角度来看，这篇论文却给我们带来了不少的启示(特别是有关《香港船头货价纸》这份报纸存在的考证)。

正是在小野的启示下，笔者长期以来走访了不少国家的图书馆、藏书家及旧书坊，也曾经向可能收藏有关资料的图书馆探询早期报纸、文献或档案记录的下落。在长期不断探询与广泛搜集资料的情况下，笔者终于发掘了79份在1859年发行，藏于美国麻省Essex Institute(现易名为Peabody Essex Museum)的《香港船头货价纸》的原件。与此同时，笔者在英国剑桥大学图书馆，也寻觅了一份报史学家从未利用，刊于1872年5月4日的早期《香港中外新报》。在详细阅览、比较与求证上述第一手资料的情况下，笔者不但有信心同意小野的推论，即《香港船头货价纸》系《香港中外新报》的前身，而且对《香港船头货价纸》的创刊年月，该报(以及《香港中外新报》)创刊目的、版面安排、内容、读者对象乃至该报(以及《香港中外新报》)在中国报业史上所处的地位，有进一步明确的认识。本书的第7章，就是环绕着上述问题予以探讨，并根据上述新发掘的《香港船头货价纸》、《香港中外新报》的原件，以及日本版的《官版香港新闻》等资料为基础，进行内容分析的。

对于《香港华字日报》的研究，长期以来报史研究者都以收录于《华字日报七十一周年纪念刊》的影本，即1873年6月4日的该报为迄今所见最早的《香港华字日报》。笔者在香港大学图书馆及大英图书馆新闻图书馆翻阅《德臣(西)报》(*The China Mail*)时，则发现该报从1871年3月至1872年4月之间，每周末曾辟有一版中文专页《中外新闻七日报》；而这《中外新闻七日报》，其实就是《香港华字日报》的前身。《中外新闻七日报》原件的发现，不仅使笔者有信心订正戈公振对《香港华字日报》创刊日期的"定论",而且也得以对《中外新闻七日报》的内容进行分析,从而对该报以及后来改名独立出版的《香港华字日报》的风格、论调,有较明确的认识。上述问题,也正是本书第8章的中心内容。

第9章是对《循环日报》的分析与研究。笔者所依据的是大英图书馆收藏的该报最初发行的五个月的报纸(包括收录1874年2月4日创刊号的新闻与文章的小册子和1874年2月5日至7月4日的原件),以及东京大学明治新闻杂志文库收藏的三个月的报纸原件(1874年5月16日至8月10日),由于其中有重复,因此合计为半年份的报纸。通过对上述报史学者未曾利用过的早期《循环日报》的研究,不但得以订正报史学者对该报创刊日期的错误记载[27],也使我们对于这家中国第一份政论报纸的早期版面、内容与言论面貌,有更清楚的轮廓。

换句话说,本书的目的,是在于通过对现有的直接或间接资料,特别是那些尚未被充分利用,或者新发掘的第一手资料——报纸原件,进行搜集、求证、研究与分析,从而对1815年至1874年的60年间近代中文报业的发展与形成的过程有个明晰的概念。

注释

[1] 19世纪萌芽期近代化中文报业的特征之一是"报纸"与"杂志"尚未严格区分,有人称之为"报纸杂志混合型"(见冯爱群编著《中国新闻史》,第42~50页),或泛称之为"报刊"。其二是报纸的出版周期由长而短,从月刊逐步发展为日刊。尽管办报者未必是同一批人,以及主角已逐步从西方传教士转为欧美商人乃至中国知识分子。其三是不管是从版面形式或者内容的变化(如新闻报道量逐步增加,宗教月刊登载市场消息)等方面来看,当时的月刊与后来的日报是有前后相互影响与不易分割的关系的。因此,尽管《察世俗每月统记传》等宗教刊物在出版周期、版式与内容上与今日之"杂志"颇为接近,但从中国近代报业发展史的角度来看,它们却是近代化中文报纸的重要组成部分与先驱。本书日文版根据日本新闻学界的传统称法,将这些早期"报纸杂志混合物"依其出版周期称为"月刊新闻纸"(即"月刊报纸")。但由于"月刊报纸"在中文很少使用,本书中文版沿袭中国新闻史学界的说法,泛称之为"报刊",但在探讨上述具体的刊物时,则根据其出版周期而称之为"月刊"。

[2] 戈公振在《中国报学史》中写为《察世俗每月统**纪**传》,上海商务印书馆1927年版,第三章第1页(香港太平版,第64页),但根据大英图书馆之原件,系《察世俗每月统**记**传》。本文依据原件名称。

[3] 一部分学者主张中国报纸最早之雏形,可追溯到春秋时代,例如,曾虚白主编的《中国新闻史》上册,第64页。

[4] 戈公振在其名著《中国报学史》中,将现代报纸诞生以前的报纸全划入"官报独占时期",但越来越多的学者认为"官报"的概念未必能够完全涵盖该时期报纸的实态,而主张称之为"古代报纸"。例如,黄卓明《中国古代报纸探源》,第8~9页等。

[5] 戈公振曾表示最早的“邸报”,可能可以追溯到前汉时期,但由于无法找到原件或其他强有力的证据,因此一般认为始自唐代的说法较为可靠。参见黄卓明前引书,第 19~28 页;梁家禄、钟紫、赵玉明、韩松合著:《中国新闻业史——古代至一九四九年》,第 5~8 页;方汉奇:《中国近代报刊史》(上), 第 1 页及复旦大学新闻史教研室:《简明中国新闻史》,第 1~2 页等。

[6] 黄卓明:前引书,第 8 页。

[7] 方汉奇:前引书,第 1 页。

[8] “小报”是中国古代的一种非法报纸。它最早出现于北宋末期,在南宋时期曾大量流传。在元、明、清时代,曾有类似小报的“小本”“小钞”或“报条”等刊物出现。内容虚实混杂,其中也有一些朝廷不愿让外界知晓的人事及机密事宜,因此曾遭当局查禁。参见足立利雄、三泽玲尔《中国报纸(新闻)史研究(Ⅱ)——关于邸报和小报》,《关西大学社会学部纪要》第十卷第一号,第 207~212 页。

[9] 方汉奇:前引书,第 2 页。

[10] 黄卓明:前引书,第 177 页。

[11] 戈公振:前引书,第三章第 1 页(香港太平版,第 64 页)。

[12] 戈公振:前引书,第三章第 4 页(香港太平版,第 68 页)。据原件,《东西洋考每月统记传》的“记”字有时也写为“**纪**”,本书统一为“**记**”。

[13] 有关 19 世纪上半叶报纸与杂志未有区别的特征和意义,参见潘贤模《近代中国报史初篇》第一章引论,见《新闻研究资料》总第 7 辑,1981 年,第 301~303 页。

[14] 有关宁波《中外新报》停刊的年份,据戈公振的《中国报学史》,上海商务印书馆 1927 年版, 第三章第 5 页 (香港太平版, 第 68 页) 及 Alexander Wylie, *Memorials of Protestant Missionaries to the Chinese*, p. 244 的记载是 1860 年, 而 Roswell. S. Britton 在其著作 *The Chinese Periodical Press 1800~1912* (p.51)中则认为是 1861 年。笔者看到的日本翻刻版《官板中外新报》收录着“中外新报第十二号、一千八百六十一年咸丰十一年正月初一日刊”(即 1861 年 2 月)的内容,可见至少是在 1861 年 2 月,《中外新报》尚未停刊。

[15] 小野秀雄:《关于我邦初期的报纸及其文献——兼为本书采录的报纸及书籍解题》,见《明治文化全集》第十七卷《新闻编》,第 4 页。

[16] 戈公振:前引书,第三章,第 10~11 页(香港太平版,第 73 页)。

[17] 同上。

[18] 当时的上海还未成为商业与报业的中心, 上海的英文报始自 1850 年创刊的《北华捷报》(*The North-China Herald*)。见 Frank H. H. King and Prescott Clarke, *A Research Guide to China-Coast Newspapers 1822~1911*, p.28。而上海最早的中文报,也仿自香港的中文报。见 Britton, *op. cit.*, p. 63。

[19] 为了与传统的“邸报”及《京报》等有所区别,当时的报纸常以“新报”为其报名。例如香港的《香港中外新报》、上海的《上海新报》和汉口的《昭文新报》等。上海《申报》的美查(Ernest Major)最初也考虑将报名命为《申江新报》,后将之略称为《申报》。为了向读者说明“新报”的内容与特征,该报在创刊初期曾数度刊文解说,并介绍有关香港“新报”

的情况。参见上海书局《申报》编印组编印:《〈申报〉介绍》,第 11~13 页;梁家禄等:前引书,第 36 页。

[20] 有关《遐迩贯珍》及《六合丛谈》的研究,笔者曾为文分别刊于日本立教大学《应用社会学研究》19 号(1974 年)及 23 号(1978 年)上。台湾《国立中央图书馆馆刊》第一卷第四期(1968 年)及第二卷第四期(1969 年)也曾先后刊登了蔡武的《谈谈〈察世俗每月统记传〉》及《谈谈〈东西洋考每月统记传〉》,详细介绍了有关的资料。此外,上海复旦大学的《新闻大学》也曾先后刊登了宁树藩的《〈察世俗每月统记传〉评述》(同刊第四期,1981 年)、《〈东西洋考每月统记传〉评述》(同刊第五期,1982 年)及章玉梅的《〈各国消息〉介绍》(同刊第六期,1983 年)等。

[21] 戈公振:前引书,第三章,第 10~11 页(香港太平版,第 73~75 页)。

[22] 例如,林友兰在台湾《报学》上登载的几篇有关香港早期报业史的文章中(如《伍廷芳与近代中文报业》,见《报学》第五卷第三期,1974 年等),曾对戈氏的看法提出多项质疑(包括《香港中外新报》的首任编者及创刊时期等),但由于没有原件立证而缺乏说服力。

[23] 有关中日及欧美对王韬研究的详细文献,参见西里喜行《王韬与循环日报》,《东洋史研究》第四十三卷第三号,第 88~96 页。

[24] 例如赖光临《王韬与循环日报》,《报学》第三卷第九期,第 52~64 页。

[25] 在日本翻刻的早期汉文报刊的刊名上皆加上“官**板**”二字,以别于原刊,例如翻刻自《六合丛谈》者改称为《官板六合丛谈》,但源自《香港船头货价纸》的《香港新闻》(有关考证详论于第七章第一节)则加上“官**版**”二字而命题为《官版香港新闻》。本书在谈论个别报刊时,皆根据其原文写法,但在谈论这些日本版汉文报刊时,则统称之为“官版”。

[26] 小野秀雄:《关于翻刻新闻杂志的原书》,《新闻学评论》第一号,第 52~53 页。

[27] 根据笔者在大英图书馆发掘之有关原件,《循环日报》系创刊于 1874 年 2 月 4 日无疑,详文见本书第 9 章。但由于未见到原件(或后来才复制的该报之缩微胶卷),一般报史学者皆根据 1932 年《循环日报六十周年纪念特刊》所述,将该报的创刊日期误为“同治十二年十一月十七日”,即 1874 年 1 月 5 日)。

第2章

十九世纪初期中文报刊诞生背景

在第1章，曾提到世界上最早的近代化中文报刊是由伦敦布道会在马六甲创办的。接下来讨论以下的两个问题：其一是英国传教士为什么要创办中文报刊(即办报的动机何在)；其二是这家最早的中文报刊为什么不是在中国境内出版，而是问世于远距中国1200海里的马来半岛的马六甲呢?要回答上述问题，就得先掌握当时中国社会的背景及其对外关系(特别是中英关系)，也得了解早期耶稣基督教(新教)传教士到中国传教所处的环境。

一、中外关系的特征

自从垄断东方贸易的东印度公司在1600年成立以来，英国就一直对中国有浓厚的兴趣。1685年，中国一改过去的方针，准许朝贡国以外的国家前来通商，遂揭开了中英贸易的序幕。此后，英国即采取积极态度，向中国推售其毛织品及印度棉织品等产品而换取中国的茶叶与丝绸等。到了18世纪中叶，英国压倒了葡萄牙、西班牙等其他欧洲国家而几乎垄断了对中国的贸易。[1]

18世纪后半期，英国已经是世界上工商业最发达的国家，也是拥有东方殖民地的强国。为了配合国内的工业革命，东印度公司更进一步要向中国寻求工业产品的市场以及生产原料的供应。然而，当时的中国还停留在以小农业与家庭手工业相结合的封建社会，一般老百姓过的是勤劳与穷苦的生活。在曼彻斯特机械布与既结实又便宜的中国土布之间，他们选择后者是不言而喻的。至于上层社会人士，四季都有其传统样式的制服，材料全用当时举世无双的中国丝织品。[2]由此可见，东印度公司输往中国的产品，并非中国人所迫切需求。1793年，乾隆皇帝在给英王乔治三世(George Ⅲ)的“上谕”中就指出：“天朝物产丰盈，无所不有，原不借外夷货物，以通有无。”[3]

换句话说，清朝政府为了维持其自足自给的自然经济基础与封建的经济结构，对于与外国通商贸易采取的是消极与否定的态度。在清廷看来，贸易是

"天朝"施给"外夷"的一种恩惠。基于如此态度,1757 年以来对外贸易只局限于广州一带。即使是在这唯一准许与"外夷"通商的港口广州,也附加上了各种限制的条件。[4]对于一心追求高利润及扩大对华贸易的西方国家——特别是英国来说,当然不会满足上述状况。因此,英国除了设法与清朝政府进行谈判之外,也无视中国的禁烟令,向中国大量输出鸦片。到了 19 世纪,西方国家输往中国的鸦片价值已凌驾于中国出口丝茶等商品的价值之上,严重地打击了中国的经济。在白银外流与银价扶摇直上的背景下,不但政府的国库收支与货币流通遭到破坏,老百姓的生活也受到影响而陷入困苦的境地。正因为如此,不仅中国官方对强行推行鸦片贸易的西方国家深表不满,即使是一般民众(农民与手工业者)也是十分反感的。

这样的对外关系与贸易体制,一直延续到大英帝国发动鸦片战争并于 1842 年迫使清朝政府签署《南京条约》时才告结束。

二、基督教新教对华的拓教活动

1. 伦敦布道会派遣马礼逊到中国

对于地大物博、人口众多的古老封建中国发生浓厚兴趣的,除了欧美的政治家与大商人之外,该是在各地积极开展拓教活动,力图叩开其大门的基督教(新教)传教士了。1805 年,伦敦布道会理事会就通过有关圣书汉译的议决案。该布道会可以说是最早考虑向中国进行传教活动的基督教(新教)团体。[5]

在当时的伦敦布道会眼中,中国是一个十分陌生的国家,缺乏足够的情报。即使是在英国驻华专使马戛尔尼伯爵(Lord George MaCartney,1737~1806)身旁的英国人当中,也没有一个人通晓中文——传教不可或缺的媒介。不少人甚至怀疑中文是不是外国人所能掌握的语文。[6]伦敦布道会最早考虑的对华传教活动据点,不是中国,而是华侨聚居,且已成为英国殖民地的马来半岛的槟城。[7]这是旨在学习语文及为传教活动做好准备工作的一项选择。[8]由此可见,该布道会从一开始就有意将英国具有影响力的马来半岛,作为对华传教活动准备阶段的据点和实验场所。第 3章将探讨最早的中文报刊《察世俗每月统记传》之所以诞生于马六甲,显然不是没有理由的。

2. 马礼逊被赋予的使命及其对"文字播道"之重视

1807 年春,首名被伦敦布道会派往中国传教的马礼逊 (Robert Morrison,

1782~1834,亦译为玛礼逊),并不是直接到槟城,而是先绕道美国,寻求美国政府援助之后而航渡至广州的。[9]当时该布道会赋予马礼逊的直接任务是先学好中文,然后编辑英汉辞典及将《圣经》翻译为中文,而未赋予他“传道与说教”的任务。[10]当时,马礼逊遇到的难题,不仅是来自有如印度等英国殖民地人民对传教士所采取“非友好”的态度,而且还得面对在葡萄牙当局庇护下,已在澳门活动、敌视新教的天主教传教士。[11]此外,在清朝政府闭关自守的政策下,对于“外夷”入境的限制是非常严格的,外国人都受到严密的监视。[12]

这些都可以说是外来的客观因素所造成的困难。至于传教士本身,首先得克服的最大难题,正如前面所述,就是掌握被当时的外国人认为几乎是无法学会的汉语。由于中国方言众多,不同地区的中国人也有可能完全无法理解对方的语言。[13]所幸的是,中国全国的文字统一,因此尽管方言复杂,彼此都能通过文字相互沟通。早期到中国拓教的另一名传教士麦都思 (Walter Henry Medhurst,1796~1857)曾经指出:

> 在(清朝)帝国全国,文字媒体是相通的。因此,通过文字代替口语对话,是彼此相互交换看法所常用的手段。由于中国文字是象形文字,每个字都有其特定的象征意义,因此,一个受过教育的人士即使是使用与作者截然不同的方言,对同一文字有不同的发音,都能理解同书的内容。值得注意的是,在中国全国,不仅使用字义相同的文字,就连文章的体裁也是统一的。[14]

换句话说,在早期来华的西方传教士眼中,尽管中国方言众多,只要掌握汉文,就能有效地达到传教的目的。马礼逊在倾其全力学习汉文的同时,把重点放在翻译等以印刷媒体为传教手段的“文字播道”的工作上,显然是基于上述的判断。

三、马礼逊与东印度公司的合作关系

面对上述重重困难,马礼逊又是怎样开展其对华的拓教活动(以“文字播道”为中心)呢?首先得指出的是,马礼逊在抵达中国后,就与东印度公司接触,并于1808年底受聘为该公司的翻译。他与该公司的密切合作关系是不可忽视的。

据马礼逊本人的叙述,他在抵达澳门之后,就带着介绍信拜访当时东印度公司广州分行的重要人物乔·斯当东 (Sir George Thomas Staunton,1781~1859)。

当时中国严禁外国人学习汉文,东印度公司也禁止从事贸易活动以外的人士在该地居留。不过,在斯当东的支持下,马礼逊一开始就获得该公司的援助。[15] 1808年底,当马礼逊在澳门发生居留问题,伦敦布道会曾一度考虑将他派往原定计划下的槟城时,东印度公司决定聘请马礼逊当翻译,年薪500英镑。[16]这项决定,无疑协助马礼逊结束了其在广州的不安定生活。作为东印度公司的职员,他可以获得在中国居留的合法地位。这对马礼逊早日完成伦敦布道会赋予的使命,显然是极为有利的。[17]

当然,东印度公司之所以支持马礼逊,并不单单是为了支援新教,更重要的是,马礼逊一心一意要掌握汉文以及他对英汉辞典的编辑工作,对于该公司也是有益与值得嘉奖的事业。[18]正因为如此,马礼逊在1811年编辑的汉语语法及1822年完成的英汉辞典,都是在东印度公司鼎力援助下进行与出版。特别是英汉辞典的编辑工作,经费多达15000英镑,没有东印度公司的大力支持是不易进行的。事实上,为了编辑该辞典,马礼逊从1814年开始就一直利用公司的字盘和印刷机,并在该公司优秀的印刷技术人员的合作下进行有关的工作。[19]如果没有该公司的协助与庇护, 在当局严禁外国人出版中文书籍的情况下,马礼逊的英汉辞典是不可能面世的。1816年,马礼逊以秘书兼翻译身份,随英国特使阿美士德勋爵(Lord William Pitt Amherst,1773~1857)前往北京谈判。当时由于特使拒绝在拜会清朝皇帝时行叩头礼而未取得预期的成果。不过,在陆路归途中,他们走访了好几个讲不同方言的省份,获取了不少情报。[20]从上述马礼逊与东印度公司及英国当局的关系,不难看出当时英国在华"政""教""商"三者一体的关系。

四、清朝的禁教政策及来自天主教的阻碍

对于外国人的传教活动,当时清廷采取的是严厉禁止的政策。紧随着1805年(嘉庆十年)有关严格取缔洋人传教活动的上谕的颁布,清政府又于1811年(嘉庆十六年)正式公布如下之谕令:

> 嘉庆十六年五月丙午　上谕内阁刑部议复御史甘家斌奏请"严定西洋人传教治罪专条"一折。西洋人素奉天主,其本国之人自行传习原可置之不问。至若诳惑内地民人甚至私立神甫等项名号,蔓延各省,实属大干法纪。而内地民人安心被其诱惑,递相传授,迷惘不解,岂不荒悖?……若不严定科条大加惩创,何以杜邪术而正人心?嗣后西洋人有私自刊刻经卷,倡立讲

会，蛊惑多人及旗民人等向西洋人转为传习，并私立名号，煽惑及众确有实据为首者，意当定为绞决；其传教煽惑而无名号者，着定为绞；其仅止听从入教不知悔改者发往黑龙江，给索伦达呼尔为奴，旗人销去旗档……[21]

"刊刻经卷，……意当定为绞决"，充分反映了谕令对洋人刻经传教之不能容忍。实际上，在有关谕令公布后不久，当时在北京的天主教传教士都被迫停止活动，其中还有人曾一度被监禁。[22]

上述谕令虽然是针对天主教，但也适用于后来的基督教(新教)。[23]因为对于清廷来说，两者并无太大的区别。

针对上述的严教政策，当时已在广州的马礼逊曾于 1812 年将有关谕令的译文送往伦敦总部，并写道：

兹附上有关谕令之译文，从中可以获悉刻印汉书传教将面临死刑处分。……我将会十分谨慎，避免招惹当局注意。[24]

同年，伦敦布道会派遣一名在苏格兰一个小镇刚修毕布道课程的年轻传教士米怜(William Milne，1785~1822)，前往中国协助马礼逊。[25]1813 年 7 月，米怜夫妇抵达澳门，受到马礼逊夫妇的热情接待。然而，在天主教传教士的策动下，葡萄牙当局下令米怜离境。尽管马礼逊曾为此事奔波，皆不得要领，米怜只好迁往广州，在清政府的严密监视下，过其十分不安全的生活。[26]

综上所述，可以清楚地看出基督教新教要在中国境内进行传教活动是不可能的。据《伦敦布道会史 1795~1895》(*The History of the London Missionary Society，1795~1895*)一书作者洛维特(Richard M.A.Lovett)的叙述，在清朝当局公布严厉取缔外教的谕令时，马礼逊已经产生了在马六甲设立一所学院，训练传教士等对华活动的构想，在米怜无法于澳门定居之后，马礼逊更坚定了这个决心。[27]换句话说，对于基督教来说，怎样建立一个距离中国本土不远的基地，是当时面对的首要课题。至于马礼逊与米怜是基于什么原因选择马六甲为传教据点，它与本书研究焦点所在的华文报刊之诞生有何关系与影响，则留待下一章进一步探讨和分析。

注释

[1]　铃木俊编：《中国史》改订新版(昭和 42 年第二版)，第 336~337 页。

[2][3]　参见范文澜《中国近代史》上编第一分册(1953 年版)，第 3~4 页。

[4] 铃木俊编:前引书,第 338 页。

[5] Walter Henry Medhurst, *China: Its State and Prospects*, p.251.

[6] Ibid., pp.252~253.

[7] Ibid., p.251;Richard M.A.Lovett, *The History of the London Missionary Society*, 1795~1895, Vol. Ⅱ. p.403.

[8] Medhurst, *op.cit*, p.251.

[9] Ibid., p.254.

[10] 有关这一点,田中正美在其论文《新教对中国传教的开拓与英国东印度公司》(《东洋史论集》第二册,第 392 页)中曾予以论述。该文对马礼逊等传教士的活动及当时的中英关系,有详尽的分析。

[11] C. S. Horne, *The Story of the London Missionary Society*, 1795~1895, p.124.田中:前引论文,第 389~390 页。

[12] 马礼逊在东渡中国 18 年首次回返英国时,曾将当时的中国情况,作如下之描述:"欧洲人只被允许住在中国边境的广州和澳门。那里有数目众多的天主教徒和其他异教徒。……欧洲人不能远离此二地的郊外,也不允许携带家眷。"见 *Lovett, op.cit.*, pp.399~400。

[13] 对于中国方言的复杂性,麦都思曾指出:"值得注意的是,由于各省各地讲不同的方言,不同地区的中国人之间也无法通晓对方的语言。"见 Medhurst, *op.cit.*, p.78。

[14] Ibid.

[15] *Memoirs of the Life and Labours of Robert Morrison*, D. D. Compiled by his Widow, Vol.1., p.153.

[16] 据米怜与麦都思的记述,马礼逊结婚于 1808 年底 (William Milne, *A Retrospect of the First Ten Years of the Protestant Mission to China*, p.78; Medhurst, *op.cit.*, p.258)。但据洛维特之记述,马礼逊是在 1809 年 2 月 20 日结婚的(Lovett, *op.cit.*, p.407)。但不管是前者或后者,双方都指出马礼逊在结婚的同一天,获聘于东印度公司。

[17] 田中:前引文,第 407~408 页。

[18] Milne, *op*, *cit.*, pp.129~130.

[19] Medhurst, *op.cit.*, p.262.

[20] Ibid., p.265.

[21] 《仁宗睿皇帝实录》第二百四十二卷,第 3594~3595 页。

[22] Medhurst, *op*, *cit.*, p.260.

[23] Milne, *op*, *cit.*, p.124.

[24] Lovett, *op*, *cit.*, p.410.

[25] Medhurst, *op*, *cit.*, p.260.

[26] Milne, *op*, *cit.*, p.112.

[27] Lovett, *op*, *cit.*, p.410.

第3章

基督教在马六甲的传播和《察世俗每月统记传》的诞生

一、马六甲传教的开始与中文报刊的发行

1815年,马礼逊与米怜在深入探讨当时对华传教的主客观条件之后,向伦敦提出了多项有关以后传教方针及对策的建议。其中,针对如何获得良好根据地的问题,看法是这样的:

> 以今日中国的情况而言,要通过出版物或者我们布道会的其他活动来进行传教是十分困难的;实际上,就连个人的居住问题都没有保障。因此,我们希望能在某个欧洲新教国家管辖而又距离中国不太远的地方,辟设一个在客观条件上允许我们较能展开活动且能奏效的根据地。这样,我们就可以作好准备工作,在中国按照上帝的旨意开放其门户时进入该国。[1]

这项建议清楚地表明了基督教新教开拓者是何等重视对中国传教的工作,以及急于要在"某个欧洲新教国家管辖而又距离中国不太远的地方",即当时欧洲的东方殖民地谋求一个对华传教的根据地。

1. 选择马六甲的原因

如前所述,伦敦布道会最初选中的对华传教根据地是马来半岛的槟城。1808年,马礼逊在还未就职于东印度公司且又面对澳门的居留问题而决定暂离中国时,首先考虑的目的地也是槟城。

马礼逊重视槟城,有以下三个理由:(1)槟城是英国在马来半岛最早获得的殖民地(政治稳定因素);(2)当时已有不少华侨侨居(传教对象的存在);(3)靠近中国(方便对华传教)。

1814年,当米怜为寻求基督教新教基地而到各地考察时,英国东印度公司的势力已席卷马六甲、爪哇和槟城等华侨聚居之地。

米怜在其回忆录中表示,上述三地都可考虑发展为传教据点。[2]从华侨人口数目考虑,他认为爪哇要比马六甲有利,但马六甲距离中国较近,加以它位于交趾支那、暹罗与槟城之间,方便同散居于各群岛的华侨接触。此外,它与印度、广州的往来也十分方便。因此,米怜认为,马六甲人口虽然比爪哇少,但其地理位置却有利于教会向更多的当地民众(特别是中国人)展开传教活动。[3]此外,米怜还指出,从健康与学习语言的环境考虑,马六甲也较为适宜。[4]这与他计划在教会附设医院与学校等构想有关。特别是从学习语言的环境着想,马六甲不但能提供学习华语,而且还能学习马来语的条件,有利于基督教新教扩大对恒河以东广泛区域的传教活动。[5]至于政治方面,又有哪些有利的因素呢?

自18世纪末期至19世纪初,可以说是英国在东南亚扩张势力,与荷兰展开殖民地争夺战的时期。两国的关系十分微妙。1795年,马六甲被英舰"奥阿菲思号"攻破,归英国所有。1802年,依据英、法两国的《亚眠和约》,英国同意将锡兰岛以外原属荷兰的殖民地都归还给巴达维亚共和国,但在实际上,英国却继续占领各地,而当时直接执行占领任务的便是东印度公司。[6]这样的政治环境当然是有利于新教基地的创设。何况即使马六甲的统治者有所变化,同样信奉新教的荷兰政府也不会令教会有所为难。[7]除此之外,以当时驻巴达维亚的东印度公司爪哇副总督托马斯·斯坦福·莱佛士 (Tomas Stamford Raffles,1781~1826)为首的东印度公司,对新教也采取十分友好的态度。

莱佛士是后来在新加坡为英国殖民地政策立下汗马功劳的人物,也是当时英国屈指可数的东方问题专家。他的研究当然是旨在为英国的东方殖民地统治政策服务;他同时也是有关政策的实践者。从英国的长远利益出发,他主张重视殖民地的文化政策与宗教政策。[8]因此,尽管莱佛士不是基督教的狂热信徒,却为1814年抵达爪哇的米怜提供了一切的方便。[9]莱佛士副总督的想法是,基督教的传播,应做到"既有助于土著民社会的改善和政府地位的加强,也配合基督教知识的推广"。[10]可以这么说,米怜宣传基督教,教化侨居当地华侨的意图,与莱佛士的基本构想是一致的。[11]米怜在马六甲的传教事业一开始就能一帆风顺地推展,主要原因恐怕也在于此。

2."文字与教育播道"的计划

下面我们进一步考察马礼逊和米怜如何开展其传教的活动。

正如前所述，马礼逊和米怜在深入探讨当时对华传教活动状况后，曾向伦敦布道会总部提出十项传教方针。第一项就是开辟一个良好的传教基地，重点放在"教育播道"(开办以中国人为对象的学校等)和"文字播道"等。其中，最值得我们注意的，是有关中文月刊发行的如下计划：

> 在马六甲每月或尽可能频繁地发行杂志型的中文读物。其目的在于将一般知识普及和基督教的推广活动相结合。[12]

所谓创办杂志型中文读物的计划，指的就是本章所要探讨的《察世俗每月统记传》。与此同时，作为"文字播道"的手段，出版中文、马来文和英文的读物也在计划之列。[13]随着文字播道活动区域的扩大，为进一步加强恒河以东各地传教团体的联系，他们也准备在马六甲发行英文的定期刊物。[14] 这就是1817年5月创刊的季刊《印度支那汇刊》(*Indo-Chinese Gleaner*)。

此外，他们还提出了建立面向中国人的免费学校(A Chinese free school)、扩大恒河以东区域的传教组织，进行《圣经》汉译等具体计划。[15]循着上述以文字和教育为中心的传教方针，米怜开始在马六甲发展其拓教事业。1815年春，米怜夫妇带着一名中文教师和几名刻工抵达马六甲。当时，他们也带了不少中文书籍和印刷纸张等。[16]

1815年8月5日，以中国人为对象的免费学校(即"立义馆")开校。同一天，米怜筹办的中文定期刊物也告问世。[17]这份定期刊物，就是最早的中文近代报刊——《察世俗每月统记传》。

3. 对中文定期刊物的重视

显然，新教开拓者是把创办中文月刊视为重大的计划之一。在《察世俗每月统记传》(下面简称《察世俗》)和编辑米怜的回忆录中，都对中文月刊的计划有所记述。

首先，从传播媒介的角度着眼，米怜认识到中文书面语(The Chinese written language)有如下的重要性：

> 不管是以何种洗练的语言来表达，在传播人或有关神的知识上，印刷媒体显然要比其他媒体更占优势。作为加深理解的手段，中文书籍之重要性也许要比其他传播媒体还要大。因为，阅读中文的人口要远比其他民族

为多。[18]

紧接着，他在指出当时在中国传教处境困难的同时，对马六甲发行中文月刊所要挑起的任务作了如下的叙述：

> 况且，中国正在采取闭锁政策，它实施严禁令及对外国人存有令人难以理喻的嫉妒心。耶稣教的牧师不但不被允许在该国土地上自由走动，直接以其活生生的声音向其国人传播福音，就连在国境内对耽于偶像崇拜的民众发出劝其悔改的呼声，也无法做到。书籍可以广泛流通和传诵。如果有适当的代理人并采取谨慎的态度，书籍是有可能大量传入中国的。[19]

那么，米怜等人又是如何实践其出版计划的构想呢?要回答这个问题，首先得对当时《察世俗》的编辑及其语文能力进行一番考察。

《察世俗》创刊于1815年(嘉庆二十年)，基本上是每月发行一次，一直持续到1821年(道光元年)，即米怜逝世(1822年)前夕。每期平均为10~14页，共7卷74册，计524页。[20]编者米怜是主要执笔者，马礼逊、麦都思和中国人印刷助手梁发也曾为其最后数期撰稿。[21]

关于马礼逊的生平，前章已经介绍。至于麦都思，是在1817年6月12日抵达马六甲的。当时，他的主要工作是在印刷部门。在协助米怜办《察世俗》的过程中，他认识到有关工作的重要性。米怜去世后，麦都思继承他的遗志，以他的月刊为楷模，先后在巴达维亚和香港等地办了不少中文报刊。正如《中国报纸》(*The Chinese Periodical Press 1800~1912*)的作者白瑞华(Roswell S.Britton)所说，作为早期中文月刊的编者，麦都思是“无所不在”的人物[22]，足见他与当时中文报刊关系之密切。有关麦都思的生平，我们将在下一章予以探讨。

除了上述三名英国传教士外，还有一位为《察世俗》出了不少力气的人物，那就是出身广东的中国刻字工梁发(1789~1855)。梁发(又名梁阿发、梁亚发)，1789年出生于距离广州约70英里的一个小村庄。由于家境贫寒，他在11岁才得以入学。在乡间私塾接受了四年的中国旧式教育，15岁时背井离乡抵达广州谋生。最初，梁发从事画笔的制作，后改行为木版印刷。1815年他被伦敦布道会雇用为刻字工，与米怜一道前往马六甲。第二年，在米怜主持下，梁发接受了洗礼。1819年，他回国省亲。为了向故乡的亲友传教，他撰写了《救世录撮要略解》，并在马礼逊的许可下分发100份。但当时中国实施禁教政策，他的活动当然不被当局所容忍。结果，他被当局逮捕，木版也被烧毁。两天后，马礼逊次子马儒翰(即约翰·马礼逊,John Morrison,1814~1843)把他营救出来,这时他已受到三十下杖刑的处罚及罚款。梁发返回马六甲后,继续协助米怜进行文字和教育的传教活动。1823 年,伦敦布道会授予他为当地人传教士,成为第一个中国人新教传教士。直到 1855 年逝世为止,梁发一直致力于西洋人的新教传教事业。[23]

从梁发的生平简历,可以想象作为中国人最早的基督新教传教士,他在新教开拓事业中所发挥的重要作用。据伟烈亚力(Alexander Wylie,1815~1887)的记录,梁发始终以"学善"(Student of Excellence)或"学善居士"(Retired Student of Excellence)的笔名撰写传教文章。[24]不过,由于《察世俗》的文章一般都不署名,因而,无从得知他为《察世俗》写了多少文章。在他已出版的宗教小册子中,最引人注目的,莫过于 1832 年刊行的《劝世良言》。此书共分九卷,鼓吹停止偶像崇拜,而改信真理。[25]1837 年,太平天国运动(1850—1864)领导人洪秀全为了参加科举考试在广州逗留,曾得到梁发的一部《劝世良言》。第二年,落第的洪秀全再次应试,再次受挫,回乡后不久身患热病。据说洪在病中曾产生种种梦幻,后来细读《劝世良言》,惊奇地发现竟与书中内容颇为相似,便从此开始对此宗教的信仰。[26]1843 年,洪秀全与他的同窗冯云山在研究《劝世良言》的基础上创立了"上帝会"。1850 年,该组织发动了声势浩大的农民运动——太平天国运动。[27]

4. 编者米怜面对的难题

正如前面所述,《察世俗》是米怜抵达马六甲未满三个月的 1815 年 8 月 5 日创刊的。换句话说,是他东来两年后的事。在这期间,他曾于 1814 年周游爪哇与马六甲等地。因此,他向马礼逊学习中文的时间实际上只有一年。单单凭着一年左右的外语知识,就着手创办一份外文报刊,不能不说是具有足够的勇气。

1819 年该刊发行四周年时,米怜曾谈到该刊的中文水平:

> 初期的样本不论是在文章写作或者印刷方面都很不完善,但习惯阅读的读书人应该能理解。编者希望在进一步掌握语文能力之后,能改善文体。[28]

可见米怜深刻地认识到该刊中文水平之低劣,并多少为此而担忧,他还表示:

> 为使这份刊物办得更有吸引力,传教者必须拨出更多的时间与精力,即全神贯注在有关的工作上。同时,还应该集合各不同文采的作品。编者希

望今后自己能在这方面投入更多的时间，并希望有更多的同仁能掌握中文，从而使该刊登载更多有益且体裁多样的文章——特别是迄今尚未被论及的题目。[29]

换句话说，米怜面对的课题，首先在于如何克服语言的障碍。在这方面，已成为虔诚信徒的梁发，尽管只受过四年的私塾教育，但在中文及有关中国人的风俗、习惯和思想意识等方面，都会对米怜提供不少帮助。

不过，米怜最大的期待还是后起之秀的传教士能真正掌握中文，从而使该刊办得更好。这一长期的根本对策，具体地体现在1819年11月10日由米怜兼任院长与教员的英华书院(Anglo-Chinese College)的设立。

5. 英华书院与中文报刊的关系

当然，英华书院不是专为新教传教士学习中文而创立。正如米怜在《察世俗》问世近两年后创办的英文季刊杂志《印度支那汇刊》(*Indo-Chinese Gleaner*)刊载的"英华书院计划书"(General plan of the Anglo-Chinese College)所述一般，英华书院创办的目的是为了促进"中国与欧洲文学的相互学习及传播基督教"。[30]也就是说，该书院一方面是为欧洲人士提供学习中文和中国文学的机会；另一方面，也为通晓汉文的恒河以东各国人士提供学习欧洲文学、自然科学和英语的机会，这些国家和地区包括中国、交趾支那、东部诸群岛、琉球、朝鲜和日本。该计划书表明要通过上述教育课程，向东半球传播基督教原理和文明。[31]

创办英华书院，是米怜在马六甲进行传教开拓活动的重要事业之一。怎样为未来向中国传教做好准备工作，如何掌握好中文，一直是米怜朝夕苦虑的问题。英华书院的对象并不限于新教的传教士，它同时也开放给欧洲各国的大学教师、公司职员和领事馆馆员申请入学。有关课程即清楚规定"来自欧洲方面的学生，可根据自己的需要，分别选修宗教、文学与商业中文的科目"。[32]上述入学资格的规定和课程安排，与该书院强调其创立也"有助于通商、政治、外交及社会上的实际需要"[33]的宗旨是相挂钩的。也许因为这个原因，英华书院从一开始就得到东印度公司的援助。该书院院长米怜(马礼逊为理事长)在其回忆录中，就透露该书院的开幕奠基仪式，是由一名英国军官主持的。[34]当时荷兰和英国的殖民地高级官员们都欢迎这个书院的诞生，并出席了开学典礼。[35]

英国的殖民地官吏们不仅在形式上支持该书院，也在经济等方面予以积极支援。[36]1823 年,莱佛士曾与马礼逊商讨将英华书院迁至新加坡事宜[37],说明了两者关系之密切。这项计划最终虽未实现,但却可以看到,马礼逊创办英华书院(或一度考虑将学院迁往新加坡)的构想,与莱佛士殖民地统治的战略是相一致的。

简而言之,英华书院的创立一方面是为了培养当地的传教士;另一方面,也为急于打入中国的西方传教士和商人等提供了学习中国语言文学的场所与机会。直到 1842 年《南京条约》缔结为止,英华书院是培养欧美中国通的唯一学校。在这所英华书院里,继米怜之后,涌现了许多精通中文的欧洲人士。马礼逊在谈到该学院的方向时,曾指出"文学只是手段而非目的"("Literature is the means, not the end")。[38]书院的传教士们在学习中文的同时,并没有忘记进行各种传教活动。在紧随米怜之后抵达马六甲的传教士当中,有不少即一面主持英华书院工作,一面出版中文定期刊物的。值得一提的是,如果我们查阅教会早期中文报刊创刊人的履历,就不难发现他们几乎都出身英华书院或与该书院有某种密切的关系。

二、《察世俗》的内容与特征

1. 编辑方针与内容重点

前面提及米怜在《察世俗》发行四周年的 1819 年,曾对该刊进行了一次总结。在探讨《察世俗》的内容与特征之前,也许有必要查阅他在其总结的文章中,如何为《察世俗》定位。

针对该刊创办的宗旨,米怜指出:

> 这本小刊物创立的原本目的,是要把一般知识的普及与宗教、道德的推广活动相结合,包括传播足以促使人们反思及激发其觉悟的公众事物的时事。传播基督教的教义,是最主要的目的,但也不忽视其他次要的目的。因为知识与科学就像是宗教的仕女一般,可成为道德的支柱。[39]

同样的宗旨,也清楚地写在《察世俗每月统记传》的序文(见图 3—1)中:

> 故察世俗书必载道理各等也。神理、人道、国俗、天文、地理、偶遇、都必有些。随道之重遂传之。最大是神理。其次人道。又次国俗。是三样多讲。

图 3—1《察世俗每月统记传》序文

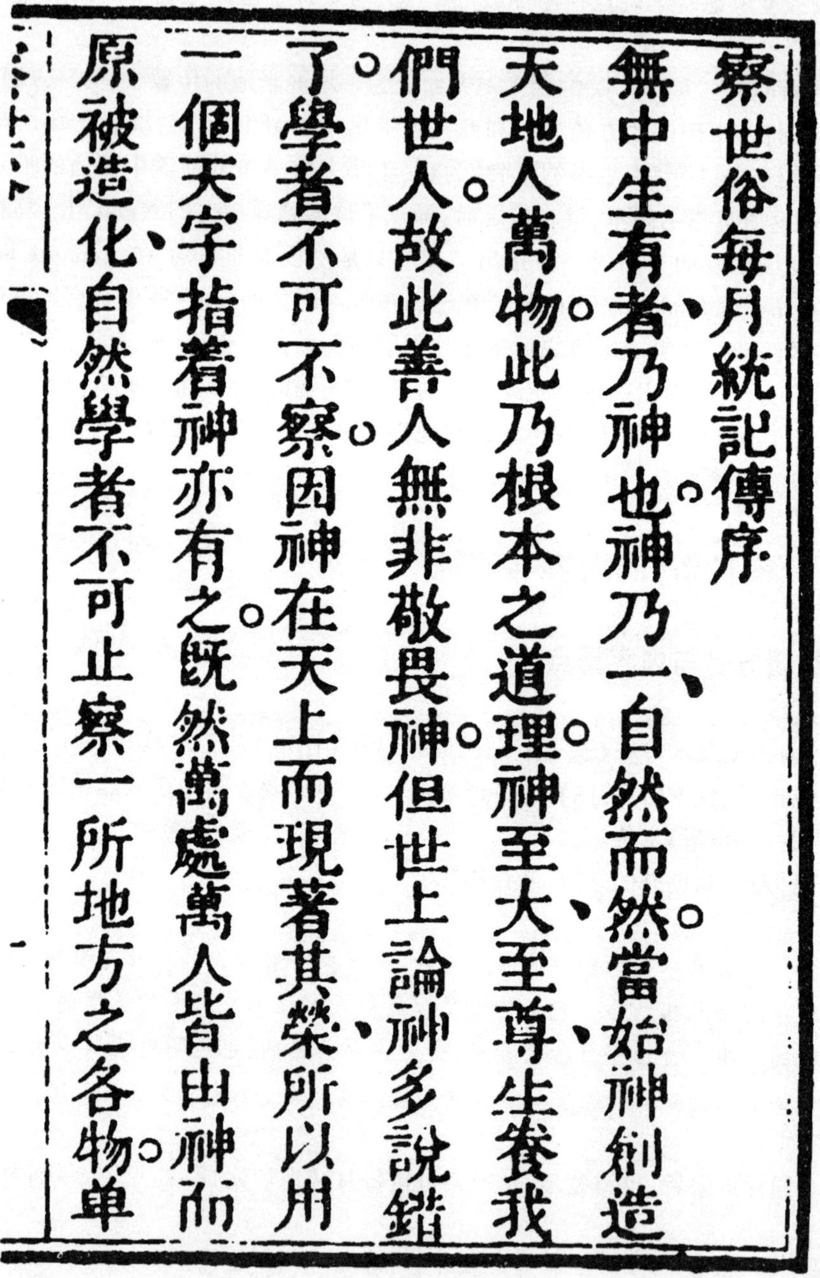
察世俗每月統記傳序
無中生有者、乃神也。神乃一、自然而然。當始神創造
天地人萬物。此乃根本之道理。神至大至尊、生養我
們世人。故此善人無非敬畏神。但世上論神多說錯
了。學者不可不察。因神在天上而現著其榮、所以用
一個天字指着神亦有之。既然萬處萬人皆由神而
原被造化、自然學者不可止察一所地方之各物。单

其余随时顺讲。[40]※

换句话说,《察世俗》最重视的内容是"神理"(即基督教教义),其次为"人道"(伦理道德)及"国俗"(各国风土人情)。

然而,该刊是怎样阐明其中心主题——"神理"的呢?这只要翻阅该刊各卷的目录,就可窥见大多数的文章是开门见山,直接宣传基督教的。这类文章约占各号的一半篇幅。从倾向看,最初四年刊载直接传教的文章较多,从创刊第五年开始,通过寓言、比喻等间接方式传教的文章有增加的趋势。直接宣传教义的主要文章有:

1815年	《神理》(连载)
	《圣经之大意》
	《解信耶稣之论》
1816年	《古今圣史记》(连载至1820年)
	《进小门走窄路解论》
1817年	《万人有罪论》
	《神主无所不知无处不在论》
1818年 1819年	《圣事节注》(连载)
1820年	《引圣录句证神原造大地》
1821年	《圣书卷分论》
	《旧遗诏书卷分》
	《论新遗诏书》

除了《圣经》汉译及介绍宗教的文章之外,该刊有时也登载一些批判异教及比较异教和基督教差异的短文。如《论不可拜假神》[41]《真神与菩萨不同》[42]《假神由起论》[43]《溺偶像》[44]等,都是典型的例子。可以这么说,这些文章是《察世俗》中较具攻击性的。

2. 编者的顾忌与版面特征

然而,由于《察世俗》是在当时中国朝野视基督教为异端的时代背景下最

※ 本书研究对象的各个报刊之原文,如有顿号、句号者皆保持其原有面貌,引者均不重新标点。

早出版的中文定期刊物,虽然远离中国本土,但马六甲的中国侨民依然受到民族传统的伦理道德、风俗习惯和宗教的支配与影响,而对基督教的宣传采取高度警惕的态度。因此,米怜在文章中的遣词用字不能不有所顾忌而持谨慎态度。在序言中,他固然强调“神理”是主要内容,但在实际上,他更加重视的是如何通过改变人们对世间事物的传统看法,来达到传教的目的。这样的手法,在《察世俗》的序言中也有所体现:

> 无中生有者、乃神也。……但世上论神多说错了。学者不可不察。……既然万处万人皆由神而原被造化、自然学者不可止察一所地方之各物。单问一种人之风俗。乃需勤问及万世、万处、万种人、方可比较、辨明是非、真假矣。一种人全是、抑一种人全非、未之有也。似乎一所地方未曾有各物皆顶好的。那处地方各物皆至臭的。论人、论理、亦是一般。这处有人好歹、智愚、那处亦然。所以要进学者不可不察万有。后辩明其是非矣。总无未察而能审明之理。所以学者要勤功察世俗人道。致可能分是非善恶也……

换句话说,米怜首先强调“万世万处万人”皆有好坏两面,呼吁对外国人持有偏见的中国读者要看到外国人及其思维方式的长处。米怜反复指出,考察“万世万处万人”才能求得客观的真理。正是从这种说教方式出发,米怜没有给这份定期刊物取一个与基督教直接有关的名字,而叫做《察世俗每月统记传》(英文之刊名为 *Chinese Monthly Magazine*,其内容正如米怜所说一般,即“A general monthly record, containing an investigation of the opinions and practices of society”)。[45]

米怜这种婉转的说教方式,不仅表露在其序言中,也反映在报刊封面和内容里。

在《察世俗》封面(见图 3—2)的正中,写着该刊的名称,右上是嘉庆年号。左侧写着“博爱者纂”,“博爱者”其实就是米怜的笔名。右侧则写道:“子曰:多闻,择其善者而从之。”其出典是《论语·为政篇》的“多闻阙疑、慎言其余、则寡尤”和《论语·述而篇》的“三人行必有我师焉。择其善者而从之,其不善者而改之”。[46]显然,米怜之用心是希望借此避免正面抨击儒教思想和刺激中国人,并进而巧妙地利用一部分儒教思想如《论语》等的语录宣传基督教教义。

从 1817 年到停刊为止,《察世俗》曾连载一篇传教文章《张远两友相论》。这篇文章后来编成小册子,在马六甲、新加坡、上海、宁波和香港等地有各种版本,并传入日本,在明治初期新教传教史上占有特殊地位。这本小册子也充分

图 3—2　《察世俗每月统记传》封面

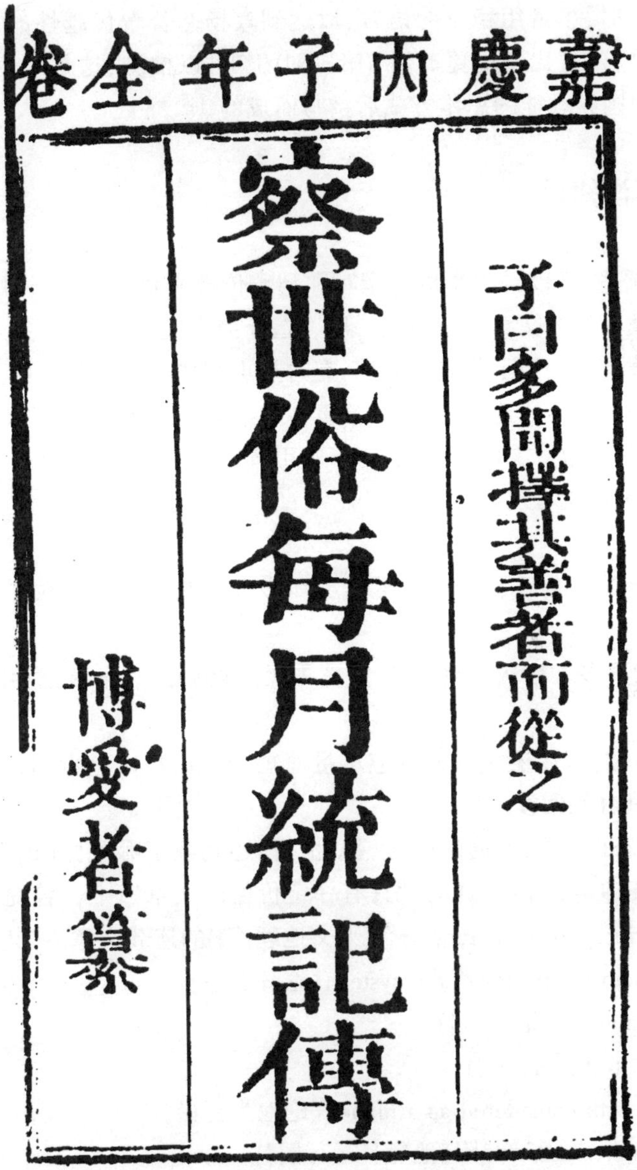

嘉慶丙子年全卷

子曰多聞擇其善者而從之

察世俗每月統記傳

博愛者纂

版式：19×12cm

藏于大英图书馆(British Library)

地反映了上述特征。它以张、远两个朋友对话的形式解说基督教教义,张为信徒,远尚未信教,张对远提出的问题一一作答。这种说教方式非常温和,如在说明"神之子"时,尽量用稳重的语言,以达到宣扬基督教优越性的目标——"为一切圣贤之首、且比圣贤更尊贵"(第三回)。[47]可以推测,这是米怜通过梁发等人掌握了中国异教徒的思维方式后撰写而成的。[48]

3. 介绍西洋知识

综上所述,可以看出米怜在撰写和刊载传教文章时,是有所顾虑的,正如他在其自我反思的文章中所承认一般,"迄今为止发表的文章、报道,大部分与宗教和道德有关。为了打破单调感,有时虽也刊登最通俗易懂的天文学入门、可资教训的历史传记选粹、重大政治事件的解说等,但还很不够"[49]。

可见,编者米怜深深地感到,为了吸引读者的兴趣,该刊有必要增多花样。在序言里,米怜就写道:

> 但人最悦彩色云、书所讲道理要如彩云一般、方使众位亦悦读也。[50]

正因为许多人喜欢"彩色云",文章如无"彩色云"的光彩,是引不起读者共鸣的。

与此同时,米怜还主张文章应尽量简短、通俗,理由是世间许多人既穷又忙,没有时间仔细阅读。[51]

那么,除了宗教、道德的内容,《察世俗》还刊载了哪些"知识与科学"的文章呢?据 1819 年米怜自选的"具有一定价值的文章"中,曾提到"View of European Principles of Astronomy"(《天文地理论》)的连载文章。[52]其细目如下:

(1)The sun the center of the system(《论日居中》)

(2)The planets(《论行星》)

(3)Satellites(《论侍星》)

(4)The earth considered as a planet(《论地为行星》)

Its spherical form(附《地每日运行图》)

(5)Diurnal motion on its own anxis(《论地周日每年转运一轮》)

Annual motion round the sun(《附《人居地脚相对图》)

(6)On the moon and her phases(《论月》)

(7)Comets(《论彗星》)

(8)Fixed stars(《论静星》)

(9)Eclipses of the sun(《论日食》)

(10)Eclipses of the moon(《论月食》)

(11)The celestial globe,with an interpretation of the Latin names of 93 constellations(《天球说》)

由此可见,在介绍西洋的知识时,米怜是十分重视天文学的。当然,正如在目录解说中所指出的一样,这些有关天文学的文章,皆摘自当时的英文书籍,仅仅是对天体基本组织及其主要现象的介绍。米怜坦率地承认,介绍这类通俗的西洋知识,与其说是为了普及科学知识,不如说是为了与中国人的传统天文学知识即"关于神与宇宙的错误观念"对抗。[53]这也许就是米怜所说的"知识与科学就像是宗教的仕女"一句话的含义。除天文学外,该刊也收录了好几篇介绍地理的文章。米怜自己写的《全地万图纪略》(*Sketch of the World*,1922 年成为宗教小册子)[54],将整个地球分成四个大陆,介绍了各国人口、首都、政府及各具特色的语言。麦都思也在该刊上连载《地理便童略传》(*Geography Catechism*)。[55]其内容与前者大同小异,从地理意义上介绍了各国情况,如中国、印度、巴勒斯坦、埃及、俄国、德国、英国、美国等。该文章不仅附有世界地图,还刊登了中国、亚洲和欧洲的地图,1819 年编成小册子发行,成为教会学校的教科书。[56]这些天文地理知识的介绍,当然也离不开要向中国引进当时西洋人世界观的目标。

除此之外,《察世俗》偶尔也登载寓言、比喻和诗[57]以及用"少年人"[58]的笔名写的诗文等"软性"作品。这些诗和文章很简单、粗糙,称不上有文艺性,但对于外国传教士米怜来说,无疑已堪称精心制作的"彩色云"。

4. 类似新闻的报道及重视读者的反应

纵观《察世俗》的内容,真正称得上具有新闻性的文章,可以说是少之又少。嘉庆乙亥年八月号(1815 年 9 月号)的《月食》(见图 3—3)算是一个特例。此外,与新闻勉强能沾上关系的,就是立义馆的《告帖》以及几则有关"吗喇呷(即马六甲——笔者按)济困会"的会务报告。

《月食》是一则预告自然现象的消息。它告诉马六甲读者,如果天气良好,在该年农历 11 月 16 日晚上,可以看到月食现象。"立义馆"的启事[59]则旨在告诉读者,一间免费的学校即将开课,欢迎家长携带子女报名。至于"吗喇呷济困会",是马六甲伦敦布道会属下的一个济贫组织,其会务报告的主要内容是记录当地或附近区域华人及洋人捐款的情况,以及该会会计之详情等。其典型之记录是这样的：

吗喇呷济困会

本年正月内、有一位廖里福建甲必丹黄万福、大发慈心、矜悯孤寡、来乐助济困会银一百二十盾、兹总理米怜、及首事等、会议刊刷致谢、以表好善乐施之心、福有攸归矣。[60]

另外，该刊偶尔也刊载“时间性”较强的文章。如总结过去一年的《新年元旦默想》[61]，即一面批评马六甲的中国人在农历新年浪费及他们对菩萨的迷信，一面宣传唯有天命才是真正的神(即知道未来一切事情的神)。该文章当然没有超出传教的范畴，但如果除去其宗教色彩，同今天报刊的“新年感想”并没有什么两样。

米怜既然将月刊媒体作为传教的手段，自然非常重视读者的反应。具体体现在 1819 年 6 月一篇题为《释疑篇》的文章中(见图 3—4)。[62]米怜在该文中表示，读者由于初次接触书中的道理，或者由于书中的文字不够通畅，或者因为只看《察世俗》某册，而未看到另一册而产生各种疑问。为了让读者进一步了解书中的内容，他建议附近的读者直接和他接触，而远地读者则可求“大名之师”(有名望的先生，大概是指理解基督教的读书人)相助，或者直接写信给他，而他将给予详尽的答复。

米怜如此重视读者的反应，并在《察世俗》中逐一回答读者的询问，如《释疑篇》中的读者提问(“第一疑”与“第二疑”及回答)，用今天的分类标准来看，与“读者与编者”栏颇为相近。如此对读者反应的重视，可以说是该刊的特征之一。

5. 发行区域、数目及其影响

《察世俗》刊印于马六甲，但其发行却是以云集东南亚各地的华侨及中国本土的中国人为对象。无论是在米怜以自己的中国名字(即米怜)在《察世俗》刊登的《告帖》(见图 3—5)中，还是米怜在其回忆录中的叙述，都可以知道该刊是免费分送给槟城、暹罗、安南等东南亚各地的华侨(米怜曾指出该刊曾分发到“中国九省”，但这部分的数目相信非常有限)。分送方法是“通过朋友、通讯员、旅行者及船运等”。[63] 印刷份数在最初三年里为每月 500 份左右，1819 年每月达 1000 份。[64]直到 1819 年为止，该刊印刷的具体数字如表 1 所示。[65]

表 1　《察世俗》的印刷份数和页数

年份	每号页数	份数
1815	5～8	3000
1816	6～8	6000
1817	7～9	6060
1818	7～9	10800
1819	7～9	12000
总计		37860

另外,每年还有一年的内容合订成书的页数及份数(见表 2)。[66]

表 2　《察世俗》的再版份数和页数

年份	页数	份数
1815	33	725
1816	73	815
1817	83	800
1818	81	500
1819	84	1000
1820	84	2000
1821	86	2000
总计		7840

值得注意的是,在《察世俗》刊登过的"有价值的文章",后来都另印成小册子出版,广泛分布。如前述题为《张远两友相论》的宗教小册子,据 1833 年 10 月裨治文(Elijah Coleman Bridgman,1801~1861)的报告,发行数达 5 万,遍及中国沿海各地、蒙古和琉球。[67]至 1819 年,伦敦布道会发行的中文书籍达 140249 册[68],其中包括《察世俗》及许多曾刊于《察世俗》文章的单行本。由此可见,《察世俗》的发行在基督教东方传教中所占的重要性。

米怜在谈到这份定期出版物与"文字播道"的关系时,曾指出:

> 我在写宗教问题的文章时,精神很振奋,同时了解到,为了应付每月定期出版所需的准备材料,对认真工作是良好的刺激。[69]

换句话说,《察世俗》是促使当时人数有限的英国传教士定期撰写中文传

图 3—3 《月食》

月食

照查天文推算今年十一月十六日晚上、該有月食。始蝕於酉時約六刻、復原於亥時約初刻之間。若是此晚天色晴明、呷地諸人俱可見之。

图 3—4 《釋疑篇》

釋疑篇　五月

此察世俗書今已四年分散于中國幾省人民中又于口外安南暹羅加拉巴甲地等國唐人之間蓋曾印而分送與人看者三萬有餘本又另所送各樣書亦不爲不多矣。但看此各書之人雖非少、然在内中未免有難明白所講之道理者。或因從前未聽此道理或因書文有些不順或因所看的書本不過是講一條理之半而講那半的書本未曾看見所以有疑

察世俗　一百　釋疑篇　卷五

惑不能解。因此愚今想做此釋疑之篇、或每月或凡有人告疑的時候、而就盡心解釋一二。因自已不得多出門無閒與人民交接、所以人間所有疑惑、我自不知之。故此今求各大名之師相助。在遠者可細說自已之疑或所看于愚人中之疑、而寫書信寄來。在近者有疑可隨便親口來說或書信來說均好。我曾蒙一位有名之師應許如此行必爲助德不少也。但今雖只說名師然亦願凡看書者無論彼此都說出心裏之疑、我自必該當盡力釋之。求大家相助、予之不及也。

图 3—5《告帖》

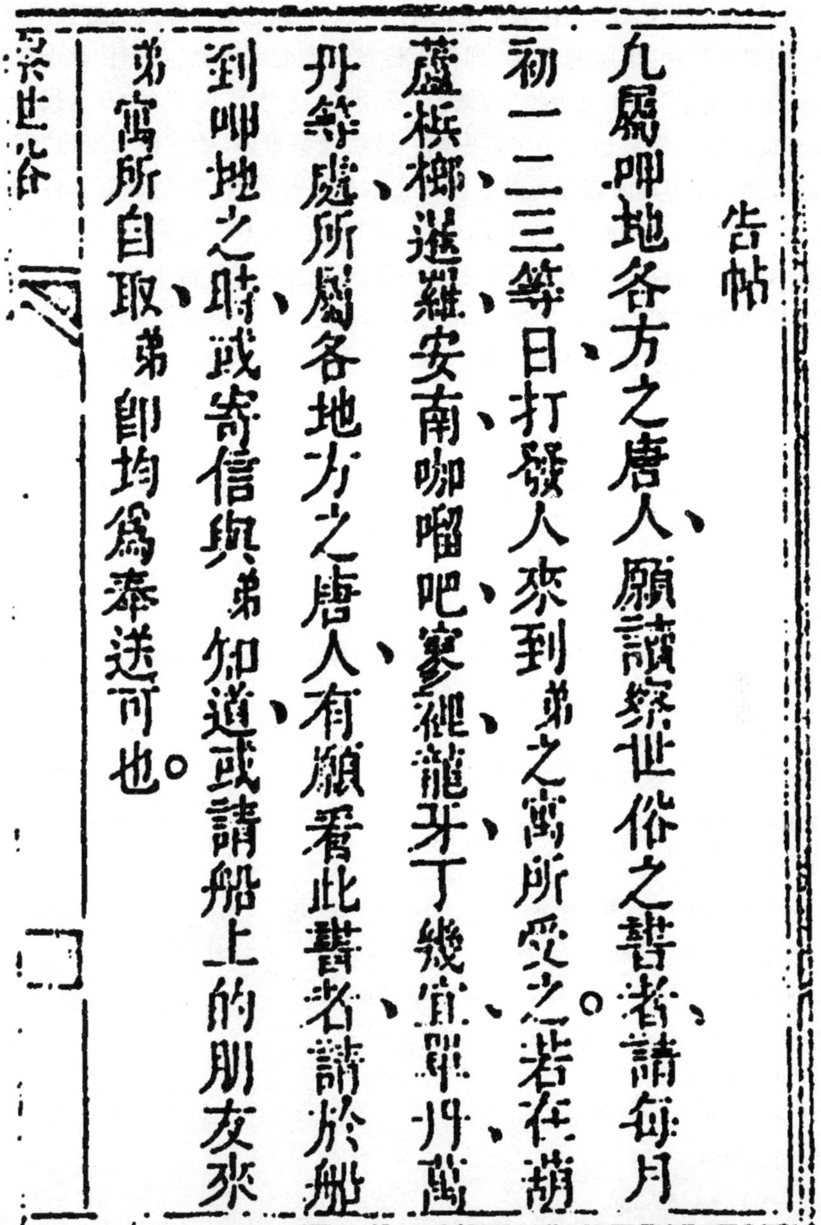
察世俗
告帖
凡屬呷地各方之唐人、願讀察世俗之書者、請每月
初一二三等日打發人來到弟之寓所受之。若在葫
蘆、檳榔、暹羅、安南、咖嚁吧、寥裡、龍牙、丁幾宜、單丹、萬
丹等處所屬各地方之唐人、有願看此書者、請於船
到呷地之時、或寄信與弟知道、或請船上的朋友來
弟寓所自取、弟即均為奉送可也。

教文章的原动力。这些早期出版物的流传，对基督教后来在中国的传教活动，无疑是奠定了良好的基础及做好了一定的准备条件。

不过，作为报史研究者，我们关心的重点，并不是米怜等人的传教活动，而是该“定期出版物”出版的意义。即作为传教活动的副产物，英国传教士怎样向中国读者介绍了“定期出版物”的概念。不用说，这对于19世纪50年代以后中文报纸的产生和发展也有一定的影响。诚然，《察世俗》始终没有跨出“宗教刊物”的范畴。因为其内容以有关宗教的文章占绝对多数。尽管编者米怜个人有很敏锐的新闻记者的嗅觉，但总的来说，该刊的内容并不重视“时间性”。从这个角度来看，也许中国报史研究者白瑞华的下述评语是恰当的——与其说该刊是“月刊杂志”(“a monthly journal”)，不如称之为“定期发行的(宗教)小册子”(“a periodical tract”)更为合适。[70]

注释

[1] William Milne, *A Retrospect of the First Ten Years of the Protestant Mission to China*, pp. 137~138.

[2] Ibid., p.136.

[3][4][5] Ibid., pp.135~136.

[6] 田中正美：《新教对中国传教的开拓与英国东印度公司》，《东洋史论集》第二卷，第418~419页。

[7] Milne, *op. cit.* p.136.

[8] 田中正美：前引文，第420~421页。

[9] Milne, *op. cit.* p.135.

[10] Ibid.

[11] 田中正美：前引文，第423页。

[12] Milne, *op. cit.*, p.138.

[13] Ibid., pp.138~139.

[14] Ibid.

[15] Ibid.

[16] Ibid., p.140.

[17] Ibid., p.154.

[18][19] Ibid., pp.153~154.

[20] Alexander Wylie, *Memorials of Protestant Missionaries to the Chinese*, p.19.戈公振：《中国报学史》(香港太平版)，第65页写着：“凡七卷，五百七十四页”，但该书附录的旧作《华文报纸第一种》，第369页却写为“凡七卷，五百二十四页”，与伟烈亚力所述之数目相

同。另据台湾研究者蔡武之考察，哈佛大学图书馆藏有“道光壬午年二月”(1822年2~3月)出版的《察世俗》，因此，他认为该刊系停刊于1822年，总页数为541页。见蔡武《谈谈〈察世俗每月统记传〉》，《国立中央图书馆馆刊》第一卷第四期，第36~37页。

[21] Wylie, *op. cit.*, p.19. 另据米怜本人所述，此三人特别是在1819年曾给予他很大帮助。见 Milne, *op. cit.*, p.270。

[22] Roswell S.Britton, *The Chinese Periodical Press 1800~1912*, p.25.

[23] 关于梁阿发的生涯，参阅 Wylie, *op. cit.*, pp.21~25 和吉田寅的《梁阿发与他的中文传教书》，见《基督教史学》13，第23~28页。

[24] Wylie, *op.cit.*, p.22.

[25] 吉田寅：《〈劝世良言〉考——对十九世纪基督教传教书的一项考察》，《基督教史学》17，第49页。

[26] 参见吉田寅《梁阿发与他的中文传教书》，第28页。

[27] 参见范文澜《中国近代史》上编第一册，第96~99页。

[28] Milne, *op. cit.*, p.154.

[29] Ibid., pp.155~156.

[30] *The Indo-Chinese Gleaner*, No.1, May, 1817.

[31] Ibid.

[32] Ibid.

[33] Milne, *op. cit.*, p.355.

[34] Ibid., pp.349~350.

[35] Ibid., p.216.

[36] 田中正美：前引文，第423~424页。

[37] 同上，第424页。

[38] Walter Henry Medhurst, *China: Its State and Prospects*, p.313.

[39] Milne, *op. cit.*, p.154.

[40] 《察世俗》嘉庆乙亥年(1815年)全卷《察世俗每月统记传序》，第2页。

[41] 《察世俗》，嘉庆乙亥年九月(1815年10月)，第14~17页。

[42] 《察世俗》，嘉庆庚辰年(1820年)全卷(卷六)二月号，第4页。

[43] 《察世俗》，道光辛巳年(1821年)全卷(卷七)，第20~24页。

[44] 同上，第34~35页。

[45] Milne, *op cit.*, pp.276~277.

[46] 关于这一点，白瑞华(Britton)在其著作中(*op. cit.* p.18)已有所指出。

[47] 吉田寅：《张远两友相论考》，《基督教史学》6，第6~8页。

[48] 吉田寅：《梁阿发与他的中文传教书》，《基督教史学》13，第27页。

[49] Milne, *op. cit.*, p.155.

[50] 见《察世俗每月统记传序》,第 2 页。

[51] 同上。

[52] Milne, *op. cit.*, p.277.

[53] Ibid.

[54] 从嘉庆庚辰年(1820 年)到道光辛巳年(1821 年)在《察世俗》上连载。

[55] 据伟烈亚力所述,《地理便童略传》连载于《察世俗》第五卷(即 1819 年),但查阅大英图书馆所藏各卷(包括第五卷)却未见这篇文章。也许伟烈亚力的记述有错误。

[56] Wylie, *op. cit.*, p.27.

[57] 这些近似于"文艺版"的作品,有不少也具有宗教色彩。例如,1819 年 7 月号的《六月察世俗总诗》,其内容如下:

其一

世人蒙昧、似癫狂、不拜真神、拜假偶像。

邪淫、嫉妒、相谋杀、损人、利己、常说谎。

其二

君子不与小人同、实认神义、行善工。

喜引人善、戒人恶、不是真理、必不从。

其三

西贤教子有良方、姓名画土、菜苗长。

小事俾知需做成、可悟真神宰上苍。

其四

上帝降灾非偶然、都因世人慢神天。

但愿众生遵神诫、灾害必定离汝前。

[58] 所谓《少年人篇》,也许是"立义馆"学生的作品,也可能是为学生编写的教材。下面是《察世俗》第七卷(1821 年)刊载的《少年人篇》。

少年人篇

○在天地间、那一类算是最贵的、曰、人为万物之首。

○人以何算得万物之首。曰、以其有灵魂而万物皆无之、故也。

○若汝怀恶心、行歹事、此即以自己成禽兽又比较禽兽更不好也。

[59] 实际上,米怜在《立义馆告帖》中也说:"全地上之人如同一大家、虽不同国、不须分别。都是神原造的、都是自一祖宗留传下来的、都是弟兄、皆要相和、相助、才好。"

[60] 《察世俗》道光辛巳年(1821 年)全卷(卷七),第 7 页。

[61] 同上,第 1~3 页。

[62] 《察世俗》,嘉庆己卯年(1819 年)全卷(卷五),第 24~27 页。

[63] Milne, *op. cit.*, p.156.

[64] Ibid.

[65] 参见 Ibid., p.269。

[66] Medhurst, *op. cit.*, pp.576~577(Appendix, No. Ⅱ).

[67] *Chinese Repository*, Vol.2, p.283.

[68] Milne, *op. cit.*, p.271.

[69] Ibid., p.157.

[70] Britton, *op. cit.*, p.20.

第 4 章

鸦片战争前的中文报刊

——着重探讨《东西洋考每月统记传》

1823 年,也就是《察世俗每月统记传》停刊后两年,米怜的助手麦都思继承其遗志,在巴达维亚(现雅加达)创办了一份名为《特选撮要每月纪传》(1823~1826 年)的中文月刊。除此之外,以伦敦布道会为中心的西方传教士在鸦片战争前,先后发行的中文报刊尚有《天下新闻》(1828~1829 年)、《东西洋考每月统记传》(1833~1835 年;1837~1838 年)及《各国消息》(1838~?年)等。

这些报刊,有的是在西方传教士传教据点或居留所在地的马六甲和新加坡等地出版,有的则发行于当时欧美商人聚集的广州。其中,《特选撮要每月纪传》可以说是《察世俗每月统记传》的“巴达维亚版”。至于《天下新闻》及《各国消息》则由于出版时间太短而未有太大的影响。下面即针对上述四份中文报刊(以《东西洋考每月统记传》为重点)的特征及其编辑方针与内容等进行探讨。

一、《特选撮要每月纪传》(1823~1826 年)

1822 年初,为了加强伦敦布道会恒河以东区域的传教活动,曾经在马六甲与槟城等各地积累了“文字播道”与“教育播道”经验的麦都思抵达了巴达维亚。[1]第二年,他决定开办一所以当地华侨为对象,学费半额的学校。与此同时,他从中国带来了刻工,准备出版中文书籍及中文报刊,从事其文字传教的活动。当时所办的中文报刊就是从 1823 年持续到 1826 年的《特选撮要每月纪传》(*A Monthly Record of Important Selections*)。

1838 年,麦都思在其回忆录《中国国情及其前景》(*China: Its State and Prospects*)中,对此有所记述:

> 从中国请来了刻工之后,刊印了不少中文书籍;除此之外,原来在马六甲出版,由于米怜的早逝而停刊的中文期刊,这时也得以在巴达维亚复

办,每月发行一千份。[2]

这段文字清楚表明,麦都思创办《特选撮要每月纪传》(以下简称《特选撮要》)是旨在继承米怜之遗志。有关这一点,麦都思在《特选撮要》创刊号的序文中,有进一步的说明。他写道:

……在吗啦呷、有同类仁爱之人、已经印了各号劝世文、而分送于中国几省人民、中、及外邦安南、暹逻、日本等国、又三抹、息力、槟榔屿、各处地方、唐人之间、约有十余万本、……夫从前到现今已有七年、在吗啦呷曾印一本书出来、大有益于世、因多论各样道理、惜哉作文者、一位老先生、仁爱之人已过世了、故不复得印其书也、此书名叫察世俗每月统纪传、……夫如是、弟要成老兄之德业、继修其功、而作文印书、亦欲利及后世也、又欲使人有所感发其善心、而遏去其人欲也、弟如今继续此察世俗书、则易其书之名、且叫做特选撮要每月记传、此书名虽改、而理仍旧矣、夫特选撮要之书、在乎记载道理各件也、如神理一端、……是人中最紧要之事、所以多讲之。其次即人道、……其次天文、……又其次地理、……除了此各端理、还有几端、今不能尽讲之、只是随时而讲……[3]

在这里,麦都思向读者阐明该刊的名称虽改为《特选撮要》,但其内容与《察世俗》无异,仍然是以"神理"为中心,并辅以"人道""天文"及"地理"等知识之介绍。换句话说,《特选撮要》全面继承了《察世俗》旨在宣传基督教与推广一般知识的编辑方针。

《特选撮要》编者麦都思(Walter Henry Medurst, 1796~1857),1796年生于英国的伦敦,幼年在圣保罗教会学校(St. Paul's Cathedral School)受教育,14岁时前往英国西南部的格格斯特市当印刷技工学徒。不久后接受洗礼,改信基督教。1816年,他看到伦敦布道会征聘印刷技工的广告便提出申请。第二年,他被伦敦布道会派往马六甲从事印刷方面的工作。显然,麦都思是被派遣协助马礼逊及米怜推行其"文字播道"活动的。作为印刷部门的主管,麦都思被赋予的使命不仅仅是刊印英文读物,而且还得出版包括中文及马来文的书刊。为此,他不得不加紧学习中文和马来文。不仅如此,在麦都思抵达马六甲的一个多月后,由于米怜健康欠佳而前往中国休养的数个月,麦都思还得承担起后者的所有工作,包括主持学校及其他部门的活动等。1819年,他曾前往槟城开办学校及分发传教的小册子。第二年年底,他再度抵达槟城,并在那儿从事了一年左右的传教活动后再返回巴达维亚。[4]

麦都思在巴达维亚的传教活动,当然离不开他拿手的"文字播道"的工作。出版《特选撮要》,正是其中一个重要项目。由于出身于印刷技工,又掌握了中文及马来文等东方语言的知识,他利用印刷媒体进行传教活动的事业也就更加受人注目。据同年代的传教士伟烈亚力(Alexander Wylie, 1815~1887)的记载,麦都思的中文著作及译著共有 59 本,马来文著作 7 本,英文作品则除了常在当时的报刊,如《中国丛报》(*The Chinese Repository*)、《北华捷报》(*North-China Herald*)发表之外,共有 28 本著作。[5] 其中包括了一本《英日与日英词汇》(*An English and Japanese and Japanese and English Vocabulary*),这也许是最早的英日与日英对照的词汇。[6]该《词汇》刊于 1830 年,从时间上推论,该是编者于《特选撮要》停刊之后编印的。

正如前面所述,《特选撮要》是《察世俗》的巴达维亚版。它同样是以中国书本式样刊印,以封面(见图 4–1)而言,《特选撮要》的版式为长 21 厘米、宽 13 厘米,比《察世俗》的长 19 厘米、宽 12 厘米略大些,但报刊名字及出版年号的排列位置却十分相似。麦都思还模仿米怜取了一个中文笔名"尚德者"而署上"尚德者纂"。至于右侧,则印上《论语》第十一章"先进篇"的"子曰亦各言其志也已矣"(见图 4—1)。

如此种种,都足以说明《特选撮要》与《察世俗》之雷同。但是,如果进一步分析前者的主要目录及阅读麦都思个人的回忆录,就可以发现《特选撮要》的说教色彩要比《察世俗》更为浓些。以下是最初刊于《特选撮要》,后来又出版为小册子的文章目录:[7]

1. 咬嚁吧总论(*History of Java*)
2. 道德兴发于心篇(*Rise and Progress of Religion in the Soul*)
3. 中华诸兄庆贺新禧文(*Tract on the New Year*)
4. 清明扫墓之论(*Feast on the Tombs*)
5. 普度施食之论(*On Feeding the Ghosts*)
6. 妈祖婆生日之论(*Birth-day of Mo-Tsoo-Poo*)
7. 神天十条圣诫注解(*Exposition of the Moral Law*)
8. 兄弟叙谈(*Fraternal Dialogues*)
9. 耶稣赎罪之论(*Tract on Redemption*)
10. 乡训(*Village Sermons*)
11. 论善恶人死(*Death of the Good and Bad*)
12. 上帝生日之论(*Discourse on the Birth-day of Heuen-Teen Shang-te*)

图 4—1 《特选撮要每月纪传》封面

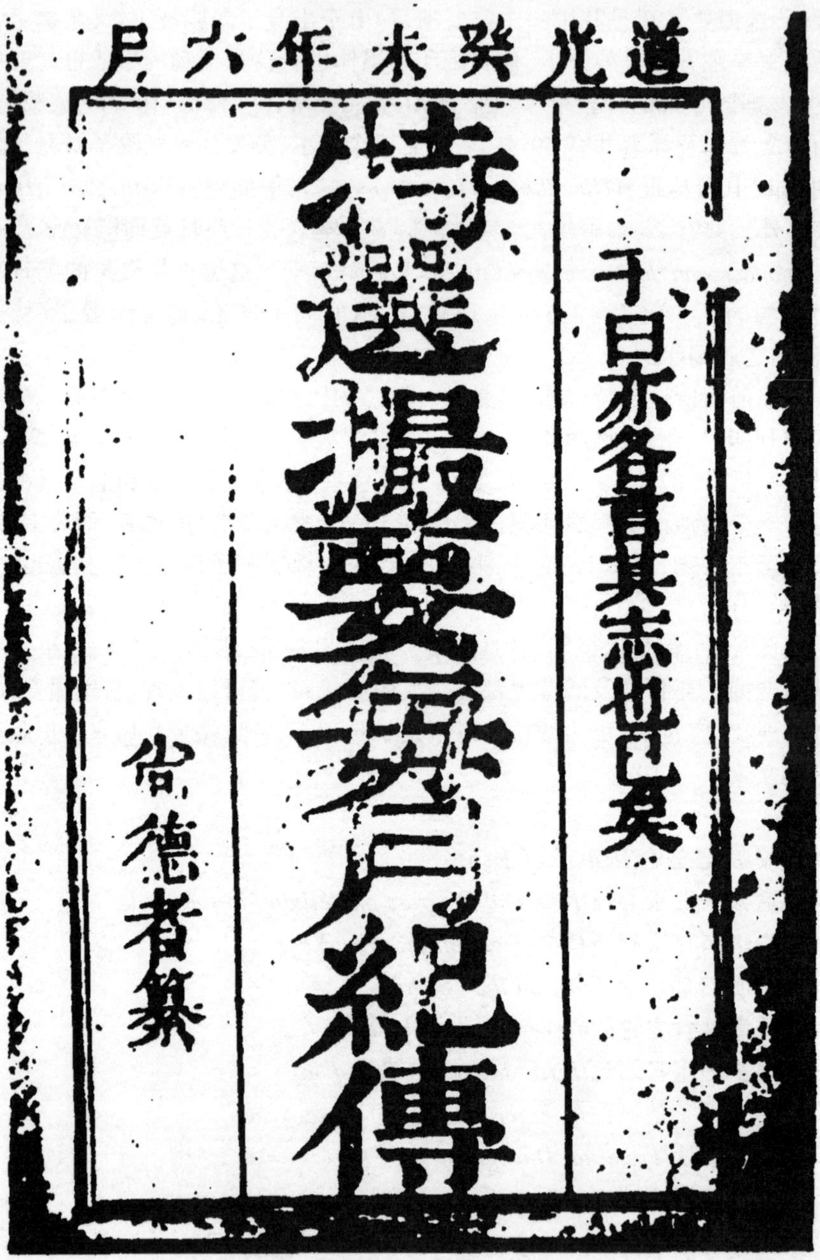
道光癸未年六月

子曰亦各言其志也已矣

特選撮要每月紀傳

博愛者纂

版式:21×13cm

藏于大英图书馆(British Library)

从上述的文章题目中，可以看出麦都思除了刊登宣传基督教(例如《神天十条圣诫注解》《耶稣赎罪之论》等)和普及一般知识(例如介绍爪哇历史的《咬𠺕吧总论》等文章)之外，对于中国人的风俗、习惯及其传统的宗教，都毫不客气地予以抨击。例如，在《中华诸兄庆贺新禧文》中，作者便针对中国人在新年期间的四大“罪恶”，即浪费、醉酒、赌博及迷信行为提出批评。[8]又如，在《清明扫墓之论》《普度施食之论》《妈祖婆生日之论》以及《兄弟叙谈》等传教文章中，麦都思对中国人祭拜祖先及其对佛教、道教的偶像崇拜，正面予以抨击。[9]

麦都思如此这般的说教方式，当然引起中国读者的反感。麦都思在其回忆录中，虽然未直接提到《特选撮要》，却坦率承认曾有中国读者对其传教小册子的内容深表不满。他写道：

> 在有关中国人佳庆宴会的小册子中，由于直截了当地抨击了他们的迷信行为，而触怒了偶像的崇拜者。其中有一个人还坐下来，在其小册子上对教会提出反论。[10]

中国人怎样批判教会呢?作者接着写道：

> 在小册子上，他指责穷凶极恶的蛮夷竟想要改造天朝之民，真是荒唐与无知之极。他还指出，为了本身的利益，把毒品与鸦片等推广至中国民间，毒害他人，足见蛮夷缺乏仁义之心。他列举道：派遣军舰与军队到他国抢劫并占为己有者，是无法佯装为义者的。至于允许男女在公开场合同时露面并在街上手牵手阔步而行，则说明了他们丝毫没有羞耻心。除此之外，他们还拒绝接受古代先王之遗训，显示他们不求上进。在实际上，信是蛮夷惟一可以自我标榜的道德。在五伦之中，居然缺了四项，人们怎能期待他们改造他人?[11]

正是基于上述对西洋人输入鸦片、派遣军舰侵略他国的行为极其不满，中国人对西方传教士所倡议的“博爱”与“礼仪”，是不会轻易相信的。为此，他们认为传教士所刊印的传教小册子(其中估计也包括《特选撮要》)是金钱的浪费。为了表示对作者的极端憎恶，一名读者还将传教的印刷品置于地上，予以践踏。[12]他们对西方人士在父母去世时只举行简单的仪式也颇为不满，并视之为“不孝”。他们认为中国的科举制度要远比西洋的制度优越。[13]

针对上述的论争，麦都思承认欧洲人确有侵略行为与堕落的一面，但却否认与传教士有何相关。但是,由于不少中国人存在上述的看法,麦都思觉得有必要针对上述论点,以浅易对话体裁的文章,予以反驳。[14]在《特选撮要》所刊载的文章中,有不少对话体[15],也许是与上述的背景有关。也可能是因为了解到中国人对传教士存有上述怀疑与不满的情绪,1835 年麦都思在决定前往中国沿岸各地传教时,曾为如何避免乘搭鸦片船而苦恼,以便冲淡传教士与欧美商人关系紧密的形象。[16]

那么,上面提到的有关与中国人之间的论争,又是在什么样的情况下展开的呢?要回答这个问题,我们得略为介绍麦都思通过文字(书刊)与口头说教两者相结合的传教方式。根据麦都思的回忆录,其传教活动是以下列方式展开的:

> 为了唤起人们的注意,我采取下列的手法:传教者有时带着几本小册子,跑到公共场所坐下来朗读给周围的人听。接着,围观的人多了,传教士就开始阐述其小册子的内容。最后,则分发几本小册子给他们,一般反应还不错。由于差不多每天都到此唐人街,因此有机会和所有到此消闲的人打交道。为了达到这目的,我不放弃任何的时机,并选择最方便与人对话的良好地点。[17]

换句话说,为吸引公众人士的注意,先在公众场所朗读传教文章,然后分发有关的宗教印刷品给围观或在他身旁的人士,这就是麦都思进行口头与文字相结合的"播道"手法。前述中国人提出的反论,相信也是发生在这说教的过程中。可以这么推测,麦都思所编的《特选撮要》有一部分也是通过上述方式传递到当地华侨的手中的。

在《特选撮要》刊印的三年间,最初每月发行 1000 份,以后逐渐增加,先后共印发了 83000 份。[18]

《特选撮要》共出版四卷,目前所能看到,藏于大英图书馆的原件只有二册,其目录如下:

第一号　道光癸未年六月

第一至三页	特选撮要序
第四页	咬嵧吧地图
	中国往吧地总图
第五至八页	咬嵧吧总论第一回

第二号 道光癸未年八月

第十七至二十页 咬嚁吧总论第二回

第二十至二十三页 亚勒大门特之死

杂句

《特选撮要》停刊于 1826 年。有关停刊原因，在麦都思或者后来的传教士的回忆录及其他记录当中都未有清楚说明。不过，据麦都思的回忆录所述，1827 年正是他埋头于整理日文词汇，编辑《英日与日英词汇》的时期。[19]麦都思是当时巴达维亚唯一的传教士，既得主持教会的学堂等工作，又要编辑辞典，其工作负担是十分沉重的。中文月刊的停办，也许是分身乏术的结果。

二、《天下新闻》(1828~1829 年)

在《特选撮要》停刊两年后，有另一份中文月刊在中文报刊发祥地的马六甲创刊。这就是时任英华书院院长、教授吉德(Samuel Kidd, 1799~1843)编辑的《天下新闻》(*Universal Gazette*)。

据伟烈亚力的记述，《天下新闻》自 1828 年至 1829 年刊于马六甲，其出版资金系由两名热心人士所提供。它是以活版印刷的报纸形式出现的。该报除了刊载有关中国的新闻，借以引起中国读者的兴趣之外，主要内容包括西方知识、欧洲的科学、历史、宗教与伦理等。[20]其中最引人注目的是，它连载了麦都思编写的《东西史记和合》(*Comparative Chronology*)的摘要。麦都思编辑此年代对照表，目的是要告诉中国读者，西洋人早在公元前 4000 年已有历史的记载，从而纠正中国人的西洋观。[21]

由此可见，麦都思在一定的程度上的确曾经协助和支持《天下新闻》。也许是这个缘故，戈公振等中国报史学者将他误认为《天下新闻》的编辑。[22]此外，吉德使用的笔名为“修德”(Cultivator of virtue)[23]，与麦都思的笔名“尚德者”(One who esteems virtue)[24]颇为相似，也可能是致使报史学者产生混乱的另一原因。在麦都思本身的回忆录或其中文著作的目录中，都没有编辑《天下新闻》的记录，而根据伟烈亚力的记载，则只提起吉德是《天下新闻》的编辑。

吉德是在 1824 年 11 月抵达马六甲的。在这之前的几个月，他曾在英国向恰好回国度假的马礼逊学习中文。抵达马六甲之后，他继续在英华书院学习中文。1825 年，他到槟城传教；1827 年回返马六甲成为英华书院的中文教师，第二年升任为院长。《天下新闻》即在这时期创刊。1829 年底，由于其夫人健康状况欠佳,而一度偕夫人移居新加坡,并在那儿小住后返回英国。[25]《天下新闻》也因此而告停刊。1837 年,吉德成为伦敦大学中国语文与中国文学讲座的教授,开英国大学汉学讲座之先河。[26]

在各国的公私图书馆中,目前还无法觅得《天下新闻》的原件。因此有关该报的资料与详情,还有待学者进一步的发掘与研究。

三、《东西洋考每月统记传》(1833~1835 年,1837~1838 年)

1833年 8 月 1 日,德国传教士郭实猎 (Karl Friedrich August Gutzlaff 或 Charles Gutzlaff, 1803~1851,亦译为郭士立和郭甲利)在广州创办了一份名为《东西洋考每月统记传》(*Eastern and Western Ocean´s Monthly Investigation*)(以下简称《东西洋考》)的中文月刊。

郭实猎当时是广州欧美社会一名异常活跃与忙碌的人物 [27](有关详情,将于较后叙述),他当然不会把全部精力投入《东西洋考》的编务工作上。1835 年,他把已停刊的《东西洋考》转让给原来由他倡办和主持的团体——“在华实用知识传播会”(The Society for the Diffusion of Useful Knowledge in China)。该会曾在新加坡重印 1000 本《东西洋考》的合订本(共二册)。[28]1837 年,《东西洋考》在新加坡复刊。编者为郭实猎和马礼逊次子马儒翰 (即约翰·马礼逊, John Robert Morrison,1814~1843)。[29]他们两人都住在广州,因此有关的编务工作都在广州进行,但在新加坡印刷。此外,麦都思在抵达新加坡后也曾主持有关的编辑工作。该刊停刊于 1838 年,也就是鸦片战争爆发的前夕。[30]

在前面所述的四份报刊当中,前三份月刊即《察世俗》《特选撮要》及《天下新闻》,都是刊于东南亚的马六甲和巴达维亚,只有《东西洋考》曾在广州出版。《东西洋考》(见图 4—2)可以说是在中国境内出版的第一份中文报刊。

1. 时代背景与编者生平

应该指出的是,伦敦布道会之所以能够把传教基地顺利地转移至广州,中文宗教报刊之所以能够在广州发行, 并不是因为中国已经修改或者放弃其严教政策。[31]报史学家白瑞华认为应该归功于郭实猎本人“与中国人之间有不寻常的良好关系”(extraordinarily good personal relations with Chinese)。[32] 为了进一步了解《东西洋考》在广州诞生的时代背景,这里有必要简单介绍编者郭实

图 4—2 《东西洋考每月统记传》封面

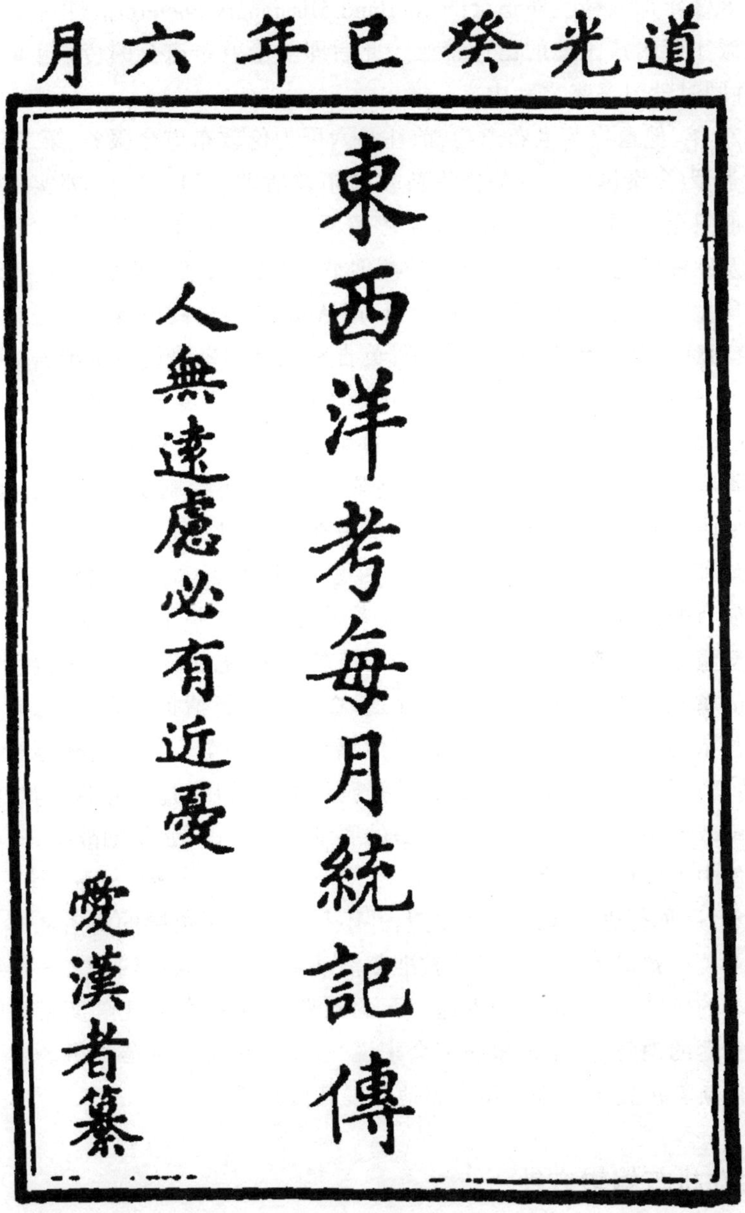
道光癸巳年六月

東西洋考每月統記傳

人無遠慮必有近憂

愛漢者纂

版式:25×15cm

藏于大英图书馆(British Library)

猎的简历,并同时探讨当时的中英关系。

郭实猎,1803年诞生于普鲁士的一个小村庄,18岁时到柏林的教会学校学习。1823年加入荷兰布道会(Netherland Missionary Society),三年后以传教士身份被派往荷属殖民地的巴达维亚。此后即与伦敦布道会的传教士们生活在一起,并同时学习马来文和中文。

1829年,他退出荷兰布道会,前往马六甲为伦敦布道会服务。第二年,郭实猎抵达暹罗(今泰国),从事基督教新教的拓教活动。[33]1831年,郭实猎曾乘中国人的船只至中国,并在天津与北京停留两天。他同时也分发了不少传教的小册子以及欧洲的药品,这在当时是一项创举。1832年,郭实猎以通译身份,乘着英国东印度公司的船只"阿美士德"(Lord Amherst)号到中国沿海进行侦察活动。他曾沿途分送米怜刊印的小册子《英吉利人品国事略说》《戒谎言》和《戒赌博》等。在这次航行中,船长里斯(Captain Rees)及东印度公司的高层人士胡夏米(Huyh Hamilton Lindasy,1802~1881,亦译为礼士)不但收集了不少有关中国各个港湾有关军备、战舰与炮台布局等军事情报,还绘制了详细的航海图。[34]该船于9月5日返回澳门。紧接着,郭实猎在10月12日另乘不同船只再度到中国沿岸侦察,而于第二年4月29日回返广州。[35]当郭实猎将上述三次到中国沿海航行的情况公诸于世时,英国读者感到震惊[36]是不言而喻的。因为当时各方只知道中国还在实施彻底的锁国与严教政策。通过郭实猎的航行报告,清朝当局的腐败无能也进一步被暴露无遗。在上述最新情报的刺激下,原本对中国兴趣甚浓的东印度公司的商人们当然感到十分兴奋。他们按照郭实猎的建议,对清朝官员进行贿赂,从而达到扩张鸦片销路的目的。[37]与此同时,由于摸清了清朝政府腐败及军事上毫无防备的底细,英国人开始策划战争,决心通过武力迫使中国签订通商条约。[38]

当然,这种打进中国的强烈愿望,并不只是存在于英国的商人之间。已经在东南亚英荷殖民地开拓对华传教准备活动基地,等候了四分之一世纪的基督教新教的传教士们,也盼望着这一天的到来。因此,传教士郭实猎到中国侦察而又安返的消息,对于伦敦布道会来说,也是一件振奋人心的事。它毫无疑问地促使新教传教士们进一步大胆地开展其传教活动。

2. 出版动机与编辑方针

上面是有关《东西洋考》诞生的时代背景及编者郭实猎的生平简介。针对该刊的创办背景,如果我们将其创刊日期与郭实猎到中国沿海进行侦察活动的时间相比较,两者的相互关系就更加明显。正如前面所述,《东西洋考》创刊于 1833 年 8 月 1 日,但在该刊问世前两个月的 6 月,郭实猎已经公布了其出版计划书。[39]郭实猎是在 1833 年 4 月 29 日返回广州的。他在返回广州还不到两个月就公布其出版中文报刊的计划书,显然是他在沿岸侦察中国内情后作出的一项判断。至于《东西洋考》的编辑方针,相信也与他的沿海侦察活动的感受不无相关。

针对该刊发行的宗旨,郭实猎在其面向西方人士的出版计划书中清楚表示:

> 尽管我们和他们(指中国人——笔者按)有长期的交往,他们仍然公然表示是高于其他国家而位居世界第一,并视其他民族为“蛮夷”。这种无知与自傲严重地影响了旅居广州的外国人的利益,妨碍了他们与中国人之交往。这个旨在维护广州与澳门的外国人利益的月刊,就是要促使中国人认识我们的工艺、科学及基本信条,与其高傲和排外的观念相抗衡。此刊物将不谈论政治,也不要在任何问题上以刺耳的语言触怒他们。我们有更高明的办法显示我们并非“蛮夷”。编者认为更佳之手法是通过事实的展示,从而说服中国人,让他们知道自己还有许多东西需要学习。与此同时,编者也认识到外国人与当地有影响力人士之间关系的重要性,因此将尽力促进彼此间的友谊,并希望最后能证明是获得成功的……[40]

在这里,郭实猎告诉广州与澳门的商界人士,中国人对西洋人存有严重的偏见。这种把外国人视为野蛮人的偏见,会直接影响西洋人的利益。《东西洋考》虽然不谈政治,但却将通过更加有效的手段——即介绍西方的文化、艺术、文明、科学等知识与哲理,证明西方人并不是中国人所想象的“蛮夷”;相反,中国人要向西洋人学的东西可多哩。换句话说,改变中国人对西洋人的偏见——即维护欧美旅华人士的共同利益,是《东西洋考》创刊的首要目的。

由此可见,《东西洋考》虽然是由传教士郭实猎所办,但其创刊的首要任务,已经逐步背离了《察世俗》与《特选撮要》等宗教刊物以“阐发基督教义为主要任务”的编辑方针,而是把宣传西方文化,改变中国人对西方人的形象,当成最重要的事项了。

郭实猎的上述主张,其实也清楚地反映在《东西洋考》的序言中。在长达近千字的序言(见图 4—3)中,编者除了在第二段开头“夫自上帝降生民。则莫不与之以仁义礼智之性”提到“上帝”之外,自始至终所谈的都与宗教没有直接关

图 4—3 《东西洋考每月统纪传》序文

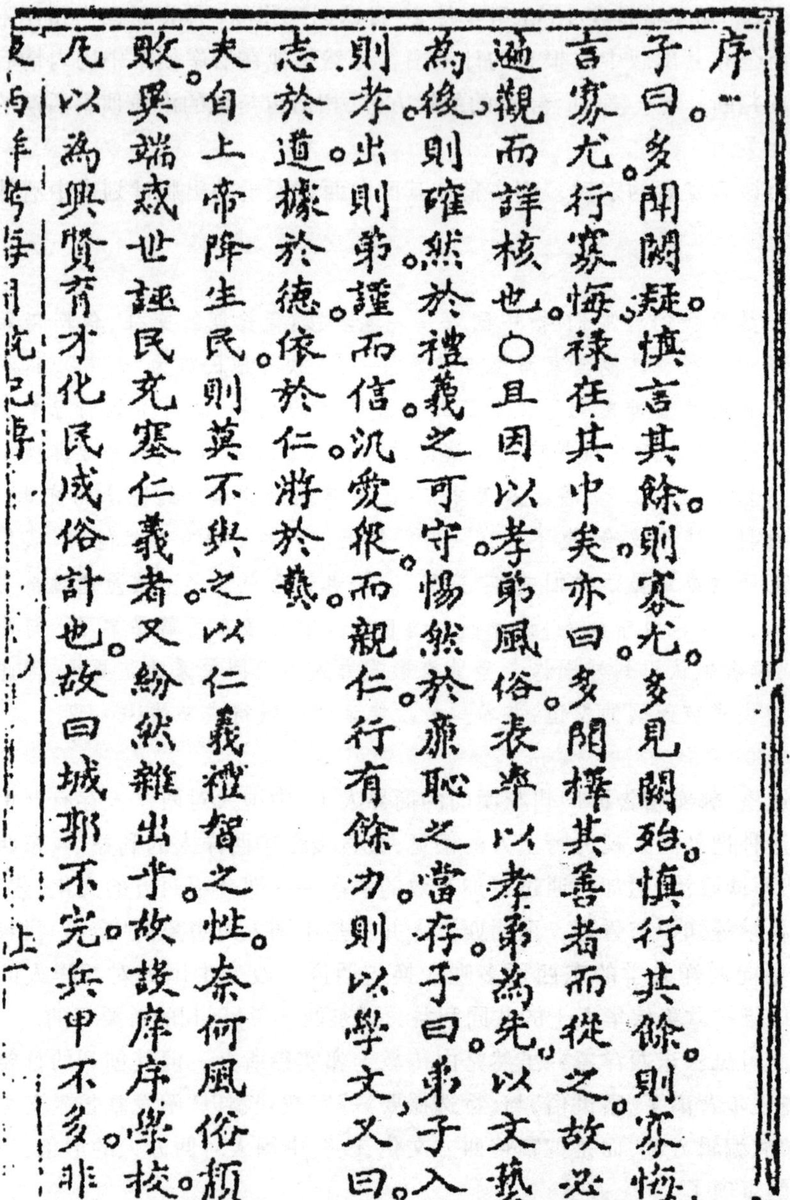

序

子曰。多聞闕疑。慎言其餘。則寡尤。多見闕殆。慎行其餘。則寡悔。言寡尤。行寡悔。祿在其中矣。亦曰。多聞擇其善者而從之。故必遍觀而詳核也。○且因以孝弟風俗。表率以孝弟為先。以文藝為後。則確然於禮義之可守。惕然於廉恥之當存。子曰。弟子入則孝。出則弟。謹而信。汎愛衆。而親仁。行有餘力。則以學文。又曰。志於道。據於德。依於仁。游於藝。

夫自上帝降生民。則莫不與之以仁義禮智之性。奈何風俗頹敗。異端惑世誣民。充塞仁義者。又紛然雜出乎。故設庠序學校。凡以為興賢育才化民成俗計也。故曰。城郭不完。兵甲不多。非

東西洋考每月統紀傳序　上一

系。综观该序文,所要表达的重点不外有二。一是强调应该“多闻”“好学”;二是大谈中外一家。

郭实猎强调“多闻”之重要性,其目的是十分清楚的,就是希望中国读者对于陌生的西方事物与知识,能抱着“多闻阙疑”“多闻择其善者而从之”的态度看待,而不要一口予以拒绝和否定。至于“好学”之重要性,编者则引用孔子“三人行,必有我师”的语录,主张采取“居处恭。执事敬。与人忠。虽之夷狄。不可弃也”的态度,强调外国人虽被视为“夷狄”,但也有其可取之处,不可无视。接着,郭实猎大谈“学问渺茫”,各国人士应该相互学习。

至于编者大谈“中外一家”,目的更是为了消除中国人对洋人办报的疑惑。序文写道:

> 夫诚恐因远人以汉话。阐发文艺。人多怀疑以为奇巧。却可恨该人不思宗族。国民之犹水之有分派。木之有分枝。虽远近异势。疏密异形。要其水源则一。故人之待其宗族。列国民须以友恤也。必如身之有四肢百体。务使血脉相通。而疴痒相关。万姓虽性刚柔缓急。音声不同。却万民出祖宗一人之身。[41]

正因为“万民出祖宗一人之身”,编者接着引述圣人所说的“四海之内。皆兄弟也”之名言,吁请读者将外国人视为“兄弟”,且“不轻忽远人之文”。

在序文的结尾中,编者进一步指出希望通过《东西洋考》的出版,而达到“雍睦”目的:“万国咸宁。则合四海为一家。联万姓为一体。中外无异视。”在这里,郭实猎已经忘了他的传教士身份,而俨然是以他的另一种身份——外交官的口吻,向中国读者说教了。

郭实猎志在改变中国人对西洋人的“成见”及促使中国开放门户的急切心情,也流露在《东西洋考》创刊第二个月开卷语的《论》中(见图4—4)。[42]

在该《论》中,郭实猎开门见山,强调他办报刊的目的,是要“沾润汉人”,“怀和睦之意”。他同时指出由于当时的中国人“多弃兄弟之理。只留心绝交”。因此,有必要“说明白外国事情。令四方君子。通达西洋人之素性动静也”。他对于中国人将西洋人视为有如禽兽的“夷人”,尤为不满。他说:

> 夫远客知礼行义。何可称之夷人。……何其谬论者欤。

编者郭实猎接着还指出:

图 4—4 《论》

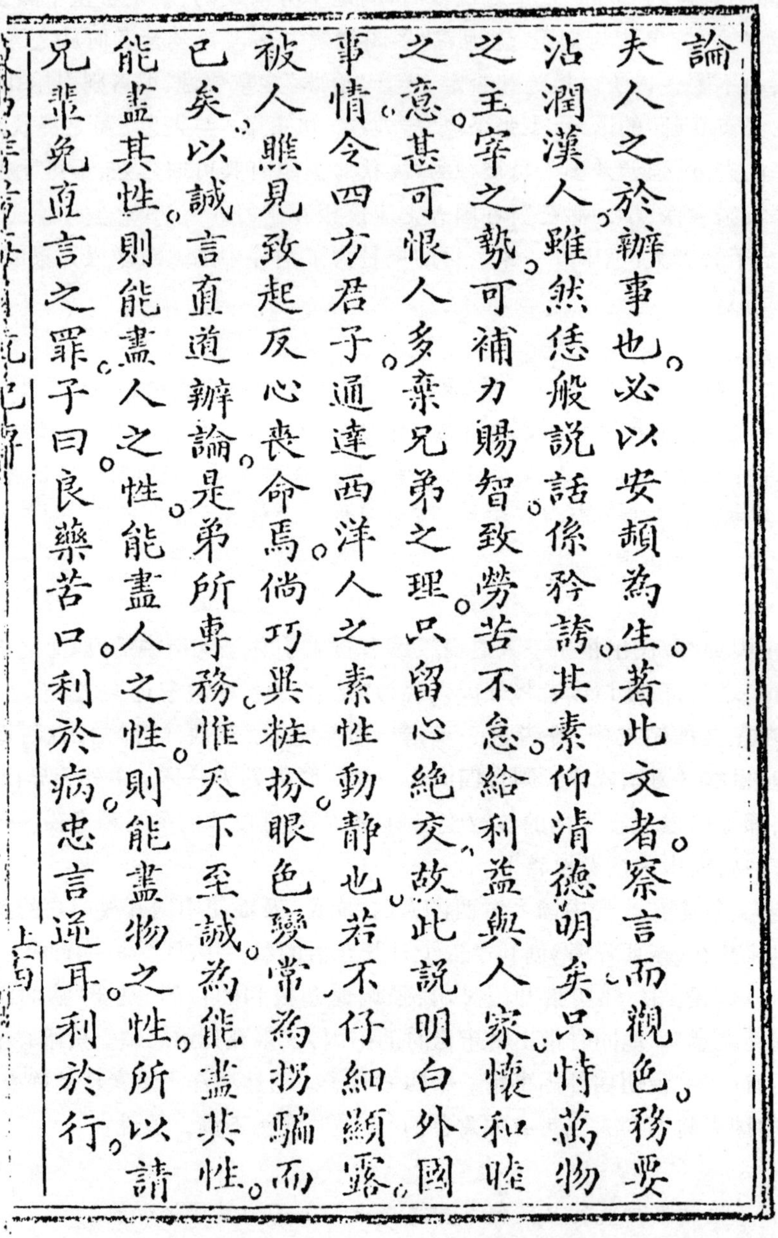

論

夫人之於辦事也。必以安頓為生。著此文者。察言而觀色。務要沾潤漢人。雖然恁般說話係矜誇。其素仰清德明矣。只恃萬物之主宰之勢。可補力賜智致勞苦不怠。給利益與人家。懷和睦之意。甚可恨人多棄兄弟之理。只留心絕交。故此說明白外國事情。令四方君子通達西洋人之素性動靜也。若不仔細顯露。被人瞧見致起反心喪命焉。倘巧異粧扮眼色變常為拐騙而已矣。以誠言直道辨論。是弟所專務。惟天下至誠為能盡其性。能盡其性。則能盡人之性。能盡人之性。則能盡物之性。所以請兄輩免直言之罪。子曰良藥苦口利於病。忠言逆耳利於行。

凡待人必须和颜悦色。不得暴怒骄奢。怀柔远客。是贵国民人之规矩。是以莫和若称之里客。或西洋。西方或外国的人。或以各国之名。一毫也不差。

3. 内容与特征

正是沿着上述宗旨与方针,《东西洋考》一改过去《察世俗》等宗教月刊大量刊登基督教教义的风格,而把内容的重点放在介绍西方的知识与文明。就以该刊的创刊号来说,主要文章计有:

序[43]
东西史记和合
地理
新闻
东西洋并南洋图

《东西史记和合》是麦都思于 1829 年在巴达维亚出版的小册子 (《天下新闻》也曾刊登其摘要)。《东西洋考》从创刊号开始至乙未年五月(1835 年 6 月)号,就一直连载该书。该书将中外历史依年代分成上下两段比较记述——上段为中国史,下段为西洋史。郭实猎如此重视《东西史记和合》,目的是要让读者明白西方的历史十分悠久,有源可溯,并不逊于中国。

至于介绍地理、科学知识与穿插彩色地图,正如前面所述一般,无非是要扩大中国人的眼界,让他们知道中国人还有不少东西得向西方学习。

从报业发展史的角度来看,《东西洋考》最令人注目之处是,它几乎每期都辟有"新闻"栏(见图 4—5),报道各国的近况,这是《察世俗》等宗教报刊过去所没有的。癸巳年十二月(1834 年 1 月),该报还刊登了一篇题为《新闻纸略论》的文章(见图 4—6),简略介绍西方报纸的起源、发展以及有关的法律和制度。该文同时还指出西方的新闻纸有"每日出一次的、有二日出一次的、有七日出二次的、亦有七日或半月或一月出一次不等的、最多者乃每日出一次的、其次则每七日出一次的。其每月一次者、亦有非纪新闻之事、乃博学之文"。

除此之外,该文也介绍英美法三国新闻纸的情况,指出:

图 4—5 “新闻”栏

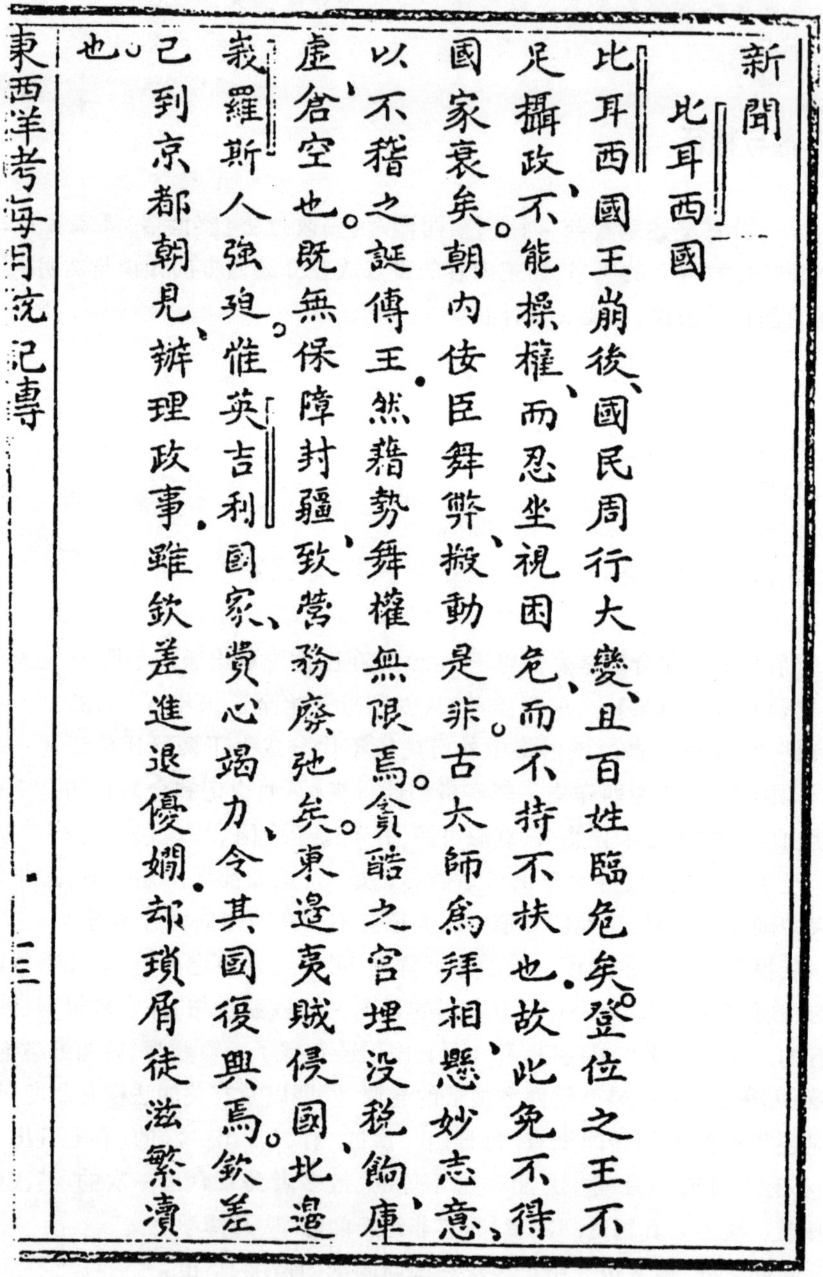
新聞

比耳西國

比耳西國王崩後、國民周行大變、且百姓臨危矣。登位之王不足攝政、不能操權、而忍坐視困危、而不持不扶也。故此免不得國家衰矣。朝內佞臣舞弊、擾動是非。古太師爲拜相、懸妙志意、以不稽之誕傳王。然藉勢舞權無限焉。貪酷之宮埋沒稅餉庫虛倉空也。既無保障封疆、致營務廢弛矣。東邊夷賊侵國、北邊峩羅斯人強狍、惟英吉利國家、費心竭力、令其國復興焉。欽差已到京都朝見、辦理政事。雖欽差進退優嫺、却瑣屑徒滋繁瀆也。

東西洋考每月統記傳 三

图 4—6 《新闻纸略论》

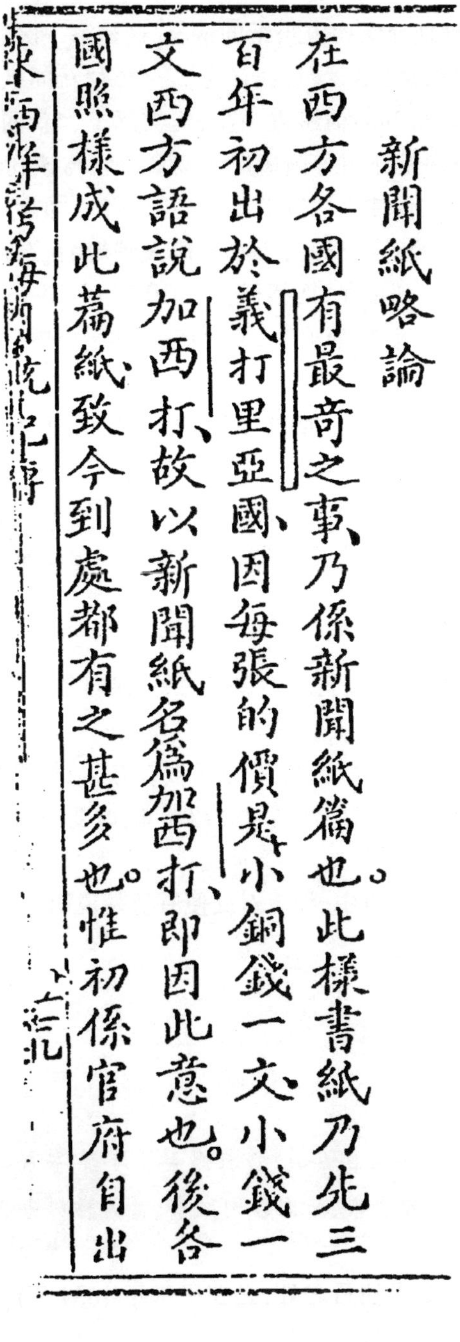

新聞紙略論

在西方各國有最奇之事、乃係新聞紙篇也。此樣書紙乃先三百年初出於義打里亞國、因每張的價是小銅錢一文、小錢一文西方語說加西打、故以新聞紙名為加西打、即因此意也。後各國照樣成此篇紙致今到處都有之甚多也。惟初係官府自出

東西洋考每月統記傳

于道光七年、在英吉利国核计有此书篇、共四百八十多种、在美利坚国有八百余种、在法兰西国有四百九十种也。

中文报刊有条理地介绍西方报纸的情况,这是第一次。

不过,应该指出的是,尽管《东西洋考》曾介绍"新闻纸"的概念并辟有"新闻"栏,比过去的宗教报刊向前跨进一步,但实际上,"新闻"栏所刊登的,与其说是新闻报道,不如说是介绍各国概况的文章。它与该刊经常登载的地理(地志)文章相互配合,旨在促使中国读者了解外国事务。在创刊号的"新闻"栏中,编者通过两个中国人的对话形式,宣布外国人编辑的《东西洋考每月统记传》问世。对话除了指出该刊旨在"推德行、广知识"之外,并介绍该刊的两则新闻:《土耳叽(指土耳其——笔者按)国事》及《荷兰国事》。[44]可见在郭实猎眼中,所谓"新闻",指的其实是"列国事物"。

有关这一点,郭实猎在另一期的"新闻"栏的按语中,有进一步的说明:

夫天下万国。自然该当视同一家。而世上之人。亦该爱同兄弟。然则远方之事务。无不愿以广见识也。缘此探闻各国之事。续前月之篇。刊送诸位达闻者。通知之。[45]

在这里,编者清楚表示该刊所要登载的是"探闻各国之事",从而促使中国人知道"远方之事务"。因为"天下万国。自然该视同一家。而世上之人。亦该爱同兄弟"。由此可见,郭实猎辟"新闻"栏之首要任务,与其说在于报道新闻,不如说是旨在贯彻其前述编辑方针,即通过介绍新知,改变中国人对外界的印象。

至于"新闻"栏的消息来源,主要是通过西方船只带来的信件或报纸。在《东西洋考》的"新闻"栏按语中,编者对此便有清楚说明。例如:

今月所到西方船只皆无带来紧要新息。[46]

又如:

此刻西方英吉利等国船只、近月尚未有收到、致无新息可传、且今时风亦顺逆不常、四方皆少来、所闻各国之事、甚为稀鲜也。[47]

《东西洋考》另一令人注目之处,是在甲午年(1834年)二月至五月辟有"各货现时市价”表(见图 4—7),详列“省城洋商与各国远商相交买卖各货现时市价”。中文报刊报道“市价”,以《东西洋考》为最早。1838 年,在广州出版的《各国消息》也详列“广东省城洋商与各国远商相交买卖各货现时市价”表(见图 4—8),显然是仿自《东西洋考》。

1837 年,《东西洋考》搬迁新加坡出版之后,编者对从商的读者,更为重视。在新《东西洋考每月统纪(原文——笔者按)传》的序文中(丁酉年正月),编者即指出:

> 原来读斯记传、为商贾多矣。是以开洋货单、论生理之事、欲读者加意顾东西洋考。

在另一篇谈论有关《东西洋考》的文章中,编者则指出:

> 本年每月应说明广州府、新嘉坡二处之市价。各商知此、有益于行务也。亦说明载入运出之货、而陈经营之形势矣。且传东西洋之新闻消息。各商要投卖货物、或有他事、致可通知、得以明说而登载之。[48]

到了 1838 年,《东西洋考》更进一步辟有“贸易”栏(见图 4—9)。在该栏中,编者虽然偶尔也略谈中西贸易的近况,但重点却放在力说中西贸易的好处。例如,戊戌年正月号(1838 年 2 月号)《东西洋考》的“贸易”栏,即刊登近二千字的长篇文章,强调“上古以来、万国以所有者、易所无也、此不变之常道”以及“不论买卖何物、内外彼此获益。与外国通商愈兴、百姓愈享庶富之盛”的道理。[49]而其结论则着重指出“开广通商、外内两相有益矣。合四海为一家、联万姓为一体矣”。可见郭实猎序言中所谈的“合四海为一家、联万姓为一体”,是与当时西方商人急于打开中国门户,进行贸易的行动紧密挂钩的。

在“贸易”栏的另一篇文章中,《东西洋考》则通过两个中国人的对话,驳斥所谓“贸易损国”论。[50]针对当时中国一些知识分子对中国白银大量流出的忧虑,该文认为中国当局不该对贸易进行任何干预,而应听任市场价格浮动。这就是所谓“自然之理”。该文作者还反问道:“倘载出银者、亦取其价值之货、何谓之损哉。”

1838 年正是鸦片战争爆发的前夕,与这场战争关系密切,并于后来起草《南京条约》中文译稿的郭实猎所办的中文报刊,极力替英国的东方政策说项,是一点也不令人感到惊奇的。

不仅如此,对于当时敏感的“鸦片问题”,后期的《东西洋考》也不避讳。例

图 4—7　《东西洋考》的市价表

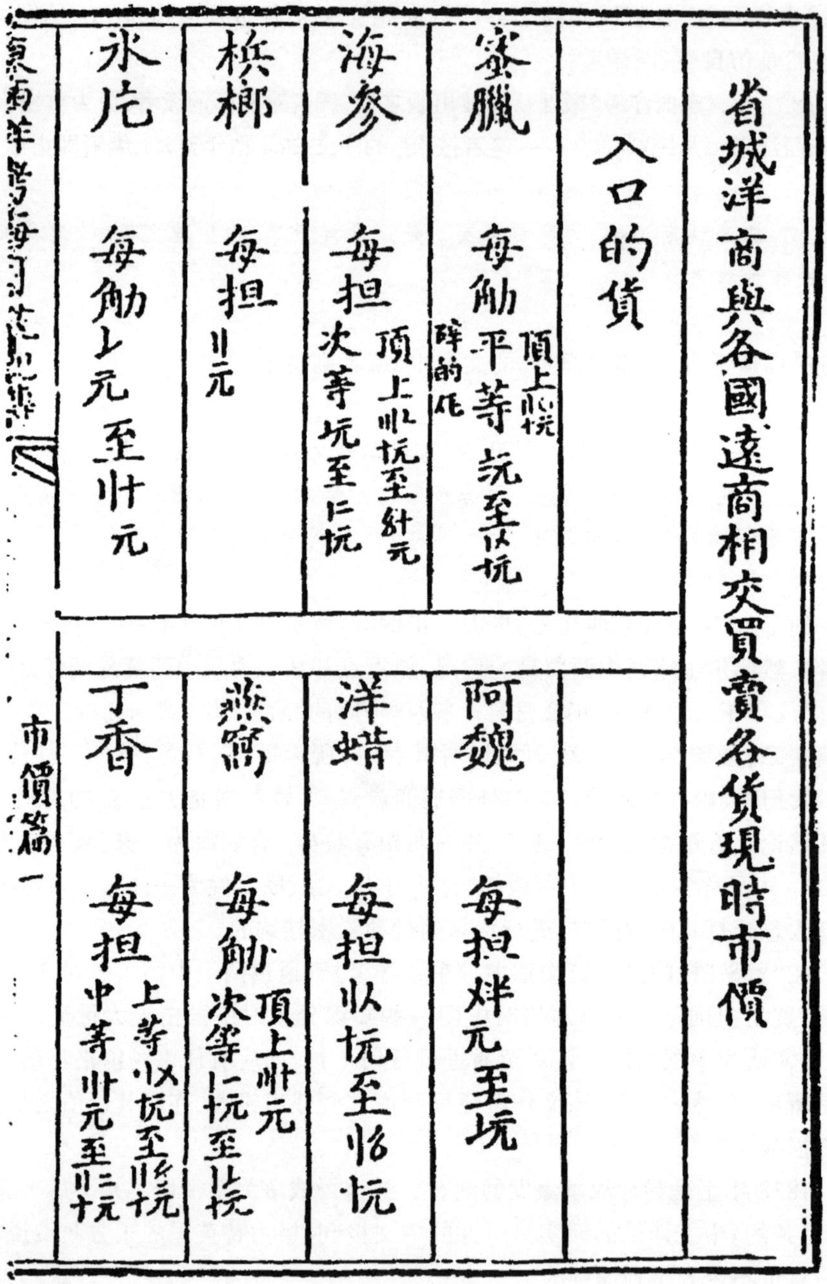

图 4—8　《各国消息》的市价表

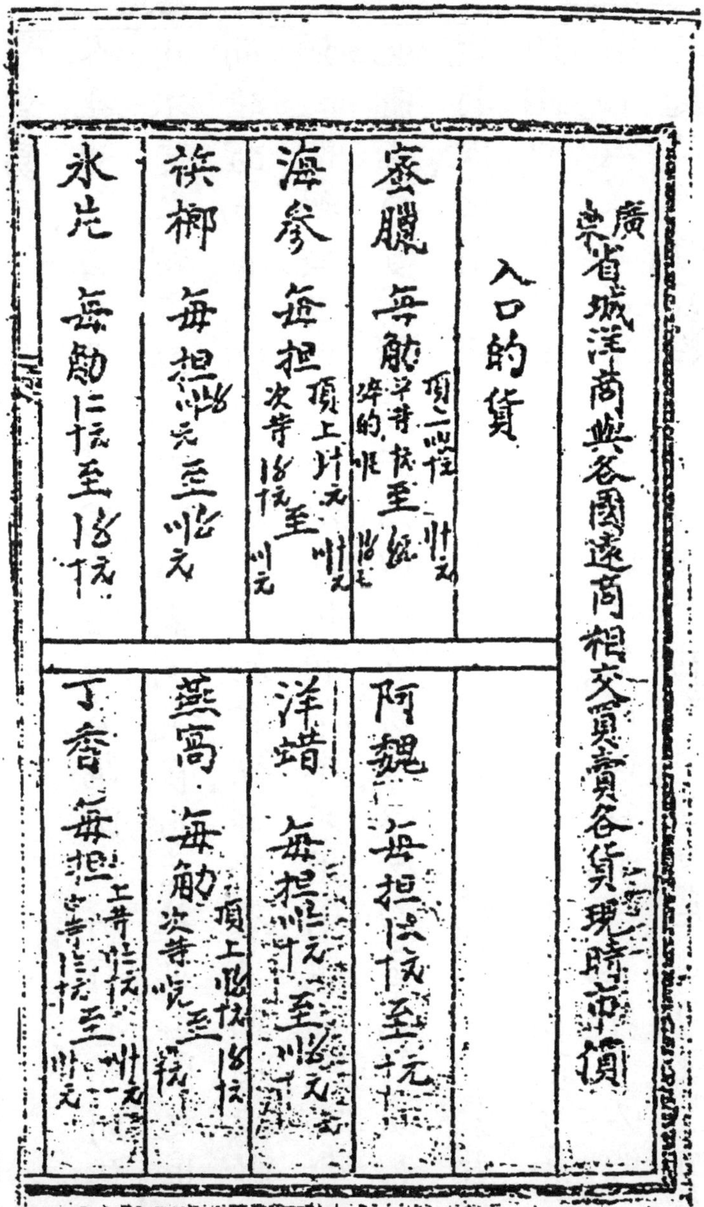

图4—9 “贸易”栏

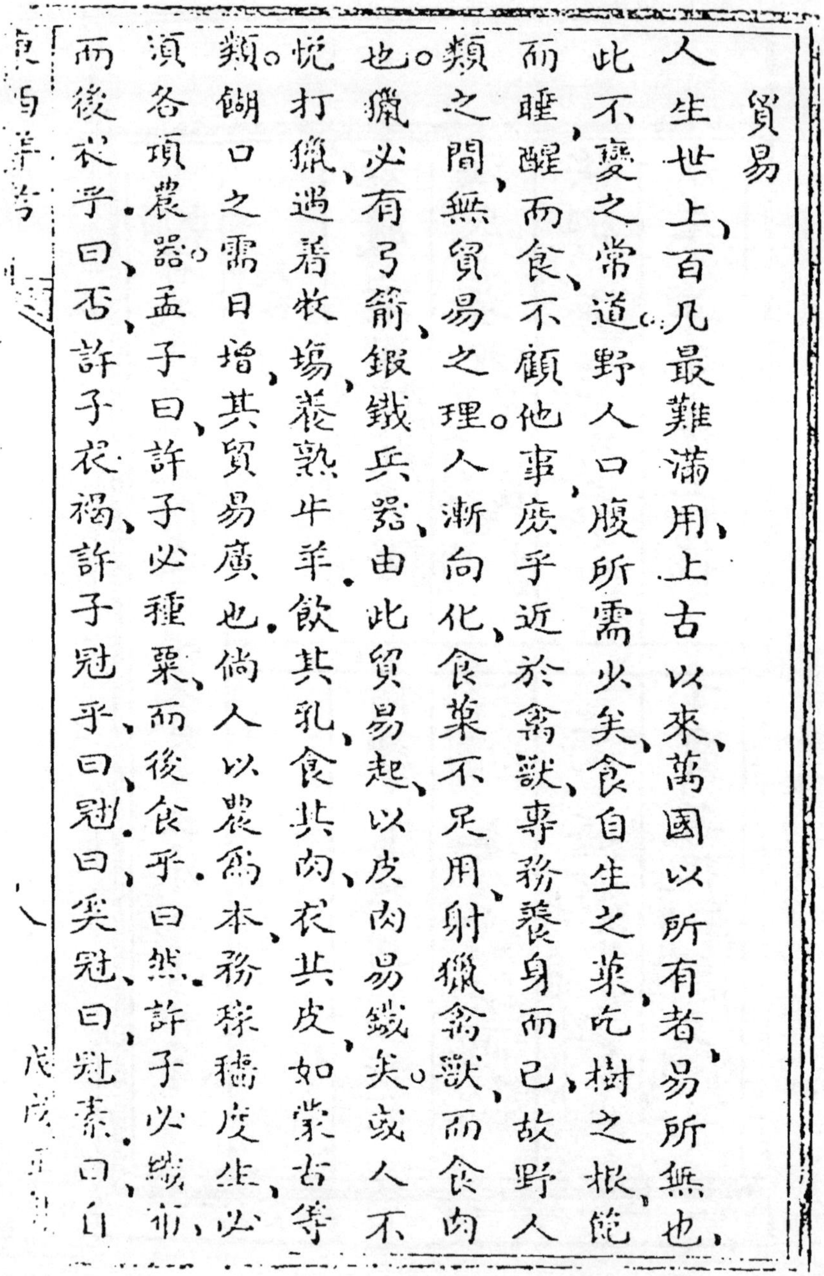

貿易

人生世上、百凡最難滿用、上古以來、萬國以所有者、易所無也、此不變之常道。野人口腹所需少矣、食自生之菜、吃樹之根、飽而睡、醒而食、不顧他事、庶乎近於禽獸、專務養身而已、故野人類之間、無貿易之理。人漸向化、食菓不足用、射獵禽獸、而食肉也。獵必有弓箭、鍛鐵兵器、由此貿易起、以皮肉易鐵矣。或人不恱打獵、過着牧場、養熟牛羊。飲其乳、食其肉、衣其皮、如蒙古等類。餬口之需日增、其貿易廣也。倘人以農為本、務稼穡度生、必須各項農器。孟子曰、許子必種粟、而後食乎。曰然。許子必織布、而後衣乎。曰否、許子衣褐、許子冠乎。曰冠。曰奚冠。曰冠素。曰自如,在一篇《戒酒之会》的文章中,作者便通过介绍西国的戒酒之会,建议中国人也成立“戒鸦片之会”,从而“近绝恶弊”[51]。在丁酉年四月(1837 年 5 月)的“新闻”栏中,该刊先转载原刊于《京报》的中国官吏许乃济之奏文《奏为鸦片》(见图 4—10),然后在编者按语中,大谈“鸦片流弊之恶”,最后则强调要禁绝鸦片“莫若多讲善言、劝人善行、教人以善守志、乐道、且广布耶稣之天道、除此外无他方法”[52]。

换句话说,该刊认为鸦片之流毒中国,是咎在中国人不信耶稣,不讲“善言”“善行”的结果,而与英商大量运来鸦片无关。值得注意的是,在《东西洋考》大谈“鸦片流弊之恶”及主张中国人戒鸦片、修德行的郭实猎,其实正是向英国当局献议通过贿赂途径,从事鸦片贸易之谋士。郭实猎在《东西洋考》中经常流露出中国人对洋人所办刊物存有疑虑,而这些疑虑其实是与当时传教士的双重身份分不开的。

综上所述,可以看出《东西洋考》已经不以“神理”为中心主题,而把内容扩大到当时欧美商人最关心的贸易问题与鸦片问题上。这既反映了当时中英关系的变化,也说明了该刊(正如其编者不再是纯粹的传教士一般)已不再是单纯的宗教定期出版物了。

4. 西方人士的“共同利益”及该刊停办的背景

该刊上述的编辑方针与态度,毫无疑问地备受当时在广州与澳门的欧美商界人士的欢迎。有关这一点,郭实猎是十分有信心的。他在筹办《东西洋考》时,就向这些旅华人士直接寻求经济方面的援助。他写道:

> 由于这是一项与所有住在此地的外国人社会具有共同利益(common interest)的工作,编者希望他们当中有足够的人士能订阅,以便支付有关的开销。订阅费是以六个月为期计算,每期定价不少于一圆,订阅者将能收到七期……[53]

显然,郭实猎丝毫不隐瞒传教士与欧美商人在“对华事业上”有“共同利益”。与《特选撮要》编者麦都思的谨慎态度不同,《东西洋考》的编者郭实猎并不忌讳与贩卖鸦片的欧美公司及有关人士有微妙的关系,而公然寻求其经济上的支持与帮助。这种公开呼吁商界人士支持与帮助(包括订阅或捐款等方式),以便维持报刊经费的做法,在当时可以说是一项创举。因为在这之前的中文报刊,虽然也有个别的报刊是在个别商人的支持下出版,但基本上是由伦敦

图 4—10 转载自《京报》

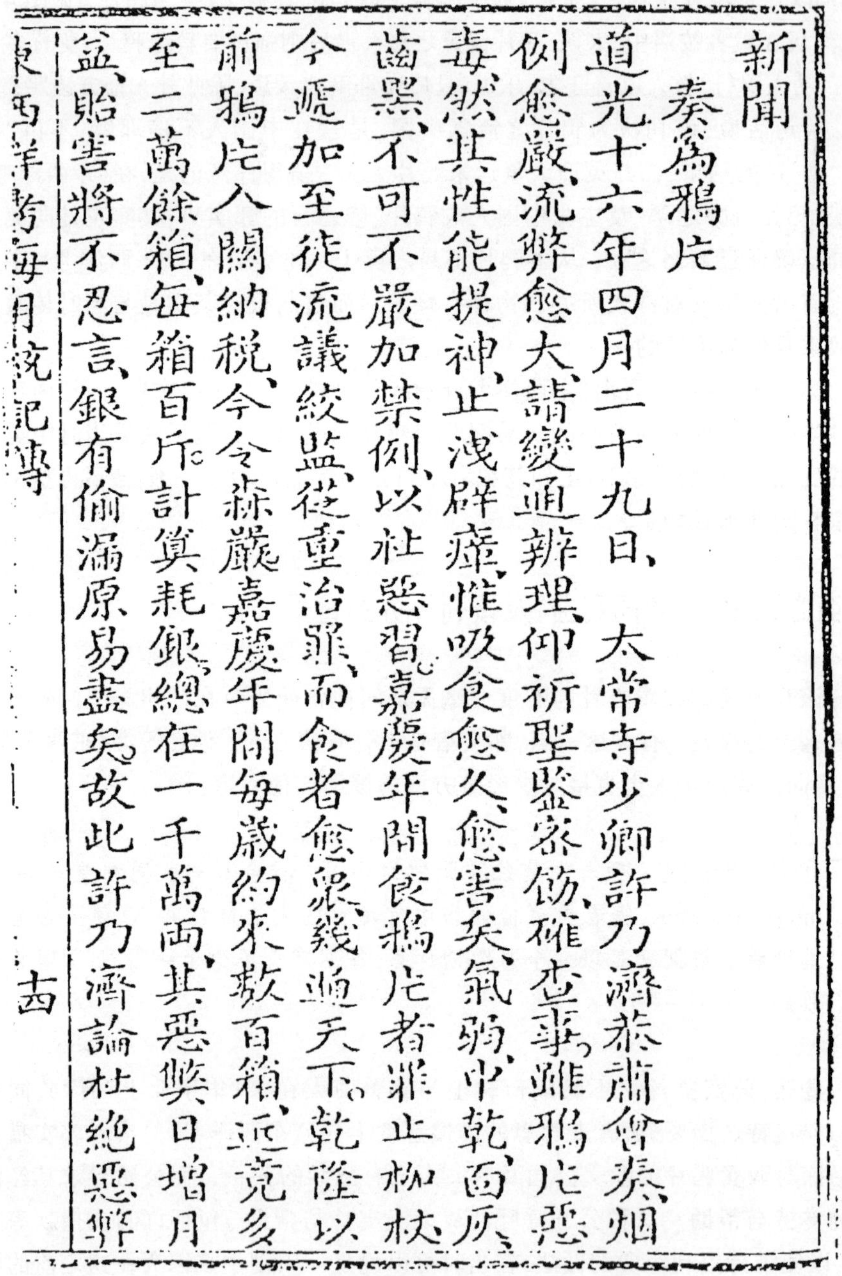

新聞

奏爲鴉片

道光十六年四月二十九日、太常寺少卿許乃濟奏烟例愈嚴、流弊愈大、請變通辦理、仰祈聖鑒寄飭確查事、雖鴉片惡毒、然其性能提神、止洩辟瘴、惟吸食愈久、愈害矣、氣弱中乾、面灰、齒黑、不可不嚴加禁例、以杜惡習。嘉慶年間食鴉片者罪止枷杖、今遞加至徙流議絞監、從重治罪、而食者愈衆、幾遍天下。乾隆以前鴉片入關納稅、今令森嚴、嘉慶年間每歲約來數百箱、近竟多至二萬餘箱、每箱百斤、計算耗銀、總在一千萬兩、其惡獘日增月益、貽害將不忍言、銀有偷漏、原易盡矣。故此許乃濟論杜絕惡弊

東西洋考每月統記傳

十四

布道会刊印,免费赠送给读者的。

不过,尽管郭实猎十分重视《东西洋考》的出版工作,正如前面所述,他当时是一个异常活跃与忙碌的人物,要他长期负起有关编辑的工作是不可能的。当时的郭实猎到底在忙些什么呢?据伟烈亚力的记述,1835 年,也就是《东西洋考》停刊后不久,他受命为英国领事的中文秘书。[54]此外,在 1837 年(日本天保八年),他曾以日语通译的身份,乘美国商船"马礼逊号"进入江户湾。[55]

至于后期《东西洋考》另一编辑马儒翰,情况也和郭实猎十分相似。马儒翰是第一个到中国传教的基督教(新教)传教士马礼逊的次子,也有人称之为小马礼逊或秧马礼逊(秧,即英语 Young 之音译)。1814 年出生于澳门;直到 1826 年,他在英国接受教育。接着,随其父亲重返中国;不久之后就前往马六甲的英华书院学习汉语。两三年后他到广州在其父身旁学习,并于稍后在英国的公司担任翻译。1834 年,罗伯特·马礼逊逝世,马儒翰继承父业,出任英国驻华商务监督的中文秘书兼译员 (Chinese Secretary and Interpreter to the Superintendents of British Trade in China)。[56]马儒翰十分熟悉清朝政府的腐败与无能。1834 年,当梁发因分发传教小册子被逮捕时,他便通过贿赂手段予以营救。[57]

在 1839—1842 年的鸦片战争期间,马儒翰身任英国全权特使兼驻华商务监督义律 (Charles Captain Elliot, 1801~1875) 及其继任者璞鼎查 (Sir Henry Pottinger, 1789~1856)的随员与翻译,扮演着十分重要的角色。在评论其生平时,伟烈亚力如此写道:

> 自 1839 年 3 月至 1842 年 8 月中英两国政府处于抗衡的困难期间,他为国家负起重任。对他极其精明的表现,其上司甚为满意。[58]

值得注意的是,马儒翰是当时有关中英不平等条约的实际起草者,而同样是《东西洋考》编者的郭实猎却是该起草文的中文翻译者。后来的《南京条约》,仅仅只是在这些起草文的基础上增删一些字眼罢了。[59]

由上述兼任外交官的传教士所办的《东西洋考》,在鸦片战争爆发前停刊,可以说是理所当然的事。至于这些积极协助和参与英国敲打中国大门的传教士,将其刊物的编辑方针,从传教的重点转为宣扬与夸耀西方文明的优越性,更不令人感到惊奇。

四、《各国消息》(1838~?年)

1838年,麦都思在一名英国青年奚礼尔(Charles Batten Hillier, ?~1856,亦译为希厘或禧利) 的协助下,于广州办了一份名为 《各国消息》(*News of All Nations*)的中文月刊(见图4—11)。其内容以外国新闻及广州的商品市场价格等为中心,只出版数期便停刊。停刊日期不详。

有关编者奚礼尔的生平,将在第5章探讨《遐迩贯珍》时进一步阐述。目前所能看到的《各国消息》只有两册,原件皆藏于大英图书馆。其目录如下:

第一号 戊戌年九月朔日(即1838年10月18日)立
第一至二页 郭尔喀国(指尼泊尔——笔者按)
阿瓦国(指缅甸的一部分——笔者按)
第二页 省城(刊载有关广州的商业讯息)
第三页 前月间外洋风飓不测坏船无数
入口货
出口货
第二号 戊戌年十月朔日(即1838年11月17日)立
第一至二页 英吉利国
第二页 比耳西国(指波斯国——笔者按)
第三至七页 广东省城洋商与各国远商相交买卖各货现时市价

从上述仅存的《各国消息》两期的目录与内容,我们可以发现该刊不但未登载宗教文章,就连过去几家报刊所重视的科学知识的介绍也未收录。至于有关各国国情的介绍以及商业资讯的报道方式与编排,显然是模仿已经停刊的《东西洋考》。换句话说,《各国消息》是以《东西洋考》为范本,但仅刊登各国国情及商业讯息的一份月刊。

由传教士主持的中文报刊,却完全排除传教文章而把重点转移到介绍各国国情及商业讯息的提供,既说明了当时旅居中国的西方传教士、政治家与商人三者关系之紧密,也反映了当时从事对外贸易的中国商人已经开始出现,以及他们对海外讯息与商业情报已有所需求。《各国消息》虽然称不上是商业报刊(以当时的社会背景,也不可能诞生商业报刊),但它刊载海外讯息与反映商

图 4—11　《各国消息》封面

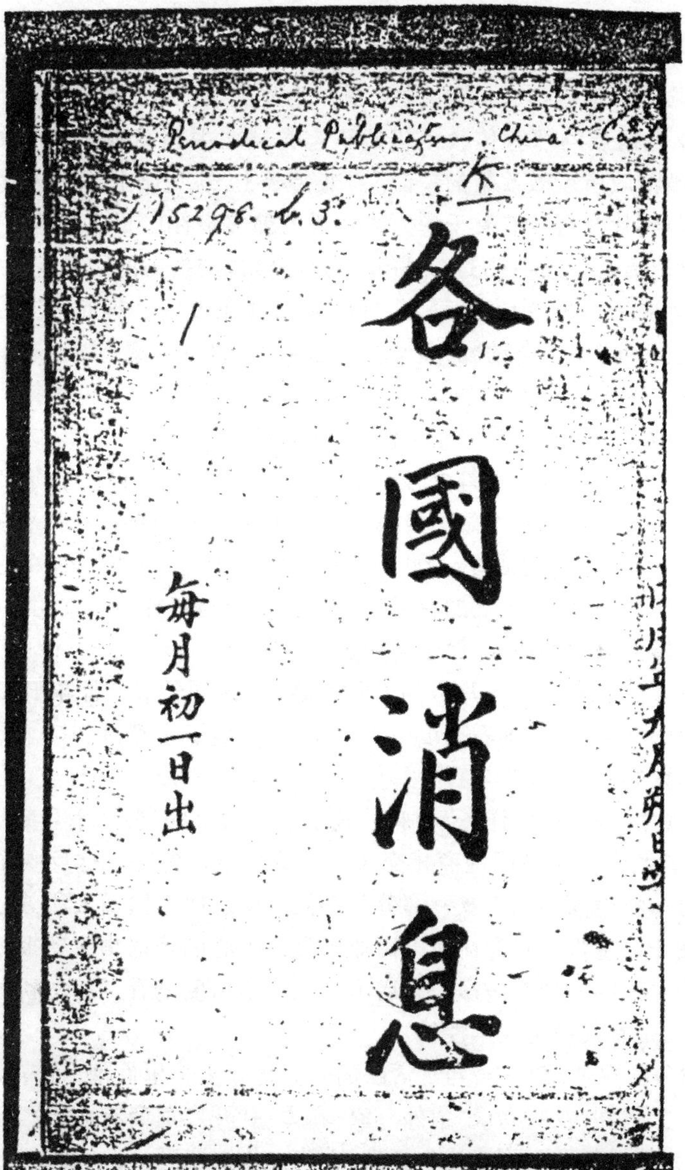

版式：23×14cm

藏于大英图书馆(British Library)

业情报的新尝试,无疑为后来者提供了另一编辑方针的模式。

五、结论

综上所述,不难看出,尽管中英关系在鸦片战争前夕已日益紧张,原本被迫以东南亚为据点的西方传教士仍然不忘尝试在中国境内出版中文定期刊物,以便突破清政府严教政策的禁区。身兼传教士、外交谋士、军事侦察人员等多重身份,与鸦片商行等有着千丝万缕关系的郭实猎在广州成功地发行《东西洋考每月统记传》(1833~1835),无疑正是这种尝试与努力的结果。

作为《南京条约》的中文翻译者,郭实猎和身兼英国驻华商务监督的中文秘书与译员(也是《南京条约》的英文实际起草者)的马儒翰传教士在鸦片战争前夕的1837~1838年于新加坡续办《东西洋考每月统记传》,也间接为该中文月刊在此微妙时刻复办的自我定位作了很好的注脚。

有关这一点,在1833年筹办该刊出版的过程中,期待欧美旅华商界人士经济支援的编者郭实猎就直截了当地指出,《东西洋考》的出版,关乎在华西方人士的"共同利益"。换句话说,与此前宗教刊物以传播"神理"为主的编辑方针相比较,《东西洋考》强调该刊的首要任务是要宣扬与夸耀西方文明的优越性,从而改变中国人眼中的西人、西学与西教的形象。

与此同时,在1837年5月号的"新闻"栏中,该刊转载了原本刊于《京报》的中国官吏的奏文,并在编者按语中予以反论,开启了宗教月刊摘录邸抄等中国传统媒体内容的先河和示范作用。

值得注意的是,《东西洋考》与鸦片战争前夕问世的《各国消息》(1838年)还刊载了"省城洋商与各国远商相交买卖各货现市时价"表,这反映了此刻的宗教月刊对于欧美商界人士及一部分与他们有交易的中国商人所关心的商业讯息已开始予以重视,它为往后以商业讯息为中心的香港华文新报提供了报道"市场""行情"的一种参考模式和启示。从这个角度来看,"华文新报"与"宗教月刊"之间是有其一定连续性的。

鸦片战争前夕通晓汉语、异常活跃的西方传教士忙里偷闲,冒着风险想方设法创办华文报刊,及其高谈"中外一家"和力倡"开广通商有益"论,显然并非无的放矢的"传播新知",更遑论为正常的"跨文化交流"!

注释

[1] Walter Henry Medhurst, China: *Its State and Prospects*, p.331.

[2] Ibid., pp.331~332.

[3] 《特选撮要序》,《特选撮要每月纪传》,道光癸未年六月号(1823 年 7 月号),第 2~3 页。

[4] Alexander Wylie, *Memorials of Protestant Missionaries to the Chinese*, p.25.

[5] Ibid., pp.27~40.

[6] Ibid., p.37.

[7] 有关目录系根据伟烈亚力上述著作第 27~37 页整理。

[8] Ibid., p.28.

[9] Ibid., pp.28~29.

[10][11][12][13] Medhurst, *op.cit.*, pp.338~339.

[14] Ibid., p.339.

[15] Roswell S. Britton, *The Chinese Periodical Press 1800~1912*, p.22.

[16] 参见 Medhurst, *op.cit.*, pp.361~380。

[17] Ibid., pp.333~334.

[18] Britton, *op.cit.*,p.22.

[19] 参见 Medhurst, *op.cit.*, pp.341~343。

[20] Wylie, *op.cit.*, pp.48~49.

[21] Medhurst, *op.cit.*, p.345.

[22] 戈公振:《中国报学史》,上海商务印书馆 1927 年版,第三章第 4 页(香港太平版,第 67 页)。

[23] Wylie, *op.cit.*, p.48.

[24] Ibid., p.27.

[25] 有关吉德之简历,参看 Ibid., pp.47~48。

[26] Britton, *op.cit.*, p.25.

[27] 也因为如此,该刊在 1834 年曾一度停刊,到第二年二月(乙未年正月)才复刊。但同年八月又再度停刊。

[28][29] Birtton, *op.cit.*, p.24.

[30] Ibid., pp.24~25.

[31][32] Britton, *op.cit.*, p.22.

[33] Wylie, *op.cit.*, p.54.

[34] Lindsay and Gutzlaff,*Report of Proceeding on a Voyage to the Northern Ports of China in the Ship of Lord Amherst*, p.44.
南木:《鸦片战争以前英船阿美士德号在中国沿海的侦察活动》,见《进步日报》1952 年 9 月 13 日。

[35] Wylie, *op.cit.*, p.55.

[36] Medhurst, *op.cit.*, p.364.

[37] 范文澜:《中国近代史》上编第一分册,第 10~11 页。

[38] 南木:前引文。

[39][40] *The Chinese Repository*, Vol.Ⅱ., pp.186~187.

[41] 《东西洋考》,癸巳年七月(1833 年 8 月),第 1 页。

[42] 《东西洋考》,癸巳年八月(1833 年 9 月),第 1 页。

[43] 除了创刊号有《序》之外,其他各号(1833~1835 年)也常刊登《论》为其卷头言。

[44] 《东西洋考》,癸巳年七月(1833 年 8 月),第 11~12 页。

[45] 《东西洋考》,癸巳年八月(1833 年 9 月),第 15 页。

[46] 《东西洋考》,癸巳年九月(1833 年 10 月),第 29 页。

[47] 《东西洋考》,癸巳年十月(1833 年 11 月),第 54 页。

[48] 《东西洋考》,戊戌年正月(1838 年 2 月),第 15 页。

[49] 《东西洋考》,第 8~11 页。

[50] 《东西洋考》,戊戌年三月(1838 年 4 月),第 52~53 页。

[51] 《东西洋考》,乙未年六月(1835 年 7 月),第 14 页;丁酉年二月(1837 年 3 月),第 4 页重载。

[52] 《东西洋考》,丁酉年四月(1837 年 5 月),第 15 页。

[53] *The Chinese Repository*, Vol.Ⅱ., pp.186~187.

[54] Wylie, *op.cit.*, p.55.

[55] 高谷道男:《马礼逊号来航记》,《学镫》第 44 卷第 3 号,第 36~38 页。

[56] Wylie, *op.cit.*, p.10.

[57] 郑天挺:《马礼逊父子》,《历史教学》1954 年 2 月,总 38 卷,第 11~15 页。

[58] Wylie, *op.cit.*, p.11.

[59] 里井彦七郎等:《十九世纪中国仇教运动的一个侧面》(上),《东洋史研究》第 13 卷第 1 号,第 35 页。

第5章

香港最早的中文报刊

——《遐迩贯珍》(1853～1856年)※

自《东西洋考每月统记传》和《各国消息》1838年停刊后的15年里,欧洲传教士们似乎并未发行过令人注目的中文报刊。[1]

1853年,与中文报刊渊源甚深的麦都思在已成为英国殖民地的香港创办了一份名为《遐迩贯珍》(*The Chinese Serial*)的中文月刊。此后,《中外新报》(1854~1861年)、《六合丛谈》(1857~1858年)、《中外杂志》(1862~1863年)、《中外新闻七日录》(1865~1870年)[2] 等中文定期出版物相继在中国东南沿海一带的开放口岸宁波、上海、广州等地,由欧美传教士发行面世。从这个角度看,《遐迩贯珍》作为《南京条约》签订后令人注目的最早中文报刊,是有其特殊存在意义的。它可以说象征着欧美传教士对中国进行"文字播道"的新起点。以下即对《遐迩贯珍》诞生的背景及其特征作一探讨。

一、鸦片战争后新教传教根据地的转移

正如前章所述,在鸦片战争前的中国,欧美商人只被允许居住在广州和澳门,一般外国人难以进入中国内地。因此,最早到中国传播基督教的新教开拓者马礼逊只能以英国东印度公司翻译的身份在广州居留。后来的欧洲传教士们则几乎都先前往马六甲等新教根据地,并在那里的英华书院学习语言,然后一面从事传教活动,一面发行报刊及其他有关宗教的书籍,以便做好在中国国内传教的准备。

1842年《南京条约》签订,中国除了割让香港给英国,并付出2100万两白银赔款外,还被迫将上海、宁波、福州、厦门和广州辟为五个通商口岸。为了

※ 本文曾于1974年发表在日本立教大学《应用社会学研究》第19期上,原题为《〈遐迩贯珍〉(1853~1856年)——对香港最早的中文月刊报纸的探讨》。

迎接这一新局面，伦敦布道会理事会决定筹募庞大的基金，正式展开对华传教活动。[3] 该教会决定将原来设在传教根据地马六甲的英华书院转移到香港，并拟定了在香港建立新根据地的方针。[4]

同年12月，从属于"越恒河布道会"的传教士们在香港聚会，作出了创办英华书院的神学系及将学院转移到香港的决定。与此同时，为了在各新通商口岸建立传教基地，还决定放弃过去为对华传教而开辟的南洋新教根据地马六甲、巴达维亚和槟城等。[5]第二年，英华书院院长理雅各(James Legge, 1815~1897)带着三名中国刻工迁往香港。至此，马六甲英华书院实际上已告关闭。[6]

这一方针的决定，当然是与香港已沦为英国的殖民地密切相关。洛维特在其《伦敦布道会史(1795~1895)》中，曾指出香港具有如下的特殊性：

> 香港与在教会推动下展开传教活动的中国任何其他地方都不同。……香港具有作为英国殖民地的优势，居民可以感受到浓厚的欧化气氛。在这样的环境下，中国人的生活比其他地方更为自由，由于受欧洲人的影响，他们的思想也更为开放。加之在英国的统治下，生命与职业的安全得到保障……然而，香港布道会存在的重大意义，并不局限于其活动的区域，或其活动面对人数的多寡。香港恐怕是西洋社会在东方最重要的中心地。[7]

由此可见，伦敦布道会在香港的活动，就像鸦片战争前在马六甲等地的传教活动一样，是在英国殖民地政府的庇护下展开的。特别是在鸦片战争中曾扮演重要角色的马儒翰(即约翰·马礼逊)与郭实猎等传教士，更以大功臣姿态，相继担任了香港殖民地政府首任及第二任华民政务司[8]的重要职位，而对英国的殖民政策具有重大的影响力。他们倾其全力支持新教，是不言而喻的。

不过，值得一提的是，在过去，由于受到中国禁教政策和本身语言能力的限制，开拓期的传教士们基本上以"文字播道"及"教育播道"为主要传教方式。但在19世纪40年代后，中国的客观条件已经发生了巨大的变化；与此同时，也出现了不少不仅通晓中文，甚至还能掌握方言的传教士。于是一向不太被重视的口头传教(preaching)和"医疗播道"也积极开展起来。与开拓期的传教方针相比，"文字播道"的重要性在某种程度上可以说是相对地削弱。1853年，也就是伦敦布道会于香港成立的三年后，《南京条约》签订后的首家受人注目的中文定期出版物——《遐迩贯珍》终于问世。

二、编者及该刊创办与停刊的经过

《遐迩贯珍》的首任编辑，是著名的传教士麦都思。如前所述，麦都思于1817 年被伦敦布道会派遣到马六甲负责印刷工作，在新教对东方传教的开拓性事业(尤其是“文字播道”)方面发挥了很大的作用。他不仅是米怜编辑的中文报刊《察世俗每月统记传》的得力助手，也曾在巴达维亚发行过《特选撮要每月纪传》。从 1822 年开始，他就以荷属爪哇的巴达维亚为据点，开展其传教活动。1835 年前往广州，曾与史第芬(Rev. Edwin Stevens, 1802~1837)一道航行于中国的东北沿岸，探寻在中国进行传教活动的可能性。[9]1843 年，按照伦敦布道会的决定，他解散了前后经营长达 21 年之久的巴达维亚布道会，到上海开拓新据点，并在上海开设了中国境内最早的近代化印务馆——墨海书馆(London Missionary Society Mission Press)。此后，他就一直住在上海(直到 1856 年为止，1857 年 1 月逝世于伦敦)，以传教士的长老身份参与布道会在中国的活动，特别是推动《圣经》汉译的划时代工作。1850 年及 1853 年，以他为中心，由欧美传教士组成的《新约全书》(*New Testament*)翻译委员会和《旧约全书》(*Old Testament*)翻译委员会，相继出版了这两部书的完整中译本。[10]《遐迩贯珍》的创刊号发行于 1853 年 8 月，恰好是在麦都思等人完成《旧约全书》翻译工作的时期。也许可以这样推测，就因为译作完成后麦都思相对有了空余时间，所以接受了《遐迩贯珍》这一定期出版物的编务工作。

但是，《遐迩贯珍》刊行的地点，并不是麦都思定居所在地的上海，而是英国殖民政府管辖下的香港。主要原因是，这份月刊并不像《特选撮要每月纪传》那样，是以麦都思个人或以他为中心的传教团体的名义编辑，而是由香港马礼逊教育协会(Morrison Education Society)出资，由香港英华书院印刷、发行的定期出版物。

马礼逊教育协会成立于罗伯特·马礼逊病逝后第一年的 1834 年。这是一个为纪念他在华开拓基督教传播事业而成立的团体。在其追慕者的呼吁下，该协会很快便获得当时旅华欧美商人的积极响应而筹得 486 美元的基金[11]，清楚表明“旨在以学校及其他手段振兴中国教育”(The object of which was to improve and promote education in China by school and other means)。[12]1839 年，作为该协会机构之一的“马礼逊学校”诞生于澳门。[13]

1843 年，马礼逊学校与英华书院迁往香港，1849 年停办。[14]之后，马礼逊教育协会就将其一部分基金用在出版中文报刊上。1855 年 8 月 1 日发行的《遐迩贯珍》(1855 年第八号)，曾转载上海的传教士艾约瑟 (Rev. Joseph Edkins, 1823~1905，亦译为艾约瑟迪谨) 所著的《中西通书》(*The Chinese and Western Almanac*)中的《马礼逊传》部分。针对马礼逊教育协会与《遐迩贯珍》的关系，编辑还附加如下之按语：

> 夫马礼逊行略、理宜于遐迩贯珍传之、盖此书之所设者、原有记载马君之意也、传内所载、麻六甲英华书院、创自马公、及其弃世数年、所有寓于粤省远人、触其流风余韵、莫不兴发善心、商议别立马礼逊之教会、捐金数万、以为膏火、教育唐人后生小子……二年前、理马教会之主人、因议每月刻贯珍数千、以天下事理传喻唐人诚可善述马君之事、善继马君之志者也、此遐迩贯珍一书之所由来也……[15]

综上所述，可以看出《遐迩贯珍》是为了继承马礼逊的遗志，由香港的马礼逊教育协会在拥有良好印务馆的英华书院印刷、发行的定期出版物。因此，在上海的麦都思只是应马礼逊教育协会的邀请，作为编辑推动这一定期出版物的工作。但如前所述，当时的麦都思已是新教传教士的长老。他一方面要推动教会的活动；另一方面又同时担任上海领事馆的中文秘书，工作非常忙碌。因此在《遐迩贯珍》创办初期，他也许可以勉为其难，抽出些微时间作编辑工作，但要他负起这项繁杂的工作是不可能的。关于这一点，麦都思一开始就说得很清楚。在 1853 年 8 月 1 日出版的《遐迩贯珍》创刊号的序言中，他这样写道：

> 吾屡念及此、思于每月一次、纂辑贯珍一帙、诚为善举……现经四方探访欲求一谙习英汉文义之人、专司此篇纂辑、尚未获遘仍翘首以俟其人、乃先自行手为编述、尤胜于畏难而不为也……[16]

换句话说，重视“文字播道”的麦都思，很早就在物色“谙习英汉文义”的专业编辑，但由于找不到适当人选，最后只得由自己负责。一年后，他将有关编辑事务转给其女婿奚礼尔(Charles Batten Hillier)——一名曾协助麦都思编辑《各国消息》的英国青年。但奚礼尔当时是香港殖民地政府的官员，并不是麦都思所期望的专业编者。奚礼尔曾任香港的治安助理官兼法庭书记官，并于 1846 年升任为首席治安法官。[17]从 1854 年起，他一面编辑《遐迩贯珍》，一面继续担任香港殖民地政府的重要职务。1856 年，奚礼尔被英国派往暹罗(泰国)出任领事，在这之前(1855 年)，他将编辑工作转给英华书院院长理雅各。[18]在报道奚礼尔

出任暹罗领事时,《遐迩贯珍》曾对他在香港担任殖民地法官期内的表现及其人格予以如下之赞赏:

> 现今本港巡理府希厘(即奚礼尔——笔者按)特奉国命往暹罗当领事之职、其为人也、廉静寡欲、公正勤明、预料其离任之日、港内居民、当必叹息流涕、挽留无自、惟祝其一路平安、得天眷佑、以保有国后之宠命而已。[19]

继奚礼尔之后到1856年5月停刊为止,该刊的编辑工作一直由理雅各主持。

理雅各是1840年受伦敦布道会派遣到马六甲加强当地中国布道会(Chinese Mission at Malacca)的传教工作。同年,他升任为英华书院院长。1843年,为实现英华书院迁往香港的计划,他解散了马六甲的布道会,带着中国刻工抵达香港。在这之后,理雅各就是香港新教布道会的中心人物,特别是在英华书院向中国人进行"教育播道"等方面,扮演着重要的角色。从1861年起,他的名著《中国古典文学》(*The Chinese Classics*,共七卷)陆续问世。1873年,理雅各返回伦敦,被牛津大学聘为新开设的汉语讲座教授,直到1897年逝世为止。[20]

理雅各是为了进行传教活动而学习中文的,但由于精通中文而被聘为牛津大学教授,并以汉学家闻名于世。其经历与曾任英华书院院长,后被伦敦大学聘为汉语讲座教授的《天下新闻》编辑吉德颇为相似。当然,理雅各的学术成就,远非吉德所能比拟。19世纪60年代就到中国各地传教,曾在上海创办《中外杂志》(1862~1863年)的英国传教士麦嘉湖(John Macgowan, ? ~1922)在接到理雅各的讣告时,就对其中国古典文学研究的成果予以高度的评价。他指出,理雅各的翻译与注释工作对于了解中国人是极为重要的。[21]

理雅各的上述成就,与他长期主持英华书院的事业是密不可分的。可以这么说,理雅各在中国文学方面的学术成就,是他从1840年接任英华书院院长开始,到该书院关闭为止主持该书院院政的同时,发奋研究的结果。

1856年,英华书院遭遇了闭校的厄运,《遐迩贯珍》也在同一年停刊。对于英华书院的关闭,理雅各坦率地承认这是该所神学院的失败。[22] 但对于《遐迩贯珍》的停刊,理雅各却不认为是一项挫折,他也否认是印刷经费的困难所致。他的唯一解释是,由于负责人忙于其他事业,无法兼顾,最终放弃了该刊的发行。[23]

理雅各是当时香港教会的中心人物,其忙碌程度是不难想象的。加之他为促使欧美人士"了解中国和中国人",正在热心地进行中国古典文学的评介工作。事实上,《遐迩贯珍》停刊五年后的1861年,他的名著《中国古典文学》第一卷便面世了。该书应该是理雅各花费相当长的时间于1860年前完成的。这样看来,理雅各不仅有各种杂务,还有自己的研究与翻译中国古典文学的项目,他无法同时肩负定期刊物的编辑工作,是可以理解的。

总之,《遐迩贯珍》从创刊到闭刊,其编辑一直是临时与兼职的,麦都思所期待的专职编辑始终没有出现。这充分地反映了当时中国境内"谙习英汉文义"的欧美传教士为数并不多。同时也说明了教会已认识到作为传教手段的中文定期刊物的影响与传播效果,实际上远比其期待为低。

三、《遐迩贯珍》的特征与内容

1. 命名由来、封面编排和中英文目录

如前所述,《遐迩贯珍》创刊于1853年(咸丰三年)8月。首任编辑为传教士麦都思,次年转交给香港殖民政府官员奚礼尔负责,接着就由传教士理雅各接管,直到1856年5月停刊。与鸦片战争前传教士发行的各种报刊一样,该刊系以小册子形式出版。每册从11页至24页不等,大体每月发行一次,共四卷,计33册。[24]就笔者所知,在日本的图书馆至少藏有十册《遐迩贯珍》的原件及为数不少的手抄本。在伦敦大英图书馆和伦敦大学亚非学院(School of Oriental and African Studies)图书馆里,则几乎悉数收藏着。这里即根据上述原件和手抄本等,对该出版物作进一步的探讨。

首先,谈谈该刊的命名由来。该刊的英文名为"*The Chinese Serial*",中文名为《遐迩贯珍》。"遐"的意思是"远","迩"的意思是"近"[25];"遐迩"即"远近"之意。"珍"在中文里除了指金、玉等珍贵物品之外,也含有珍闻的意思,或者是指重要事物。[26]"贯"是"联络贯穿"的意思。中文又有"贯珠"的说法,指用线穿起来的珠玉。这里如果将"珍"作为"珠玉"理解,那么"贯珍"和"贯珠"的意思就十分接近,可以解释为是串成一环的珠玉。但是,《遐迩贯珍》毕竟是期刊的名称,因此,可解释为将远近的重要讯息编成一册。麦都思在创刊号的序言里就表示该刊是为了尊重"列邦之善端""中国之美行"以及促进中英两国的相互理解而发行的。[27]换句话说,刊载远方(西洋)和近处(中国)也就是"遐迩"的好事或要事,是《遐迩贯珍》出版的宗旨和目的。

其次,得谈谈《遐迩贯珍》的封面设计。在(见图5—1)A、B、C的封面正中,都

图 5—1　《遐迩贯珍》封面

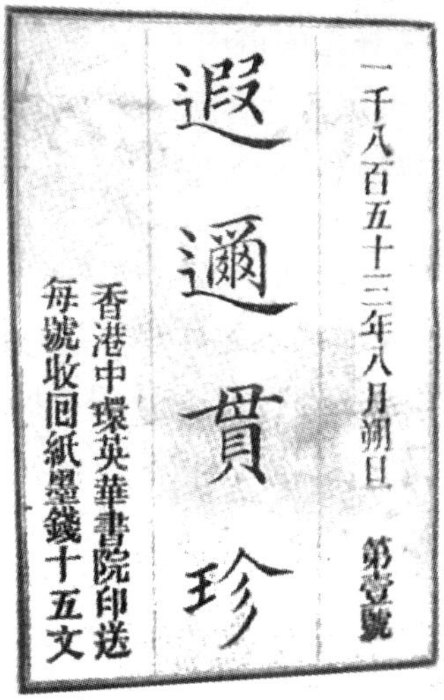

A

B

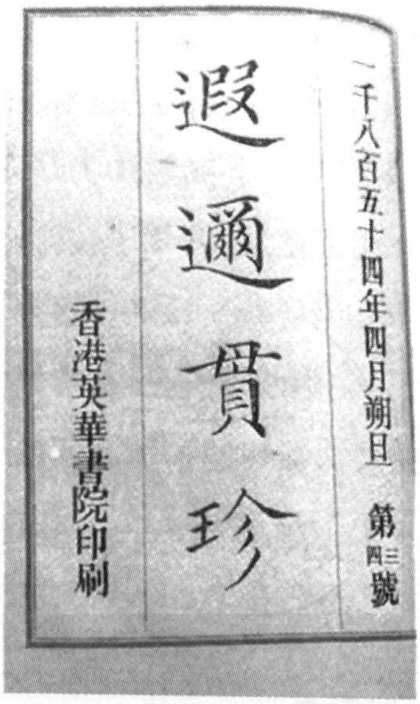

C

版式:19×12cm

藏于伦敦大学亚非学院图书馆

写着《遐迩贯珍》四个大字,右侧则记载着出版月日(西历)和号数,左下分别写着“香港中环英华书院印送,每号收回纸墨钱十五文”(1853 年第一号)、“香港中环英华书院印送”(1853 年第四号) 及 “香港中环英华书院印刷”(1854 年第三、四号)等字样。“中环”为香港的市中心,也是当时英华书院的所在地。“印送”即“印刷分送”。但首任编辑麦都思在封面上却写明“每号收回纸墨钱十五文”,可见该刊最初是以每册十五文的定价(从 1854 年 8 月 1 日起改为收钱三十文或两个先士)[28]出售的。

理雅各在《遐迩贯珍》最后一期的中英文停刊通告(《遐迩贯珍告止序》及“Notice of the Discontinuance of the Serial”)中,曾指出该刊每月印 3000 份,“上至督抚、以及文武员弁、下递工商士庶、靡不乐于披览”,但其经费除了一小部分是由马礼逊教育协会资助之外,几乎全靠英美人士(特别是住在香港和上海者)的援助(捐款和购阅)。至于原本应该是该刊主要读者群的中国人,不但没有捐出任何款项,购阅者也非常少。

由此可见,理雅各所说的每月发行 3000 份,实际上是与过去传教士所办的各报刊一样,系免费赠送给中国读者的。这样一来,麦都思最初在封面上所写的“每号收回纸墨钱十五文”也就显得毫无意义。也许是因为这个缘故,《遐迩贯珍》的封面后来不再提“纸墨钱”,只写上“香港中环英华书院印送”或“香港中环英华书院印刷”的字眼。

《遐迩贯珍》的赞助者与购阅者既然主要是旅华的欧美人士,这也许就是该刊一改过去传教士发行的中文报刊的传统,刊载了比中文目录还要详细的英文目录(Index of Contents)的主要原因(见图 5—2)。[29]在中文定期刊物上刊登英文目录,《遐迩贯珍》可以说是首创。另外,由于该刊最后一期是以中英两种文字刊载其“通告”,因此,除了曾看到原件的戈公振及白瑞华之外,后来撰写中国新闻史的学者经常发生误解,而把《遐迩贯珍》视为“中英文合璧”“中英文对照”的出版物。[30]实际上,该刊除了理雅各有关停刊的通告外,所有文章和过去的刊物一样,都只用中文撰写。

此外,使用铅活字和白色的洋纸、精美印刷,也是《遐迩贯珍》的特征之一。因为在这之前传教士发行的中文报刊,大多是木版印刷。[31]

2. 内容重点及其言论立场

《遐迩贯珍》所载内容,前半部分主要是介绍西洋文明的长篇文章,后半部分是新闻。

图 5—2　中英文目录

遐邇貫珍

第七號目錄

瀛海筆記

喻言一則

近日雜報

遐邇貫珍

CHINESE SERIAL.

Vol. II. No. 7.

INDEX OF CONTENTS.

藏于东京大学明治新闻杂志文库

所谓西洋文明的介绍，从倾向看，最初是以政治、历史为中心，后来则把重点转为西洋医学、地理与化学等知识性文章。这是由于编者更换的结果，还是为了照顾中国读者的反应而改变的呢?尚不清楚。不过，麦都思主持下的《遐迩贯珍》较多政治色彩浓厚的文章却是事实。例如，在创刊号刊登的《香港纪略》[32]一文中，作者即通过叙述香港成为英国殖民地的经过，正面抨击当时清政府(特别是两广总督林则徐)的禁烟政策与措施，强烈指责当局“未谙他国事务”和对外国采取“欺藐”的态度，极力为英国的武力政策辩解。文章指出，英国的出兵事件“初意非为土地、只为本国之民、照常贸易、免受凭空之欺藐而已、后因所愿不遂、致起兵衅”。与此同时，作者还介绍了英国统治香港后在行政、法律等方面的建树。如此之论调，不论是从当时旅华欧美传教士的双重身份(一面是传教士，一面充当香港殖民当局或通商口岸领事馆的重要官员)，还是从他们对鸦片战争的态度来看，是一点也不令人感到惊奇的。

除了《香港纪略》这样全面站在大英帝国立场说话的文章以外，在《遐迩贯珍》发行的第一个年头里，也刊登了不少旨在夸耀欧美(特别是英国)制度与社会的文章。如1853年10月1日第三号的《英国政治制度》[33]、1854年2月1日第二号的《花旗国(指美国——笔者按)政治制度》[34]、1854年1月1日第二卷第一号的《补灾救患普行良法》(*Principles of life and fire assurance*)[35]和同年7月号的《瀛海笔记》(*Sketch of a voyage around the cape and several months residence in Great Britain*)[36]等，都是典型例子。《补灾救患普行良法》介绍了英美各国的生命保险和火灾保险制度，极力主张中国推行类似制度。《瀛海笔记》是一个中国人赴英数月的印象记，重点为赞美该国“民物之蕃庶”“建造之高宏”“政治之明良”与“制度之详备”。这些介绍西洋文明和欧美各国情况的文章，目的无非是要显示西洋文明与西方国家制度的优越性，从而改变中国人对外国和外国人的印象。

基于同样的目的，该刊也十分重视介绍西方医学、地理和科学等。特别是1855年以后，此类文章之转载更为频繁。正如白瑞华指出的，它们大都取材自西文书籍。[37]例如，从1855年1月号至11月号(4月号、9月号除外)分九次连载、共十三章的生理学知识介绍，系出自合信(Dr. Benjamin Hobson, 1816~1873)1851年出版的《全体新论》(*Treatise on Physiology*)[38]。又如，1856年2月号、3月号分两次刊载的地理学介绍，源于传教士慕维廉(Rev. William Muirhead, 1822~1900)于1853~1854年出版的《地理全志》(*Universal Geography*)。[39]这些介绍医学和地理学的小册子，都是西方传教士们为开展“医疗播道”等活动在当地发行的中文著作。换句话说，介绍西洋文明与当时传教士们的传教活动是分不开的。

3.“近日杂报”及其处理新闻的手法

《遐迩贯珍》每号都有“近日杂报”(见图 5—3)(创刊号的目录则写为“近日各报”)的新闻栏,其篇幅至少占全刊的三分之一。这种重视消息栏的态度,与编者麦都思要将西洋日报的概念介绍给中国人的想法是一致的。在该刊创刊号的序言中,麦都思就指出“中国除邸抄载上谕奏折、仅得朝廷举动大略外、向无日报之类”的事实,接着则着重介绍西方日报的情况及其功能。他写道:

> 惟泰西各国、如此帙者、恒为叠见、且价亦甚廉、虽寒素之家、亦可购阅、其内备载各种信息、商船之出入、要人之往来并各项著作篇章、设如此方、遇有要务所关、或奇信始现、顷刻而四方皆悉其详、前此一二人所仅知者、今乃为众人所瞩目焉

他希望《遐迩贯珍》能多少肩负起此任务,使中国人受惠,“俾得以洞明真理而增智术之益”。

正是沿着上述编辑方针,该刊十分重视新闻栏,其内容包括广东、香港的地方新闻到国际新闻等,可以说是多彩多姿。

在“近日杂报”栏里,特别引人注目的莫过于有关太平天国事件的报道。鸦片战争后,中国人民的反清斗争更趋激烈。在洪秀全、冯云山创立的拜上帝会的领导下,太平天国革命运动汹涌澎湃。1853 年 3 月,即《遐迩贯珍》创刊约半年前,太平军占领长江流域最大的都市南京,并定都于此。接下来的两三年是太平军的鼎盛时期,清朝政权可以说是岌岌可危。作为这一时期发行的定期刊物《遐迩贯珍》,对中国国内这一最重大事件予以密切关注是理所当然的。[40]

在该刊登载的有关消息中,有不少是取自《京报》和私人信件。《京报》是北京市民间报房公开印行,刊载由内阁每天发布的上谕、奏折等宫廷动向及其他讯息的一种类似官报的出版物,其内容难免有所偏差。特别是在与太平军有关的问题上,其报道更有明显的倾向性。在《遐迩贯珍》创刊号的《西舆括论》一文中,作者就明确地指出了这一点。

除了《京报》之外,《遐迩贯珍》有关太平天国的消息来源,主要是驻于上海等五个通商口岸的欧美领事馆职员、商人及传教士等。事实上,在 1853 年太平军占领南京时,欧美各国曾经一度采取“中立”态度。他们一面向清政府提出协

图 5—3　近日杂报

遐邇貫珍

近日雜報

本港大憲曾有示諭、凡華民來港者、不分其在內地為人如何、一體任其安居、茲聞有千百成羣、圖謀不軌者、故　大憲再出禁示如左。

大英欽奉全權、公使大臣、總理五港英商貿易事宜、總督香港地方水陸軍務、男爵　包、為曉諭嚴禁事、照得香港一島、係屬　大英主掌治理之區、所有各國良民赴此、安分貿易、　國制自應為之保護、若敢犯違條例、不論何國人民、亦不能免其罰、近聞有人膽敢在此聚衆、潛謀舉動、欲向大清國朝滋事與變、豈不知似此主謀協從、均大干本國例禁、厥罪甚重、合亟出示、嚴行禁止、　為此示諭、闔港寓居各色人等知悉、凡有中外各國民庶、如敢在於本港內會議與謀、意圖中土、無論何地何人、用武攻擊殘害者、發覺無不從嚴究辦、至爾等華民、其仍為守分安處、方得藉庇如恆、倘敢負恩妄藉此地聚謀圖變、一經查出、刻日拘獲、解送中土官憲懲治、本大臣言出法隨、各宜凜遵、毋違特示。

七

《遐迩贯珍》1855 年 12 月号

藏于东京大学东洋文化研究所图书馆

助当局击退太平军的条件,一面也派人到南京探察太平天国的实情。从 1853 年 4 月末到 1854 年, 英国的香港总督文翰 (Samuel George Bonham, 1803~1863)和法国公使、美国公使曾相继访问天京(南京)。外国传教士们为获取太平军的情报,也不断往返于天京与上海之间。[41]在这些欧美人士之间,彼此经常相互交换有关太平天国的情报,是不难想象的。特别是麦都思与奚礼尔两名编辑, 一位是上海英国领事馆的中文秘书, 另一位是香港殖民地政府的高级官员,当然更不难获得上述各国公使与传教士探察南京的有关讯息。1854 年第一号刊登的法国公使关于南京局势的报道[42],就是一例。该刊常引用"上海来信"之类的新闻,相信有不少也是来自同样的渠道。从这个角度来看,《遐迩贯珍》所刊登的文章在某种程度上可以说是反映了英国当局对太平军的态度。

正如前面所述,1853 年太平天国占领南京后, 欧美各国最初曾采取 "中立"态度。《遐迩贯珍》1855 年第二号的"近日杂报",除再次表明欧美人士视"动乱事件"为中国内政,英国"只求保全自己的生命财产而拱手旁观"的态度外,也发布了对居住香港各国人士的五条禁则[43],并严禁各国人士在香港等地直接或间接介入、协助(如制造、贩卖、储藏大炮、火药等)任何一方。

然而,欧美各国虽然在表面上宣称保持"中立",但在实际上其态度是十分暧昧的。这种暧昧态度在《遐迩贯珍》也有某种程度的反映。

例如,1854 年 5 月号在报道太平军于上海与清朝政府军的冲突事件时,该刊就以赞扬的口吻对太平军的军纪给以如下的评价:

> 党人士旅、每出城外、行止、亦结队伍、进退步伐、掌号吹竽、仿习外国兵旅行阵之法、闻城中有妇人为队长、每队管五十人、极有材武胆略。[44]

对《遐迩贯珍》这类评价太平军及该刊常出现有关"官军"受挫和残酷性的报道,清朝官吏许乃钊曾作如下评语:

> 杂识时事,语含刺讽,而于杨逆所作所为,反称其颇有法度,尤为狂悖(咸丰四年许乃钊奏)。[45]

换句话说,从清朝政府方面来看,《遐迩贯珍》所反映出来的英国人对太平军的态度,只能使人更怀疑他们有条件援清的诚意。[46]当时,英国等国虽然在表面上宣称"中立",但他们对中国最大的关心毕竟还是在于维持其对华贸易的利益及扩大其势力范围。1853 年底,即太平军占领上海后,英、美、法三国的上海领事则出面代表已逃离上海的中国当局向外国商人征税。第二年6月,清朝政府按照三国领事的意愿,将上海海关交由三国接管,开了外国人管理中国海关的先例。

对此,《遐迩贯珍》1854年10月号曾刊载《上海税务补衰救弊原委》(*On the maritime duties at Shanghai*)[47]一文。在该长篇文章中,它除了力陈上海海关交给三国管理的好处之外,还主张中国的外贸政策应进一步扩大。它认为中国如果这样做,当时面临的"外侮内叛之虞"就能迎刃而解。因为届时各国一定会站在清廷一方。以下是该文章结论的一部分:

> 按之愚意、公使似此协力为谒虑、以敦和约、无稍推诿、将中土所已漏出之税、为之设法追交、中国亦应待以宽恕之道、于外国贸易、酌理如何为之推广、至贸易愈茂、则足国裕民、两受其益、视中土刻下情形、其显然者、莫妙于与外国人款洽关切、此不待智者而后知也、若使保维外国贸易、外国亦必拔力(原文——笔者按)相助、不至有外侮内叛之虑……[48]

显然,《遐迩贯珍》与要求清朝政府缔结新条约的英国外交官一样,以支援清廷排除"外侮内叛"为诱饵,劝请清朝政府进一步开放门户,"保维外国贸易"。

从上述该刊登载的文章和"近日杂报"栏处理新闻的手法,可以清楚地看出该刊实际上是站在英国利益的立场上谈论中国问题的。除了有关太平天国的新闻外,"近日杂报"也刊登香港总督的告示及殖民地当局的法令等。如1855年第十二号刊载的《香港大宪禁示》[49],就强调"香港一岛系大英主掌管理之区",各国人士必须遵守英国法律。它同时警告说,各国人士如果在香港进行反对清朝政府的集会或从事煽动的活动,将被逮捕并引渡给中国。此外,该刊也登载了不少有关香港治安(如1856年第二号的《香港犯罪录》)及火灾、民事诉讼等社会新闻。

除了香港新闻,广东[有时设"省垣(即广州——笔者按)报略"一栏]、上海、福州、厦门和宁波五个通商口岸的消息也常被报道。从倾向看,在麦都思传教士担任编辑期间,上海消息居多,后来则把重点转为广东讯息,内容除太平天国的消息外,以中外贸易(包括鸦片贸易)、欧美各国公使、官员与传教士的往来和人事变动为主。

在国际新闻方面,则辟有以欧洲讯息为中心的"欧罗巴新闻略"(News from Europe)栏,日本、琉球、暹罗和新加坡等地的消息也时常出现。特别是对有关1853年6月佩理(M. C. Perry, 1794~1858)到日本及第二年3月缔结《日美

图 5—4 《遐迩贯珍》写本

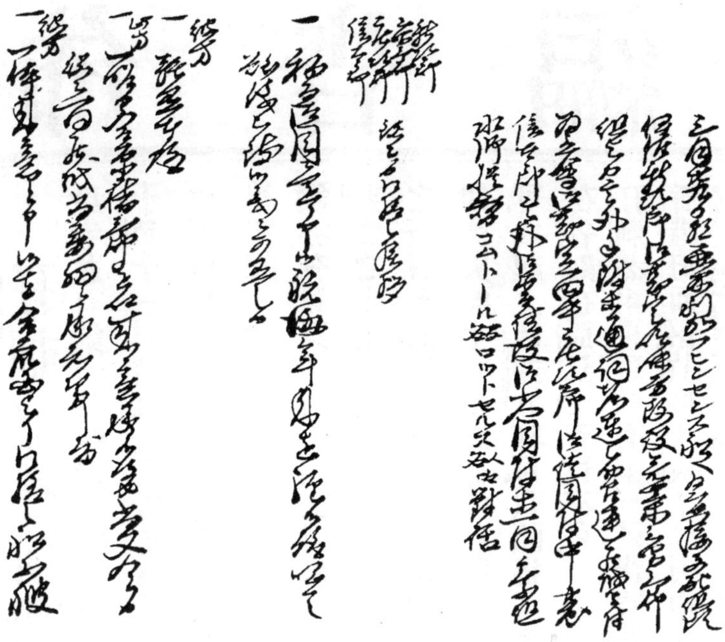

藏于早稻田大学图书馆

图 5—5 “布告编”

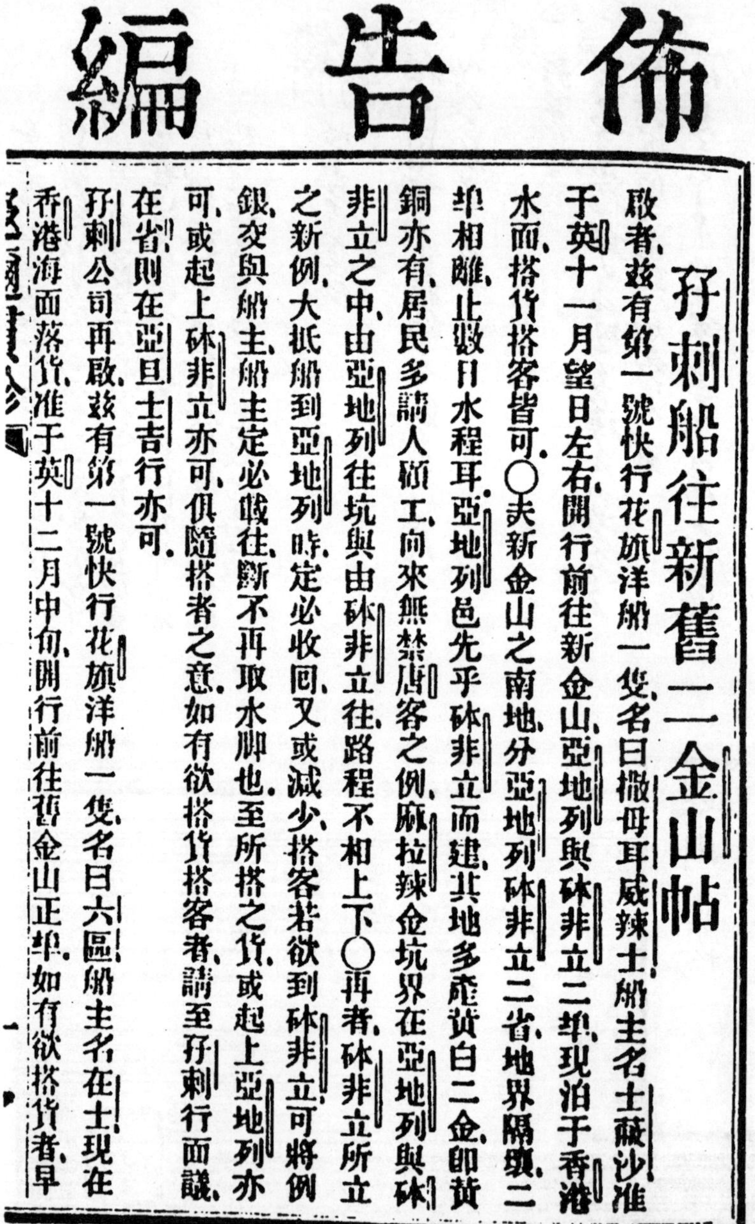

佈告編

孖剌船往新舊二金山帖

啟者、茲有第一號快行花旗洋船一隻、名曰撒母耳威辣士、船主名士薩沙准于英十一月望日左右、開行前往新金山亞地列與砵非立二埠、現泊于香港水面、搭貨搭客皆可。○夫新金山之南地、分亞地列砵非立二省、地界隔瓊二埠相離、止數日水程耳。亞地列邑先乎砵非立而建、其地多產黃白二金、即黃銅亦有、居民多請人做工、向來無禁唐客之例、厤拉辣金坑界在亞地列與砵非立之中、由亞地列往坑與由砵非立往、路程不相上下。○再者、砵非立所立之新例、大抵船到亞地列時、定必收回、又或減少搭客、若欲到砵非立、可將例銀交與船主、船主定必載往、斷不再取水脚也。至所搭之貨、或起上亞地列亦可、或起上砵非立亦可、俱隨搭者之意。如有欲搭貨搭客者、請至孖剌行面議、在省則在亞旦士吉行亦可。

孖剌公司再啟、茲有第一號快行花旗洋船一隻、名曰六區、船主名在士、現在香港海面落貨、准于英十二月中旬、開行前往舊金山正埠、如有欲搭貨者、早

《遐迩贯珍》1855 年 11 月号

藏于东京大学东洋文化研究所图书馆

友好通商条约》的经过及其内容，有详细的记载。为了向一般读者介绍日本情况，该刊还登载了一名与佩理同行的中国人罗森的《日本日记》，分三次连载。现在，在日本所能见到的《遐迩贯珍》的写本(见图 5—4)[50]，有不少便是以这些与日本有关的文章和《日本日记》为中心的。

4. "读者之声"的出现和广告费的征收

值得注意的是，"近日杂报"除了刊载地方新闻和国际新闻外，还登载了好几篇中国读者的来稿。例如，1855 年第八号、第九号分别刊登了《赌博危害本港自当严禁论》(*Against a proposal to license gambling houses in Hong Kong*)等中国读者的声音。这也许可以说是中文报刊史上最早出现的"读者之声"。

从 1855 年第一号起至同年第十二号，《遐迩贯珍》每号还新辟有"佈告编"(见图 5—5)一栏和反映香港每月"洋货时价"和"本地时价"的行情表。"佈告编"内容每号相似，如汽船出发时间的预告、英国制药商及牙科医生的"告帖"和"启帖"等，同时也刊登了英华书院的招生通知。行情表每号则写明"香港并无关税输纳"。

"佈告编"栏中的"告帖"等，显然就是广告。在 1854 年 12 月题为《遐迩贯珍小记》的启事里，该刊编辑一面对中国读者的"吝惜"(不但没有一个人资助该报，购阅者也不多)表示不满，另一方面则招揽广告[51]。正如前面所述，理雅各在英文停刊启事中曾指出该刊的经费来源，特别是最后一年，几乎全靠英美人士之订阅与购买来维持，而只需动用一部分马礼逊教育协会的基金。在中文停刊启事中，他也表示该刊经费"惟赖英花(即花旗国，指美国——笔者按)二国同人、启囊乐助、每月准足支应而有余"[52]。所谓启囊乐助，其中一部分显然是来自上述商人和牙科医生等刊登的广告费。

除此之外，该刊偶尔也登载一些西洋寓言，试图使版面更为生动活泼。

四、结论

综上所述，《遐迩贯珍》是由马礼逊教育协会出资，传教士麦都思一手编辑而诞生的，其内容除了一部分(如 1855 年第二号的《新旧约书为天示论》、1856 年第二号的《崇信耶稣教略》)是直接宣传与介绍基督教教义及其有关历史外，对政治新闻(特别是太平天国)也非常重视。与此同时，为了改变中国人对欧美的看法，该刊不遗余力地强调西洋文明的优越性，并拨出不少篇幅介绍其政治制度与社会风俗习惯。

尤其值得注意的是,不管是文章内容或者是处理新闻的手法,该刊无一不是站在英国的立场。可以这么说,《遐迩贯珍》在某种程度上不但是香港殖民地政府政策的解说者、传播者,同时也肩负了向中国读者传送英国官方的想法、香港殖民地政府的法令和告示等任务。从版面编排上来看,该刊详细地将新闻分类,并刊登读者之声等,反映了该刊已突破了《察世俗每月统记传》《特选撮要每月纪传》等鸦片战争前传教士创办的中文月刊的范畴,向近代化报纸的方向迈进一步。特别是1855年"佈告编"即广告栏的出现和对香港出入口物价行情之重视,更象征着该刊在某种程度上已有摆脱宗教月刊的传统,导入以广告收入开展近代化报刊经营概念之征兆。

注释

[1] 白瑞华认为《遐迩贯珍》是1838年以后西方传教士的第一份中文报刊,见 Roswell S. Britton, *The Chinese Periodical Press 1800~1912*, p.34。但1843年2月出版的《中国丛报》(*The Chinese Repository*)却提到一份名为《千里镜》的报刊,被认为是"在华实用知识传播会"的《东西洋考每月统记传》的续刊,但出版地点不详,见方汉奇主编《中国新闻事业通史》第一卷,第293页。

[2] 关于《中外新闻七日录》,戈公振只说是刊于1865年。Roswell S. Britton, Ibid,p. 56 则指出该刊发行至1870年。藏于夏威夷东西中心图书馆而在台北复印的《中外新闻七日录(全)》则收录了1865年2月2日至1868年1月23日之部分,但从它最后一期的内容来看,该刊并没有停刊的任何征兆。该刊准确的停刊时间虽然不详,但如白瑞华所指出,发行至1870年的可能性是存在的。参见王慷鼎《〈中外新闻七日录〉研究——晚清期刊研究之一》(南洋大学人文社会科学研究所 Occasional Paper Series/Research Project Series No. 111, 1977)。

[3] Richard M. A. Lovett, *The History of the London Missionary Society* 1795~1895, Vol. Ⅱ, p.447.

[4] Ibid., p.449.

[5] C. Silvester Horne, *The Story of the London Missionary Society* 1795~1895, p.310.

[6] Lovett, *op. cit.*, p.449.

[7] Ibid., pp.453~454.

[8] 据 Alexandra Wylie, *Memorials of Missionaries to the Chinese*, p.55 的记述,郭实猎曾于1842~1843年间担任舟山的治安官,1843年8月约翰·马礼逊病逝后,继任为"Chinese Secretary to the Government of Hong Kong",即香港政府的华民政务司。

[9] Ibid., p.26.

[10] Ibid., p.35.

[11] 平塚益德:《马礼逊学校考》,见《教育史学纪要》第 6 号,1963 年,第 63~64 页。

[12] Wylie, *op. cit.*, p.11.

[13] 平塚益德:前引文,第 63 页。

[14] 同上书,第 70 页。

[15] 《遐迩贯珍》1855 年第八号,第 9 页。

[16] 《遐迩贯珍》1853 年 8 月创刊号,第 3 页。

[17] *The Chinese Respository*, Vol. XVI p.512.

[18] Wylie, *op. cit.*, p.120.

[19] 《遐迩贯珍》1856 年第五号,第 21 页。

[20] Wylie, *op. cit.*, pp.117~119.

[21] Lovett, *op. cit.*, pp.456~457.

[22] 平塚益德:《英华书院考》,《九州大学教育学部纪要》第八集,第 8 页。

[23] 在《遐迩贯珍》1856 年第五号(停刊号)的英文启事"Notice of the Discontinuance of the Serial"中,理雅各清楚表示,尽管中国读者无人捐款及购阅者不多,但读者却遍及各阶层与各省份,其人数也有所增加,所以不该视之为"失败"。相反,他希望后来者有人能秉承其意旨通过定期刊物,纠正中国人歧视外国人的观念,促使中国人了解世界上的历史教训和掌握西方知识。至于停刊原因,他在中文启事《遐迩贯珍告止序》中,也和英文启事同样强调"特因办理之人、事务纷繁、不暇旁及此举耳"。

[24] 自 1853 年 8 月创刊至 1856 年 5 月为止,每月如发行一册合计为 34 册,但 1854 年 3 月停一期,4 月发行 3、4 月合刊号,因此共出版 33 册。另《遐迩贯珍告止序》亦声称"至前所刊布者,共得三十三号",足见共 33 册无误。

[25] 据《辞海》,"遐"是"远也"。书太甲:"若陟遐必自迩。"对"迩"的解释为:"近也。见说文。书辞典:'柔远能迩。'又仲虺之诰:'惟王不迩声色',谓之近也。"

[26] 据《辞海》,"宝也,孙旦集解:'珍、玉也。'王逸注:'金玉为珍。'"

[27] 《遐迩贯珍》1853 年 8 月创刊号,第 3 页。

[28] 《遐迩贯珍》1854 年第八号的英文目录下面,编者以英文说明该报涨价:"The price of this periodical has becn raised to two cents a numbes."在同号末页,该刊也刊载如下的增价启事:"每卷收回纸笔银一分五厘、或钱三十文、或先士二个。"

[29] 该报的英文目录始于 1853 年 9 月号(第一卷第二号);从第二年 4 月(第二卷第三、四合刊号)起,英文目录比中文目录还详细三、四倍。

[30] 如袁昶超著《中国报业小史》,第 23 页,即指《遐迩贯珍》"是一本中英合璧的刊物"。曾虚白主编的《中国新闻史》,第 133 页及李瞻著《世界新闻史》,第 930 页则称之为"中英文对照"。

[31] Britton, *op.cit.*, p.35.

[32] 《遐迩贯珍》1853 年 8 月(创刊号),第 7~9 页。

[33] 《遐迩贯珍》1853 年 10 月第三号,第 5~8 页。

[34] 《遐迩贯珍》1854年第二号,第1~6页。

[35] 《遐迩贯珍》1854年第一号,第1~4页。

[36] 《遐迩贯珍》1854年第七号,第1~5页。

[37] Britton, *op. cit.*, p.35.

[38] Wylie, *op. cit.*, p.126.

[39] Ibid., p. 168.

[40] 事实上,该刊在其创刊号刊登题为《西舆括论》(第4~7页)的长篇文章中,曾详述太平军的状况,并声称今后还将经常报道。

[41] 荣孟源著,中国研究所译:《现代中国史》,第35页。

[42] 《遐迩贯珍》1854年第一号,第9~10页。

[43] 《遐迩贯珍》1855年第二号,第13~14页。

[44] 《遐迩贯珍》1854年第五号,第4页。

[45] 转引自范文澜《中国近代史》上编第一分册,第196页。

[46] 同上。

[47] 《遐迩贯珍》1854年第十号,第1~5页。

[48] 《遐迩贯珍》,第5页。

[49] 《遐迩贯珍》1855年第十二号,第14页。

[50] 笔者在日本看到的抄本有三种版本,一种是忠实于原件的《英华书院遐迩贯珍杂抄》,另一种是标明日文训读符号的《遐迩贯珍新闻》(原题——笔者按),再一种是日文翻译版。

[51] 该启事表示不希望将广告插入报纸中,但准备以附录的形式刊载广告。费用为五十字五十分,重复刊登者半价优待。如超越五十字,每一字加一分。见《遐迩贯珍》1854年第十二号,第2~3页。

[52] 见《遐迩贯珍》1856年第五号理雅各的中英文启事。

第6章

上海最早的中文报刊

——《六合丛谈》(1857～1858年)※

《六合丛谈》是在《遐迩贯珍》(1853～1856年)停刊半年多后的1857年1月,由外国传教士在上海创办,每月发行一次的中文报刊。

根据1842年的《南京条约》,上海与广州、福州、厦门和宁波一起开放为通商口岸。第二年,中英又订立《五口通商章程》和《虎门条约》,作为《南京条约》的补充,允许英国拥有领事裁判权,及自主缴纳进出口货5%的关税(原为60%~70%)。1844年,美国和法国也相继与中国谈判,缔结了中美《望厦条约》与中法《黄埔条约》,分别在此五口获得了中国的通商权及其他特权。这样,上海等五口就成为欧美商人和传教士打入中国内地的新跳板。作为通往人口众多的长江流域的必经之道,上海的地理位置条件很早就受到外国人重视,当时有人就曾预测其贸易发展前景将会超越广州。[1]

1845年以后,英、法、美三国相继在上海这一重要贸易港口获得了享有治外法权的租界地。紧接着在1853年,列强利用太平军进攻上海之时机,迫使清朝政府放弃对关税的自主权。这一来,19世纪50年代的上海,即《六合丛谈》诞生时的上海,遂成为欧美官员、商人与传教士等聚集的"洋人的天堂"[2]。

《六合丛谈》问世之际,恰逢第二次鸦片战争(1856~1860年)。[3]在这中外关系如此微妙的时刻,传教士是以什么样的编辑方针,在这"洋人的天堂"的上海办此中文报刊?它与在香港出版的《遐迩贯珍》又有什么异同之点?是令人关注的。

此外,从日本报业发展史的角度来看,《六合丛谈》也有其受人注目之处。原来在日本文久年间(1861~1863年),《六合丛谈》与宁波发行的《中外新报》(1854~1861年)等中国东南沿岸的中文报刊曾传入日本,并由幕府的洋学研究所"蕃书调所"(1862年易名为"洋书调所")翻刻成册子(即所谓"官版翻刻新闻")。借用小野秀雄的话来说,它们是"我邦(指日本)报纸的祖先"。《六合丛谈》的日本版(即

※ 本文曾于1978年发表在日本立教大学《应用社会学研究》第23期上,原题为《〈六合丛谈〉(1857~1858年)——对上海最早的中文月刊报纸的探讨》。

《官板六合丛谈删定本》,简称《官板六合丛谈》)并不是原封不动地翻刻,而是先经过"洋书调所"教授们的检阅。由于当时禁止外教,因此宗教文章全被删除。[4]与此同时,《六合丛谈》每期刊登的月历和有关贸易的记载也往往被视为没有必要,而被全部或部分删除。[5] 换句话说,《官板六合丛谈》是在幕府被迫结束锁国政策,为满足当时对海外知识的需求,作为"记载海外各国变革的新闻书"[6]而翻刻的删定本。正如小野所指出的那样,《官板六合丛谈》等翻刻汉文报纸都经过"洋书调所"注上日文句号和训读的符号后印刷(木版)发行。[7]发行者是"老皂馆 东都坚川三之桥 万屋兵四郎"[8],这些新闻出版物多是十页左右的小册子。

下面,即以该刊的原件和《官板六合丛谈》为依据,探讨该刊的特色及其编辑方针和态度。

一、与《遐迩贯珍》的相似点

首先应该指出的是,《六合丛谈》与过去在东南亚、广州和香港发行的中文报刊一样,是由以伦敦布道会为中心的教会团体所办。编者为伦敦布道会的传教士伟烈亚力(Alexander Wylie,1815~1887)。[9]伟烈亚力的经历与《遐迩贯珍》首任编辑麦都思十分相似。他们原都是印刷工出身,后由于精通中文而成为当时屈指可数的中国问题专家。[10]不难想象,伟烈亚力当时在上海等地英文报刊的中国问题论坛上是十分活跃的。他一度是当时著名的《中国记录和传教日志》*(Chinese Recorded and Missionary Journal)*的匿名编辑[11],也经常为《北华捷报》*(North-China Hearld)* 和《字林西报》*(North-China Daily News)* 及《通闻西报》*(Shanghai Evening Courier)*等英文报刊撰稿。[12]除此之外,他还出版了好几本以中国人为对象的中文传教书籍。[13]《六合丛谈》正是他的文字播道活动的一部分。伟烈亚力非常重视通过传播科学知识的方式传教。他曾将戴·摩尔根(De Morgan)的《代数学》和哈希(Hershel)的《天文学》等重要的自然科学书翻译成中文。[14]这种重视通过传播科学知识传教的态度,很自然地反映在他编辑的《六合丛谈》中。

据编者伟烈亚力本身的记述,该刊是从1857年(咸丰丁巳年)1月到第二年2月,每月发行一次,合计254页,主要内容是有关宗教、自然科学和文学的文章及一般消息。[15]从该刊的原件来看,它确与过去传教士所发行的中文报刊没有太大的差异。更准确地说,该刊可以说是以《遐迩贯珍》为模式而编辑的。

首先是该刊命名的构想就和《遐迩贯珍》十分相似。"六合"是"上下四方",指宇宙;《六合丛谈》的意思是宇宙之间,无所不谈。显然,这是模仿《遐迩贯珍》

谈论“远近事物”的命名法。其次是该刊封面与《遐迩贯珍》完全相同,刊名用大号字排写在封面正中,右侧载出版年月日和序号,左下写着:“江苏松江上海墨海书馆印”(见图 6—1)(《遐迩贯珍》则写为:“香港中环英华书院印刷”)。

此外,《遐迩贯珍》特征之一是详列英文目录,《六合丛谈》也加以仿效,刊登在封面里页。《遐迩贯珍》早期封面写着“每号收回纸墨钱十五文”的字样,《六合丛谈》也在中文目录的右下标明:“香港英华书院及宁波江北岸卢家祠堂巴先生处发售每本例取纸墨钱十二文。”即《六合丛谈》与《遐迩贯珍》一样,每期以回收“印刷费”(其实就是报刊费)的名义,定价十二文出售(《遐迩贯珍》最初是每份十五文,后改为三十文)。再有《六合丛谈》流通的渠道是通过发行《遐迩贯珍》的香港英华书院及“宁波江北岸卢家祠堂”的“巴先生”。由此可见,《六合丛谈》的发行渠道与《遐迩贯珍》大致相同。据《遐迩贯珍》最后一任的编辑理雅各反映,中国人当中从未有人赞助该刊,而购阅者也很少。这样看来,以《遐迩贯珍》为范本,通过同一渠道出版、发行的《六合丛谈》,其主要支持者(读者和资助者)也是居住在香港、广州、上海和宁波的英美人士。

二、发行宗旨与版面安排

欧美传教士办中文报刊,当然希望拥有和扩大其中国读者群。他们早期在东南亚各地发行中文报刊,最终目的无非是想通过华侨而流传到中国内地的读者。但在鸦片战争后于香港和上海等五口发行的中文报刊,已能直接影响内地的中国人。《六合丛谈》编者伟烈亚力在该刊创刊号的“小引”中,便直率地承认该刊在中国国内发行的目的:

> 溯自吾西人、越七万余里、航海东来、与中国敦和好之谊、已十有四年于兹矣、吾国士民、旅于沪者、几历寒暑、日与中国士民游、近沪之地、渐能相稔、然通商设教、仅在五口、而西人足迹未至者、不知凡几、兼以言语各异、政化不同、安能使之尽明吾意哉、是以必颁书籍以通其理、假文字以达其辞、俾远方之民、与西土人士、性情不至于隔阂、事理有可以观摩、而遐迩自能一致矣。[16]

在此,伟烈亚力首先强调欧美人士对中国“友好”的热情,高度评价《南京条约》缔结 14 年来,上海一带的欧美人士为加深与中国人相互理解所做出的努力。接着指出这些外国商人和传教士们的活动仅局限于五个通商港口,加之中

图 6—1 《六合丛谈》封面

版式:19.5×13cm
藏于大英图书馆(British Library)

国土地广阔,各地语言、政治、风俗和习惯都不同。在这样的状况下,伟烈亚力认为要使中国人了解西洋人来华的真意,最佳办法莫过于通过报刊与书籍。换句话说,《六合丛谈》发行的最主要目的就是促进中国人和西洋人的相互了解。由此可见,《六合丛谈》创刊目的,与其说是旨在传教,不如说是与《东西洋考每月统记传》、《遐迩贯珍》一样,把重点放在改善中国人眼中外国及外国人的不良形象。为此,该刊除了登载传教文章和新闻消息外,还拨出了不少篇幅介绍西方文明,再三强调外国人来华的"善意"。

所谓西方文明的介绍和宗教文章,也沿袭着《遐迩贯珍》的传统,转载当时在上海周围的欧美传教士的著作。其中,最活跃的三名作者是曾在《遐迩贯珍》发表过连载文章的慕维廉 (Rev. William Muirhead,1822~1900)、韦廉臣(Rev. Alexander Williamson, 1829~1890)和艾约瑟(Rev. Joseph Edkins, 1823~1905,亦译为艾约瑟迪谨)。[17]

与此同时,值得注意的是,中国近代报纸的先驱与知名的初期改良主义者王韬,也是该刊的撰稿者和协助者。

王韬是江苏甫里出身的秀才,1849 年至 1862 年曾受雇于上海墨海书馆,从事中文编辑和翻译工作。他的主要任务是协助传教士将《圣经》译成中文。上海墨海书馆当时出版的中文宗教书籍,有许多即经过其手译介。伟烈亚力编辑的《六合丛谈》估计也不会例外。查阅《六合丛谈》原件和《官板六合丛谈》,王韬以本名王利宾发表的短文只有一篇[18]。除此之外,有不少未署名的文章,估计也是出自其手笔或者是他协助伟烈亚力和艾约瑟翻译的。[19] 王韬是秀才出身的知识分子,因此,在他协助下出版的中文报刊,其文字当然远比参与《察世俗每月统记传》的中国刻工梁阿发要洗练得多。(有关王韬的思想及其新闻事业活动,将于第九章进一步探讨。)

三、新闻报道的态度

《六合丛谈》的新闻栏,内容共分三类:一般新闻、新书介绍和经济新闻。一般新闻主要是介绍各国政治、军事和风俗习惯,有以下特点:(1)该刊虽发行于上海,中国国内的消息却非常少。与此相反,欧美的消息(即"泰西近事述略")却占绝对优势。(2)总的来说,早期的新闻量比较多(开始为五至六页,相当于全部内容的二分之一或三分之一),关心区域也比较广,后来却越来越少(后期仅刊登两三页,最后一期则完全省略)。

如表 1 所示,在《六合丛谈》15 册[20]264 则新闻[21]中,同中国有关的新闻只有12则。而且,这仅有的12则全都集中于初期,第六号以后中国新闻就销声匿迹了。

这样的新闻处理态度,与详尽报道太平天国的《遐迩贯珍》相比较,可说是截然相反。为探明原因,有必要进一步分析这12则中国新闻的内容,并从中探讨当时的中英关系。在12则新闻中,除了创刊号的“金陵近事”栏一则关于太平天国的消息[22]外,其余的报道皆与当时的中外矛盾与纠纷(特别是所谓“粤乱”或“粤东之变”)有关。另外,在“秦西近事述略”栏中,也详细报道英国国内(特别是国会)对“粤乱”(有时也称为“粤东兵事”)的反应。[23]这些报道与评论的特点,可概括如下:(1)有关事件的责任是在中国一方,因为中国“违反”《南京条约》,“侵犯”了英国(香港)船。[24](2)关于中方“残酷性”的叙述。如,中国人诱拐英国船长,作出违反人道主义的举动。[25](3)其结果是英方不得不在国会通过民主的程序决定开战与否。[26](4)强调英国海军力量的强大,并报道这些军舰开往中

表1 《六合丛谈》各号新闻栏内容一览

卷/号	泰西(欧美)	中国	印度	南洋	澳洲	日本
1/1	16	3	1			
2	19	4	2			
3	10	1	1			
4	14			2		
5	17	4	2		1	
6	19					
7	18		2			
8	23			1		
9	14			1		
10	7					
11	15					
12	8			1		1
13	35					
2/1	22					
2/2	0					
共计	237	12	8	5	1	1

国及抵达中国附近和东南亚的行程。[27]

很明显,《六合丛谈》从一开始就对英国的出兵行动予以肯定。从这一立场出发,它向中国读者"解释"事件的原因,并强调英国势在必胜的信心。当然,这不是该刊独有的态度,而是当时欧美传教士们的共同立场。曾在中国传教的赖德烈(Kenneth Scott Latourette,1884~1968)教授就当时新教徒的心态写道:

> 无论是在西洋或者中国的新教传教界,一般来说,似乎都欢迎战争作为叩开离福音还很远的国家门户的手段。对教会具有影响力的人们,有谁曾认真地对他们尾随武装军队,在条约保护下打入帝国这一理论的合理性抱有过疑问?……传教士也好、委员会秘书也好、牧师也好,有谁对鸦片贸易和承认信教自由的条款提出过异议?[28]

换句话说,当时新教徒对英国出兵中国的态度,与其说是提出质疑,不如说是高举双手支持。一个典型例子是 1858 年英国政府的全权代表(Her Majesty's High Commissioner Plenipotentiary)额尔金勋爵(Lord Elgin, 1811~1863)在前往北京谈判而途经上海时,当地的新教徒们曾向他提出强烈要求,希望他能争取获得在中国国内自由传教的权利。[29]

当然,英国的出兵行为同时也给新教徒的传教活动带来不利的影响。[30]中国民众反基督教事件的频频发生,正是在这样的背景下爆发的。特别是在《南京条约》签订后,由于中国民众坚决反对并强硬阻止英兵入城,广州一带的传教活动甚至一度被迫中断。[31]《六合丛谈》之所以从第六号开始对当时最大的事件——第二次鸦片战争只字不提,不再报道中国国内的消息,也许是考虑到当时中国民众这种情绪的缘故。因为该刊的主要对象是中国人,如果露骨地表示基督教支持英国政府的派兵行动,将不利于教会的传教活动。由此可以推断,伟烈亚力从第六号起避开中国内地的新闻事件,丝毫不触及所谓"粤东兵事"[32],并不是偶然的,而是考虑到当时中英两国的紧张关系及民众强烈的不满情绪,而不得不采取的编辑方针。于是乎,从第六号起,《六合丛谈》遂成为没有报道当地新闻的不可思议的"当地报刊"。在这一阶段,该刊其实已不是"当地报刊",而仅仅是外国人在上海用中文发行,传播外国文化(包括宗教)和以报道外国讯息为主的定期出版物。

《六合丛谈》的外国讯息究竟是来自何处,以何种方式传达到编辑手里?"泰西近事述略"(欧美新闻)栏每号在报道之前有一段说明。

例如,第一卷第三号(1857 年 3 月)的"泰西近事述略"栏有如下的编者按语:

> 丙辰十二月十五日、邮寄之信札、始离英京伦敦、正月八日、诺纳驿船、从孟买启行、十三日离加利、十九日离槟榔岛、二十二日离新嘉坡、以林驿船、于二月七日离香港、十二日抵沪、所递近事如左。[33]

从说明看,这些讯息主要是依靠伦敦的朋友(也可能是与伦敦布道会有关的人士),通过船邮寄来的信件与资料到上海,前后大约需要50~60天。这样看来,《六合丛谈》所载的欧美新闻,离开事件发生时间至少迟了两个月。除上述新闻报道外,该刊还辟有"新出书籍"栏和反映货价起落等的"进口货单""出口货单"栏。

"新出书籍"最初刊载在"杂记"栏中,后自成一栏。该栏几乎每号都介绍二至三册新书。这些新书多是上海周围的欧美传教士所写的书籍,主要内容是宗教、自然科学和医学等。例如,该刊主要撰稿人慕维廉的《大英国志八卷》*(History of England)*、艾约瑟的《华洋和合通书》*(Chinese and Western Almanac)*和《释教正谬》*(Refutation of Buddhism)*等。新书介绍之频繁,反映了当时文字传教活动受到重视的状况。

至于详细报道上海各月份进出口商品及其贸易量的"进口货单"和"出口货单"栏,每号都刊于《六合丛谈》的最后一页。此外,还辟有报道兑换行情("银票单"即Exchange)、运费("水脚单"即Freight)及进出上海港口商船的讯息。伟烈亚力在第二卷的《小引》中对此有所说明:

> 每号尾附载货单、使各商知货值昂贱、可以消费得时、盖此书命意、务欲公诸同好、不以雅俗为优劣也。[34]

由此可见,与《遐迩贯珍》相比,该刊给当时上海的欧美商人及其中国贸易对手提供了更多的经济讯息。

四、结论

综上所述,可以看出《六合丛谈》是以《遐迩贯珍》为模式而创办的,从某种意义上说,它是《遐迩贯珍》的"上海版"。但由于《遐迩贯珍》发行所在地是英国殖民地香港,其编辑有时也由殖民地官员兼任,因此常刊登香港殖民地政府的法令、告示等,或作为其媒介发挥作用。与此相比,在当时商业中心地上海发行的《六合丛谈》则较少扮演这种角色，而向读者提供较多有关经济的讯息。

另外，《遐迩贯珍》对当时中国国内最大的新闻——太平天国运动，毫无忌讳地予以详细的报道，而《六合丛谈》对当时中国最大事件的第二次鸦片战争，最初还采取积极报道的态度，后来则完全回避。推究其因，太平天国毕竟是中国的内政问题，当时英国的态度尚不明朗，因此作为反映英国利益的《遐迩贯珍》，有时还能在某种程度上持“中立”与“客观”的态度，对中国读者作直率的报道。与此相反，第二次鸦片战争却是中英纠纷，英国是纠纷的当事者。基于英国与新教开拓者的共同利益，《六合丛谈》最初尝试从其角度出发，详尽说明有关纠纷的来龙去脉，但在中国民众对外来侵略者深表愤怒及反基督教活动激化的背景下，只好避开这些敏感的中国新闻。其结果是，《六合丛谈》成为了一份在中国发行，但不登载有关中国新闻的中文报刊。

尽管如此，不论《遐迩贯珍》还是《六合丛谈》，都旨在向中国人积极传播西方文明的优越性和基督教教义，并致力于扫除中国人对西洋人和基督教的不良印象。两者在这些问题上所采取的编辑方针是完全一致的。

注释

[1] 例如，《南京条约》中文起草者的德国传教士郭实猎，在 1832 年到上海进行侦察活动时，就认识到上海的重要性。他认为不论是从贸易或者传教的角度来看，上海都必须“开港”。详见 Charles Gutzlaff, *Journal of Three Voyages along the Coast of China in 1831, 1832 and 1833, with Notices of Siam, Corea, and the Loo-Choo Islands*, pp.303~305。另据 Francis Clifford Jone, *Shanghai and Tientsin, with Special Reference to Foreign Interests*, p. 1 的记述，在 1843 年，一名英国的旅行家就曾极力赞赏上海为“通往中华帝国的大门——事实上的主要入口”(“The great gate—the principal entrance in fact—to the Chinese Empire”)，预测上海将发展成为比广州还要重要的中外贸易之城市。

[2] 1848 年，上海的英国商人、传教士仅有 25 人，从 50 年代到 60 年代欧美人口则经常保持在 1000 人以上。这些外国人大多数隶属于英美等大公司——“行”。“行”的负责人“大班”实际上是当时上海的当权者 (real master)。参见 Jean Chesneaux, Marianne Bastid, and Marie-Clair Bergere, *China from Opium Wars to the 1911 Revolution*, pp.68~70。

[3] 其实，《六合丛谈》创刊前夕，作为第二次鸦片战争导火线的“亚罗号事件”已发生于 1856 年 10 月 8 日(咸丰六年九月十日)。此后，英军攻打广州省城，翌年 12 月 30 日，即《六合丛谈》第一卷最后一期快出版时，英法联军已攻入广州，中外关系迎来紧张局面。

[4] 小野秀雄：《关于翻刻新闻杂志的原书》，《新闻学评论》第一号，1952 年，第 69 页。

[5] 同上。

[6] 同上，第 55 页。

[7] 小野秀雄：《关于我邦初期的报纸及其文献——兼为本书采录的报纸及书籍解题》，见

《明治文化全集》第十七卷《新闻编》,第 5 页。

[8] 据铃木秀三郎所述，万屋兵四郎是当时一手承办、出版官版报纸和书籍的御用书商，“本来是薪炭商,也是汉学者,号鸣鹅、喜汉诗,由于店门旁长着很大的皂荚树,因而称自家为老皂馆”(铃木秀三郎:《本邦报纸的起源》,第 95~97 页)。

[9] Alexander Wylie, *Memorials of Protestant Missionaries to the Chinese*, p.173.

[10] 伟烈亚力写的 *Notes on Chinese Literature* 等著作获相当高评价，详见 M.H.Henri Cordier, *The Life and Labours of Alexander Wylie* (Reprint from *The Journal of the Royal Asiatic Society of Great Britain and Ireland*, Vol. XI X. Part 3)。

[11] 见“*The European Press in China*”, *The London and China Express*, Feb.3, 1822。

[12] 参阅前述 M. H. Henri Cordier 的著作。

[13] 如《甲乙二友论述》(1858)、《吾主耶稣基督新道语书》(1859)、《中西通书》(1859、1860)等中文传教小册子相继在上海发行。

[14] M. H. Henri Cordier, *op.cit.*, pp.8~9.

[15] Wylie, *op.cit.*, p.173.

[16] 《六合丛谈》咸丰丁巳年正月朔日(1857 年 1 月 26 日)第一卷第一号,第 1 页。

[17] 例如,慕维廉关于地理的文章从该刊创刊号连载至第八号,他在上海写的新著《总论耶稣之道》(*General View of Christianity*)也从第九号起连载。韦廉臣和艾约瑟的《真道实证》(*Natural Theology*)、《西学说》(*Western Literature*)等新著也分别在该刊连载。

[18] 王利宾:《反用强说》,《六合丛谈》第一卷第九号,1857 年 9 月,第 8 页。

[19] 1889~1890 年,王韬在上海出版《西学辑存六种》,其中包括《六合丛谈》刊载的论文(如《重学浅说》、《西国天学源流》、《华英通商事略》等),由此可知他曾积极协助编辑《六合丛谈》的事实。

[20] 据前述伟烈亚力著作第 173 页,《六合丛谈》从 1857 年 1 月至 1858 年 2 月每月出版一次。可是,笔者早年在大英图书馆和剑桥大学图书馆调查时,只发现该刊原件第一卷即咸丰丁巳年正月至十二月(1857 年 1 月至 1858 年 1 月)计 13 册。但《官板六合丛谈删定本》共发行了第二卷两册,其第一号为咸丰戊午年正月(1858 年 2 月),第二号为同年五月(1858 年 6 月)。另外沈国成编著的《〈六合丛谈〉附解题·索引》收录了第二卷两册原件的影印本。本书增订新版统计的新闻数目以两卷的原件为依据。

[21] 同上。

[22] 《六合丛谈》第一卷第一号,1857 年 1 月,第 11~12 页。

[23] 《六合丛谈》第一卷第五号,1857 年 5 月,第 8 页。

[24] 《粤省近事述略》,《六合丛谈》第一卷第一号,1857 年 1 月,第 12~13 页。

[25] 《粤省近事》,《六合丛谈》第一卷第二号,1857 年 2 月,第 13 页。

[26] 《六合丛谈》,第一卷第五号,1857 年 5 月,第 8 页。

[27] 同上,第 8~9 页。

[28] Kenneth Scott Latourette, *A History of Christian Mission in China*, p.359.

[29] Kenneth Scott Latourette, *A History of Christian Mission in China*, p.359.

[30] Ibid.

[31] Ibid.

[32] 唯一的例外是第二卷第一号的“小引”。但即使是在“小引”里谈及有关事件时，编者伟烈亚力也避开明确的立场和深入的探讨，而是以第三者的口气，强调“西人越重瀛以贸易本欲中外一家、如以一人一事之细、害延全局、甚非远涉行贾本心也”，并祈求条约早日缔结。参阅《六合丛谈》1858 年 2 月第二卷第一号，第 2~3 页；《官板六合丛谈删定本》1858 年 2 月第二卷第一号，第 4 页。

[33] 《六合丛谈》第一卷第三号，1857 年 3 月，第 8 页。

[34] 《官板六合丛谈删定本》第二卷第一号，第 4 页。

第7章

中国最早的中文日报

——《香港中外新报》及其前身《香港船头货价纸》

一、新史料的发掘与新学说※

“《香港中外新报》创刊于1858年，是中国第一份近代化的日报”，这几乎已经成为中国报史学界公认的“定论”[1]。

但是，早期的《香港中外新报》是怎么样的一份报纸?何以见得该报是创刊于1858年?该报是在何时改为日报的?……

针对上述问题，报史学者所知的并不多，一般只能引述或根据中国报史权威戈公振1927年出版的《中国报学史》的看法。其实，戈氏对早期《香港中外新报》的记述，只有两段。第一段是：

> 我国现代日报之产生，亦发端于外人。盖斯时商务交涉日繁，其材料非杂志所能尽载也。香港之《孖剌报》，于民国前五十四年(咸丰八年)即西历一八五八年，由伍廷芳提议，增出中文晚报，名曰《中外新报》；始为两日刊，旋改日刊，为我国日报最先之一种。[2]

这段叙述给人的印象是：《孖剌报》(*The Daily Press*)所办的中文报，一开始就命名为《中外新报》，初为“两日刊”(正确的说法，应该是周三次刊)，不久后改为日刊。

《孖剌报》所办的中文报，最初是不是命名为《中外新报》?该报是不是在创刊之后不久便改为日刊?是值得进一步研究的。

※ 本文曾于1985年在日本新闻学会秋季研究发表会上宣读，并刊于该会的机关刊物《新闻学评论》第三十五号(1986年3月)，原题为：《中国最早的华文日报的新资料与新学说——关于〈香港船头货价纸〉与〈香港中外新报〉》。

《中国报学史》对《中外新报》的第二段叙述，则先肯定《中外新报》为《孖剌报》的中文版，接着指出西人办中文报之不易，“故名为孖剌报所有，实为华人单独主持，所有一切营业权利，皆属华人，而《孖剌报》只每年享有若干权利，以为报酬而已”[3]。至于互惠条件，戈氏指出：

> 大约《孖剌报》之店而及机器铅字，供《中外新报》之用，不取租值，只取印刷工价。《中外新报》则登载《孖剌报》所招来之西人广告，亦不取费。此为清末时事，创始时是否如此，则不得而知之矣。[4]

“创始时是否如此，则不得而知之矣”，充分地反映了戈氏在撰写这段早期报业史时第一手资料的缺乏。后来的报史学者在叙述这段报业史时，几乎都沿袭戈氏的旧说，足见他们同样面对资料短缺的难题。正因为无法找到早期的《香港中外新报》，戈氏《中国报学史》(上海商务印书馆 1927 年版)有关《中外新报》(注意：报名已省略“香港”二字)的电版插图(见图 7—1)，是 1912 年出版的报纸[5]，而不是 19 世纪 50 年代、60 年代或者 70 年代早期的《香港中外新报》。这份 1912 年的报纸在其报名之下，写着“戊午年始创”的字眼。“戊午年”是西历 1858 年，这也许就是戈氏主张该报刊于 1858 的根据。《中国报学史》刊登的《中外新报》的插图，后来也常转录于其他有关中国报史的书籍[6]，足见早期《香港中外新报》之不易觅获。

《香港中外新报》被认为是中国第一份“现代日报”，在中国报业发展史上具有重大的意义，但人们对它的了解却是如此贫乏，这未免是一件憾事。为了了解早期《香港中外新报》的真正面貌，为了揭开这份第一家中文日报的谜底，笔者曾向欧、美、日本及其他各国博物院、图书馆及私人收藏家，探求有关的资料和线索。经过长时间的调查，终于发现了不少珍贵的第一手资料，其中包括：

(一)1872 年 5 月 4 日(同治十一年壬申三月二十七日)的《香港中外新报》(见图 7—2)，这是目前笔者所能看到的最早的一份《香港中外新报》。它比收录于《华字日报七十一周年纪念刊》1873 年 6 月 4 日的《香港华字日报》[7]，还早一年又一个月。

(二)1859 年间由香港《孖剌报》出版的《香港船头货价纸》，共 79 份。

除此之外，在幕府末期流传于日本国内的《香港船头货价新闻纸》的手抄本、日本“洋书调所”出版的《官版香港新闻》(五九一至七一七号，共二卷)(见图 7—3)、《铃木大杂集》收录的《香港新闻》(五九一至六六八号；六九五至七八三号)以及东京大学明治新闻杂志文库所藏的日文翻译版小型本的《香港新闻纸》(一〇六八至一〇七七号)[8]等，对于了解《香港中外新报》早期的面貌，无疑都

图 7—1　1912 年的《中外新报》

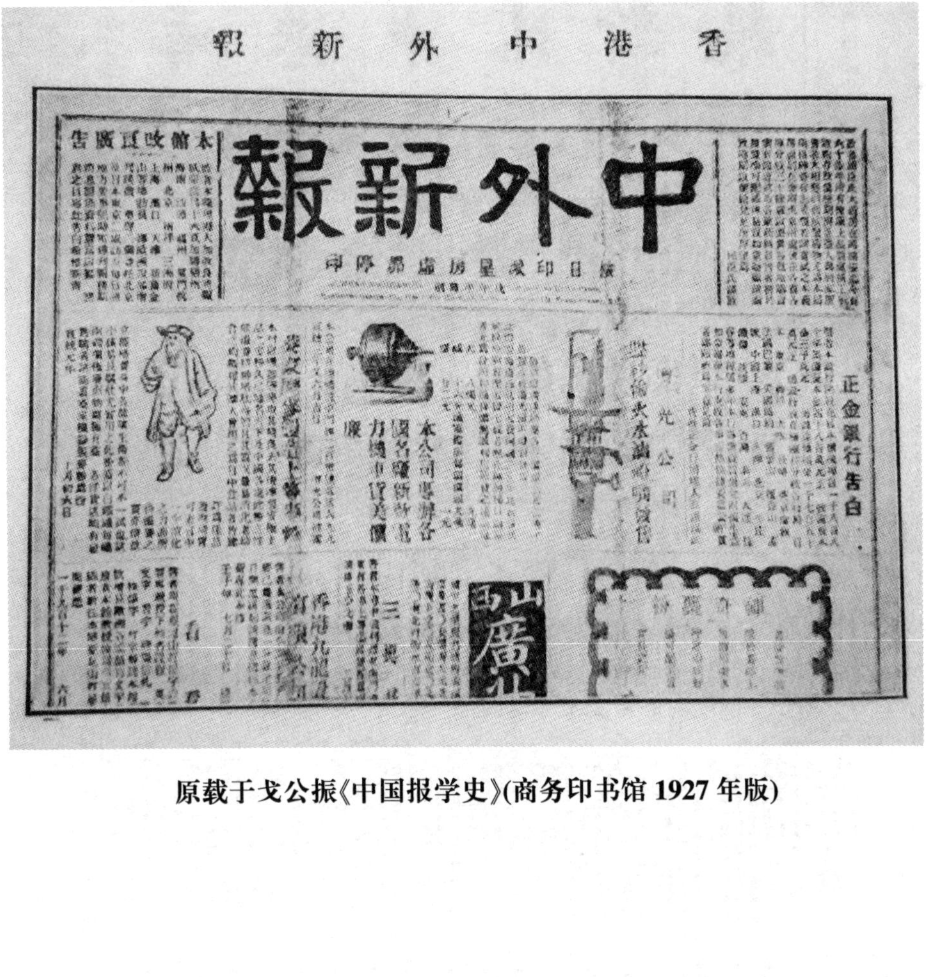
香港中外新報

中外新報

本館改頁廣告

正金銀行告白

原载于戈公振《中国报学史》(商务印书馆 1927 年版)

图 7—2 《香港中外新报》封面版

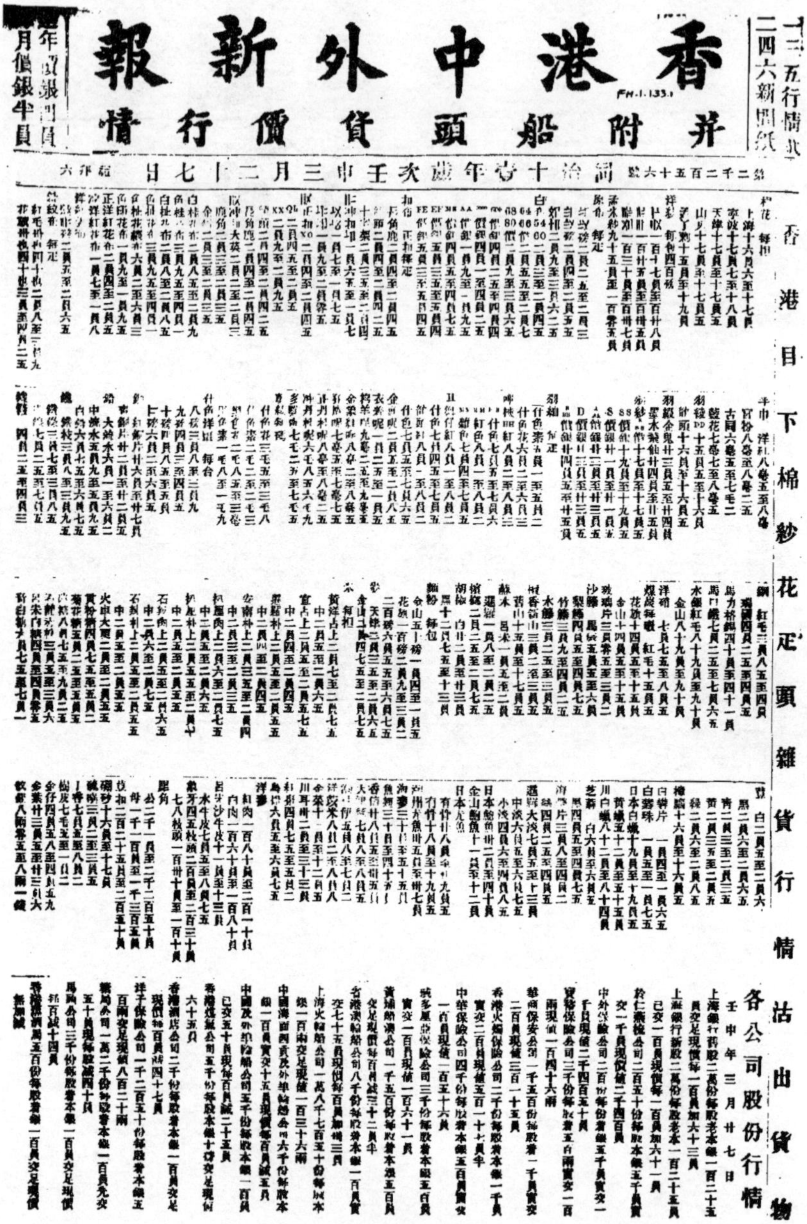
香港中外新報

并附船頭貨價行情

第二千二百五十六號 同治十壹年歲次壬申三月二十七日 禮拜六

香港目下棉紗花疋頭雜貨行情沽出貨物

各公司股份行情

壬申年三月廿七日

版式：大版(51×35cm)

藏于英国剑桥大学图书馆

图 7—3　《官版香港新闻》封面及首页

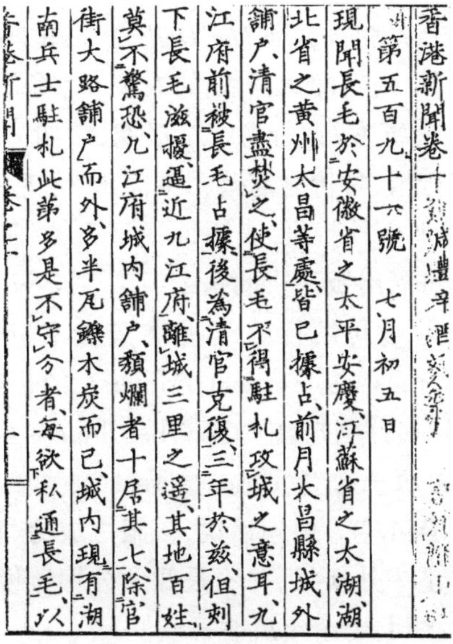

香港新聞卷十

第五百九十六號　七月初五日

現聞長毛於安徽省之太平安慶、江蘇省之太湖湖北省之黃州太昌等處、皆已據占、前月大昌縣城外舖户、清官盡焚之、使長毛不得駐札攻城之意耳、九江府前被長毛占據、後為清官克復、三年於茲、但刻下長毛滋擾、逼近九江府、離城三里之遥、其地百姓、莫不驚恐、九江府城内舖户、頹爛者十居其七、除官街大路舖户而外、多半瓦礫木炭而已、城内現有湖南兵士駐札此第多是不守分者、每欲私通長毛、以

藏于东京大学明治新闻杂志文库

是珍贵的间接资料。

现在,谨将笔者对上述资料的看法和研究心得,分述于下。

1.1872年5月4日出版的《香港中外新报》

正如上面所述,1872年5月4日出版的《香港中外新报》是目前公私图书馆所能看到的最早的《香港中外新报》。它的内容与版式,和目前所能看到最早的《香港华字日报》(1873年6月4日,收录于《华字日报七十一周年纪念刊》,1934年),大体上相同,共有四版:

第一版:全版为“香港目下棉纱花疋头杂货行情沽出货物”,即商业行情的新闻。

第二版:右上角为“本馆谨启”,接着是“本港新闻”、“羊城新闻”(即“广州新闻”)、“选录上海新报”和“选录京报”。

第三版:除了续未完的“选录京报”之外,都是广告。实际上,该版的版题就写明为“来往商船”,可见该页(版)的内容是以“来往商船”的商船广告为主。

第四版:版题为“各款杂录”,即杂录各式各样的广告。

在该版的下端,则写着“此新闻纸系由香港孖剌馆卑里刻印”,清楚地向读者表明该报是由香港的《孖剌报》(即 *The Daily Press*)印刷。

值得注意的是,在第一版(即封面版)的右上角,写着“一三五行情纸,二四六新闻纸”(即星期一、三、五发行“行情纸”,星期二、四、六发行“新闻纸”)。所谓“行情纸”,着重于报道行情、货价之起落;“新闻纸”才是真正报道新闻的报纸。1872年5月4日的《香港中外新报》表明该报每周二、四、六出版,可见当时该报仍然不是日刊,而是每周出版三次的报纸。

这种说法正与香港当局发行的《香港蓝皮书》(*Hong Kong Blue Book*, printed by Noronha and Sons Governmemt Printers)的记述相吻合。因为直到1873年,《香港蓝皮书》对《孖剌报》中文版(The Chinese Issue of the *Daily Press*)的记述,仍然是“每周出版三次”(“Thrice a week”),直到1874年版的蓝皮书,才注明该报为“日刊”(“Daily”)。换句话说,该报之成为“日刊”,是在1873年以后的事。由此可见,《香港中外新报》并不是像戈公振所说的“始为两日刊,旋改日刊”,而是“始为周三次刊,十余年后改日刊”。

至于“行情纸”之“每日另纸刊印派送”(除礼拜日外),也是在1872年5月4日以后的事。有关这一点,同一天的《香港中外新报》在第二页右上角的《本

报谨启》,有着进一步的说明:

> 时事所以广见闻,行情所以便商贾,本馆于行情货价一节,极意采访。盖期于贸易场中同人获益也。惟向来于出新报之日,其行情款项则附于新报纸中,此亦为便览阅起见也。然而事各有所见,近阅新报之客商多有请于本馆者,谓贵馆于行情一款,间日则附诸新报纸内,似未便彙览,盍为改辙焉。兹本馆因顺商情,不惜工资,嗣后将行情货价等款除礼拜日外,每日皆另纸刊印派送,概不附登新报。特此以闻,尚其垂鉴。

这则启事说明该报一向十分重视商业新闻 (“于行情货价一节, 极意采访”),“新闻纸”发行当天,固然刊登“行情款项”,在“新闻纸”不发行的日期,也发行“行情报”(“一三五行情纸”)。换句话说,该报实际上每天都向其读者(相信不少为“贸易场中同人”)提供行情、货价等商业新闻。不仅如此,为了照顾“商情”,该报还决定自 1872 年 5 月 4 日起,一改过去的作风,不惜工本,在“新报”(指《香港中外新报》)发行的同一天,也另纸刊印和派送“行情纸”,而不像过去一般,附刊于“新报”。

这一来,《香港中外新报》实际上是每周二、四、六发行“新闻纸”,每天(礼拜日除外)发行“行情纸”。该报重视“行情纸”甚于“新闻纸”,充分反映了该报“商业性报纸”的特性,也说明该报的读者群是以商户为主。“行情纸”先从“一三五”一周三次发行,改为每周六次刊印派送,其实也是替该报从“周三次刊”转为“日刊”制造有利的条件。可以这么说,“行情纸”的每日发行,是《香港中外新报》从“周三次刊”转为“日刊”的一个过程。事实上,就在“行情纸”每日发行后的第二年(1873 年),《香港中外新报》也以日刊的姿态出现了。

另外,1872 年 5 月 4 日的《香港中外新报》为该报的“第二千二百五十六号”,由于该报每周出版三次,往前推算,其创刊应在十四五年前,即 1857 年至 1858 年。

这个看法与戈公振的 1858 年创刊之说颇为接近。不过, 值得注意的是, 1872 年 5 月 4 日的《香港中外新报》并未像戈公振《中国报学史》插图的《中外新报》写着“戊午年始创”的字眼。由此可见,这些文字是后来加上去的。也许, 后来的主持人在将报名《香港中外新报》换为《中外新报》时,为了表示历史悠久,而加上去的也未可知。因此,单从该报 1912 年注明“戊午年始创”,并不能肯定该报一定是在“戊午年”,即 1858 年创刊。

综上所述,我们可以先得出如下的结论:《香港中外新报》为香港英文日报

《孖剌报》(即 *The Daily Press*)所办，约在1857年或1858年创刊，初为周三次刊，后改为日刊。在改为日刊之前，每周二、四、六出版“新闻纸”(即“新报”)，一、三、五发行“行情纸”；1872年5月4日以后，二、四、六发行的新报不再附录“行情录”，而改为“行情纸另行刊印”。这一来，《香港中外新报》实际上是每日(礼拜日除外)发行“行情纸”。至于“新闻纸”则照旧每周出版三次。第二年，也就是1873年，《香港中外新报》终于发展成为日报。时在该报创刊十四五年之后。

2.《香港船头货价纸》(1859年2月3日至8月27日，内有缺号，共79份)

顾名思义，《香港船头货价纸》是一份以船期、船务和货价、行情为主的报纸。对于这家早期的华文报纸，戈公振的《中国报学史》完全没有提及，往后有关报业发展史的中文研究著作也都完全忽视。倒是日本报史学家小野秀雄曾经根据流传日本的《香港船头货价纸》手抄本和有关《香港新闻》的记述，而推断日本幕府末期发行的《官版香港新闻》，源自中文报《香港船头货价纸》。[9]他同时推断《香港船头货价纸》为《中外新报》的前身报。[10]可惜的是，由于没有《香港船头货价纸》的原件为证，因此并未引起中国报业史研究者的广泛注意。

在小野的启示下，笔者曾费了不少精力，探寻《香港船头货价纸》，现在终于如愿以偿，共觅见79份刊于1859年的该报(原件藏于美国的 Essex Institute，现易名为 Peabody Essex Museum)。《香港船头货价纸》的发现，不但有力地证实了小野的推论正确，而且也给我们提供了早期中文报纸的完整面貌，可以说是研究华文报业史不可多得的珍贵原始资料。

《香港船头货价纸》的第一个特征是，它是以小型版(长41厘米，宽28厘米)报纸形态出现，只出版一大张，两面印刷。[11]它打破了过去西方传教士《察世俗每月统记传》创刊以来，以书本方式为主的报刊形态，可以说是中文报业史上的一大突破。

该报的基本内容为：

第一版：右上角为该“新文纸馆”的启事，接着是两三则“新闻”，余者则为各种通告、广告，以及“香港鸦片行情”等(见图7—4)。

第二版：右上方主要为“商船往来”的消息，其余则为广告及“告示”等(见图7—5)。

两页共能容纳4号字四千余字，但由于广告居多，新闻实际上只是保持在三四百字左右。

图 7—4 《香港船头货价纸》封面版

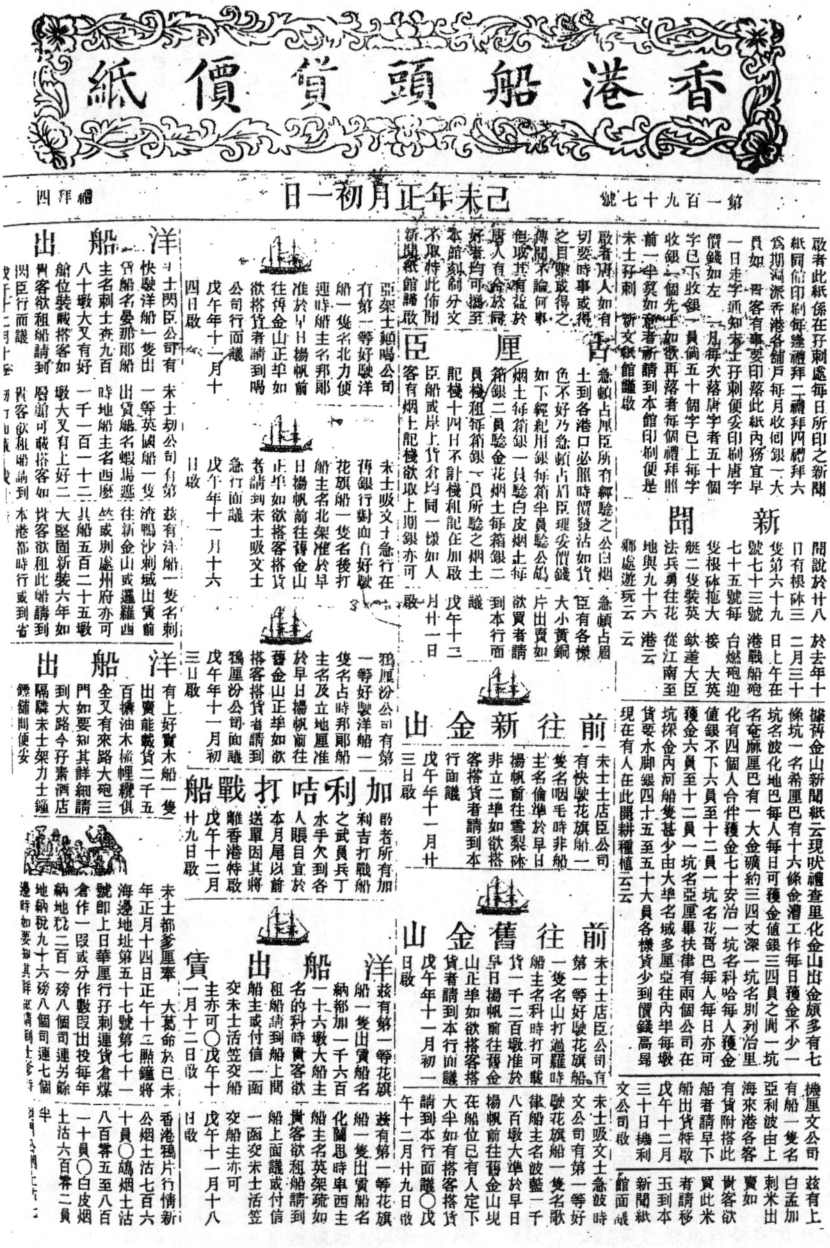
香港船頭貨價紙

第一百九十七號　己未年正月初一日　禮拜四

版式：小型版(41×28cm)

藏于美国 Peabody Essex Museum 图书馆

图 7—5　《香港船头货价纸》第 2 页

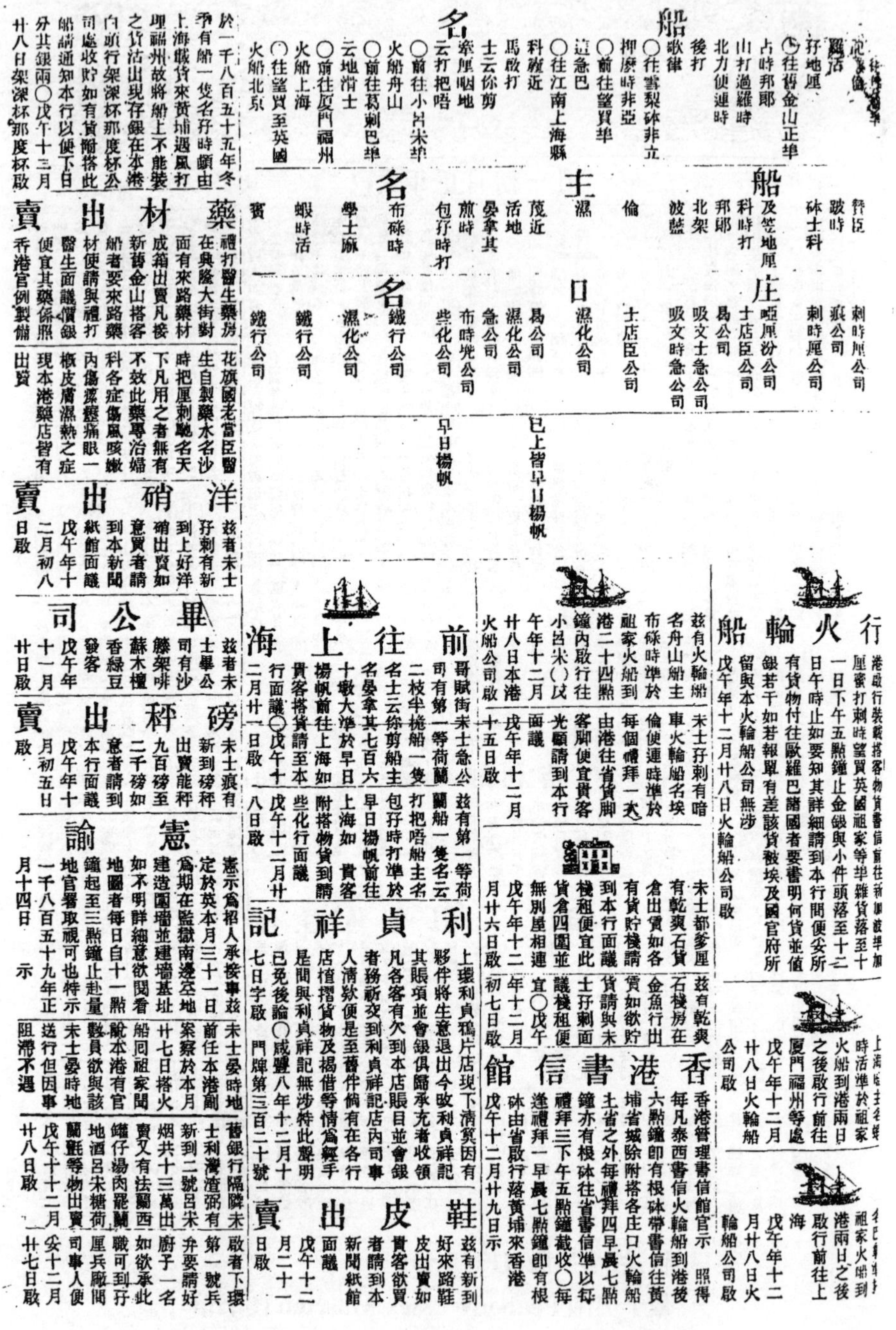

船名	船主名	庄口名	
[illegible]	贊臣	刺時厘公司	
羅活	跛時	痕公司	
孖地厘	砵士科	刺時厘公司	
○往舊金山正埠			
占時邦郎	及笠地厘	啞厘汾公司	
山打過羅時	科時打	士店臣公司	
北力便連時	邦郎	曷公司	
後打	北架	吸文士急公司	
歌律	波藍	吸文時急公司	
○往雪梨砵非立			
押麼時非亞	倫	士店臣公司	
○前往望買埠			
這急巴	濕	濕化公司	
○往江南上海縣			
科碇近	茂近	曷公司	已上皆早日揚帆
馬敵打	活地	濕化公司	
士云你剪	晏拿其	急公司	
牽厘咽地	煎時	布時咣公司	
云打把唔	包孖時打	些化公司	早日揚帆
○前往小呂宋埠			
火船舟山	布祿時	鐵行公司	
○前往葛剌巴埠			
云地消士	學士麻	濕化公司	
○前往厦門福州			
火船上海	蝦時活	鐵行公司	
○往望買至英國			
火船北京	賓	鐵行公司	

行火輪船

港啟行裝載搭客物貨書信前往新加坡埠加厘蜜打剌時望買英國祖家等埠雜貨落至十一日下午五點鐘止金銀與小件頭落至十二日午時止如要知其詳細請到本行問便妥所有貨物付往歐羅巴諸國者要書明何貨並值銀若干如若報單有差該貨殺埃及國官府所留與本火輪船公司無涉

戊午年十二月廿八日火輪船公司啟

上海[illegible]時活準於祖家火船到港兩日之後啟行前往厦門福州等處

戊午年十二月廿八日火輪船公司啟

[illegible]祖家火船到港兩日之後啟行前往上海

戊午年十二月廿八日火輪船公司啟

香港書信館

香港管理書信館官示　照得每凡泰西書信火輪船到港後六點鐘即有根砵帶書信往黃埔省城除附搭各庄口火輪船上省之外每禮拜四早晨七點鐘亦有根砵往省書信準以每禮拜三下午五點鐘截收○每逢禮拜一早晨七點鐘即有根砵由省啟行落黃埔來香港

戊午十二月廿九日示

茲有火輪船名舟山船主布祿時準於祖家火船到港二十四點鐘內啟行往小呂宋( )戊午年十二月廿八日本港火船公司啟

未士孖剌有暗車火輪船名埃倫便連時準於每個禮拜一大由港往省貨腳客腳便宜貴客光顧請到本行面議

戊午年十二月十五日啟

未士都爹厘有乾爽石貨倉出賃如各有貨貯棧請到本行面議棧租便宜此貨倉四圍並無別屋相連

戊午年十二月廿六日啟

茲有乾爽石棧房在金魚行出賃如欲貯貨請與未士孖剌面議棧租便宜○戊午年十二月初七日啟

前往上海

哥賦街未士急公司有第一等荷蘭二枝半桅船一隻名士云你剪船主名晏拿其七百六十墩大準於早日揚帆前往上海如貴客搭貨請至本行面議○戊午十二月廿一日啟

茲有第一等荷蘭船一隻名云打把唔船主名包孖時打準於早日揚帆前往上海如貴客附搭物貨到請些化行面議

戊午十二月廿八日啟

利貞祥記

上環利貞鴉片店現下清算因有夥伴將生意退出今改利貞祥記其賬項並會銀俱歸承充者收領凡各客有欠到本店賬目並會銀者務祈交到利貞祥記店內司事人清欵便是至舊件倘有在各行店檯摺貨物及揭借等情爲經手是問與利貞祥記無涉特此聲明已免後論○咸豐八年十二月十七日字啟　門牌第三百二十號

鞋皮出賣

茲有新到好來路鞋皮出賣如貴客欲買者請到本新聞紙館面議

戊午十二月二十一日啟

於一千八百五十五年冬季有船一隻名孖時顛由上海載貨來黃埔遇風打埋福州故將船上不能裝之貨沽出現存銀在本港白頭行架深杯那度杯公司處收貯如有貨附搭此船請通知本行以便下日分其銀兩○戊午十三月廿八日架深杯那度杯啟

藥材出賣

禮打醫生藥房在典隆大街對面有來路藥材成箱出賣凡接新舊金山搭客船者要來路藥材便請與禮打醫生面議價銀便宜其藥係照香港官例製備

花旗國老當臣醫生自製藥水名沙時把厘剌馳名天下凡用之者無有不效此藥專治婦科各症傷風咳嗽內傷瘀瘀痛眼一概皮膚濕熱之症現本港藥店皆有出賣

洋硝出賣

茲者未士孖剌有新到上好洋硝出賣如意買者請到本新聞紙館面議

戊午年十二月初八日啟

畢公司

茲者未士畢公司有沙藤架啡蘇木檀香綠豆發客

戊午年十一月廿日啟

磅秤出賣

未士痕有新到磅秤出賣能秤九百磅至二千磅如意者請到本行面議

戊午年十月初五日啟

憲諭

憲示爲招人承接事茲定於英本月三十一日爲期在監獄南邊空地建造圍墻並建墻基址如不明詳細意欲閱看地圖者每日自十一點鐘起至三點鐘止赴量地官署取視可也特示

一千八百五十九年正月十四日　示

未士晏時地前任本港副案察於本月廿七日搭火船回祖家聞說本港有官數員欲與該未士晏時地送行但因事阻滯不遇

舊銀行隔鄰未士利灣渣弼有新到二號呂宋烟共十三萬出賣又有法蘭西罐仔湯肉罷蘭地酒呂宋糖荷蘭氈等物出賣

戊午年十二月廿八日啟

啟者下環第一號兵弁要請好廚子一名如欲承此職可到孖厘兵廠間司事人便妥

十二月廿七日啟

值得注意的是，该报右上角的启事是以“未士孖刺新文纸馆”[12]的名目发的，它清楚表明该报为《孖刺报》所有，其启事内容如下：

启者，此纸系在孖剌处每日所印之新闻纸同馆印刷，每逢礼拜二、礼拜四、礼拜六为期遍派香港各铺户，每月收回银一大员。如贵客有事要印落此纸内，务宜早一日走字通知未士孖刺便妥。印刷唐字价钱如左：一、凡每次落唐字者，五十个字已下，收银一员。倘五十个字已上，每字收银一个先士。如欲再落者，每个礼拜照前一半算。如意者，祈请到本馆印刷便是。未士孖刺 新文纸馆谨启。

这则启事除了说明该报系由《孖刺报》出版，如要刊登通告或广告，应向《孖刺报》商洽之外，还告诉我们下列的事实：

(1)该报每周二、四、六出版。

(2)该报是以香港各铺户为主要读者对象。

(3)该报在出版后，即遍派香港各铺户。换句说，该报采取派报制。

(4)该报报费每月一大员。

至于启事中详列广告收费基准，更足见该报对广告的重视。实际上，如果删除第一页三四百字的新闻，该报其实就是充满“船头货价”及广告、通告的报纸。如果把《香港船头货价纸》形容为中国的第一份商业报纸，也不为过。

另外，1858年至1859年的《孖刺报》(*The Daily Press*)在其“Terms for Advertising”栏中，也提及该报出版的“中文版”，并列明其中文广告的收费基准。该栏指出：

There is a Chinese issue of this paper published three times a week, in circulation amongst the Natives, which will be found an excellent medium for advertising. For advertisement not inserted in English 50 characters or under one dollar, beyond that one cent 1 character the current week reckoned as one insertion[13]

这里所指的“a Chinese issue of this paper”，“three times a week”以及刊登广告收费的基准等，基本上与《香港船头货价纸》前述的启事相一致。由此可见它所指的“A Chinese issue of this paper”，非《香港船头货价纸》莫属。

综上所述，我们可以知道，这份以船期、船务、货价及广告等商业消息为主的华文报，与前述的《香港中外新报》，有三个共同特征：

(1)重视商业消息与广告。

(2)是由《孖刺报》印刷与发行。

(3)同样是每逢礼拜二、礼拜四、礼拜六出版及派送。

至于创刊日期,如果根据1872年5月4日(第二千二百五十六号)的《香港中外新报》来推算,《香港中外新报》的创刊号应在1857年或1858年间。

如果是以笔者目前看到的最早的《香港船头货价纸》(即己未年正月初一,公元1859年2月3日,第一百九十七号)往前推算,则该报之创刊号,在未脱期的情况下,应该是1857年11月3日。*The Daily Press* 本身之创刊号为1857年10月1日[14],该报之"中文版"如创刊于同年的11月3日,则意味着 *The Daily Press* 在创刊前或创刊后不久便筹办中文报。

《香港船头货价纸》与《香港中外新报》各方面之雷同与接近,无疑给报史学家提出了下列的疑问:

(1)《香港船头货价纸》会不会是《香港中外新报》的前身?

(2) *The Daily Press* 会不会有可能同时出版两份中文报?

针对第二个问题,答案应该是否定的,因为以当时的办报条件(精通中英文的人才、广告的收入以及有限的读者群等),要维持一家中文报都不易,哪里会异想天开,同时办两份同样是"二四六出版"的华文报?何况办"周三次刊"的华文报,在当时还是前所未有的大胆尝试。

这样一来,《香港船头货价纸》是《香港中外新报》之前身的可能性,应该较强。但在得出结论之前,得先解决两者创刊日期之差距。据戈公振的考证,《香港中外新报》创刊于戊午年,即1858年(《中国报学史》之插图也显示该报"戊午年始创"),但《香港船头货价纸》的创刊号,却不可能迟于1857年11月3日。不过,正如前面所考证,在1872年5月4日出版的《香港中外新报》,并未在其版头写明该报创刊于"戊午年",可见1912年《中外新报》版头上"戊午年始创"之字眼,是后来加上去的,未必一定完全可靠。因此,《香港船头货价纸》是《香港中外新报》的前身,是《孖刺报》(*The Daily Press*)的"中文版",创刊于1857年11月3日(或更早),每周二、四、六出版,以"船期、船务、货价、广告等商业消息为中心,是中国第一份以报纸形态出版、两面印刷的中文报"的结论,应该是可以成立的。

3. 日本刊印与流传的《官版香港新闻》与《香港新闻》

在戈公振的《中国报学史》一书中,曾提到一份中国报史研究者迄今仍然大感迷惑，来历不明的早期报刊——《香港新闻》。有关的叙述只有两行：

《香港新闻》为《孖剌报》(*China Mail*)(其实是 *The Daily Press* 之误——笔者按)之副刊。自咸丰十一年(1861 年)起，凡八卷。专纪船期、货价，系纯粹商业性质之杂志。[15]

戈氏还把它列为“外报创始时期”的“中文杂志”，给人的印象是，《香港新闻》与香港的《遐迩贯珍》(1853~1856 年)、《六合丛谈》(1857~1858 年)等同样是属于书本式的刊物。

这也难怪，因为中文版根本找不到《香港新闻》这份刊物，戈氏的说法以及其《中国报学史》有关《香港新闻》的插图，显然是根据日本小野秀雄著作《日本新闻发达史》的说法和日本方面的资料。[16]由于日本版《香港新闻》及《官版香港新闻》是书本式，戈氏也推断中文版的《香港新闻》是书本式的“纯粹商业性质之杂志”。由于插图的日本版《香港新闻》写着“咸丰辛酉”[17]，这也许是戈氏认为该刊物创自 1861 年的原因。

至于《香港新闻》出版八卷之说，这也是根据小野的著作。原来在当初，由于看到出版《官版香港新闻》的老皂馆的广告(见图 7-6)，曾提及出版“八卷”(按：原文为“八册”)，小野便在《日本新闻发达史》书中，写着“出版八卷”。但后来在日本国内，只能找到两卷，因此小野相信“八卷”可能只是广告，《官版香港新闻》实际上只出版两卷。[18]可惜的是，小野的更正，并未传递到中国的读者。因此，直到今日，中国报史书籍仍然沿袭戈氏错误的记述。

其实，针对《香港新闻》，小野秀雄曾于 1952 年在日本《新闻学评论》的创刊号，发表一篇题为《关于翻刻新闻杂志的原书》的重要论文。该论文根据下列事实，证明《香港船头货价纸》的存在及《香港新闻》的“中文原书”为《香港船头货价纸》[19]：

(1)《铃木大杂集十三》一书中收录了与《官版香港新闻》内容相同，但不加日文句读训点的《香港新闻》自五九一号至六六八号，并有以下之说明：

右香港船头货价纸从五百九十一号辛酉七月初五日至六百六十八号壬戌正月初六日总六拾纸。今后抄其新闻及上谕中足观事情者而录焉然而早卒读了或有说要领事件者淳之。

壬戌年二月望　谋林铃木丰大

图 7—6

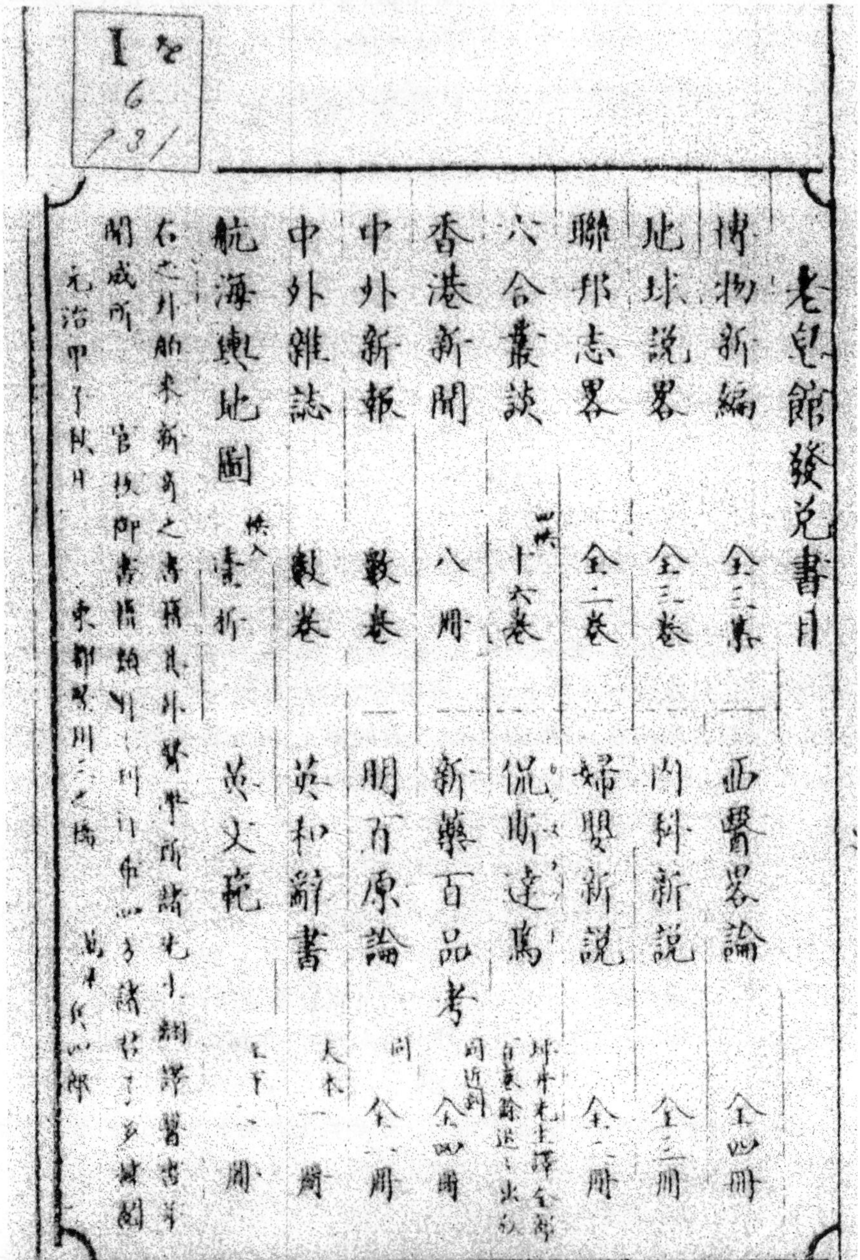

老皂館發兌書目

博物新編 全三集

地球說畧 全三卷

聯邦志畧 全二卷

六合叢談 十六卷

香港新聞 八冊

中外新報 數卷

中外雜誌 數卷

航海輿地圖 壹折

西醫畧論 全四冊

內科新說 全二冊

婦嬰新說 全二冊

新藥百品考 全四冊

英和辭書 大本 一冊

英文範 上下 二冊

載于日本官版《中外杂志》的封底内页

(2)小野个人藏有《香港船头货价纸》庚申四月十六日(即1860年6月5日)四○六号之抄本(按:现藏于东京大学情报学環图书馆)。

除此之外,日文版《香港新闻纸》的一则“出赏帖”(“悬赏启事”),曾提及“有一番人客遗失金钱。如有拾到,请交予孖剌新闻馆”,小野便据此推断《香港新闻》为 *The Daily Press*(《孖剌报》)之中文版。再根据出版日期的推算,小野即得出《香港中外新报》与《香港船头货价纸》(即《香港新闻》之“中文原书”)系同一系统报纸的结论。

以上是小野根据日本国内流传的《官版香港新闻》(第一卷、第二卷,自五九一号至六六八号)、《铃木大杂集十三》中收录的《香港新闻》(自五九一号至六六八号)、小野私藏的《香港船头货价纸》(四○六号)手抄本,而得出《香港新闻》、《香港船头货价纸》与《中外新报》的关系。

现在,我们根据新发现的中文报纸原件,即《香港中外新报》第二千二百五十六号(1872年5月4日)及《香港船头货价纸》第一百九十七号(1859年2月3日)至第二百八十五号(1859年8月27日)(其中有缺号),再回头与日本方面的有关资料对照、比较和研究,可以发现:

(1)《香港船头货价纸》第二百八十五号刊于咸丰九年七月二十九日(即1859年8月27日),由于每周出版三次,根据推算,其四○六号,应刊于1860年6月5日,恰好与小野所藏的1860年6月5日的《香港船头货价纸》(四○六号)手抄本相一致,可见是同一报纸无误。与此同时,如果是推算至五九一号,《香港船头货价纸》之出版应为1861年8月10日,它与日本的《官版香港新闻》五九一号的出版日期相符合,足见《官版香港新闻》源自中文报《香港船头货价纸》一说无误。

(2)在日文译本《香港新闻纸》第一千零七十七号(甲子年八月二十二日)中,曾有一则吁请唐人投稿的“本馆宇启”(见图7—7),其内容与《香港船头货价纸》几乎每天出现的启事完全相同,即:

> 启者:唐人如有切要时事,或得之目击、或得之传闻,不论何事,但取其有益于唐人、有合于同好者,均可携至本馆刻刷,分文不取,特此布闻。新闻纸馆谨启。(见图7—8)

可见《香港新闻纸》其实就是《香港船头货价纸》的日文版。

(3)《香港新闻纸》第一千零七十七号刊于1864年9月22日,由于每周出版三次,至1872年5月4日(即《香港中外新报》的二二五六号),其编号应为二

图 7—7

香港新聞紙　第一千零七十七号　甲子年八月二十三日　礼拜四

本館字啓

啓ス唐人如シ切要ノ時事アリテ或ハ之ヲ傳聞ニ得タリ或ハ之ヲ目撃ニ得タルコアラハ何事ヲ論スルコナク但唐人ニ益アリ并ニ同好ニ合フ者ヲ取リテ均ク本館ニ携ヒ到ルヘシ刻刷費銀ハ一切取ラス特ニ此ニ佈聞ス

新聞紙館啓ス

图 7—8

己未年正月初一日　第一百九十七號

啟者唐人如有切要時事或得之目擊或得之傳聞不論何事但取其有益於唐人有合於同好者均可攜至本館刻刷分文不取特此佈聞

新聞紙館謹啟

二六八号,与《香港中外新报》的二二五六号相差十二号。然而,如果考虑到报纸脱期、休刊等因素[20],《香港新闻》(即《香港船头货价纸》)与《香港中外新报》一脉相承,是同一报纸的看法,应该可以成立。

至于《香港船头货价纸》几时改称为《香港中外新报》,这个问题比较复杂。如果我们假设至日本译本《香港新闻纸》的最后一期,即一〇七七号(1864 年 9 月 22 日)为止,《香港船头货价纸》仍然还未换报名的话,则《香港中外新报》报名之使用,应该是在 1864 年 9 月 22 日以后的事。但是,我们也不排除当时该报已经更换报名的可能性,因为日文译本《香港新闻纸》(1864 年 9 月间)所收录的新闻量,已远远超过我们所能看到的《香港船头货价纸》原件(1859 年)和《官版香港新闻》(1861 年至 1862 年)所载者。该报会不会在扩大版面的同时,改换报名呢?这还有待进一步考究。

不过,可以肯定的是,在 1865 年 4 月间,《香港中外新报》已经发行。因为在广州出版的《中外新闻七日录》于同治四年三月二十五日(1865 年 4 月 20 日),曾刊登对《香港中外新报》的评论。这段题为《香港中外新报论》的文章指出:

> 香港中外新报、原有益于商贾、及庶民,惟因孖刺主人、不识唐文,故不免多谬说、参入其间、今将其最著数件、择出以证言……

这段文字,说明两点:

第一,当时《香港中外新报》已经存在。

第二,当时《香港中外新报》仍然还未摆脱《孖剌报》,它仍然是该报出版的"中文版",虽然由于"孖剌主人不识唐文",在某种程度上不受西报管制而享有一定的自由。

与此同时,值得注意的是,在 1865 年出版的《中外新闻七日录》曾多次转载《香港中外新报》的文章,也曾转载当时香港的另一份中文报《近事编录》[21],但却始终未曾出现《香港船头货价纸》。这其实也间接地提供我们一个事实:当时《香港船头货价纸》已不复存在,而改称为《香港中外新报》。

4. 小结

综合以上考据,我们可以得出以下的结论:

(1)在中国的报业史上,从未出版过八卷的《香港新闻》这份"外报创刊时期"的"商业性杂志"。

(2)日本版不同版本的“香港新闻”(《官版香港新闻》、日文译本《香港新闻纸》等)其实都是取材自《香港船头货价纸》。由于当时幕府当局要了解的只是外国事务,因此,日本版基本上都不收录有关船期、货价、行情和告示(书刊广告例外)。其情形就如《官板六合丛谈删定本》等删除《六合丛谈》中有关基督教教义等事项,另行一册一样。也许是因为日本版已将《香港船头货价纸》中有关“船头货价”的内容删除的缘故,日本版也将报名删称为《官版香港新闻》或《香港新闻纸》。

(3)日本版《官版香港新闻》及《香港新闻纸》皆为书本式,但《香港船头货价纸》却是以报纸形式,两面印刷出版的第一家中文报。

(4)《香港船头货价纸》是《孖刺报》(*The Daily Press*)的中文版,创刊于1857年11月3日,每周二、四、六出版。内容以船期、货价、行情和广告等商业讯息为主,也可以说是中国的第一家以商业新闻为中心的报纸。

(5)《香港船头货价纸》的主要读者为商家,该报采取派报制,遍派香港商店。

(6)《香港船头货价纸》是以小型版版式印刷,但今日所能看到的最早《香港中外新报》(1872年5月4日)却是以大版的版式出版。《香港船头货价纸》是否在改换版式时易名为《香港中外新报》?还有待进一步考究。

(7)《香港船头货价纸》后来改称为《香港中外新报》的正确日期不详,但很可能是在60年代初期或前半期。不过,可以肯定的是,在1865年4月间,《香港中外新报》已经存在。

(8)《香港中外新报》继承《香港船头货价纸》的传统,十分重视商业新闻。在1872年5月4日之前,该报除了每逢星期二、四、六出版“新闻纸”,并登载行情消息之外,也在星期一、三、五发行“行情纸”。在5月4日以后,该报不再在新闻纸上刊录行情新闻,而改以“另纸刊印”。这一来,该报等于每天(礼拜天除外)都印“行情纸”,“新闻纸”则照旧只在星期二、四、六出版。第二年,也就是1873年,《香港中外新报》终于发展成为完整的日报。

由此可见,《香港中外新报》的前身《香港船头货价纸》的创刊,比戈公振所说的1858年还略为早些,即《孖刺报》1857年10月1日创刊后不久的1857年11月3日。至于该报蜕变为名副其实的日刊,是在报名改称后甚久的1873年,而非戈公振所说的“旋改日刊”。从这角度来看,《香港中外新报》(准确的说,应该是指其前身《香港船头货价纸》)被称为“中国第一家以报纸形态出版、两面印刷的近代化中文报纸”,应该是受之无愧,但能否被称为“中国第一份中文日报”,却有争论之余地。因为严格而言,如果不将该报星期一、三、五发行的“行情纸”视为“日报”的组成部分,而单纯只将二、四、六的“新闻纸”

改为日报的日期考虑，它比起上海的《上海新报》和《申报》改为日报的日期还略为晚些。[22]

虽然如此，《香港船头货价纸》在 1857 年以“周三次刊”发行，以及改名后的《香港中外新报》自 1872 年 5 月 4 日开始每日发行“行情纸”，并在第二年发展为完整日刊的过程，无疑是给中国现代化报纸的发展提供了很好的经验与模式。上海《申报》在创办之初所以要派人前往香港学习办中文报的经验，香港在当时之所以被认为是华文报最先进的城市，莫不因为香港有《香港中外新报》及其前身《香港船头货价纸》存在的缘故。

二、《香港船头货价纸》创刊背景及该报与《孖剌报》的关系与特征

中国早期中文日报的发展，是与中国东南沿岸英文报业的发展分不开的。事实上，香港最早的两家中文日报《香港中外新报》和《香港华字日报》，就分别是香港《孖剌报》(*The Daily Press*)及《德臣(西)报》(*The China Mail*)的中文版。[23]上海最早的一家中文日报《上海新报》，也是上海《字林西报》(*North-China Daily News*)的中文版。[24]至于中国的第一家政论报纸《循环日报》，则诞生于当时英文报业蓬勃发展的香港。该报倡办人王韬当时曾经直接与间接地接受西报的影响与刺激，是不难想象的。因此，我们在进一步探讨中国早期中文报业发展，特别是有关早期《香港中外新报》、《香港华字日报》及《循环日报》的报史之前，有必要先了解中国最早英文报的发展状况及当时香港的特殊地位。

1. 中国早期英文报的发展和香港的特殊地位

中国的第一家英文报《广州纪录报》(*Canton Register*)虽然在 1827 年创刊于广州，但由于受到所谓“旧广州体制”(Old Canton System)的影响与限制，报业活动并没有太大的进展。[25]

英文报章在中国获得进一步的发展，是在 1842 年，也就是鸦片战争结束，《南京条约》签订之后的事。实际上，随着香港被割让为英国的殖民地，香港第一家英文报《华友西报》(*Friend of China*，亦译为《中国之友》) 即告诞生。[26]与此同时，原本于前一年(1841年)5月在澳门创刊的《香港钞报》(*Hong Kong Gazette*，亦译为《香港公报》)也迁往香港，并与《华友西报》合并，而改称为《华友西报与香港钞报》(*Friend of China and Hong Kong Gazette*)。[27]紧接着，前面提到

的历史最为悠久的英文报《广州纪录报》也于1843年迁往香港，而易名为《香港(旧广州)纪录报》(*Hong Kong [Late Canton] Register*)；1844年，又改称为《香港纪录报》(*Hong Kong Register*)。[28]1845年，一家后来在香港英文报业史上占有重要地位的《德臣报》(*The China Mail*)也在香港创刊。[29]直到1850年《北华捷报》(*North-China Herald*)在上海创刊为止，香港实际上垄断了当时中国的英文报业。[30]1857年，中国的第一家英文日报《孖剌报》(*The Daily Press*)也在香港诞生。这家日报不仅率先推动英文报发展为日报，还与《德臣报》长期抗衡，成为香港报坛上的两大巨星之一。从1844年至1911年，香港几乎完全支配了华南的英文报。[31]

英文报纸纷纷迁往香港及在香港创刊，香港成为英文报在华南，甚至是在中国沿岸位处大本营的领导地位，不消说，是香港成为英国殖民地的结果或者说是其副产品。实际上，随着英国统治香港，英国的商家也纷纷把远东的总部设于或迁往香港。香港史专家安达葛(G. B. Endacott)在其著作《一个东方转口贸易港——香港史文献汇编》(*An Eastern Entrepot—A Collection of Documents Illustrating the History of Hong Kong*)一书中，就这样分析当时英国商家的如下心态：

> 英国商人享受着在本国国旗旗帜下的法律与公平的好处，大公司们都乐意将总部设于香港。就以囤藏鸦片仓库的例子来说，保险费也较便宜，加之有英国军队驻守，更给人们带来了安全感。[32]

这样的心态，也充分地反映在香港割让后最初几年非华籍人口的骤增上。据统计，1844年，香港非华籍人口只有454人，第二年，就增至1043人；接着几年，每年非华籍人口都有所增加，其人数分别为：1846年1386人；1847年1406人；1848年则增至1502人。[33]

英国商家将远东总部迁往香港以及香港非华籍人口的骤增，无疑给香港英文报提供了基本的读者群。英国统治下的“安全感”，更给英文报提供了“旧广州体制”时代未曾有的“自由办报”的条件。自1844年至1850年，英文报之所以集中在香港出版，显然与这些因素分不开。

不过，值得注意的是，尽管香港的非华籍人口从1844年至1850年骤增，也尽管香港的英文报取代了广州与澳门报业的垄断地位，但当时香港的英文报纸还称不上蓬勃发展，英文日报也还未诞生；至于中文报纸，更缺乏问世与生存的基本条件。这主要是因为早期的香港还未发展成为繁荣的商业港口，香港的贸易并不像英国人当初想象的那么理想和顺利。

当时在香港定居的华籍人口，也就是支撑香港繁荣的主要原动力(包括劳工、小商人及其他服务行业所需要的人力资源)也在增加。据统计，1844年香港华人总数为19009人，第二年增至23114人，1846年却减至20499人[34]，1847年至1848年，华人人口则保持在22500左右。但香港初期的贸易并不理想，它具体体现在来往香港商船数目的停滞不前。据统计，1845年以前，来往香港的船只从前一年度的538艘，一跃而达至672艘之后，一连三年所增无几。至于船只的载重量，从1844年的189257吨增至1845年的226889吨之后，就没有什么进展。[35]香港的有利条件，无非是其地理位置，交通方便与拥有优越的港口。利用上述有利的条件在香港设关收税，抽取来往船只的税收，是香港殖民地当局的主要收入之一。但上述的数字，显然不合乎香港当局的心意。加之初期建设费用浩大，政府收支不平衡，每年都得由英国政府补助[36]，难怪当时英国有人认为选择香港是一项“错误的决定”。在这样的经济背景与悲观气氛中，新闻事业自然不可能得到良好的进展。

不过，从1851年至1861年，香港的经济有了好转，收支也从需要英国政府的补助到可以平衡，乃至于有所盈余。香港经济日趋繁荣，敏感地反映在来往商船及其载重量的增加。1851年，来往香港的船只只有1082艘，载重量377084吨；至1861年已达2545艘，载重量也达1310383吨。与此同时，在香港定居的华籍人口也告激增。

另一个令人注目的动向是，在美洲“淘金热”及太平洋地区、西印度群岛、澳洲和东南亚各地大量劳工需求的刺激下，前往海外移居的中国人也与日俱增，当时的香港实际上就是中国人移居海外的主要出港口。从1855年至1862年，每年经过香港移居海外者超过1万人。华籍移民人口的增加，一方面刺激了香港船务业的发展[37]，另一方面也促进和加强了香港与海外华侨之间的贸易活动。[38]

正是在上述背景下，当地人经营的船务公司与船务代理行业也应运而生。与此同时，香港也出现了不少以海外华侨为贸易对象的“南北行”等行业。这些“南北行”等行业的诞生，在一定的程度上，加速了香港华籍商人阶层的兴起。这些兴起的贸易商人与从事船务业活动的中国人对船期、货价和行情消息的殷切需求，其实正给予以报道商业讯息为中心的中文报业提供了生存与发展的基本条件。

19世纪50年代及60年代，香港已经成为一个极其繁忙的商港。它所处的优越地位，已经远远超越了其他先后开放的中国沿海港口。[39]

香港港口的繁忙、船务业的发达，以及它在贸易、商业所处的重要位置与领导地位，使它很自然的成为船期及其他商业情报的中心。从香港发出的经济讯息，不仅供应香港、澳门和广州的商家，也受到其他沿海开放城市商家的欢迎与重视。每周出版一次的英文报显然已经无法满足商家对船期与行情消息的殷切需求。于是乎，以报道商业活动与船只往来为中心的报纸遂告诞生。1857年诞生的香港第一家英文日报《孖剌(西)报》(*The Daily Press*)，其报名的副题就是“船务、商业与殖民地”(*Ships, Commerce and Colonies*)。这充分地说明了其内容离不开船只往来、商业活动及其他有关香港殖民地消息的范畴。事实上，为了应付当时的实际需要，有几家报章就以船只和货价命名，其内容除了上述“船务、商业”等讯息之外，就是广告。例如，1855年至1857年肖锐德公司(A. Shortrede and Company)发行的《香港航运录》(*Hong Kong Shipping List*)、1857年至1862年取代前者而出版的《香港航运录及商业资讯》(*Hong Kong Shipping List and Commercial Intelligence*)，以及《德臣(西)报》出版人德臣(Andrew Dixson)在1850年发行的《香港德臣公报》(*Dixson's Hongkong Gazette*)和随后易名的《香港德臣杂项记录》(*Dixson's Hongkong Recorder*)，就是这类报纸。[40]

值得注意的是，当时以商业讯息为主的英文报章，例如《香港德臣杂项记录》也都接受中文广告，这说明当时香港华籍商人阶层(读者群)已经开始形成。不过，以船期、商业和广告为中心的中文报纸的诞生，还是在1857年《孖剌报》的中文版《香港船头货价纸》出现以后的事。《香港船头货价纸》的问世，实际上标志着早期宗教华文报刊垄断时代的结束与中文商业报纸的崛起。1853年在香港创刊的宗教月刊《遐迩贯珍》，在未获华人社会丝毫支持的情况下于1856年宣告停刊(尽管该刊的编者否认其闭刊与此因素有关，及认为该刊并非“失败”)；1857年以广告、商业和船期为中心的周三次刊《香港船头货价纸》的创刊，一方面反映了当时香港商业社会的逐步形成，另一方面也象征着中文报纸的发展已进入一个崭新的阶段。

2.孖剌创办中英文报纸之目的

香港最早的英文日报《孖剌报》(*The Daily Press*)，最初的出版人是美国商人赖德(George M. Ryder)。不过，自从创刊开始，英国商人孖剌(Yorick Jones Murrow, 1817~1884，亦译为莫罗)就是该报最主要的决策人物。1858年，孖剌收购了该报的全部股票，从此 *The Daily Press* 全归孖剌所有。[41] 由于“*The Daily Press*”系孖剌(Murrow)所办的报纸，当时该报也俗称为《孖剌(西)报》。

正如当时其他在香港办报的洋人一般，孖剌并非出身报界。他只是一个典型的富有冒险精神与进取心的英国商人。[42]办报只是他从事各种商业活动之一。在早期的《孖剌报》(*The Daily Press*)及《香港船头货价纸》，时常可以看到孖剌刊登的各种商业广告和通告(Notice)(见图7—9)，可见他在从事办报活动的同时，也不忘进行其他商业活动。实际上，他最初进入报界，目的无非在于制造财富。[43]

早在1844年以前，孖剌就以广州为据点，成立孖剌公司 (Murrow and Commpany)，从事贸易活动。1849年，他结束了该公司的营业。接着他成为美国史蒂文森公司(James Stephenson and Company)的合伙人，与加利福尼亚州进行米粮贸易活动。但其最主要的贸易活动是运送苦力。运送苦力的活动，最终导致他被控涉嫌诱拐与贩卖奴隶罪而被罚款。不过，在这之后，他却在香港与伦敦猛烈展开反对苦力贸易的活动。[44]

在第二次鸦片战争之前，孖剌曾拥有汽船行驶于澳门、香港和广州之间。在第二次鸦片战争期间，这项船务活动只好暂停，他同意英军使用其船只北上作战。也就在这个时候，孖剌改行进入报界，与赖德合办了"*The Daily Press*"。[45]

孖剌是一个性格十分倔强的商人。在主持《孖剌报》期间，他不仅与同业《德臣报》等展开笔战，也曾数度抨击香港殖民地官员而被控诽谤罪。1858年，也就是《孖剌报》创办的第二年，他就曾因为对香港总督包令(John Bowring, 1792~1872，亦译为宝灵)的诽谤罪名成立而被判坐牢半年。但孖剌并没有因此而停止办报。相反，他在牢中亲自编辑，继续出版《孖剌报》。[46]

1865年，他将报纸的权益出售给威廉·贝乐(William H. Bell)。1867年，他在伦敦创办《伦敦与中国捷报》(*London and China Herald*)。1876年，贝乐之租约期满；1878年，《孖剌报》再归孖剌所有。1884年，孖剌逝世，但该报继续由其家属管理，直到1911年停刊为止。[47]

正如前面所述，《孖剌报》的出版人兼编辑孖剌是一个典型的商人。他最初办报的目的，不外是希望能够赚取利润。作为一个在中国从事各种贸易活动达十余年的老练商人，他深切知道当时旅居中国的外国商人所急需的消息，不外是船期、商业活动及有关香港殖民地等事物。《孖剌报》之副题标明为"*Ships, Commerce and Colonies*"，即清楚向读者表示，该报是为了满足读者对上述消息的需求而出版的。该报中文版最初命名为《香港船头货价纸》，显然是从《孖剌报》这一副题找到的灵感。

《孖剌报》为什么发行中文版呢?戈公振在提及《中外新报》之出版时，指出：

《中外新报》为《孖剌报》之中文版。初该报因印刷《中英合璧字典》，曾

图 7—9 ***The Daily Press*** **广告栏**

The Daily Press.

STORAGE.

CAN be had on *moderate terms* in a dry and secure isolated GRANITE GODOWNS at West point. Apply to

Y. J. MURROW.

Hongkong, 10th January, 1859.

《香港船头货价纸》广告栏

洋硝出賣

玆者未士孖刺有新到上好洋硝出貨如意買者請到本新聞紙館面議戊午年十二月初八日啟

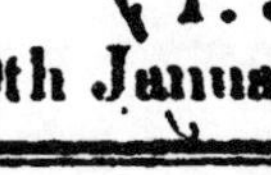

未士孖刺有暗車火輪船名埃倫使連時準於每個禮拜一次由港往省貨脚客脚便宜貴客光顧請到本行面議戊午年十二月十五日啟

购中文活字一副。旋从伍廷芳之建议,附刊中文报纸,即延伍氏主其事。西人对于中文报纸之经营,当然非其所长,且在斯时,华人之有报纸,实为创见,办理尤非易易;故名为《孖剌报》所有,实为华人单独主持,所有一切营业权利,皆属华人……[48]

这段文字给人的印象是,《中外新闻》(实际上应该是指易名前的《香港船头货价纸》)的创刊,与其说是《孖剌报》出版人本身的意思,不如说是为了:

(1)充分利用该报前已购置的中文活字字盘。

(2)听从伍廷芳的建议。

这两项原因是值得商榷的。先谈谈伍廷芳建议办报的可能性。

伍廷芳原籍广东新会,1842 年出生于新加坡,1856 年(即十三四岁时)到香港求学。[49]1857 年,也就是《香港船头货价纸》创办时,他不过是一个抵港求学不到两年,年仅 15 岁的少年。这么年轻的少年即使真的敢于创前人所未闯的事业——办中文报的抱负,孖剌是否听信,是令人怀疑的。

其次是,孖剌办中文报并不是戈公振所说的 1858 年,也不是艾德(Ernest John Eitel, 1838~1908)所说的 1860 年[50],而是《孖剌报》发行后一个月的 1857 年 11 月。由此可见,孖剌办中文报,与其说是后来听信他人的意见而决定,或者说是因为已经购有中文活字盘的方便,不如说是当初就有试办中文报的计划。

孖剌是一个生意头脑十分敏锐的商人。他在中国从商十余年,眼看着中国商人阶层的兴起,他了解到办一份符合这个阶层需求的中文报,从长远来说应该是有利可图的。这是他决定办中文报的主要原因。

孖剌对香港华人社会的重视,其实也反映在《孖剌报》上。在 1857 年及 1858 年的《孖剌报》(*The Daily Press*)版头上,最初就写着中文的报名《每日杂报》(见图 7—10)。

当然,孖剌要办中文报,非有精通中英文的人才协助不可,伍廷芳可能后来曾参与翻译工作,但从一开始就挑起大梁的可能性并不大。[51]倒是中国最早三名留美学生之一的黄胜(黄平甫),直接参与最初的编辑工作的可能性较大。[52]孖剌就曾批评黄胜"谨慎得近于胆小"[53],足见黄胜曾在他的中文报工作过。

不过,不管最初主持中文报的中国人是谁,也不管这些早期的中国报人存有什么理想与主观愿望,对于在商言商的孖剌来说,他尝试办中文报的最大目的却是十分清楚的,那就是赚钱。《香港船头货价纸》每期在其右上角刊登启事,写明该报每月收费一大员(圆)及详列广告费的收费基准,显示该报对发行与广告的收入十分重视。实际上,如果我们比较《孖剌报》及其中文版报费的数目,就可以知道《香港船头货价纸》的定价是以《孖剌报》为根据的。[54]

《香港船头货价纸》是以商人为服务对象,不仅表现在它早期扬言"遍派香港各铺户"的启事中,即使到了1864年,它仍然表明该报馆之所以出版报纸,目的不外是给商贾提供方便。至于该报的读者,并不限于香港、澳门与广州之客商,而远达至厦门、福州、宁波、上海与日本各商埠。[55]

1872年5月4日,《香港中外新报》在向读者宣布每日另纸刊印"行情纸"的决定时,也清楚指出是为了顺应当时的"商情"。该报同时还强调"本馆于行情货价一节,极意采访,盖期于贸易场中同人获益也",表明该报对商业讯息的特别重视[56]。由此可见,即使到了1872年,《香港中外新报》也还未摆脱孖剌当初规定为商业报纸的特性与传统。

3.《孖剌报》的版式与内容

孖剌十分重视"船头"(ships)消息,不仅因为他本人曾涉入船务活动,更重要的原因是:"船"是当时中外贸易最重要的"媒介",也是反映当时中外贸易频繁最好的象征。特别是对于香港来说,"船"就是其命根子,商船来往的多寡其实就是决定这个商业城市繁荣与否的最重要因素。《孖剌报》版头一再以"船"的图案(见图7—11)为号召,反映了孖剌对"船"的重视,也说明该报的主要内容离不开"船"。

有关这一点,也具体地反映在《孖剌报》版面的形式与内容上。

《孖剌报》每日出版四版(有时有附页而增至八版),其基本形式与内容为:

第一版左边两栏的主要固定内容为:

船只往来(香港)

乘客往来(香港)——详列非华籍乘客之姓名,华籍乘客则只列数目

- 上海、汕头等港口船只往来情况
- 前一天船只进出香港港口情况(Clearance at the Harbour Master's Office)
- 出口货(Export Cargoes)
- 进口货(Import Cargoes)
- 当天拍卖馆的消息(Auction Sales Today)
- 汽船前往广州(Steam to Canton)
- 汽船前往澳门(Steam to Macao)
- 市场 (Markets)——经常是以鸦片为中心,有时也兼列米、茶、丝等行情新闻

图7—10

THE

雜
銀
DAILY PRESS.
每
日

Ships, Commerce, and Colonies.

No. 314.] HONGKONG, FRIDAY, 1st OCTOBER, 1858. [Price $2½ per Month.

图7—11

THE

Daily Press

SHIPS, COMMERCE, AND COLONIES.

No. 421] HONGKONG, FRIDAY, 4th FEBRUARY, 1859. [Price $2½ per Month.

右边两栏上半部的固定内容为“现在落货往各埠之船”的消息(Vessels loading from Circulars of the Day)。

除此之外，在第二栏经常还有《孖剌报》本身的“订报规则”(Terms for Subscription)及“广告收费规则”(Terms for Advertising)。

在上述固定版位之后,才是有关新闻与评论(两者没有明确划分)的部分,约占第一版三分之一至三分之二的版面。

第二版则除了接前一页的新闻与评论,余者都是通告与广告。第三、第四版则几乎都是分类广告与通告。

通告与广告内容为：

- 通告(Notice)
- 船只出售、出租(Sale, Freight of Charter)
- 停泊船只(Vessels on the Berth)
- 拍卖(Auctions)
- 房屋、土地出售与出租(House, Land, Tenements)
- 公司的通告(Notice of Firms)
- 其他(Miscellaneous)

由此可见,船只往来、商业行情、通告与广告,是该报内容的主要组成部分,新闻与评论只占该报版面的一小部分。

4.《香港船头货价纸》与《孖剌报》之类似点

《孖剌报》上述的形式与内容特征,其实也反映在其中文版《香港船头货价纸》的版面上。当然,由于中文报每星期只出版三天,每天只出版两版,它所容纳的内容要比《孖剌报》刊载的少得多。但从其版面的基本形式与主要内容,仍然看得出它是《孖剌报》的翻版。

撇开该报第一版刊登的《本馆启事》与大约三四百字源自《孖剌报》的“新闻”不谈,《香港船头货价纸》所载内容除了第一版左下角的“鸦片行情”与第二版右上部的“现在香港澳门黄埔落货往各埠之船列左”的固定内容(见图 7—12)之外,就是清一色的通告和广告。

“鸦片行情”其实就是取自《孖剌报》第一版“Markets”栏;“现在香港澳门黄埔落货往各埠之船列左”其实就是译自《孖剌报》第一版右上部“Vessels loading from Circulars of the Day”(见图 7—13)。《香港船头货价纸》将上述内容刊于固定版位,反映了这些消息是当时商家最关心的商业新闻。

图 7—12

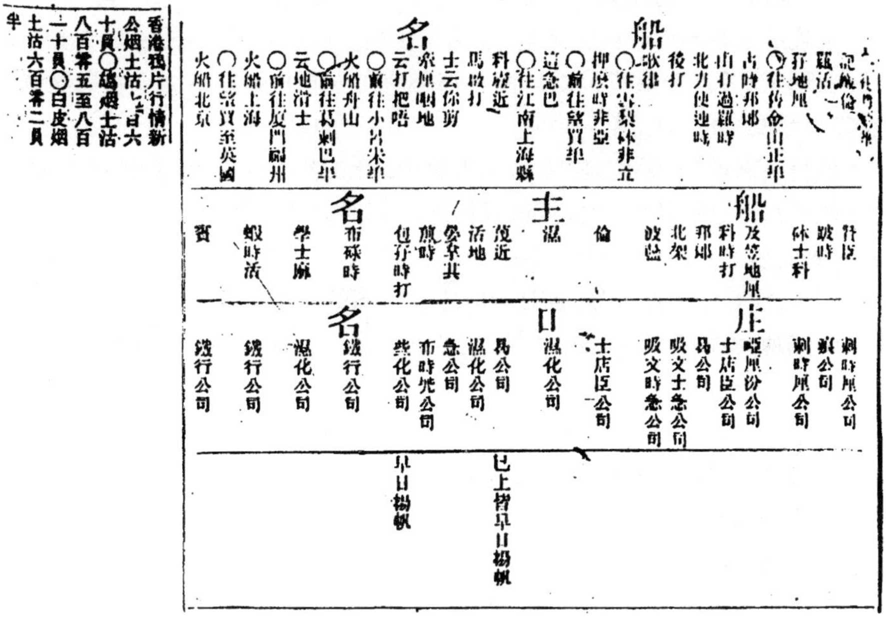

香港鴉片行情新
公烟土沽七百六
十員〇瑪爾士沽
八百零五至八百
一十員〇白皮烟
土沽六百零二員
半

船名

記渡倫
顛活一
打地厘
〇往佈侖山止爭
古時邦郎
由打過羅時
北力使進時
役打
歌律
〇往雪梨林非立
押虔時非亞
〇前往紫買爭
道急巴
〇往江南上海縣
科旋近
馬啟打
士云你蒯
衆厘咽地
云打把唔
〇前往小呂宋爭
火船舟山
〇前往葛剌巴爭
云地滑士
〇前往廈門福州
火船上海
〇往孟買至英國
火船北京

船主名

什臣
跛時
啉士科
及笠地厘
科時打
邦郎
北架
波臨
倫
滋
茂近
活地
參京其
旗時
包孖時打
布碌時
學士麻
蝦時活
賓

庄口名

剌時厘公司
顛公司
剌時厘公司
喳厘份公司
士店臣公司
爲公司
吸文士急公司
吸文時急公司
士店臣公司
滋化公司
爲公司
滋化公司
急公司
布時伙公司
些化公司
鐵行公司
滋化公司
鐵行公司
鐵行公司

已上皆早日揚帆
早日揚帆

图 7—13

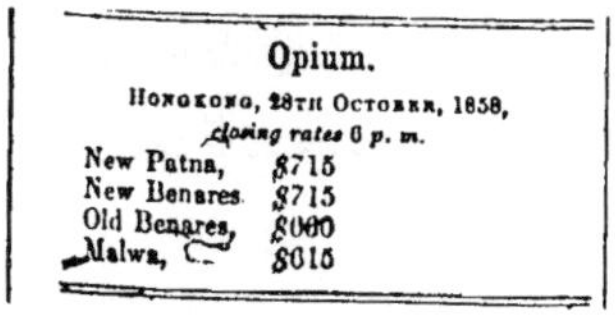

Opium.

HONGKONG, 28TH OCTOBER, 1858,
closing rates 6 p. m.

New Patna, $715
New Benares $715
Old Benares, $660
Malwa, $615

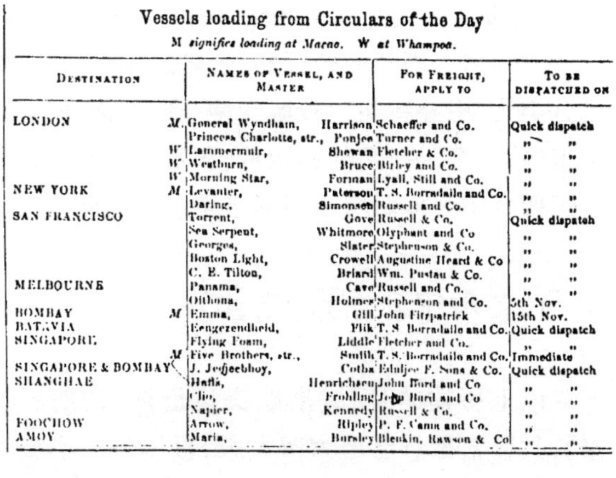

Vessels loading from Circulars of the Day

M signifies loading at Macao. W at Whampoa.

DESTINATION		NAMES OF VESSEL, AND MASTER		FOR FREIGHT, APPLY TO	TO BE DISPATCHED ON
LONDON	M	General Wyndham,	Harrison	Schaeffer and Co.	Quick dispatch
		Princess Charlotte, str.,	Ponjee	Turner and Co.	" "
	W	Lammermuir,	Shewan	Fletcher & Co.	" "
	W	Westburn,	Bruce	Birley and Co.	" "
	W	Morning Star,	Forman	Lyall, Still and Co.	" "
NEW YORK	M	Levanter,	Paterson	T. S. Borradaile and Co.	" "
		Daring,	Simonsen	Russell and Co.	" "
SAN FRANCISCO		Torrent,	Gove	Russell & Co.	Quick dispatch
		Sea Serpent,	Whitmore	Olyphant and Co	" "
		Georges,	Slater	Stephenson & Co.	" "
		Boston Light,	Crowell	Augustine Heard & Co	" "
		C. E. Tilton,	Briard	Wm. Pustau & Co.	" "
MELBOURNE		Panama,	Cave	Russell and Co.	" "
		Oithona,	Holmes	Stephenson and Co.	5th Nov.
BOMBAY	M	Emma,	Gill	John Fitzpatrick	15th Nov.
BATAVIA		Eengezendheid,	Flik	T. S Borradaile and Co.	Quick dispatch
SINGAPORE		Flying Foam,	Liddle	Fletcher and Co.	" "
	M	Five Brothers, str.,	Smith	T. S. Borradaile and Co.	Immediate
SINGAPORE & BOMBAY		J. Jejeebhoy,	Cotha	Edaljee F. Sons & Co.	Quick dispatch
SHANGHAE		Haffa,	Henrichsen	John Burd and Co	" "
		Clio,	Frohling	John Burd and Co	" "
		Napier,	Kennedy	Russell & Co.	" "
FOOCHOW		Arrow,	Ripley	P. F. Camn and Co.	" "
AMOY		Maria,	Bursley	Blenkin, Rawson & Co	" "

至于通告和广告,也都与《孖剌报》大致相同。内容除了官方的“宪示”、香港书信馆的通告及拍卖馆的消息之外,就是以“船”为主的广告(例如:“前往旧金山”、“前往上海”的船期、“洋船出卖”、“洋船出赁”和“桅木出卖”等)。

上述的通告和广告经常重复,显然与该报优待广告刊户有关。因为无论是《孖剌报》或《香港船头货价纸》,两者都声明广告刊户如在第二个星期继续刊登,得以享受半价的优惠。

值得注意的是,无论是《香港船头货价纸》或者是后来的《香港中外新报》的新闻栏都以直线分栏(货价行情版例外)。这种直线分栏与排版的方式,也见诸于《香港华字日报》和《循环日报》,成为后来华文报的范本。至于新闻报道文章或广告,没有注标点符号,也是当时中文报刊的一大特征。

《香港船头货价纸》早期的“新闻”栏,虽然只有三四百字,但所载的内容却十分广泛,其中包括:

- 香港的社会新闻、法庭新闻
- 香港殖民地当局的法令及官员来往与调动
- 中外关系发展情况
- 中国国内消息(特别是沿海开放港口的消息与太平天国的动向)
- 外国新闻(特别是欧洲与美国的消息)
- 商船来往与物价起落等

此外,该报也常刊登《京报》、“上谕”及从宁波报纸转载的“宁波新闻”等。这些转载的消息等篇幅颇长,特别是《京报》,一般都长达七八百字,比该报“新闻”栏的文字还多出一倍(见图7—14)。

《香港船头货价纸》新闻版的另一特色是每则新闻都没有标题,而只是以“○”作为另一则新闻的开始。不过,1864年日文版《香港新闻纸》的“新闻”栏,已分类为“中外新闻”“省城新闻”和“上海新闻”。与此同时,该报也常辟“选录京报”栏。至于新闻的容纳量,删定本的日文版也比早期的《香港船头货价纸》的三四百字为多而增至四五千字。这意味着当时该报的篇幅已大为扩大。

5. 与《香港中外新报》之比较

以上所述的是《香港船头货价纸》初期的特征。1872年的《香港中外新报》,其篇幅虽然已增为四大版,报纸也从小型版(长41厘米、宽28厘米)扩大为大版(长51厘米、宽35厘米),但其基本版式仍然离不开最初的雏形。

首先是与《香港船头货价纸》一样,该报模仿西报,以横排方式把报名的版

图 7—14

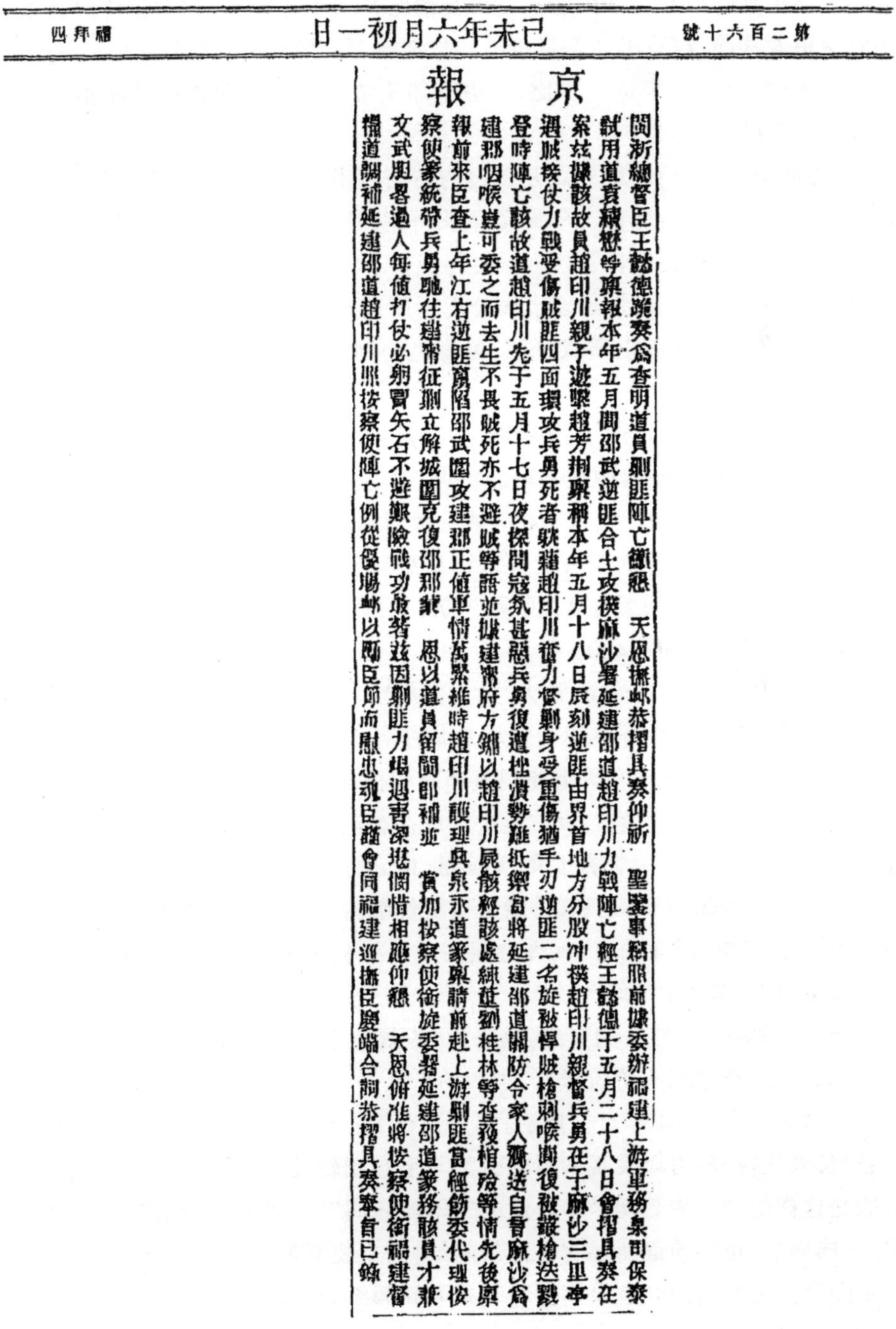

第二百六十號　己未年六月初一日　禮拜四

京報

閩浙總督臣王懿德跪奏爲查明道員剿匪陣亡籲懇　天恩撫卹恭摺具奏仰祈　聖鑒事竊照前據委辦福建上游軍務臬司保泰詳稱據試用道袁績懋等禀報本年五月間邵武逆匪合土攻撲麻沙署延建邵道趙印川力戰陣亡經王懿德于五月二十八日會摺具奏在案茲據該故員趙印川親子趙芳掬禀稱本年五月十八日辰刻逆匪由界首地方分股冲撲趙印川親督兵勇在于麻沙三里亭遇賊接仗力戰受傷賊匪四面環攻兵勇死者狼藉趙印川奮力督剿身受重傷猶手刃逆匪二名旋被悍賊槍刺喉間復被鎗礮迭戳登時陣亡該故道趙印川先于五月十七日夜探聞寇氛甚熾兵勇復遭挫潰勢難抵禦當將延建邵道關防令家人賫送自營麻沙爲建郡咽喉豈可委之而去生不畏賊死亦不避賊等語並據建寗府方鼐以趙印川屍骸經該處紳董劉桂林等查獲棺殮等情先後禀報前來臣查上年江右逆匪竄陷邵武圍攻建郡正值軍情萬緊維時趙印川護理興泉永道篆禀請前赴上游剿匪當經飭委代理按察使篆統帶兵勇馳往堵帶征剿立解城圍克復邵郡蒙　恩以道員留閩即補並　賞加按察使銜旋委署延建邵道篆務該員才兼文武膽略過人每值打仗必躬冒矢石不避艱險戰功最著茲因剿匪力竭遇害深堪憫惜相應仰懇　天恩俯准將按察使銜福建督糧道關補延建邵道趙印川照按察使陣亡例從優賜卹以勵臣節而慰忠魂臣謹會同福建巡撫臣慶端合詞恭摺具奏奉旨已錄

头横列在封面版最上端，并模仿《孖刺报》，加上副题："并附船头货价行情。"后来的《香港华字日报》和《循环日报》在初期也都有同样的副题，显然是受到《香港中外新报》的影响。"并附船头货价行情"，其实也正意味着《香港中外新报》仍然保留着其前身《香港船头货价纸》对"船头"与"货价"之重视。

有关这一点，如果进一步比较《香港船头货价纸》与《香港中外新报》的内容及版式，就更加清楚。

《香港中外新报》的第一版是货价与行情(见图7—2)，题为"香港目下棉纱花疋头杂货行情沽出货物"，全版(除版头外)以横线分为五栏，上面四栏每栏栏高16字，内容是有关棉花、白布、洋参等货价。第五栏之栏高为19字，内容为"各公司股份行情"。西报是以直线分栏，而该报为适应华文报直排书写的需要，在经济新闻版全版以横线分栏，可说是一项创举，也为后来中文报横线分栏定下一个模式。

第二版(见图7—15)正如其版题"中外新闻"(由右至左书写)所示，是以新闻为主，它在编排上保留中文书写的特点，由上而下，由右到左，但全版模仿西报直线分五栏，栏高96字，宽10字(第三版与第四版亦同)。这样的编排方式，其实是始自其前身《香港船头货价纸》，只是后者纸张较小，只能直线分四栏，每栏栏高65字(指封面版)，第二版则为75字，宽10字。《香港中外新报》第二版可容纳的字数大约是4800字。

第三版(见图7—16)的版题为"来往商船"，内容除了续"新闻"版未完之报道或文章及"兹将现在香港澳门黄埔落货往各埠之船名同列如左"之外，就是清一色的广告。"兹将现在香港澳门黄埔落货往各埠之船名同列如左"，其实就是《香港船头货价纸》第二版右上角"现在香港澳门黄埔落货往各埠之船列左"，也是《孖刺报》第一版右上角"Vessels loading from Circulars of the Day"的翻版。至于广告的内容，也和《香港船头货价纸》一样，是以"船"为主。这些与"船"有关的广告，同样的有如《香港船头货价纸》，常附有"船"的图案，其模式显然是取自《孖刺报》。

至于第四版(见图7—17)，其版题为"各款杂录"，其实就是各式各样的广告，可以视为《香港船头货价纸》广告版的扩大。

如果我们拿1864年日文版《香港新闻纸》与1872年5月4日的《香港中外新报》来比较，就可以发现两者的分类与字数比较接近。《香港中外新报》第二版是这样的："本港新闻""中外新闻""羊城新闻""选录上海新报"和"选录京报"。同样的，正如前面所述，《香港新闻纸》的主要新闻栏目是"中外新闻""省城新闻""上海新闻"和"选录京报"。《香港新闻纸》是删定版，它不选录日本人

图 7—15

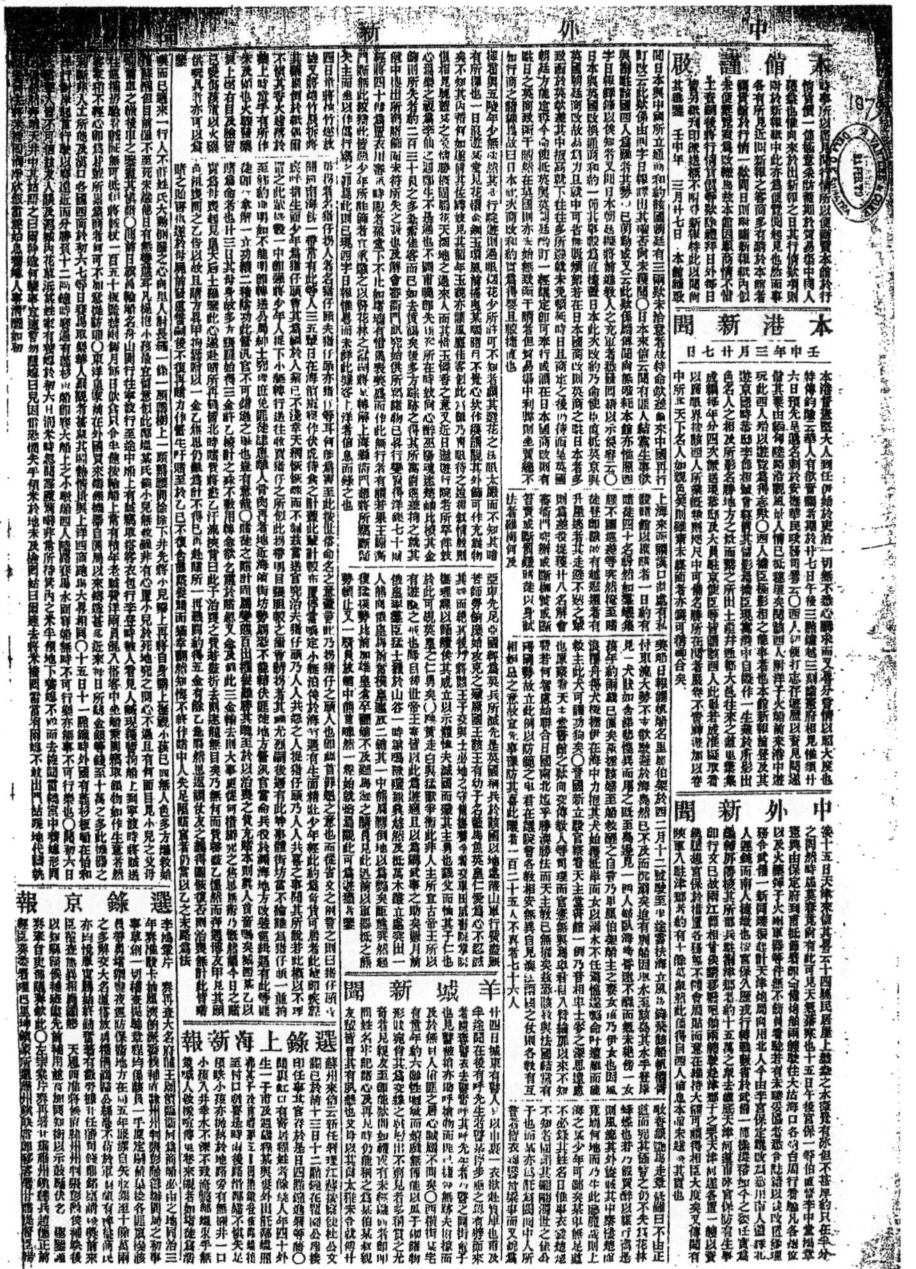
中外新報

本館謹啟

本港新聞

中外新聞

羊城新聞

選錄上海新報

選錄京報

图 7—16

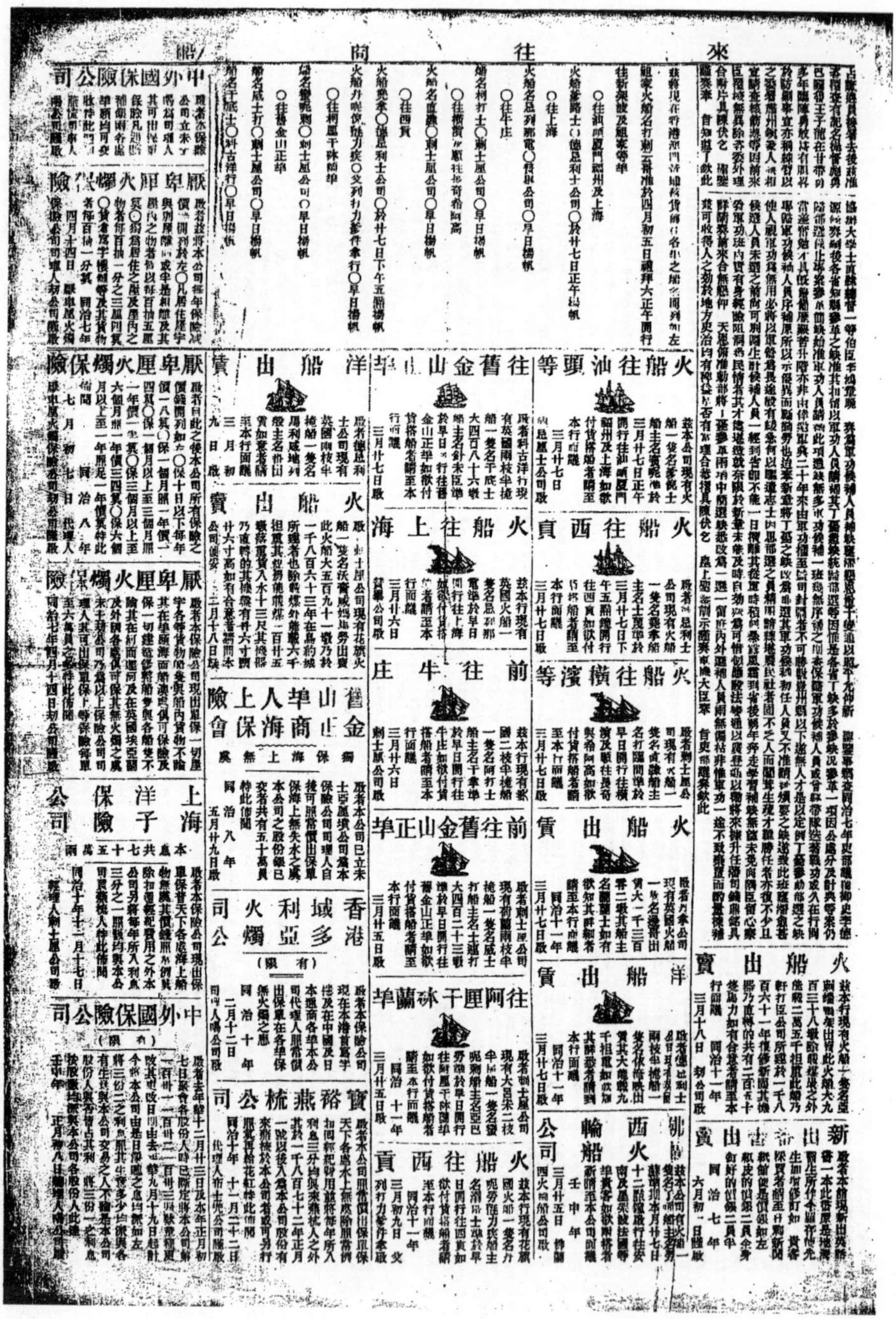
來往商船
火船往汕頭等
火船往西貢
火船往橫濱等
火船出賣
火船出賣
洋船出賣
往舊金山正埠
火船往上海
前往牛庄
前往舊金山正埠
往阿厘干砵蘭埠
火船往西貢
火船出賣
洋船出賣
新出書出賣
舊金山正埠人上海商保險會
香港域多利亞火燭公司
寶裕燕梳公司
上海洋子保險公司
中外國保險公司
厭卑厘火燭保險

图 7—17

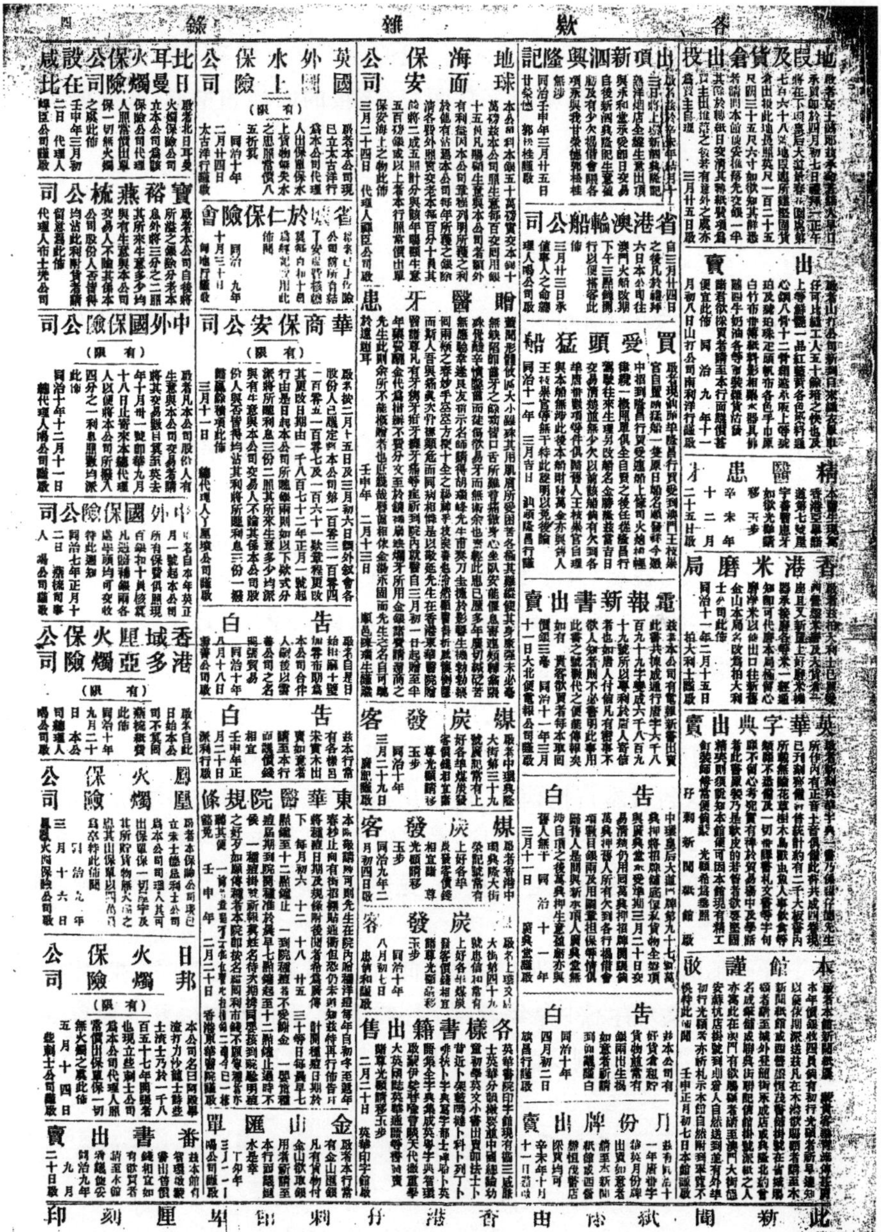
各款雜錄　四
地球海面保安公司
英國外水上保險公司
比日耳曼火燭保險公司
寶裕燕梳公司
華商保安公司
中外國保險公司
省港澳輪船公司
電報新書出賣
香港米磨局
英華字典出賣
香港域多厘亞火燭保險公司
東華醫院規條
鳳凰火燭保險公司
日邦火燭保險公司
各樣書籍出售
金山匯單
番書出賣
本館謹啟
告白
此新聞紙由香港孖刺館畢厘刻印

不太关心的香港地方新闻("本港新闻")是可以理解的;而《香港中外新报》的"羊城新闻"其实就是广州新闻,也就是日文版所称的"省城新闻"。至于1864年日文版新闻栏之篇幅与字数(中文原报肯定要比日文删定本多),与1872年《香港中外新报》也较为接近。《香港船头货价纸》是不是在扩大篇幅时,易名为《香港中外新报》?由于没有确切的证据,我们还不能下结论。不过,可以肯定的是,以1864年"新闻"栏之篇幅与字数而言,该报的面貌和早期《香港船头货价纸》已有所差异。

6. 新闻的来源及其特征

《香港船头货价纸》的新闻来源,不少是取材自《孖剌报》,可以分为下列几类:

(1)通过信件

信件有两种,一种是所谓"行情信札",另外一种是普通邮信。

所谓"行情信札",是指当时商人之间互通经济情报的信件。例如:

> 兹者接到日本行情信札云,现在日本各样颜料好价,如苏木兰米、白糖、丁香、豆蔻、胡椒、桂皮等物,亦甚好价。这厘罢兰地酒与(原文——笔者按)及各色洋酒,日本人亦好饮之。鹰银有水出。铜钱甚是便宜,由中国带货往日本买铜钱回,即获利不少也。[57]

这类"行情信札",不仅报告该地行情的起落,有时还附带指出何者是有利可图的生意。像这封日本行情信札,便指出当时米、白糖等在日本价格甚高,而铜钱却甚便宜。因此,由中国带货到日本买铜钱,即可获利。《香港船头货价纸》是一份以商业新闻、广告为中心的报纸,这类"行情信札",无疑会受到其读者(商家)的欢迎。

至于普通邮信,则报告各种各样的新闻,内容从政治、经济、军事、社会新闻到花边新闻等。发信人有不少是编者(或《孖剌报》编者)的朋友。发信地点则从省城(广州)、上海、宁波、汕头到安南、新金山和欧洲等地不等。其典型的写法是:

> 兹接到汕头信云:现有两只洋船在汕头沙口搁浅……在汕头招人去洋,俗云卖猪仔……[58]

(2)转引自其他各地的报纸

外地报纸也是该报获取外地新闻的主要来源。其中,最常出现的是宁波报纸和上海报纸(该报后来有时也辟“宁波新闻”栏与“上海新闻”栏。上海中文报纸诞生后,该报有时也直接转载之)。其次是引自欧洲国家报纸的“泰西新闻”。

值得注意的是,这些报纸正如前面提到的邮信一般,主要是通过“船”(轮船、汽船等)送达的。因此,像来自上海、宁波的报纸只费三几天便可抵香港,但来自欧洲的报纸,则所费时日甚久,其中不少是经过孟买(该报译为“望买”)或新加坡而运抵香港的。例如:

> 于五月初五晚七点钟,有铁行火轮船名亚顿,由望买埠到港带来泰西书信并新闻纸云:澳打利亚与瑞颠拿国不睦……[59]

除此之外,在日文版《香港新闻纸》,我们还可以看到该报通过来自欧洲的轮船,带来有关美国新闻的“电报”。由于当时“电报”问世不久,该报还特地予以注解:

> 昨日火船从欧罗巴带来电报。电报系通过电线传来的消息。据悉,南北花旗原有议和之意……[60]

通过欧洲火船带来的电报,也许是当时获取美国最新消息最快捷的手段。

三、《香港船头货价纸》的内容与特色

1. 香港当地新闻特色

香港本地新闻的主要来源之一是“宪示”。此外,社会新闻与法庭新闻,也占当地新闻的不少篇幅。

“宪示”是香港殖民地当局的公告。作为殖民地的报纸,《香港船头货价纸》经常是全文照录,传达当局的旨意。

至于社会新闻与法庭新闻,该报有时是以“闻说”(后来的中文报常用“据悉”开头,可能系源于此)为开头语,有时则只是直接叙述。该报每天都刊登启事,吁请唐人读者“或得之目击或得之传闻”携至该报馆刻印,因此,这些“闻说”当中,有些可能是出自该报的主笔,或有关事件之“目击者”(或获悉者)执笔的。

19世纪50年代的香港是中外人士杂居之处,鸦片、走私、投机、抢劫、谋财

害命及拐卖人口活动等极为猖獗，可以说是犯罪率十分高的城市。加之船运发达、来往船只频繁、海贼出没及“猪仔船”[61]暴动等社会新闻和法庭新闻层出不穷，而成为《香港船头货价纸》的一大特色。例如：

于本月十七晚，在澳门有两个兵丁入一铺打毙唐人一名，伤唐人两名，劫去铺中钱银什物，但未闻有捉拿得凶手云云。[62]

这则社会新闻，已具有五个“W”一个“H”的要素，可以说是十分典型的社会新闻。特别是结语“云云”的写法，直到不久前，还经常可以在香港及东南亚的中文报看到。

又如，下面的一则典型法庭新闻：

前云番人水手谋杀孖时地扶船之事仔一案，现在 大宪批准于二月初三日朝早将二名凶手问吊，又一名凶手永远监禁云云。[63]

与此同时，值得注意的是，在该报有关“闻说”的社会新闻当中，有不少是通过轻松、活泼的笔调撰写的，可以视为中文报最早的“新闻故事”。这些软性的新闻故事，既具有新闻性，又富有人情味，较易为读者接受。这类新闻题材当然不仅限于香港，有时也包括省城及其他沿海市镇。例如第二四八号，该报便刊登一则有关传教士在汕头遇到一名悲恸的妇女，诉说其子被拐当“猪仔”，而后设法从“猪仔馆”营救的故事。[64]

随着后来该报篇幅的扩大，该报“闻说”的“新闻故事”也随之增加。在1864年日文版《香港新闻纸》当中所刊的“新闻故事”往往长达六七百字。

除此之外，该报偶尔也刊登一些评论(相信系出自该报编者之笔)，但为数不多。更常见的是在新闻的结语时，略加评语。报道与评论混一，夹叙夹议，是该报的特征之一。后来的中文报在相当长期间都沿袭这一写法。

2. 对待殖民地当局与英国的立场

前面提及《香港船头货价纸》命名之由来，是取自《孖剌报》的副题“*Ships, Commerce and Colonies*”。中文报名虽然省略了“Colonies”(殖民地)的字眼，但并不等于该报忽视有关殖民地的新闻。恰恰相反，在该报的新闻报道与评论中，有关殖民地的新闻占着极大比重。例如，在第一九九号[65]的七则新闻当中，“大

英官府”的消息就占三则,英法兵士到中国“一游”的新闻就占两则。下面是前三则的内容:

〇闻说 大英官府定意要中国人民遵守所立之新和约 大英钦差大臣迟六个礼拜将又往上海办公务。

〇据英国新闻有英官府出招帖请船只装载煤八千吨来香港上海两处。

〇又闻 大英君主特派美伦先生前来香港承充传话通事之职云云。

第一则新闻是报道英国的对华外交;第二则新闻是有关英国与港、沪(上海)的贸易;第三则新闻其实就是有关香港殖民地官员人事调动的消息。

值得注意的是,该报在提及“大英官府”“大英钦差大臣”或“大英君主”时,都不忘按照中国古文的传统,空一格抬头以示尊敬。

至于报道与颂赞“大英官府”、殖民地官员及其“德政”的新闻,也是多得不胜枚举,下面是其中几个例子:

〇于去年十二月三十日上午在港战船炮台燃炮迎接 大英钦差大臣从江南至港云云。[66]

〇大英水师提督西大人于十五日驾大战船名加利吉打回国,港内各英商于十四晚在新公司摆宴与 西大人饯行,又捐得银约一万员寄回英国做一套银碟送 西大人,以彰其攻破羊城、天津口之大功。[67]

〇本港圣宴度鲁教习英文书馆,每年一次各值事与及重文学之人齐集考试馆内男女童一年所学。兹于三月廿七日本港 包督宪亲临书馆考验,每有聪明小童即赏给书籍,又用语言抚慰。[68]

很明显,第一则新闻是在报道大英钦差大臣从中国江南至港所受到的隆重迎接仪式。第二则新闻是报道香港英商替大英水师提督西马糜各厘(Admiral Sir Michael Seymour, 1802~1887)饯行,及颂赞他攻破广州与天津之“功绩”。至于第三则新闻,则报道“包督宪”(指香港总督包令John Bowring,亦译为宝灵——笔者按)到学校勉励学童,对教育之重视及对学童之关怀与“仁慈”。不仅如此,即使是报道香港新闻与法庭新闻时,该报也不忘对英殖民地当局的法律与“德政”予以赞颂。例如,针对一名“唐人事件”(中国人杂役)被三名“番人水手”谋杀一事，该报在闻悉法官将判“番人”罪名成立时，就大事议论，称赞“大英君主一视同人，无论唐番命案，亦照律办理”[69]。

1859年，英国统治香港已十余年，但中英之间的纷争从未停息，中国人民(特别是首当其冲的广东省人民) 对英国发动的鸦片战争及英法联军发动的第二次鸦片战争(1856年至1857年)记忆犹新。他们对英法等“番人”的印象是十分恶劣的。香港的居民大多数来自广东，原本对“番人”未存好感，加之在香港殖民当局的统治下，受到各种有形无形的压力与歧视，基本上对殖民当局印象欠佳。《香港船头货价纸》歌颂“大英君主”及其官员“攻破羊城”之功绩，及强调英国法律人人平等等之“德政”，显然是旨在改善英国及香港殖民当局在香港居民中的形象。

3. 对待英法出兵的态度

《香港船头货价纸》彻底站在英国人的立场说话，最具体的是表现在报道与评论有关英法联军到中国各地“游玩”及英、法、美三国钦差大臣进京的问题上。原来在1858年6月，中国与英国、法国分别签订了中英、中法《天津条约》。这些不平等条约不仅赋予英法许多前所未有的通商贸易的特权，还允许英法国民“持照可赴内地游历通商”及其“师船”(军舰)进入中国的任何港口。[70]然而，《天津条约》的签署，并未缓和中外之间的矛盾。相反，中国各地人民纷纷展开反对外敌的斗争。[71]特别是在广州，由于人民深受其害，反抗斗争尤为激烈。1858年7月底，广东省的团勇七千余人便大举攻进广州城，由西关攻入新城。[72]英法兵队不得不弃新城而退至内城[73]，就是一个很好的例子。

与此同时，咸丰帝对《天津条约》中“派员驻京、内江通商、内地旅行、赔偿兵费”四项条约也颇不满，而准备以“全免税款”作为交换条件。[74]但在有关谈判失败之后，咸丰帝认为“驻京一节，为悉最巨”，决定在1859年公使进京换约(在北京交换双方签字批准的条约)时提出条件，力图阻止公使在京久驻。[75]针对清廷的这种态度，英法当局决心以武力为后盾来达到公使驻京的目的。[76] 清廷与两者的关系可以说是处于十分紧张与险恶的阶段。

在这个中外关系十分险恶与敏感的问题上，《香港船头货价纸》采取的报道、评论的态度，是这样的：

(1)全文刊登英法当局的“告示”，力斥中国民众之非，及警告中国民众不可“无礼”对待英法官兵，否则将予以严厉的惩罚。

例如该报在第二〇〇号即己未年正月初八日(1859年2月10日)，便刊登了戊午年十二月初九日(1859 年 1 月 22 日)，以“大英钦命督理香港等处各营驻扎陆路军务提督军门斯”“大法国统领广东省陆路各营水师船只等军务达”及“大英驻扎广东代理水师提督军门墨”三人联名发表，长达七百字的“告示”。这篇“告示”一开始便强调自从《天津条约》签署以来，“中国各城乡百姓自应与我两国民人，彼此均以礼相待，中外即如一家，恪遵和约，各守本业”，接着指责“石井绅勇”乘着该“两国官兵出城照常巡游”时予以“突出截放枪炮、伤我两国兵丁”之“非”，及该“军门”焚毁黄家祠之经过。该“告示”最后向中国各地民众提出警告：

> 此后如各人凛遵条约，于我两国人所到之处，均能以礼让相待，各安本分，并不欺凌，我两国人亦断不准丝毫滋扰……如中国人有无故欺骗我两国兵民之事，亦必从严究治。嗣后无论何处再有似石井绅勇生事妄为、施放枪炮相拒者，本军门等定照处治石井之法办理，勿谓示之不早也……

(2)频繁报道英法兵勇到中国各地“游玩”的消息，强调他们此行“并无别故”及吁请中国乡民“以礼相待”。

在有关新闻中，该报刻意报道这些“兵勇”四处受到中国官民“欢喜迎接”之消息(例如第一九八号、二〇三号、二一一号、二一三号和二二二号等)。但与此同时，该报也经常警告中国民众不得轻举妄动，否则后果不堪设想。例如第二三六号(己未年四月初三，即 1859 年 5 月 4 日)，该报在报道提督大人将“率火轮船数只，载兵勇大炮手数旗前往香山城，责其县内官绅上年禁止汉人来港与番人贸易”之事时，就指出：

> 如香山人通时达理，于英人到城之时则待之以礼，如在佛山、花县、肇庆、梧州等处相安无事。若香山人执迷不悟，藐视英兵，吾恐干戈必动。若干戈一动，香山城将有新安南头旧岁七月之苦矣。可不慎乎。

己未年四月十七日(1859 年 5 月 19 日)(第二四二号)，该报在报道有关新闻时，则先指出英水师带领兵勇及根砵(gunboat——笔者按)，必周游香山全邑，接着就带恐吓的口吻写道：

> 如所到之处，官民以礼接待则可，倘稍有阻滞及出言不逊，敢与之拒敌者，本军门定必言出惟行，开炮攻击不恕，那时玉石俱焚，尔宜慎之。

上述警告，很明显完全是站在英法的立场讲话的。

(3)讥讽清廷，散播清廷必败之论调。

针对咸丰帝有意派员劝阻英国钦差大臣进京一事，《香港船头货价纸》极尽冷嘲热讽之能事。它写道：

> 以上之言未知真否，如若是真，可见 大清官长屡屡办事如同小子弄戏一般，虽立明和约，两国钦差盖了关防以昭信守，亦有悔恨之意也。[77]

与此同时，该报还指出，大英钦差进京之事，势在必行，不该反抗。在报道僧格林沁(?~1865)带领十万蒙古兵在天津大沽口地方，意图阻止英人进京时，该报就向中国当局发出警告：

> 如僧王敢用兵阻止，英人断不肯罢手。[78]

己未年六月八日(1859年7月7日)，也就是在英法联合进攻天津大沽口(6月25日)惨败后的两个星期，《香港船头货价纸》不但丝毫不报道英法战败的消息，反而讥讽中国人的“自骄自傲”。该评论指出：

> 上年英法往攻省城未进之时，城内各人俱不愿两国兵勇进城。有人自骄自傲云，外国人只水战可胜我中国。至于陆战，英法断不能取胜。若他上岸，恐一人亦难存也。英法人攻破省城之后，又有人谅他断不能久守。今守了年余，并无阻碍之事。[79]

这些论调，清楚表明该报主张中国当局及民众向强大的英法海陆军低头，而不该“唯我独尊”，有所反抗或存有可能战胜的幻想。

4. 对待法国等欧洲国家的态度

正如前面所述，在英法联军进攻中国的问题上，《香港船头货价纸》是完全站在英法这一边的。不过，对于英法两国的态度，该报所持的立场仍然有所差异。作为附属英国殖民地英文报的该报，它对英国及殖民当局的一切措施，只有赞颂而从未存有任何异议，但对于非宗主国的法国，该报在某种程度上就享有批评的自由。有关这一点，充分地表现在该报对法国进兵越南，遭到越南人强烈反抗的报道上。[80]不仅如此，在第二一二号，该报还对法国参加英法联军的动机与目的，作出下列深刻的分析：

> 闻说上日法兰西国助英国合兵攻击中华，有一弓开两箭之意。现在泰西诸国你恶我权、我妒你势，法国常妒英国得志于西竺，尽获鸦片饷务每年不下两百万员，故上年法国闻在广东省城因亚罗华艇之事，法国即发兵助英国者，非因英国兵少故出兵相助之，实恐英国独获其益而已。法国亦欲在东方得志如英国一般，奈无衅可乘，故上年借助英国调大军东来后一得省城，诸事俱妥。法国提督尽调法兵往安南攻击，声明安南国王无故杀戮天主教门巴礼，故当问罪，实法人欲得安南土地而已。设使上年法人不助英人，则英人断不允法人出大军东来。因英人战船多，法人战船少，若英人不允，法船则不能来，寡不敌众，势之理也。[81]

这篇评论，扼要地向读者说明当时的东方形势：西方国家在强大战舰的护卫下，竞相以武力到东方开拓权益，彼此“你恶我权”“我妒你势”，矛盾极深，其中以英国势力最为强大。眼看英国“独获其益”，法国也插手协助，目的是希望能让它分肥，并允许它在越南方面有所“发展”。这便是该报所说的法国协助英国攻击中国“一弓开两箭”之目的。

其实，该报不仅对法国态度较为严厉，也对其他欧洲国家的东方政策予以抨击。例如，在第六二四号，该报在论述荷兰为什么无法在婆罗洲招募“土人”对付当地之“土匪”(按：荷兰原定要招兵五千名，但只有一百人应征，其中大半为华人)时，就直截了当指出主要是因为荷兰人在此埠虽然贸易多年，但每每借其权势对“土人”过于刻薄的结果。因此，“凡属此土人者，莫不愤怒矣”。不仅如此，该报在结语时，还劝告荷兰人如要在此埠居住，必须要“和睦土人，彼此以礼相待，毋行刻薄之念”[82]。

5. 对中国国内问题的看法

正如前面所述，《香港船头货价纸》曾发表不少批评中国当局的文章，基本上可以说是以英国人的利益为依归。不过，也有个别文章，是出自对中国改革的要求与关怀。内容大抵可以分为：

(1)对贪官污吏与腐败的不满。

例如在第二〇一号，该报就毫不客气地指出，中国官吏为了将鸦片归入正饷，而将鸦片称为“元白茶”是一项自欺欺人的行为。文中指出：

本纸今日有雷琼道蔡大人示一张，为将鸦片烟归正饷之事。因中国上代皇帝恶鸦片烟流害中土，设法禁止，而现今之道宪用元白茶三字代鸦片烟之名。由此可见，为民上者亦欲用文字欺人矣。谚云：掩耳盗铃，此之谓也。[83]

又如第二四四号，该报针对广州海关税务当局“不照规例征收，惟专设谋勒索”之事，就表示不满。文章毫不客气地指出：

兹因中华官宪俱是卖官鬻爵，专贪贿赂，是以上为下傚，无一忠直为国为民之官。现关吏如此滥税，故商民多有裹足不前，坐视穷困，生意为之停止，货物不能通行。[84]

从文章的语气来看，原文的执笔者很可能是外国商人(译自西报)，但通过这篇文章之刊登(或转载)，却很好地表达了该报对清廷贪官污吏与腐败的强烈不满。

(2)对鸦片问题的态度。

作为《孖剌报》附属报纸的《香港船头货价纸》，对英国及香港当局鸦片问题的政策，并未提出任何直接的批评。相反，有时有意无意替英国当局洗脱罪名，这是可以理解的。因为鸦片是当时英国对华最主要的贸易之一，该报每天都刊载鸦片行情。

不过，对于中国人因吸鸦片而致使国库空虚，该报却不断提出警告。例如第二二二号在分析中国每年要付出鸦片钱共达4200万元时，就指出：

凡国富则强，国穷则弱，此定然之理也。若中国每年要费用鸦片银如此之多，穷弱之势定矣。[85]

这项警告，其实也表达了该报同人(可能是中国人编者)对中国强大的期望。

1862年，日本版《官版香港新闻》在一篇论述鸦片流毒的短文中，就对中国“上而公卿，下而士庶”抽鸦片表示“不可救药”。该报指出：

使林公(指林则徐——笔者按)而有知也、当必陨涕于九泉矣、噫夫岂国运使然哉、胡为流毒一至于斯也、悲夫。[86]

这段文字,充分地表达了该报对其国人吸毒及官吏不但不予以干预,反而上下相仿,竞相吸毒情景的悲痛与失望之心情。

(3)批评清廷重文不重武之政策。

在论述荷兰水师提督到日本参观兵器厂时,该报即指出,日本之大炮“俱是日本制造,并非由外国买来”。接着进一步发出如下评语:

由此可见,日本国之军器,亦胜于中国之军器矣。[87]

同样的,在评述法国与越南之间的冲突时,该报也大赞越南的兵士。它写道:

由此观之,安南之武士胜　清朝之武士多矣。[88]

推究其因,它认为主要是“今清朝重文不重武,实系重虚文不习武。古时重贤豪、重实学,即文武并习矣。安南人多习中国古风,故胜于今之中国人也……”

这些论调,多少反映了当时寓居香港,与西学有接触的中国知识分子(即该报撰稿人)主张中国人应自强不息,并通过推行洋务、进行改革的萌芽思想。

除此之外,有关太平天国的动向,也是该报报道中国国内问题的重点之一。特别是在日本版《官版香港新闻》(即1861年8月至1862年5月间),为数更多。当时英国虽然在表面上反对俄、法出师,协助清廷“助剿”,但他们之中有人已在酝酿镇压太平天国的运动。

反映在《官版香港新闻》的报道,主要内容之一是描述太平军的“残暴”。例如:

十月廿三日、有长毛贼三千、逼近吴松、次日焚掠扬卷一带、惨不胜言、夫彼视苍生如草芥、横施毒手、是与人为仇也、矫诬上天、伪官、伪府、俱以天为号、是与天为仇也、天人之仇、其能久存乎。[90]

1864年9月22日,《香港新闻纸》在其“上海新闻”栏引述南京的来信,对太平天国首领洪秀全尸体被发现及李秀成与洪仁达就地正法的消息,称之为

"人心痛快"之一大事件。[91]

6.对待"猪仔问题"的立场

正如前面所述,《香港船头货价纸》为《孖剌报》所办,在中英问题和香港问题上无不站在英国人的立场说话。不过,作为一家中文报,该报也了解到,如果完全失去华人的同情与支持,该报是难以长期维持的。因此,也不能不标榜"要替华人说话"。《香港船头货价纸》除了每天刊登社告,列明该报的订价与广告收费之外,也不忘另文强调该报欢迎唐人投稿,并将"但取其有益于唐人,有合于同好者,均可携至本馆刻刷,分文不取",目的也许也在于此。

19 世纪 40 年代,也就是鸦片战争以后,拐带人口、贩运华工的贸易十分猖獗。实际上,买卖鸦片与买卖"猪仔"是当时外国公司在中国最主要的两项贸易。[92]所谓"买卖猪仔",其实就是拐带人口的代名词。

在政治上,《香港船头货价纸》既然无法替唐人说话,它所能做到的,就是在"猪仔"问题上,以"人道主义"的立场,大做文章。从 1859 年 2 月至 5 月间,该报先后刊登的有关报道与评论,就有十余则。特别是从 1859 年 3 月底至 4 月之间,该报更先后刊登了长篇的评论《猪仔论》[93]及转载《粤省商民禀帖》[94]、"粤东良民同启"[95]及广东地方提督军务兼理粮饷柏大人为严拿拐匪[96]而公布的告示等,掀起一股反对"猪仔贸易"的舆论攻势。

其中最值得重视的是一篇长达七百字的《猪仔论》(见图 7—18),执笔者应该是该报主笔。该文一开始便指出:"迩来省垣远近地方父母寻子、妻寻其夫""苦不胜言"的事实,接着揭发外国富商以澳门为根据地,进行拐带"猪仔"的罪恶行为。文中指出这些商家的目的不外是要"贩人载运外国售利"或"招人到外国开荒",但由于不易寻觅,加之所要数目甚多(有时要"一千几百或数千"),便通过华人的"猪仔头"到处"拐来""捉来",并采取"锁禁一房、绝食饿之数日"等强硬手段,迫使"猪仔"就范;至于诱拐手法,也甚为猖狂。其中包括:

> ……或到店买物先交银多寡,尚欠多寡要该店伙伴送货开船收银,或雇挑夫携贵贱物件开船,佯许工钱多些,或装病雇人扛扶开船,或称雇人做水手或做木各等不胜枚举,到船则拘入舱中,数至百十,装到澳门卖银……

针对如此"昧心丧良,卖人求利"的丑恶行为,"猪仔论"执笔者不禁兴叹:

图 7—18

猪仔論

邇來省垣遠近地方父母尋子妻尋其夫睇如此類苦不勝言似此均被人拐往澳門賣入猪仔行中去矣聞澳門地方有外國富商販人載運外國售利亦有招人到外國開荒二者轉托華人尋覓不拘拐來捉來帶到澳門外國人處說愿去外國四字而外國人則給該猪仔頭銀六十五元倘該猪仔說曰某帶我來原說往澳門做工並未說往外國吾不愿往外國也該外國即將猪仔交回帶來原手原手帶回猪仔行將之鎖禁一房絕食餓之數日間他愿生愿死愿死餓之至死愿生則復帶你見外國人說愿往外國四字你方可得生人到此地生死在猪仔頭人之手然外國人或要猪仔一千幾百或數千多寡不等而托華人某承攬則先交銀壹萬幾千伊遣人僱華船扯外國旗號在澳門裝貨上省或到黃埔隨收落猪仔凡遇猪仔船比遇賊船尤爲利害蓋遇賊船不過刼去錢財衣物然遇猪仔船連人刼去一人可賣銀數十是以近來拐誘千方百計日肆猖狂或到店買物先交銀多寡尚欠多寡要該店夥伴送貨開船收銀或僱挑夫携貴賤物件開船伴許工錢多些或裝病僱人扛扶開船或稱僱人做木手或做木各等不勝枚舉到船則拘入艙中數至百十裝到澳門賣銀付思拐販猪仔雖昧心喪良買人求利累人父母絕離妻離子散天下冤慘莫大於此吾誰欺欺天耶愿西國富商大賈力爲止是事禁止是事如果西國確在某地方開荒種植要來中國招若干工人前往開荒當稟知該國領事官咨會中國地方官出示聲明在省城外國人某行招人每日給食用多寡每月工銀多寡今先給一年工銀安家本年某月揚帆明年某月船回中國可帶來往書信銀兩如愿往西國傭工種植者來某行書名屆期各帶或父或母或妻或子來行領銀及收執據紙以便歷年來行交收來往書信銀兩如果與重關鮮利之所在人誰不去且中國現值干戈四起耕市失業遊手閑人充斥如果招之得該各人父母妻兒得收一年工銀數十金安家其家知往某地方開荒種植嗣後可交收來往書信銀兩雖不愿往然金山淘金地方要費數十金尚有人去況不費分文盤費又得數十金安家利之所在蜂擁而來何必將銀付奸人拐販之手累人母子分離妻離子散仁者之用心何樂爲此耶

“累人父母绝离，妻离子散，天下冤情莫大于此。”他同时指出：“凡遇猪仔船，比遇贼船尤为厉害”，“盖遇贼船不过劫去钱财衣物，然遇猪仔船连人劫去。”

为此，执笔者吁请“西国富商大贾”应力劝禁止拐带“猪仔”。他认为，如果西国真的是要请华工开荒、种植，不如采取正当途径，例如通过该国领事，向中国地方官员出示，言明各种条件(包括每月工银、几时扬帆出国、几时回国等)。执笔者认为：

> 中国现值干戈四起、耕市失业、游手闲人充炽，如果招之得法，各人父母妻儿得收一年工银数十金安家，其家知往某地方开荒种植，嗣后可交收来往书信银两，谁不愿往……何必将银付奸人拐贩之手，累人母子分离，妻离子散……

这篇文章，从对事实的叙述到反对“猪仔”的贩卖与拐骗，并提出具体解决的方案，如果与今日报纸的“社论”和“评论”相比，也不见绌。在今日可以看到的《香港船头货价纸》当中，具有这样明确主张的评论文章，只有《猪仔论》这一篇。加之这篇评论的“匿名性”，将它称为中文报纸最早的“社论”，也不为过。

《粤省商民禀帖》是以广东省三十多行业(包括洋货号、银行、金行、棉花行、红茶帮行业)的公司名义联合致予“大英国领事馆”的一封公开信。信中表达了广东各行业商家对西洋人在澳门设猪仔馆，串通中国匪棍，并利用英国各号之大小船只在省河黄埔一带，以诡计诱骗或强拐、强捉“猪仔”，“坑害善良”之行为的密切关注与强烈不满。信中指出“猪仔”被卖出洋为奴受苦，万无一生，其实也直接意味着他们全家的受害(“可怜被拐一人，即害一家生命”)。公开信同时指出：“今统计数年，被拐工人已有六七万之多，即害死六七万家之命。”它还吁请英国领事咨会各国领事，早日严行查办有关活动，并将“被拐之良民设法送回，力除大害，保我民生”。

至于“粤东良民同启”一文，该报编辑在转载时还附加如下之按语：

> 近日拐子猖狂，各处乡民皆贴长红，儆醒愚民免受出洋做奴之苦。故广东巡抚柏大人出示严拿拐匪……本纸现号抄印粤东良民长红一张，下号将抄印柏大人之示云云。[97]

“粤东良民同启”是以广东省良民名义撰写的一篇“长红”。首先，它力斥西洋国对粤东之遗祸：

> 我天朝二百余年以来厚泽深仁，其怀柔西洋国人者，不可谓不厚，何竟荼毒良民若是。其惨大抵凶残戎狄豺狼成性，其设计之毒则烈于虎噬，其害人之惨，则倍于鲸吞。

紧接着，它表达了中国人对上述行为深恶痛绝之愤怒心情：

> 凡属洞悉情弊者，佥恨食其肉而寝其皮，取彼凶人祭獭而葬诸鱼腹，悬枭而大振雄城，然后众怒乃得其平。

它同时还指出，美、英、法三国虽设医院济人，也建书馆讲亭劝人行善，但西洋人能否"以此仁爱及人"，却令人感到怀疑。"西洋既无仁爱及人，反不应以毒计害人"，充分地反映了该文执笔者对西洋人表面上讲仁义，骨子里头却想害人的极度不信任与恶感。

该"长红"最后警告澳门当局如不及时制止"贩卖猪仔"的活动，"恐尔西洋祸将有报而澳门生意从此休矣"。

广东地方提督军务兼理粮饷柏大人为严拿拐匪而公布的告示则指出有不法奸匪成群敲诈，诱拐所谓"猪仔"。为"严拿拐匪，以除民患"，当局决定悬赏花红四十元给"捆捉解送"者，十元给"引拿报信"者。他同时吁请城内之业主多看守空房，借以防止匪徒之窝留等。

除此之外，在其他有关的报道和评论中，该报也一再揭发"番人"如何通过威迫与利诱(如赌钱等)手法，骗取无知乡民堕入其圈套。从该报一系列刊登措辞强烈的评论文章和告示等，可以看出该报在猪仔问题上的态度是十分坚决的。"闻者伤心""见者落泪"，充分流露出中国人编者在这问题上对同胞沦为"猪仔"的同情与关怀。在现有的原件与资料中，上述《猪仔论》等的评论与有关报道，可以说是华文报有计划地针对某个专题展开舆论宣传攻势，并提出鲜明主张的第一次。[98]

四、结论

综合上述的分析，我们可以知道，《香港船头货价纸》是《香港中外新报》的前身，它创刊于 1857 年 11 月 3 日，初为周三次刊，比其母报《孖剌报》(*The*

Daily Press)只是迟出版一个月。《孖剌报》主持人孖剌之所以创办英文报和中文报,基本上是从经济利益角度着眼。因为他意识到一个以"船"和商业为中心的港口城市,人们(包括日渐增加的华籍商人)对商业情报的需求将与日俱增。

正是在孖剌的编辑方针引导下,《香港船头货价纸》从一开始便具有十分浓厚的商业报纸的色彩与特征。它十分重视广告,也十分重视读者的购阅。它与过去教会办报目的在于传教或宣传西方文明的优越性,是截然不同的。

但与此同时,人们不能不注意到,这份第一家中文日报是英国人所办,又是在香港殖民地发行,加之报纸内容主要取材自西报(特别是《孖剌报》),因此,它基本上不能摆脱《孖剌报》的影响。尤其是在香港殖民地问题、英法出兵等事关英国利益的问题上,它完全站在英国殖民统治者一边,在一定程度上扮演了英殖民当局中文"官报"的角色。不过,在对待其他欧洲国家的问题上,该报相对上就享有一定的言论自由,得以提出异议或批判。

在中国国内的问题上,该报除了在关系到英国利益问题时,对清朝政府极尽讥讽抨击之能事之外,有时也对当局提出善意的批评,多少流露出中国人编者要求中国改革的愿望。不过,在今日所能看到的《香港船头货价纸》(包括日本版的《香港新闻纸》和《官版香港新闻》等),真正能站在中国人立场讲话的,恐怕只有"猪仔问题"。一方面,这是当时民众最为关心与不满的问题;另一方面,相信也和孖剌本人后来反对"猪仔"买卖的立场有关。此外,另一因素是当时拐带"猪仔"的最大根据地,是葡萄牙殖民地的澳门,而不是报纸发行所在地的香港。

总的来说,《香港船头货价纸》虽然是华人编者主持,但始终只是《孖剌报》的附属报纸,跳不出外国人办报的范畴和框框。不过,这份报纸的出现,无疑为以后的华文报纸奠定了模式。特别是由于该报是第一家以报纸形态,两面印刷的华文报。它的版面安排(如经济版的横线分栏及其他新闻的直线分栏等)、新闻内容的分类(如本港新闻、中外新闻、羊城新闻、选录京报)以及对行情新闻的重视等,都开创了过去所没有的新风格。至于社会新闻、法庭新闻以及新闻故事的写法等,也为后来的中文报提供了软性新闻的范本。在评论方面,该报虽不多见,但《猪仔论》等的出现,以及该报在某个时期刊登一连串同类性质的文章与报道,多少反映了当时的报人已经懂得应用报纸这一媒介,发挥舆论的作用。当然,由于受到各种客观因素的限制,该报同人无法全面负起推动舆论的工作,但这些条件的种种限制,却无疑激起华人自办报纸的原动力。在《香港船头货价纸》(后改为《香港中外新报》)出版后,《香港华字日报》的创刊以及中国第一家政论报章香港《循环日报》之相继问世,反映了华人在该报的刺激下,自办报纸愿望之日益强烈与条件之日益成熟。

从这一角度来看，作为英国殖民地西报的附属报纸，该报虽不能列入华人自办报纸的范畴，但作为中文报业的先驱，它在中文报业的发展史上是具有特殊意义的。

注释

[1] 也有人主张创刊于 1860 年。主要是欧美学者，例如：

Roswell S. Britton, *The Chinese Periodical Press 1800—1912* (Shanghai, 1933; repr. Taipei,1996), p.39.

E. J. Eitel, *Europe in China. The History of Hong Kong from the Beginning of the Year 1882*,p.404. Frank H. H. King & Prescott Clarke, *A Research Guide to China-Coast Newspapers,1822—1911*, p.28。

中国学者几乎都采纳戈公振的看法。只有少数例外，例如，香港华文报史研究者林友兰就支持欧美学者的看法，理由之一是《孖剌(西)报》本身创刊于 1857 年，不太可能于第二年就办中文版的《中外新报》。见林友兰《近代中文报业先驱黄胜》，《报学》第 4 卷第 3 期，1969 年 12 月，第 111 页。台湾的中国新闻史学家赖光临也赞同林的看法。见赖光临《中国新闻传播史》，第 52 页。

[2] 戈公振：《中国报学史》，上海商务印书馆 1927 年版，第三章第 10 页。(香港太平版，第 73~74 页)。

[3] 同上。

[4] 同上。

[5] 《中国报学史》的《中外新报》电版插图模糊，难以辨认出其出版日期，但从刊于该报左下侧之广告志明为“一千九百十二年六月”，可以推断出它系 1912 年出版的报纸。

[6] 例如 1966 年台湾政治大学新闻研究所出版，曾虚白主编的《中国新闻史》，第 141 页等。

[7] 有不少研究者将它视为目前所能看到的最早的华文日报。例如，林友兰在《一百年前的华文日报》一文中，就指出：“我们有理由认为，那份同治十二年岁次癸酉五月初十日(1873 年 6 月 4 日、星期二)的华字日报，就是目前我们可能看到最旧的一份中文报。”见《报学》第 3 卷第 8 期，1967 年 6 月，第 84 页。

[8] 封面及第二卷各号都志明为《香港新闻纸》，但第一卷各号却写为《香港新闻》。

[9] 小野秀雄：《关于翻刻新闻杂志的原书》，《新闻学评论》第一号，1952 年，第 52~73 页。

[10] 同上。

[11] 到目前为止，有不少学者将 1861 年创刊的《上海新报》之采用“两面印刷”，视为中文报业界的创举。例如，曾虚白主编：前引书，第 11 页。

[12] 当时在香港的华人社会，经常将报馆的主持人或主笔的名字，通称为报名。例如 *The China Mail* 的主持人为 Andrew Dixson(当时译为德臣)，人们即将其报名称为《德臣(西)

报》。同样的,*The Daily Press* 的主笔是 Y. J. Murrow(当时译为孖刺),其报名即被通称为《孖剌(西)报》了。"未士孖剌新闻纸馆"即为 Messrs. Murrow 的报馆。

[13] 有些广告,也这样写道:
"Subscription, One Dollar Per Month…"
"Subsequent Repetitions Half Price, Shipping Advertisement, No Extra Charge."

[14] 戈公振:前引书,上海商务印书馆 1927 年版,第三章第 20 页(香港太平版,第 83 页)。

[15] 同上,第三章第 5 页(香港太平版,第 69 页)。

[16] 小野秀雄:前引论文,第 56~57 页。

[17] 同上。

[18] 同上。

[19] 同上,第 60~63 页。

[20] 1870 年代的香港华文报章在农历新年的前后往往休刊。例如,1874 年 2 月 4 日创刊的《循环日报》在同治十二年十二月二十八日(1874 年 2 月 14 日)的启事中,即申明由于员工休息,将自农历十二月二十日至正月四日暂停出版。由此可见,如果我们假设从 1864 年 9 月 22 日至 1872 年 5 月 4 日的六年多之间,《香港中外新报》由于员工休假,前后停止出版十二期,是与当时报纸的惯例相符合的。

[21] 例如,在同治六年十月二十六日(1867 年 12 月 21 日)的《中外新闻七日录》中,就曾转载香港《近事编录》的文章。

[22] 据曾虚白主编的《中国新闻史》记载,《上海新报》创刊于 1861 年,初为周刊,第二年改为周三次刊,1872 年 7 月 2 日即以日刊姿态出现。《申报》则创刊于 1872 年 4 月 30 日,初为周三次刊,从第五号开始改为日刊。

[23][24] 戈公振:前引书,上海商务印书馆 1927 年版,第三章第 10 页(香港太平版,第 73~74 页)。

[25] 参看第二章第一节的中外关系。

[26]~[30] King and Clarke, *op.cit*, pp.19~20.

[31] Ibid., p.17.

[32] G. B. Endacott, *An Eastern Entrepot——A Collection of Decuments Illustrating the History of Hong Kong*, p.ix.

[33][34][35] 关于当时香港的人口、出入港口的船只等统计数字,皆根据 Endacott 前引著作,"Document No. 26. Table of the Shipping, Migration and Population(1840~1930)" p.132。

[36] 丁又:《香港初期史话》,第 83~84 页。

[37][38] G. B. Endacott, *op.cit.*, p.xiv.

[39] 香港港口业务繁忙,与其港口的地理位置有很大关系。另一方面,中国沿海的五个通商口岸发展缓慢也是一个重要因素。在上海、宁波、福州和厦门四个开放港口中,只有上海发展为沿海的重要贸易中心。与外国人有长期贸易往来的广州,由于鸦片战争的阴影还没有消除,民众对外国人怀有强烈的反感,所以发展也迟缓。1858 年《天津条约》和 1860 年《北京条约》的签署,虽使中国更多的城市对外开放,但其结果不但未影响香港地位,反而促使香港在竞争中进一步繁荣与发展。正因为如此,那些发展较缓慢的港口

的货船,几乎都在香港与上海装货,它无疑又促进了香港转口贸易业务的发展(King and Clarke,*op. cit.*, p.xii)。

[40] King and Clarke, *op.cit.*, pp.59~60.

[41]~[47] Ibid., pp.65~69.

[48] 戈公振:前引书,上海商务印书馆1927年版,第三章第10~12页(香港太平版,第73~74页)。

[49] Chang Yun-Chao, *Wu Ting-Fang 's Contribution Towards Political Reforms in Late Ching Period*, pp.3~4.

[50] E. J. Eitel, *op, cit.*, p.404.

[51] 针对伍廷芳出任首任编辑的说法,不少研究者曾提出质疑。例如林友兰《伍廷芳与近代中文报业》,见《报业》第五卷第三期,第78页。

[52] King and Clarke, *op.cit.*, p.27.

[53] Ibid., p.65.

[54] *The Daily Press* 每月订阅费为两元半,比中文版的每月一元为高,但前者系每周出版六天,每天四版,而中文版则每周出版三天,每天两版。至于广告的收费,英文为十行以下收一元,中文则五十字以下收一元。两者的收费基准相近。

[55] 《香港新闻纸》(日文版)No.1073,甲子年八月十三日(1864年9月13日),第1页。

[56] 《本馆谨启》,《香港中外新报》No.2056,同治十一年壬申三月二十七日(1872年5月4日),第2页。

[57] 《香港船头货价纸》No.202,己未年正月十三日(1859年2月15日)。

[58] 同上,No.206,己未年正月廿二日(1859年2月24日)。

[59] 同上,No.250,己未年五月初七日(1859年6月7日)。

[60] 《香港新闻纸》No.1072,甲子年八月初十日(1864年9月10日)。

[61] “猪仔”是指“苦力”;“猪仔船”是指载送苦力,拐带劳工的船只。

[62] 《香港船头货价纸》No.219,己未年二月廿二日(1859年3月26日)。

[63] 《香港船头货价纸》No.210,己未年二月初一(1859年3月5日)。

[64] 《香港船头货价纸》No.248,己未年五月二日(1859年6月2日)。

[65] 《香港船头货价纸》No.199,己未年正月六日(1859年2月8日)。

[66] 《香港船头货价纸》No.197,己未年正月初一日(1859年2月3日)。

[67] 《香港船头货价纸》No.217,己未年二月十八日(1859年3月22日)。

[68] 《香港船头货价纸》No.234,己未年三月廿八日(1859年4月30日)。

[69] 《香港船头货价纸》No.209,己未年正月廿九日(1859年3月3日)。

[70] 林增平编:《中国近代史》(上册),第163~164页。

[71]~[73] 同上书,第165页。

[74] 同上书,第166页。

[75][76] 同上书,第167~168。

[77] 《香港船头货价纸》No.215,己未年二月十三日(1859年3月17日)。

[78] 《香港船头货价纸》No.257,己未年五月廿三日(1859年6月23日)。

[79] 《香港船头货价纸》No.263,己未年六月初八日(1859年7月7日)。

[80] 《香港船头货价纸》No.235,己未年四月初一日(1859年5月3日)。

[81] 《香港船头货价纸》No.212,己未年二月初六日(1859年3月10日)。

[82] 《香港新闻》No.624,辛酉年九月廿三日(1861年10月26日),见《铃木大杂集十三》,第510~510页。

[83] 《香港船头货价纸》No.201,己未年正月初十日(1859年2月11日)。

[84] 《香港船头货价纸》No.244,己未年四月廿二日(1859年5月24日)。

[85] 《香港船头货价纸》No.222,己未年二月廿九日(1859年4月2日)。

[86] 《官版香港新闻》No.714,同治壬戌四月廿四日(1862年5月22日)。

[87] 《香港船头货价纸》No.200,己未年正月初八日(1859年2月10日)。

[88][89] 《香港船头货价纸》No.252,己未年五月十一日(1859年6月11日)。

[90] 《官版香港新闻》No.645,辛酉年十一月十一日(1861年12月12日);《香港新闻》No.645,《铃木大杂集十三》,第516页。

[91] 《香港新闻纸》No.1077,甲子年八月二十二日(1864年9月22日)。

[92] 参看可兒弘明《近代中国的苦力和“猪花”》,第9页。

[93] 《香港船头货价纸》No.220,己未年二月廿五日(1859年3月29日)。

[94] 《香港船头货价纸》No.225,己未年三月初七日(1859年4月9日)。

[95] 《香港船头货价纸》No.228,己未年三月十四日(1859年4月16日)。

[96] 《香港船头货价纸》No.229,己未年三月十七日(1859年4月19日)。

[97] 《香港船头货价纸》No.228,己未年三月十四日(1859年4月16日)。

[98] 有关《猪仔论》的分析,详见卓南生、毛章清《从“猪仔问题”报道看〈香港船头货价纸〉的编辑方针与定位》,《龙谷大学国际社会文化研究所纪要》第8号,2006年3月,第321~332页。

第8章

以华人主持为号召的中文日报

——《香港华字日报》及其前身《中外新闻七日报》

一、《香港华字日报》创刊年号的考证※

《香港华字日报》是19世纪香港最早发行的三大华文日报(另外两家华文日报为《香港中外新报》和《循环日报》)之一,在早期华文报纸发展史上占有极其重要的地位。然而,对于这份发行超过半个世纪的华文报纸的早期历史,人们了解得并不多,主要是因为在1895年1月,该报馆曾经失火,旧存报纸悉遭焚毁。[1] 1923年,该报为庆祝六十周年纪念(该报是以什么为依据庆祝六十周年,不得而知),曾悬赏征求旧报,结果只有一名澳门读者应征,献出同治十二年岁次癸酉年五月初十(1873年6月4日)出版的该报原件。[2]这份报纸的影本后来收录在《华字日报七十一周年纪念刊》,被认为是留存下来最早的一份《香港华字日报》。

正因为早期报纸的轶失与焚毁,报史学家们在谈论《香港华字日报》早期的报史时,一般都以下列的记述为根据:

(一)中国报学史权威戈公振于1927年撰写的名著《中国报学史》对《香港华字日报》简单的叙述。[3]

(二)1934年《香港华字日报》出版的《华字日报七十一周年纪念刊》,及刊录于该纪念刊的1873年6月4日旧报之影本。

戈著《中国报学史》及《华字日报七十一周年纪念刊》的共同点是,承认《香港华字日报》是当时香港英文报《德臣报》(*The China Mail*, 戈著称之为 *Daily Press*,系一项疏忽与错误——笔者按)之中文版,倡办者是当时学贯中西的知识分子陈蔼廷。至于创刊日期,两者都同意是在同治三年(即公元1864年)或同治三四年(即1864、1865年)。[4]

针对《香港华字日报》创刊于1864年之说法,除了西方个别的报史研究者曾提出异议之外,一般的中国报史学家都置信无疑。1966年台湾政治大学新闻

※ 本文曾刊于日本《综合新闻事业研究》季刊No.114,1985年秋季号。

研究所发行，曾虚白教授主编的《中国新闻史》[5]、1981年山西人民出版社出版，中国人民大学新闻系方汉奇教授撰写的《中国近代报刊史》[6]、1984年广西人民出版社出版，梁家禄、钟紫、赵玉明及韩松合著的《中国新闻业史——古代至一九四九年》[7]等，无一不沿袭戈公振的看法。"1864年《香港华字日报》创刊"，几乎已经成为报史学界公认的"定论"。

至于提出异议者，可以白瑞华(Roswell S. Britton)为代表。他在1933年出版的《中国报纸》(*The Chinese Periodical Press 1800~1912*)一书中，曾提到《香港华字日报》创刊于1872年[8]，但只是一笔带过，并未提出任何的依据和具体说明，因此，长期以来并未引起报史学界广泛的关注。1965年，哈佛大学出版了景复朗和克拉克(Frank H. H. King and Prescott Clarke)合编的《晚清西文报纸导要》(*A Research Guide to China-Coast Newspapers 1822~1911*)，虽然再次指出《香港华字日报》系创刊于1872年[9]，但同样的只是三言两语的叙述，并未予以立证，因此仍然未受到报史学界的重视。

虽然如此，上述西方报史学家提出异议，却给后来的报史研究者留下一个启示和难题：在还没有找到更加充实与足够的根据，证明《香港华字日报》系创刊于1864年之前，戈氏的"定论"未必完全可靠。

为了彻底解决这个难题，笔者曾经走访各国有关的图书馆，涉猎同时代出版的许多报纸、刊物、文献和史料。经过认真的比较和小心求证之后，笔者有足够理由相信，戈氏提出的《香港华字日报》创刊于1864年的说法，系一项错误的记述。反之，西方学者白瑞华等轻描淡写，长期以来未受承认的"1872年"，才是《香港华字日报》真正发行的日期。

这里，谨将笔者所发现的史料与立证，简述于下。

1. 报史学家沿袭旧说之原因

在本文的第一部分，笔者曾经指出，《华字日报七十一周年纪念刊》刊录的1873年6月4日出版的《香港华字日报》影本，是我们所能看到的最早的一份《香港华字日报》。

如果我们仔细看这份报纸的影本，不难发现这份在1934年被《华字日报七十一周年纪念刊》形容为"本报六十年前之旧报"，其实在其右角上写明"第一百七十六号 No.176"(见图8—1)。由于该报并非每日出版，而是"新闻一三五印发"(见同份报纸之右上角)，因此可以简单地推算出该报之创刊号应该是一年多前，即1872年4月间，而非戈公振或该报自称的1864年。

图 8—1　第一百七十六号的《香港华字日报》

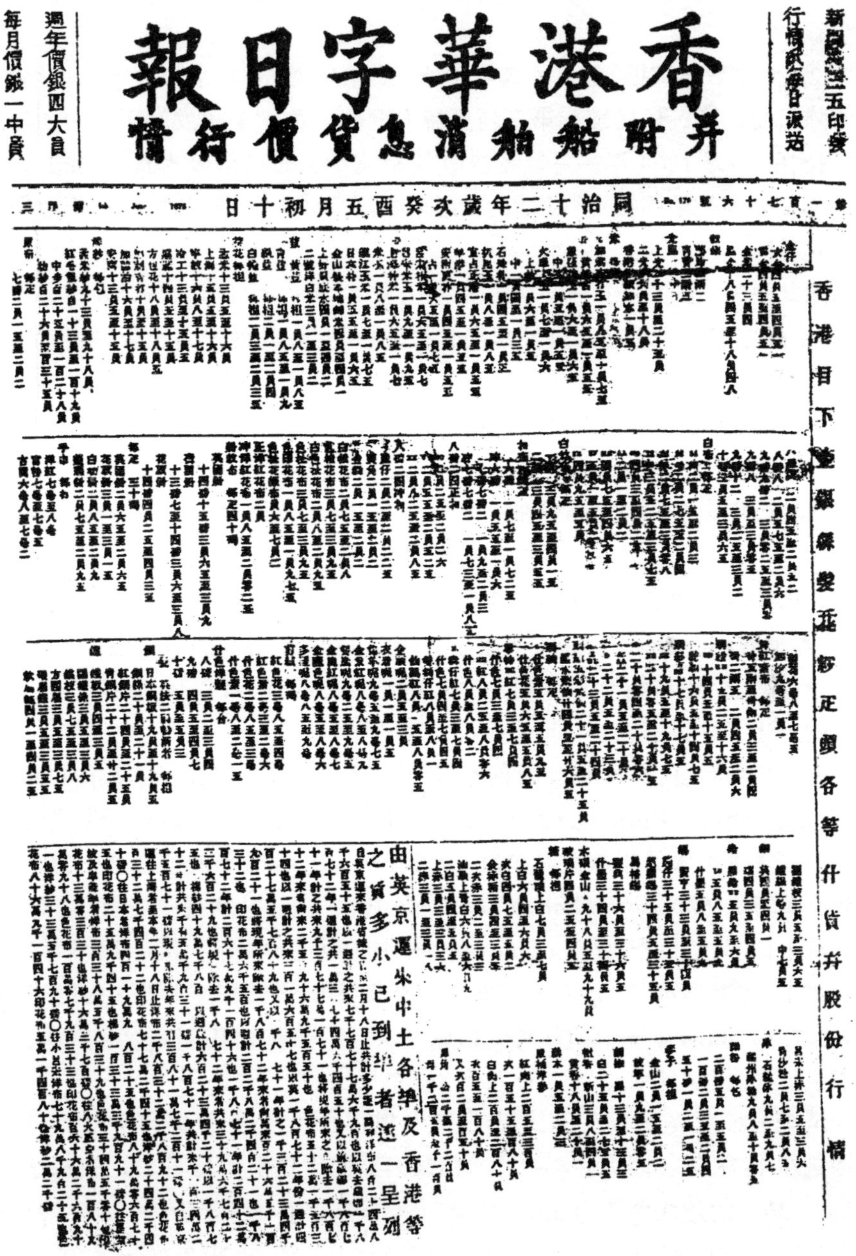

版式:大版/刊录于《华字日报七十一周年纪念刊》

但是，历来的中国报史学者对此似乎未予以特别的关注，他们仍然沿袭1864年的说法，其原因是：

(1)报史研究者的疏忽，未注意到该份旧报书明“第一百七十六号 No.176”之字眼。

(2)《香港华字日报》是由陈霭亭(即陈蔼廷)所倡办，后来由其子斗垣继承，其侄陈止澜是第三任经理，第三任主持人既然宣称：“本报发轫于前清同治三年，岁次甲子(即1864年——笔者按)”[10]，后来的人也就信以为真，不加追究。

(3)戈公振是中国报业史权威，在还未找到具体文献证明时，谁都不愿轻易推翻其看法。

除此之外，也许有个别的研究者曾注意到“第一百七十六号 No.176”的字眼，但不能肯定在这之前，《香港华字日报》是否曾以其他报名出版。换句话说，他们可能相信1864年出版的说法，是以《香港华字日报》不知名的前身报算起，由于未找到确实的根据，他们也就沿袭旧说。

2.1864年创刊之说站不住脚

正因为存在着各种疑虑，笔者在发现“第一百七十六号 No.176”的字眼之后，仍然抱着小心求证的态度，不敢全面否定1864年创刊的可能性。

不过，在比较与结合了下列几项文献记录之后，笔者深信1864年是一项错误的记述，理由是：

(1) 在香港官方每年出版的蓝皮书 (*Hong Kong Blue Book*, printed by Noronha and Sons, Government Printers)当中，有报纸(Newspaper)一栏，简录前一年度在香港出版的报纸及其销路。从1863年至1872年的报告书中，都可以看到有关“*The Chinese Edition of The Daily Press*”(即“孖剌报中文版”)之记述，但却从未提起《德臣报》(*The China Mail*)有中文版这一回事。直到1873年出版的蓝皮书，才有“*The Hong Kong Chinese Mail*”(即《香港华字日报》)的记述，并在其旁注明“thrice a week”(即每周出版三次)。[11]这项记述如果没有错误，《香港华字日报》出版日期应当是1872年，每星期出版三次。

至于该报发展成为日刊，笔者在未发现新原件之前，根据同年报的记录，推测是在1873年，因为在第二年 (1874年) 的年报中，已将 *The Hong Kong Chinese Mail* 清楚注明为“Daily”(日报)。[12]不过，这日期应该是在1873年6月4日以后，因为正如前面所述，在1873年6月4日，该报虽然每天发“行情纸”，但新闻纸只限于每周一、三、五发行，可见直到第一七六号，该报还未发展为完整的日刊。但依据笔者后来发掘的原件,该报之正式出版完整的日刊,是在1874年2月21日(同治十三年正月初五日),即该报第286号。(有关详情,参照本书(增订新版)补章:《香港华字日报》创刊初期大量原件(1872~1874)的发掘与意义。)

(2)1872年4月30日上海创刊的《申报》,在其《本馆自述》(见《申报》第六号,1872年5月8日)曾提及"粤东旧有新闻纸馆之设",并对其主笔黄平甫(即《香港中外新报》编者黄胜——笔者按)先生及王君紫铨(即《近事编录》编者王韬——笔者按)倍加赞赏。同报第十七号(1872年5月20日)的《本馆自叙》,更进一步肯定香港《中外新报》及《近事编录》的功绩:

> 香港有中外新闻(指《香港中外新报》——笔者按)、近事编录。二馆采摭繁富、笔墨灵奇,早已增东壁之辉,作南针之指矣!

紧接着,才提起"兹者华字日报告成,主笔者为 陈蔼庭先生",并对陈之才华及其新刊的报纸予以赞颂。

由此可见,《香港华字日报》之面世,应该是在《申报》创刊之前后,不可能是在更早的1864年。

(3)王韬在其巨著《普法战纪》(同治十二年七月,即1872年8月,中华印务总局出版)的出版《凡例》当中,曾提及该书的部分资料系采自《华字日报》,并指出:

> 辛未正月、陈君蔼廷方有华字日报之役、于欧洲列国之事搜罗富有、几于无美不备……[13]

辛未年正月,是公元1871年3月(其实也就是《香港华字日报》之前身《中外新闻七日报》创刊的日期。有关这一点,笔者接下来将进一步说明)。"陈君蔼廷方有华字日报之役",王韬这段叙述,无疑清楚否定了1864年创刊之说。

3.1872年创刊的根据与立证

综上所述,可以看出不管是当时香港官方的报告书(*Hong Kong Blue Book*),或者是同时代的报纸(如1872年上海出版的《申报》)及报人(如王韬),都肯定《香港华字日报》系创刊于1871年或1872年。这些都可以作为间接证据,推翻1864年创刊的说法。

至于直接资料，除了笔者前面提及1873年6月4日该报志明为“第一百七十六号 No.176”，系有力的根据之外，还可以从下面的事实得到进一步的佐证：

(1)《香港华字日报》系香港英文报《德臣报》(*The China Mail*)所办，从1872年4月至5月间，在该报的出版消息栏(New Publications)当中，曾一再刊登《一家中文报创刊》(*A Chinese Newspaper*)的消息(见图8—2)。

这则出版消息一开头便表明，“办一家中文报，是《德臣报》多年来的心愿”，它希望能获得外国人士(主要是香港的外国公司)的支持。这实际上意味着，在这之前《德臣报》并未正式办过中文报。

同则出版消息指出，这家中文报间日出版，总编辑是经验丰富、早有定评的 Mr. Chun Ayin(即陈(亚)言，陈蔼廷——笔者按)。

1872年4月19日，《德臣报》当局(China Mail office)更刊登了一则通告(Notice)，明确指出该报所策划的《华字日报》(*Chinese Mail*)已于上星期三(即4月17日)创刊(见图8—3)。

如果以4月17日为创刊号来计算，在没有脱期的情况下，这家中文报的第一百七十六期，应该是1873年5月30日，与本文前面提到的《香港华字日报》第一百七十六期的1873年6月4日之日期十分接近，只相差两期。如果把脱期的可能因素考虑在内，《香港华字日报》创刊于1872年4月17日的看法，应该是可以成立的。

(2)翻阅1871年3月至1872年4月的《德臣报》(*The China Mail*)，可以发现每周六有一版题为《中外新闻七日报》的中文专页，它其实就是《香港华字日报》的前身。

《中外新闻七日报》创刊于1871年3月11日(辛未年正月二十一日)，主持者就是本文一再提起的“西学巨擘”(王韬语)陈蔼廷。辛未年二月初五(1871年3月25日)，该报刊登了一则《告白》(见图8—4)，清楚指出：

> 蔼廷陈言先生前在巡理府充当书吏之职，今本馆延请司理翻译事务，并英文日报副主笔……

可见陈蔼廷在1871年(而非1864年)才就职于《德臣报》。

1872年4月6日(壬申年2月29日)，也就是《中外新闻七日报》的停刊号，《德臣报》当局还特地在《中外新闻七日报》的右上角，登了一则启事，明确指出该中文报将易名为《香港华字日报》独立出版。启事指出：

图 8—2

NEW PUBLICATIONS.

A CHINESE NEWSPAPER.

IT has been for some time in contemplation to issue a Chinese Newspaper, to be printed at the *China Mail* office, and the projectors desire to secure the support of the Foreign public in their enterprise.

The paper is now issued every other day, with an extra or supplement on intervening days. It is thus practically a daily paper as regards Commercial News and new Advertisements. The subscription is fixed at *Four Dollars* per annum delivered in Hongkong, or *Seven Dollars Fifty Cents* including postage to Coast ports.

It is the first Chinese Newspaper ever issued under purely native direction. The editorial department is conducted by Mr Chun Ayin, whose experience and competence have already been most fully demonstrated. The chief support of the paper will be derived from the native community, amongst whom also are to be found the guarantors and securities necessary to place it on a business and legal footing.

The projectors, basing their estimates upon the most reliable information from the various Ports in China and Japan,—from Australia, California, Singapore, Penang, Saigon, and other places frequented by the Chinese,—consider themselves justified in guaranteeing an ultimate circulation of between 3,000 and 4,000 copies. The advantages offered to advertisers are therefore unusually great, and it is to be hoped that the foreign community generally will come forward in support of the new enterprise. A large number of substantial Chinese have promised subscriptions; many firms both Foreign and Chinese have given advertisements already, and others have engaged to do so.

The field open to a paper of this description—conducted by native efforts, but progressive and anti-obstructive in tone—is almost limitless. It on the one hand commands Chinese belief and interest, while on the other deserves every aid that can be given to it by foreigners. Like English journals it contains Editorials, with Local, Shipping, and Commercial News and Advertisements.

图 8—3

Intimations.

NOTICE.

THE Projectors of the *Chinese Mail* have to announce that the first number of the paper appeared on Wednesday last, and that it has at present a free circulation of 500 copies in Hongkong, Canton and Macao, besides a large subscription list. Agents are being appointed in all the Treaty ports in China and Japan, Singapore, Saigon, Penang, Australia, and California; and permanent subscriptions for the paper are coming in rapidly from all quarters in a manner which justifies a hope that the undertaking will have the entire support of the Chinese Community, and that the publication will attain in course of time the largest circulation ever obtained by a paper of a similar description. Advertisers in the *Chinese Mail* will thereby see the great advantage of having announcements inserted therein.

China Mail Office,
Hongkong, 19th April, 1872.

图 8—4

中外新聞七日報

辛未年二月初五日

告白

藹廷陳言先生前在巡
理府充當書吏之職今
本館延請司理繙譯事
務并英文日報副主筆
諸君如有告白無論唐
番字欲刊刻於本館日
報者懇祈賜顧
正月十三日本印字館
末士聖地謹啟

图 8—5

中外新聞七日報

壬申年二月廿九日

啟者本館之七日錄自派此期而後擬改爲香港華字
日報定開四板除禮拜外同日遣人送派兼增列貨價
行情船舶消息惟事關創始未易驟成故仍俟至三月
初旬乃發向蒙 諸君惠顧唐字告白印入七日錄者
有之附入本館西字日報者有之茲於香港華字日報
既成後 大君子倘不我棄 惠以漢文字體告白者
祈 示明欲獨刊入華字日報抑獨編諸西字日報或
二紙兼刊以免錯悞合併聲明統希 雅鑒
同治十一年 二月二十九日 德臣館謹啟

图 8—6

THE CHINA MAIL.

No. 2767.—April 27, 1872

Chinese Advertisements.

本館告白

本館香港華字日報現已告成諸君倘有傑構鴻篇卑議偉論間郵
寄斯附入報中藉以增光而生色本館即當亟命刊出以此報之設
原欲求開通於當事資學識於同人苟有不吝珠玉者本館視之何
啻十朋有不昭示遐邇用公同好者哉如原文詞旨間有與本館鄙
論未符若其中或一節之見長或一言之足據亦必錄之以供海內
垂覽其有倒晉舉不居成功痛時俗思存厚道則所發原文當另則
號亦須另備一函書明眞姓氏以授本館用昭誠信否則辭之不錄
幸毋見怪惟願同志共襄盛名勿隱庶幾慰本館仰慕之私亦見君
子愛人之切用呈俚語見哂 大方 謹啟

启者,本馆之七日录自派此期而后,拟改为香港华字日报,定开四板,除礼拜外,间日遣人送派,兼增列货价行情、船舶消息,惟事关创始,未易骤成,故仍俟至三月初旬(指阴历——笔者按)乃发……(见图 8—5)

紧接着,该启事还进一步吁请商家今后在刊登“汉文字体告白”(即中文广告)时,应先言明要刊登于西报(即《德臣报》)或《香港华字日报》,或是两者兼登,以免排错。

不仅如此,在《中外新闻七日报》的最后数期,“德臣新闻纸馆”当局还一再刊登长达八百字的“本馆告白”,详述该报设立“唐字新闻纸”的目的、方针、内容、读者对象及发行网等,并敦请各界予以积极的支持。

1872 年 4 月 27 日,《德臣报》在其中文广告栏当中,进一步表明:“本馆香港华字日报现已告成……”(见图 8—6)

上述资料,有力的说明:

(1)《香港华字日报》是由《德臣报》(即 *The China Mail*)所办,主笔是陈蔼廷。

(2)《香港华字日报》最初每周出版三次,它的前身是刊印于 *The China Mail*,每周六出版一次的中文专页《中外新闻七日报》。

(3)《香港华字日报》创刊于 1872 年 4 月 17 日。即使把它的创刊日期,勉强从其前身《中外新闻七日报》开始发行时算起,也只能提早一年又一个月,即 1871 年 3 月 11 日。

由此可见,戈公振《中国报学史》所写的《香港华字日报》创刊于 1864 年的说法是错误的。至于《香港华字日报》当局在 1923 年及 1934 年先后庆祝该报的“六十周年纪念”及“七十一周年纪念”,显然是大摆乌龙,与事实不符。因为该报的实际创刊日期,比该报的后人所想象的竟迟达七八年。

二、《中外新闻七日报》的特征与内容

1. 创刊者陈蔼廷及其报业观

正如前一节所考证,《香港华字日报》及其前身《中外新闻七日报》之创刊者为当时学贯中西之名士陈蔼廷(18?~1905)。陈氏名言(或“贤”),字慎于,亦称为霭亭,是广东新会人。1856 年到香港,曾肄业于香港圣保罗书院。先在巡理府(the Magistrate's Office)当书吏,1871 年 3 月受聘为《德臣报》副主笔并司理翻译事宜,主持该报每周一期的中文专页《中外新闻七日报》。1872 年 4 月,

《中外新闻七日报》改为《香港华字日报》，脱离《德臣报》独立出版，陈氏是第一任主笔。1878年4月，陈氏应出使美、西、秘三国大臣陈兰彬之邀到上海，接着即受命出任驻古巴总领事[14]，从此离开香港报坛。

从1871年3月《中外新闻七日报》创刊至1878年4月离港赴沪为止，陈蔼廷服务报界前后是七年。[15]不过，从陈氏的简历及同年代报人对他的评价，可以知道他是当时接触西方文化，精通西学的少数知识分子之一。王韬就曾经指出：

陈氏名言、字慎于，新会人，精于西国之语言、文字，西人延为西文日报主笔。西学之长，近时允推巨擘。[16]

这样一位"西学巨擘"，想在当时还未完全开拓的中文报坛上大显身手，负起先驱者的雄心壮志，是可以理解的。陈氏在加入《德臣报》时，就负起该报每周六的中文专页《中外新闻七日报》的编务工作，说明了他进入报坛的最大愿望，与其说是对英文报发生兴趣，不如说是志在办一份主笔出自唐人，替唐人说话的中文报。

陈氏殷切地期望有一份"主笔出自唐人，替唐人说话"的中文报，不仅清楚地列明在《中外新闻七日报》发刊词中，也经常流露在该报有关的新闻报道及《香港华字日报》的文告中。

1871年5月，《德臣报》刊登了一篇文章，介绍印度的孟买有53家报馆，其中14家为英文兼当地语文，另39家为纯当地文字的报纸。该文章指出：长期以来我们期望香港有一家当地报纸。为什么在本殖民地的中国人，不能拥有一份表达他们独立看法的机关刊物呢?[17]

对于这项报道与短评，《中外新闻七日报》不仅特地将它译出，还借题发挥地写道：

然华人居港者现以英俊鳞集，记录一事固有笔挟风霜成链锷者，但无自设之新闻纸，则凡有要事关涉华人者，每欲传达而究不克自专，此中关系实非浅鲜。故西人恒冀华人有志之士，自设一新闻纸以便记录，且得藉扩闻之益焉。

该报接着兴奋地指出：

事莫大于益被同人，功莫重于为其创始。吾知必有欣欣鼓舞而为之跃跃欲试者矣。[18]

1871 年 6 月 17 日,该报以回答读者来函的方式,宣布该报将改为周三次刊,篇幅也将扩大为四大版。至于内容则加入羊城(广州)新闻,并选录上海报纸及《京报》的文章等。与此同时,有关船务、货价、行情及广告、通告等也将予以刊登。这其实就是后来《香港华字日报》的蓝本。值得注意的是,该复函不忘强调“在切论本港时事时,凡有益于唐人之款,也事行指日”。

三个星期后,该报刊登了陈蔼廷署名的《创设香港华字日报说略》(见图 8—7)的长文,正式宣布该报将从当时初期的新闻版式,发展为四大版的《香港华字日报》。陈氏满怀壮志地指出:华字日报的创设虽然不是由他开始,但以往的报纸皆属西人承办,而该报却由华人主宰。因此办华文报虽是已有前例,但由华人办华文报,却不能不说是一项“前此所未有之创举,而甚欲为此所仅有之美举也”。

在谈到编辑方针时,陈氏指出将着重于“述政事、纪民情、辨风俗、详见闻”。他认为,通过上述的报道与评论,“大可以持清议,小可以励民心”。至于报道与评论的态度,他强调报纸应当“激浊扬清、褒善瘅恶、采舆众之公评,存三代之直道”,从而负起“转移风俗,鉴诫世人”的任务。

与此同时,陈氏表示该报将重视泰西各国的事物,广为翻译及收集有关的资料,以让国人知其“政治之得失”“民情之向背”“民俗之纯浇”“见闻之广隘”,从而作为国人的借镜。

换句话说,陈氏不仅主张通过报纸媒介发挥舆论的作用,教育民众,也希望通过对西方事物的介绍,开启民智。

然而,可能是由于筹办工作面对不少困难的缘故,《香港华字日报》拖至第二年四月,才得以正式创刊。

同治十一年二月下旬(1872 年 4 月上旬),也就是《香港华字日报》正式发行前夕,《德臣报》在其中文专页版《中外新闻七日报》,以“德臣新闻纸馆”的名义发表了长达八百字的《本馆告白》(见图 8—8),宣布该报设立的“唐字新闻纸”(即《香港华字日报》)即将发行。这篇社告除了再次强调唐字新闻纸“系属唐人自设”,与“向来所行者皆倡自西人”有所不同之外,还进一步表示其“译撰、遴选、命意、措词,皆唐人为之主持,为之布置,而于西人无预”。

至于内容,该社告则进一步表示:

上自国政、下迄民情、中权人事,凡船舶之出入、电报之迟速、货物之周流、价值之贵贱、载无不周,采无不遍,务期乎至新至真,俾一览之余即

图 8—7 《中外新闻七日报》

辛未年五月廿一日

图 8—8 《中外新闻七日报》

壬申年二月廿九日

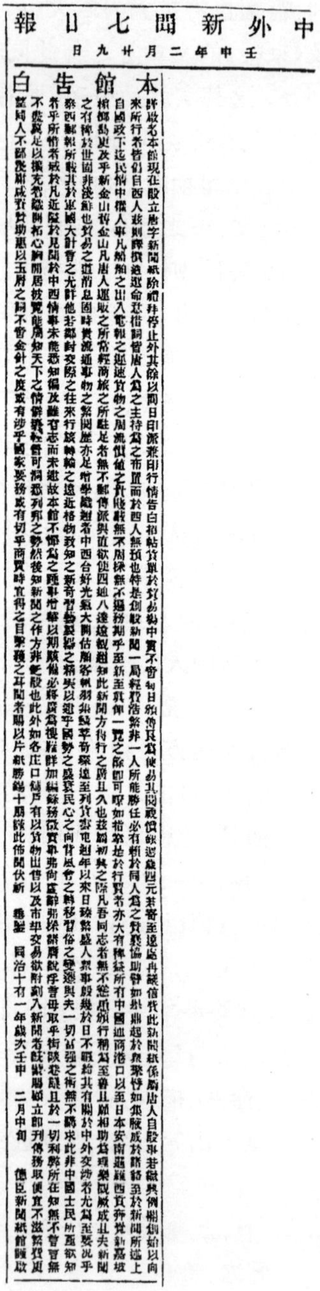

可了如指掌，是于行贾者亦大有裨益。

在这里，值得注意的是，这社告除了重复前述报纸的功用在于“转移习俗”及追求“富强之术”等之外，也表示对“行贾者”所急切渴望的商业讯息予以重视。作为当时以商业为中心的香港的报纸，该报明白，单单只是标榜要替华人说话（“专求利益于唐人者”，且“知无不言、言无不尽”）（见《中外新闻七日报》创刊时的《告白》[19]）是不够的，该报不能忽视“行贾者”读者群的需求。这也就是为什么陈蔼廷一再强调该报将要让“士商观之，各有所称意”的原因。至于“至新至真”，可以说是该报在提出“知无不言、言无不尽”之后，所提出的另一新闻报道的原则。

除此之外，创刊后的《香港华字日报》也表示欢迎读者投稿，发表评论。至于选稿原则，在一篇刊于《德臣报》的广告栏中就清楚地表示：

如原文词旨间有与本馆鄙论未符者，其中或一节之见长或一言之足据，亦必录之，以供海内垂览。[20]

与此同时，同篇《本馆告白》还指出，撰稿者发表时可用别号(即笔名——笔者按)，但“亦需另备一函，书明真姓氏，以授本馆用昭诚信，否则辞之不录”。

读者来稿未必要与报馆立论完全一致，来稿在发表时可用笔名，但须让编者知道真实姓名这两项原则[21]，其实也是后来华文报所常采用的准则。

2. 版面形式与发行区域

正如前面所述，《中外新闻七日报》每周六刊印于《德臣报》。《德臣报》每天出四大版，周末则出版八大版。《中外新闻七日报》最初四个月刊于《德臣报》的第三版，1871年8月5日以后则移至第七版。

除了创刊号(辛未年正月二十一日，1871年3月11日)(见图8—9)中文专页只占全版三分之二的版面之外，《中外新闻七日报》每期皆占一页，其版面(见图8—10)的基本形式如下：

全版直线分六长栏，每栏栏高105字，横为9字，扣除右边两栏之上端写着《中外新闻七日报》的报名及发行年月日(以阴历书写)的版头(约占72字)，全版可容纳5598字。在该版的底边（自1871年4月15日开始），则清楚标明：“此新闻纸系由香港德臣圣地印刻。”

至于版面内容，除了1871年3月11日创刊号之外，基本上可以分为下列

图 8—9 《中外新闻七日报》创刊号

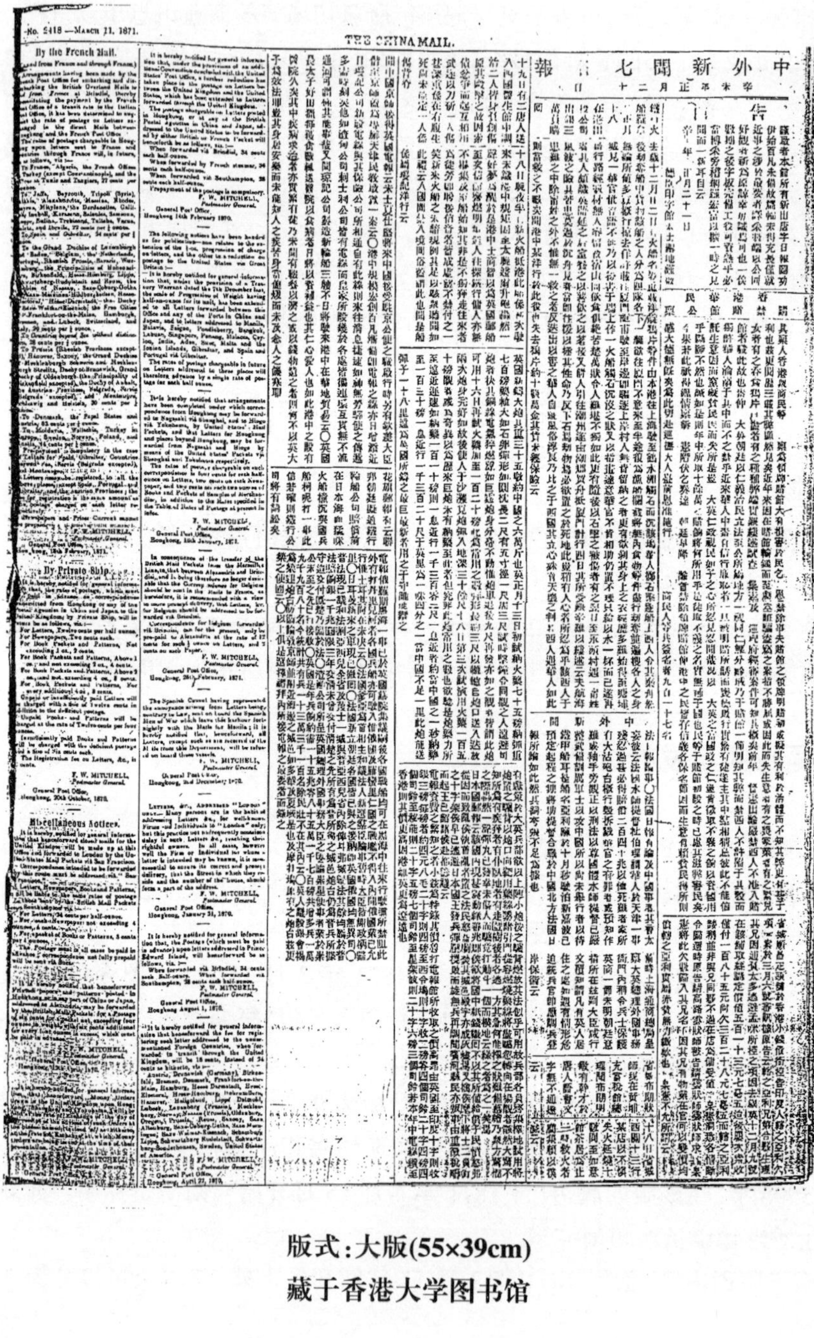

版式：大版(55×39cm)

藏于香港大学图书馆

图 8—10

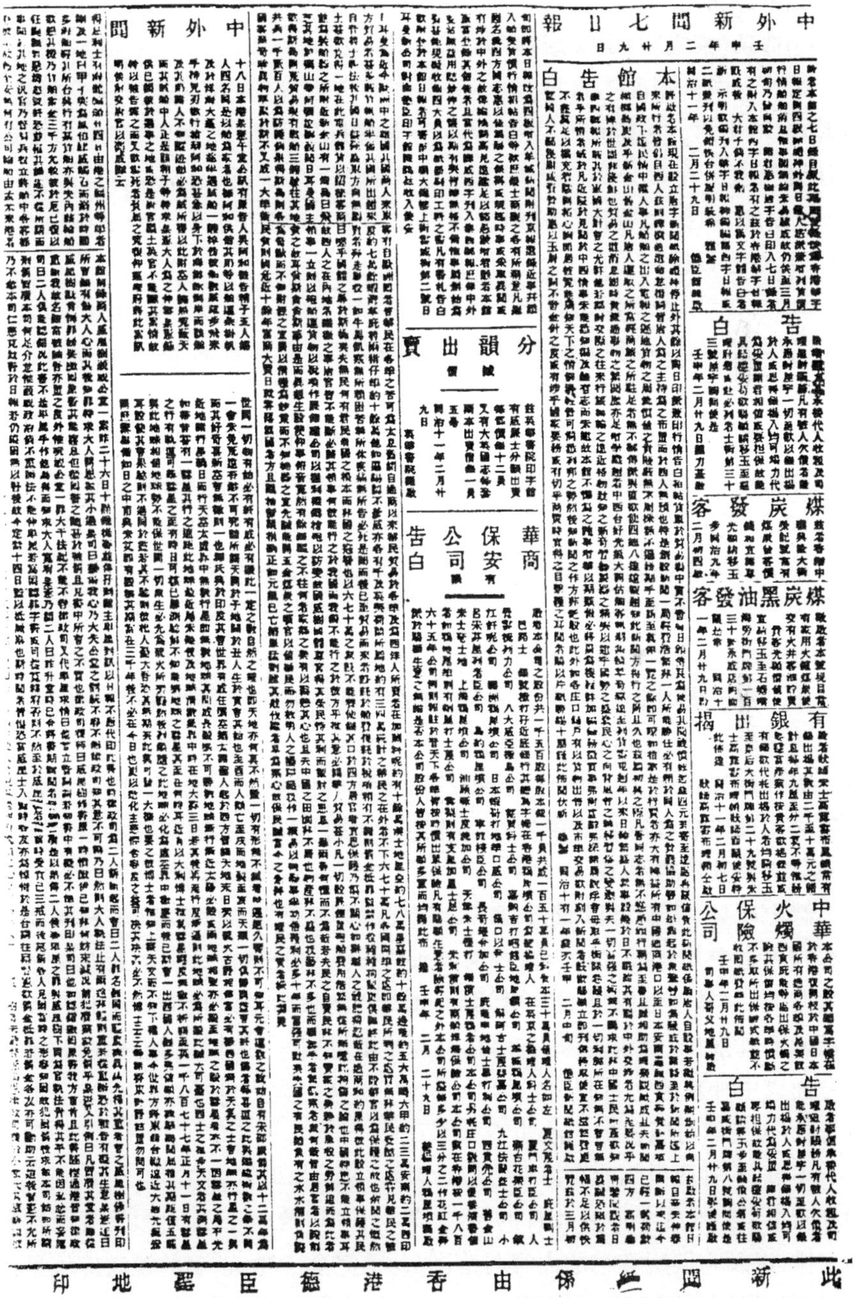
中外新聞七日報
壬申年二月廿九日
本館告白
告白
煤炭發客
煤炭黑油發客
有銀出揭
中華火燭保險公司
告白
分韻出賣
華商保安公司告白
中外新聞
此新聞紙係由香港德臣西報印

几方面：

(1)本港新闻

(2)中外新闻

(3)选录《京报》及上海新报等

此外，《中外新闻七日报》也刊登通告和广告，但为数不多，与《香港船头货价纸》大不相同。究其原因，主要是因为该报只是附属于《德臣报》的中文专页，《德臣报》本身在其分类广告栏中还继续辟有“Chinese Advertisement”(中文广告)栏，因此，该报馆所接受的中文通告和广告，未必一定要刊登于版位有限的《中外新闻七日报》。

不过，在《中外新闻七日报》于1872年4月改为《香港华字日报》独立出版后，其版面与内容就有极大的改变。从1873年6月4日的《香港华字日报》，我们可以知道，该报基本版式为：

第一版为“香港目下金银丝发花纱疋头各等什货并股份行情”，全版以横线分为五栏。在《香港华字日报》报名下有一副题：“并附船舶消息货价行情”(见图8—1)。

第二版为新闻版[22]，内容分为：“中外新闻”“羊城新闻”和“京报”。全版直线分成六长栏，每栏栏高105字，横为9字，与《中外新闻七日报》完全相同(见图8—11)。

第三版主要是告白(广告)，并有“现在香港黄埔澳门等处落货往各埠之船”的航运消息及“各公司股份行情”(见图8—12)。

第四版以广告为中心，上半部(约占全版的三分之一弱)为“由英美两国往各埠之船现未到者所载货多少逐一开列”，详列从英美两国前往各商埠之商船所载货物及其价格(见图8—13)。

综上所述，我们可以看出，如果将《香港华字日报》的前身《中外新闻七日报》与《香港中外新报》的前身《香港船头货价纸》相比较，后者的商业味道是十分浓厚的，它是一份以提供船期、货价和商业情报为主的报纸。与此相反，《中外新闻七日报》却以新闻为主，而且一开始就以“替华人说话”为标榜。至于文字方面，《中外新闻七日报》也远比早期的《香港船头货价纸》老练，文章也比后者为长(这当然与版位的大小也有关系)。

不过，不管两报的前身报有强烈对照的一面，如果将1872年5月4日《香港中外新报》与1873年6月4日的《香港华字日报》相比较，却可以发现两报版位的安排，以及它们所容纳的内容与范围，几乎完全一样。正确的说法应该是，《香港华字日报》是以《香港中外新报》为范本的。在版面形式上，它也采用直线长行

图 8—11

香港華字日報

告識

中外新聞

羊城新聞

京報

图 8—12

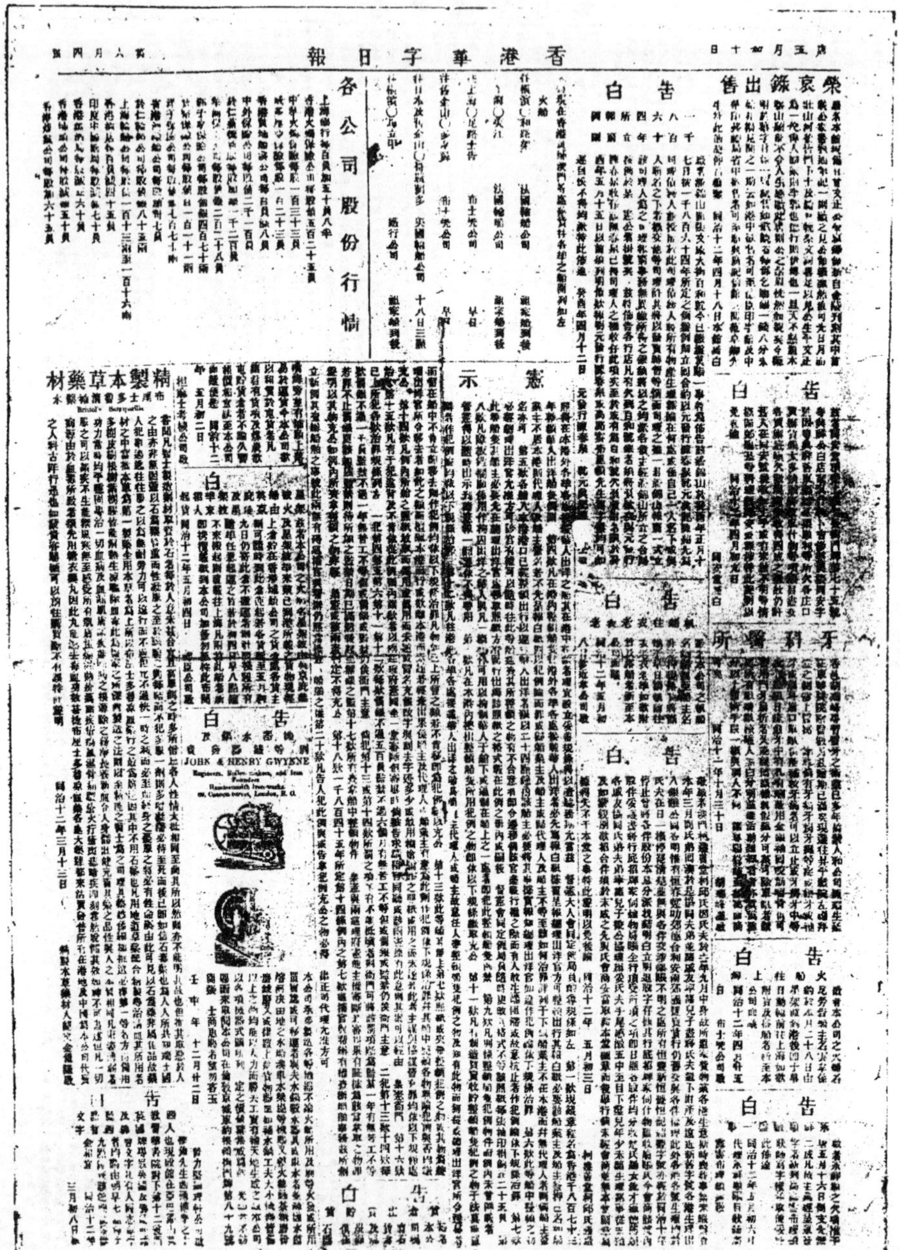
香港華字日報

衆哀錄出售

告白

牙科醫所

憲示

各公司股份行情

精製本草藥材

JOHN & HENRY GWYNNE
Engineers, Boiler-makers, and Iron Founders
Hammersmith Iron-works,
89, Cannon Street, London, E.C.

图 8—13

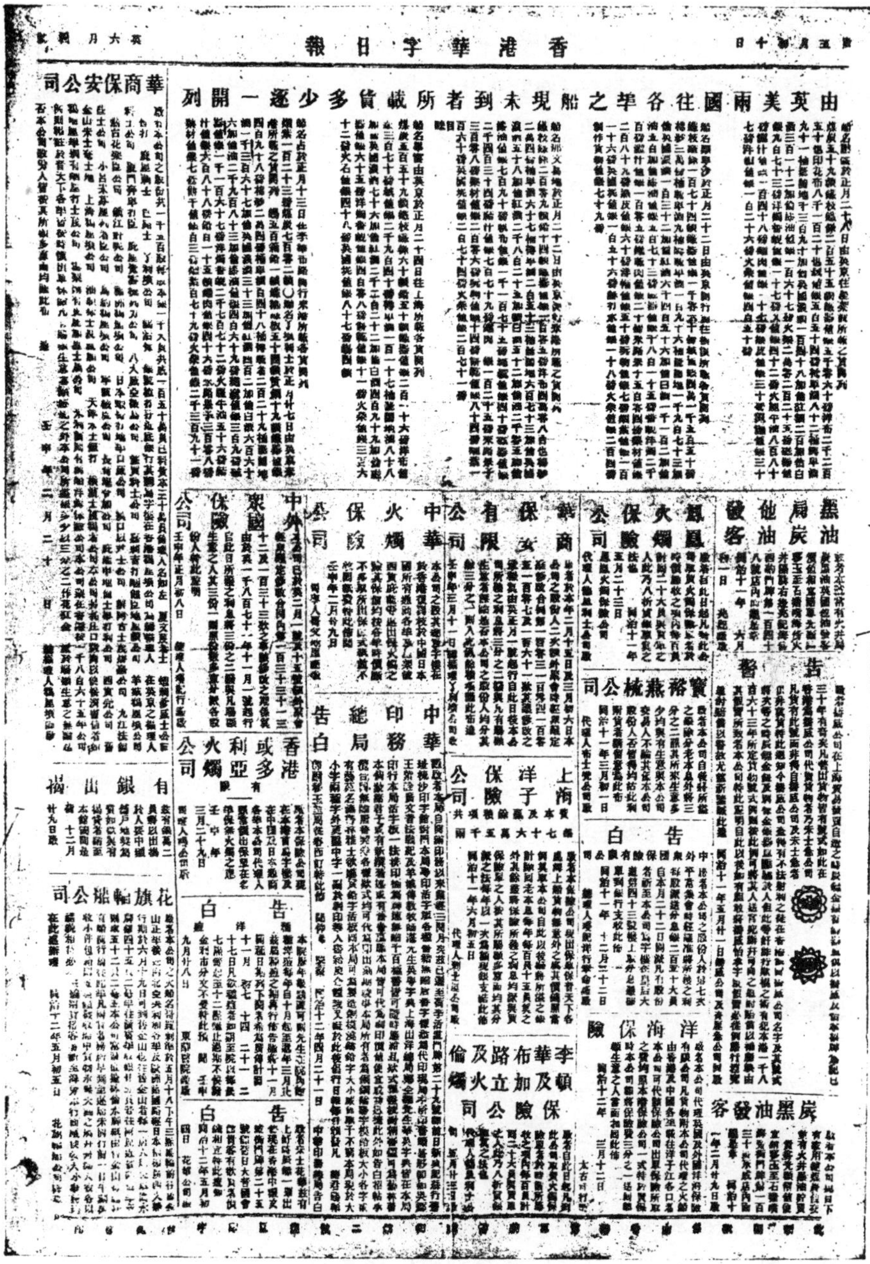
香港華字日報
由英美兩國往各埠之船現未到者所載貨多少逐一開列
華商保安公司
中華火燭保險公司
華商保安有限公司
鳳凰火燭保險公司
中外衆國保險公司
中華印務總局告白
香港或多利亞火燭公司
上海洋子保險公司
寶裕燕梳公司
洋海保險
告白
有銀出揭
花旗輪船公司

分栏，唯一的不同点是：《香港华字日报》在新闻版与广告版是将全版分为六栏，每栏栏高105字，横9字，而《香港中外新报》则将全版分为五栏，每栏栏高96字，横为10字。至于封面版的设计及新闻版所报道的内容重点(如“本港新闻”“中外新闻”和《京报》等)以及对商业广告和船期的重视等，可以说差异不大。

《中外新闻七日报》是附印在《德臣报》的中文专页，因此，《德臣报》发行的范围与报份，也可以说是《中外新闻七日报》发行的范围与报份。不过，在实际上，订阅英文报的读者当中，能看懂中文的读者是少之又少，因此，《中外新闻七日报》的真正读者群，在实际上仅限于能阅读中文专页的香港华人读者。在中文专页创刊初期，该报就在社告中一再指出：

> 事属创始，为费甚钜。兹拟每季收银壹员，以为纸墨刷印工料之需……凡蒙 诸君光顾者通知本馆，派报之人即当按期送上无误……[23]

《德臣报》当时的报费是每年24元，而订阅每周见报的《中外新闻七日报》每季只需付1元，“派报之人即当按期送上”，可见当时的《中外新闻七日报》虽然还未脱离母报独立出版，但已经十分重视争取固定的读者群。

《香港华字日报》发行之后，该报的订价改为每年4元(寄至远处者另议)，发行区域则除香港之外，还包括所有中国通商港口，乃至日本、安南(越南)、暹罗(泰国)、西贡、新加坡、槟榔岛(槟城)、新金山(悉尼)及旧金山(三藩市)等。换句话说：“凡唐人运贩之所常经商旅之所驻足者，无不邮传派与。”[24]

至于发行的报份，《香港蓝皮书》(*The Hong Kong Blue Book*)的记录是“不详”。[25]在宣布其中文报创刊消息及吁请商家刊登广告时，《德臣报》当局表示其发行量将介于三千至四千份之间。[26]

当然，这个数字只是该报对外宣传所宣布的数目指标，《香港华字日报》真正发行的份数肯定要远比这个数目少。

3. 报道和评论的态度与立场

与1859年的《香港船头货价纸》相比较，《中外新闻七日报》所刊登的新闻，除了在量方面远比前者为多之外(正确的说法应该是，前者是以广告为主，后者是以新闻为中心)，两报在报道和评论方面所采取的态度与立场也有显著的不同。

首先是《香港船头货价纸》虽然也标榜为华人说话，但基本上是一份地地道道的殖民地报纸。它对于英国以及香港殖民地当局，除了极尽恭维之能事，并积极传达其“宪示”法令之外，对于中英关系(特别是英法出兵中国的事件)，无不站在英国的立场与利益讲话。与此相反，作为香港英文报《德臣报》中文专页的《中外新闻七日报》，固然不可能与英国以及香港殖民地当局公然唱反调，但相对上，却很少出现歌颂英国以及香港殖民地当局的文章，更不替他们在中英问题上作任何露骨的辩护。它以香港“首家完全沿着华人意旨而办的中文报”(The first Chinese Newspaper ever issued under purely native direction)自居，除了极力劝人为善，提倡“转移习俗”之外，也积极地替当地华人争取民生的改善。《中外新闻七日报》的上述态度，具体地体现在下列的几个问题上：

(1)批评当局厚此薄彼的措施。

在一篇谈论香港供水问题的短评[27]中，该报首先指出：“民非水火不生活，水火之用诚不可一日无也。”接着指出对于这“不可或无之物”，如果不能使之充足，民众必然会发出怨言，特别是由于近日天时旱亢之香港已达到“各处水喉涓滴俱无”的严重地步。尤其令该报愤愤不平的是，在供水问题上，华人区与西人居住之地有截然不同的现象：“附近西人居住之地，则泉源不绝，非近西人居住之地则日夜皆无。”该报怀疑其中有人“暗为扼制”，并指出居港华民在这个问题上，已达到“不敢言而敢怒”(原文——笔者按)的程度。该报同时指出，居港华民同样缴纳水火费，不该受到不平等的待遇(“盖水火之饷，均已按租输纳，固应中外如一，无分彼疆此界”)。不仅如此，该报还主张华民联名向华民政务司申诉，吁请当局以民为本、重视民生的改善。

这篇评论文章，显然是表达了华民社会的心声，发挥了舆论的作用。

(2)批评当局公设赌馆征税的政策。

从创刊开始，《中外新闻七日报》就极力主张香港当局应该明文禁赌。在报道一则因赌而失信的法庭新闻时，该报便借题发挥地写道：

> 噫！赌博之害人甚矣哉。倾家产、干典刑、丧廉耻、陷性命，其弊必至于如此。此明赌之所以当禁也。

它接着指出：

> 明赌则人甚以赌为无伤，而犯之者多矣。即禁而赌未能尽革，则稍知自好者必不陷入其中，赌风庶几稍靖。今衙中按牍累为因赌而致亏空者，几于不胜枚举，然赌馆之开弊多而利少也明矣！为上者曷不加意哉！[28]

换句话说，该报认为禁赌固然无法达到尽除赌博之风气，但至少可以使赌风不至于过于炽热。因为这样一来，稍知自爱者必不会参与。它吁请当局重加考虑，废除这“弊多利少”，准许合法赌博的政策。

同日，该报在报道有关前任香港总督在英京接受“巴图鲁男”号之衔头时，就很委婉地指出：麦总督(指麦当奴，Sir Richard Graves MacDonnel,1814~1879)在香港一切政事，“雷厉风行、兴利除弊，令人景仰，惟开设赌馆收税饷一节，未免有沾其清名”。

基于上述的立场，该报无时无刻不发出诸如“赌为盗源，诱盗无殊于诱赌”[29]，“禁赌一节乃本港风俗盛衰所系诚非小故”[30]等评论。

与此同时，该报也一再报道香港士商联名呈禀英京，要求禁赌的新闻。1871年12月23日，该报在最显著的头条位置，刊登了一则独家报道，全文如下：

> 前录港中赌博革除之举，现已访得实耗，在于英京正月一日即唐之本月二十一日也。兴利除弊，此虽居官之首务，而此都人士亦与受其爱育恩焉。

一个月后，《中外新闻七日报》在进一步证实独家新闻并非臆测之余，还写了一篇类似“新闻解说”的文章，详述麦督宪当年(1867年)决定让赌博合法化的社会背景。[31]该报对有关事宜，一向颇有微辞，但在争取到禁赌目的之后，仍得颂赞港督当年并非存有恶意，而系出自爱民之心，多少反映该报作为西报《德臣报》中文专页不得不持有之慎重态度。

除此之外，与《香港船头货价纸》一样，《中外新闻七日报》也十分重视“猪仔问题”。与前者不一样的是，它除了经常报道“猪仔船”不幸沉没及描绘出外谋生者的悲惨遭遇之外，还向中国当局提出了“保远民”及“设领事馆”的积极主张。

在《保民说》[32]的长文中，该报就指出：随着华民出洋谋生者日益增多，中国当局应考虑在华人聚居之处如新金山、旧金山、秘鲁等地设立领事馆或派遣钦差大臣，保护华侨的基本利益。该报认为西国既然可以在中国设立领事馆，派钦差大臣到中国保护其侨民之利益，中国当然也可以在西国设立使馆。它认为，保护侨民是清廷应负起的任务。

1871年8月5日，该报在报道秘鲁的劳工要求当局仿照西国，派驻钦差领事，以免华民受侮辱消息时，再度发出同样的呼吁。该报上述的主张，毫无疑问地受到清廷洋务派的重视。1878年，《中外新闻七日报》(当时已改为《香港华字日报》)主持人陈蔼廷之所以应邀加入外交部及出任驻古巴总领事，显然是与他在香港报坛的上述言论活动有关。

图 8—14

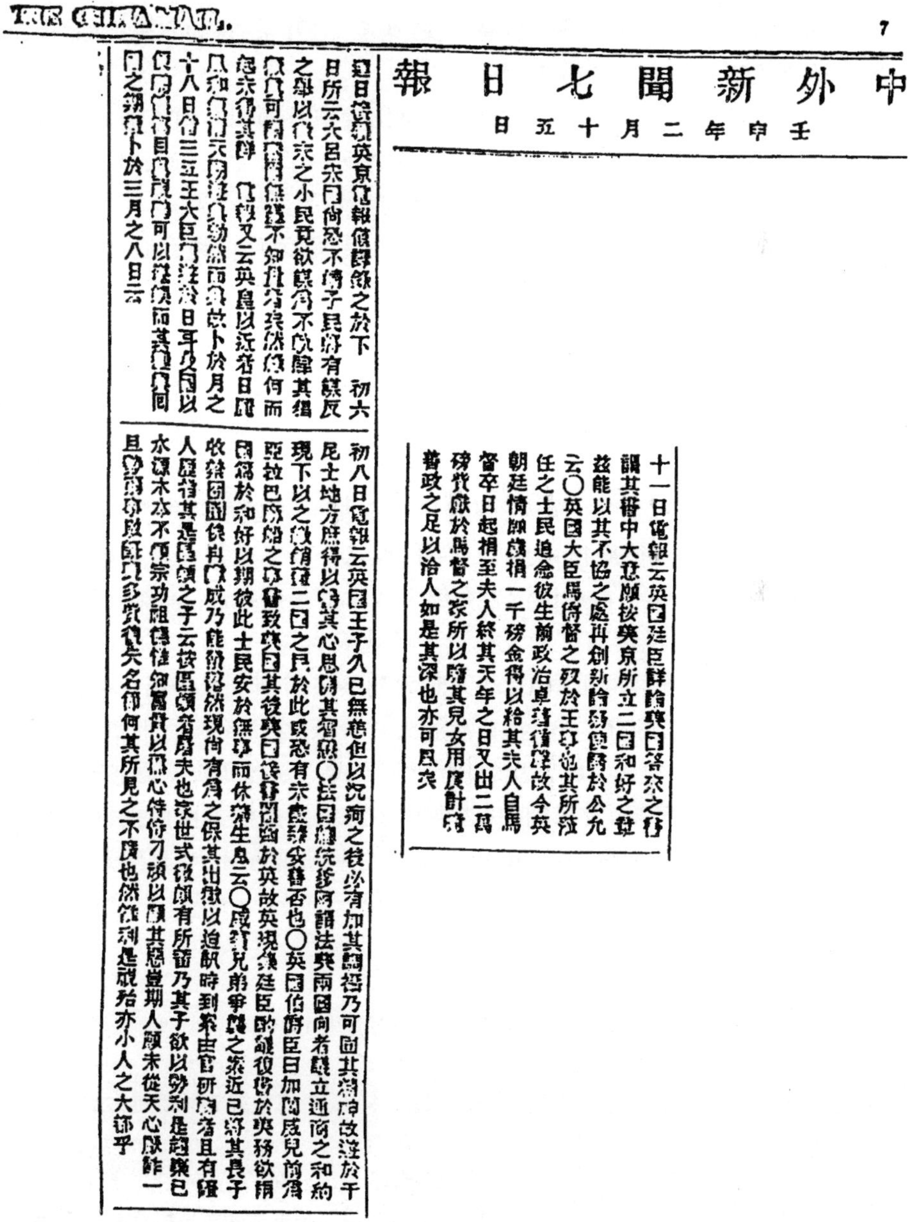

THE CHINA MAIL.　　7

中外新聞七日報

壬申年二月十五日

十一日[illegible]報云英国廷臣詳論與[illegible]答[illegible]之事謂其[illegible]中大意頗被英京所立二国和好之[illegible]茲能以其不協之處再創新[illegible]於公允云〇英国大臣馬[illegible]督之歿於王[illegible]其所[illegible]任之士民追念彼生前政治卓著[illegible]故今英朝廷情願歲捐一千磅金俾以給其夫人自馬督卒日起捐至夫人終其天年之日又出二萬磅[illegible]獻於馬督之家所以贍其兒女用度[illegible]者政之足以洽人如是其深也亦可見矣

[illegible]日[illegible]報英京[illegible]報[illegible]錄之於下　初六日所云大呂宋[illegible]尚恐不待予民[illegible]有[illegible]反之舉以[illegible]之小民竟欲[illegible]不[illegible]肆其猖[illegible]可[illegible]不知[illegible]何而[illegible]未[illegible]其詳　[illegible]報又云英皇以近者日[illegible]和[illegible]云[illegible]然而[illegible]卜於月之十八日[illegible]三五王大臣[illegible]往[illegible]日耳[illegible]以[illegible]目[illegible]可以[illegible]而其[illegible]同[illegible]之朔[illegible]卜於三月之八日云

初八日[illegible]報云英国王子久已無恙但以沉疴之後必須加其調[illegible]乃可固其[illegible]故往於干尼士地方庶得以[illegible]其心思[illegible]其[illegible]〇[illegible]国[illegible]統[illegible]請法與兩国向者[illegible]立通商之和約現下以之[illegible]二国之民於此或恐有未[illegible]安[illegible]否也〇英国[illegible]日加[illegible]成兒前為亞[illegible]巴[illegible]之[illegible]致與国其後與国[illegible]於英故英現[illegible]廷臣[illegible]於與務欲捐[illegible]於和好以期彼此士民安於無事而休[illegible]生息云〇[illegible]兄弟[illegible]之[illegible]近已將其長子收[illegible]国[illegible]成乃能[illegible]然現尚有為之保其出獄以迫[illegible]時到[illegible]由官研[illegible]且有[illegible]人[illegible]其[illegible]国[illegible]之子云[illegible]国[illegible]者[illegible]夫也[illegible]世式[illegible]頗有所[illegible]乃其子欲以[illegible]利是[illegible]與已亦[illegible]木本不[illegible]宗功祖[illegible]以[illegible]心[illegible]刁頑以[illegible]其[illegible]豈期人願未從天心[illegible]一旦[illegible]多[illegible]名[illegible]何其所見之不廣也然[illegible]利是視殆亦小人之大[illegible]乎

与此同时,《中外新闻七日报》也发表了不少要求清廷重视洋务,采取富国强兵政策的评论。这些评论数量虽然不像后来的政论报纸《循环日报》那么多,但基本观点却是相似的。[33]例如,在一篇题为《开煤矿论》[34]的文章中,该报即以英国为例,指出煤矿是国家"富国强兵"之"至宝之物"。它认为中国盛产煤、铁,只要认真开采,即可铸铁炮、作舟车,制造一切机器而凌驾欧洲。在《金银矿论》一文中,该报则进一步呼吁当局重视"地宝"之开采,认为它是消除"国困民穷",改善民生刻不容缓的措施。[35]

至于介绍欧洲时局(如普法战事等)及比较中日两国与西方通商后国情变化的文章,也常见诸于报上。这一切,都清楚反映了该报主持人对中国富强的殷切期望,处处流露出对自己祖国的关怀与强烈的民族意识。

此外,值得注意的是,1871 年正是港、沪(上海)海底电缆开通,电报正式启用的年代。该报不但花了不少篇幅介绍电报功用[36],也刊登不少来自电报的国外消息(见图 8—14)。从国外传抵中国的消息,在时间上是大大地缩短了。

三、结论

综上所述,可以看出,作为《香港华字日报》"试验版"的《中外新闻七日报》,虽然是寄生于《德臣报》的中文专页,但从一开始就以一种与母报完全不同的姿态出现。它不但向中国读者介绍了西方的报业观念(如"至新至真"等原则),也标榜为华人说话而以华人舆论界的代表自居,它所刊登的评论文章为数虽然不多,但在新闻的报道中,却无时无刻不在贯彻争取华民社会利益及教育民众、劝人为善的主张。它与《香港船头货价纸》全面倒向香港殖民当局,把商业利益摆在第一位的方针,显然是有所不同的。从这角度来看,陈蔼廷主持下的《中外新闻七日报》及早期的《香港华字日报》,虽然是由西报《德臣报》所办,不可能有如对外宣称一般,由华人全面主宰编辑方针,却显然是努力朝着反映华人的意愿迈进。

注释

[1] 陈止澜:《本报创造以来》,《华字日报七十一周年纪念刊》,第 1 页。

[2] 同上。

[3] 戈公振:《中国报学史》,上海商务印书馆 1927 年版,第三章第 2 页(香港太平版,第 74~75 页)。

[4] 戈著称《香港华字日报》创刊于同治三、四年(即 1864、1865 年),《华字日报七十一周年纪念刊》则宣称该报系于同治三年创刊。往后的中国报史学者几乎都沿袭此说,承认该

报创刊于 1864 年。

[5] 曾虚白主编:《中国新闻史》,第 145 页。

[6] 方汉奇:《中国近代报刊史》(上),第 60 页。

[7] 梁家禄、钟紫、赵玉明、韩松合著:《中国新闻业史——古代至一九四九年),第 61 页。

[8] Roswell S. Britton, *The Chinese Periodical Press 1800~1912*, p.46.

[9] Frank H. H. Kings and Prescott Clarke, *A Research Guide to China-Coast Newspapers 1822~1911*, p.28.

[10] 陈止澜:前引文。

[11] *Hong Kong Blue Book for the Year* 1873, p.138.

[12] *Hong Kong Blue Book for the Year* 1874, p.138.

[13] 王韬:《普法战纪凡例》第 3 页,《普法战纪》(第一册)。

[14] 林友兰:《陈霭亭与香港华字日报》,《报学》第 5 卷第 10 期,第 132 页。

[15] 不少新闻史学者(例如林友兰等)之所以把陈蔼廷的新闻工作者生涯说成前后共达 14 年,主要是误信《香港华字日报》创刊于 1864 年之说的缘故。

[16] 王韬:《普法战纪凡例》第 3 页,前引书。

[17] May 2, 1871. *The China Mail.*

[18] 《中外新闻七日报》,辛未年三月十七日(May 6, 1871. The China Mail)。

[19] 《告白》,《中外新闻七日报》,辛未年二月初五日(March 25, 1871. *The China Mail*)。

[20] 《Chinese Advertisement 本馆告白》(April 27, 1872. *The China Mail*, p.8)。

[21] 这两个原则实际上可以说是《德臣报》英文报本身的原则。该报在“To Correspondents”栏中就常有如下之记述:

“Our columns are open to all who wish to address the public on legitimate grounds, but we do not hold ourselves responsible for the opinions of our correspondents. All communications addressed to this paper must be accompanied by the name of the sender, not necessary for publication, but as a guarantee of good faith.”

[22] 《华字日报七十一周年纪念刊》所收录的 1873 年 6 月 4 日的影本报纸,在说明时把第二页的新闻栏写为第三页,显然是一项疏忽的错误。因为不管是 1872 年 5 月 4 日的《香港中外新报》、1874 年的《循环日报》及我们所能看到的《香港华字日报》,例如 1895 年 9 月 12 日的该报(原件藏于东京大学明治新闻杂志文库),新闻栏都刊登在第二页,而不是第三页。

[23] 《告白》,《中外新闻七日报》,辛未年二月初五日(March 25, 1871. *The China Mail*)。

[24] 《本馆告白》,《中外新闻七日报》,壬申年二月二十九日(April 6, 1872. *The China Mail*)。

[25] 据《香港蓝皮书》1873 年版至 1875 年版对有关之记载皆志明:“unknown”。

[26] May 6, 1872, *The China Mail*。

[27] 《中外新闻七日报》,辛未年二月二十六日(April 15, 1871. *The China Mail*)。

[28] 《中外新闻七日报》,辛未年正月二十八日(March 18, 1871. *The China Mail*)。

[29] 《中外新闻七日报》,辛未年三月十日(April 29, 1871. *The China Mail*)。

[30] 《中外新闻七日报》,辛未年四月初九日(May 27, 1971. *The China Mail*)。

[31] 《中外新闻七日报》,辛未年十二月十一日(January 20, 1872. *The China Mail*)。

[32] 《中外新闻七日报》,辛未年四月十六日(June 3, 1871. *The China Mail*)。

[33] 王韬与陈霭廷常有交往,该报偶尔也刊登王韬的文章。

[34] 《中外新闻七日报》,辛未年四月二十三日(June 10, 1871.*The China Mail*)。

[35] 《中外新闻七日报》,辛未年四月三十日(June 17, 1871. The China Mail)。

[36] 例如,该报辛未年三月初十(April 29, 1871. *The China Mail*)。在介绍电报传递消息快捷的长文中,其开头有如下记述:"电报之捷,近日不转瞬而至,即相隔数万里者其往返相报也亦日不渝……"

第9章

中国人自办成功的最早中文日报

——《循环日报》※

19世纪70年代初期，是中文报业发展史上重要的时期。在香港，1857年创刊的《香港船头货价纸》已于60年代易名为《香港中外新报》，并于1873年发展为完整的日报。与此同时，1871年以《德臣(西)报》(*The China Mail*)的中文专版创刊的《中外新闻七日报》，也于1872年脱离母报而改称为《香港华字日报》，并于1874年正式成为名副其实的日报。在上海，著名的《申报》也在1872年创刊；1861年创刊的《上海新报》则于1872年从周三次刊改为日刊出版。[1]1872年至1874年，毫无疑问是中文报纸纷纷发展为日报的重要年头。

然而，值得注意的是，尽管上述四家华文报都在1872年至1874年以日刊姿态出现，也尽管各报都标榜以华人读者为服务的对象，但严格地说，它们都不能称为华人自办的报纸。其中《上海新报》为《字林西报》(*North-China Daily News*) 附属的中文报，先后担任主笔的英美传教士，计有华美基 (Marquis Lafayette Wood，亦译为伍德)、傅兰雅 (John Fryer, 1839~1928) 和林乐知 (Young J. Allen, 1836~1907) [2]，它属于外报范围，自不待言。至于英国商人美查 (Ernest Major, 183?~1908) 等创办的《申报》，虽然由中国人分担编辑和经理的工作，标榜为"华人之耳目"，但基本上都以西人之利益为依归。[3]同样的，作为《孖剌(西)报》(*The Daily Press*)中文版之《香港中外新报》(特别是其前身的《香港船头货价纸》)虽然是由华人主持编务，但实际上却是一份以英国利益为至上的殖民地报纸。在上述四家日报当中，最具有华人色彩的报纸，该是陈蔼廷主持的《香港华字日报》了。但正如前面所述一样，它依然是附属于《德臣(西)报》，而非一份真正由华人出资、华人自办的华文报。

由华人独资创刊、华人主持的华文日报，首推艾小梅在汉口创办的《昭文新

※ 本文曾于1988年发表在日本立教大学《应用社会学研究》第29期上，并于中国新闻史学会1992年成立大会暨学术研讨会上宣读。

报》(1873 年)[4],其次是王韬在香港倡办的《循环日报》(1874 年)以及中国最早的留学生容闳在上海创办的《汇报》(1874 年)。[5]《昭文新报》创刊虽然最早,但销路不广,不久便告停刊,影响不大。[6]《汇报》初期请英人葛理当总主笔,后因常涉及官司,深为股东忌惮,而由葛理出名承顶,易名《彙报》。[7]因此,在早期华人独资自办的华文日报当中,影响力最大,最具代表性的报纸非《循环日报》莫属。

一、王韬的生平

《循环日报》创刊于同治十二年岁次癸酉十二月十八日(1874 年 2 月 4 日)。关于《循环日报》的创刊日期,有多种说法。[8]但笔者在大英图书馆所看到的该报早期的原件,即包括该报创刊第二号 (同治十二年癸酉十二月十九日,即 1874 年 2 月 5 日)(见图 9—1)至一二四号(1874 年 7 月 4 日),因此可以肯定其创刊号是在第二号的前一天,即同治十二年癸酉十二月十八日(1874 年 2 月 4 日)。与此同时,大英图书馆还收藏着《循环日报》每周为海外及其他地区读者出版的报章文摘小册子第一册,其中也收录了同治十二年癸酉十二月十八日的文章(见图 9—2),足见《循环日报》系在当天创刊无疑。

《循环日报》的创刊,是与该报总主笔王韬的努力分不开的。

王韬(1828~1897),江苏苏州人。本名利宾,字兰卿,又名瀚,字懒今,1862 年改名韬,字仲韬,一字子潜,又名紫诠,别号弢园老民,天南遯叟。18 岁考中秀才,后屡试不中。22 岁那年(即 1849 年),他应英国传教士麦都思之邀,任职于英国教会主办的墨海书馆。[9]王韬后来对报纸产生浓厚的兴趣,以及殷切地期望一份由华人自办的华文报纸诞生,显然是和他与西方传教士及西方文化的接触密切相关。事实上,从 1849 年至 1862 年的 13 年之间,王韬不仅协助麦都思及伟烈亚力编辑及校订"西书",宣传西学的工作,也还在 1857 年至 1858 年墨海书馆出版《六合丛谈》期间,直接或间接参与这份上海第一家华文报刊的工作,吸取了办报的知识与经验(1853 年,麦都思虽然在上海,但却负起在香港英华书院出版的《遐迩贯珍》的首任编辑工作。作为麦都思助手的王韬,当时已多少有接触和协助这份香港第一份华文报刊的编辑工作)。1862 年,对于王韬来说是人生的重要转折点。原来在前一年的冬天,他在回乡探亲时,曾以"黄畹"之名向太平天国苏福省长官刘肇钧上了一道禀帖,主张太平军不该先攻上海,而应与清朝争夺安庆之天下。这道禀帖后来落入清军手中,成为通缉他的重要证据。王韬于是被迫从上海逃至香港,过着漫长的流亡生活。在麦都思之子,时任英国驻上海领事麦华陀爵士(Sir Walter Henry Medhurst,1823~1885)的介绍下,王

图 9—1　《循环日报》封面版

版式：大版(54×37.5cm)

藏于大英图书馆(British Library)

韬受佣于英华书院院长理雅各，主要工作内容是协助理雅各将中国古典著作译为英文。在这段期间，他广泛地接触了西方的文化。除了正务之外，他也参与编辑《近事编录》[10]，开始积累其办报的实际经验。

1867年，王韬随理雅各返回英国，开始了两年多的欧游生活。这两年多的欧游生活，无疑大大扩大了他的眼界，使他对西方的政治、社会、文化，有了深一层认识。[11]王韬后来极力鼓吹洋务，主张变法图强，显然是和他的欧游经验分不开的。在旅英期间，他也深深地体会到英国报纸社会地位之崇高，影响力之深远。仿办一份"人仰之几如泰山北斗"的中文报纸的雄心壮志，在当时王韬的心中已开始形成。但是，王韬的这一理想并没有马上付诸实现。因为在1870年，当他随理雅各从欧洲回港后的最初两三年，他的主要任务还是继续协助理雅各完成其尚未完竣的中国经典著作的翻译工作。不过，在这段期间，王韬也完成了一部巨著——《普法战纪》。值得注意的是，当时的王韬与香港报界人士交往甚密。1871年3月创刊的《中外新闻七日报》，不仅曾经连载王韬的《普法战纪》并予以崇高的评价[12]，也曾刊登该报主笔陈蔼廷与王韬合译的文章。[13]除此之外，该报刊登的一些政论文章，虽然未署名王韬，但从笔调与观点来看，都与王韬甚为近似。[14]从王韬与陈蔼廷密切交往的关系来看，王韬借用该报来抒发他对时局以及对中国改革的看法，是一点也不会令人感到惊奇的。可以说，王韬当时虽身在英华书院，但他的心早已准备献身于华文报界及出版界。

果然，在1872年，当理雅各完成其巨著，受聘回国主持牛津大学汉学讲座而王韬结束其佣书生涯时，王韬要做的第一件事，便是与友人黄平甫(即黄胜)等集资购买英华书院的印刷设备，筹组中华印务总局。黄平甫原为英华书院印刷部门主持人，也是当时对西学十分推崇的文人。王、黄等合办的中华印务总局最初出版的书籍，便是前面提到的王韬著作《普法战纪》。不过，从后来该局发表的《本局日报通启》(见图9—3)，可以知道创办一份"专为裨益我华人而设"的中文日报，早就是该印务总局同仁的共同愿望。

二、以"华人资本、华人操权"为标榜

中华印务总局出版的《循环日报》，于同治十二年岁次癸酉十二月十八日(即1874年2月4日)面世。在该报创刊的初期，几乎每天都刊登旨在阐明该印务总局办报缘由的《倡设循环日报小引》、《本局日报通启》以及招徕广告订户等各种《本局告白》。这些《小引》与《告白》的一个共同特点，无不在强调该报是

图 9—2 《循环日报》文摘小册子

同治十二年十二月十八日

中外新聞

法人將取安南

法人通商於安南已十餘年矣其所據者不過西貢之一隅即安南所呼爲嘉定省是也割據以來法人頗加經營貿易繁旺頗有可觀顧法人足跡實未至於內地蓄謀饞慮已非一日而東京一地尤爲其所垂涎特向者無間可乘邇來安南國勢日形岌岌外逼於強鄰內擾於流寇其寇即髮匪餘孽從粵西竄至騶張鴟視豕突狼奔從化一帶皆遭蹂躪無有甯宇法人亦乘勢統兵往東京其意實爲窺伺計俄而統兵員弁加尼亞爲土人所戕蓋設謀以隱刺之也事聞法之駐劄西貢總督勃然起曰非滅此而朝食曷足以雪仇洒耻於是遣兵進取安南之東京業已據其城外要地此役也法僅發兵二百數十人耳然法兵雖少安南恐不能與之抗況其國已與法人立約業有成說固知非以干戈從事而以玉帛相將矣法人既通商於東京以後接踵俱來者當不止一國已也泰西諸國其將遍於安南境中也哉

荷蘭戰勝亞全

割打哥邑亞全之要隘地也近已爲荷蘭所攻據荷人得此邑不啻扼其吭而拊其背故與加剌頓城消息中阻荷人之攻加剌頓也必欲滅之而朝食專以巨砲連環轟擊亞全之勢漸不能支旁有鄰國聞之曰我與亞全唇齒也唇亡齒寒豈可坐視因興師以助亞全荷人遣使告之曰亞

循環日報

一

藏于大英图书馆(British Library)

图 9—3

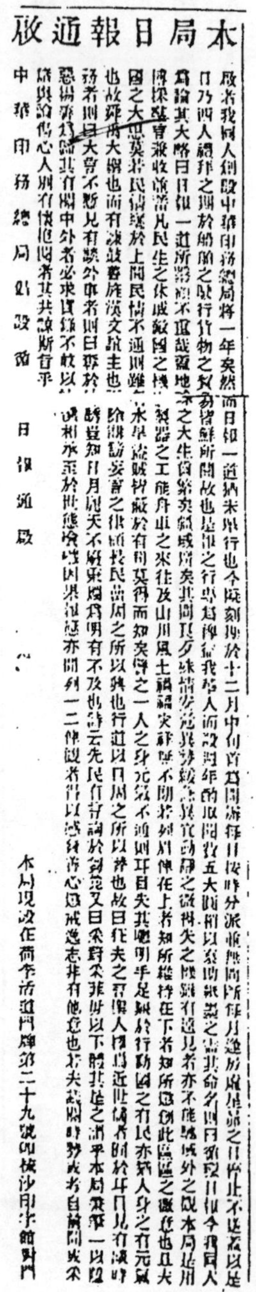
本局日報通啟

中華印務總局啟

日報通啟

本局現設在荷李活道門牌第二十九號即楂沙印字館對門

图 9—4

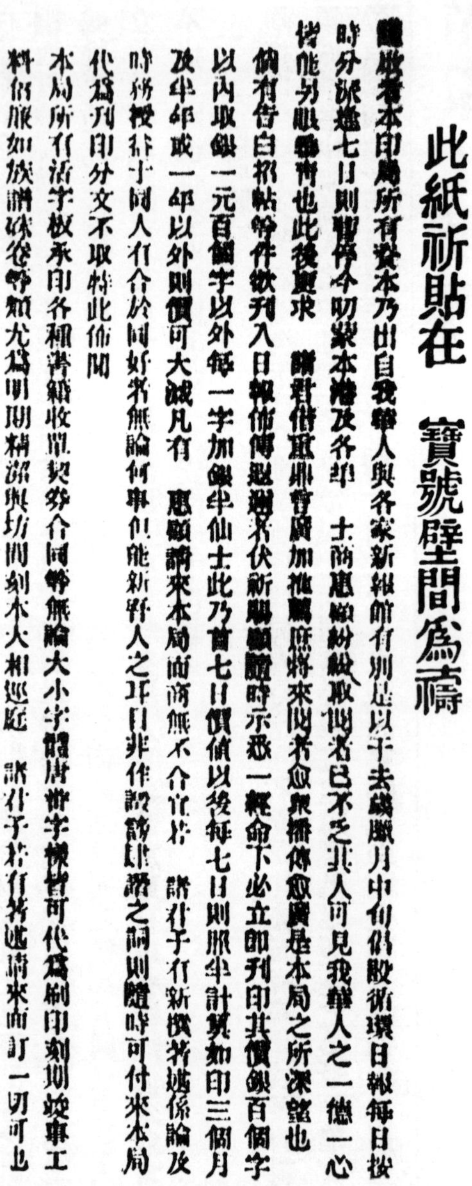
此紙祈貼在　寶號壁間爲禱

啟者本印局所有資本乃出自我華人與各家新報館有別是以于去歲臘月中刊佈設循環日報每日按時分派迄七日則暫停今叨衆本港及各埠　士商惠顧紛紛取閱者已不乏其人可見我華人之一德一心俱能另眼垂青也此後更求　諸君俯惠時賜加推廣庶將來閱者愈衆播傳愈廣是本局之所深望也

倘有告白招帖等件欲刊入日報佈傳遐邇者伏祈將原稿隨時示悉一經命下必立即刊印其價銀百個字以內取銀一元百個字以外每一字加銀半仙士此乃首七日價值以後每七日則照半計算如印三個月及半年或一年以外則價可大減凡有　惠顧請來本局面商無不合宜者　諸君子有新撰著述係論及時務授梓于同人有合於同好者無論何事但能新斯人之耳目非作誑誘誹謗之詞則隨時可付來本局代爲刊印分文不取特此佈聞

本局所有活字板承印各種書籍收單契券合同等無論大小字體唐番字樣皆可代爲刷印刻刊均竣事工料價廉如蒙　諸位等類尤爲明朗精潔與坊間刻本大相逕庭　諸君子若有著述請來面訂一切可也

由华人出资、华人自办的唯一华文报。

例如，该局在宣布其外埠代理店的一则《本局布告》中，一开始就指出：

本局倡设循环日报，所有资本及局内一切事务皆我华人操权，非别处新闻纸馆可比。是以特延才优学博者四五位主司厥事。凡时务之利弊、中外之机宜，皆得纵谈无所拘制。兹特于省会、市镇及别府州县并外国诸埠，凡我华人所驻足者，皆有专人代理……[15]

在《倡设日报小引》的启事中，该印务总局在指出日报始自泰西，中西通商后则先传至香港，后扩及上海之事实后，紧接着便指出这些华文报纸的缺点及倡办“华人日报”的重要性：

然主笔之士虽系华人，而开设新闻馆者仍系西士，其措词命意未免迳庭。即或扬力铺张、尊行自负，顾往往详于中而略于外，此皆由未能合中外为一手也。欲矫其弊，则莫如由我华人日报始……[16]

换句话说，该总局同仁认为，外国人办的中文报虽然延聘华人为主笔，但往往受到各种有形无形的拘束(在另一篇的启事中，该局更直接指出华人主笔受到“束缚”，“不得逞其胸臆”)。该启事同时批评当时某些报人由于“未稔西情”，以致“详于中而略于外，而未能合中外为一手”。为了纠正上述弊端，该总局同仁认为最好的办法，莫过于由中国人自办华文日报。至于人才方面，该局则表示已延请四五位“才优学博”者担任。

值得注意的是，该报最初刊登的几则启事，都宣布该报的总司理为陈蔼廷[17]，正主笔为王紫诠(即王韬)，但在该报创刊一个半月之后，有关启事却写明总司理职务是由黄平甫担任。[18]《循环日报》总司理的重要职位，为什么先是陈蔼廷负责，而后又由黄平甫取代呢?由于该报完全没有交代，我们不得而知。不过，从陈蔼廷曾任该报总司理这一事实来看，我们可以了解到下列几点：

(一)他支持该报宗旨，深切地感受到办一份由华人出资，华人操权日报的迫切需要。

(二)陈蔼廷是当时标榜“华人主持一切事务”的《香港华字日报》之主笔。他积极参与筹办《循环日报》及一度担任该报总司理要职，正印证了一个事实：他在《香港华字日报》虽然表面上是总揽大权，但正如中华印务总局的《倡办日报小引》所说一般，由外资所办之华文报，华人主笔皆得看洋老板的脸色，其自由尺度毕竟还是有限的。

正因为《循环日报》标榜的是“所有资本及局内一切事务，皆我华人操权，非别处新闻报馆可比”，该报在争取报份及广告时，即尽量利用这一特点，展开猛烈的宣传攻势。从大英图书馆保留下来的该报之海报(见图9—4)，我们可以了解到当时该报对华人社会全面支持的极大期待。

值得注意的是，该海报还写着：“此纸祈贴在宝号壁间为祷。”这说明该报早期宣传手法不仅是免费赠送报纸，在报上大力宣传以及四处发海报，还要求华人商家刊登广告及将海报贴在商店墙上，足见该报当时宣传攻势之猛烈及报业竞争之激烈。

为了激发华人自尊之情绪及争取华人读者的支持，该报除了强调其特殊性，指出华人自办华文报系一大乐事之外，也和《香港华字日报》一样，吁请读者多多投稿，并作出同样之许诺：

> 其倍佳者当代为译成西字，刊入泰西邮报，庶知我中国人材其谋略固有高出寻常万万者，非亦柔服远人之一道也哉。[19]

显然，该报扬言将读者的优秀作品译为英文，刊登于西报，让西人知道中国不乏人才，从而达到“柔服”洋人之目的。

三、王韬的办报哲学

然而，由于这是香港第一家华人出资、华人自办的华文报，该报也遇到一些阻力。首先是在华人社会当中，流传着一种“中国人谈中国事，未免位卑言高，似非所宜”⑳的观念与论调。

为了消除这样的一种偏见与心理障碍，中华印务总局在《倡设日报小引》的启事中便提出驳斥：

> ……不知自古圣明之世，未有不悬盘置铎，博采舆评。况本局所刊日报，纵或述政事、纪风情，亦皆所共见共闻，诚非草野清议可比……[21]

同样，为了纠正当时华人社会鄙视报纸的态度，该报还刊登了题为《劝阅新闻纸论》的读者来函[22]，着重指出华人社会把报纸当作“无稽之谈”“一片虚词”或“不过摭陈言以快阅者耳目图利”等观念，是对报纸缺乏足够认识的一种偏见。

正是为了纠正华人读者的偏见及劝请华人阅报，王韬主持下的《循环日报》不遗余力地向读者介绍与阐明报纸之功能与影响及该报编采与评论的方针，并解答读者对报纸的疑虑。这些言论充分反映在该报创刊初期的各项报道与文章中。其重点为：

1. 介绍欧美报业发达情况及报人办报态度

在《西国日报之盛》[23]一文中，该报着重指出欧美报纸影响之巨大、主笔之公正及报人在社会上地位之崇高。它指出：

> 西国日报之设所关甚巨。主笔者得持清议，于朝纲国政颇得参以微权。阅之足以知民情之向背、习尚之好恶、风俗之浇醇、国计之盈虚、时局之盛衰、兵力之强弱。国家每有战事，随营计之士类有纪录，于两国之胜负得失、战守攻取，无不备述綦详。而曲直是非，亦于此见焉。此外，每随褒贬为荣辱、颂讥为轩轾，操觚者盖有合于人心天理之公然，则所系岂不重哉！

在这里，作者指出，西方报纸主笔态度必须公正，对国家大事也应有一定的发言权。而报纸不仅应报道民情、习尚、风俗面貌，也应对国家政策、时局变化与兵力盛衰，以及战争发展实况等予以详尽报道。至于评论态度，则以“合于人心天理之公然”为要。

谈到欧美报业发达的具体情况时，作者接着写道：

> 即以英国言之，泰晤时日报行之几百年，阅者约十万余人。美国七日录刊印一期，必盈二十四万家。

王韬对英国泰晤时(士)日报之推崇，其实也见诸于另一文章：

> 英国之泰晤士，人仰之几如泰山北斗，国家有大事皆视其所言以为准则。[24]

王韬心目中理想的报纸，正是这样一份“人仰之几如泰山北斗”的高素质报纸。但与此同时，王韬也认识到泰晤士日报之所以受到尊敬，主要是因为：

西国之办日报主笔者,必精其选,非绝伦超群者不得预其列。……其立论一秉公平,其居心务期诚正。[25]

然而,该报并不否认在西方也存有不负责任的报人,但并不能因此而严加禁止,否则将会引起民众不满。《西国日报之盛》一文就这样写道:

其触忌讳陷咎戾者,固未尝无人也。法国前时有日报曰闻阁隐密事,大抵皆谤毁丛兴,不轨于正,当道闻而恶之。顾仍始禁而终驰,则以不欲过拂于民情也。[26]

针对法国当局曾下令全国各地不得评论麦马韩总统,否则将绳之以法的措施,该文作者接着评论道:

古人有言曰:防民之口甚于防川,法廷臣何不鉴及于此哉。

这个结语,反映出了王韬等华文报业之先驱对于新闻自由是何等珍惜与渴望。

2. 阐明报纸之功用及该报创刊的目的

在《倡设日报小引》一文中,该报开门见山,指出报纸之功用在于"广见闻、通上下、俾利弊灼然、无或壅蔽贯,实有裨于国计民生者也"。

谈到广见闻的重要性,该报在另一篇启事中指出:

盖地球之大、生齿繁矣、疆域广矣。其间良歹殊情、安危异势、缓急异宜、动静之微、得失之机,虽有远见者亦不能驰域外之观。[27]

正因为天地太过广阔,而变化又是无穷,该报认为只有透过报纸,才能了解这个千变万化的广阔世界。它接着写道:

本局是用博采群言,兼收并蓄。凡民生之休戚、敌国之机宜、制器之工能、舟车之来往及山川风土、祸福灾祥、无不朗若列眉。俾在上者知所维持,在下者知所惩创,此区区之微意也。[28]

在这里，该报不仅表示其内容将包罗万象，而且还进一步指出要透过对上述事物的详尽报道而使上下之间的讯息得以沟通，发挥传播媒介的作用。在论述“上情下达，下情上达”的重要性时，该报还指出：

且夫国之大患，莫若民情壅于上闻。民情不通，则虽有水旱盗贼皆蔽于有司，莫得而知矣。譬之一人之身元气不通，则耳目失其聪明，手足艰于行动。国之有民，亦犹人身之有元气也。[29]

“国之有民，亦犹人身之有元气也”，这就是王韬等主张民意应该受到重视，报纸应当反映民意的理论根据。

3. 阐明报纸编辑方针

作为“广见闻、通上下”的媒介，该报强调其编辑方针为：

本局秉笔一以隐恶扬善为归，其有关中外者必求实录，不敢以杜撰相承。至于世态崄巇、因果报应，亦间列一二，俾观者得以感发善心，惩戒逸志，非有他意也。[30]

谈到国内外新闻的处理，该报表示：

至于中外新闻其有足以资国计、便民生、助谈噱者，亦必原原本本务纪其详，勿使稍有所遗漏。[31]

很清楚地，“隐恶扬善”与“原原本本务纪其详”，是该报向读者标榜的两大办报信条。

针对这两个信条，该报曾以问答方式向读者说明：

夫名之曰日报，则所言者必确且详。乃先生所叙，则或出于风闻而未得其真；或得其大概而未详其备；言时事则多避忌，言恶行则略姓名，得毋有乖直笔之义乎。[32]

该报之回答是：

是非尔所知也。夫以省会之繁众，州郡之辽远，一己之耳目安能家考而户问之。其出于风闻得其大概者，不过借彼事端发挥胸臆，以明义理之不诬、报应之不爽，俾众生感发善心，消除恶念，发幽光于潜德，开悔悟于愚民而已。至于一介儒生，何敢谬陈得失，虽有闻见所及亦第援古证今。[33]

换句话说，该报认为，新闻报道虽以“确”且“详”为原则，但并不等于记者要跑遍每家每户，因为这在实际上是办不到的。因此，即使有些新闻出自“风闻”或者“得其大概者”，但只要能借题发挥，达到说明事理、教育读者的目的，已完成报人的使命。至于评论方面，该报则采取“援古证今”，力求客观与公正的态度。

谈到客观与公正的问题，该报刊登的一篇文章（来札）还介绍了西方国家的报纸法令，规定：“或有毁谤于人而无实据及不含例者，人皆得而攻之”，从而确保报纸“至公无私”，而达到“移风俗、化人心”的目的。[34] 该文章还期待各报馆主笔能针对时弊，详尽记录并循循善导及提出警世良言。[35] 这其实也正是王韬本身替《循环日报》规定的使命。

正因为王韬认识到报纸必须“公正”与“无私”，他主张主笔人选应该学习泰西报纸慎重挑选。针对当时港沪中文报存在的缺点，他提出严厉的批评：

其间或非通材，未免识小而遗大，然犹其细焉者也。至于挟私讦人、自快其忿，则品斯下矣，士君子当摈之而不齿。至于采访失实、纪载多夸，此亦近时日报之通弊，或并有之，均不得免。惟所冀者始终持之以慎而已。[36]

综上所述，可以知道王韬办报之哲学为：

(1)报纸的基本功用为“广见闻、通上下”，负起“上情下达，下情上达”的桥梁作用。

(2)报纸的报道必须忠实与详尽，有所根据，不应杜撰或夸张。

(3)报纸的评论必须客观与公正，而且应该“隐恶扬善”，达到教育民众，移风易俗之目的。

(4)正因为报纸影响力大，因此，主笔人选必须慎重挑选。

(5) 为了杜绝部分报人滥用报纸的影响力，可以仿西方国家制定报纸法令，对报人之权力予以适当的限制，但却不能因此而扼杀新闻自由，因为“防民之口甚于防川”。

(6)对于不负责,“挟私讦人、自快其忿”的报人与报纸,读者应予以抵制和摒弃。

(7)自古圣贤都乐于征求民意,中国人论中国事不但未有不宜之处,而且应该受到鼓励。

除此之外,王韬还认为报纸与外交有着密切的关系,当局必须重视这个媒体。他认为,在中国之“西方日报往往借事生风,冀幸中国之有事以为荣”[37]。为了杜绝这类事情发生,最好的办法便是华人自办西报,从而让欧美人士知道中外关系的真相。《使才》[38] 一文中,王韬便指出:

今西国臣之在中国也,动恃一己之见辄肆欺凌,彼国朝廷多未之知也。夫中西之所以隔阂者,原以语言文字之不同耳。每岁西人在中国所行之事,其有关于中外交涉或未循乎约章,显悖乎和谊者,不妨备刊日报,俾其国人见之,庶知选事生衅者,咎不在华人而实在西人也。此所谓达内事于外也。

与此同时,他主张驻外使臣搜集外国报纸的言论,并将之译为华文寄呈总理衙门,从而使朝廷洞悉外情,而达到“通外情于内”之目的。[39]

四、《循环日报》的版面及其特征

《循环日报》的编排形式,基本上与《香港中外新报》和《香港华字日报》没有两样。即:第一版为横线分栏。全版内容为“香港目下绵纱花匹头杂货行情”及“各公司股份行情”的经济新闻。第二版以后则直线分五栏。每栏栏高为 97 字,横为 10 字,每版可容纳 4850 字(与《香港中外新报》近似)。

内容的分类为:第二版、第三版是新闻版,其顺序大抵为:“京报全录”、“羊城新闻”、“中外新闻”;在第三版的左上角,刊登“香港、黄埔、澳门等处落货往各埠之船”的船期表。此外,也常转载上海《申报》等报纸的文章及报道。第四版是广告,在其下端则横写着“此新闻纸系由香港第五约荷李活道第二十九号中华印务总局王韬刊印”。

与《香港中外新报》和《香港华字日报》相比较,早期《循环日报》的第一个特征是评论文章多。这当然是与王韬的办报哲学有关。不过,该报的评论文章,并不像戈公振所说的“当时该报有一特色,即冠首必有论说一篇”[40]。实际上,该报的评论文章并没有固定的版位,也没有固定的数目。它有时冠首于第二版,有时则刊于"羊城新闻"或"中外新闻"栏。至于署名王韬的文章,则偶尔见于"弢园述撰"栏(见图9—5),但为数并不多。

《循环日报》的第二个特征是广告少。与《香港中外新报》和《香港华字日报》相比较,有关欧美船务公司、洋行及药局等广告,在早期的《循环日报》更显得稀少。推究其因,主要是因为前两家中文报实际上是附属当地的英文报,较易受到欧美公司的信赖与支持。与此相反,《循环日报》所标榜的却是要成为"华人社会之喉舌",它所期待的也就只能是"华人之一心一德"的支持。对于这样一份具有华人意识的中文报,当时香港的欧美公司不予以积极支持,可以说是预料中事。

《循环日报》的第三个特征是,《香港中外新报》和《香港华字日报》都先办周三次刊,后为日刊,而《循环日报》却在历经一年左右的筹办工作之后,一开始便以日报姿态出现。打从创刊开始,该报就在版头右角写明"行情新闻每日派送礼拜停印",清楚表明该报每星期出版六天(星期日停印),每天同时发行报纸及行情纸。

正因为《循环日报》办报宗旨色彩鲜明,因此未获欧美公司支持,加以一开始便以日报姿态出现,它在创刊初期所面对的财政压力,是不难想象的。但对于王韬等中华印务总局的同仁来说,这却是一份只许成功,不许失败的报纸。为了维持和支撑这份华文日报,该局同仁想尽了各种办法,力图扩大报份、增加广告以及其他方面的收入。

为了争取报份,该局同仁知道它首先必须比其他两家华文日报办得更为出色。他们也知道,新闻报道最重要的就是要"新"和"快"。为了把最新的消息以最快的速度传达给读者,该报采取了下面的两种手法:

(一)每天都发行"行情纸"。

它是以小张的中国土纸印刷,不受版面限制。因此,在新闻纸截稿以后接到的重要消息,该报都将之刊登于"行情纸"(见图9—6)。

(二)出版"号外"。

这在当时的华文报界来说,是一项创举。有新闻学者认为华文报的"号外"始自1884年8月6日的《申报》出版的关于福州海上法国军舰动静的报道。[41] 其实,《循环日报》初期就曾刊印"号外"。同治十三年三月十九日(公元1874年5月4日)该报印刷的"小纸",可以说是中文报的第一张"号外"(见图9—7)。这份号外,虽然没有写明"号外",但"特印小纸,以便先得览观",已经清楚地说明它是在正常出版的时间外紧急刊印,以让读者知道最新且最重要消息的特殊"小纸"。

与此同时,王韬等人也知道,该报的长期读者不应仅限于香港与澳门。为

图 9—5

图 9—6

循環日報行情

十二月廿七日禮拜五入口船頭行情

帆船加拿厘 由上海載來什貨 乘些厘公司

火船益達了 由英京及各埠載來什貨 渣甸公司

帆船施華厘 由長崎載來煤 旗行公司

火船千拿 由石排灣來 沙宜公司

寄信館截信日期

往半竝及上海○半竝 二十八日三點半 禪臣公司

往福州廈門及汕頭○貨單 二十九早七點半 德忌利士公司

○新公班價六百一十員至六百零八員七五

○新紅烟價六百員至五百九十七員五

○舊公班價六百一十員至六百一十五員

○舊紅烟價六百零二員五

○白皮烟價六百員至六百零五員

源臣行沽七發原絲布一千疋 二員 本港

[illegible]多沽金山中步紗五十包 一百十四員 本客

又沽金山中步紗五十包 一百零八員五 本港

又沽粗子中步紗五十包 一百零八員五 本港

[illegible]行沽灰了手上白布三百疋 四員八二五 本港

[illegible]順沽哥白糖五十包 六員五 本客

[illegible]安行沽暹邏米二百條 三十二員五 本港

[illegible]台沽[illegible]花糖二百包 五員四 本客

又沽淮山二箱 十五員五 本客

又沽胡椒五十包 六員四 本客

[illegible]德棧沽金絲十包 十三員二 本港

[illegible]行沽五十發[illegible]二百包 一員五八 本港

又沽三百包 一員六五 西客

建台棧沽青糖二百包 二員八六 本客

寶[illegible]沽[illegible]糖五百包 二員五 本客

[illegible]行沽上海花一百包 十四員二 本港

昨紅米市平淡

現因本報[illegible]各港來客[illegible]故行[illegible]太少[illegible]入行情一[illegible]于前日不復多[illegible]者諒之[illegible]行情之[illegible]暫行停止[illegible]一禮拜[illegible]于新正月初五日[illegible]

癸酉年十二月二十八早

此[illegible]由中華印務總局刊[illegible]

图 9—7

循環日報

上海法界華民滋事

頃於德臣日報館接到上海電報云有華人於法國租界內滋事將法國人所居房屋縱火焚燬所有悉付一炬法國巡差擊死數華人迨後西人招集民壯及船上水手前來護衛以備不虞現聞事雖無碍而人心未得平安推其事之由來則因西人建築新道而華人謂有礙甯郡墳墓遂致齟齬以至啟釁是事關涉中外交際特印小紙以便先得覧觀

同治十三年三月十九日中華印務總局刊

了扩大报份，它除了像《香港中外新报》和《香港华字日报》，在五大通商港口及海外华人聚集处如旧金山等地设立代理店外，还向外埠读者提供一项服务，即“每礼拜日即将前六日之新闻积累连续，另行刊印装订一本”。该报指出，这是为了“外埠客商便于翻阅且邮寄亦较易耳”[42]。至于“行情告白等件，亦皆刊列在内”[43]。

不惜成本将在报上刊登的新闻、广告以及“行情纸”，另行刊印和装订成册，为的是方便“外埠客商”的翻阅和邮寄，可见该报从创刊开始，就十分重视外埠读者。也许正是因为这个缘故，该报一开始就不把服务对象局限于香港，其报名从开始也未像《香港中外新报》和《香港华字日报》一样，冠上“香港”之字眼，而只称为《循环日报》。

除此之外，《循环日报》也十分重视知识分子的读者。从创刊开始，《京报全录》就经常刊于该报新闻版之首栏。1874 年 5 月，中华印务总局还特地强调该报刊印的邸抄“系从师邮递至粤”，远比轮船南来而再转刻者为快捷。[44] 该局表示此举对于“官场仕途，大有裨益”[45]，显然是为了争取固定的读者群，确保来自发行的收入。

实际上，在《循环日报》面世之后，中华印务总局的其他营业活动也还继续进行。有关的广告，也常见于报上(见图 9—8)。其中包括：

(一)该印务总局继续为客户代印中英文书籍、广告、海报以及各式各样的契约书与文件等(初期的《循环日报》几乎每天都刊登有关的广告)。

(二)出售书籍、字典乃至染发料及补药等各式各样的药丸与药水等。

(三)出售大中小的活版字。

在外商广告缺少的情况下，中华印务总局的上述营业活动，对于早期的《循环日报》来说，也许是一项不可忽视的财源。

五、评论立场

正如前面所述，《循环日报》最大的特征之一是评论多，而在这些评论当中，又以政论文章占大多数。王韬政论文章涉及的范围是十分广泛的，可以说是古今中外，无所不谈。至于其评论的中心哲学思想，其实就体现在其报名“循环”两字。

有人认为《循环日报》之命名系“意谓革命虽败，而借是报以传播其种子，可以循环不已也”[46]，其实是出自臆测。事实上，王韬自从逃亡香港以来，就无时无刻不在替自己辩解，表示与太平军无关。为了表示自己的“清白”，他后来

图 9—8 《循环日报》
(同治十三年正月初九日)

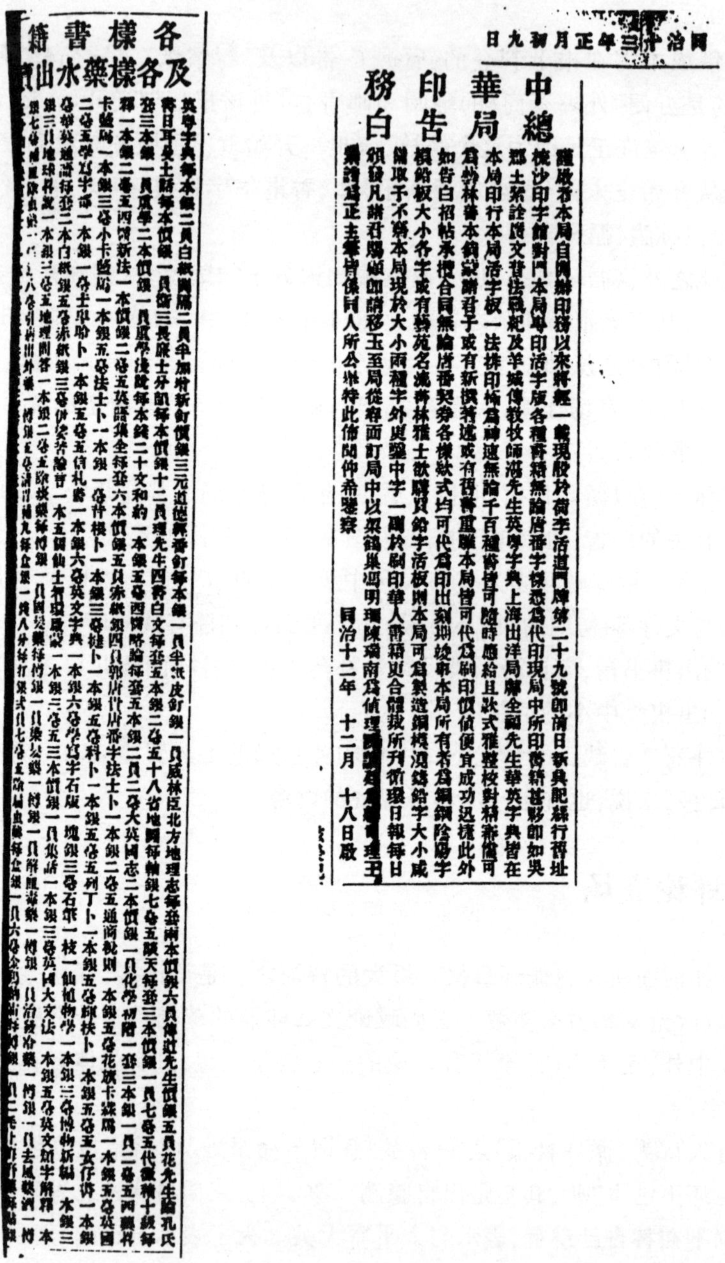

同治十三年正月初九日

中華印務總局告白

謹啓者本局自開辦印務以來將經一載現設於荷李活道門牌第二十九號即前日新與肥縣行舊址棧沙印字館對門本局專印活字版各種書籍無論唐番字樣悉爲代印現局中所印書籍甚夥即如與鄰土紫詮瀏文替法戰紀及羊城傳教牧師湛先生英學字典上海出洋局鄺全福先生華英字典皆在本局印行本局活字板一法排印極爲神速無論千百種書皆可隨時應給且款式雅整校對精審倘可爲翰林書本鋪款諸君子或有新撰著述或有舊書重雕本局皆可代爲刷印價値便宜成功迅捷此外如告白招帖承攬合同無論唐番契券各樣款式均可代爲印出刻揑燒車本局所有來爲銅鋼陰陽字模鉛板大小各字或有藝苑名流詞林雅士欲購買鉛字活板則本局可爲製造銅模澆鑄鉛字大小咸備取予不窮本局現於大小兩種字外更鑄中字一副於刷印華人書籍更合體裁所刊循環日報毎日頒發凡諸君賜顧即請移玉至局從容面訂局中以梁鶴巢馮明珊陳瑞南爲値理[illegible]王槑譜爲正主筆皆係同人所公舉特此佈聞仰希鑒察

同治十二年 十二月 十八日啟

各樣書籍及各樣藥水出賣

[illegible]

撰写的文章，无不对太平天国予以猛烈的抨击，"贼""寇"就是王韬冠以太平军最常用的字眼。王韬对太平天国采取敌视、仇视的态度，其实也充斥于《循环日报》。《循环日报》所刊登的第一篇"弢园述撰"，不是别的文章，而是谈论应如何肃清太平军的《平贼议》[47]，正说明了他对太平天国采取势不两立的态度。所谓《循环日报》是为了传播革命种子，循环不已的说法，显然是站不住脚的。

与此相反，倒是该报创刊初期连载的"循环论"[48]，道出了编者王韬心目中"循环不已"的思想，其实是离不开王道与他所崇尚的西学。在长达数千字的"循环论"中，该报先谈三皇五帝，对其推崇至极[49]，接着论述中外历代王朝与疆土之变[50]，指出希腊虽然是欧洲语言、文字发祥地，但由于好文学而不武功，而相继被并入罗马及土耳其之版图。[51] 与此相反，罗马虽然一度武功赫赫，但由于"不修德而仅务远略"，帝国终归崩溃。[52] 因此，该文章表示：

> 呜呼！国家盛衰之故，虽曰天意，岂非人事哉。国强而复以强政济之，势必扰，扰则无以图志也。国弱而仍以弱政安之，势必蹙，蹙则无以奏功也。[53]

换句话说，该报认为，国家之盛衰循环与其说是由天意所左右，不如说是取决于人们所采取的态度。如果是强国而又采取霸权政治，结果物极必反，只有带来混乱而不可能有所作为。反之，如果国家衰弱而又不发奋图强，只想苟且偷安，也不可能会成功。为此，《循环论》指出，由于清廷"渐民以仁，磨民以义，使忠爱之志油然以生"，因此，虽有"逆党(指太平军——笔者按)窜扰"，但只要"天戈一挥"，便"东荡西决"。至于当局之所以"力求武备、斤斤于轮舶、枪炮各机器者"，那是因为"王者无外，正欲借彼之矛，刺彼之盾"[54]。这就是所谓"天地间循环之至理也"。

很清楚，《循环论》所强调的是指在王道的基础上，施行各种应变措施。"变"(指"变法自强")就是《循环日报》政论文章所要突出的重点，也是编者王韬对当时清廷当局最重要的忠告。只要能适当的"变"，"变"的得法，那么"终而复始、循环不已"的王道[55]，是会永存的。这也许就是《循环论》的中心思想，也是该报名命"循环"之来由。

至于如何"变法自强"，《循环日报》在创刊第二天的《富强要策》一文中，说得再清楚不过：

> 居今日而谈政治，其大要有三。一曰去成见以求通变……一曰殚实心以尽职司……一曰选真材以图干济……[56]

所谓“去成见以求通变”，指的是士大夫不该对西学再抱着成见，不应该采取“一闻言及西事非目之为狂，即斥之曰妄”的态度，而应该对“泰西事务，凡天文、水利、火器以及各技艺俱能讨究源流、洞悉其旨、用长弃短”，从而踏上“兼众善以集大成亦自强之道”。

所谓“殚实心以尽职司”，是指全国上下应该抛弃“偷安为巧”的思想，更不能存有“私”心。因为“国势要强、必先目人心无伪。无论大小职事，苟俱能兢兢业业，各慎尔身，则风俗既厚而志力自坚，上下相通而真诚愈出”。

至于所谓“选真材以图干济”，则建议当局除了以科举取士之外，不妨“诏各府州县留心访问，果民间有奇材异能，堪于国计有裨，准即核实上详考验”，从而达到“野无遗贤而人争自励”的境地。

在王韬眼中，当时西学虽然开始受到重视，但在实际上，谈论者却往往是一知半解，未对西学作深入的了解与研究。他对朝廷士大夫之漠视西学与国际形势的态度，虽然感到失望与无可奈何[57]，但并不灰心，而在每一个具体的问题上，都提出其明确的主张。基于这样的态度，《循环日报》遂成为王韬主张变法自强的重要论坛。该报言论时常受到转载[58]，以及后来变法维新人士对王韬的推崇[59]，说明该报主张改革的看法，受到同时代的报纸与后来的政论家之重视。

《循环日报》政论文章的另一重点，是评述国际时局的发展。特别是对于中外关系的课题，该报无不详尽报道，并提出明确的看法。它既关心安南形势[60]，也留意俄人在中国北方的行踪[61]，更密切注视中国与西方国家的关系。对于西方、西报的言论，该报不仅经常转录，而且还在必要时给予无情的驳斥。例如，在《辟西人立论之谬》[62]一文中，它就论述西人以基督教为本位，鄙视其他国家民族文化与传统之错误。又如在《书西字日报后》[63]一文，它就指出西报将当时在华的洋人分为两类(即教中国兵法、立功杀贼，然后携银归国者及教人为善，以不杀人为原则的传道者)之说法，其实是似是而非的论调。它认为在表面上，上述两种人虽然有所不同，一为“刚道”，一为“柔道”，但“外假仁义，内恃甲兵”，却是西国、西人的共同哲学。它指出，泰西诸国挟着火轮、铁甲、巨炮等奇器，“杀人唯恐不多，胜人唯恐不尽”；至于天主、基督虽教人为善，但西国奉行1800年以来，战争从未间断，反而“兵器愈精、兵祸愈烈、而募人为兵者、几于通国”。针对这些可悲的现象，传道者照理应该“痛哭流涕”，但事实上他们却“沾沾自喜其国之强足以制人而服众”。《循环日报》于是向传教士反问道：不是忘了不杀人之原则吗(“岂忘其不杀之本旨哉?”)?它还质问这些传教士为什么不先劝其国人不杀人，然后再劝中国人不杀人(“何不以不杀自劝其国，而乃以不杀劝中国")。它最后指出,面对着西方强国之威胁,中国只有在"自立于不败之地"之后,才可以谈杀人与不杀人的问题,"否则我必为人所杀"。至于"布德行仁"却是"中国所恃以为根本者"。它虽然与西方传教士之"不杀之旨"相似,但却有着本质之不同。因为中国的"布德行仁",无不以"煦煦为仁、孑孑为义"为中心思想。

很清楚的,这篇文章彻底揭穿了西方来华传教士的伪善面孔。它劝告其国人在这非常时刻,不可轻信传教士的所谓放弃武器的理论,而应该时时提高警惕,加强军备与海防。

不仅如此,对于西人西报任何侵害中国主权的言论,该报也决不保持沉默。例如,在引述英国日报报道西人向中国当局提出开放市场、疏通入口河道与自由开采矿山等建议时,该报便义正词严地指出:

> 按此英商所举之曰者皆和约中所载,其可行与否当听我国自为之,外人不得而越俎也。[64]

至于《香港船头货价纸》及改名后的《香港中外新报》《中外新闻七日报》及改名后独立出版的《香港华字日报》所关注的"猪仔问题",《循环日报》从创刊开始便从未松懈过对它的注视。在创刊号,该报便提出《严禁贩人出洋》[65] 的主张,第二天又指出《秘鲁厚待华佣不足信》[66],并揭露在秘鲁工作的华工受到"苛刻暴横"的待遇,"往者数万人而生还者无一二"之事实。当时澳门迫于各方的舆论压力,不得不采取行动,禁止臭名昭彰的"猪仔馆",但对它能否真的全面根绝及将否死灰复燃,《循环日报》便一直予以密切监视,并强烈反对任何形式的折衷方案。针对西人提出由中国官员与西洋人共同设法保护华工出洋的建议,该报在《论澳门断不可复设招工馆》[67] 一文中,予以强烈反对,因为这个害人不浅的"猪仔馆""禁之綦难而开之最易",一旦重开,悲剧必将重演。该报甚至进一步主张斩草除根,反对基于"人道"(即同情"猪仔馆"主持人及其助手今后的谋生问题)的理由,网开一面,让他们迁往他处重操旧业的论调。

与此同时,《循环日报》也不忘维护华商的利益。在《论茶弊》[68] 文中,该报便指出当时市面之所以出现"伪茶",咎不在华商,而在于洋商。因为这是后者把茶价压得过低的结果。因此,该报建议"欲除其弊,必先由洋商勿惜重价,而但购真茶。华商亦严立章程,卖赝茶者有罚"。

《循环日报》初期立论的另一重点,是日本问题。当时日本明治维新已成功,针对日本学西制,"仿西行法,殊有自强之志",该报不但经常投以羡慕、赞美的眼光，予以详尽报道，而且还时常引以为例，作为中国应该改变，中国不应沉迷于鸦片，而应发奋图强的最好借鉴。所谓“国以民为本，民以志为先”，便是该报对中国当局及读者的呼吁与期待。[69]

《循环日报》创刊的1874年，也是日本图谋向海外邻邦发展的时刻。针对日本有意出兵朝鲜，以及借口所谓“生番事件”侵攻台湾(指“牡丹社事件”)的动向，该报不仅予以密切关注和详细报道，而且还加以抨击。[70] 在该报看来，朝鲜向来朝贡中国，台湾则不但是中国的版图，而且是一大“重镇”，中国岂能容忍日本征伐之。基于这样的原则，该报不断地刊登非难日本出兵的文章。在一篇痛述日本不怀好意的文章中，评论者(相信是该报主笔王韬)开门见山指出：

> 日本用兵于台湾，既戮生番(指原住民——笔者按)而犹徘徊不去，我国家岂能置之度外？必当严整边防大施军政，以固我疆而保我民，此非我好言武略也。[71]

紧接着则发出警告，如果中国坐视日本之“骄且狂”，其他各国将“效尤之……而国将不可以为国”。因此该评论主张以“法公理直、义正词严”的态度，斥责日本之非。同文在结语时强调日本之兵虽众，但“好战必亡、佳兵不祥，吾恐日本将为昔日法人之续也”[72]。

为了加强舆论的压力，《循环日报》除了刊登背景文章，介绍台湾近况之外，也经常引述和转载西报的言论，说明“中国保卫台湾名正言顺”[73]。

六、结论

综上所述，可以知道，处于内忧外患的时代，王韬等倡办以“华人出资、华人操权”为标榜的《循环日报》，从一开始便表现出与其他华文报不同的风格。该报重视言论，而一切言论又以国家、民族的利益为依归。对内，它疾呼当局放弃保守的思想，主张“变法自强”；对外，它主张加强海防，不许外来者对中国任何权益进行丝毫的侵犯。《循环日报》的上述风格，毫无疑问地开创了中国人自办文人论政的政论报纸的先河。王韬之所以被誉为“中国的第一位政论家”，以《循环日报》之评论为轴的《弢园文录外编》之所以被称为“中国第一本政论文集”[74]，其道理也在于此。他对后来政论报纸的兴起，特别是19世纪90年代政论报纸的影响是至深且巨的。[75]

注释

[1] 《上海新报》在 1872 年 7 月 2 日从周三次刊改成日刊，而与《申报》展开激烈竞争，但在同年 12 月 31 日停刊。见曾虚白主编《中国新闻史》(上册)，第 144~145 页。

[2] 同上书，第 142 页。

[3] 参见方汉奇《中国近代报刊史》(上)，第 41~48 页。

[4] 戈公振：《中国报学史》，上海商务印书馆 1927 年版，第四章第 7~8 页；曾虚白：前引书，第 196 页。

[5] 同上。

[6] 同上。

[7] 同上。

[8] 最常见的说法是 1874 年 1 月 5 日创刊。例如，方汉奇：前引书，第 66 页。

[9] 关于王韬的生平，在其自著《弢园老民自传》中有很详尽的记述。

[10] Roswell S. Britton, *The Chinese Periodical Press 1800~1912*, p.42.

[11] 有关这两年多的外国见闻，王韬在其《漫游随录》中写得很详细。

[12] 见《中外新闻七日报》辛未年十二月初四(January 13, 1872, *The China Mail*)。

[13] 与《中外新闻七日报》主笔陈蔼廷合译《联邦人口录》。同上，辛未年五月廿一日和五月廿八日即 July 8, 1871 和 July 15, 1871, *The China Mail* 两天连载。

[14] 例如《中外新闻七日报》刊登的《保民说》和《开煤矿论》，与王韬的《保远民》(《弢园文录外编》卷三)及他的“变法自强”的思想基本上是一致的。

[15] 《循环日报》1874 年 2 月 12 日，第 3 页。

[16] 《循环日报》1874 年 2 月 4 日(见该报外埠选录版小册子，第 22 页)；《循环日报》1874 年 2 月 5 日，第 4 页。

[17] 《循环日报》1874 年 2 月 4 日至 3 月中旬刊登的《中华印务总局告白》中，都称陈蔼廷为“正总司理”。

[18] 从 3 月 13 日起，在同样的《中华印务总局告白》中，则改称黄平甫为“正总司理”。

[19] 《倡设日报小引》，《循环日报》1874 年 2 月 5 日，第 4 页；《循环日报》1874 年 2 月 4 日(见该报外埠选录版小册子，第 22 页)。

[20] 同上。

[21] 同上。

[22] 《循环日报》1874 年 4 月 6 日，第 2 页。

[23] 《循环日报》1874 年 2 月 12 日，第 3 页。

[24] 《论日报渐行于中土》，《弢园文录外编》卷七，第 21 页。

[25] 同上。

[26] 同前注[23]。

[27] 《本局日报通启》，《循环日报》1874 年 2 月 5 日，第 3 页；《循环日报》1874 年 2 月 4 日(见该报外埠选录版小册子，第 23 页)。

[28] 同上。

[29] 《本局日报通启》,《循环日报》1874 年 2 月 5 日,第 3 页;《循环日报》1874 年 2 月 4 日(见该报外埠选录版小册子,第 23 页)。

[30] 同上。

[31] 《本局告白》,《循环日报》1874 年 2 月 5 日,第 3 页。

[32] 《本馆日报略论》,原载《循环日报》1874 年 2 月 4 日创刊号,后收录于该报外埠选录版的小册子中。

[33] 同上。

[34] 《劝阅新闻纸论》,《循环日报》1874 年 4 月 6 日,第 2 页。

[35] 同上。

[36] 《论日报渐行于中土》,前引书,第 23 页。

[37] 《英重通商》,《弢园文录外编》卷四,第 19 页。

[38] 《使才》,《弢园文录外编》卷二,第 27 页。

[39] 同上。

[40] 戈公振:前引书,上海商务印书馆 1927 年版,第四章第 8 页(香港太平版,第 120 页)。

[41] 见余家宏等编写《新闻学简明词典》,第 256 页。

[42] 《本局告白》,《循环日报》1874 年 2 月 12 日,第 3 页。以 1874 年 2 月 5 日(第二号)而言,《循环日报》第二版及第三版的内容顺序为"京报全录"栏、"羊城新闻"栏、"中外新闻"栏、"香港黄埔澳门等处落货往各埠之船消息"及《本局日报通启》的社告。外埠选录版的小册子只选用"羊城新闻"栏和"中外新闻"栏中的若干(约一半)新闻。详情如下:

	《循环日报》原件	外埠选录版小册子
"羊城新闻"栏	○屠者能诗 ○贪官被骗 ○劣绅造孽 ○德可胜妖 ○妓能守节 ○城中武馆 ○梦中题联	○屠者能诗 ○妓能守节 ○梦中题联
"中外新闻"栏	○保险公司清单 ○洋船失事被害 ○斗趋贻笑 ○诳人自败 ○博徒被罚 ○升旗致贺 ○西人论巡船之弊 ○秘鲁厚待华佣不足信 ○祭牀神之谬 ○论者谓峨取基华之非 ○富强要策 ○富强要策 ○禁缠足说	○斗趋贻笑 ○西人论巡船之弊 ○秘鲁厚待华佣不足信 ○论者谓峨取基华之非 ○富强要策 ○禁缠足说

[43] 同上。

[44] 《本局告白》,《循环日报》1874 年 5 月 7 日,第 2 页。

[45] 同上。

[46] 戈公振：前引书，上海商务印书馆 1927 年版，第四章第 7 页(香港太平版，第 119 页)。

[47] 系王韬在“同治甲子年春”(1864 年春)所写的旧作，刊于《循环日报》1874 年 4 月 12 日，第 2 页。

[48] 自 1874 年 2 月 23 日至 3 月 2 日，该报分五天连载《循环论》。

[49] 《循环论甲》，《循环日报》1874 年 2 月 23 日，第 3 页。

[50] 《循环论乙》，《循环日报》1874 年 2 月 24 日，第 3 页。

[51] 同上。

[52] 同上。

[53] 《循环论戊》，《循环日报》1874 年 3 月 2 日，第 3 页。

[54] 同上。

[55] 参见方汉奇：前引书，第 69 页。

[56] 《循环日报》1874 年 2 月 5 日，第 3 页。

[57] 《书中外新报论中国后》，《循环日报》1874 年 7 月 8 日，第 3 页。

[58] 例如，上海的《申报》就经常转载该报的言论。详见西里喜行《关于王韬和循环日报》，《东洋史研究》第四十三卷第三号，第 96~97 页。

[59] 赖光临：《王韬与循环日报》，《报学》第三卷第九期，第 62~64 页。

[60] 如《论安南与清国议和事》，《循环日报》1874 年 3 月 31 日，第 2 页。

[61] 如《俄人有志于朔方》，《循环日报》1874 年 7 月 2 日，第 3 页。

[62] 《循环日报》1874 年 4 月 30 日，第 2 页。

[63] 《循环日报》1874 年 7 月 17 日，第 2 页。

[64] 《循环日报》1874 年 6 月 11 日，第 2 页。

[65] 《循环日报》1874 年 2 月 4 日(引自该报为海外及外埠读者编印的选录版小册子)。

[66] 《循环日报》1874 年 2 月 5 日，第 3 页。

[67] 《循环日报》1874 年 4 月 21 日，第 3 页。

[68] 《循环日报》1874 年 2 月 21 日，第 2 页。

[69] 《日本禁烟说略》，《循环日报》1874 年 2 月 6 日，第 3 页。

[70] 从评论的题目，可以知道该报刊登不少批判日本的文章。例如：《论日本使臣之言不可信》(1874 年 6 月 6 日)、《论日本伐台湾生番之非》(1874 年 6 月 12 日)、《日本觊觎台湾消息》(1874 年 6 月 30 日)、《论台湾实为中国重镇》(1874 年 7 月 16 日)、《论东洋侵犯台湾事》(1874 年 7 月 21 日)和《论日本举事之谬》(1874 年 8 月 10 日)等。

[71] 《论日本之必可胜》，《循环日报》1874 年 7 月 1 日，第 2 页。

[72] 同上。

[73] 《循环日报》1874 年 6 月 23 日，第 3 页。

[74] 方汉奇：前引书，第 67 页。

[75] 19 世纪 90 年代积极鼓吹“变法自强”活动的康有为、梁启超等人对王韬的评价很高。梁启超的《论报馆有益于国事》显然受到王韬及《循环日报》的影响。详见赖光临：前引论文，第 62~64 页。

第10章

总　结

综合上述各章的考证与研究,我们可以发现自1815年至1874年是中国近代中文报业从诞生、萌芽到成长的重要演变时期。这60年之间,基本上可以分为两个阶段。第一个阶段是宗教月刊时期,即从1815年伦敦布道会在马六甲创办《察世俗每月统记传》开始至1857年创刊于上海的《六合丛谈》在1858年停刊为止(1858年以后,半杂时事、介绍知识的宗教月刊虽然还继续存在与发展,但已经不是华文报界的主流,它所刊登的新闻也不再像早期期刊那样具有其特殊的意义)。第二个阶段是"新报"的萌芽与成长期。年代则以1857年底附属于香港英文报《孖剌报》的中文周三次刊《香港船头货价纸》(后易名为《香港中外新报》)创刊开始,至1874年中国人出资自办成功的中文日报,也是中国的首家政论报纸《循环日报》诞生为止。

宗教月刊时期和"新报"萌芽与成长期两者最大的区别是,前者基本上是每月出版一次,编者是清一色的西方传教士。其中虽有个别的中国人如梁发、王韬等从旁协助,但自始至终只是停留在从事杂务或文字修饰等协助范围,既无权过问编辑方针,也对报纸的内容与形式没有任何的影响力。后者("新报")虽以西报的附属报纸为开始,但编者却是中国人。在民族自觉意识的驱使下,中国人编者从争取自主编辑权发展到自己出资、自己经营的中文"新报";报纸的周期则从每周出版三次,而逐步发展为日刊(星期日休刊)。(1874年以"华人资本华人操权"为号召而创刊的《循环日报》则从一开始就以日刊的姿态出现。)

在版式上,宗教月刊基本上是以书本式形态(《天下新闻》例外)编印,每期线装一册。但"新报"却以报纸形态出现,其版头、分栏与版面的安排等也仿自西报。由于得以利用西报印报机,"新报"先是以小型版姿态出现,后发展为大版。在内容方面,宗教月刊基本上是以传教目的为主,"新报"则以报道新闻(特别是商业新闻)与发表评论(特别是《循环日报》)为中心。至于发行区域,外国人创办的宗教报刊先是以马六甲、巴达维亚等地为据点,然后再转移到英国殖民地的香港和上海等五个通商口岸。不过,不管是在哪儿印刷与发行,其目的无非要把刊物流传入中国国内，影响中国读者，从而改变中国人对西方宗教与西方事物的看法。所有的刊物，几乎都是免费赠阅的。

与此相反，“新报”最早的发祥地与据点是香港(另一个“新报”的中心地是上海，但与香港相比，当时只是扮演次等重要的角色)。西报出版中文报(即“新报”)的主要目的是追求利润，因此从一开始就十分重视发行与广告的收入。香港“新报”的基本读者群是港、澳兴起的中国商人阶层，但广州、上海等五个通商口岸，以及海外华人聚集地如旧金山、新金山(悉尼)、马六甲、新加坡、巴达维亚、安南(越南)以及日本的神户、横滨等，也是其争取读者的对象所在地。即使是以政论报纸姿态出现的《循环日报》，在发行区域与业务的经营方面，也采取同样的方法。

以上谈的是宗教月刊时期和“新报”萌芽与成长期两者的基本特征与差异。实际上，即使是在两个阶段本身，各报刊之间在形式与内容上也有一定的差距。兹分述于下。

一、宗教月刊时期(1815~1858年)

简单地说，当时各中文报刊之所以相继问世，与其说是应中国国内社会的需要，不如说纯粹是出自西方基督教新教传教士为达到传教及宣扬西方文明目的，从而改变中国人的西洋观而创刊。从1815年《察世俗每月统记传》创刊到1858年《六合丛谈》停刊的40余年之间，随着时代的改变，各报刊的出版动机、发行区域乃至内容与编排等，也有一定的改变。

以下再细分为三个时期，针对其特征与时代背景予以总结。

1. 第一期(从1815年至1830年前后)

直到1830年前后为止，中文月刊发行的主要目的是为了宣传基督教教义。各报刊发行的地点不是英国殖民地的马六甲，就是荷兰殖民政府管辖下的巴达维亚。它们可以说是伦敦布道会为了前往中国传教而在东南亚进行准备活动的产物。内容以阐明宗教教义(特别是《圣经》的汉译及有关基督教教义的启蒙)为中心，其中虽然也有半杂时事、介绍新知识等，但目的只是为了不使刊物过于枯燥而非重点所在。大部分在报刊上发表的宗教文章后来都另印成传教小册子发行。可以这么说，当时的月刊除了有固定的出版周期(即定期性)，也刊登有关诸如天文学、地理学等粗浅的知识性文章及偶尔穿插类似新闻的新闻之外，基本上与一般传教的小册子没有太大的差别。至于印刷技术或者文章的表现能力等方面,都显得格外粗制滥造,是外国人所办的中文报刊的幼稚期,代表性的报刊是《察世俗每月统记传》。

2. 第二期(从1830年前后至1842年《南京条约》签署为止)

从1830年前后开始,欧洲传教士所办的中文报刊开始把重点从传教转至宣扬西方文明。从中英的关系来看,当时正是鸦片战争爆发前夕的紧张时期。英国政府及商人当然希望早日撞开中国的大门,而在中国周围已经做好传教准备活动,等候了四分之一世纪的基督教教会也相继派人前往广州,试探打入中国的可能性。与此相反,中国民众及具有民族自觉意识的官员却对西方商人偷运鸦片的活动深表不满,而积极地考虑各种应对政策。他们对外国人的看法,除了"蛮夷"的传统观念之外,就只有贩卖鸦片的罪恶形象。如此这般的西洋形象,不仅对急于打进中国的英国政府和其他欧美商人不利,也不利于急于到中国传播"福音"的基督教传教士。于是乎,在欧美商人的支援下,广州的新教传教士们便开始筹办其中文报刊。报刊的主要目的,就是清除英国等西方"官、商、教"三者面对的共同障碍物——当时中国人的西洋观;内容的重点也就从传教逐步转为向中国人宣扬西方文明的优越性。换句话说,介绍欧洲的科学与医学等知识,以及西方各国(特别是英国)的情况,是当时中文月刊内容的一大卖点。另外,《东西洋考每月统记传》及在鸦片战争前夕只发行数期的《各国消息》在介绍各国近况的同时,还刊登了当时广州出入口的市价表。这显示着19世纪30年代的中文报刊,已有开始重视商业新闻的征兆与倾向。

3. 第三期(1842年《南京条约》签署以后)

《南京条约》的签署,打开了西方传教士到中国活动的大门,在这之后的宗教月刊(以《遐迩贯珍》为代表)除了继承《东西洋考每月统记传》的方针,宣扬西方文明的优越性之外,最令人注目的动向之一是新闻比重增加。它们同时也向中国读者介绍有关广告栏及经济栏等近代化报刊的概念。在当时,不少掌握中国语文而又熟悉中国情况的传教士都先后出任香港英国殖民当局的官员,或通商五口岸领事馆的领事或翻译员,其中有些还身兼中文报刊的编辑。因此,反映在当时中文报刊上的报道和文章,有不少是旨在替欧美政府及商人的对华政策与利益辩护和服务的。不管是从其资金来源或者是报刊的内容来看,《南京条约》以后的中文宗教报刊相对上更具有西方官方的色彩。

总之,在《察世俗每月统记传》问世以后的40余年里,外国传教士主持下的中文报刊,不管是从其内容、编排或者文字印刷等角度来看,都有朝着近代化报纸方向发展的倾向。与此同时,中文报纸的发行,也从海外转移至中国境内。尽管如此,当时的报刊并不为中国民众所欢迎。推究其因,主要是因为这些报刊与其说是应中国国内社会的需要而诞生,不如说是出自外来的因素。正因为如此,以传教为目的,在文字与印刷水平处于幼稚期的《察世俗每月统记传》等早期报刊,固然无法争取到中国读者(借用麦都思的话来说就是"用心看书者甚少也");即使是内容较为充实,文字更为老练,印刷方面已接近近代化报纸的《遐迩贯珍》,也得不到中国读者的支持(该刊编辑理雅各就曾经对此深感不满)。

于是乎,以中国读者为对象而创办的中文报刊,最终只能依靠旅华欧美人士的购阅与捐助等援助才能生存。这是一个十分具有讽刺意义的现象。虽然如此,这些以月刊为主体的中文报刊,在介绍西方近代化报刊的概念方面曾扮演一定的角色,却是一个无可否认的事实。它们是促使中国人早日出资自办近代化中文报纸的催化剂。此外,值得一提的是,这些当时在香港、上海、宁波等地发行的报刊,还先后输往日本,并在日本文久年间或以手抄本方式及翻译本等形态翻印,或经过官方审阅、删定,成为日本人所说的"官版翻刻新闻(报纸)"。它们曾在日本知识界广泛流传,在日本报业史占有着特殊的地位。

二、"新报"的萌芽期与成长期(1857~1874年)

本书所探讨的三家香港"新报",其实也正好反映了当时中文报业发展的三个阶段。

《香港船头货价纸》可以说是当时香港繁忙商业社会(以"船"和"货价"为中心与象征)的产物,也可以说是鸦片战争后西方势力打入古老封建王朝的中国,香港沦为英国殖民地的副产品。随着中西贸易的繁盛及中国商人阶层(特别是与洋人贸易的买办阶层)的形成,社会上便出现了对商业讯息的迫切需求。《香港船头货价纸》(后改名《香港中外新报》)先是每周出版三次,后是每日出版"行情纸",并于1873年以"日刊"形态出版。这个过程充分反映了"商业讯息"是促使中文报业早日从周三次刊进入日刊阶段的主要原动力。《孖剌报》试办中文版《香港船头货价纸》,目的无非是要赢取利润。《香港船头货价纸》及其易名后的《香港中外新报》能够生存与发展,反映了当时办中文报,已经不是宗教月刊时期的纯粹"慈善事业",而是有利可图或有此潜能的行业。

后来由陈蔼廷主持,从《中外新闻七日报》发展起来的《香港华字日报》及王韬倡办的《循环日报》之所以重视商业讯息,甚至将头版全版刊登货价和股市动向,及竞相另纸刊印"行情纸",说明了即使是志不在营利的"新报"也不能忽视商人迫切渴求的商业讯息,而不得不将之摆在首位。这是当时"新报"的一大特色。

其次是,三报都仿效西报的版面安排,后来的中文报都以《香港中外新报》为模式,其版面编排为:第一版全版为物价起落的商业讯息;第二版是中外新闻版。其顺序是"本港新闻"、"中外新闻"、《京报》(后来成为头条新闻)以及转载自上海等其他各地报纸的新闻等;第三版续登载第二版未刊完的新闻,余者为船期与广告等;第四版全版为广告。

不过,在内容及言论立场方面,三报都各有其特色。由于受到现存资料不足的限制,本书对有关报纸的内容分析以《香港中外新报》的前身《香港船头货价纸》(1859 年 79 份原件)及日本版的《官版香港新闻》、《香港新闻》及《香港新闻纸》,《香港华字日报》 的前身 《中外新闻七日报》(1871 年 3 月 11 日至 1872 年 4 月 6 日)以及《循环日报》初期(1874 年 2 月 4 日至 8 月 10 日)为中心。换句话说,本书对三大报的内容分析,基本上是以三大报或其前身报创办初期的原件或日本版为对象。三报创办初期的时代背景虽然有所差异,却也清楚地反映了如下的不同编辑方针与立场。

(一)作为《孖剌报》中文版的《香港船头货价纸》,虽然也标榜要报道有利于中国人的新闻,但以我们今日所能看到的有限资料,该报除了在"猪仔问题"上曾经展开舆论宣传,痛斥"猪仔馆"的罪恶行为之外,基本上是沿着《孖剌报》的办报方针,传递香港殖民政府的"宪示",乃至替英国出兵侵略中国说话,它可以说是一份典型的殖民地报纸。由此可见,忽视该报出资者与"操权者"系洋人(即《孖剌报》主人)的事实,只是由于该报编辑人员为中国人,而将它归入"中国人自办报纸"的范畴,是不恰当的。

(二)与《香港船头货价纸》相比较,陈蔼廷主持的《中外新闻七日报》在言论上就显得较富有中国人的意识。该报当时虽然只是附属于《德臣报》的中文专版,但编者从一开始就清楚表明要沿着中国人的意向办报。与此同时,陈氏也提出他对报纸的看法,强调新闻应该是"至新至真"的概念,对后来中文报纸的发展,有着一定的影响。不过,该报毕竟不是中国人出资自办的报纸,因此,尽管该报的言论并不像《香港船头货价纸》那样替英殖民当局说话,而是尽量为香港华民的利益着想, 但始终只是停留在民生问题及对港民进行启蒙教育等层次的问题上,而未对国家社会正面提出较强烈的主张,其编辑方针可以说是十分稳重的。

(三)正面提出强烈的政治主张,对内要求清政府进行变法改革,对外痛斥列强(包括当时明治维新后开始对外扩张的日本)对华政策的,是在王韬倡办的《循环日报》诞生以后的事。《循环日报》的问世,无疑打破了过去报纸的传统与作风。它揭开了中国人"文人论政"的政论报纸的序幕。它将西方传教士旨在改变中国人对外态度的传播媒介——报纸,转而成为中国人自己论政的讲坛(所谓"以子之矛,攻子之盾")。该报在介绍西方新知识、新制度的同时,也对西方传教士的"伪善"予以揭穿。该报同仁深知报纸的功用,也深知只有中国人自己出资、自己主持的中文报(甚至是外文报刊),中国人的利益才会有所保障。

与此同时,王韬也提出报纸应该扮演"上意下达,下意上达",沟通民意的桥梁作用的主张。他认为报纸的报道应该忠实,评论态度应该客观且对民众有所教育意义。他也向读者介绍了西方报纸的伦理、法制以及有关言论自由的概念。这些都反映在《循环日报》的版面上。至此,近代化中文报纸的基本版式、风格与内容的骨架可以说已经完成。

值得一提的是,从上述三家报纸立论的差异与演变,可以清楚地看出传媒控制权与舆论之间的相互关系。事实上,正是在自己的体验与实践的过程中,萌芽期近代中文报的先驱们充分地认识到外资控制下的传媒,言论受到诸多限制。这些强烈不满的情绪,也正是促使他们出资自办报纸的原动力。从这角度来看,我们可以这么说,萌芽期中国近代报业史,其实正是一部中国人要求摆脱外国势力对传媒的控制,争取言论自由,从而表达国家民族意识的斗争史。当时的香港报人由于最早接触外界,既看清来华西人的不怀好意,又洞悉国际形势的走向;他们也对腐败的中国政府表示不满,殷切期望中国富强。因此,当他们在争取并掌握传媒这项工具之后,即逐步地发挥了忧国忧民、要求改革的舆论作用。这是我们在回顾与总结早期报业史时,应该予以高度评价的。

从米怜于1815年在马六甲创办《察世俗每月统记传》,介绍西方"定期刊物"的报刊概念与形式到中国,直到王韬掌握报纸这一传播媒介,倡办"华人资本、华人操权"的《循环日报》,借以维护华人的利益及唤醒其国人与当局力图革新,以应西力东渐之变化,充分反映了这60年间中西关系变化的巨大。这60年间的变化,其实也正是中文报刊从诞生、萌芽、成长而演变为"近代报纸"的过程。《循环日报》在版面编排与内容方面的成熟,正标志着近代中文报业迈入新的里程碑。

最后,应该指出的是,尽管19世纪的宗教报刊是假外国传教士之手传入中国,但主持《东西洋考每月统记传》的西方传教士从该刊的1837年5月号开始,就对流传于中国上层社会的“古代报纸”——《京报》十分重视,予以转载。此后的宗教报刊(如《遐迩贯珍》)也经常选录《京报》的文章。至于香港三大“新报”,更常将“京报选录”或“京报全录”摆在第二版(即新闻版)的头条。由此可见,尽管中国近代中文报刊的诞生出自外来的因素与刺激,但很快就与中国固有的“古代报纸”有所结合,先是模仿“古代报纸”的书本式,后是转载其一部分内容,并将它吸收为其组成的一部分(后者最终被时代所淘汰),而成为早期中国近代报纸的一大特色。

《香港华字日报》创刊初期大量原件(1872~1874年)的发掘与意义※

1985年,笔者在日本《综合新闻事业研究》(《総合ジャーナリズム研究》)秋季号,发表《〈香港华字日报〉创刊年号考》一文(详见本书第8章第一节),推翻了长期以来报史学界公认和《香港华字日报》自称创刊于“1864年”的“定论”,并明确指出:

1.《香港华字日报》创刊于1872年4月17日。

2.该报之前身是创刊于1871年3月11日(辛未年正月二十一日)、停刊于1872年4月6日(壬申年二月廿九日),每周六刊于*The China Mail*(《德臣报》)的中文专页《中外新闻七日报》,主笔为“西学巨擘”(王韬语)的陈蔼廷(即陈言)。

3.由陈蔼廷主持,每周六作为*The China Mail*中文专页的《中外新闻七日报》在1872年4月17日改为《香港华字日报》,脱离母体单独出版,每周刊印三次(即周三次刊)。至于该报之发展为名副其实的日报,是在1873年6月4日之后。

上述结论的主要依据是:

1.据当时被公认为是“硕果仅存”、收录于1934年的《华字日报七十一周年纪念刊》的早期《香港华字日报》(1873年6月4日)影印件所载,该期之出版序号为“第一百七十六号 NO.176”,每周一、三、五出版,按照简单的推算,该报的创刊不可能是在九年前的1864年。

※ 本文曾于2014年11月2日在中国新闻史学会2014年年会暨中国新闻传播专题史研究学术研讨会的大会上宣读,并刊于《国际新闻界》2014年第10期。

2.根据同年代香港官方报告书《香港蓝皮书》(*Hong Kong Blue Book*)、同年代的报纸如1872年上海出版的《申报》及同年代报人(如王韬)的记述,皆足以否定1864年创刊之说。

3.更为重要的依据是,该报母报 *The China Mail*(《德臣报》)的相关告示及笔者当时发掘的重要原件,即自1871年3月11日至1872年4月6日,每周六刊于《德臣报》的整版(创刊号为三分之二版)中文专页《中外新闻七日报》。从《中外新闻七日报》诸多"告白"(即启事)等内容,不难断定《香港华字日报》的前身就是《中外新闻七日报》。至于该报及其中文专页脱离母报(即不再以中文专页姿态刊印于《德臣报》)自行刊印,是在1872年4月。经仔细考究与推断,笔者得出《香港华字日报》创刊于1872年4月17日的结论,并推断该报是在"1873年6月4日"之后才发展成为完整的日报。

笔者当年之所以费那么大的气力进行上述的考究,目的无非是为了正本清源,厘清并勾勒中国近代报业萌芽与成长期的面貌。研究《香港华字日报》最大的难点,是该报馆曾在1895年1月失火,当时报馆保存的报纸悉遭焚毁,致使后人(包括该报后来的主持人)对其早期情况知之不多,且停留于"以讹传讹"的叙述。

笔者上述的考究与发现在日本发表之后,中文版也曾被介绍到中国大陆、台湾和香港而获得两岸三地学界的关注与肯定。报史学界前辈宁树藩教授更在中文版(张国良教授译)被介绍至中国的第一时间详文予以郑重推荐,称之为"一个很有意义的考订"。[1]紧接着,许多相关的学术著作和新闻史教材都采用笔者的说法。这篇有关《香港华字日报》创刊日期的考究文章,后来也收录在我的日文著作《中国近代新闻成立史1815~1874》(百利坚出版社,东京,1990年),中文繁体字版《中国近代报业发展史1815~1874》(正中书局,台北,1998年)和同书简体字增订版(中国社会科学出版社,北京,2002年)。

一、进一步厘清早期《香港华字日报》的面貌

实际上,在中文简体字增订版2002年面世后不久,笔者就在日本国立国会图书馆发掘了《香港华字日报》创刊初期的大量第一手资料:自同治十一年岁次壬申三月二十九日(即公元1872年5月6日)的第9号至同治十三年岁次甲戌年七月十四日(即1874年8月25日)第442号,长达两年又三个多月、相对完整的原件。

作为新闻史研究者,笔者当然为之眼睛一亮。抱着十分惊喜的心情,当时就对这400多份该报原件逐页通览与考察,但却迟迟未执笔撰文。一来是由于

教学任务繁重,加之正忙于编写几本相对来说时效性较强的日本时评论文集及日文版的《东亚新闻事业论》。二来是在阅读与考究该报早期的大量原件之后,发现其初期真实面貌(包括何时创刊及版面形式与内容等)与笔者原本的考察和推究基本上相去不远,因此也就不急于发表研究论文。

现在,事过10年有余,趁着中文简体字增订新版付梓之际,作为《香港华字日报》原件的发掘者与研究者,笔者认为有责任和义务将这些第一手资料的发掘及其意义公诸于世。

(一)确认创刊日期为1872年4月17日无误

首先,确认《香港华字日报》的创刊日期为1872年4月17日(同治十一年岁次壬申三月十日)无误。

根据笔者新发掘、迄今尚未被利用的现存《香港华字日报》原件,最早的一期是"第九号",即1872年5月6日(同治十一年岁次壬申三月二十九日)、礼拜一的该报(见图1)。正如收录于《香港华字日报七十一周年纪念刊》、之前被视为唯一留存下来的该报早期影印件(第一百七十六号 NO.176)在报头右侧所写一般,"第九号"报头右侧也注明该报"新闻一三五印发 行情纸每日派送"的字样。换句话说,该报是每逢星期一、三、五出版的周三次刊,行情纸则每日出版。按照简单的推算,该报创刊号发行于1872年4月17日(同治十一年岁次壬申三月十日,礼拜三),这与我1985年在日本《综合新闻事业研究》发表的前述论文之推测相吻合。

(二)确认早期的版式、内容与"第一百七十六号 NO.176"基本无大差异

新发掘最早一期的《香港华字日报》(第九号),其版式与内容如下:第一版的主要内容为"香港目下金银丝发花纱疋头各等什货并股市行情";第二版为新闻版,其内容顺序是《本馆告白》、"中外新闻"栏、"河东狮檄"栏、"选录京报"栏、"选录教会新报"栏(按:此则选录未加上栏目标题)及二则有关保险公司的广告(见图2);第三版除了详列"现在香港澳门黄埔等处落货前往各地船名",及德臣新闻纸馆本身的二则社告,即《本馆告白》和《告白》之外,余者皆为各式各样的广告(见图3);第四版则以"现在两礼拜内香港租船行情"及"由英京往各埠之船现未到埠者其所载货多少逐一呈列"为主要内容,余者为广告(见图4)。

图1 《香港华字日报》第九号(1872年5月6日)

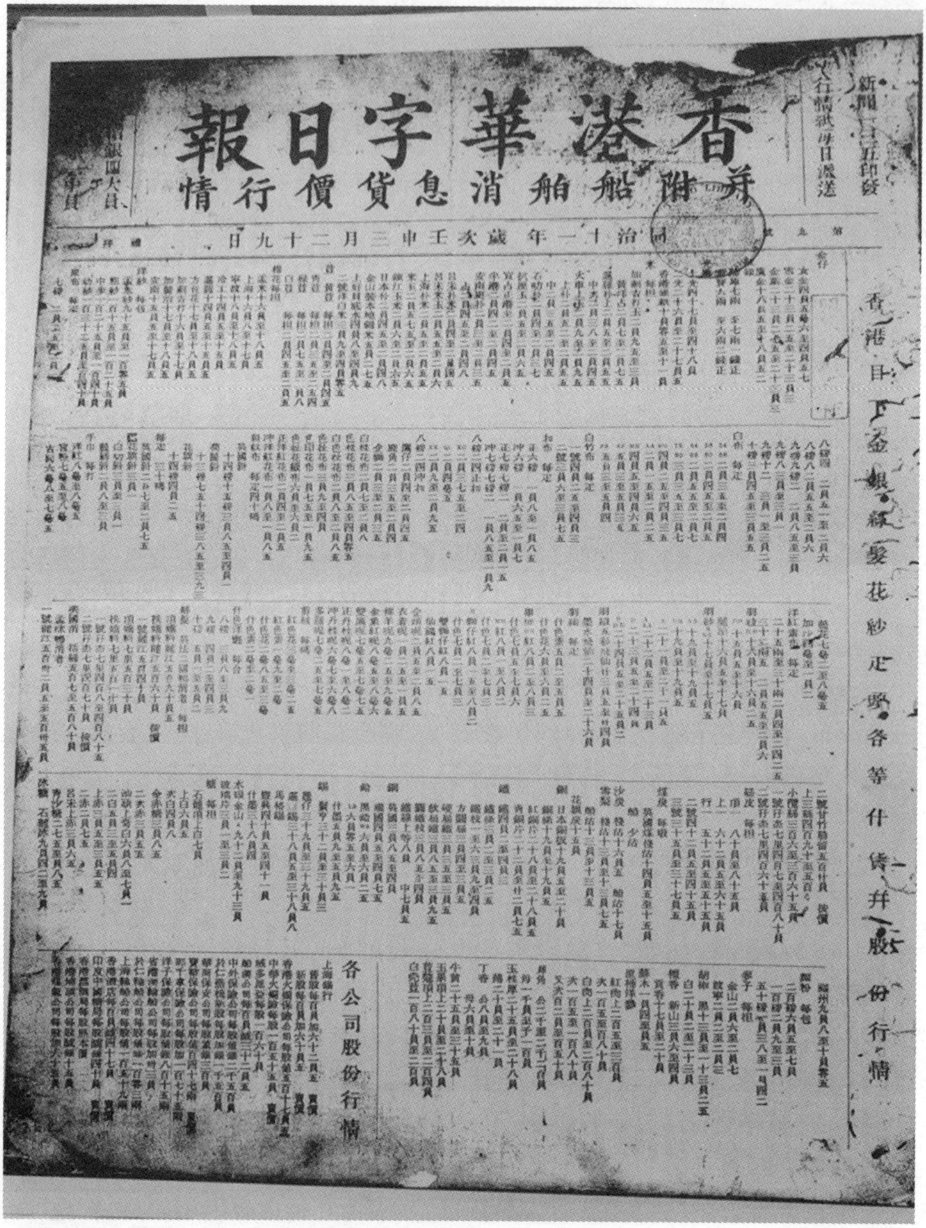

藏于日本国立国会图书馆

图2 《香港华字日报》第九号 第二版

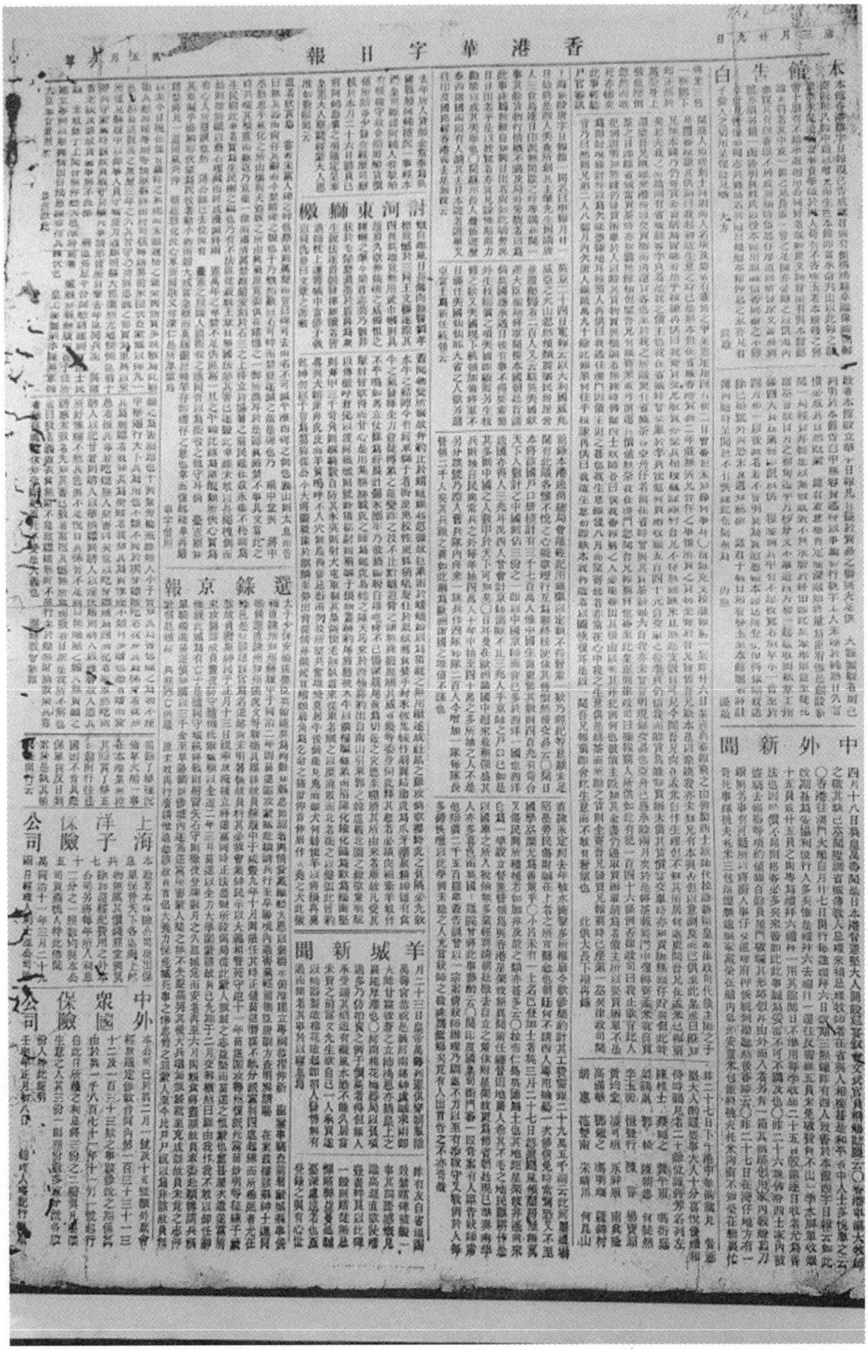
香港華字日報

本館告白

中外新聞

選錄京報

羊城新聞

上海洋子保險公司

中外衆國保險公司

图3 《香港华字日报》第九号 第三版

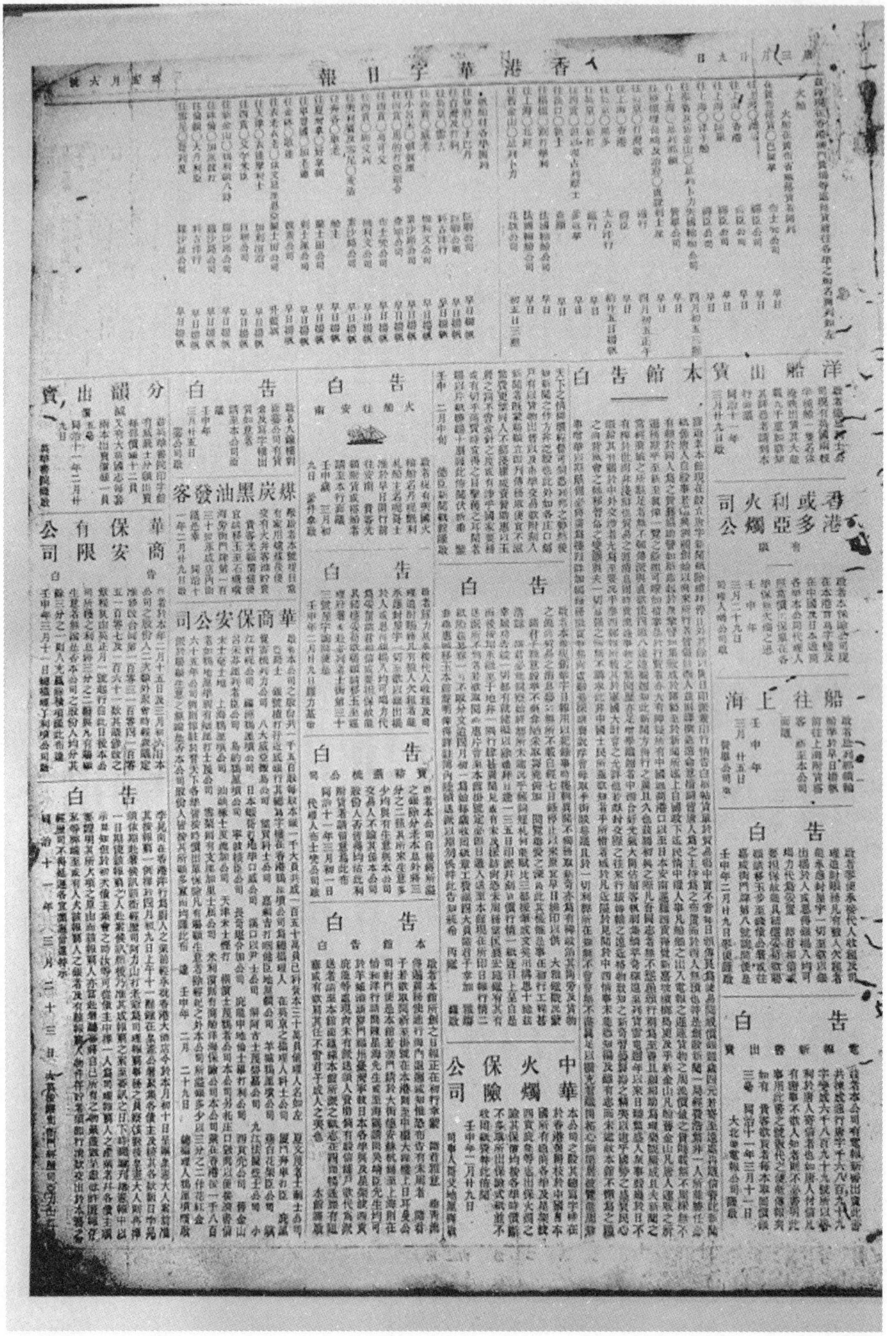

图4 《香港华字日报》第九号 第四版

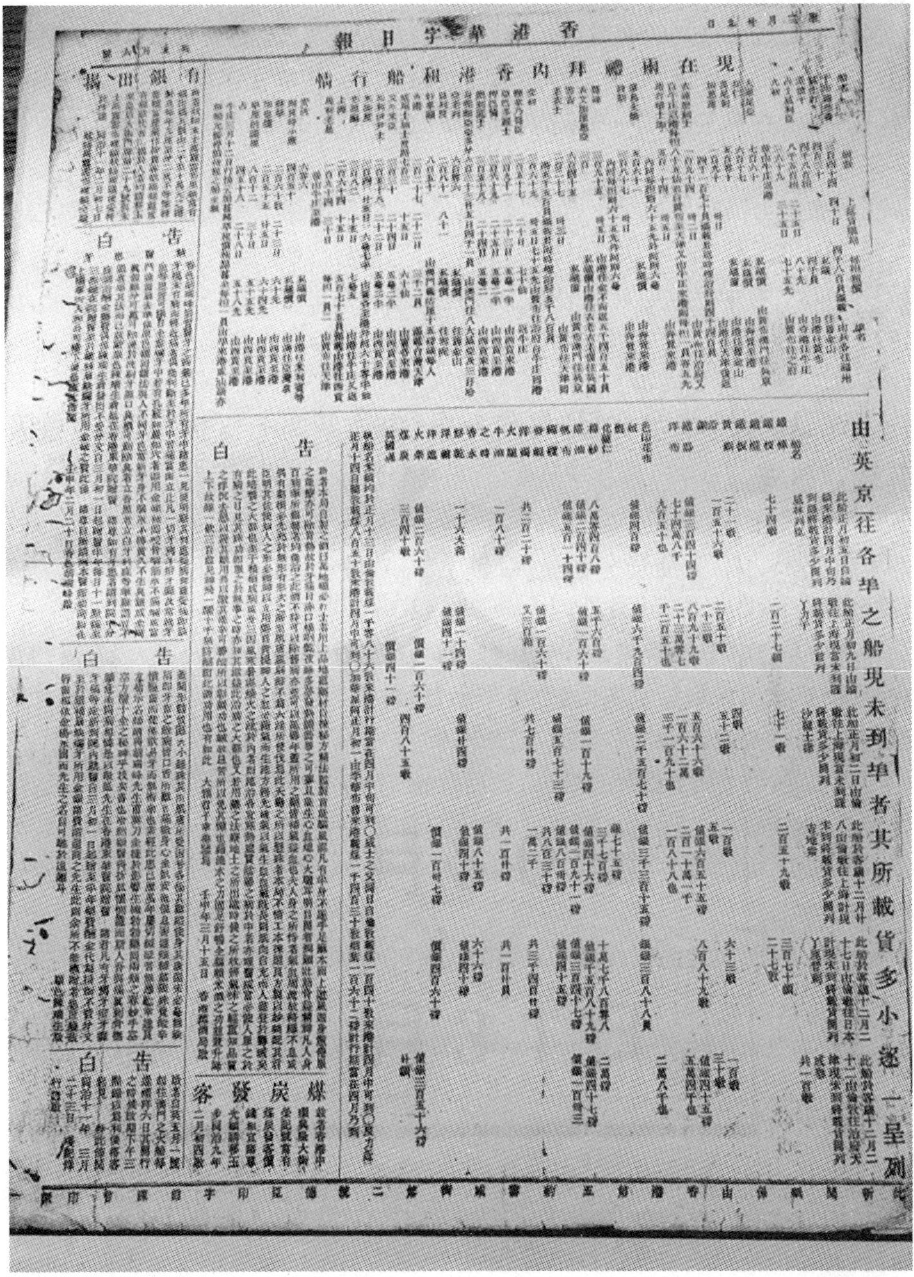
香港華字日報

現在兩禮拜內香港租船行情

有銀出揭

告白

由英京往各埠之船現未到埠者其所載貨多小逐一呈列

煤炭發客

若相比较，不难发现，上述该报“第九号”的版式和内容重点与之前被视为“硕果仅存”的该报“第一百七十六号 NO.176”基本上无大差异，有的只是头版版头的些微不同。

两者头版版头格式的些微差异是：“第九号”在版头“香港华字日报”、副题“并附船舶消息货价行情”之下，只写“第九号同治十一年岁次壬申三月二十九日礼拜一”（皆由右至左）字样，而未如“第一百七十六号”那样，同时以阿拉伯数字和英文列明“NO.176”的序号及阳历的出版日期“4th June 1873”。原件显示，该报头版版头加上阿拉伯数字序号及以英文显示阳历的出版年月日，是在“第三十九号 NO.39”（该号同时注明“15 JULY 1872”）以后的事（按：“第三十八号”只写序号“38th”，再加上此前此后版头上皆未明列的英文“FRIDAY”）。换句话说，从1872年7月15日开始，《香港华字日报》头版版头的基本格式才固定下来。

（三）确认《香港华字日报》与前身报《中外新闻七日报》的连续性及其微妙差异

在1985年《〈香港华字日报〉创刊号考》一文中，笔者以下列的论据，力证《香港华字日报》是在《中外新闻七日报》的基础上发展的中文报：

其一是，在《中外新闻七日报》的停刊号（1872年4月6日）当天，该报刊登启事，明确指出该报将易名为《香港华字日报》出版：“启者，本馆之七日录自派此期而后，拟改为香港华字日报，定开四板……”

其二是，在《中外新闻七日报》最后数期，刊载“德臣新闻纸馆”当局长达八百字的《本馆告白》，详述该报设立“唐字新闻纸”的目的、方针、内容、读者对象及发行网等，并敦请各界继续予以积极的支持。而此“唐字新闻纸”，指的就是《香港华字日报》。

这些论断，在这回新发掘的《香港华字日报》早期原件中，获得了明确的印证。

《香港华字日报》第九号刊载该报自身的启事共有五则，其中包括一篇与前述刊于《中外新闻七日报》停刊号（1872年4月6号），长达八百字的内容完全相同的《本馆告白》。《香港华字日报》在创刊初期重刊这篇由德臣新闻纸馆于“同治十有一年岁次壬申二月中旬”（按：《香港华字日报》在第九号的启示中，省略了“同治十有一年岁次”这几个字）发布的《本馆告白》，既确认了《香港华字日报》就是德臣新闻纸馆长期以来筹办的“唐字新闻纸”，也重申了德臣新闻纸馆与《香港华字日报》两者之间乃母报与子报的关系。

有关《香港华字日报》系脱胎于《德臣报》中文专页《中外新闻七日报》一事，《香港华字日报》第九号在另一则《告白》中，也有清楚的交代：

> 启者：本馆现创华字日报，用以纪录事时，搜辑异闻，不独务取新奇，亦为有裨政治，其间旁及货物之流通、贸易之消息，几于无所不载。七日录停止以来原宜早日排印……

"七日录(按：指《中外新闻七日报》)停止以来原宜早日排印……"再次清楚表明了该报就是《中外新闻七日报》的延伸与发展。

除此之外，同天的另三则《告白》则旨在为新出版的《香港华字日报》征稿、促销和宣布海内外代理该报的销售处。

与作为《德臣报》中文专页的《中外新闻七日报》相比较，脱离《德臣报》母体独立出版后的《香港华字日报》之最大变化，除了篇幅从原有的一大版增至四大版之外，是在第四版的下端明确写上："此新闻纸系由香港第五约云咸街第二号德臣印字馆陈言印派。"它与《中外新闻七日报》在其下端注明"此新闻纸系由香港德臣圣地刻印"区别之重大意义是：《中外新闻七日报》的督印人和法律责任承担者是德臣圣地，而《香港华字日报》则改为陈言(即陈蔼廷)。不过，后者在"陈言印派"之前加上"此新闻纸系由香港第五约云咸街第二号德臣印字馆"等文字，也明确指出该报的馆址仍然是设在 No.5, Wyndham Street 的德臣印字馆(即 The China Mail Office)内。

换句话说，脱离母报独立出版的《香港华字日报》虽然已不再寄生于英文报《德臣报》，但仍然隶属于德臣新闻纸馆，馆址未变。

有关这一点，德臣新闻纸馆在《中外新闻七日报》停刊号《本馆告白》的开头语："谨启者：本馆设立新闻纸……"，也再度清楚表明《香港华字日报》系德臣新闻纸馆所设。

不过，也许是为了争取华人读者的支持，在这篇后来也常见于《香港华字日报》的《本馆告白》中，德臣新闻纸馆强调："此新闻纸系属(按：创刊后的同篇启事，省略了'属'字)唐人自设，事若继兴，例关创始，以向来所行者皆倡自西人，兹则译撰、遴选、命意、措词皆唐人为之主持，为之布置而与西人无预也。"

这个表态，与 1871 年 3 月《中外新闻七日报》创刊初期《本馆告白》之强调"此报刊发虽由本馆(按：指德臣新闻纸馆)而主笔出自唐人，所以专求利益于唐人者，知无不言，言无不尽……"，有微妙之差异。

两者微妙之差异是：《中外新闻七日报》坦率承认该报系由《德臣报》刊发，

但强调主笔是唐人,表示将会全心全意维护唐人的利益;《香港华字日报》则试图进一步告诉读者,该报有别于过去"倡自西人"的中文报而"系唐人自设"、"唐人为之主持",西人无从干预。

由西字日报《德臣报》所办的中文报,是否真的能有如陈蔼廷所期待的一般,摆脱西人的干预呢?

对此,同年代由香港华人集资创立的中华印务总局同人(其中也包括陈蔼廷),在《香港华字日报》面世后不到一年的1873年2月,就察觉到并非易事。(有关细节,下面还会再谈。)

1874年2月4日,在题为《倡设日报小引》的《循环日报》发刊词中,中华印务总局便对当时既存的华文报(当然也应包括《香港华字日报》),一针见血地指出其要害之所在并予以否定:"然主笔之士虽系华人, 而开设新闻馆者仍系西士,其措辞命意未免径庭。"

西士开设的新闻纸馆与力图摆脱西人干预的唐人主笔, 在措辞命意上缘何、如何"径庭"?也许最清楚的或者说最感同身受的,莫过于在西士开设的新闻纸馆工作的唐人主笔。

值得注意的是,从中华印务总局筹备的第一天开始,到该局倡议华人自设的日报《循环日报》创刊后最初的一个多月期间,陈蔼廷都是该有限公司与"自设日报"事宜核心人物之一的总司理。《倡设日报小引》中所说的唐人主笔与西士馆主之摩擦和不协调,显然也反映了陈主笔的心声和处境。

(四) 订正《香港华字日报》从周三次刊改版为日报的准确日期为:1874年2月21日

在1985年《〈香港华字日报〉创刊号考》的拙文中,笔者以当时所能看到的该报早期唯一原件(即NO.176号,1873年6月4日)的版头仍然宣称"新闻一三五 行情纸每日派送"为由,断定该报是在1873年6月4日以后改为日刊;又以香港官方1873年出版的《香港蓝皮书》(*Hong Kong Blue Book* printed by Noronha and Sons, Government Printers)在其"Newspaper"(报纸)一栏中提到"*The Hong Kong Chinese Mail*"(即《香港华字日报》)时注明为"thrice a week"(即每周出版三次),但在1874年出版的蓝皮书中的相关注明时,则称之为"daily"(即"日报")为据,推论该报改为日报是在前一年度(即1873年)6月4日以后的时间段。

现据原件显示,该报改为日刊的准确日期是1874年2月21日(同治十三年岁次甲戌正月初五,第二百八十六号,NO:286)(见图5)。换句话说,笔者此前断定该报改为日刊是在"1873年6月4日以后"是对的,但推论为1873年的后半期却有不够精准之处。原因是1874年出版的《香港蓝皮书》注明该报为"daily",固然可将之解读为《香港华字日报》在前一年(即1873年)已改为"日刊",但并不排除该报在该蓝皮书1874年版面世前的同年(即1874年)的较早时间段改为"日刊"的可能性(条件是该报改为日刊的日期得在1874年版《香港蓝皮书》的编辑与排版之前)。

针对改版事宜,《香港华字日报》在改为日报的当天,除了在版头右上侧将原有"新闻一三五　行情纸每日派送"的文字改为"新闻纸每日派送　行情纸另行备列"之外,还在该报的第二页刊登两则相关启事。其一是长达400余字的《本馆告白》,其二是文末署称"本馆启"、约160字的启事。两者皆公布于农历新年后该报出版的第一天,即"同治十三年正月初五日"(公元1874年2月21日)(见图6)。

前者开门见山写道:"启者:本馆华字日报现拟此后除西人礼拜之外,日日分派……"清楚表明自从当天开始,该报改为天天分派的日刊(星期日除外)。后者则强调该报一向十分重视邸报("系自帝都邮寄,极其速捷,较之他家,奚止相隔天渊"),但过去限于"中西各事颇繁且间日刊发",因此无法全文刊载,唯在该报改为日刊、版位较为充裕之后,该报决定将《京报》全文详载;同篇启事还表示,该报仍将维持原有"四员"的定价,并指出,读者即使只阅《京报》也价有所值("譬诸止阅邸杪者,价值为廉")。

这则启事,既强调该报改为日报之后版面的最大变化之一,是原本以"选录"为主的《京报》将改为"全录",也反映了该报对阅读《京报》等传统媒体的中国读书人之受众,格外重视。

二、对近代报业史研究的重大意义

以上着重谈论的是此次大量发掘的《香港华字日报》创刊初期原件,对笔者此前的考察与推断的确认和部分订正(即该报改刊为日报的准确日期)。

实际上,这回大量发掘的《香港华字日报》原件,对于新闻史研究者来说,还有以下几个重大意义。

(一)提供研究《香港华字日报》的大量原始素材

首先是,它提供了我们更为全面了解、研究《香港华字日报》创刊初期长达

图 5 《香港华字日报》第二百八十六号

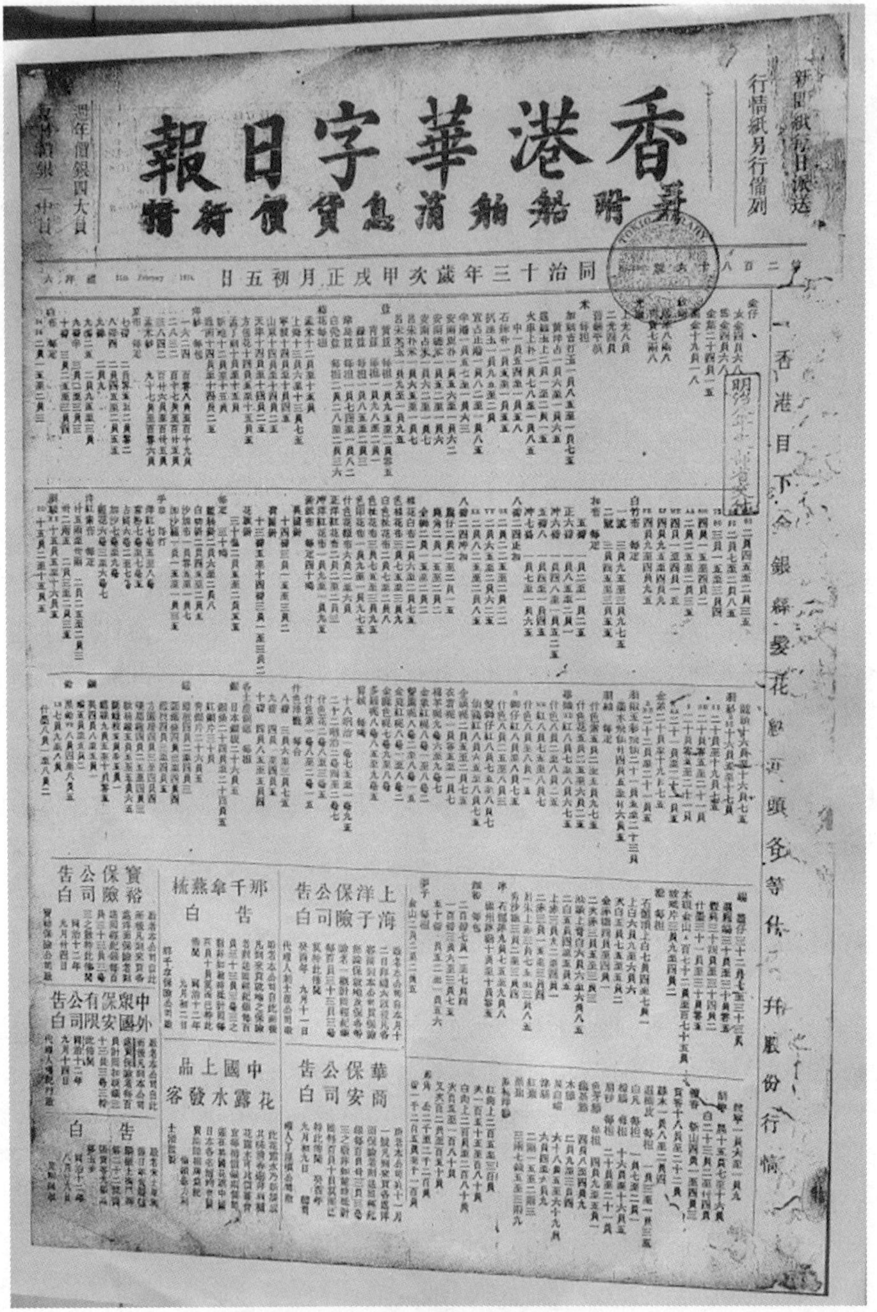
香港華字日報

新聞紙每日派送

行情紙另行備列

同治十三年歲次甲戌正月初五日

香港目下銀錢蔘花紗頭各等件并股份行情

寶裕保險公司告白

上海洋子保險公司告白

中外眾國保安有限公司告白

華商保安公司告白

中國上品花露水發客

藏于日本国立国会图书馆

图 6　同治十三年正月初五的《本馆告白》

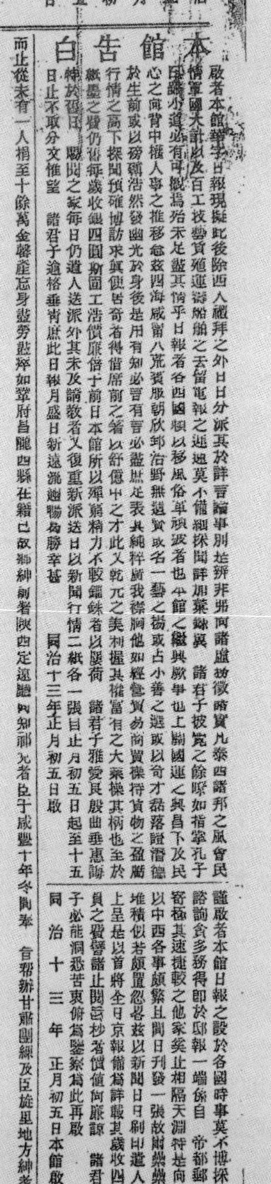
唐正月初五日

本館告白

啟者本館華字日報現擬此後除西人禮拜之外日日分派其於詳言論事別是辨非兼而諸凡被徵商賈凡泰西諸邦之風會民情軍國大計以及百工技藝貿殖遷𣙜船舶之去留電報之遲速莫不備細採聞詳加纂錄冀　諸君子披覽之餘瞭如指掌孔子曰雖小道必有可觀焉殆未足盡其情乎日報者各西國賴以移風俗革頹波者也本館之繼與厥事也上關國運之興衰下及民心之向背中權人事之推移爰茲四海咸歸八荒賓服朝欣郅治野無遺賢或名一藝之揚或占小善之選或以奇才磊落蹟滯德於生前或以磅礴浩然發幽光於身後是用有知必言有言必盡庶足表其純粹廣我襟胸他如經營貿易商賈操持貨物之盈虧行情之高下探聞預確博訪求真俾居奇者得備席前之箸以紓億中之才此又乾元之美利握其權富有之大業操其柄也至於紙墨之費仍舊每歲收銀四圓斯固工浩價廉倍于前日本館所以殫竭精力不較錙銖者以屢荷　諸君子雅愛艮殷曲垂惠顧特於舊日　賜閱之家每日仍遣人送派外其未及賜教者又復重新派送日以新聞行情二紙各一張自正月初五日起至十五日止不取分文惟望　諸君子逾格垂青庶此日報月盛日新遠流遐暢為厚幸甚

同治十三年正月初五日啟

謹啟者本館日報之設於各國時事莫不博採諮詢貪多務得即於邸報一端係自　帝都郵寄極其速捷較之他家奚止相隔天淵特是向以中西各事頗繁且間日刊發一張故附樂樂堆積似若頗置忽略茲以新聞日日刷印遣人上呈是以首將全日京報備為詳載其歲收四員之費譬諸止閱邸抄者價值向廉諒　諸君子必能洞悉苦衷俯為鑒察爲此再啟

同治十三年正月初五日本館啟

京報

京報
儀十
勸諭
侍郎
出明
奏為
軍營
稿杳
上諭

而止從未有一人捐至十餘萬金罄産忘身盡勞盡瘁如鞏府昌隴西縣在籍已故鄉紳前署陝西定邊縣知縣祁九者臣于咸豐十年冬間奉　旨幫辦甘肅團練及臣旋里地方紳耆已以甘肅目

两年又三个多月的原始素材。

因为在此之前，我们所能看到的该报唯一早期原件，是收录于1934年《华字日报七十一周年刊》的该报“一百七十六号，NO.176”(1873年6月4日)的影印件。除此之外，就是笔者20世纪80年代发掘的该报前身报，即作为香港英文报 *The China Mail*(《德臣报》)的中文专页，自1871年3月11日至1872年4月6日，每周六刊印一次的《中外新闻七日报》。

有鉴于此，有关《香港华字日报》的具体版面变化和内容分析，乃至该报在华文报业史上的定位，只能从上述有限的第一手资料中寻求答案或得知其轮廓。换句话说，笔者此前对《香港华字日报》的考察和研究，虽然推翻和订正了长期以来报史学界“以讹传讹”的某些“定论”，厘清了该报的基本面貌，但在大量原件发掘之后，还大有可以补充和进一步考察的空间。

其次是，早期《香港华字日报》大量原件的发掘，不仅促使研究者从原本只能依靠前述“硕果仅存”的一份旧报影本作为依据的窘境，转为可以接触数以百计，长达两年多原始资料宝库的状况，也让该报一跃成为目前保存下来、相对最为完整的香港同年代华文报。

同年代香港华文报迄今保存下来的原件与准原件的收藏状况如下：

一、《香港中外新报》

1.笔者发掘、原件藏于英国剑桥大学图书馆，收录于拙著《中国近代报业发展史 1815~1874》的该报1872年5月4日的影印件。

2.笔者发掘、原件藏于美国 Peabody Essex Museum，收录于拙著《中国近代报业发展史 1815~1874》(简体字增订版）的79份该报前身报《香港船头货价纸》(1859年2月3日至8月27日，内有缺号)。

3.日本刊印与流传于幕府末期，现存于日本公私图书馆与个人收藏家手中的《官版香港新闻》与《香港新闻》等各种版本。

二、《循环日报》

1.笔者发掘、藏于大英图书馆的该报最初发行的五个月报纸原件(包括收录1874年2月4日创刊号的该报新闻与文章小册子和1874年2月5日至7月4日的报纸原件)。

2.收藏于东京大学明治新闻杂志文库，约三个月的报纸原件(1874年5月16日至8月10日)。

三、王韬主编的中文报《近事编录》，原件全失。

要从上述不完整乃至碎片化的第一手资料当中,窥视当时的报纸面貌和报业状况,对于新闻史研究者来说,当然是一项艰辛的作业和挑战。但应该指出的是,这往往也是新闻史研究者不得不面对的一种常态。《香港华字日报》面世后最初两年又三个月(1872~1874)相对完整原件之发掘,毫无疑问,为我们提供了不少亟待探讨和确认早期香港华文报发展的重要线索和依据。

(二)提供探讨转折期(1872~1874年)香港新报发展的线索与依据

在拙著《中国近代报业发展史 1815—1874》中,曾指出19世纪70年代初期,是中文报业发展史上的重要时刻,也是中文报纷纷从周三次刊(行情纸每日派送)发展为名副其实日报的重要年头。从这角度来看,《香港华字日报》这回新原件发掘的意义,除了数额大量增多之外,就是其时间段正好与中文近代报业发展史上的重要年头(或者可称之为转折点)的1872—1874年相重合。

换句话说,这些新原件既为我们展现了《香港华字日报》本身从摆脱西报母体,独立出版周三次刊(行情纸每日派送)至改为日报(星期日停止派送)的过程与足迹,也在一定程度上同时透露和反映出香港华文报业间在这个重要年头的相互竞争与合作、蓬勃发展的一些讯息,及其办报理念的提出与标榜。

在这里,笔者想结合这些新发掘的原件,着重探讨19世纪70年代华文报业先驱们在此报业转折期的办报理念、自我定位以及他们所面对的诸多难题。

先谈谈香港中文新报的“唐人主笔”如何为他们所属或他们主管的华文报纸定位的问题。

在《中国近代报业发展史 1815—1874》的拙著中,笔者根据原件,曾指出,作为中国最早中文日报《香港中外新报》前身报的《香港船头货价纸》,尽管它是 *The Daily Press*(即《孖剌报》)的子报,也被称为《孖剌报》的中文版,但从一开始,就强调要刊登“有益于唐人”的新闻与文章。陈蔼廷主持的《中外新闻七日报》,尽管该报实际上只是寄生于英文报 *The China Mail*(《德臣报》)、每周六出版一次的中文专页,但从筹办创刊时期开始,就打出“华人主持”和“沿着华人意旨办报”的旗号。1871年5月6日,也是《中外新闻七日报》面世还不到两个月的时刻,该报就借《德臣报》一篇介绍印度孟买报业情况的文章,表达出香港华文报先驱们渴望“自设一新闻纸”的心境。

针对当时香港报业的状况及其弊端,该报写道:

然华人居港者现以英俊鳞集,记录一事固有笔挟风霜成链锷者,但无自设之新闻纸，则凡有要事关涉华人者，每欲传达而究不克……

“凡有要事关涉华人者，每欲传达而究不克……”，毫无疑问，这是促使陈蔼廷等先驱报人萌生“自设新闻纸馆”的强烈问题意识之所在。

果然，就在该报出版快四个月的 1871 年 7 月 8 日，“广州会邑蔼廷陈言”就发表《创设香港华字日报说略》，扬言将创办一家“以华人而为主宰”的“华字新报”。在解释此“创举”的意义时，他写道：

盖华字日报胥属西人而承办，今忽以华人而为主宰，则提挈之惟我，左右之惟我，此其事虽因而其举又实创也。

换句话说，陈蔼廷一心一意想办的就是这样一份“以华人而为主宰”的华字新报。但从后来的事实来看，陈氏这种在《德臣报》体系下承办的华文新报，冀图真正达到“华人主宰”的梦想并没有实现。

因此，正如前面所考察一般，尽管陈蔼廷等先驱报人在《香港华字日报》创刊后的自我定位，比《中外新闻七日报》创刊初期的自我表述，有进一步的提升和微妙的差异，但毕竟无法达至他们所梦想的“西人无预”的境地。其结果就是如前述《循环日报》创刊词的名言：“然主笔之事虽系华人，而开设新闻纸者仍系西人，其措辞命意未免径庭。”这其实也正是中华印务总局的同人痛定思痛，决心集资创设一家“所有资本及局内一切事务皆我华人操权”的新闻纸的原动力之所在。

(三)记录中华印务总局、《循环日报》与《香港华字日报》的人脉关系与互动实况

关于当时香港华文报先驱的上述思想与实践，笔者在拙著《中国近代报业发展史 1815—1874》中，是有清晰的分析的。但对于他们如何一心一德、相互呼应，共同克难的具体过程与内容，却略嫌不足。这回新发掘的大量《香港华字日报》，至少可以多少补充和帮助我们厘清下列几个问题。其一是倡办《循环日报》的中华印务总局诞生的背景和过程；其二是中华印务总局及其倡办的《循环日报》与照理是竞争者的《香港华字日报》，究竟存在着怎么样的关系。

仔细阅读新发掘的 1872 年至 1874 年《香港华字日报》原件，不难发现中华印务总局及其倡办的《循环日报》与《香港华字日报》有着密不可分的关系。

首先是，从中华印务总局在1873年2月正式开业开始，《香港华字日报》几乎每期都在其第四版或第三版重复刊载该局的长篇启事。启事有三：其一是发表于癸酉年正月初四日（即公元1873年2月1日），始刊于《香港华字日报》第124号，癸酉年正月初六日（即公元1873年2月3日），旨在宣布该公司正式成立的《中华印务总局告白》；其二是在该公司成立三个多月后，以《中华印务总局告白》为题，宣布该印务总局迁往新址的消息。该启事的发布日期是同治十二年四月二十一日（即公元1873年5月17日），始刊于第169号《香港华字日报》（同治十二年四月二十三日，即公元1873年5月19日）；其三是以《循环日报》为题，文末署称"中华印务总局告白"，发布于癸酉年十二月十二日（即公元1874年1月29日），始刊于第279号的《香港华字日报》（癸酉年十二月十二日，即公元1874年1月30日），宣布《循环日报》即将于阴历十二月中旬正式面世的告示。

《香港华字日报》从癸酉年正月（即公元1873年2月）至癸酉年十二月（即公元1874年2月）连续一整年，近乎每期拨出版位，先后刊载中华印务总局上述的三则启事，固然可以解读为该局与《香港华字日报》之间签有长期的（广告）合约，也充分反映了两者之间的关系是十分融洽的。

实际上，这种紧密的良好关系在该局上述的第一则告白（见图7）中，就已有所透露。该告白写道：

> 本公司之设，原为专益唐人起见，所举值理三位为梁鹤巢、陈瑞南、冯明珊，总司理一位为陈蔼廷，正主笔一位为王紫诠（按：即王韬）。此后拟即倡行日报，每日颁发……凡诸君赐顾者可至其地交易或交陈蔼廷先生……

换句话说，该局向公众人士明确地宣布时任《香港华字日报》的主笔陈言（即陈霭廷或陈蔼廷）实际上就是总揽中华印务总局的行政主管和实际参与者。《循环日报》在创刊后的最初一个多月，仍将陈蔼廷称为"正总司理"，至1874年3月13日的《中华印务总局告白》中，才改称黄平甫为"正总司理"，这间接说明了自1874年2月4日《循环日报》创刊至同年3月12日的这一时间段，陈蔼廷曾一度同时主管这两家香港华文报。兼任《循环日报》总司理的陈蔼廷在他主持下的《香港华字日报》倾其全力支持《循环日报》，自不在话下。

与此同时，值得注意的是，在这则始刊于《香港华字日报》第124号的《中华印务总局告白》中，还对该公司成立的过程与主旨有如下的描述：

> 启者：余等同人特纠集同志华人五十名，承顶英华书院印书器具、铜钢

图7 癸酉年正月初四日发布的《中华印务总局告白》

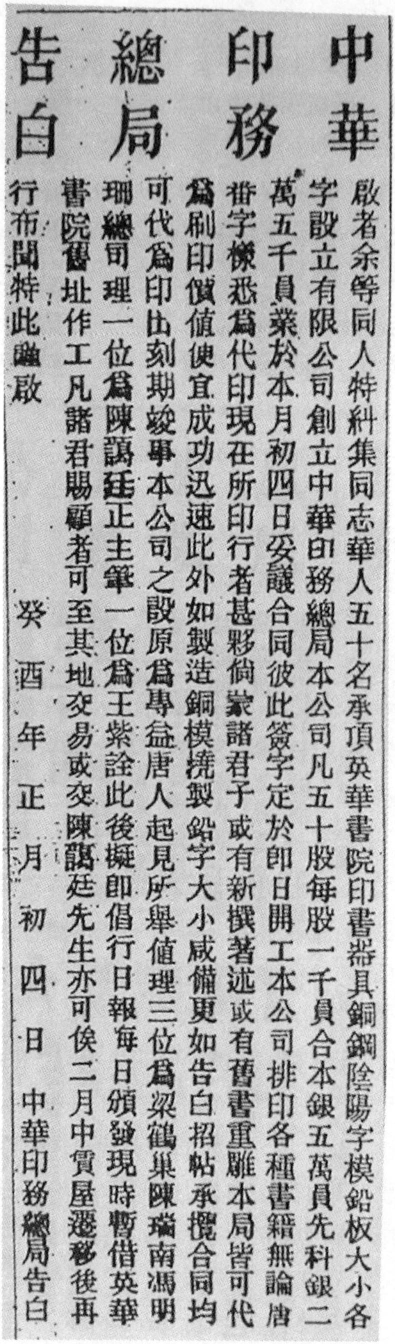

中華印務總局告白

啟者余等同人特糾集同志華人五十名承頂英華書院印書器具銅鋼陰陽字模鉛板大小各字設立有限公司創立中華印務總局本公司凡五十股每股一千員合本銀五萬員先科銀二萬五千員業於本月初四日妥議合同彼此簽字定於即日開工本公司排印各種書籍無論唐番字樣悉爲代印現在所印行者甚夥倘蒙諸君子或有新撰著述或有舊書重雕本局皆可代爲刷印價值便宜成功迅速此外如製造銅模澆製鉛字大小咸備更如告白招帖承攬合同均可代爲印出刻期竣事本公司之設原爲專益唐人起見所舉值理三位爲梁鶴巢陳瑞南馮明珊總司理一位爲陳藹廷正主筆一位爲王紫詮此後擬即倡行日報每日頒發現時暫借英華書院舊址作工凡諸君賜顧者可至其地交易或交陳藹廷先生亦可俟二月中賃屋遷移後再行布聞特此幽啟

癸酉年正月初四日 中華印務總局告白

阴阳字模、铅板大小各字，设立有限公司，创立印务总局。本公司凡50股，每股一千员合本银五万员，先科银二万五千员，业于本月初四日妥议合同，彼此签字，定于即日开工。本公司排印唐番字样，悉为代印……

上述启事表明：

1.中华印务总局是当时香港50名志同道合的华人集资成立的有限公司。

2.该公司集资的总额为五万员，分50股，每股一千员。

3.该公司向英华书院承顶其印书器具，并已于1873年2月1日(即癸酉年正月初四日)先付银二万五千员，双方已正式签约，同日开工。换句话说，该印务总局的实际业务正式启动于1873年2月1日。

在现有已知的文献中，由中华印务总局本身如此具体交代其集资的细节与过程的，该推这则连续几个月刊于《香港华字日报》的启事。

此外，对于中华印务总局的地址，迄今为止研究者从1874年2月4日创刊后的《循环日报》原件，及刊于原本被认为是“硕果仅存”的《香港华字日报》第176号(1873年6月4日)的一则《中华印务总局告白》(其实也就是前面提到的，始刊于《香港华字日报》第169号，发布于同治十二年四月二十一日的同一则启事)，获悉其住址为：“荷李活道门牌第二十九号，即前日新记丝行旧址，梳沙印字馆对门。”但对于此前该公司的住址，并不十分清晰。

但在该局癸酉年正月初四日宣布其公司正式成立的这则启事中，则清楚指出在即日开工之后“暂借英华书院旧址作工”，并表示将于“二月中赁屋迁移”。

换句话说，中华印务总局最初的地址，就是暂借英华书院的旧址。

不过，从该局成立三个多月后(同治十二年四月二十一日，即1873年5月17日)发布的告白(见图8)来看，该局并未按照原定计划在阴历二月间搬迁，而是四月间才迁入上述租赁的新址。

以上所谈的，可以说是从新发掘的《香港华字日报》原件中获悉的有关中华印务总局及其倡办的《循环日报》的片段讯息和一些细节，从中可以再次确认中华印务总局、《循环日报》与《香港华字日报》及其主持人陈蔼廷之间密不可分的人脉关系。

当然，中华印务总局同人及其倡办的《循环日报》与《香港华字日报》和陈蔼廷之间这一密不可分的人脉关系，不仅仅体现在上述的启事中。实际上，早在《香港华字日报》诞生之前，陈蔼廷就与后来的《循环日报》的正主笔王韬交往甚密，王韬也曾为《香港华字日报》的前身报《中外新闻七日报》供稿。在《香港华字日报》发行之后，王韬撰写的《普法战纪》更成为该报广为读者爱读的长篇连

图8 同治十二年四月二十一日发布的《中华印务总局告白》

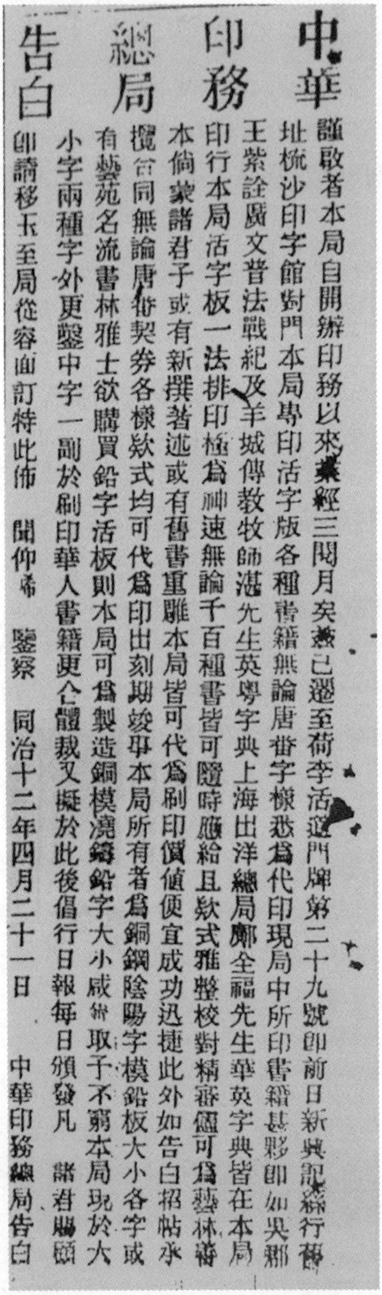

中華印務總局告白

謹啟者本局自開辦印務以來業經三閱月矣茲已遷至荷李活道門牌第二十九號即前日新與記紙行舊址梳沙印字館對門本局專印活字版各種書籍無論唐番字樣悉爲代印現局中所印書籍甚夥即如吳郡王紫詮廣文普法戰紀及羊城傳教牧師湛先生英粵字典上海出洋總局鄺全福先生華英字典皆在本局印行本局活字板一法排印極爲神速無論千百種書皆可隨時應給且款式雅整校對精審儘可爲藝林善本倘蒙諸君子或有新撰著述或有舊書重雕本局皆可代爲刷印價值便宜成功迅捷此外如告白招帖承攬合同無論唐番契券各樣款式均可代爲印出刻期竣事本局所有者爲銅鋼陰陽字模鉛板大小各字或有藝苑名流書林雅士欲購買鉛字活板則本局可爲製造銅模澆鑄鉛字大小咸備取予不窮本局現於大小字兩種字外更鑿中字一副於刷印華人書籍更合體裁又擬於此後倡行日報每日頒發凡 諸君賜顧即請移玉至局從容面訂特此佈 聞仰希 鑒察 同治十二年四月二十一日 中華印務總局告白

载的专栏文章。

尤有进者,在中华印务总局出版王韬所撰《普法战纪》面世的当天(同治十二年七月十四日,即公元1873年9月5日),《香港华字日报》便在第一时间刊登《普法战纪刻成》的启事(见图9)。自同年9月10日开始,这则新书出版的消息在一段相当长的时间就一直是摆在《香港华字日报》第二版(即新闻版)之首,成为该版的头条新闻和告示。

王韬的《普法战纪》先在《香港华字日报》连载,后由中华印刷总局出版,再由《香港华字日报》每期以新书消息发布的形式反复热捧,充分反映了当时香港华文报先驱报人相互支援的关系。

陈蔼廷与王韬如此这般紧密互动的友好关系,如果再结合前述两者皆为中华印务总局和《循环日报》的重要梁柱(一为总司理,一为正主笔)这一事实来看,两者的相互呼应,就不仅仅是两名文人的志趣相投,而是中华印务总局同人一心一德,要为"专裨益我华人"的共同新闻事业相互支援之具体体现。

(四)反映中国近代报业先驱面对的两大难题:唐人主笔如何摆脱"西士馆主"的舆论操纵?新报如何安置《京报》?

有关陈蔼廷和王韬,再加上另一位华文报先驱黄平甫(《香港中外新报》早期的主持人,也是继陈蔼廷之后成为中华印务总局和《循环日报》的总司理)三者,在这报业转折期的1872年至1874年,扮演着何等角色?在50名华人热心人士集资倡办"华人出资、华人操权"的《循环日报》异军突起之后,原有在"西士馆主"垄断、在西报的卵翼下诞生和成长的香港华文报界,是否有受到冲击和影响?如果有的话,具体反映在华文报版面上的,又是什么样的内容与言论倾向?

有关详情和答案,还有待进一步深入探讨和另文分析。

在这里,笔者想结合这些新发掘的第一手资料,着重指出的问题有二。

其一是,从早年《香港华字日报》反映的有关中华印务总局及其倡设日报的筹办过程、香港华文报界先驱的紧密互动,乃至继《循环日报》1874年2月4日创刊后《香港华字日报》的改版(1874年2月21日改为日刊)及其随后版面、内容的变化,再次确认了早期华文新报的先驱当时面对的一大难题,就是如何摆脱"西士馆主"对他们的束缚和如何实现他们的"华字新报梦"。他们从自己的实践中,充分地认识到传媒控制权与舆论传播之间的相互关系。

在这一点上,新发掘的资料所提供的信息与拙著《中国近代报业发展史1815—1874》总结章的下列结语是相吻合的:

图 9 《普法战纪刻成》(同治十二年七月十四日)

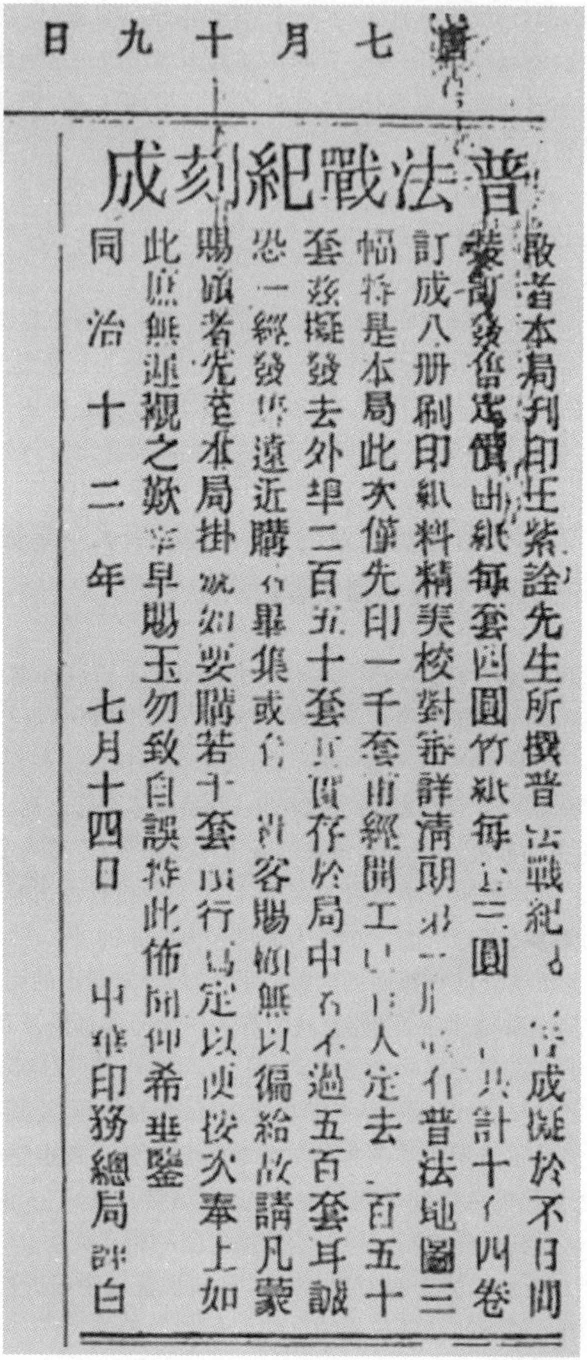

七月十九日

普法戰紀刻成

啟者本局刊印王紫詮先生所撰普法戰紀一書書成擬於不日間裝訂發售定價出紙每套四圓竹紙每套三圓共計十有四卷訂成八冊刷印紙料精美校對審詳清明另一冊內有普法地圖三幅特是本局此次僅先印一千套由經開工以來已被人定去[illegible]百五十套茲擬發去外埠二百五十套其實存於局中所存不過五百套耳誠恐一經發售遠近購者畢集或有貴客賜顧無以徧給故請凡蒙賜顧者先至本局掛號如要購若干套照行寫定以便按次奉上如此庶無遲視之歎幸早賜玉勿致自誤特此佈聞仰希垂鑒

同治十二年　七月十四日　中華印務總局謹白

……事实上，正是在自己的体验与实践的过程中，萌芽期近代中文报的先驱们充分地认识到外资控制下的传媒，言论受到诸多限制。这些强烈不满的情绪，也正是促使他们出资自办报纸的原动力。从这角度来看，我们可以这么说，萌芽期中国近代报业史，其实正是一部中国人要求摆脱外国势力对传媒的控制，争取言论自由，从而表达国家民族意识的斗争史。当时的香港报人由于最早接触外界，既看清来华西人的不怀好意，又洞悉国际形势的走向。他们也对腐败的中国政府表示不满，殷切期望中国富强。因此。当他们争取并掌握传媒这一工具之后，即逐步地发挥了忧国忧民、要求改革的舆论作用。这是我们在回顾与总结早期报业史时，应该予以高度评价的。

其二是，在前述拙著总结章结语的最后部分，笔者曾指出：

尽管中国近代报刊的诞生出自外来的因素与刺激，但很快地就与中国固有的“古代报纸”有所结合，先是模仿“古代报纸”的书本式，后是转载其一部分内容，并将之吸收为其组成的一部分(后者最终被时代所淘汰)，而成为早期近代报纸的一大特色。

笔者同时也注意到，从1837年5月号的《东西洋考每月统记传》开始，西方传教士报人就对《京报》十分关注并予以转载。鸦片战争后的宗教月刊《遐迩贯珍》乃至香港的三家中文新报(即《香港中外新报》、《香港华字日报》和《循环日报》及前两者的前身报)，也常有《京报》之摘录。

细读新发掘的《香港华字日报》和同年代的华字新报，不难发现香港华文新报转载和处理《京报》的态度，与之前的中文宗教月刊有着极大的差异。两者转载《京报》内容的目的之一，也许都是为了争取那些阅读《京报》的读者群，但相对而言，传教士报人的重点是将《京报》作为刺探中国宫廷政治乃至内政与外交动静的情报；与此同时，也将它作为反驳中国官员言论或批判中国社会迷信、落后与动乱之素材。宗教月刊常先刊载《京报》的部分内容，后予以讥讽或反驳的例子屡见不鲜，就是明证。

反观香港三大华文新报(特别是19世纪70年代中文报业转折期的香港中文日报)转载《京报》内容，其明显目的就是为了满足一部分读者对《京报》讯息的要求。各报竞相以最快方式传递来自京城的邸抄并早日排印，是一个例子。

正如前面所述,《香港华字日报》在改版为日报时宣称将以"京报全录"代替"选录京报",是另一个例子。

至于新闻版的内容,以《香港华字日报》而言,前期的顺序是:先报道"中外新闻"后报道"羊城新闻"和转载《京报》(按:经常省略);后期的新闻栏目则改为:先是"京报全录",后是"羊城新闻"和"中外新闻",足见《京报》在香港新报中所占地位之日益提升。

由此可见,不论是在中国近代报业史上的草创期,还是19世纪70年代香港中文报业竞争激烈的转折期,《京报》的内容都是近代报刊一大不可忽视的组成部分。

从这角度来看,在研究方法论上,为区分"新报"与《京报》之差异,将两者分割开来辨析,或许有其积极意义的一面,但全面否定两者之间的关联性与连续性,恐有欠妥之处。

寓居"新报"的《京报》缘何一度受到格外关注与重视,又缘何没落和最终被时代所淘汰,这是一个值得进一步研究和探讨的课题。但在一段相当长的时间,《京报》是当年香港新报不可或缺的组成部分,也是一个不争的事实。特别是《香港华字日报》改版为日刊之后,"京报全录"栏常占新闻版的三分之一乃至三分之二的版面,更说明了《京报》在新报蓬勃发展的时期,曾有过"回光返照"的现象,而构成中国近代报业史上一大独有的特色。

《香港华字日报》大量新原件的发掘,无疑为我们近代报史研究者提供和留下解读这一独特现象及其蕴涵意义的重要研究素材与作业。

注释

[1] 宁树藩:《一个很有意义的考订》,《新闻传播》,黑龙江省新闻研究所,1986年,第40页。

后　　记

本书（《中国近代新闻成立史 1815~1874》）原为笔者在 1986 年 2 月向立教大学社会学研究院提呈的博士论文。原题为：《近代型中文报纸的形成过程与确立——从 1815 年〈察世俗每月统记传〉创刊至 1874 年〈循环日报〉的诞生》。

笔者是 1970 年在立教大学攻读硕士课程时开始对中国早期的报业史发生兴趣的。在指导教授平井隆太郎先生的引导下，笔者知道江户时代末期曾有大量的中文定期刊物传入日本，这些定期刊物或以抄本方式，或以原文翻刻，或以“官版翻刻”形式广泛地传阅于日本的知识界。它们对日本知识界提供了海外的情报，也为日本早期报业的形成产生了一定的刺激作用。为了了解与研究这些早期流入日本的中文定期刊物，笔者遍访了日本国内有关的图书馆、旧书店及私人藏书家，翻阅了许多珍藏本书籍、写本及官版新闻，同时也很幸运地拜会了当时还健在的日本报业史权威小野秀雄先生，并从他那儿得到了不少宝贵的意见和启发。正是以日本国内的藏书与资料为基础，笔者在 1972 年完成了硕士论文：《关于 19 世纪华字新闻纸产生之缘由与特征的考察 1815~1856——以〈察世俗每月统记传〉和〈遐迩贯珍〉为中心》。

不过，笔者对中国早期报业史真正进行全面的研究，还是在 70 年代中期前往英国留学，搜集大量的原始资料以后的事。在大英图书馆、伦敦大学亚非学院图书馆以及剑桥大学图书馆，笔者从庞大的第一手资料与档案记录中，发现了许多足以与幕府末期流入日本国内的定期刊行物、抄本及官版新闻相互印证的资料。往后，又从美国的 Essex Institute 及香港大学图书馆，发现了许多长年以来被冷落和忽视的报纸与资料。这些珍贵的资料，也为笔者提供了报史研究的有力新线索与根据。然而，由于当时笔者还就职于报界，无法全神贯注于研究工作，因此有关的研究活动只能逐步以较短的论文完成，并逐篇地在各学术刊物发表。由于执笔期间相隔甚远，加以受到资料的限制，各章的形式也显得很不统一。

在笔者长年的资料搜集与执笔的过程中，曾有不少的老师、朋友予以赐教和帮助，虽然无法逐一列其芳名，我谨在此致以谢意。特别应该感谢的是东京大学名誉教授内川芳美先生及立教大学的林伸郎教授和门奈直树教授。他们都曾在笔者执笔期间或为本书之出版，提供了宝贵的意见，尤其是林教授，在本书付梓之前更在百忙之中详细阅读，使它减少了疏漏之处。

此外，应该一提的是，百利坚社社长救仁乡建对本书出版的热情与耐心。由于俗务缠身，笔者虽然早在1986年就签了出版合同，却迟至今日才能正式交稿。笔者也该感谢在本书出版过程中协助校阅等工作的林正子小姐和长期以来替我打字的竹内光江小姐。

至于恩师平井教授长年来的指导与鞭策，更是促使笔者完成论文及此书出版的原动力。谨此致以崇高的敬意，同时也该感谢平井老师为本书撰写序文。

卓南生

1990年9月

附录Ⅰ 早期主要中文报刊一览表(1815~1874年)

1. 宗教月刊时期

报刊名称	时期	发行地	编者	备注
《察世俗每月统记传》	1815 ~ 1821	马六甲	米怜	马礼逊、麦都思和梁发曾协助最后数期的编辑工作。 内容以宗教为中心，也介绍浅易的科学知识。
《特选撮要每月纪传》	1823 ~ 1826	巴达维亚	麦都思	以《察世俗》为范本的月刊。
《天下新闻》	1828 ~ 1829	马六甲	吉德	单面活版印刷。
《东西洋考每月统记传》	1833 ~ 1835	广州	郭实猎	新辟有“新闻”栏和“贸易”栏。积极宣传西方文化,强调该刊旨在维护旅华欧美人士的共同利益。 首次转载《京报》的内容。
	1837 ~ 1838	新加坡	郭实猎 马儒翰	
《各国消息》	1838	广州	麦都思 奚礼尔	介绍各国国情及商业讯息,未载有关宗教的文章。
《遐迩贯珍》	1853 ~ 1856	香港	麦都思 奚礼尔 理雅各	征收广告费(“佈告编”),导入近代报业经营的概念。 曾输往日本,广泛地(包括其写本)流传于民间。
《六合丛谈》	1857 ~ 1858	上海	伟烈亚力	王韬曾以“王利宾”的名字为该刊撰文，并协助该刊的出版。 幕府末期，日本洋书调所曾删除其宗教内容,翻印为《官板六合丛谈删定本》。

2. "新报"的萌芽与成长期

报名	创刊时期	发行地	初期编者	备注
《香港船头货价纸》	1857	香港	黄胜(平甫)	*The Daily Press* 的中文版，创刊于1857年11月3日,周三次刊。首家以报纸形式两面印刷的中文报。小型版式。19世纪60年代前半期改称为《香港中外新报》。 日本将它删改为《官版香港新闻》《香港新闻纸》等翻印出版。
《香港中外新报》	186(?)	香港	黄胜	周三次刊。星期二、四、六为"新闻纸",一、三、五为"行情纸"。 1872年5月4日开始,每日刊印"行情纸"。 1873年发展为名副其实的日刊。
《中外新闻七日报》	1871	香港	陈蔼廷	1871年3月11日作为 *The China Mail* 的中文专页每周六出版。 1872年4月17日改称为《香港华字日报》单独出版。
《香港华字日报》	1872	香港	陈蔼廷	1872年4月17日创刊。周三次刊。星期一、三、五印发"新闻纸",每日派送"行情纸"。 1874年2月21日改为名副其实的日刊。
《循环日报》	1874	香港	王韬	1874年2月4日以日刊姿态创刊,每天另印"行情纸"。中国人自办成功的最早中文日报。 第一家政论报章。

附录Ⅱ　早期主要中文报刊序文及重要启事（影印件）

1　《察世俗每月统记传》序

察世俗每月統記傳序
無中生有著、乃神也。神乃一、自然而然。當始神創造
天地人萬物。此乃根本之道理。神至大、至尊、生養我
們世人。故此善人無非敬畏神。但世上論神多說錯
了。學者不可不察。因神在天上而現著其榮、所以用
一個天字、指着神亦有之。既然萬處萬人皆由神而
原被造化、自然學者不可止察一所地方之各物、单

察世俗

問一種人之風俗。乃需勤問及萬世、萬處、萬種人、方
可比較、辯明是非眞假矣。一種人全是、抑一種人全
非、未之有也。似乎一所地方、未曾有各物皆頂好的。
那處地方、各物皆至臭的。論人、論理、亦是一般。這處
有人好歹、智愚、那處亦然。所以要進學者、不可不察
萬有。後辯明其是非矣。總無未察而能審明之理。所
以學者要勤功察世俗、人道致可能分是非善惡也。

看書者之中有各種人。上中下三品、老少、愚達、智昏、皆有。隨人之能曉、隨教之以道。故察世俗書必載道理各等也。神理、人道、國俗、天文、地理、偶遇、都必有些。隨道之重遂傳之。最大是神理。其次人道。又次國俗。是三樣多講。其餘隨時順講。但人最悅彩色雲、書所講道理要如彩雲一般、方使衆位亦悅讀也。富貴者之得閒多而志若於道、無事則平日可以勤讀書。乃

察世俗

富貴之人不多。貧窮與作工者多、而得閒少。志雖於道、但讀不得多書。一次不過讀數條。因此察世俗書之每篇必不可長也。必不可難明白。蓋甚奧之書不能有多用處。因能明甚奧理者少故也。容易讀之書者、若傳正道、則世間多有用處。淺識者可以明白、愚者可以成得智、惡者可以改就善、善者可以進諸德、皆可也。成人的德並非一日的事、乃日漸至極。太陽

一出來照普地隨升隨照成人德就如是也。又善書
乃成德之好方法也。
此書乃每月初日傳數篇的。人若是讀了後。可以將
每篇存留在家裡。而俟一年盡了之日。把所傳的湊
成一卷。不致失書道理。方可流傳下以益後人也。

2 《特选撮要每月纪传》序

特選撮要序

夫在世上、短年間、天下諸事常有變動、又自幼到老、在一人之身上、
家內亦然、至於生前之事、人都該謹之於始、而慮其所終、該求託神
天助他常時習善、又使世事利達也。惟至於來生、人中至大至重者、
是得享天堂之永福、此乃人所應望念望向得者也。且世上雖有多
不能預料算來之事、然依聖經所言、有兩件事定命之於天、而人明
知其必有、即是人該受世上之苦難一也、又該受此身之死亡二也。
此受苦受死兩件事為大得緊、而人免不得者也。蓋自皇上以至於
庶人、聖賢凡雜及富貴貧窮、讀書作工、善惡等類、都免不得受世上

之艱難。或有問這是什麼原由呢曰因世上全地萬方之人皆獲罪於神天所以神用此世之難及一次死以責其不善而報其惡也。是故生前肉身必受苦難死亡而若不信耶穌救世者倚其之功勞得神赦罪之恩不止肉身有這兩件難即來生身內所有的寶貝靈魂必定落地獄受永苦也。依此言之在人中所緊要者爲修德從善依靠耶穌。至今世雖然遇艱難亦可有益于身而死後之永苦可以免遁者也○蓋在世上富貴之人多有萬事如意遂不能志於道好讀善書使人增其見識辨真假之理知是非之行則不止起義事不止自已爲善良之人又在世甚爲有用造其故欲成此大功者有機會不

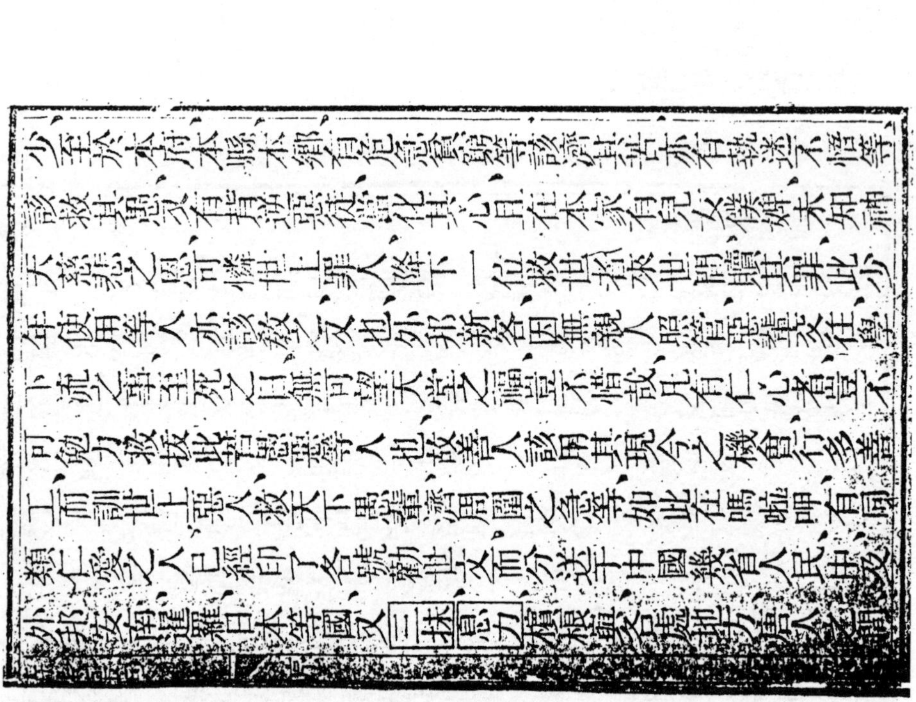

少至於本府本縣本鄉有危急貧窮等該濟其若亦相救遂不惜等該救其恩又有指責滅惡從善化其心且在本家有兒女僕婢未知神天慈悲之恩可憐世上罪人降下一位救世者來世間贖其罪此少年使用等人亦該救之又地外邦新客因無親人照管恐遇災往學下流之事至死之日無可望天堂之福豈不惜哉凡有仁心者豈不可勉力救拔此等愚惡等人也故善人該用其現今之機會行多善工而訓世上惡人救天下愚蒙濟周圍之貧窮等如此在嗎啦呷有同類仁愛之人已經印了各號勸世之文而分送于中國幾省人民中及外邦安南暹羅日本等國又三拱息力檳榔嶼各處地方[illegible]人之讀

約有十餘萬本、但雖然這各樣書甚多、用心看者爲甚少也、故不得加其智、而進其德也、夫從前到現今已有七年、在嗎喇吧曾印一本書出來、大有益於世、因多論各樣道理、借此作文者一位老先生、仁愛之人、已過世了、故不復得印其書也、此書名叫察世俗每月統紀傳、但雖然不復印此察世俗書、在彼處地方、還有幾樣勸世文書、再印出來的、又可復送於人看、且弟勸君等細看此各書、察其道理、免老兄費了許多心血作文、而暫傳無用也、夫如是、弟要成老兄之德業、繼修其功、而作文印書、亦欲利及後世也、又欲使人有所感發其善心、而過去其人欲也、弟如今繼續此察世俗書、則易其書之名、且

叫做特選撮要每月記傳、此書名雖改、而理仍舊矣、夫特選撮要之書、在乎記載道理各件也、如神理一端、像創造天地、主宰萬人、養活萬有者之理、及衆人犯罪、而神天設一位救世者之理、又人在今世該奉事神天、而在死後得永生之滿福、都包在其內耳、而既然此一端理、是人中最緊要之事、所以多講之。○其次即人道、像在人本分應行、或向神天、或向人物、又人當受善惡之報、比人今生所作、來生必受其關係、又今生所報之種、來生必收其同類也。○其次天文、即爲日月星辰運行之度也、又其次地理、而依地理書所云、就是講普天下各國之部分數、方向、寬大、交界、土產、人情風俗之理也、除了此各

特選撮要 三 卷二

端理還有幾端今不能盡講之只是隨時而講且如是得滿此教化人之意思則各人可以知神天之大道知自已爲罪人知耶穌之大仁愛靈魂之重要處又天堂該求之永福連地獄該避之永禍于此諸件理而信從之皆爲益于世界不少也○夫各父母以正道教其子示伊敬天敬天即可愛人愛人即可成善功教化衆人以得享天堂之福豈不美哉在人中莫大于此其或正教廣布全地萬方至無一人不遵神天之令上則榮歸於神下則利益於人乃正是完全了

此特選撮要之旨意也

3 《东西洋考每月统记传》序

序 一

子曰。多聞闕疑。慎言其餘。則寡尤。多見闕殆。慎行其餘。則寡悔。言寡尤。行寡悔。祿在其中矣。亦曰。多聞擇其善者而從之。故必遍觀。而詳核也。○且因以孝弟風俗表率以孝弟為先。以文藝為後。則確然於禮義之可守。惕然於廉恥之當存。子曰。弟子入則孝。出則弟。謹而信。汎愛衆。而親仁。行有餘力。則以學文。又曰。志於道。據於德。依於仁。游於藝。

夫自上帝降生民。則莫不與之以仁義禮智之性。奈何風俗頹敗。異端惑世。誣民充塞仁義者。又紛然雜出乎。故設庠序學校。凡以為與賢育才。化民成俗計也。故曰。城郭不完。兵甲不多。非

東西洋考每月統記傳序 上

國之災也。田野不辟。貨財不聚。非國之害也。上無禮。下無學。賊民興。喪無日矣。由是觀之。昌興正道。黜斥異端。闡發藝文。是君子之專務矣。

夫子曰。當仁不讓於師。亦德無常師。主善為師。善無常主。協於克一。子曰。三人行。必有我師焉。居處恭。執事敬。與人忠。雖之夷狄。不可棄也。亦曰惟上知與下愚不移。好仁不好學。其蔽也愚。好知不好學。其蔽也蕩。好信不好學。其蔽也賊。好直不好學。其蔽也絞。好勇不好學。其蔽也亂。好剛不好學。其蔽也狂。君子如切如磋。如琢如磨。是以君子將其知識之理而益窮之。以求至乎其極。則衆物之表裏精粗無不到。而吾心之全體大用無不明矣。故湯之盤銘曰。苟日新。日日新。又日新。致明明德。窮至事物之理焉。

蓋學問渺茫。普天下以各樣百藝文滿。雖話殊異。其體一而矣。人之才不同。國之知分別。合諸人之知識。致知在格物。此之謂也。詩云。吾聞出於幽谷。遷于喬木者。未聞下喬木而入於幽谷者。即是君子擇術。猶鳥擇巢。止進術終不退。尋之執之。終生用之。

夫誠恐因遠人以漢話。闡發文藝。人多懷疑。以為奇巧。却可恨該人不思宗族。國民之猶水之有分派。木之有分枝。雖遠近異勢。疎密異形。要其水源則一。故人之待其宗族。列國民須以友恤也。必如身之有四肢百體。務使血脈相通。而疴癢相關。萬姓雖性剛柔緩急音聲不同。却萬民出祖宗一人之身。因此原故。子曰。四海之內。皆兄弟也。是聖人之言不可棄之言者也。結其外中之綢繆。倘子視外國與中國人。當兄弟也。請善讀者仰體焉。不輕忽遠人之文矣。

夫舟車所至。人力所通。天之所覆。地之所載。日月所照。霜露所墜。凡有血氣者。莫不尊親。以昭雍睦也。且孝友睦婣任恤隆據熙皞遺風。萬國咸寧。則合四海為一家。聯萬姓為一體。中外無異視。弟情願推雍睦之意。結異疎故纂此文。讀者不可忽之。則樂不勝為序。

4 新《东西洋考每月统记传》序

序

歲律更新、陽和初動。弟恭候善讀者、福祉倍增、是願矣。切祈上帝俯念、垂顧中國。賜漢人近祉亨嘉。且賦心自覺萬物主宰之寵惠、愈增感佩銘刻。蓋所食之飯所飲之水皆上帝之恩賜。莫不必盡力感激無涯焉。

雖弟碌碌庸才、足羞赧無地。然從新撰述東西洋考萬望善讀者、姑容自恃已力之貌、及補其缺者。弟註古史慮聞見不博。尤慮其識不精。既如是焉。弟情願展發中國與外國之對聯史。又致明古今中外史記之美。又使人景仰各國之聖賢者。述史之時、表著上帝之福善禍淫、即是天綱之道也。茲新東西洋考願每月紀傳推論事情以結果多矣。庶乎此記傳爲淵鑑類函。則愿仲明地珠之正背兩面詳細列國之論並仍父畧説天文也。禽獸部綱目樹草花之總理金石部之論知之獲大益故將一篇講論之另添雜文也。運氣轉流天地循還君子勉强通其法度或以屏異端焉或以廣遐遠覞見焉緣此落墨説一點耳天地之博聞矣。夫西國之人行竅十分精工竭力製造新法子丕綴。此樣技藝令人驚奇特異因此手段絶妙非常莫不必描畫之。蓋歐羅巴人甚貴文字新聞之本以廣闊流傳不勝數弟擬羅擇取其要緊之消息而翻譯之。但只恐以世事之傳不齊心推德以世務爲基重則劭勔多講善言教人以天之教守志樂道也。令桎鍩兼全。原來讀斯記傳爲商賈多矣。是以開洋貿單論生理之事欲讀者加意顧東西洋考。

倘撰書弟之特意添世人便益且甚廣布令人周知之請讀者効勞敷施之四海内。○學問之高門煌煌赫赫如趋勢利聲名發意湍心而蠢才憂感無既。大哉文藝猶滄海汒汒始浮其面忘飡廢寢獨顧養本靈氣成四德全備矣。上帝於生人稟予才能諭教育之人不學不成道。故曰如切如磋如琢如磨。子云博學之審問之慎思之明辨之篤行之有弗學學之弗能弗措也有弗問問之弗知弗措也有弗思思之弗得弗措也有弗辨辨之弗明弗措也有弗行行之弗篤弗措也。人一能之己百之

東西洋考每月統紀傳 二

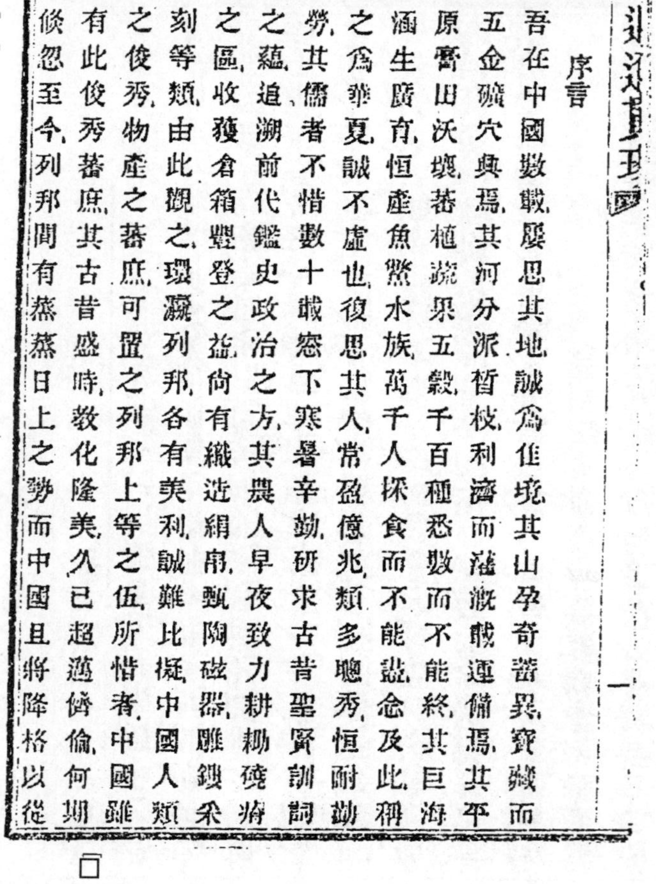

遐邇貫珍

序言

吾在中國數載、屢思其地誠爲佳境、其山孕奇蓄異、寶藏而五金礦穴與焉、其河分派、晳枝、利濟而灌溉載運備焉、其平原膏田沃壤、蓄植蔬果五穀千百種、悉數而不能終、其巨海涵生廣育、恒產魚鱉水族、萬千人採食而不能盡、念及此、稱之爲華夏、誠不虛也、復思其人、常盈億兆、類多聰秀、恒耐勤勞、其儒者不惜數十載窓下寒暑辛勤、研求古昔聖賢訓詁之蘊、追溯前代鑑史政治之方、其農人早夜致力耕耨磽瘠之區、收穫倉箱豐登之盛、尚有織造絹帛、甄陶磁器、雕鏤采刻等類、由此觀之、瓌瀰列邦、各有美利、誠難比擬、中國人類之俊秀、物產之蕃庶、可置之列邦上等之伍、所惜者、中國雖有此俊秀蕃庶、其古昔盛時、教化隆美、久已超邁儕倫、何期倏忽至今、列邦間有蒸蒸日上之勢、而中國且將降格以從

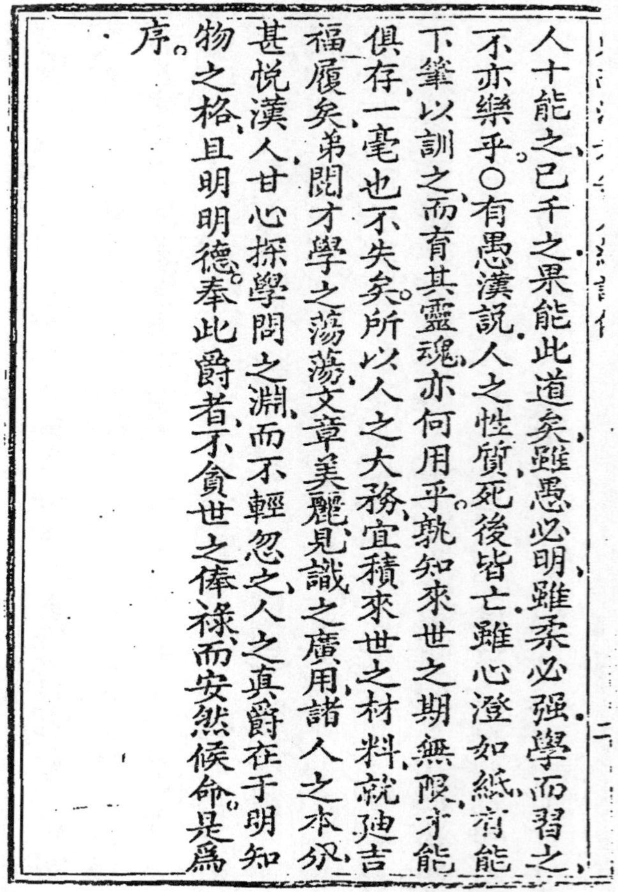

人十能之、己千之、果能此道矣、雖愚必明、雖柔必强、學而習之、不亦樂乎。○有愚漢說、人之性質、死後皆亡、雖心澄如紙、有能下筆以訓之、而育其靈魂、亦何用乎。孰知來世之期無限、才能俱存、一毫也不失矣。所以人之大務、宜積來世之材料、就廸吉福履矣、弟閱才學之蕩蕩、文章美麗、見識之廣、用諸人之本分、甚悅漢人甘心探學問之淵、而不輕忽之、人之真爵在于明知物之格、且明明德。奉此爵者、不貪世之俸祿、而安然候命。是爲序。

5 《遐迩贯珍》序言

爲、是可歎已、我英國創始之祖、未備冠裳之時、中國人已解用絲帛、古之亞墨利加國人、祇識泛海捕魚、刳木爲舟、中國已有指南針、製造巨船、出海載運、惟今日不然、列邦日進月盛、而中國且每降日下、其現用商船、恒不逮於古、而聖哲久未梃生、在其始祖惟虔祀上帝、迨後乃紛祟無知覺之偶像、列邦商船、駛行迅利、天下無港無之、而中國商船、裝駕鈍滯、至遠但抵息力葛羅巴等處、列邦偶遇荒年、迅速派船四出、運米賑濟、而中國値荒、惟靠本土、千萬蒼生、饑困者紛紛坐斃、列邦大江泛溢、即能築造石塘、永杜其害、而中國黄河、每歲衝决爲灾、羣黎遭溺、列邦紛興火船、遇風水俱逆、每一時可行八十餘里、而中國一無所有、亦無人解造、泰西各國、俱有火車、人貨並載、每一時可行三百六十餘里、而中國至速、僅屬乘騎、每時可馳二十餘里、其平常行旅、每時不過十餘

遐邇貫珍 二

里耳、泰西各國、創造電氣秘機、凡有所欲言、瞬息可達數千里、而中國從未聞此、其致此之由、總緣中國廻年與列邦不通聞問、昔年列邦人於中土、隨意遊馳、近年阻其往來、即偶有交接、每受中國人欺侮、惟准赴五港通商而已、彼此不相交、我有所得、不能指示見授、爾有所聞、無從剖晢相傳、倘若此土恒如列邦、准與外國交道相通、則兩獲其益、列邦人原無意尋釁侵疆、因爭占所得、理難久享其利、不若貿易相安、時可獲益無窮也、是中國愈見興隆、則列邦愈增豐裕、上帝創造斯世、各國咸畀以境土、曾錫詔命、凡世上之人、皆爲一家、其原始於一夫一婦所生、四海皆爲兄弟、設有一家、而兄弟數人、各分居住、其一杜門孤處、日用所需、尤不肯有無相通、緩急相濟、是之謂憂喜不相關、上帝所以詔令各國凡民相待均如同胞、倘遇我有所缺、彼以有餘濟之、或遇彼有所

遐邇貫珍 二

遐邇貫珍序　二

乏。我以其盈酬之。彼此交相通融。彼此亦同受其益也。吾屢念及此。思於每月一次。纂輯貫珍一帙。誠爲善舉。其內有列邦之善端。可以述之於中土。而中國之美行。亦可以達之於我邦。俾兩家日臻於洽習。中外均得其裨也。現經四方採訪欲求一諳習英漢文義之人。專司此編纂輯。尚未獲遴。仍翹首以俟其人。乃先自行手爲編述。尤勝於畏難而不爲也。惟自忖於漢文義理未能洞達嫻熟。恐於篇章字句。間有未盡妥協。因望閱者於此中文字之疵。勿爲深求。但取其命意良厚。且實爲濟世有用之編。更望學問勝我者。無論英漢但有佳章妙解。郵筒見示。俾增入此帙。以惠同好。諒而助益之。是所盼於四海高明耳。中國除邸抄載上諭奏摺。僅得朝廷舉動大畧外。向無日報之類。惟泰西各國。如此帙者。恒爲屢見。且價亦甚廉。雖寒素之家。亦可購閱。其內備載各種信息。商

遐邇貫珍序　三

賈之出入。要人之往來。並各項著作篇章。設如此方。遇有要務所關。或奇信始現。頃刻而四方皆悉其詳。前此一二人所僅知者。今乃爲衆人所屬目焉。中國苟能同此。豈不愉快。若此寸簡。可爲中國人之惠。毫末助之。俾得以洞明眞理。而增智術之益。斯爲吾受無疆之貺也夫。

6 《六合丛谈》序

六合叢談小引

溯自吾西人越七萬餘里、航海東來、與中國敦和好之誼、已十有四年於玆矣、吾國士民、旅於滬者、幾歷寒暑、日與中國士民遊、近滬之地、漸能相稔、然通商設教、僅在五口、而西人足跡未至者、不知凡幾、兼以言語各異、政化不同、安能使之盡明吾意哉、是以必須書籍以通其理、假文字以達其辭、俾遠方之民、與西土人士、性情不至於隔閡、事理有可以觀摩、而遐邇自能一致矣、始吾西人之僻在西隅也、耳目之所及不遠、轍迹之所至未周、于時有人探國之奇事異聞、鐫板傳布、因此一舉一動、衆無不知、民甚便之、迨後日積月盛、其規漸拓、至於家喻而戶曉、不獨富貴者能知之、即貧賤者亦預聞焉、軍國之政、先覩爲快、貨殖之書、不脛而走、蓋幾覗四海如一室矣、今予著六合叢談一書、亦欲通中外之情、載遠近之事、盡古今之變、見聞所逮、命筆志之、月各一編、罔拘成例、務使穹蒼之大、若在指掌、瀛海之遙、如同衽席、是以瑣言皆登諸紀載、異事不壅於流傳也、是書中所言天算輿圖、以及民間事實、纖悉備載、粵稽中國、載籍極博、而所紀

六合叢談 小引 一

皆陳迹也、如六經諸子、三通等書、吾人皆喜泛覽涉獵、而獲其益、因以觀事度理、推陳出新、竭心思以探奧窔、畧舊說而刱妙法、惟在乎學之勤而已、比來西人之學此者、精益求精、超前軼古、啟名哲未言之奧、闢造化未洩之奇、請畧舉其綱、一爲化學、言物各有質、自能變化、精識之士、條分縷析、知有六十四元、此物未成之質也、一爲察地之學、地中泥沙與石、各有層累、積無數年歲而成、細爲推究、皆分先後、人類未生之際、鴻濛甫闢之時、觀此朗如明鑑、此物已成之質也、一爲鳥獸草木之學、舉一骨、即能辨析入微、知全體形狀之殊異、植羣卉、即能區別其類、知列國氣候之不同、一爲測天之學、地球一行星耳、與他行星同、遠地球者爲定星、定星之外、則有星氣、星氣之說、昔以爲天空之氣、近以遠鏡窺之、始知係恒河沙數之定星所聚而成、今之談天者、其法較密於古、中國古時有天元求一諸法、今泰西代數、最深者爲微分法、以之推算天文、無不觸處洞然矣、一爲電氣之學、天地人物之中、其氣之精密流動者曰電氣、發則爲電、藏則隱含萬物之內、昔人畏避之、以其能殺人也、今則聚爲妙用、以代郵傳、頃刻

可進數百萬里，則有重學流質數端，以及聽視諸學，皆窮極毫芒，精研物
理，凡此地球中生成之庶彙，由於上帝所造，而考察之名理，亦由於上帝
所畀，故當敬事上帝，知其聰明權力，無限無量，盡明其末，必探其本，窮其
流，必溯其源也。泰西歷代相傳之聖經，曰新舊約書，自開闢宇宙，以迄聖
子降生，上下數千年間，治亂興廢之事，靡不悉舉，讀之深信不疑，瀏覽古
今，援考史冊，知聖經所言，若合符節，今於是書中亦嘗詳論之，以明非世
人所能臆說，其言帝子耶穌，爲世救主，普天之下，咸當敬畏，率土之濱，並
宜尊崇，吾儕托其宇下者，自宜闡發奥旨，藉以顯厥榮光，因思大地之上，
惟一造物主，萬民之生，惟一救世主，真道流行，無遠弗届，聖教所被，雖人
不發，是則所望於格物名流也。嗚呼，疆域雖有攸别，學問要貴相資，聖人
不能無遺，愚者尙有一得，以中外之大，其所見所知，豈無短長優絀之分
哉，若以此書而互相考覈也，尤予之所深幸也夫。

咸豐丙辰十二月英國偉烈亞力書于滬城

小引

7 《香港船头货价纸》启事

香港船頭貨價紙

第一百九十七號　己未年正月初一日　禮拜四

啟者此紙係在孖剌處每日所印之新聞紙同館印刷每逢禮拜二禮拜四禮拜六爲期滿派香港各舖戶每月收回銀一大員如、冇各有事要印落此紙內務宜早一日走字通知米士孖剌便妥印刷唐字價錢如左　一凡每次落唐字者五十個字已下收銀一員倘五十個字已上每字收銀一個先士如欲再落者每個禮拜照前一半價如意者祈請到本館印刷便是
米士孖剌、新文紙館謹啟

啟者凡人如有切要時事或得之目擊或得之傳聞不論何事但取其有益於凡人有益於同好者均可攜至本館刻刷分文不取特此佈聞
新聞紙館謹啟

8 《香港中外新报》启事

本館謹啟

時事所以廣見聞行情所以便商賈本館於行情貨價一節極意采訪蓋期於貿易場中同人獲益也惟向來於出新報之日其行情欵項則附於新報紙中此亦爲便覽閱起見也然而事各有所見近閱新報之客商多有請於本館者謂貴館於行情一欵間日則附諸新報紙內似未便彙覽盍爲改轍焉兹本館因順商情不惜工資嗣後將行情貨價等欵除禮拜日外每日皆另紙刊印派送概不附登新報特此以聞向其垂鑒 壬申年 三月廿七日 本館謹啟

9 《中外新闻七日报》及关于创办《香港华字日报》的启事

中外新聞七日報

辛未年二月初五日

告白

啟者本館所設中國字體日報每逢禮拜六日刊發選譯泰西近事於國政民情兵刑工商諸大端無不采取賅備而於中國近聞之尤關至要者亦復錄之不遺務以供博覽而擴遠見但事屬創始爲費甚鉅茲擬每季收銀壹員以爲紙墨刷印工料之需先行派送三期分文不取自派此期之後即要掛號取銀先付後閱凡欲　賜君光顧者亦知本館派報之人即當按期送上無誤如有不欲閱覽者自到本館報明令其停派如未曾報明者即作願閱論就現所派者源源送至按季報之例攤係七日一次而七日中所有之事鉅細無不畢舉明中逸外咸可取資每季僅取一員其價實爲至廉蓋本館設報之意原不圖乞利求盈惟欲中國士商留心時務耳目有事可以查遠報中傳示遐邇此報刊發雖由本館而主筆出自唐人所以專求利益於唐人者知無不言言無不盡如　諸君子有樂論闡發奇見異聞有涉於大衆無干於私毀者送至本館立爲排印本館欣荷情殷奚啻百朋之錫如有告白招帖不論唐字番文均可送交附刊價銀格爲便宜至於現在各工役未雕網然倘字何問或有外謝新爲減除賜顧者請移玉至鐵樓上街新公司後面新成街第二號門牌便是

中外新聞七日報

辛未年五月廿一日

創設香港華字日報說畧

或訪余曰徑貫脫夫恆蹊事當爲其創舉日報之道亦何莫不然然有非因之因不創之創者則以華人而爲華字新報是也何因乎因乎英華字日報業已肇今伊始則以華人起而綱紀之其事雖創其事則因也何創乎蓋在昔華字日報皆爲西人承辦今忽以華人而爲主宰則操擎之權我左右之權我此其事雖因而其舉又實創也且非特此也日報之所關甚鉅述政事紀民情辨風俗詳見聞大之可以持清議小之可以勵人心其所以激濁揚清褒善癉惡采輿衆之公評存三代之直道實有足以轉移風向警醒世人況時處今日所宜講求者非泰西各國之事乎既爲繙譯備加蒐羅用以昭示同人俾知其政治之得失悉其民情之向背察其風俗之澆漓覽其見聞之質陋雖以瀛壖之遠不啻如親之發其足以裨益於我者豈淺鮮哉向者華人皆以日報一道無足繫於重輕不知所以佐中治而稔外情者實在於此其良法美意足以供我揣摩藝術巧作足以資我仿效而日報之中無不具詳有不同於他人之徒工粉飾僅托空言者比也區區之心實不僅欲爲前此所未有之創舉而甚欲爲後此所僅有之美舉也此不佞之所以望君亦君之所以自命者也嗚呼余承乏勉敢不力振弗逮回思本日報自仲春開辦以來迄今數越月荷蒙四方　高明垂青鑒閱觀者日盛誠恐限於篇幅不足以供快覽茲擬於不日即將本日報改爲四板添入船頭貨價行情告白等款庶幾士商觀之各有所稱意也凡遐邇名流四方同志惠以佳篇賜之傑構或規述時事或采取異聞或有涉中外之故俾論鴻詞高見遠識足以豁愚蒙而增智慧者本館亟當登錄其佰佳者且當代爲譯成西字刊入泰西郵報庶俾中外並沾厥益用誌拙仲之懷此何啻錫以百朋而示之南針也哉

所呈覽者乃本館所撰譯之新聞式樣至於開辦四板時仍當加廣篇幅增入羊城新聞附刊京報選錄新聞諸款以期有美皆臻無格不備惟事屬創始爲費甚鉅茲擬每年收銀四大員以爲紙墨刷印工料之需凡有書札或告白欲附登於本館日報者可寄本館陳藹廷收入便妥

廣州會邑藹廷陳言謹啟

10 《循环日报》倡刊词

倡設日報小引

参考书目及文献

一、报刊原件、抄本及有关重要资料

《察世俗每月统记传》	(1815~1821 年各卷,藏于大英图书馆)
《特选撮要每月纪传》	(1823 年 No.1,3,藏于大英图书馆)
《东西洋考每月统记传》	(1833~1835 年;1837~1838 年,藏于大英图书馆)
《各国消息》	(1838 年 No.1,2,藏于大英图书馆)
《遐迩贯珍》	(1853~1856 年,藏于大英图书馆)
《遐迩贯珍》抄本	(藏于日本早稻田大学图书馆)
《六合丛谈》	(1857~1858 年,藏于大英图书馆)
《官板六合丛谈删定本》	(1857~1858 年,藏于日本东洋文库)
《中外新闻七日录》	(清同治四年至同治六年,1865~1868 年 影印本,华文书局股份有限公司,台北,1969 年)
《香港船头货价纸》	(No.197~No.285,即 1859 年 2 月 3 日至 8 月 27 日,藏于美国麻省 Peabody Essex Museum)
《香港船头货价纸》抄本	(No.406,藏于东京大学情报学環图书馆)
《官版香港新闻》	(第 1 卷、第 2 卷 No.591~717,藏于东京大学明治新闻杂志文库)
《香港新闻》	(No.591~668,《铃木大杂集》13;No.695~783,《铃木大杂集》16)
《香港新闻纸》	(No.1068~1077,日文翻译版,藏于东京大学明治新闻杂志文库)
《香港中外新报》	(1872 年 5 月 4 日,藏于英国剑桥大学图书馆)
《香港中外新报》	(1885 年 7 月 19 日,藏于德国亚琛市国际报纸博物馆)
《香港中外新报》	(1889 年 4 月 13 日,新加坡收藏家程章琅收藏)
The China Mail 及其中文专页《中外新闻七日报》	(1871 年 3 月~1872 年 4 月,藏于大英图书馆及香港大学图书馆)
《香港华字日报》	(1873 年 6 月 4 日影印本,收录于《华字日报七十一周年纪念刊》,1934 年)
《香港华字日报》	(1872~1874 年,藏于日本国立国会图书馆)
《申报》	(1872~1874 年,《申报》影印本,台北,1965 年)
《循环日报》	(1874 年 2 月 4 日创刊号文摘小册子及 1874 年 2 月 5 日~7 月 4 日原件,藏于大英图书馆;1874 年 5 月 16 日~8 月 10 日,藏于东京大学明治新闻杂志文库)

《幕末明治新闻全集》第一卷 (世界文库,昭和41年)
《日本初期新闻全集》1,2 (ぺりかん社,昭和61年)
The Indo-Chinese Gleaner (1817~1822年)
Chinese Repository (1832~1851年, 20 vols., ed. E. C. Bridgman & S. Wells Williams Canton & M.Macao)
The Daily Press (1858~1859年,藏于美国麻省 Peabody Essex Museum)
Hong Kong Blue Book (1864 edition~1876 edition. Printed by Noronha & sons Government Printers)

二、书籍与论文

1. 中文

丁 又:《香港初期史话》,三联书店,北京,1983年,第二版
丁淦林主编:《中国新闻事业史》,武汉大学出版社,1989年
十四所高等院校合编:《中国新闻史》,中央民族学院出版社,1988年
上海图书馆编:《中国近代期刊篇目汇录》第一卷,上海人民出版社,1980年,第2次印刷
小野秀雄著,陈固亭译:《中外报业史》,正中书局,台北,1966年
中国社会科学院新闻研究所:《中国新闻年鉴》,1982~1986年版,中国新闻出版社
戈公振:《中国报学史》,上海商务印书馆,1927年
戈公振:《中国报学史》,上海商务印书馆,1928年
戈公振:《中国报学史》,太平书局,香港,1964年
戈公振:《英京读书记》,《新闻研究资料》总第5辑,中国社会科学院新闻研究所,1980年
戈宝权:《读戈公振的遗著〈英京读书记〉》,《新闻研究资料》总第5辑,中国社会科学院新闻研究所,1980年
方汉奇:《方汉奇文集》,汕头大学出版社,2004年12月第2版
方汉奇:《中国近代报刊史》(上、下),山西人民出版社,1981年;《中国近代报刊史》(全2册),山西人民出版社,2012年
方汉奇主编:《中国新闻事业通史》第一卷,中国人民大学出版社,1992年
方汉奇、陈业劭、张之华:《中国新闻事业简史》,中国人民大学出版社,1983年
王慷鼎:《〈中外新闻七日录〉研究——晚清期刊研究之一》,南洋大学 Occasional Paper Series/ Research Project Series No.111,新加坡,1977年
王凤超:《新闻名将戈公振》,《新闻研究资料》总第5辑,中国社会科学院新闻研究所,1980年
王凤超:《中国新闻业史的分期与起点》,《新闻研究资料》总第8辑,中国社会科学院新闻研

究所,1981 年
王凤超:《中国的报刊》,人民出版社,北京,1988 年
王绳编:《中英关系史论丛》,人民出版社,北京,1981 年
王　韬:《普法战纪》,香港中华印务总局,同治十二年癸酉七月
王　韬:《弢园尺牍》,1880 年;北京中华书局,1959 年
王　韬:《弢园文录外编》,香港中华印务总局,1883 年
王　韬:《西学辑存六种》,上海,1889~1890 年
王　韬:《漫游随录·扶桑游记》,湖南人民出版社,1982 年
王　韬:《淞隐漫录》,人民文学出版社,北京,1983 年
朱传誉:《宋代新闻史》,学术奖励委员会,台北,1966 年
朱传誉:《报人·报史·报学》,台湾商务印书馆,1967 年
朱传誉:《先秦传播事业概要》,台湾商务印书馆,1973 年
朱传誉:《中国新闻事业研究论集》,台湾商务印书馆,1988 年
余家宏等:《新闻学简明词典》,浙江人民出版社,1984 年
余启兴:《伍廷芳与香港之关系》,《寿罗香林教授论文集》,香港,1970 年
李龙牧:《中国新闻事业史稿》,上海人民出版社,1985 年
李　瞻:《世界新闻史》,国立政治大学新闻研究所,台北,1966 年
李瞻主编:《中国新闻史》,报学丛书第六种,台湾学生书局,1978 年
松浦章、内田庆市、沈国威编著:《遐迩贯珍——附解题·索引》,上海辞书出版社,2005 年
沈国威编著:《六合丛谈:附解题·索引》,上海辞书出版社,2006 年
周　南:《鸦片战争前的中英贸易关系》,《历史教学》总第 50 期,北京,1955 年 2 月
林友兰:《一百年前的华字日报》,《报学》第 3 卷第 8 期,台北,1967 年 6 月
林友兰:《近代中文报业先驱——黄胜》,《报学》第 4 卷第 3 期,台北,1969 年 12 月
林友兰:《中国报业报学与报人》,《报学》第 5 卷第 2 期,台北,1974 年 6 月
林友兰:《伍廷芳与近代中文报业》,《报学》第 5 卷第 3 期,台北,1974 年 12 月
林友兰:《陈霭亭与香港华字日报》,《报学》第 5 卷第 10 期,台北,1978 年 6 月
林增平编:《中国近代史》(上、下),湖南人民出版社,1979 年第二版
邵德门:《中国近代政治思想史》,中国法律出版社,1983 年
南　木:《鸦片战争以前英船阿美士德号在中国沿海的侦察活动》,《进步日报》1952 年 9 月 13 日
姚福申:《有关邸报几个问题的探索》,《新闻研究资料》总第 9 辑,中国社会科学院新闻研究所,1981 年
姚福申:《唐代新闻传播活动考》,《新闻大学》5,复旦大学新闻系,1982 年
洪仁玕:《资政新篇》,《中国哲学史资料选辑近代之部》(上),1962 年
范文澜:《中国近代史》上编第 1 分册,人民出版社,北京,1953 年修订 8 版
袁昶超:《中国报业小史》,新闻天地社,香港,1957 年
张玉法:《先秦时代的传播活动及其对文化与政治的影响》, 嘉新水泥公司文化基金会出版,1966 年

张静庐辑注:《中国近代出版史料初编》,中华书局,北京,1957年
张静庐辑注:《中国近代出版史料二编》,中华书局,北京,1957年
梁家禄、钟紫、赵玉明、韩松合著:《中国新闻业史——古代至一九四九年》,广西人民出版社,1984年
梁 发:《劝世良言》,《近代史资料》2,中华书局,北京,1979年
陈止澜:《本报创造以来》,《华字日报七十一周年纪念刊》,香港,1934年
陈祖声:《王韬报刊活动的几点考证》,《新闻研究资料》总第9辑,中国社会科学院新闻研究所,1981年
陈学霖:《黄胜——香港华人提倡洋务事业之先驱》,《崇基学报》,香港,1964年
陈镐文:《从〈遐迩贯珍〉到〈六合丛谈〉》,《新闻研究资料》总第61辑,中国社会科学院新闻研究所,1993年
陈翰笙主编:《关于华工出国的中外综合性著作》,《华工出国史料汇编》第四辑,中华书局,北京,1981年
陈翰笙主编:《华工出国史料汇编》第五辑,中华书局,北京,1984年
章玉梅:《〈各国消息〉介绍》,《新闻大学》6,复旦大学新闻系,1983年
麦沾恩:《中华最早的布道者梁发》,《近代史资料》2,中华书局,北京,1979年
麦思源:《七十年来之香港报业》,《华字日报七十一周年纪念刊》,香港,1934年
复旦大学新闻系新闻史教研室:《简明中国新闻史》,福建人民出版社,1986年
循环日报社:《循环日报六十周年纪念特刊》,香港,1932年
曾虚白主编:《中国新闻史》上·下,国立政治大学新闻研究所,台北,1966年
华字日报社:《华字日报七十一周年纪念刊》,香港,1934年
冯爱群:《华侨报业史》,台湾学生书局,台北,1967年
冯爱群:《中国新闻史》,台湾学生书局,台北,1967年
黄卓明:《中国古代报纸探源》,人民日报出版社,北京,1983年
宁树藩:《宁树藩文集》,汕头大学出版社,2004年12月第2版
宁树藩:《〈察世俗每月统记传〉评述》,《新闻大学》4,复旦大学新闻系,1981年
宁树藩:《〈东西洋考每月统记传〉评述》,《新闻大学》5,复旦大学新闻系,1982年
赵君豪:《中国近代之报业》,商务印书馆,重庆,1930年
广角镜出版社:《香港与中国——历史文献资料汇编》,香港,1981年
潘贤模:《中国现代化报业初创时期——鸦片战争前夕广州、澳门的报刊》,《新闻研究资料》总第5辑,中国社会科学院新闻研究所,1980年
潘贤模:《近代中国报史初篇》,《新闻研究资料》总第7辑,中国社会科学院新闻研究所,1981年
潘贤模:《清初的舆论与钞报》,《新闻研究资料》总第8辑,中国社会科学院新闻研究所,1981年
潘贤模:《南洋萌芽时期的报纸》,《新闻研究资料》总第9辑,中国社会科学院新闻研究所,1981年
潘贤模:《鸦片战争后的香港报刊》,《新闻研究资料》总第11辑,中国社会科学院新闻研究所,1982年

潘贤模:《上海开埠初期的重要报刊》,《新闻研究资料》总第16辑，中国社会科学院新闻研究所，1982年
蒋国珍:《中国新闻发达史》,上海世界书局,1927年
蔡　武:《谈谈〈察世俗每月统记传〉——现代中文期刊第一种》,《国立中央图书馆馆刊》第一卷第四期,台北,1968年
蔡　武:《谈谈〈东西洋考每月统记传〉——中国境内第一种现代中文期刊》,《国立中央图书馆馆刊》第二卷第四期,台北,1969年
郑天挺:《玛礼逊父子》,《历史教学》总第38期,1954年2月
赖光临:《王韬与循环日报》,《报学》第3卷第9期,台北,1967年
赖光临:《西方教士输入之报业观念》,《中华学术与现代文化丛书》第12册,中华学术院,台北,1976年
赖光临:《中国新闻传播史》,三民书局,1978年
赖光临:《新闻史》,允晨文化实业股份有限公司,台北,1984年
罗香林:《香港与中西文化之交流》,香港中国学社,1961年
顾长声:《传教士与近代中国》,上海人民出版社,1981年

2. 日文

朝倉亀三:《本邦新聞史》,雅俗文庫,明治44年
足立利雄·三沢玲爾:〈中国報紙(新聞)史研究 I〉,《関西大学社会学部紀要》第13卷第1号,昭和56年
足立利雄·三沢玲爾:〈中国報紙(新聞)史研究 II〉,《関西大学社会学部紀要》第13卷第1号,昭和58年
伊東憲:《中華新聞発達史》,上田屋書店,昭和12年
栄孟源著·中国研究所訳:《現代中国史》,大月書店,1955年
小野秀雄:《圖解新聞発生史》,東京堂,昭和7年
小野秀雄:〈我邦初期の新聞とその文献に就て——本書に採録せる新聞及書籍の解題に代ふ〉,《明治文化全集》第17卷〈新聞篇〉,日本評論社,昭和3年
小野秀雄:《日本新聞発達史》,大阪每日新聞社,大正11年
小野秀雄:《日本新聞史》,良書普及会,昭和23年
小野秀雄:〈飜刻新聞雑誌の原書について〉,《新聞学評論》No.1,日本新聞学会,1952年
小野秀雄:《内外新聞史》,日本新聞協会,1961年
戈公振著/小林保訳:《支那新聞学史》,人文閣,昭和18年
可児弘明:《近代中国の苦力と〈猪花〉》,岩波書店,1977年
里井彦七郎等:〈十九世紀中国仇教運動の一側面〉,《東洋史研究》第13卷第1,2,4号,昭和29~30年
鈴木秀三郎:《本邦新聞の起源》,クリオ社,昭和34年;ぺりかん社,昭和62年

鈴木俊編:《中国史》改訂新版,山川出版社,昭和42年第二版
高谷道男:〈モリソン号来航記〉,《学鐙》第44卷第3号,昭和15年
田中正美:〈新教中国伝道の開拓とイギリス東印度会社〉,《東洋史学論集》第2,昭和29年
卓南生:〈官板華字新聞および中国語原紙について〉,《日本初期新聞全集》1, ぺりかん社,1986年
卓南生:《東アジアジャーナリズム論——官板漢字新聞から戦時中傀儡政権の新聞統制、現代まで》,彩流社,2010年
西里喜行:〈王韜と循環日報について〉,《東洋史研究》第43卷第3号,昭和59年
西田長寿:《明治時代の新聞と雑誌》,至文堂,昭和38年
原田棟一郎:〈支那新聞研究の一断面〉,《近世文化史考》,大阪出版社,昭和13年
平塚益德:〈"瑪禮遜学校"考〉,《教育史学会紀要》6,国立教育研究所,1963年
平塚益徳:〈英華学堂考〉,《九州大学教育学部紀要》第8集,1962年
柳父章:《ゴッドと上帝》,筑摩書房,1986年
吉田寅:〈張遠両友相論考〉,《基督教史学》6,昭和30年
吉田寅:〈中国新教伝道の開拓と宣教師の中国文布教書〉,《東京学芸大学附属高等学校研究紀要》1,1963年
吉田寅:〈梁阿発とその中国文布教書〉,《基督教史学》13,昭和38年
吉田寅:〈"勧世良言"考〉,《キリスト教史学》17,昭和41年
林語堂著/安藤次郎 河合徹訳:《支那における言論の発達》,生活社,昭和14年

3. 英文

Britton, Roswell S., *The Chinese Periodical Press 1800~1912*(Shanghai, Kelly and Walsh Limited, 1933; repr. Taipei, Ch´eng-wen Publishing Company,1966).

Chang, Yun-chao, *Wu Ting-Fang´s Contribution Towards Political Reforms In Late Ching Period* (Ph.D. thesis, University of Hong Kong,1982).

Chesneaux, J., Bastid, M.and Bergere, M., *China from Opium Wars to the 1911 Revolution*(The Harvester Press,1977).

Cohen, Paul A., *Wang Tao's Perspecitive on a Changing World* in Albert Feuerwerker, Rhoads Murphey and Mary C. Wright ed., *Approaches to Chinese History* (Berkeley, University of California Press, 1967).

——*Between Tradition and Modernity:Wang Tao and Reform in Late Ching China* (Harvard University Press, 1974).

Cordier, H. Henri, *The Life and Labour of Alexander Wylie* (Reprint from the Journal of the Royal Asiatic Society of Great Britain and Ireland Vol.xix Part 3).

Eitel, E. J., *Europe in China. The History of Hong Kong From the Beginning of the year 1882* (Hong Kong, 1895).

Endacott, G. B., *A History of Hong Kong* (London, 1958).

——*A Biographical of Early Hong Kong* (Singapore, 1962).

——*Government and People in Hong Kong 1841~1962* (Hong Kong University Press, 1964).

——*An Eastern Entrepot.A Collection of Documents Illustrating the History of Hong Kong* (London, 1964).

Endacott, G. B., Hinton A.& Habour, F., *A Short History of Hong Kong* (Hong Kong Oxford University Press, 1962).

Fairbank, John King, *Trade and Diplomacy on the China Coast: The Opening of the Treaty Ports 1842~1854* (Stanford University Press, 1969).

Gutzlaff, Charles, *Journal of Three Voyages along the Coast of China in 1831, 1832 and 1833, with Notice of Siam, Corea, and the Loo-Choo Islands*(London, 1834).

Horne, C. S., *The Story of the London Missionary Society 1795~1895* (London, 1894).

Jone, F. C., *Shanghai and Tientsin, with Special Reference to Foreign Interests* (London, 1940).

Kan Lai-bing and Chu, Grace H. L., *Newspapers of Hong Kong 1841~1979* (Hong Kong, 1981).

King, Frank H. H. and Clarke, Prescott, *A Research Guide to China-Coast Newspapers, 1822~1911*(Harvard University Press, 1965).

Latourette, Kenneth Scott, *A History of Christian Missions in China* (London, 1929).

Lee, Chi-fang, *Wang Tao(1828—1897): His Life, Thought, Scholarship and Liberary Achievement* (Ph. D. thesis. The University of Wisconsin, 1973).

Lin, Yutang, *A History of the Press and Public Opinion in China* (Shanghai, 1936).

Lindsay and Gutzlaff, *Report of Proceeding on a Voyage to the Northern Ports of China in the Ship of Lord Amherst* (London, 1833).

Lovett, Richard M. A., "*The History of the London Missionary Society, 1795~1895,* Vol. Ⅱ (London, 1891).

Malcolm, Elizabeth L., "The Chinese Repository and Western Literature on China 1800 to 1850", *Modern Asian Studies,* July 2, 1973, London.

McAleavy H., *Wang Tao:The Life and Writing of a Displaced Person* (The China Society, London, 1953).

Medhurst, Walter Henry, China:*Its State and Prospects* (London, 1838).

Memoirs of the Life and Labours of Robert Morrison, D. D. Compiled by his Widow (London, 1839).

Milne, William, *A Retrospect of the First Ten Years of the Protestant Mission to China* (Malacca, 1820).

Silvester, Horne C., The Story of the London Missionary Society 1794~1895, (London, 1894)

Teng, Ssu-yu and Fairbank, John K., China´s *Response to the West: A Documentary Survey 1839~1932* (Harvard University Press, 1954).

Wylie, Alexander, *Memorials of Protestant Missionaries to the Chinese* (Shanghai, 1867).

索　　引

六画

七画

八画

九画

十画

十一画

十二画

十三画

十四画

十五画

新加坡人对中国报业史研究的新突破

——喜读卓南生的《中国近代报业发展史》

宁树藩 上海复旦大学新闻学院教授
中国新闻史学会副会长

大约在 11 年以前,卓南生教授有关中国新闻史的几篇论文的日文稿,由和我同处一校的张国良教授译成中文。我有幸在发表前先行拜读。文中的精彩内容,使我深受启发。当第一篇稿子在《新闻传播》刊出时,我曾撰一短文推荐。其时对卓教授虽已心仪,尚未结识。1990 年末,卓教授日文本的《中国近代新闻成立史 1815~1874》一书问世,承蒙惠赠。惜我不谙日文,从张国良教授的简单介绍中,也能得知本书的珍贵价值。随后知道这本书已译成中文,将在台湾付印,我是非常高兴的。在和卓教授见面时和电话交谈中,频频询问出版的佳音。不久前,当我拿到盼望已久的中文版《中国近代报业发展史 1815~1874》时,欣喜之情,自可想见。现在,我可以细细品味全书了。

创立新说订正前人错误

本书写的是 1815 年至 1874 年的中国报业史。写作上无意作全面铺陈,而是着力对从《察世俗每月统记传》到《循环日报》60 年间具有代表性的报刊进行深入的评述,以揭示中文报业的产生、演变及初步发展的复杂历程。有关这一时期中国新闻史的论著,可说数量是相当多的,其中包括中国新闻史的奠基之作——戈公振的《中国报学史》和权威性的白瑞华的《中国报刊》(*The Chinese Periodical Press*)(1800—1912)。那么,卓南生教授这一著作的魅力究竟何在?我为什么总是对它寄予特别的关注呢?

每个人的领会不会完全一样。在我看来,判断一本新书的价值,其重要的一条,就是看它对我们社会的知识宝库增添了多少新的财富。如果因循旧说,满纸陈言,即使是洋洋大作,那又有什么意思呢?卓教授这部书对我最大的吸引力,可用“创新”二字来概括。本书在尊重前人研究成果的基础上,着力对未知知识领域的开发,新知新意,随处可见。而且,这里所说的“新”并非标新立异之“新”,它是在对大量第一手的、权威性的史料进行考察与研究的基础上形成的。

这本书对中国早期中文报业史研究所作出的贡献,是多方面的,但是最为突出的是对香港早期中文报纸研究所取得的重大进展。我们知道,中国中文报纸的历史实际上是鸦片战争后从香港起步的。香港这阶段报史,是一部中国新闻史的重要源头。历史学应该回答这样一个问题,即“各种事物都是怎样而来的”(罗素)。早期历史之所以受到关注,道理在此。可是,综观以往有关当时香港报史种种论著,虽然也有不少成就,但留下了很多疑团,连一些基本情况也没弄清楚。例如:非常重要的《香港船头货价纸》、《中外新闻七日报》,无人提及,而香港从未出现的所谓《香港新闻》,却津津乐道。《香港中外新报》和《香港华字日报》是怎样办起来的,全不知情,而某些无中生有的情节,则被反复流传。至于报刊的创办日期、主编人名、报刊之间的关系等等问题,错误更是常见。在这样的情况下,要想回答中国报业“是怎样而来的”问题,是很困难的。

上述混乱情况,前人著作中的具体表现,本书已作了不少说明。这里,拟再择要补充,以加强认识。

中国第一份系统记载早期中文报刊名录的材料,是美国传教士范约翰(J.M. W.Farnham)在1890年写的《中文报刊目录》。这份被认为作过广泛调查、具有权威性的“目录”,却未见有《香港船头货价纸》,将《中外新报》(香港)的创刊期错为1861年,对《华字日报》创刊期的记载虽较符合实际,但也不尽准确,把1872年4月写成1872年8月。中国第一部中国新闻史专著是汪英宾教授出版于1924年的《中国本土报刊的兴起》(*The Rise of the Native Press in China*),该著谈及香港早期出版的中文报纸时,只提及《中外新报》,确认它是中国第一份中文日报(这在中国也许是第一次)。可是在解释该报创办由来时却说,先是在伍廷芳的建议下,由一家英文报馆(未作具体说明)将《孖剌报》和《德臣报》的英文稿译成中文,公开发行,遂导致《中外新报》的创立,时在1852年。其时伍廷芳年仅10岁,此说之不能成立是很明显的。关于戈公振的《中国报学史》的混乱情况,卓教授的书已作详细的评述,不再重复。我要说的是,该书所造成的混乱最多,由于居于权威地位,其影响也最深远。白瑞华的《中国报刊》(1933)一书,沿袭了戈氏不少错误,如关于《香港新闻》的认识,关于《香港中外新报》和《香港华字日报》创办之由来等,但也有两处错误被纠正,一是不同意伍廷芳是第一份中文报纸的创办人的说法,二是正确指出《香港华字日报》创办于1872年(而不是戈所说的1864年或1865年),前一种看法是从伍的年龄分析出来的,伍生于

1842年,他还太年轻,不大可能参与最早中文报纸的创办;后一判断,大致可以认为是来源于范约翰的《中文报刊目录》(白瑞华是参考过范氏"目录"的)。就是说,白氏在研究方面、史料方面尚无多大突破。林语堂出版于1936年的《中国报刊和舆论史》(*A History of the Press and Public Opinion in China*)一书,关于香港早期中文报纸的简略介绍,完全依据戈公振的《中国报学史》,其错误可想而知。令人费解的是,戈公振由于一时疏忽,将出版《香港中外新报》的英文报纸《孖剌报》的名字,误写成为"*China Mail*"(即《德臣报》名),白瑞华予以改正,写明为"*The Hong Kong Daily Press*",报名是什么,白纸黑字摆着的,本没有什么好辩论。可是林语堂却起而声称不同意白瑞华的意见,他站在戈公振的一边。他之信任戈公振,已经到了盲从的程度了。大致可以说,1927年以后,中国有关香港早期报史的论著,多以《中国报学史》为范本,连香港报史专家廖苹、麦思源、林友兰等的有关文章,也未能摆脱该书错误的影响,1949年以后中国大陆的中国新闻史学者,情况也不例外。

发掘原件为报史正本清源

1970年,留学东京的卓先生起步研究中国新闻史时,面对他的首先就是这些迷漫于香港报史研究上空的层层浓雾。对于一位富有探索精神的学子来说,研究领域的难题疑点,正是激发他在科学大道上迈进的动力。在19世纪五六十年代,中国沿海城市(主要是香港)出版的中文报刊传入日本,但翻刻时都经删削,改变了版式,有的报名全改了,和原件已面目全非。卓先生敏锐地觉察到,蕴藏在这些迷离莫测现象的背后,会是一条通向知识宝库的入口处。这就使他"产生了极力探求中文原件予以印证,以便正本清源的动机"(见本书繁体字版《自序》)。可是在日本,既乏中文原件,也无相互切磋的同行。小野秀雄先生的论著和指教,给他以很大启发,但由于研究领域不同,也不能对所要探索的种种难题,作出现成的答案。卓先生知难而进,遇折不回,奋然踏上中国新闻史研究之路。

历史研究,史料为先,他首先开展了一场搜寻史料的苦斗。在日本不用说了,他十数年来走访了英国、美国和香港与台湾地区的很多图书馆、大学、藏书家和旧书坊,历尽艰辛,终于查阅了久所渴求的一批中文报刊原件和其他重要材料。特别是《香港船头货价纸》(79份)和《中外新闻七日报》之发现,更使人惊喜万分。前者虽知其名,但从未谋面;后者已沉睡百年,还没有人提起过它的名字。这种新闻史料调查苦与乐,不是身临其境的人是很难领会的。

史料之转化为一种科学论断,一种对历史运动之规律性认识,则是一场更为艰巨的思想劳动。对于这些众多而纷杂的各类材料,卓南生教授谨慎而耐心地一一加以考订、辨析、比较、梳理,由表及里,去伪存真,揭其底蕴,明其意旨,以展现其巨大科学力量。在这里,不容有无根之谈和主观臆测,一切裁断必依事实。凡属存疑记述,不论来自权威,出自众口,或为当事者所写(如《香港华字日报》自述其创办由来),或明白刊印在自己的报纸上(如《中外新报》曾在1912年将该报的创刊日期印于报头),都须将其置于事实前面一一加以检验。孤证不立,证据力求充分。为了证实《香港华字日报》的创刊期不是1864年(流行说法)而是1872年,本书运用的证明材料达七八处之多,类似的例子,屡见不鲜。卓南生教授所表现出的严谨治学态度和执着的求是精神,读来令人深深敬佩。

就是这样一步一个脚印地,攻克一个又一个疑难阵地,澄清了中国早期新闻史研究的上述种种混乱状况,拨开迷雾,现露真容。中国的中文报纸、中文日报究竟是"怎样而来的"?现在得到了满意的回答。卓教授的研究成果,对中国新闻史学科建设,作出了重要贡献,功不可没。

引起中国学界强烈反响

卓教授的研究成果在中国大陆发表,引起中国新闻史学界强烈反响,新问世的论著有关部分,开始按新的结论进行了改写。这些成果在《新闻学词典》(1988)、《中国新闻事业通史》(第一卷·1992)和《新闻学大辞典》(1993)诸书我所执笔的有关内容中,也都得到相应的反映,并在上述《词典》、《大辞典》中,增设了以往全不知名的《香港船头货价纸》专条。遗憾的是,在《中国新闻事业通史》第一卷第300页上,我仍然保留了香港出有《香港新闻》这一错误。其实在该书出版时我已经知道了实际情况,也许因为该段文字写作较早,出版时由于一时疏忽未及改写所致。现借此机会改正,并向读者致歉。

中国新闻史学者,为什么长期因袭那些错误而不觉察?原因非止一端,但最重要的一条,就是有关新闻史料的缺乏。说实话,本书所研讨的几乎所有中文报刊,除北京存有《六合丛谈》和九期《东西洋考每月统记传》外,国内全无收藏。上海原存有《遐迩贯珍》的合订本,约在1956年,由报界前辈汪英宾教授借走(当时我陪同在场),后汪病逝新疆,该刊至今下落不明。复旦大学新闻系(现新闻学院)还是在80年代初起,才开始从大英图书馆等境外收藏单位购得一部分这些报刊的缩微胶卷和复印件。我本人也是在80年代初才在一本英文书上见到《香港船头货价纸》这一中文报名,只知是由英文孖剌报报馆出版于1857~1860

年间,其他不详。

严谨辨析各报异同与特征

翻阅全书,差不多每一章节,都会得到新的知识和启迪。因篇幅所限,对其他部分,下面只能简略谈一些自己的体会。

鸦片战争前在东南亚出版的《察世俗每月统记传》等外国传教士所办中文报刊,学界研究渐多,进展也大,但仍存在不少薄弱环节,特别对这些报刊外部情况的认识,笼统迷糊之说,时有所见。本书过人之处,就是以大量材料,对报刊的出版背景,创办由来,社会联系,曲折历程以及报人经历等等方面的事实,作了切实细致的解说,令人耳目一新,人们对报刊的性质、主旨及其历史使命等要害问题,因而得到更为深刻清晰的理解。对于这一报刊群体的考察,本书则注重辨较异同,揭示其前后相承的发展轨迹,颇多新意。其中对《特选撮要每月纪传》与《察世俗每月统记传》关系之解述,尤为详尽,为前人所不及。史料既丰且新,有的更是首见,例如米怜(W.Milne)主编的《印度支那汇刊》(*Indo-Chinese Gleaner*),同行学者多知其名,但像本书那样引用它所刊文稿,还是我所见第一次。

鸦片战争后出版的《遐迩贯珍》和《六合丛谈》,是本书所称宗教月刊时期殿阵的代表作,受到重视。作者最为关注的是《遐迩贯珍》。该刊于1853年创刊于为英国殖民者所据的香港。和战前在东南亚出版的同类报刊相比,客观条件大异。中文报刊中,它是这种时空大转化影响最早的体现者。本书说它"有其特殊存在的意义",是有道理的。作者以较大篇幅,阐明《遐迩贯珍》之创办,"是为了继承马礼逊的遗志"(本书繁体字版第82页)。同时又从该刊的实际表现中,指明它的办刊宗旨和宣传立场,处处体现为英国利益服务的原则,有理有据,令人信服。这点是很重要的,它表明在时空大变化中,该刊的性质和总的任务,仍和它的先行者一脉相承,没有改变。不过,写作重点还在表现刊物的新现象。特别重视新闻比重的增加,认为这是"最令人注目的动向之一"(本书繁体字版第245页)。对广告的出现,也给予很高的评价,说这是"导入以广告收入开展近代化报刊经营的概念之征兆"(本书繁体字版第98页),书中还介绍了该刊首创中文报刊新闻分类、读者之声等方面的编辑业务改革,并对该刊一改以往同类报刊木板雕印,第一次使用铅活字和白色洋纸印刷大加称赞。从这些新表现中,看出了一种历史性的变化,即《遐迩贯珍》已开始突破鸦片战争前这类报刊的传统,"向近代化报纸的方向发展"(本书繁体字版第98页)。这一判断,从报史写作方面看也是很有意义的，表明作者不仅注重报刊的政治思想倾向表现，同时也着意从报刊自身的成长变化来考察报史了，而这点常常为报史作者所忽视。

对于《六合丛淡》，作者是把它作为《遐迩贯珍》的上海版来看待的。这样，本书对该刊的研究，侧重在和《遐迩贯珍》进行异同的比较，注意力又放在相同点上。作者十分细致地，从该刊的编辑方针、主办的宗教团体、内容结构、封面设计、发行渠道、赞助人士以及中文刊名等等方面考察，确认二刊彼此相同或十分近似(这里我作一点补充：即《六合丛谈》的英文名字为“*Shanghai Serial*”，和《遐迩贯珍》的英文名字“*Chinese Serial*”更为相似)，认为《六合丛谈》“可以说是以《遐迩贯珍》为模式而编辑的”(本书繁体字版第105页)。对于两刊的密切关系，前人还是有所了解的，不过，像本书那样经过如此周详的研讨，作出如此鲜明判断，我还是首次看到。对于两刊的不同点，本书也作了认真的探索，最重要的一条，就是对新闻的处理问题。《遐迩贯珍》将新闻置于重要地位，数量多，篇幅至少占全刊三分之一；每期必有，主要刊登中国新闻，特别是有关太平天国运动的报道。而《六合丛谈》则不同，起初新闻也不少，但着重刊登欧洲新闻，关于中国新闻，前五期共登八条，第六期起完全绝迹，成为没有当地新闻的当地报刊。总体来说，新闻也逐渐减少，到了目前所见最后一期，已不见踪影。

本书对两刊异同点的辨识，价值甚高，就相同点而言，可以看出，《六合丛谈》之紧接着《遐迩贯珍》停刊而在上海出现，表明后者停办之根本原因不是别的，而在当时基督教报刊的出版基地开始作一次新的转移，即由香港向上海的转移。后来的历史发展，加强了这一认识。就相异点而论，《六合丛谈》对新闻的处理，离报纸的模式更远了，由《遐迩贯珍》显示出来的向近代报纸方向发展趋势顿然消失。而这时商业中文报纸应时而起，本书所说的宗教月刊时期遂告终结，《六合丛谈》就成为这个时期最后一个宗教报刊的代表。

解开《循环日报》诸多谜底

《循环日报》是本书所论述的最后一份报纸，也是被誉为“中国人自办成功的最早中文日报”。本书是从1815年《察世俗每月统记传》创刊后60年来中文报业发展的进程来给该报作历史定位的，把它作为打破外国中文报刊的全面垄断，使报史进入中国人开始办报新阶段的范例。这样着重揭示的是中国人自办报纸在当时所显示出的特征，而不是改良主义思想宣传所作出的贡献。这一新的思路，和本书所述另一研究思想是密切联系的。《绪论》称：“有关《循环日报》的研究，大多数研究者与其说是着重于研究这份报纸本身，不如说是从研究中国近代史的角度,对该报创办人王韬及其思想、文学以及他在中国近代化过程中所扮演的角色发生浓厚兴趣",即主张从报业自身发展来研究报史。在这新的思路引导下,对《循环日报》的论述,环绕"中国人自办报纸"这一中心点层层展开。

首先列出专题,讲述《循环日报》一再强调的该报"所有资本及局内一切事务皆我华人操权,非别处新闻纸馆可比",而其他中文报馆"主笔之士虽是华人,而开设新闻馆者仍西士",着意表明一个事实,即《循环日报》是香港唯一一份"华人资本、华人操权"的中文报纸。其对该报主编王韬办报哲学,谈到的方面是很多的,不过着重阐释的是,这些办报思想,实为针对当时华人社会流传一种"中国人谈中国事,未免位卑言高,似非所宜"的论调而发,旨在"纠正华人读者的偏见",宣传中国人办中国报的重要意义。对于该报评论的评析,则突出该报的中国人立场问题。通过将《循环日报》的评论,与《香港中外新报》、《香港华字日报》的评论详加比较,给人以明白的启示,即只有由中国人自办的报纸,才能成为保障中国人利益的论坛。而读者"从上述三家报纸立论的差异与演变,可以清楚地看出传媒控制权与舆论之间的相互关系"(本书繁体字版第249页)。本书就是这样,从报纸的所有权、办报思想和宣传实践等方面,揭示了《循环日报》作为中国报纸所呈现的品格,表达了该报的一片中国心。

此外,对报名"循环"二字的辨释,对该报实创刊于1874年2月4日之订正,对第一份中文报纸号外系1874年5月4日《循环日报》所发这一史实的认定等等,也提到不少弥足珍贵的报史知识,受到重视。

每次翻阅这本书,每次都得到一些新的感受,也许由于我所钟情的专业驱动,我总爱让它常陪伴在我的身边。

当然,也有一些问题,如早期中文宗教报刊是否是"以中国统治阶层或上层社会人士为对象",如何认定这类报刊内容方面"基本上是以传教目的为主"等等,实际情况较为复杂,似需作进一步探讨。至于曾由王韬主编,出版19年之久的香港《近事编录》,由于原件全失,本书没有像对其他中文报纸那样专作评述,这是可以理解的。不过它那较为重要的历史地位,仍是客观存在。当对香港中文报纸进行综合考察时,仍须将它纳人视野加以必要的评价,不能是香港"三报",而应是"四报"。本书对此似尚注意不足,深盼中国新闻史学界联手共进,在对《近事编录》的史料发掘和研究方面取得突破。

(此文为本书繁体字版的书评,原载于新加坡《联合早报》1999年3月7日)

新闻传播史研究的“诱惑”与“陷阱”

——与中国青年谈治史的苦与乐

卓南生

谈起报业史,我相信很多同学都觉得它是非常枯燥无味的。确实,现在的年轻人大都对历史不太感兴趣,觉得历史就是死记硬背一些年表和事件。其实不仅仅是在中国,在日本、新加坡等很多地方,年轻人都对历史提不起兴趣。当然,这有各种各样的原因。实际上,正如每个学科的历史一样,新闻传播史研究在新闻传播学科中占据着非常重要的位置。我个人认为,在进入任何一门学科的领域之前,都必须先掌握有关的历史:只有透彻地了解学科领域的过去,才能准确地把握现在和展望未来。史学是一切学科的基础,这一点并不会随着时代的变迁而改变,过去如此,现在如此,未来仍然是这样。

一、误解与偏差:从“报史研究轻松论”、“无用论”到一窝蜂“新媒体研究热”

正如刚才我所提到的那样,对于新闻史的研究可能大家会产生一个误会,以为它就是年代的强记。与此同时,在年轻人中也普遍存在着以下两种论调,其一是“报史研究轻松论”;其二是“报史无可研究论”。人们之所以会产生“报史研究轻松论”的想法,主要是误把某些毫无新意的报业通史、概论或重抄前人写过的论文与报史研究画等号。曾经有一名年轻研究者对我说:“搞理论研究真不简单,不像搞报史那样容易出成果。”在他心目中,报史研究就是“东抄西录”,只要花一些时间加以综合整理就行了。

同样的,有些年轻人之所以会产生“报史无可研究论”的看法,主要是因为他们有一种错觉——以为前人已经把报业史研究得“一干二净”,后来者没有研究的余地和空间,除了老调重弹,不会有其他的作为。

除此之外,在学术界还有许多人认为在新媒体的冲击下,报纸即印刷媒体的地位明显下降，旧媒体终将被新媒体所取代，因而已经没有研究旧媒体的现实意义了，“新媒体研究一窝蜂”的热潮随即出现。如此这般的旧媒体研究无用论与新媒体研究热，在中国、日本和欧美都非常普遍。如果我们深入分析，就不难发现每个时代都曾出现新媒体，都曾出现类似的现象和论争。比如，广播媒体问世的时候，人们都一窝蜂地把注意力集中于当时的新媒体——广播；后来，“声画合一”的媒体——电视出现了，它具有广播无法比拟的优越性，于是一股研究电视新媒体的热潮又被掀起，人们都在纷纷谈论印刷媒体是否会被它所取代；20世纪八九十年代，网络时代到来了，网络媒体作为多媒体融合的平台，互动加强，信息存储量大，具有许多新的特征，现在人们又一窝蜂地转向了最新媒体——网络媒体的研究。我们只要把近年来各高校的论文进行统计，其结果不难想象。我认为，当新媒体出现时，理所应当有一部分人及时地研究新媒体的形态、特征和影响，“与时俱进”是时代的要求。但不能因此而忽视或抛弃了对旧媒体的研究。

新媒体强大的吸引力背后有着种种原因。新媒体应科技高速发展的要求产生，功能强大，官方、企业和学界都愿意投入大量资金支持和鼓励对新媒体的研究，这是新媒体研究热的原动力。1989年到1992年之间，我在东京大学新闻研究所任副教授。这三年也是该研究所在考虑脱胎换骨，进行学科大调整的三年。在每周的教授会议上，如何改组与怎样为研究所重新定位或摸索新方向，一直是会议的中心内容。在传统上，东大新闻研究所以报纸研究为中心，其中最高成就之一是新闻史研究。在网络媒体和信息科技日新月异的冲击下，东京大学新闻研究所于1992年易名为“东京大学社会情报研究所”，也就是社会信息研究所。早在1987年，针对东京大学新闻研究所筹备改组与易名一事，已故日本资深报人、著名新闻传播学者新井直之就曾为文强调新闻学研究的重要性。他认为每个时代都有新媒体，加强对新媒体的教育与研究也是无可厚非的。对于一部分论者谓“新闻事业(Journalism)时代已告结束”或“大众传播时代也告结束”，而认为现在是“信息环境的时代”的看法，新井表示，随着“传播”与“信息”时代的到来，有关“传播”与“信息”在研究与教育上所居的重要性是无法否定的。但与此同时，如何从“传播”与“信息”全过程的角度看待问题也十分重要。为此，他表示有必要不断地思考为什么与为谁而搞“传播”与“信息”的课题。他认为离开了“为什么”与“为谁(服务)”的观点来谈“传播”与“信息”，无疑成为了“时代的奴隶”。他认为新闻事业(指对时事性的问题和事实进行报道和评论的社会传播活动)在于负起对“环境的监视”(即担任哨兵)的首要任务，并不会由于时代的改变而削弱。他不同意新闻事业时代已告结束的论调。“研究者不该成为新媒体或时代的奴隶”,我觉得这句话是真知灼见。很多年轻的专家学者埋头于新媒体的研究,但他们的研究只执着于“新”的层面,却缺乏对新闻本质的理解和把握。人们如果只是紧跟科技的发展,疲于奔命,最终就会在不断涌现的新科技和新媒体前迷失研究的方向。

其实在任何时代, 新闻传播史在新闻传播学科研究中都扮演着重要的角色。我的一位日本老师香内三郎教授就常告诉我,他从他的老师,即日本新闻传播学的开山鼻祖、著名的日本新闻史和新闻理论专家、东京大学新闻研究所首任所长小野秀雄(其地位相当于中国的戈公振)的口中常听到如下的名言:“任何科目在新闻或传播学院的学科设置中都可以增加或削减,但有三个科目却是不可或缺的,那就是新闻传播史、新闻传播理论和新闻传播伦理教育。这三个科目是新闻传播学系或学院健康发展的根,是其生命力的源泉。”

二、分享经验:从存疑、推敲到试探各种寻求原件的渠道

接下来我想和大家分享我研究报史的苦与乐。我个人对中国新闻史的研究主要集中在1815年到1874年之间的这段断代史,也就是中国近代报业发展的源头。大家都知道,1815年西方传教士在马六甲创立了第一份中文报刊《察世俗每月统记传》,1874年王韬创办的《循环日报》是第一份由中国人自办成功的中文日报。由于年代久远,许多资料都已佚失,戈公振的《中国报学史》对这段历史的叙述非常简单,后来的学者也把他的观点当成权威和定论来引用或借鉴。

与一般的中国报史研究学者不同,我是从学习日本新闻史入门搞研究的。由于学习日本报业史的缘故,我接触到一部分一般中国研究者没有机会看到的资料,即所谓的“官版汉字新闻”。日本幕府末期,一批在中国东南沿海地区与香港发行的汉文报刊流传到日本,当时幕府政府为了获取新知识和海外信息,就把部分报纸改头换面,编成所谓的“官版汉字新闻”。其中有些还有迹可寻,如大家所熟知的《六合丛谈》(1856—1857)就被改编为《官板六合丛谈删订本》,为报史研究者提供了珍贵的史料。但有些报纸的删订版与原报的名称相去很远,为后来的研究者制造了混乱。比如戈公振在《中国报学史》中指出中国曾经出版过一份名为《香港新闻》的月刊,长期以来这成为了大家公认的定论。但实际上《香港新闻》是中国第一家中文日报——《香港中外新报》之前身《香港船头货价纸》的日本版,中国从未出版过名为《香港新闻》的月刊。

《香港船头货价纸》流传到日本被删去了关于航运和价格的信息,摇身一变

为《香港新闻》,这就成为了中国近代报业史研究中的一个"陷阱"。

同时,我们还必须感谢这些良好保存下来的"东洋版",它们为我们提供了大量可供考证与推敲的资料,因为许多报纸的原件在中国已经没有踪迹。就以《香港中外新报》来说,戈公振在1927年出版的《中国报学史》中刊载的1912年《中外新报》的复印件,可以说是当时中国国内保存下来,可供参看的该报最早的版面。

戈公振所列举的1912年的《中外新报》报头明明白白表示该报创办于戊午年(即1858年),而我在英国剑桥大学图书馆找到的1872年的《香港中外新报》上却没有在其报头上注明其创刊年。可见,《香港中外新报》创刊于1858年的提法未必正确,1912年的报头可能是后人为了表明《香港中外新报》(当时已易名为《中外新报》)的历史悠久而添加的。这也就是我所谓报史研究容易掉入早有定论无可研究的"陷阱"的原因所在。我们不能盲目地迷信报纸的版头或前人的定论,要敢于质疑"可疑之处"。而这"可疑之处"有时正是"诱惑"我们去研究的原因所在。不久前,我很高兴地获悉新加坡一位收藏家程章琅先生藏有1889年的一份《香港中外新报》。版面显示,在1889年4月13日(光绪十五年岁次己丑三月十四日)的该报报头仍保持原貌,并未加上"戊午年始创"的字眼(见图),这就进一步证实与加强了20年前我对该报报头质疑的根据与推论的合理性。当然,要真正解开其谜底,还得设法寻找原件或接近于原件的第二手资料。但是,如果未发现疑点,再结合东洋版《官版香港新闻》的资料及日本学者的有关研究,我也可能不会那么执着地去寻找早期的原件。

另外,根据戈公振的记载,《香港华字日报》创刊于1864年。《香港华字日报》在1934年出版的71周年纪念刊也自称创刊于1864年,并从1864年算起,大事庆祝其71周年。如果我们就此信以为真,将它视为已无可研究的"定论",这定论其实也就是"陷阱"。但我一直都怀疑这个定论。原因是该纪念刊所刊载的1873年6月4日《香港华字日报》(迄今保留下来的该报最早的影印本)的右上角明确标注"第176号 No.176",这与1864年创刊的日期显然有巨大的差距。这个无法自圆其说的"可疑之处",同样的也是"诱惑"我对《香港华字日报》进行考证研究的原动力。《香港华字日报》是(*The China Mail*)(即《德臣西报》)附属的中文报,而《德臣西报》在大英图书馆和香港大学图书馆都有原件保存,于是我便从《德臣西报》着手。在翻阅《德臣西报》的过程中,我先是留意到该报计划出版中文报的一则广告,后来又有了意外的收获,即发现从1871年3月开始的一年间,《德臣西报》每个周六都有一版中文专页,名为《中外新闻七日报》。与《香港船头货价纸》不同,《中外新闻七日报》并不是单独发行的报纸,而是《德臣

1889年的《香港中外新报》

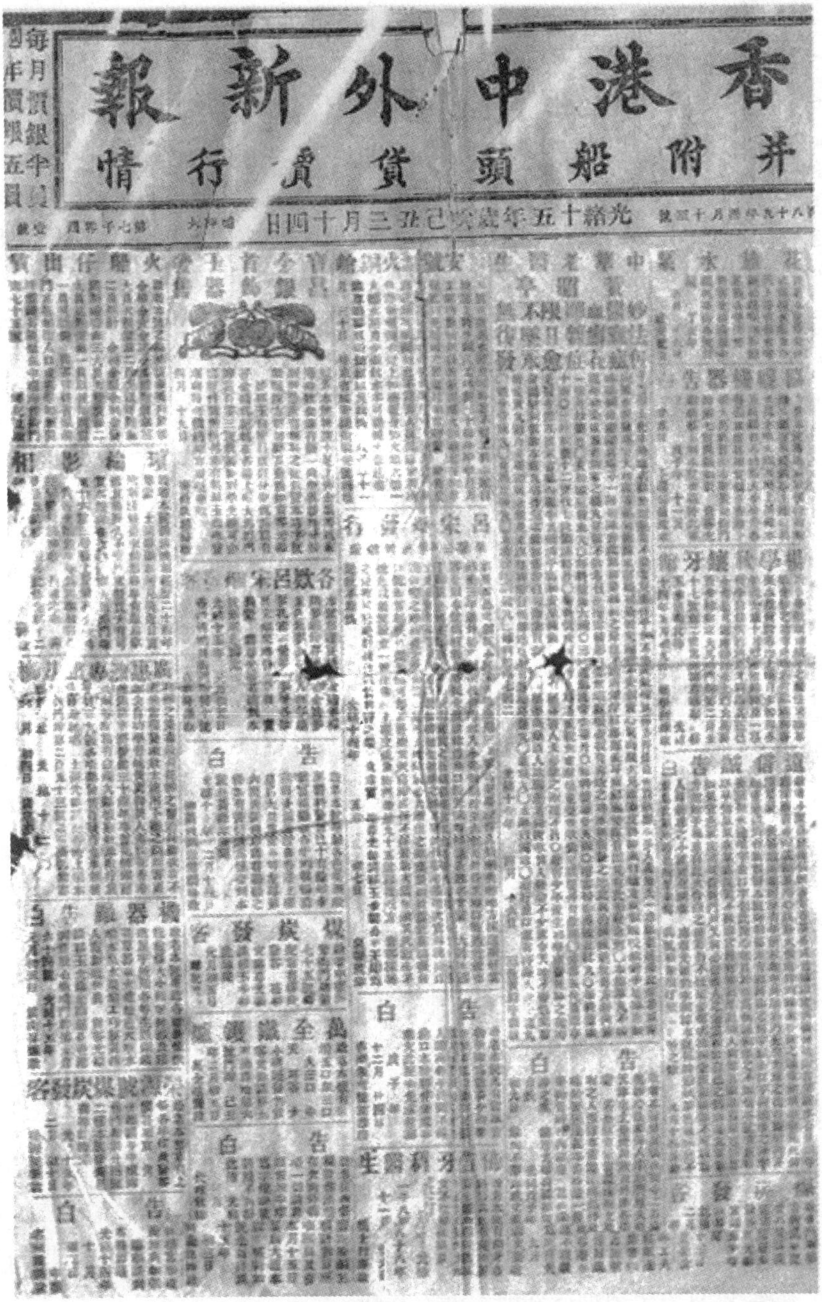
每月價銀半員
周年價銀五員

香港中外新報
并附船頭貨價行情

光緒十五年歲次己丑三月十四日

版式:大版(50×35.5cm)

西报》不可分割的一部分。后来该报于1872年演变为单独出版的《香港华字日报》。

由此可见,在没有充分的资料依据之前,我们不应该盲目地迷信“定论”。

在搜集资料的过程中,当我们缺乏一手资料时,我们应该从同年代的中外报刊和相关资料中寻找答案。科学地推断,细心地寻找史料,是报史研究应有的严谨治学态度。

比如说,前面提到的《香港船头货价纸》原件就是通过间接渠道辗转发现的。曾经有位日本学者从我的日文版著作《中国近代新闻成立史1815~1874》中知道我在美国麻省Essex Institute(现易名为Peabody Essex Museum)图书馆找到原件后,两年前曾亲赴当地查找原件。但是几经周折,他也只看到了零星的几份原件。后来,他在他的一本书中写道,我所提到的79份原件可能被人阅后误置或者弄乱了。如果我再见到这位朋友,我会告诉他报纸并未遗失或被散乱地误置,而是他的查阅方法还不周到。他可能一直在中文报纸资料中寻找《香港船头货价纸》原件或者只翻阅*The Daily Press*1859年度两册合订本中的一本。《香港船头货价纸》确实是中文报纸,但在图书馆的中文目录中却没有这份报纸。原来,作为香港*The Daily Press*(《孖剌西报》)附属的中文报,《香港船头货价纸》在发行初期可能随英文报纸派送,而一起被送往美国,我所发掘和使用的《香港船头货价纸》的79份原件就是阴差阳错地被装订在*The Daily Press*的合订本中。因此,如果只查阅中文目录和资料,或未同时仔细翻阅*The Daily Press*同一年份、同一内容的两册合订本(其中一册有79份原件),也许将永远无法找到《香港船头货价纸》大量的原件。

由此我们可以看出,报史研究既不轻松,也不是无可研究,和新闻传播理论一样,这是一门严肃的学问,只有下苦功才能有所突破。“报史研究轻松论”和“报史无可研究论”显然都是站不住脚的。

三、客观评价问题:反思不能脱离史实和实证研究

应该指出的是,报史研究需要大量地占有资料,但我们也不能只埋头于旧书报堆中而沦为史料的奴隶。掌握史料的最终目的是为了以史为鉴,而在这过程中,就牵涉到如何判断历史的真伪和解析历史,也是报史研究中的如何评价的问题。在评价和解析的过程中,很多朋友都说我们要质疑,要反思,这是十分正确的,也是值得鼓励的。但反思和质疑并不等于“想当然”,应该有明确的科学的史观,以对历史透彻深入的了解为基础。

举个简单的例子,对于传教士东来办报的问题,报史研究者从戈公振以来

都持批判态度，认为早期来华办报的传教士在客观上是外国列强侵略中国的工具和帮凶。近来，有人对此论断开始反思。针对历史的事实和事件应该允许持有不同的观点和解析，也应该鼓励反思，但是这些反思不能建立在空泛的“想当然”的基础上，否则就会产生偏差。比如，有人就“想当然”地提出外国传教士来华办报旨在促进中西文化的交流，或者应该对其正面的贡献予以高度评价。其实，这种观点只能表明论者对外国传教士的报纸并没有进行真正的实证研究。如果对报纸原件进行大量的调查和分析，并认真考察了传教士们的态度和当时的中外关系，戈公振以来的报史学者对早期外国传教士办报基本上持批判态度，或者当时的报人王韬等对西人西报的质疑，并渴求中国人自办中西文报，是有其道理的。以《东西洋考每月统记传》及其创办人郭士立为例。郭士立实际上身兼数职，他既是报刊的主编，也是外交官，同时还跟外国商人勾结；他曾多次搭乘英国东印度公司的船只对中国各港口进行侦察，收集中国各个海港的军备、战舰与炮台布局等军事情报，还绘制了详细的航海地图，并出谋划策，建议贿赂清朝官员，从而达到扩张鸦片销路的目的。郭士立同时还是中英《南京条约》起草文的中文翻译者，这样的主编所创办的《东西洋考》等报纸怎能予以正面的评价？而对《东西洋考》报纸的内容分析也佐证了这一观点。郭士立在面向西方读者的英文媒体中，就清楚表明其主旨在于如何维护在华洋人的共同利益；而面向中国人的《东西洋考》则大肆宣传“中西一家”，应该互通有无，求同存异。如果我们忘记了上述的事实，仅停留在对其貌似公正的言论或旨在改善西洋形象的说教文章与西方的知识介绍等表面文章，孤立地进行分析，从而误信这些报刊旨在促进中西文化交流并予以高度评价，显然不符史实与有欠公道。这正如我们可以充分利用殖民主义者为其本身目的而铺设的铁道，并对其具体作用和影响进行详尽的分析，却不能轻易得出殖民统治也有其光明的一面，或“殖民统治也有功劳”的结论。同样的，《遐迩贯珍》、《六合丛谈》等其他宗教报刊也都站在西方的立场为西方列强入侵中国辩护。

任何历史的研究都要面对一个问题——怎样看清历史事件的本质，把握历史发展的主线。我们不能想当然，不能因个人主观意愿和看法而臆造，也不能牵强附会地随意得出结论。

有人批评中国报纸过于政治化。中国报纸政治化或过于政治化也许是事实，但却不能轻易得出结论，认为这是中国人办报的特征。必须结合中国历史发展的具体过程来探讨。了解报史的人都知道报纸与政治有着难以分割的关系，中国报纸的政治化并不始自 1949 年中华人民共和国成立和 1911 年的辛亥革命或者康梁办报时代，乃至更早的王韬的《循环日报》。如果我们考察

1815年《察世俗每月统记传》以来西方传教士所办的报刊,特别是《东西洋考》的内容和背景,就会发现在西力东渐、洋人办报的时期,中国近代报纸的源头早就具有了所谓的“政治化”的特点。当时不少传教士身兼新闻编辑和西国官员的三重身份,他们所办的报刊基本上是为了改变中国人对西方或西洋人的形象,这些报刊或与叩开中国大门的需要紧密挂钩,或为西方的侵略政策辩护,或肩负起殖民政府“上情下达”的重任,这些也可以说是“政治化”的表现。足见将政治化视为中国人办报的特有风格之说有欠妥之处。

同样地,由于“文革”时期对鲁迅的地位和影响有过高的评价,改革开放后的中国大陆曾经一度倾向于把所有曾经和鲁迅论战过的人都给予过多的掌声,林语堂热就是其中一例。他在1936年著述的《中国报刊和舆论史》(*A History of the Press and Public Opinion in China*)其实是一本面向英文读者的通论,其中不乏明显错误。正如著名报史学家宁树藩教授所指出的一般,甚至连白瑞华在其名著《中国的报刊1800—1912》(*The Chinese Periodical Press 1800—1912*)纠正过的戈公振一时疏忽的错误,林语堂也照抄不误,还振振有词地表示要站在戈公振一边。足见高度评价林语堂对中国新闻传播史的研究,未必妥当。

据我所知,年轻学生中很多人都面临着选择研究课题的苦恼。不客气地说,产生选题困难的主要原因之一是因为看书太少。我认为,新闻传播专业的学生看书就应该从最基础的科目——新闻传播史开始。另外,我们对报史的研究也要改变看法,不能老是停留在进行通史和概论研究的阶段。认真地说,宏观的通史与概论的书最不好写,这类的书籍可以请像方汉奇、宁树藩、丁淦林、赵玉明等老一辈的资深教授牵头编写或总结。年轻的学者与其做重复研究,不如花更多气力从事断代史和个案的研究。年轻学者应该深入地发掘资料,对可疑的定论提出质疑,通过实证性的研究做出客观、可靠、可信的结论,并从中吸取前人的经验与教训。这才是报史研究的目的与意义所在。

历史是一门严肃的学科,我们应该严肃对待。我们要以史为鉴,真正“让历史来说话”,实现古为今用。认识了研究新闻传播史的意义和目的,再埋头潜入有关的研究,并持之以恒,我相信一定会有良好的收获。我期待在年轻学者当中能够永远保持一支新闻传播史研究的精锐梯队。

[本文是根据作者于2002年3月18日和22日,分别在清华大学和北京大学为新闻传播学专业研究生演讲的讲稿整理而成。整理人:中国人民大学新闻学院研究生刘波、殷新宇(原载《国际新闻界》总109期,2002年3月)]

《香港船头货价纸》(1859年)

影印件79份

香港船頭貨價紙

第一百九十七號　己未年正月初一日　禮拜四

啟者此紙係在孖剌處每日所印之新聞紙同館印刷每逢禮拜二禮拜四禮拜六分派香港各舖戶每月收回銀一大員如商客有事要印落此紙內務宜早一日走字通知未士孖剌便妥印刷唐字價錢如左一凡每次落唐字者五十個字已下收銀一員倘五十個字已上每字收銀一個先士如欲再落者每個禮拜照前一半與如欲落者祈請到本館印刷便是 未士孖剌 新文紙館謹啟

新聞

開說於廿八日有根砵三隻第六十九號七十三號七十五號每隻極砵拖大艇二隻裝英法兵勇往花地與九十六鄉處遊玩云云

於去年十二月三十日上午在港戰船砲台燃砲迎接 大英欽差大臣從江南至港云云

據舊金山新聞紙云現吠禮查里化金山出金頗多有七條坑一名希厘巴有十六條金濠工作每日獲金不少一坑名畝化地巴每人每日可獲金值銀三四員之間一坑名砵麻厘巴有一大金礦約三四丈深一坑名別列治里化有四個人合伙獲金七十安治一坑名科哈每人獲金值銀不下六員至十二員一坑名花哥巴每人每日亦可獲金六員至十二員一坑名亞厘畢扶律有兩個公司在坑探金內河船隻甚少由大埠名域多厘亞往內埠每墩貨要水腳銀四十五至五十大員各樣貨少到價錢高昂現在有人在此開耕種植云云

機厘文公司有船一隻名亞利波由上海來港各客有貨附搭此船者請早下船出貨特啟 戊午十二月三十日機利文公司啟

茲有上白孟加剌米出賣如貴客欲買此米者請移玉到本新聞紙館面議

啟者僑人如有切要時事或得之目擊或得之傳聞不論何事倘或其有益於唐人有益於闔好者均可攜至本館酌給分文不取特此佈聞 新聞紙館謹啟

香港厘臣

急顛占厘臣所有舞驗之公白烟土到各港口必照時價發沽如貨色不好乃急顛占厘臣理妥價錢如下舞紀用銀每箱半員驗公白烟土每箱銀一員驗白皮烟土每箱銀二員驗金花烟土每箱銀二員機租每箱銀一員所驗之烟土船機十四日不計機租船在加啟臣船或岸上貨俱均同一樣如人客有烟上船機欲取上期銀亦可 啟

急顛占厘臣有各樣大小黃銅片出賣如欲買者請到本行面議 戊午十二月廿一日

前往新金山

未士士店臣公司有快駛花旗船一隻名咽毛時非船主名倫準於早日揚帆前往雪梨砵非立二埠如欲搭客搭貨者請到本行面議 戊午年十一月廿三日啟

前往舊金山

未士士店臣公司有第一等好駛花旗船一隻名山打湯羅時船主名科時打可載貨一千二百墩准於早日揚帆前往舊金山正埠如欲搭客搭貨者請到本行面議 戊午年十一月初一日啟

未士吸文士桑波時文公司有第一等好駛花旗船一隻名歌律船主名鮑藍一千八百墩大準於早日揚帆前往舊金山埗在船位已有人定下大半如有搭客搭貨請到本行面議〇戊午十二月廿九日啟

亞架士順喝公司有第一等好駛洋船一隻名北力便運時船主名邦耶准於早日揚帆前往舊金山正埠如欲搭貨者請到喝公司行面議 戊午年十一月十四日啟

未士吸文士急行在荷蘭行對面有好駛花旗船一隻名後打船主名北架准於早日揚帆前往舊金山正埠如欲搭客搭貨者請到未士吸文士急行面議 戊午年十一月十六日啟

獨厘扮公司有第一等好駛洋船一隻名占時邦耶船主名及立地厘准於早日揚帆前往舊金山正埠如欲搭客搭貨者請到獨厘扮公司面議 戊午年十一月初三日啟

加利咭打戰船

啟者所有加利吉打戰船之武員兵丁水手欠到各人賬目宜於本月尾以前送單因其將離香港特啟 戊午十二月廿九日啟

洋船出賃

茲有第一等花旗船一隻出賃船名納都加一千六百一十六墩大船主名的科時貴客欲租船請到船上問船主或付信一函交未士活笠交船主亦可〇戊午十一月十二日啟

茲有第一等花旗船一隻出賃船名化蘭思時卑西主船主名英架疏如貴客欲租船請到船上面議或付信一函交未士活笠交船主亦可 戊午十一月十八日啟

洋船出

士閃臣公司有快駛洋船一隻出賃船名曼那耶船主名刺士吞九百八十墩大又有好艙位裝載搭客如有客欲租船請到閃臣行面議 戊午十二月十[illegible]

未士刼公司有第一等英國船一隻出賃船名蝦鳥遮時地船主名西壓一千一百一十二墩大又有上好二層艙可載搭客如有客欲租船請到[illegible]

茲有洋船一隻名刺流鴨沙刺城出賃前往新金山或暹羅西竺或別處州府亦可共船五百二十五墩大堅固新裝六年如有客欲租此船請到本港都時行或到省[illegible]

洋船出

有上好實木船一隻出賣能載貨二千五百擔油木桅帆纜俱全又有來路大砲三門如要知其詳細請到大路今孖素酒店隔隣未士架力士舖便安

未士都爹厘奉 大葛命於己未年正月十四日正午十二點鐘將海邊地址第五十七號第七十一號即上日華厘行孖剌運貨倉煤倉作一段或分作數段出投每年納地税二百一磅八個司連另餘地納税九十六磅八個司連七個[illegible]

香港鴉片行情新公烟土沽七百六十員〇鴣烟土沽八百零五至八百一十員〇白皮烟土沽六百零二員半

船名	船主名	庄口名	
祝[illegible]	躰臣	剌時厘公司	
鵬活	跛時	孖公司	
孖地厘	砵士料	剌時厘公司	
◎往舊金山正埠			
占時邦耶	及笠地厘	啞厘扮公司	
山打過羅時	科時打	士店臣公司	
北力使連時	邦耶	曷公司	
後打	北架	吸文士急公司	
歌律	波藍	吸文時急公司	
◎往雲梨砵非立			
抑縻時非亞	倫	士店臣公司	
◎前往望買埠			
這急巴	濕	濕化公司	
◎往江南上海縣			已上皆早日揚帆
科羅近	茂近	曷公司	
馬啟打	活地	濕化公司	
士云你剪	晏拿其	急公司	
奈厘咽地	旅時	布時俛公司	
云打把唔	包孖時打	些化公司	早日揚帆
◎前往小呂宋埠			
火船舟山	布篠時	鐵行公司	
◎前往葛剌巴埠			
云地滑士	學士廉	濕化公司	
◎前往厦門福州			
火船上海	蝦時活	鐵行公司	
◎往望買至英國			
火船北京	賓	鐵行公司	

於一千八百五十五年冬爭有船一隻名孖時顛由上海載貨來黃埔遇風打壞福州故將船上不能裝之貨沽出現存銀在本港白頭行架深杯那度杯公司處收貯如有貨帮搭此船請通知本行以便下日分其銀兩〇戊午十二月廿八日架深杯那度杯啟

行火輪船

港處行裝載搭客物貨書信前往新加波埠加厘審打剌時望買英國祖家等埠雜貨落至十一日下午五點鐘止金錢與小件頭落至十二日午時止如要知其詳細請到本行問便妥所有貨物付往歐羅巴諸國者要書明何貨並值銀若干如若報單有差該貨被埃及國官府所留與本火輪船公司無涉 戊午年十二月廿八日火輪船公司啟

上海[illegible]時活準於祖家火船到港兩日之後啟行前往厦門福州等處 戊午年十二月廿八日火輪船公司啟

[illegible]祖家火船到港兩日之後啟行前往上海 戊午年十二月廿八日火輪船公司啟

茲有火輪船名舟山船主布篠時準於祖家火船到港二十四點鐘內啟行往小呂宋〇戊午年十二月廿八日本港火船公司啟

未士孖剌有啫車火輪船名埃倫使連時準於每個禮拜一太由港往省貨脚客脚便宜貴客光顧請到本行面議 戊午年十二月十五日啟

未士都爹厘有乾爽石貨倉出賃如各有貨貯棧請到本行面議棧租便宜此貨倉四圍並無別屋相連 戊午年十二月廿六日啟

茲有乾爽石棧房在金魚行出賃如欲貯貨請與未士孖剌面議棧租便宜〇戊午年十二月初七日啟

香港書信館

香港管理書信館官示 照得每凡來西書信火輪船到港後六點鐘即有棧砵帶書信往黃埔省城除附搭各庄口火輪船往省之外每禮拜四早晨七點鐘亦有棧砵往省書信準以每禮拜三下午五點鐘截收〇每逢禮拜一早晨七點鐘即有棧砵由省啟行落黃埔來香港 戊午十二月廿九日示

前往上海

哥賦街未士急公司有第一等荷蘭二枝半桅船一隻名士云你剪船主名晏拿其七百六十噸大準於早日揚帆前往上海如貴客搭貨請至本行面議〇戊午十二月廿一日啟

茲有第一等荷蘭船一隻名云打把唔船主名包孖時打準於早日揚帆前往上海如 貴客附搭物貨到請些化行面議 戊午十二月廿八日啟

利貞祥記

上環利貞鴉片店現下清賓因有夥伴將生意退出今歇利貞祥記其賬項並會銀俱歸承充者收領凡各客有欠到本店賬目並會銀者務祈交到利貞祥記店內司事人清欸便是至舊伴倘有在各行店楂摺貨物及揭借等情爲經手是問與利貞祥記無涉特此聲明已免後論〇咸豐八年十二月十七日字啟 門牌第三百二十號

鞋皮出賣

茲有新到好來路鞋皮出賣如貴客欲買者請到本新聞紙館面議 戊午十二月二十一日啟

藥材出賣

禮打醫生藥房在與隆大街對面有來路藥材成箱出賣凡搭新舊金山搭客船者要來路藥材便請與禮打醫生面議價錢便宜其藥係照香港官例製備

花旗國老富臣醫生自製藥水名沙時把厘剌咄名天下凡用之者無有不效此藥專治婦科各症傷風咳嗽內傷痰癧痛眼一概皮膚濕熱之症現本港藥店皆有出賣

洋硝出賣

茲者未士孖剌有新到上好洋硝出賣如意買者請到本新聞紙館面議 戊午年十二月初八日啟

畢公司

茲者未士畢公司有沙藤架啡蘇木檀香綠豆發客 戊午年十一月廿日啟

磅秤出賣

未士爽有新到磅秤出賣能秤九百磅至二千磅如意者請到本行面議 戊午年十月初五日啟

憲諭

憲示爲招人承接事茲定於英本月三十一日爲期在監獄南邊空地建造園墻並建墻基址如不明詳細意欲閱看地圖者每日自十一點鐘起至三點鐘止赴量地官署取視可也特示 一千八百五十九年正月十四日 示

未士晏時地前任本港爵案察於本月廿七日搭火船回國家閒缺本港有官歙員欲與該未士晏時地送行但因事阻滯不逮

番銀行隔壁未士利濱渣弼有新到二號呂宋烟共十三萬出賣又有法蘭西罐仔湯肉雞鵝地酒呂宋糖衙關氈等物出賣 戊午十十二月廿八日啟

啟者下環第一號兵弁要請好厨子一名如欲承此職可到孖厘兵廠問司事人便 [illegible]十二月廿七日啟

香港船頭貨價紙

第一百九十八號　己未年正月初三日　禮拜六

啟者此紙係在孖剌處每日所印之新聞紙同館印刷每逢禮拜二禮拜四禮拜六爲期遍派香港各舖戶每月收回銀一大員如　併客有事要印落此紙內務宜早一口走字通知未士孖剌便妥印刷唐字價錢如左　一凡每次落唐字者五十個字已下收銀一員倘五十個字已上每字收銀一個先士如欲再落者每個禮拜照前一半算如意者祈請到本館印刷便是　未士孖剌　新文紙館謹啟

啟者唐人如有切要時事或得之目擊或得之傳聞不論何事但取其有益於同唐人有合於同好者均可攜至本館刻刷分文不取特此佈聞　新聞紙館謹啟

占厘臣

急賴占厘臣所有經驗之公白烟土到各港口必照時價發沽如貨色不好乃急賴占厘臣理妥價錢如下經紀用銀每箱半員驗公白烟土每箱銀一員驗白皮烟土每箱銀二員驗金花烟土每箱銀二員棧租每箱銀一員所驗之烟土記棧十四日不計棧租記在加啟臣船或岸上貨倉均同一樣如人客有烟土記棧欲取上期銀亦可

加利咭打戰船

啟者所有加利咭打戰船之武員兵丁水手欠到各人賬目宜於本月尾以前送單因其將離香港特啟　戊午十二月廿九日啟

前往新金山

未士士店臣公司有快駛花旗船一隻名咽毛時非船主名倫準於早日揚帆前往雪梨砵非立二埠如欲搭客搭貨者請到本行面議　戊午年十一月廿三日啟

前往舊金山

未士士店臣公司有第一等好駛花旗船一隻名山打過羅時船主名科時打可載貨一千二百墩准於早日揚帆前往舊金山正埠如欲搭客搭貨者請到本行面議　戊午年十一月初一日啟

未士吸文士急啟　時文公司有第一等好駛花旗船一隻名歇律船主名波藍一千八百墩大準於早日揚帆前往舊金山現在船位已有人定下大半如有搭客搭貨請到本行面議〇戊午十二月廿九日啟

新聞

茲聞　大英陸路提督斯大人　大法統領陸路水師軍務達大人　大英代理水師提督墨大人親帶根砵載英法兵勇約八百名於去年十二月廿八日由花地上岸起程前往九十六鄉大瀝地方遊玩南海縣太爺亦偕往所過各處村鄉遍帖示張表其好意各處鄉民亦相待以禮不敢有違到大瀝聚集九十六鄉紳仕將告示讀知後由大瀝起程經過瓦𡨴到黄竹沂有根砵接去是日下午六點鐘埋城英法兩國提督大人所出之告示下號印刻

香港城皇廟司事人因亂項不清被地主未士蘭近厘將其廟中家私什物早日投以填租項

現擬台灣火船帶來廈門行情信云新公烟土沽銀八百至八百零五員公鴣烟土沽銀八百五十員鴣銀每百補水一員紋銀每百加水銀六兩七錢半云

桅木出賣

啟者二枝半桅船名衣倫船主名冰有上好桅木出賣由四十二至五十六活又有大鐵鏈兩門鐵水櫃二個鐵鍊等物出投如貴客欲買者請到船上面議

有銀出揭

打倫狀師有銀三千員出揭如有人要揭銀者並有屋宇舖戶作按當方可請到中環上街大坑進打倫狀師行面議　戊午十二月廿八日啟

亞架士顛嗎公司有第一等好駛洋船一隻名北力便連時船主名邦郞准於早日揚帆前往舊金山正埠如欲搭貨者請到嗎公司行面議　戊午年十一月十四日啟

未士吸文士急行在舊銀行對面有好駛花旗船一隻名後打船主名北架准於早日揚帆前往舊金山正埠如欲搭客搭貨者請到未士吸文士急行面議　戊午年十一月十六日啟

鴉厘汾公司有第一等好駛洋船一隻名占時邦郞船主名及立地厘准於早日揚帆前往舊金山正埠如欲搭客搭貨者請到鴉厘汾公司面議　戊午年十一月初三日啟

急頓占厘臣有各樣大小黃銅片出賣如欲買者請到本行面議　戊午十二月廿一日啟

洋船出賃

茲有第一等花旗船一隻出賃船名納都加一千六百一十六墩大船主名的科時貴客欲租船請到船上問船主或付信一函交未士活笠交船主亦可〇戊午十一月十二日啟

茲有第一等花旗船一隻出賃船名化蘭思時卑西主船主名英架疏如貴客欲租船請到船上面議或付信一函交未士活笠交船主亦可　戊午十一月十八日啟

未士刼公司有第一等英國船一隻出賃船名蝦馬遮時地船主名西噫一千一百一十二墩大又有上好二層艙可載搭客如貴客欲租船請到刼行面議〇戊午十一月十二日啟

洋船出賃

未士网臣公司有快駛洋船一隻出賃船名晏那郞船主名剌士查九百八十墩大又有好艙位裝載搭客如貴客欲租船請到网臣行面議　戊午十二月十五日謹啟

茲有洋船一隻名剌渣鴨沙剌域出賃前往新金山或暹羅西竺或別處州府亦可其船五百二十五墩大堅固新裝六年如貴客欲租此船請到本港都時行或到省益時佛行面議　戊午十二月廿三啟

洋船出賣

現有三枝桅洋船一隻出賣能載貨七百五十墩船上器具隨及羅庚　貴客光顧者請到新公司張楷處面議　己未正月初二　紫光列啟

洋船出賣

有上好實木船一隻出賣能載貨二千五百擔油木桅帆纜俱全又有來路大砲三門如要知其詳細請到大路今孖素酒店隔鄰未士架力士鐘錶舖問便妥　戊午年十一月十九日啟

未士都爹厘奉　大葛命於己未年正月十四日正午十二點鐘將海邊地址第五十七號第七十一號即上日華厘行孖剌連貨倉爍倉作一段或分作數段出投每年納地租二百一磅八個司連另餘地納稅九十六磅八個司連七個邊時如要知其詳細請到士爹時狀師或到加時狀師處問便妥　戊午年十二月初十日啟

鴉片行情

香港鴉片行情新公烟土沽七百六十二員半至七百六十五員〇鴣烟土沽八百零五員〇白皮烟土沽六百零五員　澳門公烟土沽七百六十二至七百六十三員

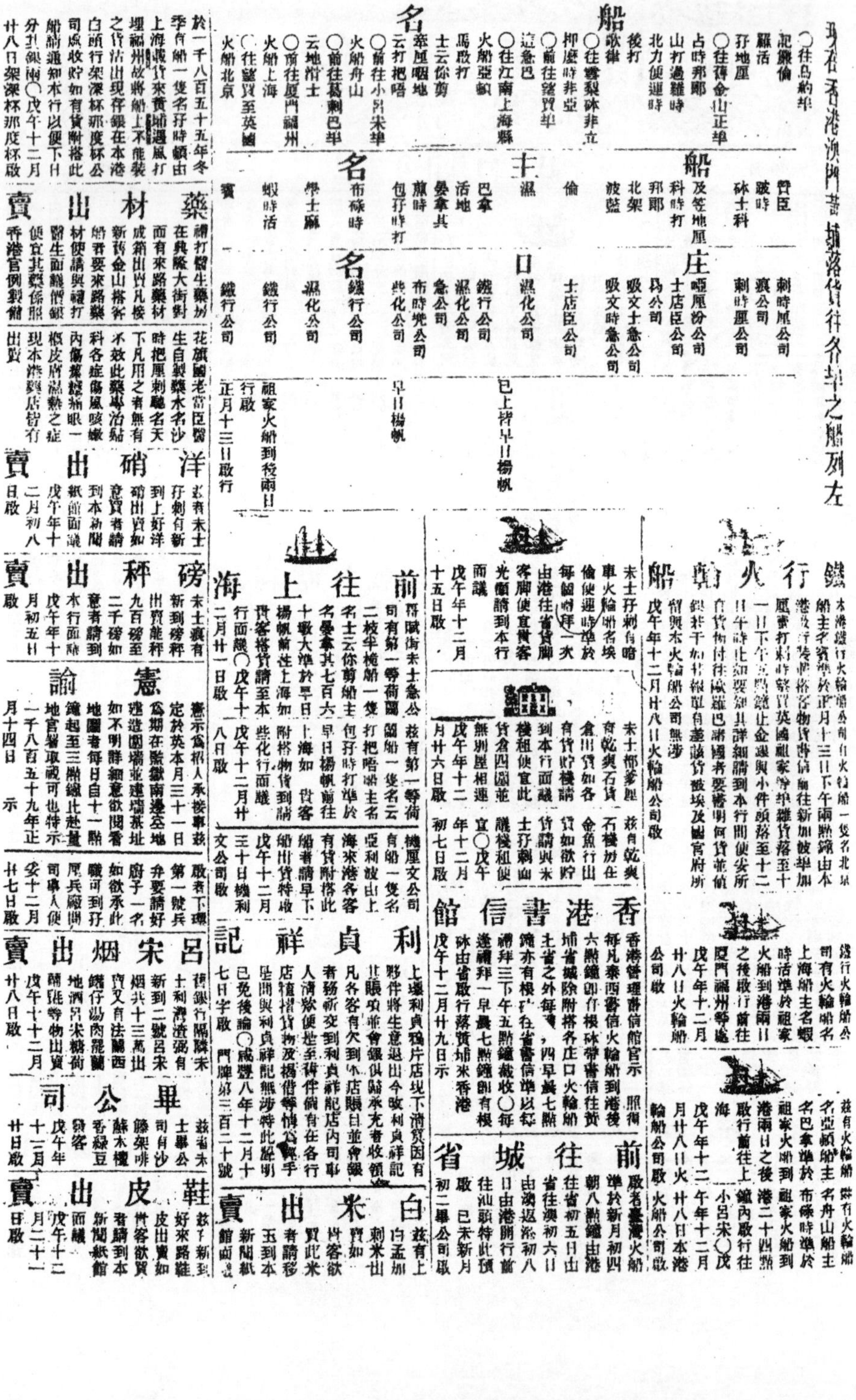

現在香港澳門黃埔落貨往各埠之船列左

船名

○往烏約埠
祀臘倫
羅活
孖地厘
○往舊金山正埠
占時邦郿
山打過難時
北力便連時
後打
歌律
○往譽梨砵非立
抑麼時非亞
○前往路買埠
這急巴
○往江南上海縣
火船亞鮑
馬啟打
士云你剪
幸厘咽地
云打把唔
○前往小呂宋埠
火船舟山
○前往葛剌巴埠
云地滑士
○前往廈門福州
火船上海
○往鹽買至英國
火船北京

船主

哲臣
跛時
砵士科
及笠地厘
科時打
邦郿
北架
波藍
倫
溫
巴拿
活地
晏拿其
旗時
包孖時打
布蘇時
學士麻
蝦時活
寶

庄口

剌時厘公司
瘼公司
剌時厘公司
嗌厘吩公司
士店臣公司
呂公司
吸文士急公司
吸文時急公司
士店臣公司
溫化公司
鐵行公司
溫化公司
急公司
布時燒公司
些化公司
鐵行公司
溫化公司
鐵行公司
鐵行公司

已上皆早日揚帆
早日揚帆
祖家火船到後兩日行啟
正月十三日啟行

於一千八百五十五年冬季有船一隻名孖時頓由上海載貨來黃埔遇風打壞福州故將船上不能裝之貨沽出現存銀在本港白頭行架深杯那度杯公司處收貯如有貨附搭此船請通知本行以便下日分派銀兩〇戊午十二月廿八日架深杯那度杯啟

藥材出賣

禮打醫生藥房在典隆大街對面有來路藥材成箱出賣凡楼新舊金山搭客船者要來路藥材便請與禮打醫生面議價錢便宜其藥係照香港官例製備

花旗國老當臣醫生自製藥水名沙時把厘剌聰名天下凡用之者無有不效此藥專治貼科各症傷風咳嗽內傷蘖驚痛眼一概皮膚濕熱之症現本港藥店皆有出賣

洋硝出賣

茲有未士孖剌有新到上好洋硝出賣如意買者請到本新聞紙館面議 戊午年十二月初八日啟

磅秤出賣

未士濱有新到磅秤出賣能秤九百磅至二千磅如意者請到本行面議 戊午年十月初五日啟

憲諭

憲示爲招人承接事茲定於英本月三十一日爲期在監獄南邊空地建造園墻並建墻基址如不明詳細意欲閱看地圖者每日自十一點鐘起至三點鐘止赴量地官署取視可也特示 一千八百五十九年正月十四日 示

啟者下環第一號兵弁要請好廚子一名如欲承此職可到孖厘兵廠問司事人便妥 十二月廿七日啟

呂宋烟出賣

莅鑠行隔隣未士利灣渣弼有新到二號呂宋烟共十三萬出賣又有法蘭西鐵仔湯肉罐地酒呂宋糖荷蘭豬等物出賣 戊午年十二月廿八日啟

畢公司

茲有未士畢公司有沙籐架啡蘇木檀香綠豆發客 戊午年十二月廿日啟

鞋皮出賣

茲有新到好來路鞋皮出賣如有客欲買者請到本新聞紙館面議 戊午十二月二十一日啟

前往上海

啓賦街未士急公司有第一等荷蘭二枝半桅船一隻名士云你剪船主名晏拿其七百六十擔大準於早日揚帆前往上海如貨客搭貨請至本行面議〇戊午十二月廿一日啟

茲有第一等荷蘭船一隻名云打把唔船主名包孖時打準於早日揚帆前往上海如貨客附搭物貨到請些化行面議 戊午十二月廿八日啟

機厘文公司有船一隻名亞利波由上海來港各客有貨附搭此船者請早下船出貨特啟 戊午十二月三十日機利文公司啟

利貞祥記

上環利貞鴉片店現下消貨因有夥伴將生意退出今改利貞祥記其賬項並會銀俱歸承充者收領凡各客有欠到本店賬目並會銀者務祈交到利貞祥記店內司事人清欸便妥至待件備有在各行店稽揭貨物及揭借等情公手壁開與利貞祥記無涉特此聲明已免後論〇咸豐八年十二月十七日字啟 門牌第三百二十號

白米出賣

茲有上白孟加剌米出賣如有客欲買此米者請移玉到本新聞紙館面議

鐵行火輪船

本港鐵行火輪船公司有火輪船一隻名北京船主名資準於正月十三日下午兩點鐘由本港啟行裝帶搭客物貨書信前往新加坡埠加厘啟打蔴時騷賈英國祖家等埠貨落至十一日下午五點鐘止金銀與小件頭落至十二日午時止如要知其詳細請到本行問便妥所有貨物付往歐羅巴諸國者要備明何貨並值銀若干如有報單有差該貨被埃及國官府所留與本火輪船公司無涉 戊午年十二月廿八日火輪船公司啟

鐵行火輪船公司有火輪船名上海船主名蝦時活準於祖家火船到港兩日之後啟行前往廈門福州等處 戊午年十二月廿八日火輪船公司啟

茲有火輪船名亞頓船主名巴拿準於祖家火船到港兩日之後啟行前往上海 戊午年十二月廿八日火輪船公司啟

弊有火輪船名舟山船主布蘇時準於祖家火船到港二十四點鐘內啟行往小呂宋〇戊午年十二月廿八日本港火船公司啟

未士孖剌有暗車火輪船名埃倫使運時準於每個禮拜一次由港往省貨脚客脚使宜貨客光顧請到本行而議 戊午年十二月十五日啟

未士都爹厘有乾爽石貨倉出貸如各有貨貯棧請到本行面議棧租便宜此貨倉四圍並無別屋相連 戊午年十二月廿六日啟

茲有乾爽石棧坊在金魚行出貨如欲貯貨請與米士孖剌山議棧租便宜〇戊午年十二月初七日啟

香港書信館

香港管理書信館官示 照得每凡泰西書信火輪船到港後六點鐘即行根砵帶書信往黃埔省城除附搭各庄口火輪船往省之外每禮拜四早晨七點鐘亦有根砵往省書信準以每禮拜三下午五點鐘截收〇每逢禮拜一早晨七點鐘則有根砵由省啟行落黃埔來香港 戊午十二月廿九日示

前往省城

啟者臺灣火船準於新月初四朝八點鐘由港往省初五日由省往澳初六日由澳返港初八日由港開行前往汕頭特此預啟 已未新月初二畢公司啟

香港船頭貨價紙

第一百九十號　己未年正月初六日　禮拜二

啟者此紙係在孖剌處每日所印之新聞
紙同館印刷每逢禮拜二禮拜四禮拜六
公期編派香港各舖戶每月收回銀一大
員如 貴客有事要印落此紙內務宜早
一日走字通知未士孖剌便妥印刷唐字
價錢如左 一凡每次落唐字者五十個
字已下收銀一員倘五十個字已上每字
收銀一個先士如欲再落者每個禮拜照
前一半算如意者祈請到本館印刷便是
未士孖剌 新文紙館謹啟

新聞

聞說 大英官府定意要
中國人民遵守所立之新
和約 大英欽差大臣遲
六個禮拜將又往上海辦
公務○據英國新聞有英
官府出招帖講船隻裝載
煤八千墩來香港上海兩
處○又聞 大英料主特
派美倫先生前來香港承
充傳話通事之職云云

上日大英火輪
戰船往甲子地
方實罪甲子人
因其剩失水無
辜難民並奪去
失水人之財物
該火輪船根砵
等向港關說甲
子人要填補銀
二千五百員云云

聞說在省城買賣頗好上幾
日所到各號工夫茶盡行沽
出現有一號要起價銀三兩
○上日英法兵入九十六鄉
時所到各處村鄉並未見有
大炮只在大瀝地方見一口
大炮而已英法兵未到之先
九十六鄉先將炮火收藏在
地矣○英法兵勇將去花縣
一遊云云

桅木出賣

啟者二枝半桅
船名衣倫船主
名冰有上好桅
木出賣由四十
二至五十六活
又有大鐵鍊兩
門鐵水櫃二個
鐵鍊等物出投
如貴客欲買者
請到船上面議

有銀出揭

打倫狀師有銀
三千員出揭如
有人要揭銀者
並有屋宇舖戶
作按富方可請
到中環上街大
坑邊打倫狀師
行面議
戊午十二月廿
八日啟

啟者唐人如有
切要時事或得
之目擊或得之
傳聞不論何事
但取其有益於
唐人有益於同
好者均可擲至
本館刻刷分文
不取特此佈聞
新聞紙館謹啟

占厘臣

急頓占厘臣所有鮮驗之公白烟
土到各港口必照時價發沽如貨
色不好乃急頓占厘臣埋妥價錢
如下 鮮紀用銀每箱半員驗公白
烟土每箱銀一員驗白皮烟土每
箱銀二員驗金花烟土每箱銀二
員機租每箱銀一員所驗之烟土
記機十四日不計機租記在加啟
臣船或岸上貨倉均同一樣如人
客有烟土記機欲取上期銀亦可

加利咭打戰船

啟者所有加
利吉打戰船
之武員兵丁
水手欠到各
人賬目宜於
本月尾以前
送單因其將
離香港特啟
戊午十二月
廿九日啟

前往新金山

未士士店臣公司
有快駛花旗船一
隻名咽毛時非船
主名倫淮於早日
揚帆前往雪梨砵
非立二埠如欲搭
客搭貨者請到本
行面議
戊午年十一月廿
三日啟

前往舊金山

未士士店臣公司有
第一等好駛花旗船
一隻名山打過羅時
船主名科時打可載
貨一千二百墩准於
早日揚帆前往舊金
山正埠如欲搭客搭
貨者請到本行面議
戊午年十一月初一
日啟

未士吸文士急啟時
文公司有第一等好
駛花旗船一隻名歌
律船主名波藍一千
八百墩大準於早日
揚帆前往舊金山埠
在船位已有人定下
大半如有搭客搭貨
請到本行面議○戊
午十二月廿九日啟

亞架士顛喝公司
有第一等好駛洋
船一隻名北力便
連時船主名邦郎
准於早日揚帆前
往舊金山正埠如
欲搭貨者請到喝
公司行面議
戊午年十一月十
四日啟

未士吸文士急行在
舊銀行對面有好駛
花旗船一隻名後打
船主名北架准於早
日揚帆前往舊金山
正埠如欲搭客搭貨
者請到未士吸文士
急行面議
戊午年十一月十六
日啟

鴉壓份公司有第
一等好駛洋船一
隻名占時邦郎船
主名及立地壓准
於早日揚帆前往
舊金山正埠如欲
搭客搭貨者請到
鴉壓份公司面議
戊午年十一月初
三日啟

急頓占厘
臣有各樣
大小黃銅
片出賣如
欲買者請
到本行面
議
戊午十二
月廿一日
啟

洋船出賃

茲有第一等花旗
船一隻出賃船名
納都加一千六百
一十六墩大船主
名的科時貴客欲
租船請到船上問
船主或付信一函
交未士活笠交船
主亦可○戊午十
一月十二日啟

茲有第一等花旗
船一隻出賃船名
化爾思時卑西主
船主名英架蔴如
貴客欲租船請到
船上面議或付信
一函交未士活笠
交船主亦可
戊午十一月十八
日啟

未士刼公司有第
一等英國船一隻
出賃船名蝦馬遜
時地船主名西麼
一千一百一十二
墩大又有上好二
層艙可載搭客如
貴客欲租船請到
刼行面議○戊午
十一月十二日啟

洋船出

茲有花旗船一隻
名參禮船主名荷
壓布碌五百四十
七墩大出賃如
貴客欲租賃船者
請到船上與船主
面議或用書交未
士真收下轉交船

未士閃臣公司有
快駛洋船一隻出
賃船名晏那郎船
主名剌士乍九百
八十墩大又有好
艙位裝載搭客如
貴客欲租船請到
閃臣行面議

未士都參壓奉 大舊命於已未
年正月十四日正午十二點鐘將
海邊地址第五十七號第七十二
號即上日華壓行孖剌進貨倉煤
倉作一段或分作數段出投每年
納地稅二百一磅八個司連另餘
地納稅九十六磅八個司連七個
邊時如要[illegible]

未士麼壓時於正月初
八日上午十一點鐘在
中環布時洮行貨倉有
舊黃銅六十担舊桅數
枝麵粉十五桶內九桶
有些水漬酸椰菜七十
包醃腸二十五包又有

未士都參壓於正
月初七日下午一
點鐘有羅蘭地酒
魁酒卡剌律酒啵
酒啵打酒洋燭茶
葉五百箱火腿蓆
器傢私等物出投

未士布碌時
於正月初八
日上午十一
點鐘有新到
上好麵粉一
百一十桶出
投現銀七一

鴉片行

香港鴉片行情新
公烟土沽七百六
十五員○鳩烟土
沽八百零五員
白皮烟土沽六百
零七員半
上海十二月廿八

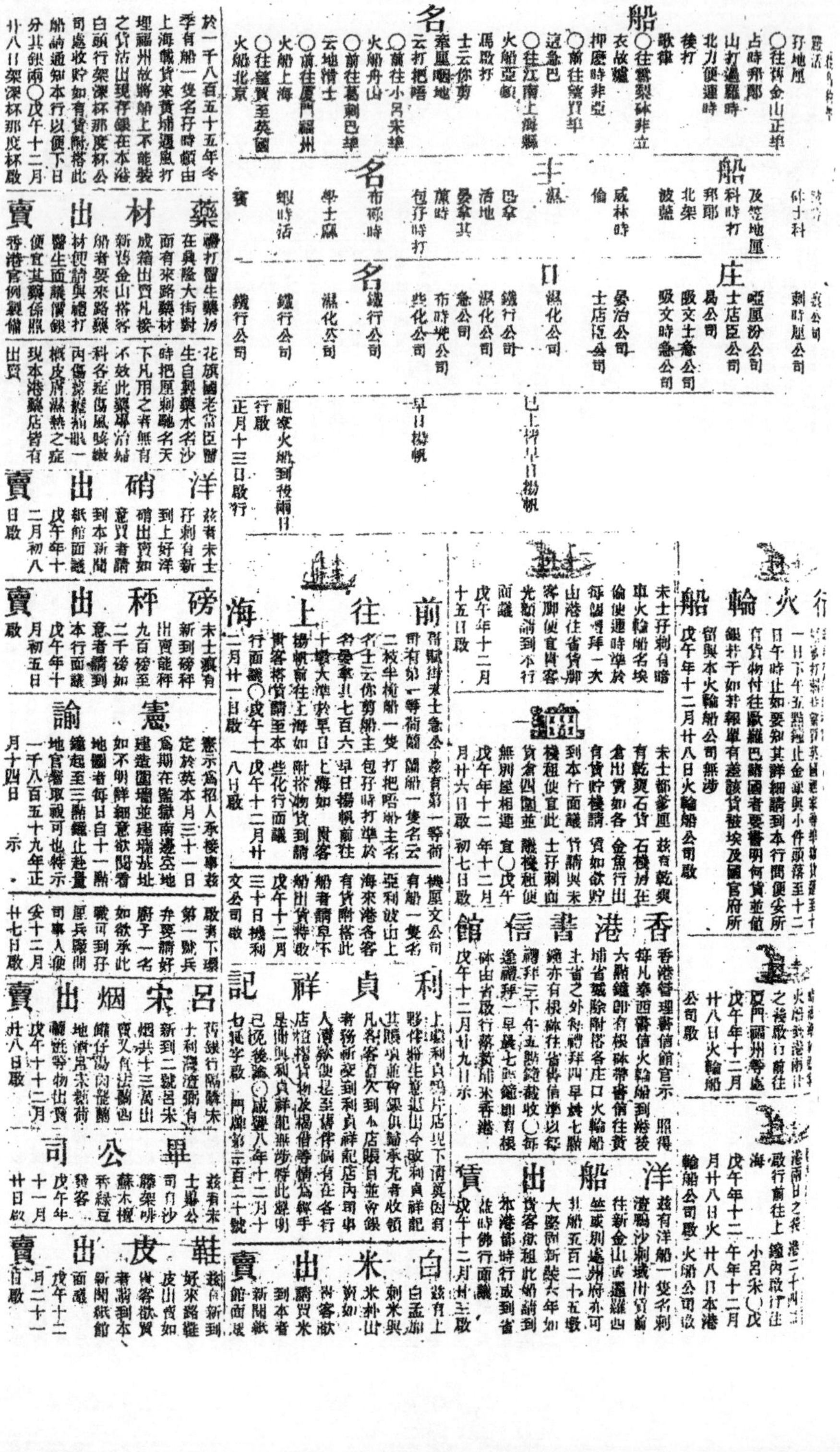

船名 船主 庄口

暹羅 孖地厘 砵士科 剌時厘公司
○往舊金山正埠 占時那郎 及笠地厘 喱厘扮公司
山打遍羅時 科時打 士店臣公司
北力便連時 邦郎 昌公司
倭打 北架 嘅文士急公司
歌律 波藍 吸文時急公司
○往雪梨砵非立 衣故爐 威林時 晏治公司
押麼時非亞 倫 士店臣公司
○前往檳榔埠 這急巴 濕 濕化公司
○往江南上海縣 火船亞佩 巴拿 鐵行公司
馬啟打 活地 濕化公司
士云你剪 晏拿其 急公司
牽厘咽地 旗時 布時地公司
云打把唔 包孖時打 些化公司 早日揚帆
○前往小呂宋埠 火船舟山 布啄時 鐵行公司
○前往葛剌巴埠 云地滑士 學士麻 濕化公司
○前往廈門福州 火船上海 蝦時活 鐵行公司
○往孟買至英國 火船北京 賓 鐵行公司

已上皆早日揚帆

組潔火船到後兩日行啟 正月十三日啟行

於一千八百五十五年冬季有船一隻名孖時顛由上海載貨來黃埔遇風打埋福州故將船上不能裝之貨沽出現存銀在本港白頭行架深杯那度杯公司處收貯如有貨附搭此船請通知本行以便下日分其銀兩○戊午十二月廿八日架深杯那度杯啟

藥材出賣

醫打醫生藥房在興隆大街對面有來路藥材成箱出賣凡接新舊金山搭客船者要來路藥材便請與醫打醫生面議價銀便宜其藥係照香港官例製備

花旗國老當臣醫生自製藥水名沙時把厘剌馳名天下凡用之者無有不效此藥專治婦科各症傷風咳嗽內傷跌撞痛一概皮膚濕熱之症現本港藥店皆有出賣

洋硝出賣

茲者未士孖剌有新到上好洋硝出賣如意買者請到本新聞紙館面議 戊午年十二月初八日啟

磅秤出賣

未士顛有新到磅秤出賣能秤九百磅至二千磅如意者請到本行面議 戊午年十二月初五日啟

憲諭

憲示為招人承接事茲定於英本月三十一日為期在監獄南邊空地建造圍墻並建墻基址如不明詳細意欲閱看地圖者每日自十一點鐘起至三點鐘止赴量地官署取視可也特示 一千八百五十九年正月十四日 示

啟者下環第一號兵弁要請好廚子一名如欲承此職可到孖厘兵房問司事人便妥 十二月廿七日啟

呂宋烟出賣

花旗行隔鄰朱士利濟有新到二號呂宋烟共十三萬出賣又有法蘭西雌仔鴿肉龍鬚地酒呂宋穀荷蘭紙等物出賣 戊午十十二月廿八日啟

畢公司

茲有未士畢公司有沙藤架啡蘇木欖香綠豆發客 戊午年十一月廿日啟

皮鞋出賣

茲有新到好來路鞋皮出賣如有客欲買者請到本新聞紙館面議 戊午十二月二十一日啟

前往上海

啟賦街未士急公司有第一等荷蘭二枝半桅船一隻名士云你剪船主名晏拿其七百六十擔大準於早日揚帆前往上海如貴客搭貨請至本行面議○戊午十二月廿一日啟

茲有第一等荷蘭船一隻名云打把唔船主名包孖時打准於早日揚帆前往上海如貴客附搭物貨到請些化行面議 戊午十二月廿八日啟

機厘文公司有船一隻名亞利彼出上海來港各客有貨附搭此船者請早下船出貨特啟 戊午十二月三十日機利文公司啟

利貞祥記

上環利貞鴉片店現下清算因有夥伴將生意退出今改利貞祥記其賬項並命保俱歸承充者收領凡各客有欠到本店賬目並存銀者務祈至到利貞祥記店內面串人需欲便是至舊伴倘有在各行店揭借貨物及揭借等情係經手是伊與利貞祥記無涉特此聲明已說後論○咸豐八年十二月十七號字啟 上環第三百二十號

白米出賣

茲有上白孟加剌米與米粉出賣如有客欲講買米者到本新聞紙館面議

火輪船行

一日下午五點鐘止金銀與小件頭落至十二日午時止如要知其詳細請到本行問便妥所有貨物付往歐羅巴諸國者要書明何貨並值銀若干如若報單有差該貨被埃及國官府所留與本火輪船公司無涉 戊午年十二月廿八日火輪船公司啟

火船載港廿之後啟行前往廈門福州等處 戊午年十二月廿八日火輪船公司啟

港兩日之後啟行前往上海 鐘內啟行往小呂宋○戊午年十二月廿八日火 戊午年十二月廿八日本港輪船公司啟 火船公司啟

未士孖剌有暗車火輪船名埃倫使連時準於禮拜一大山港往省貨腳客腳便宜貴客光顧請到本行面議 戊午年十二月十五日啟

未士都爹厘茲有乾爽石貨倉出賃如各位有貨貯棧請到本行面議 戊午年十二月廿六日啟

茲有乾爽石棧房在金魚行出賃如欲貯貨請與未士孖剌面議此四間並無別屋相連機租便宜○戊午年十二月初七日啟

香港書信館

香港管理書信館官示照得每凡泰西書信火輪船到港後六點鐘即有根砵帶書信往黃埔省城除附搭各庄口火輪船寄書之外每禮拜四早晨七點鐘亦有根砵往省帶書信準以每禮拜二下午五點鐘截收○每逢禮拜一早晨七點鐘即有根砵由省啟行蔣黃埔來香港 戊午十二月廿九日示

洋船出賃

茲有洋船一隻名剌渣鴨沙剌域卅寔前往新金山或暹羅西並或別處州府亦可其船五百二十五墩大堅固新裝六年如貨客欲租此船請到本港諸時行或到省城時佛行面議 戊午十二月廿三日啟

香港船頭貨價紙

第二百號　己未年正月初八日　禮拜□

敬者此紙係在孖剌館每日所印之新聞紙同館印刷每逢禮拜二禮拜四禮拜六爲期遍派香港各舖戶每月收回銀一大員如　衛客有事要印落此紙內務宜早一日走字遞知未士孖剌便妥印刷唐字價錢如左　一凡每次落唐字者五十個字已下收銀一員倘五十個字已上每字收銀一個先士如欲再落者每個禮拜照前一半算如意者新請到本館印刷便是

未士孖剌　新文紙館謹啟

新聞

據上海傳云欽差大臣桂中堂花大人去蘇州過年後　大英欽差返上海相會〇又聞日本國公子輝山於荷蘭請荷蘭國水師提督並手下各員飲燕飲後遊日本國軍器廠大砲台見有許多子母大礮砲由九寸至十一寸大又有許多三十二磅礮子大炮俱是日本人製造並非由外國買來由此可見日本國之軍器亦勝於中國軍器矣

出賞帖

茲有一百員舊銀行銀紙一張由船料局至新公司行路上失去如有四方君子執得者可帶回本新聞紙館自然有賞此銀紙已經在銀行報失不能取銀矣　已未正月初六日啟

茲有沙色狗一隻名邊於本月初五日失去如有四方君子將此狗帶回本新聞紙館即有重賞　已未正月初六日啟

桅木出賣

啟者二枝半桅船名衣倫船主名冰有上好桅木出賣由四十二至五十六活又有大鐵錨兩門鐵水櫃二個鐵鍊等物出投如貴客欲買者請到船上面議

有銀出揭

打倫狀師有銀三千員出揭如有人要揭銀者並有屋宇舖戶作按當方可請到中環上街大坑邊打倫狀師行面議　戊午十二月廿八日啟

敬者唐人如有切要時事或得之目擊或得之傳聞不論何事但取其有益於唐人有合於同好者均可備至本館刻刷分文不取特此佈聞　新聞紙館謹啟

占厘臣

急願占厘臣所有辦驗之公白烟土到各港口必照時價發沽如貨色不好乃急願占厘臣理妥價錢如下經紀用銀每箱半員驗公烟土每箱銀一員驗白皮烟土每箱銀二員驗金花烟土每箱銀二員機租每箱銀一員所驗之烟土肥機十四日不計機租記在加啟臣船蔵岸上貨倉均同一樣如人客有烟土肥機欲取上期銀亦可

加利咭打戰船

啟者所有加利吉打戰船之武員兵丁水手欠到各人賬目宜於本月尾以前送單因其將離香港特啟　戊午十二月廿九日啟

前往新金山

未士士店臣公司有快駛花旗船一隻名咽毛時非船主名倫準於早日揚帆前往雪梨砵非立二埠如欲搭客搭貨者請到本行面議　戊午年十一月廿三日啟

前往舊金山

未士士店臣公司有第一等好駛花旗船一隻名山打邁羅時船主名科時打可載貨一千三百噸准於早日揚帆前往舊金山正埠如欲搭客搭貨者請到本行面議　戊午年十一月初一日啟

未士吸文士急彼時文公司有第一等好駛花旗船一隻名歌御船主名被藍一千八百噸大準於早日揚帆前往舊金山現在艙位已有人定下大半如有搭客搭貨請到本行面議〇戊午十二月廿九日啟

亞架士顛喝公司有第一等好駛洋船一隻名北力便連時船主名邦鄉准於早日揚帆前往舊金山正埠如欲搭貨者請到喝公司行面議　戊午年十一月十四日啟

未士吸文士急行在花旗行對面有好駛花旗船一隻名後打船主名北架准於早日揚帆前往舊金山正埠如欲搭客搭貨者請到未士吸文士急行面議　戊午年十一月十六日啟

鴉厘扮公司有第一等好駛洋船一隻名占時邦鄉船主名及立地厘准於早日揚帆前往舊金山正埠如欲搭客搭貨者請到鴉厘扮公司面議　戊午年十一月初三日啟

急願占厘臣有各樣大小黄銅片出賣如欲買者請到本行面議　戊午十二月廿一日啟

洋船出賃

茲有第一等花旗船一隻出賃船名納都加一千六百一十六噸大船主名的料時貴客欲租船請到船上問船主或付信一函交未士活笠交船主亦可〇戊午十一月十二日啟

茲有第一等花旗船一隻出賃船名化闊思時皋西主船主名英架疏如貴客欲租船請到船上面議或付信一函交未士活笠交船主亦可　戊午十一月十八日啟

一未士初公司有第一等英國船一隻出賃船名蝦馬遜時地船主名西廉一千一百一十二噸大及有上好二層艙可載搭客如貴客欲租船請到初行面議〇戊午十一月十二日啟

茲有花旗船一隻名爹禮船主名衛厘布𠋫五百四十七噸大出賃如貴客欲租貨船者請到船上與船主

未士閃臣公司有快駛洋船一隻川賃船名曼那鄉船主名剌士查九百八十噸大又有好艙位裝載搭客如

未士都爹厘寧　大葛命於巳未年正月十四日正午十二點鐘將海邊地址第五十七號第七十一號郎上日華厘行孖剌連貨倉煤倉作一段或分作數段出投每年納地稅二百一磅八個司連另餘地納稅九十六磅八個司連七個

末士廢厘時於正月初八日上午十一點鐘在中環布時挽行貨倉有舊黄銅六十担舊桅數枝麵粉十五桶內九桶有些水漬酸榨菜七十包鹹腸二十五包又查

末士濱於正月十三日正午十二點鐘在本港海面有二枝半桅船一隻名爸律出投此船二百三十四噸大桑經往上海修好未久一凡投到此船者要即交銀三份一其餘十日內交清如到期無銀交清舊銀化爲

末士布𠋫時香港鴉片行情新於正月初八公烟土沽七百七十員〇鴣烟土沽八百零五員點鐘有新到上好麵粉一白皮烟土沽六百白一十桶出零七員半投現銀七二上海十二月廿八

船名	船主名	庄口名	
〇往舊金山正埠 孖地厘	砵士科	剎時厘公司	
占時邦耶	及笠地厘	啞厘汾公司	
山打過羅時	科時打	士店臣公司	
北力便連時	邦耶	爲公司	
後打	北架	吸文士急公司	即日揚帆
歌律	波藍	吸文時急公司	
〇往雪梨砵弗立 衣故爐	威林時	晏治公司	
押歷時非亞	倫	士店臣公司	
〇前往鹽買埠 這急巴	溫	溫化公司	已上皆早日揚帆
〇往江南上海縣 火船亞頓	巴拿	鐵行公司	
馬啟打	活地	溫化公司	
士云你剪	晏拿其	急公司	
乖厘咽地	蘭時	布時挽公司	
云打把唔	包孖時打	些化公司	早日揚帆
〇前往小呂宋埠 火船舟山	布祿時	鐵行公司	
〇前往葛剌巴埠 云地渭士	學士庶	溫化公司	
〇前往廈門福州 火船上海	蝦時活	鐵行公司	祖家火船到後兩日行啟
〇往鹽買至英國 火船北京	賓	鐵行公司	正月十三日啟行

火輪船

[illegible]一日下午五點鐘止金銀與小件頭落至十二日午時止如要知其詳細請到本行間便妥所有貨物付往歐羅巴諸國者要書明何貨並值銀若干如若報單有差該貨被埃及國官府所留與本火輪船公司無涉 戊午年十二月廿八日火輪船公司啟

[illegible]火船到港兩日之後啟行前往廈門福州等處 戊午年十二月廿八日火輪船公司啟

[illegible]火船到港兩日之後啟行前往上海 戊午年十二月廿八日火輪船公司啟

[illegible]火船到港二十四點鐘內啟行往小呂宋〇戊午年十二月廿八日本港火船公司啟

未士孖剌有暗車火輪船名埃倫便運時準於每個禮拜一次由港往省貨脚客脚便宜貴客光顧請到本行面議 戊午年十二月十五日啟

未士都爹厘有乾爽石貨倉出賃如各有貨貯機請到本行面議機租便宜此貨倉四圍並無別屋相連 戊午年十二月廿六日啟

茲有乾爽石機房在金魚行出貨如欲貯貨請與未士孖剌面議機租便宜〇戊午年十二月初七日啟

香港書信館

香港管理書信館官示 照得每凡泰西書信火輪船到港後六點鐘即有按砵帶書信往黃埔省城除附搭各庄口火輪船主省之外每禮拜四早晨七點鐘亦有按砵往省書信準以每禮拜三下午五點鐘截收〇每逢禮拜一早晨七點鐘即有按砵由省啟行落黃埔來香港 戊午十二月廿九日示

洋船出賃

茲有洋船一隻名剌渣鴨沙剌號出賃前往新金山或舊羅西竺或別處州府亦可其船五百二十五噸大堅固新裝六年如貴客欲租此船請到本港都時行或到省益時佛行面議 戊午十二月廿三啟

前往上海

孖賦街末士急公司有第一等荷蘭二枝半桅船一隻名士云你剪船主名晏拿其七百六十噸大準於早日揚帆前往上海如貴客搭貨請至本行面議〇戊午十二月廿一日啟

茲有第一等荷蘭船一隻名云打把唔船主名包孖時打準於早日揚帆前往上海如貴客附搭物貨到請些化行面議 戊午十二月廿八日啟

機厘文公司有船一隻名亞利波由上海來港各客有貨附搭此船者請早下船出貨特啟 戊午十二月三十日機利文公司啟

利貞祥記

上環利貞雞片店現下清糞因有夥伴將生意退出今改利貞祥記其賬項並會銀俱歸本充香收領凡各客有欠到本店賬目並會銀者務祈交到利貞祥記店內司事人清欵便是至舊伴倘有在各行店措借貨物及揭借等情爲經手是問與利貞祥記無涉特此聲明 已免後論〇咸豐八年十二月十七日字啟 門牌第三百二十號

白米出賣

茲有上白孟加剌米與米朴出賣如貴客欲請買米到本看新聞紙館面議

告示

大英欽命管理香港等處各營駐紮陸路軍務提督軍門斯 大法國統領廣東省陸路各營水師船隻等軍務途 大英駐札廣東代理水師提督軍門晏 爲曉諭事照得我兩國自五月在天津同中國議定和好至今半年之久既經議和以後中國各城鄉百姓自應與我兩國民人彼此均以禮義相待中外節如一家恪遵和約各守本分內地各處遊行至中國人民有因事到我兩國者任便遊行早已無所禁阻中外既已如此何以本月初一日我兩國官兵出城照常巡遊並無一毫擾及百姓忽被安良紳勇由石井突出放炮傷我兩國兵丁顯係好事不安之黨妄作妄爲圖便一己之私妄行妄動不特有違聖旨並且累及村鄉此等匪人理宜嚴拏懲辦當經先請地方官拿緝首事之人因未能即行查獲是以本軍門等於初五日帶兵前赴該處查拿石井紳勇復敢開炮轟擊有心拒敵本軍門等始將太平社學公所炮台以及局紳梁葆訓步罟時皆係無人攔阻乃於初五日晚本軍門等派差查問省該處黃家祠竟敢藏匿敗勇將職差二名砍傷故將黃家祠一律焚燬隨督兵由石井往鴉江步大朗攻毀烏石網鹽岡等各村巡歷既無窩藏安良匪勇之跡亦無拒敵之人並皆以禮相迎是以本軍門等嚴行約束兵丁並未分毫擾累茲將此次實在各情節刊布告示務使城廂內外人等及各村鄉共見周知此後如各人稟遵條約於我兩國人所到之處均能以禮讓相待各安本分並不欺凌我兩國人亦斷不准絲毫滋擾倘兵丁仍必照常督帶出城分行各處以便操練步法倘其中有不遵約束滋事之人爾等應立即赴向帶兵官面稟或來省城正使衙門具稟自當查拿嚴辦決不姑寬如中國人有無故欺騙我兩國兵民之事亦必從嚴究治嗣後無論何處再有似石井紳勇生事妄爲擅放鎗炮相拒者本軍門等定照處治石井之法辦理勿謂示之不早也各宜凜遵毋違特示 戊午年十二月初九日示

香港船頭貨價紙

第二百零一號　己未年正月初十日　禮拜六

啓者此紙係在孖剌處每日所印之新聞紙同館印刷每逢禮拜二禮拜四禮拜六爲刊選派香港各舖戶每月收回銀一大員如 唐客有事要印落此紙內務宜早一日走字通知未士孖剌便妥印刷唐字價錢如左 一凡每次落唐字者五十個字已下收銀一員倘五十個字已上每字收銀一個先士如欲再落者每個禮拜照前一半算如意者祈請到本館印刷便是 未士孖剌 新文紙館謹啓

新聞

茲接到省城初六日來信云 英法提督業經帶兵勇九百名前往花縣約去六日之久將回省矣

本紙今日有奮殘道禁大人示一張爲將鴉片烟餚正餉之事因中國上代皇帝應鴉片烟流審中土設法禁止而現今之道憲用元白茶三字代鴉片烟之名由此可見爲民上者亦欲用文字欺人矣諺云掩耳盜鈴此之謂也

出賞帖

茲有一百員舊銀行銀紙一張由船料局至新公司行路上失去如有四方君子執得者可帶回本新聞紙館自然有賞此銀紙已經在銀行報失不能取銀矣 已未正月初六日啓

茲有沙色狗一隻名邊於本月初五日失去如有四方君子將此狗帶回本新聞紙館即有重賞 已未正月初六日啓

桅木出賣

啓者二枝半桅船名衣倫船主名冰有上好桅木出賣由四十二至五十六活又有大鐵鏈兩門鐵水櫃二個鐵錶等物出投如貴客欲買者請到船上面議

有銀出揭

打偷狀師有兩三千員出揭如有人要揭銀者並有屋宇舖戶作按當方可請到中環上大街坑逖打偷狀師行面議 戊午十二月廿八日啓

啓者唐人如有切要時事或得之目擊或得之傳聞不論何事但取其有益於唐人有合於同好者均可攜至本館刻刷分文不取特此佈聞 新聞紙館謹啓

占厘臣

急頓占厘臣所有經驗之公白烟土到各港口必照時價發沽如貨色不好乃急頓占厘臣理妥價錢如下經紀用銀每箱半員驗公烟土每箱銀一員驗白皮烟土每箱銀二員驗金花烟土每箱銀二員棧租每箱銀一員所驗之烟土記棧十四日不計棧租記在加啟臣船或岸上貨倉均同一樣如人客有烟土記棧欲取上期銀亦可

加利咭打戰船

啓者所有加利咭打戰船之武員兵丁水手欠到各人賬目宜於本月尾以前送單因其將離香港特啟 戊午十二月廿九日啓

前往新金山

未士士店臣公司有快駛花旗船一隻名咽毛時非船主名倫準於早日揚帆前往雪梨砵非立二埠如欲搭客搭貨者請到本行面議 戊午年十一月廿三日啓

前往舊金山

未士士店臣公司有第一等好駛花旗船一隻名山打過羅時船主名科時打可載貨一千二百噸准於早日揚帆前往舊金山正埠如欲搭客搭貨者請到本行面議 戊午年十一月初一日啓

未士吸文士急詖時文公司有第一等好駛花旗船一隻名歌律船主名詖藍一千八百噸大準於早日揚帆前往舊金山埠在船位已有人定下大半如有搭客搭貨請到本行面議〇戊午十二月廿九日啓

亞架士顛喝公司有第一等好駛洋船一隻名北力便運時船主名邦鄖准於早日揚帆前往舊金山正埠如欲搭貨者請到喝公司行面議 戊午年十一月十四日啓

鴉厘汾公司有第一等好駛洋船一隻名占時邦鄖船主名及立地厘准於早日揚帆前往舊金山正埠如欲搭客搭貨者請到鴉厘汾公司面議 戊午年十一月初三日啓

急頓占厘臣有各樣大小黃鋼片出賣如欲買者請到本行面議 戊午十二月廿一日啓

洋船出賃

茲有第一等花旗船一隻出賃船名納都加一千六百一十六噸大船主名的料時貴客欲租船請到船上間船主或付信一函交未士活笠交船主亦可〇戊午十一月十二日啓

洋船出賃

茲有第一等花旗船一隻出賃船名化爾恩時卑西主船主名英架疏如貴客欲租船請到船上面議或付信一函交未士活笠交船主亦可 戊午十一月十八日啓

未士切公司有第一等英國船一隻出賃船名蝦馬遮時地船主名西歷一千一百一十二噸大又有上好二層船可載搭客如貴客欲租船請到切行面議〇戊午十一月十二日啓

洋船出賣

有上好實木船一隻出賣能載貨二千五百擔油木桅哩纜俱全又有來路大砲三門如要知其詳細請到大路今孖素酒店隔鄰未士架力士鐘錶舖問便妥 戊午年十一月十九日啓

未士都爹厘於正月十三日下午一點鐘有罷蘭地荷蘭甜酒這厘酒卡剌律酒洋燭啵酒波打酒火腿化爾絨帆布皋巴桶木咸猪肉咸牛肉漆器傢私什物出投又有黃銅片黃銅釘等

未士都爹厘奉 大舊命於已未年正月十四日正午十二點鐘將海邊地址第五十七號第七十一號即上日華厘行孖剌連貨倉煤倉作一段或分作數段出投每年納地稅二百一磅八個司連另餘地納稅九十六磅八個司連七個[illegible]

未士連卡剌弗於正月初十日正午十二點鐘在軍機工局內即大路藥房對面朱士卑時房有檯梳椅西砵櫃梳子床唖床面鏡磁器玻璃器各[illegible]

未士麥肥厘架於正月初十日上午十一點鐘在本行貨倉有木演洋紗十四綑原色洋布二十八綑棱㑹一百六十四包出投

未士瀖於正月十三日正午十二點鐘在本港海面有二枝半桅船一隻名弇律出投此船二百三十四噸大業經在上海修好未久一凡投到此船者要即交銀三份一其餘十日內交清如到期無銀交清前銀化爲烏

鴉片行

香港鴉片行情新公烟土沽七百七十員〇舊烟土沽八百二員〇白皮烟土沽六百零七員半至六百一十 上海十二月十八

船名

羅活
孖地厘
○往舊金山正埠
占時邦郎
山打過籬時
北力便連時
歌律
○往雪梨砵非立
衣故爐
押麼時非亞
○前往望買埠
這急巴
○往江南上海縣
火船亞續
馬啟打
士云你剪
秦厘咽地
云打把唔
○前往小呂宋埠
火船舟山
○前往葛剌巴埠
云地滑士
○前往廈門福州
火船上海
○往望買至英國
火船北京

船主名

波時
砵士科
及笠地厘
科時打
邦耶
波盤
威林時
倫
濕
巴拿
活地
晏拿其
蘇時
包孖時打
布祿時
學士麻
蝦時活
寶

口庄名

嚴公司
剌時厘公司
啞厘份公司
士店臣公司
島公司
吸文時急公司
晏治公司
士店臣公司
濕化公司
鐵行公司
濕化公司
急公司
布時境公司
些化公司
鐵行公司
濕化公司
鐵行公司
鐵行公司

已上皆早日揚帆
早日揚帆
祖家火船到後兩日行啟
正月十三日啟行

行火輪船

厘密打剌時望買英國祖家等埠鏇貨落至十一日下午五點鐘止金銀與小件頭落至十二日午時止如要知其詳細請到本行問便妥所有貨物付往歐羅巴諸國者要書明何貨並值銀若干如若報單有差該貨被埃及國官府所留與本火輪船公司無涉

戊午年十二月廿八日火輪船公司啟

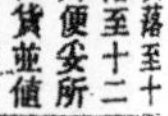

時活准於祖家火船到港兩日之後啟行前往廈門福州等處

戊午年十二月廿八日火輪船公司啟

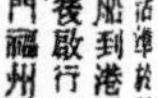

祖家火船到港兩日之後啟行前往上海

戊午年十二月廿八日火輪船公司啟

祖家火船到港二十四點鐘內啟行往小呂宋○戊午年十二月廿八日本港火船公司啟

末士孖剌有暗車火輪船名埃倫便連時准於每個禮拜一次由港往省貨腳客腳便宜貴客光顧請到本行面議

戊午年十二月十五日啟

末士都爹厘茲有乾爽有乾爽石貨石棧房在倉用貨如各金魚行出有貨貯棧請貨如欲貯到本行面議貨請與末棧租便宜此士孖剌商貨倉四圍並議棧租便無別屋相連宜○戊午年十二月廿六日啟

戊午年十二月初七日啟

香港書信館

香港管理書信館官示　照得每凡泰西書信火輪船到港後六點鐘即有根砵帶書信往黃埔省城除附搭各庄口火輪船土省之外每禮拜四早晨七點鐘亦有根砵往省書信準以每禮拜三下午五點鐘截收○每逢禮拜一早晨七點鐘即有根砵由省啟行落黃埔來香港

戊午年十二月廿九日示

洋船出賃

茲有洋船一隻名剌渣鴨沙剌域出賃前往新金山或暹羅山竺或別處州府亦可其船五百二十五噸大堅固新裝六年如貴客欲租此船請到本港都時行或到省益時佛行面議

戊午年十二月廿三啟

前往上海

哥賦街末士急公司有第一等荷蘭船一隻名云二枝半桅船一隻打把唔船主名士云你剪船主包孖時打准於名晏拿其七百六早日揚帆前往十噸大準於早日上海如貴客揚帆前往上海如附搭物貨到請貴客搭貨請至本些化行面議行面議○戊午年十二月廿一日啟

戊午年十二月廿八日啟

機厘文公司有船一隻名亞利波由上海來港各客有貨附搭此船者請早下船出貨特啟

戊午年十二月三十日機利文公司啟

利貞祥記

上環利貞鴉片店此下清冀因有夥伴將生意退出今改利貞祥記其賬項並會銀俱歸承充者收領凡各客有欠到本店賬目並會銀者務祈交到利貞祥記店內司事人清欵便是至舊伴倘有在各行店檯揩貨物及揭借等情為經手是問與利貞祥記無涉特此聲明已免後論○咸豐八年十二月十七日字啟　門牌第三百二十號

白米出賣

茲有上白孟加剌米與米朴出賣如貴客欲請買米到本者新聞紙館面[illegible]

告示

分巡各路總辦元白茶抽釐前雷瓊兵備道蔡　為曉諭事咸豐八年九月二十六日奉　欽差大臣兩廣總督部堂黃札開照得軍需萬緊前經本部堂札派參將尹達章督同孔繼堯等辦理元白茶抽釐事務日久尚未見效刻下需費孔急不容再事稽延昨前續派雷防同知劉丞前往佛山會同尹參將迅速開辦各在案乃近接該參將來稟察其呈詞尚知激發天良力圖報效而其中難免有掣肘之處稟請派委大員會督籌辦俾得以功補過本部堂查有　奏請隨帶來粵之前雷瓊蔡道守潔才優為部堂素所深信者以委辦此項抽釐及稽查各項釐務必能認真整頓俾釐務大有起色以濟軍需而除弊竇合亟札飭札道即便遵照由局刊刻分巡各路總辦元白茶抽釐並稽查各項釐務前雷瓊道關防一顆先行馳往佛山會督尹參將劉丞等破除情面妥議章程認真辦理元白茶事務並查有私圖肥已暗中阻撓把持舞弊之人如有此等人不論何項功名何色頂戴立即一面稟聞一面摘去頂戴鎖押來轅以便本部堂親提迅明　奏參治罪案關軍需萬緊刻下粵省百吼千瘡專捐此項為接濟軍需之資豈容貪官汚吏漁利肥身致悞通省大局該道督辦此事即與辦理貨釐無異來蹤去路必須澈究到底無所用其瞻徇瞞隱匿一俟辦有成效本部堂即當查照各省成案　奏明勸擬支銷非如前之將就了事任中罾鑑出入無所稽查也佛山為各路總鎮章程核定即可通行各路迅速照辦該督亦即分馳督飭一律辦理至各貨抽釐原派有李道在佛總司局務現在李道暫赴西江督辦軍務該道亦即順便查明一切貨釐如何抽收情形均着搭除積弊以濟軍需而副委任是所切囑等因奉此除督新會營尹參府及劉丞孔都司守備汪經歷妥議章程認真辦理外合行曉諭為此示仰舖戶居民及商渡船各色人等知悉爾等須知此項抽釐為接濟軍餉起見係部憲行轅訊明究辦爾等慎毋以身試法切切特示

咸豐八年十月十二日示

香港船頭貨價紙

第二百零二號　己未年正月十三日　禮拜

啟者此紙係在孖剌處每日所印之新聞紙同館印刷每逢禮拜二禮拜四禮拜六為期遍派香港各舖戶每月收回銀一大員如 倘客有事要印落此紙內務宜早一日走字通知未士孖剌便妥印刷唐字價錢如左 一凡每次落附字者五十個字已下收銀一員倘五十個字已上每字收銀一個先士如欲再落者每個禮拜照前一半算如意者祈請到本館印刷便是 未士孖剌 新文紙館謹啟

新聞

大英矣理囒合衆國佣事官晚 為獎勵事現據孛秘利頭猛船主張五由瓊州府山外沙羅港回澳有英國人十二名遇風擱船漂失在港實屬可憐遂將此十二人同舉不料路經沙杷汎該船主殺人計害癡蠢艱險始得到澳有此義士誠堪獎勵本領事即給謝答銀六百八十九員以為舟費各項費用為此給照系誌一以不忘該張五不避艱險恤救外國人命一以勸勉華人嗣後倘見有如此流失樂為援手得保平安不論何港何埠本國定必有該管人員一律酌奉酬答俾四方人等覓之可也恪遵特示 右給照張五執據為永遠獎勵

戊午年十一月廿六日給

茲幸接到日本行情倘札云現在日本各樣貨料好價如蘇木麗米白糖丁香豆蔻胡椒桂皮等物亦甚好價遍厘羅蘭地酒與及各色洋酒日本人亦好飲之厘銀有本出銅錫甚是便宜由中國帶貨往日本買銅錫回即獲利不少也

於本月初九日有火船名澳多華由孟買來港載來英國租家蓄值並鴉片一千八百八十六箱洋銀約一百三十四萬四千八百二十一員〇聞說大英火輪戰船名挖查將駛往新嘉坡準迎接 大英新欽差大臣來港云云

啟者唐人如有切要時事或得之目擊或得之傳聞不論何事但取其有益於唐人有合於同好者均可攜至本館刻刷分文不取特此佈聞 新聞紙館謹啟

占厘臣

叁頓占厘臣所有經驗之公白烟土到各港口必照時價發沽如貨色不好乃叁頓占厘臣理妥價錢如下經紀用銀每箱半員驗公烟烟土每箱銀一員驗白皮烟土每箱銀二員驗金花烟土每箱銀二員棧租每箱銀一員所驗之烟土記棧十四日不計棧租記在加啟臣船或岸上貨倉均同一樣如人客有烟土記棧欲取上期銀亦可

加利咭打戰船

啟者所有加利吉打戰船之武員兵丁水手欠到各人賬目宜於本月尾以前送單因其將離香港特啟 戊午年十二月廿九日啟

前往新金山

未士士店臣公司有快駛花旗船一隻名咽毛時非船主名倫準於早日揚帆前往雪梨砵非立二埠如欲搭客搭貨者請到本行面議 戊午年十一月廿三日啟

前往舊金山

未士士店臣公司有第一等好駛花旗船一隻名山打過羅時船主名科時打可載貨一千二百噸准於早日揚帆前往舊金山正埠如欲搭客搭貨者請到本行面議 戊午年十一月初一日啟

未士啜文士叁啵時文公司有第一等好駛花旗船一隻名歌律船主名啵鹽一千八百噸大準於早日揚帆前往舊金山埞在船位已有人定下大半如有搭客搭貨請到本行面議〇戊午年十二月廿九日啟

亞架士顛喝公司有第一等好駛洋船一隻名花力便船主名邦耶準於早日揚帆前往舊金山正埠如欲搭貨者請到喝公司行面議 戊午年十一月十四日啟

鴉厘汾公司有第一等好駛洋船一隻名占時邦耶船主名及立地厘准於早日揚帆前往舊金山正埠如欲搭客搭貨者請到鴉厘汾公司面議 戊午年十一月初三日啟

叁頓占厘臣有各樣大小黃銅片出賣如欲買者請到本行面議 戊午十二月廿一日啟

洋船出賃

茲有第一等花旗船一隻出賃船名納都加一千六百一十六噸大船主名的科時貴客欲租船請到船上問船主或付信一函交未士活笠交船主亦可〇戊午十一月十二日啟

洋船出賃

茲有第一等花旗船一隻出賃船名化圖思時卑西主船主名英架疏如貴客欲租船請到船上面議或付信一函交未士活笠交船主亦可 戊午十一月十八日啟

未士刼公司有第一等英國船一隻出賃船名蝦馬遜時地船主名西臁一千一百一十二噸大又有上好二層艙可搭搭客如貴客欲租船請到刼行面議〇戊午十一月十二日啟

洋船出賣

有上好實木船一隻出賣能載貨二千五百擔油木桅輕纜俱全又有來路大砲三門如要知其詳細請到大路仔業酒店隔鄰未士架力士鐘錶舖問便妥 戊午年十一月十九日啟

洋船

茲有花旗船一隻名參禮船主名衛厘布礫五百四十七噸大出賃如貴客欲租賃船者請到船上與船主

未士都參厘攀 大葛館於己未年正月十七日正午十二點鐘將海邊地址第五十七號第七十一號即上日華厘行孖剌連貨倉煤倉作一段或分作數段出投每年[illegible]

未士都參厘於正月十三日下午一點鐘有羅蘭地荷蘭甑酒這厘酒卡剌律酒洋燭皷酒皷打酒火腿化麟紙帆布[illegible]

未士褒於正月十三日正午十二點鐘在本港海面有二枝半桅船一隻名命律出投此船二百三十四噸大集奪在上海修好未久一凡投到此船者要即

鴉片

香港鴉片行情新公烟土沽七百七十五員至七百七十七員半〇舊烟土沽八百一十五員〇白皮烟土沽六百零七員至六百一十員〇澳門舊公烟土沽七百七十

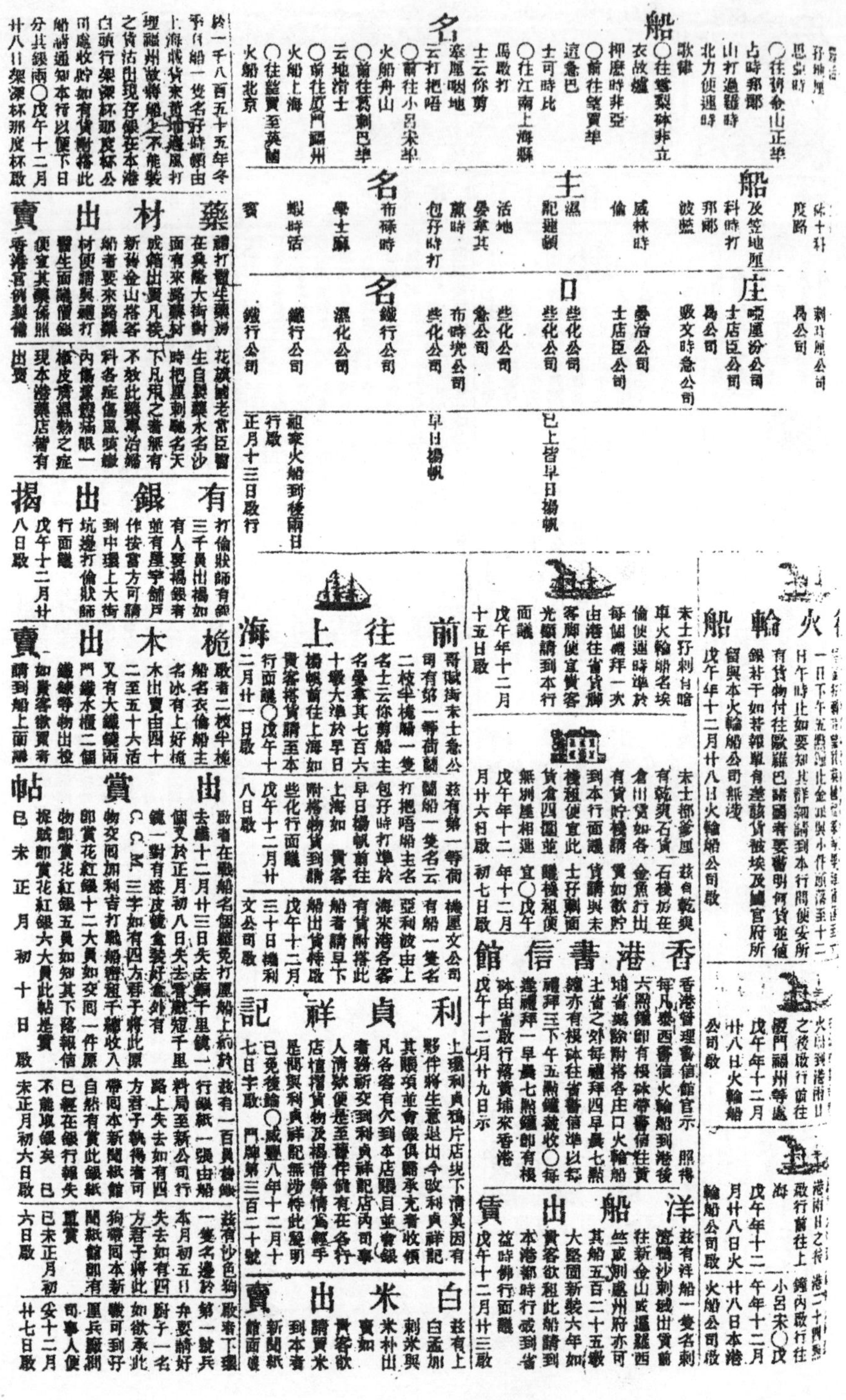

船名	船主名	庄口名	
孖坤厘	咻十科	剌刃厘公司	
思忌時	度路	爲公司	
○往新金山正埠			
占時邦郎	及笠地厘	吔厘扮公司	
山打過爾時	科時打	士店臣公司	
北力使連時	邦郎	爲公司	
歌律	波藍	吸文時急公司	
○往雪梨砵非立			
衣故爐	威林時	晏治公司	
押歷時非亞	倫	士店臣公司	
○前往孟買埠			
遮急巴	濕	些化公司	
士可時比	鴕璉頓	些化公司	已上皆早日揚帆
○往江南上海縣			
馬敢打	活地	些化公司	
士云你剪	晏拿其	急公司	
率厘咽地	薫時	布時境公司	
云打把唔	包孖時打	些化公司	早日揚帆
○前往小呂宋埠			
火船舟山	布祿時	鐵行公司	
○前往葛剌巴埠			
云地消士	學士廳	濕化公司	
○前往廈門福州			
火船上海	蝦時佸	鐵行公司	租家火船到後兩日行啟
○往盤買至英國			
火船北京	賓	鐵行公司	正月十三日啟行

於一千八百五十五年冬季有船一隻名孖時頓由上海載貨來香港遇風打壞福州救將船上不能裝之貨沽出現存銀在本港白頭行架渠杯耶衰杯公司處收貯如有貨帳將此船請通知本行以便下日分其銀兩○戊午十二月廿八日架渠杯那度杯啟

藥材出賣

禮打醫生藥房在與隆大街對面有來路藥材成箱出賣凡挨新舊金山將客船者要來路藥材便請與禮打醫生面議價錢便宜其藥係照香港官例製備出賣

花旗國老衆臣醫生自製藥水名沙時把厘剌噝名天下凡飛之者無有不效此藥專治婦科各症傷風咳嗽內傷寒熱瘍眼一概皮膚濕熱之症現本港藥店皆有出賣

有銀出揭

打倫狀師有銀三千員出揭如有人要揭銀者並有屋宇舖戶作按當方可請到中環上大街坑邊打倫狀師行面議 戊午十二月廿八日啟

桅木出賣

啟者二枝半桅船名衣倫船主名冰有上好桅木出賣由四十二至五十大活又有大鐵鏈兩門鐵水櫃二個鐵錨等物出投如貴客欲買者請到船上面議

出賞帖

啟者在戰船名個羅亮打厘船上約於去歲十二月廿三日失去鋼千里鏡一個又於正月初八日失去番衣短千里鏡一對有漆皮鏡套裝好盒外有C. C. M. 三字如有四方君子將此原物交回加利吉打戰船者賞花紅銀十二大員如交回一件原物即賞花紅銀五員如知其下落報信捉賊即賞花紅銀六大員此帖是實 巳未正月初十日啟

茲有一百員銀紙行銀紙一張由船料局至新公司行路上失去如有四方君子執得者可帶同本新聞紙館自然有賞此銀紙已經在銀行報失已不能取銀矣 巳未正月初六日啟

茲有沙色狗一隻名邊於本月初五日失去如有四方君子將此狗帶同本新聞紙館即有重賞 巳未正月初六日啟

啟者下環第一號兵弁要請好廚子一名如欲承此職可到孖厘兵厰訓司事人便 [illegible]十二月廿七日啟

前往上海

哥頓街末士急公司有第一等荷蘭二枝半桅船一隻名士云你剪船主名晏拿其七百六十墩大準於早日揚帆前往上海如貴客搭貨請至本行面議○戊午十二月廿一日啟

茲有第一等荷蘭船一隻名云打把唔船主名包孖時打準於早日揚帆前往上海如 貴客附搭物貨到請些化行面議 戊午十二月廿八日啟

機厘文公司有船一隻名亞利波由上海來港各客有貨附搭此船者請早下船出貨特啟 戊午十二月三十日機利文公司啟

利貞祥記

上環利貞鴉片店現下清算因有夥伴將生意退出今歸利貞祥記其賬項並會銀俱歸承充者收領凡各客有欠到本店賬目並會銀者務新交到利貞祥記店內司事人清妳便是至舊件倘有在各行店恃擔貨物及揭借等情爲經手是問與利貞祥記無涉特此聲明 已兌後論○咸豐八年十二月十七日字啟 門牌第三百二十號

白米出賣

茲有上白孟加剌米與米朴出賣如貴客欲請買米到本香新聞紙館面議

末士孖剌甘唔車火輪船名埃倫使連時準於每個禮拜一次由港往省貨腳客腳便宜貴客光顧請到本行面議 戊午年十二月十五日啟

末士鄧爹厘有乾爽石貨倉川貨如各有貨貯棧請到本行面議棧租便宜此貨倉四圍並無洲屋相連 戊午年十二月廿六日啟

茲有乾爽石棧房在金魚行出貨如欲貯貨請與末士孖剌面議棧租便宜○戊午年十二月初七日啟

香港書信館

香港管理書信館官示 照得每凡泰西書信火輪船到港後六點鐘即有棧砵帶書信往黃埔省城除附搭各庄口火輪船主省之外每禮拜四早晨七點鐘亦有棧砵往省書信準以每禮拜三下午五點鐘截收○每逢禮拜一早晨七點鐘即有棧砵由省啟行落黃埔來香港 戊午十二月廿九日示

洋船出賃

茲有洋船一隻名剌渣鴨沙剌賊出賃前往新金山或暹羅西竺或剛威州府亦可其船五百二十五墩大堅固新裝六年如貴客欲租此船請到本港鄰時行或到省益時鄰行面議 戊午十二月廿三日啟

火輪船

[illegible]一日下午五點鐘止如要知其詳細請到本行問便妥所有貨物付往歐羅巴諸國者要書明何貨並值銀若干如若報單有差該貨被埃及國官府所留與本火輪船公司無涉 戊午年十二月廿八日火輪船公司啟

火船到港兩日之後啟行前往廈門福州等處 戊午年十二月廿八日火輪船公司啟

[illegible]港兩日之後啟行前往上海 戊午年十二月廿八日火輪船公司啟

[illegible]港二十四點鐘內啟行往小呂宋○戊午年十二月廿八日本港火船公司啟

香港船頭貨價紙

第二百零三號　己未年正月十五日　禮拜

啟者此紙係在孖剌處每日所印之新聞紙同館印刷每逢禮拜二禮拜四禮拜六爲期遞派香港各舖戶每月收回銀一大員如　貴客有事要印落此紙內務宜早一日走字通知未士孖剌便妥印刷唐字價錢如左　一凡每次落唐字者五十個字已下收銀一員倘五十個字已上每字收銀一個先士如欲再落者每個禮拜照前一半算如意者祈請到本館印刷便是　未士孖剌　新文紙館謹啟

新聞

上號本紙錄明　英法提督帶領兵勇於正月初六日起程往花縣地方遊玩茲接到信云英法兵於初六晚到江村地方札營歇息一夜　大英欽差亦隨行至此處方回省城次日初七由江村起行至平山地方札下營又歇一宵次日初八到花縣城由省城至花縣一路人民皆以禮相待到花縣時縣令並紳仕耆老出城迎接英法官員入城住在上日　欽憲羅龍蘇團練總局之公所有三百英法兵隨提督入城其餘兵勇俱在北縣北門外下營歇息英法人並未見有一個團練壯勇只見百餘名官兵守城而已據花縣人說　欽憲羅龍蘇聞英法人攻破石井即恐英法人來攻花縣故將壯勇盡行撤去云云於初九日英法兵離花縣地方是晚復到江村於初十日到省城云云

査顛行火輪船名鄉也厘個纚時由加利吉打埠於本月初十日到港載來烟土一千四百六十五箱又來行情信云現在加利吉打埠公烟土沽銀一千五百七十至一千六百個路卑公鴣烟土沽一千七百三十至一千八百一十五個路卑〇又聞有火輪船一隻名威時鳩堅寧載洋硝三千五百包來港水腳每包銀二員正

畢公司

茲者未士畢公司有沙藤架啡蘇木檀香綠豆發客　戊午年十一月廿日啟

啟者居人如有切要時事或得之目擊或得之傳聞不論何事但取其有益於唐人有合於同好者均可攜至本館刻刷分文不取特此佈聞　新聞紙館謹啟

占厘臣

急頓占厘臣所有經驗之公白烟土到各港口必照時價發沽如貨色不好乃急頓占厘臣理妥價錢如下經紀用銀每箱半員驗公鴣烟土每箱銀一員驗白皮烟土每箱銀二員驗金花烟土每箱銀二員棧租每箱銀一員所驗之烟土記棧十四日不計棧租記在加啟臣船或岸上貨倉均同一樣如人客有烟土記棧欲取上期銀亦可

加利咭打戰船

啟者所有加利吉打戰船之武員兵丁水手欠到各人賬目宜於本月尾以前送單因其將離香港特啟　戊午十二月廿九日啟

前往新金山

未士士店臣公司有快駛花旗船一隻名咽毛吁非船主名倫準於早日揚帆前往雪梨砵非立二準如欲搭客搭貨者請到本行面議　戊午年十一月廿三日啟

前往舊金山

未士士店臣公司有第一等好駛花旗船一隻名山打巡羅時船主名科時打可載貨一千二百噸准於早日揚帆前往舊金山止準如欲搭客搭貨者請到本行面議　戊午年十一月初一日啟

未士吸文士急啟時文公司有第一等好駛花旗船一隻名歌律船主名啟藍一千八百噸大準於早日揚帆前往舊金山現在船位已有人定下大半如有搭客搭貨請到本行面議〇戊午十二月廿九日啟

亞架士顛喝公司有第一等好駛洋船一隻名北力便連時船主名邦鄖准於早日揚帆前往舊金山正準如欲搭貨者請到喝公司行面議　戊午年十一月十四日啟

鴉厘扮公司有第一等好駛洋船一隻名占時邦鄖船主名及立地厘准於早日揚帆前往舊金山正準如欲搭客搭貨者請到鴉厘扮公司面議　戊午年十一月初三日啟

急頓占厘臣有各樣大小黃銅片出賣如欲買者請到本行面議　戊午十二月廿一日啟

洋船出賃

茲有第一等花旗船一隻出賃船名納都加一千六百一十六噸大船主名的科時貴客欲租船請到船上問船主或付信一函交未士活笠交船主亦可〇戊午十一月十二日啟

洋船出賃

茲有第一等花旗船一隻出賃船名化爾恩時卑西主船主名英架疏如貴客欲租船請到船上面議或付信一函交未士活笠交船主亦可　戊午十一月十八日啟

洋船出賃

未士㓥公司有第一等英國船一隻出賃船名蝦馬遜時地船主名西歷一千一百一十二噸大又有上好二層艙可載搭客如貴客欲租船請到㓥行面議〇戊午十一月十二日啟

未士閃臣公司有快駛洋船一隻出賃船名晏那鄖船主名剌士查九百八十噸大又有好艙位裝載搭客如貴客欲租船請到閃臣行面議　戊午十二月十五日謹啟

洋船

茲有花旗船一隻名爹禮船主名荷厘布藤五百四十七噸大出賃如貴客欲租貨船者請到船上與船主

洋船

有上好實木船一隻出賃能載貨二千五百擔油木槓俱全又有來路大砲三門如要知其詳細請到大路今孖叅酒店

洋船

現有三枝桅洋船一隻川寶能載貨七百五十噸船上器具齊備及鑼與　貴客光顧者請到新

未士都爹厘拳　大葛命於己未年正月十七日正午十二點鐘將海邊地址第五十七號第七十一號即上日華厘行孖剌邀貨倉煤倉作一段或分作數段出投每年納地稅二百一磅八個司近另餘

鴉片

香港鴉片行情新公烟土沽七百九十五員〇舊公烟土沽七百七十五員鴣烟土沽八百一十五員白皮烟土沽六百零五員至六百一十員　〇澳門舊公烟土沽七百七十二員半至七百七十五

船名	船主名	往口名	
孖地洲	咊士科	刺竹厘公司	
思宗時	度路	易公司	
○往舊金山正埠			
占時邦郎	及笠地厘	嚏厘汾公司	
山打過雞時	科時打	士店臣公司	
北力便連時	邦郎	易公司	
歌批	波藍	吸文時急公司	
○往雪梨砵非立			
衣故爐	威林時	晏治公司	
押歷時非亞	倫	士店臣公司	
○前往檳買埠			
遮急巴	滿	些化公司	
士可時比	祀連頓	些化公司	已上皆早日揚帆
○往江南上海縣			
馬麼剌	碌也	腓立時麼公司	
士云你剪	晏拿其	急公司	
奈厘嘅地	旗時	布時塊公司	
云打把唔	包孖時打	些化公司	早日揚帆
○前往小呂宋埠			
火船舟山	布碌時	鐵行公司	
○前往舊剌巴埠			
云地咐士	學士麻	渣化公司	
○前往廈門福州			
火船上海	蝦時活	鐵行公司	祖家火船到後兩日行啟
○往孟加剌			
鄢也厘個雞時	滑	渣甸孖地臣	正月十七日啟行

於一千八百五十五年冬季有船一隻名孖時顛由上海載貨來晉地返嗎打埋福州裝貨船上不幸裝之貨沽出現存銀在本港白頭行架深杯那度杯公司處收貯如有貨對據此船紙通知本行以便下日分其銀兩○戊午十二月廿八日架深杯那度杯啟

藥材出賣

禮打醫生藥房在典隆大街對面有來路藥材成箱出賣凡條新舊金山搭客船者要來路藥材便請與禮打醫生面議價銀便宜其藥係照香港官例製備

花旗國老當臣數生自製藥水名沙時把厘剌聽名天下凡用之者無有不效此藥專治婦科各症傷風咳嗽內傷痰積痛眼一概皮膚濕熱之症現本港藥店皆有出賣

有銀出揭

打倫狀師有銀三千員出揭如有人要揭銀者並有屋宇舖戶作按當方可請到中環上大街坑邊打倫狀師行面議

戊午十二月廿八日啟

桅木出賣

啟者二枝半桅船名衣倫船主名冰有上好桅木出賣由四十二至五十六活又有大鐵鏈兩門鐵木櫃二個鐵鍊等物出投如貴客欲買者請到船上面議

出賞帖

啟者在戰船名個雞免打厘船上剩於去歲十二月廿三日失去銅千里鏡一個又於正月初八日失去看戲短千里鏡一對有漆皮鏡盒裝好盒外有 G. C. M. 三字如有四方君子將此原物交回加利吉打戰船需租千總收入即賞花紅銀十二大員如交回一件原物即賞花紅銀五員如知其下落報信捉賊即賞花紅銀六大員此帖是實

巳未正月初十日啟

黃埔末士多雞彌地云有主固臺船一隻名路厩厘如貴客有貨要貯落臺船或過別船艙時方便舊租便宜特此聲明

巳未年正月十三日啟

呂宋烟出賣

舊銀行隔隣末士利濟涵彌有新到二號呂宋烟共十三萬出賣又有法蘭西罐仔湯肉雞鴨地酒呂宋檳榔蘭甑等物出賣

戊午十十二月廿八日啟

前往上海

呵賦街末士急公司有第一等荷蘭二枝半桅船一隻名士云你剪船主名晏拿其七百六十噸大準於早日揚帆前往上海如貴客搭貨請至本行面議○戊午十二月廿一日啟

茲有第一等荷蘭船一隻名云打把唔船主名包孖時打準於早日揚帆前往上海如 貴客附搭物貨到請些化行面議

戊午十二月廿八日啟

茲有二枝半桅船一隻名衣連準於本月十七日揚帆前往上海如有搭客搭貨者請到畢行面議

巳未年正月十五日啟

利貞祥記

上環利貞鴉片店現下清算因有夥伴將生意退山今改利貞祥記其賬項並會銀俱歸承充者收領凡各客有欠到本店賬目並會銀者務祈交到利貞祥記店內司事人清欵便是至舊伴倘有在各行店僭揭貨物及揭借等情為經手是問與利貞祥記無涉特此聲明已免後論○咸豐八年十二月十七日字啟 門牌第三百二十號

洋硝出賣

茲者末士孖剌有新到上好洋硝出賣如意買者請到本新聞紙館面議

戊午年十二月初八日啟

火輪船

一日下午五點鐘止金銀與小件貨落至十二日午時止如要知其詳細請到本行問便妥所有貨物付往歐羅巴辦國者要書明何貨並值銀若干如其報單有差該貨被埃及國官府所留與本火輪船公司無涉

戊午年十二月廿八日火輪船公司啟

火船到港兩日之後啟行前往廈門福州等處

戊午年十二月廿八日火輪船公司啟

港兩日之後啟行前往上海

戊午年十二月廿八日火輪船公司啟

港二十四點鐘內啟行往小呂宋○戊午年十二月廿八日本港火船公司啟

末士孖剌有唔車火輪船名埃倫便連時準於每個禮拜一次由港往省貨腳客腳便宜貴客光顧請到本行面議

戊午年十二月十五日啟

末士祢爹厘有乾爽石貨倉川貨如各有貨貯棧請到本行面議棧租便宜此貨倉四個並無別屋相連

戊午年十二月廿六日啟

茲有乾爽石棧坊在金魚行出貨如欲貯貨請與末士孖剌面議棧租便宜○戊午年十二月初七日啟

香港書信館

香港管理書信館官示 照得每凡泰西書信火輪船到港後六點鐘即有根砵帶書信往黃埔省城除附搭各庄口火輪船主省之外每禮拜四早晨七點鐘亦有根砵往省書信準以晏禮拜三下午五點鐘截收○每逢禮拜一早晨七點鐘即有根砵由省啟行落黃埔來香港

戊午十二月廿九日示

洋船出賃

茲有洋船一隻名剌遮鴨沙剌城出賃前往新金山或暹羅西竺或則廣州府亦可其船五百二十五噸大堅固新裝六年如貴客欲租此船請到本港鄂時行或到省益時佛行面議

戊午十二月廿三啟

香港船頭貨價紙

第二百零四號　己未年正月十七日　禮拜

本館此紙係在孖剌處每日所印之新聞紙同箇印刷每逢禮拜二禮拜四禮拜六於期滿派香港各舖戶每月收回銀一大員如有客有事要印落此紙內務宜早一日走字通知未士孖剌便妥印刷唐字價錢如左一凡每次落唐字者五十個字已下收銀一員倘五十個字已上每字收銀一個先士如欲再落者每個禮拜照前一半算如意者祈請到本館印刷便是

未士孖剌　新文紙館謹啟

新聞

茲接到省城信云　大英欽差大臣駕根砵九隻欲由虎門入西江探聽但現接澳門信云大英欽差大臣駕火船名甄厘鴉士到澳門或由澳落西往陽江甫白海口等處一遊亦未定

○又聞　大英君主已經派一員新　督憲來本港但未知是誰現在　督憲包大人將近滿任矣

茲接到新金山新聞紙云上日茶葉爽市但現有兩載茶到一由福州一由上海因此茶價每箱跌十個司連中等工夫茶每箱沽銀八磅上等工夫茶每箱沽銀九磅五個司連至十磅白米最好價現有九百噸孟加剌米到砵非立每噸沽銀二十三磅半至二十六磅半但粗米無市每噸沽銀八磅至九磅人家用來喂雞鴨而已糖近日所到太多冰糖每噸沽銀四十六磅上白糖沽三十九至四十磅中白糖沽三十六至三十八磅現在所到各船貨物皆搬入夜冷館出投云云

加利咭打戰船

啟者所有加利咕打戰船之武員兵丁水手欠到各人賬目宜於本月尾以前送單因其將離香港特啟

戊午十二月廿九日啟

磅秤出賣

未士泒有新到磅秤出賣能秤九百磅至二千磅如意者請到本行面議

戊午年十月初五日啟

啟者唐人如有切要時事或得之目擊或得之傳聞不論何事但取其有益於唐人有合於同好者均可攜至本館刻刷分文不取特此佈聞

新聞紙館謹啟

占厘臣

急頓占厘臣所有經驗之公白烟土到各港口必照時價發沽如貨色不好乃急頓占厘臣捉妥價錢如下經紀用銀每箱半員驗公烏烟土每箱銀一員驗白皮烟土每箱銀二員驗金花烟土每箱銀二員機租每箱銀一員所驗之烟土記機十四日不計機租記在加啟臣船或岸上貨俱均同一樣如人客有烟土記機欲取上期銀亦可

前往新金山

未士士店臣公司有快駛花旗船一隻名咽毛時非船主名倫準於早日揚帆前往雪梨砵非立二埠如欲搭客搭貨者請到本行面議

戊午年十一月廿三日啟

未士晏治有好駛花旗船一隻名衣故爐船主名威林時準於早日揚帆前往新金山雪梨砵非立二埠如有搭貨與搭幈搒人客者請到本行面議○己未年正月初二日啟

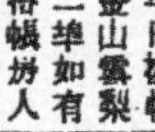

前往舊金山

未士士店臣公司有第一等好駛花旗船一隻名山打過羅時船主名科時打可載貨一千二百噸准於早日揚帆前往舊金山止埠如欲搭客搭貨者請到本行面議

戊午年十一月初一日啟

未士吸文士急被時文公司有第一等好駛花旗船一隻名歌律船主名被盤一千八百噸大準於早日揚帆前往舊金山現在船位已有人定下大半如有搭客搭貨請到本行面議○戊午十二月廿九日啟

亞架士顛喝公司有第一等好駛洋船一隻名北力便船主名邦鄉時運准於早日揚帆前往舊金山正埠如欲搭貨者請到喝公司行面議

戊午年十一月十四日啟

鴉厘汾公司有第一等好駛洋船一隻名占時邦鄉船主名及立地厘准於早日揚帆前往舊金山正埠如欲搭客搭貨者請到鴉厘汾公司面議

戊午年十一月初三日啟

急頓占厘臣有各樣大小黃銅片出賣如欲買者請到本行面議

戊午十二月廿一日啟

洋船出賃

茲有第一等花旗船一隻出賃船名納都加一千六百一十六噸大船主名的科時貴客欲租船請到船上問船主或付信一函交未士活笠交船主亦可○戊午十一月十二日啟

洋船出賃

茲有第一等花旗船一隻出賃船名化蘭思時卑西主船主名英架蔬如貴客欲租船請到船上面議或付信一函交未士活笠交船主亦可

戊午十一月十八日啟

洋船出賃

未士刼公司有第一等英國船一隻出賃船名蝦馬遜時地船主名西磨一千一百二十二噸大又有上好二層艙可載搭客如貴客欲租船請到刼行面議○戊午十一月十二日啟

未士閉臣公司有快駛洋船一隻出賃船名晏那鄉船主名剌士查九百八十噸大又有好艙位裝載搭客如貴客欲租船請到閉臣行面議

戊午十二月十五日謹啟

洋船

茲有花旗船一隻名參禮船主名荷厘佈祿五百四十七噸大出賃如貴客欲租賃船者請到船上與船主

洋船

現有三枝桅洋船一隻出賣能載貨七百五十噸船上器具隨及羅更　附客光顧者請到執

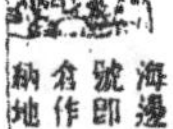

未士都爹厘奉　大葛命於己未年正月十七日正午十二點鐘將海邊地址第五十七號第七十一號即上日華厘行孖剌連貨倉煤倉作一段或分作數段出投每年納地租二百一磅八個司連另[illegible]

未士地思厘化於正月廿七日上午十一點鐘在本港海面船上有好駛三枝桅士官拿船一隻名加撒出投其船三百噸大於一千八百五十年在花旗國綿埠新裝後於一千八百五十八年在香港釘過銅底船上各樣[illegible]

香港鴉片行情新公烟土沽七百九十七員半○舊公烟土沽七百七十七員半○鳥烟土沽八百一十五員○白皮烟土沽六百零五員至六百一十員○澳門舊公烟土沽

船名	船主名	庄口名	
孖地厘	休士科	嘲府厘公司	
思亞時	度路	爲公司	
○往舊金山正埠			
占時邦耶	及笠地厘	啞厘紛公司	
山打過羅時	科時	士店臣公司	
北力便運時	邦耶	爲公司	
欧律	波藍	嗄文時急公司	
○往雪梨砵非立			
衣故爐	威林時	晏治公司	
押麼時非亞	倫	士店臣公司	
○前往盤買埠			
適急巴	濕	些化公司	
士可時比	記運頓	些化公司	已上皆早日揚帆
○往江南上海縣			
馬麼剌	聻也	腓立時麼公司	
士云你剪	晏拿其	急公司	
牽厘咽地	旅時	布時拋公司	
云打把唔	包孖時打	些化公司	早日揚帆
○前往小呂宋埠			
火船剌查	那厘	鐵行公司	
○前往葛剌巴埠			
云地消士	學士麻	濕化公司	
○前往廈門福州			
火船上海	蝦時活	鐵行公司	祖家火船到後兩日行啟
○往孟加剌			
郰也厘個羅時	消	渣顛孖地臣	正月十七日啟行

火輪船

貨落至廿三日下午五點鐘止會舖與小件頭落至廿四日午時止如要知其詳細請到本行問便妥所有貨物付往歐羅巴諸國者要書明何貨並值銀若干如若報單有差該貨被埃及國官府所留與本火輪船公司無涉 已未年月十四日火輪船公司啟

火船到港兩日之後啟行前往廈門福州等處 已未年正月十四日火輪船公司啟

到港兩日之後啟行前往上海 已未年正月十四日火輪船公司啟

二十四點鐘內啟行往小呂宋 已未年正月十四日本港火船公司啟

末士孖剌有暗車火輪船名埃倫便運時準於每個禮拜一次由港往省貨腳客腳便宜貴客光顧請到本行面議 戊午年十二月十五日啟

末士鄰爹厘有乾爽石貨倉出賃如各有貨貯棧請到本行面議棧租便宜此貨倉四圍並無別屋相連 戊午年十二月廿六日啟

茲有乾爽石棧捞在金魚行出賃如欲貯貨請與末士孖剌面議棧租便宜○戊午年十二月初七日啟

香港書信館

香港管理書信館官示 照得每凡泰西書信火輪船到港後六點鐘即有根砵帶書信往黃埔省城除附搭各庄口火輪船主省之外每禮拜四早晨七點鐘亦有根砵往省書信準以每禮拜三下午五點鐘截收○每逢禮拜一早晨七點鐘即有根砵由省啟行落黃埔來香港 戊午十二月廿九日示

洋船出賃

茲有洋船一隻名剌渣鴨沙剌城出賃前往新金山武羅麻西竺或別處州府亦可其船五百二十五噸大堅固新裝六年如貴客欲租此船請到本港鄰時行成到省益時佛行面議 戊午十二月廿三啟

前往上海

孖賦街末士急公司有第一等荷蘭二枝半桅船一隻名士云你剪船主名晏拿具七百六十噸大準於早日揚帆前往上海如貴客搭貨請至本行面議○戊午十二月廿一日啟

茲有第一等荷蘭船一隻名云打把唔船主名包孖時打準於早日揚帆前往上海如貴客附搭物貨到請些化行面議 戊午十二月廿八日啟

茲有二枝半桅船一隻名衣運準於本月十七日揚帆前往新加波如有搭客搭貨者請到畢行面議 已未年正月十五日啟

利貞祥記

上環利貞鴉片店現下清貨因有夥伴將生意退出今改利貞祥記其賬項並會銀俱歸承充者收領凡各客有欠到本店賬目並會銀者務祈交到利貞祥記店內司事人清欵便是至舊伴倘有在各行店揭揩貨物及揭借等情爲經手是問與利貞祥記無涉特此聲明 已免後論○咸豐八年十二月十七日字啟 門牌第三百二十號

洋硝出賣

茲者末士孖剌有新到上好洋硝出賣如意買者請到本新聞紙館面議 戊午年十二月初八日啟

於一千八百五十五年冬季有船一隻名孖時頓由上海載貨來黃埔遇風打壞福州故將船上不能裝之貨沽出現存銀在本港白頭行架深杯耶度杯公司處收貯如有貨附搭此船請通知本行以便下日分其銀兩○戊午十二月廿八日架深杯耶度杯啟

藥材出賣

花旗國老富臣醫生自製藥水名沙時把厘剌哋名天下凡用之者無有不效此藥專治婦科各症傷風痰嗽內傷痰癧痛眼一概皮膚濕熱之症現本港藥店皆有出賣

有銀出揭

打倫狀師有銀三千員出揭如有人要揭銀者並有屋宇鋪戶作按當方可請到中環上大街坑邊打倫狀師行面議 戊午十二月廿八日啟

桅木出賣

啟者二枝半桅船名衣倫船主名冰有上好桅木出賣由四十二至五十六活又有大鐵鏈兩門鐵木櫃二個鐵鍊等物出投如貴客欲買者請到船上面議

出賞帖

茲有 大英火輪戰船名列地利啰臣之燒火人名剌弼爹剌約於正月初七日被人謀死除兇手之外如有人知見謀剌到官作證即賞花紅銀一百大員

啟者在戰船名個羅発打厘船上約於去歲十二月廿三日失去銅千里鏡一個又於正月初八日失去看戲短千里鏡一對有漆皮鏡盒裝好盒外有C. C. M. 三字如有四方君子將此原物交回加利吉打戰船密祖千總收入即賞花紅銀十二大員如交回一件原物即賞花紅銀五員如知其下落報信捉賊即賞花紅銀六大員此帖是實 已未正月初十日啟

黃埔末士多羅弼地云有主固躉船一隻名路廮厘如貴客有貨要貯落躉船或過別船時方便躉租便宜特此聲明 已未年正月十三日啟

呂宋烟出賣

舊銀行隔鄰末士利灣渣碉有新到二號呂宋烟共十三萬出賣又有法蘭西罐仔錫肉罷囒地酒呂宋糖荷蘭鞋等物出賣 戊午十十二月廿八日啟

香港船頭貨價紙

第二百零五號　己未年正月二十日　禮拜

啟者此紙係在孖剌處每日所印之新聞紙同館印刷每逢禮拜二禮拜四禮拜六為期派香港各舖戶每月收回銀一大員如　貴客有事要印寫此紙內務宜早一日走字通知孖士孖剌便妥印刷唐字價錢如左　一凡每次落唐字者五十個字已下收銀一員倘五十個字已上每字收銀一個先士如欲再落者每個禮拜收費一半資如意者祈請到本館印刷便是
孖士孖剌　新文紙館謹啟

新聞

大英火輪戰船名燕非力恩布路爲尋失水人事於舊歲十月間往臺灣地方先到臺灣府城見臺灣城離海約有十里路水淺大船不能進前故用小艇入城地方官待之以禮亦力助訪查失水人之蹤蹟不遂據地方官云該失水船名亞撻非在　大清管轄地方擱淺是以不関該處故火輪船名燕非力恩布路駛往臺灣東邊尋覓但無好港口可能灣泊船隻之處又用三板埋岸訪尋在此處見有許多山番皆裸身赤體只用小布一塊遮掩下體而已每個山番帶小刀一口鎗一枝欲來攻擊英人英人以手招之來但有充當翻此處之唐人二十餘名阻之英人用該處唐人作通事將尋失水英人貲帖通與山番知悉但此等山人不通情理舞手弄足一味要打而已唐人查來英人早離該處地方因恐英人開鎗打死山番則山番必盡將此廿餘名唐人剿滅故英人不與之相鬥云云

啟者華公司有火輪船名臺灣者準於本月廿二日下午五點鐘前往汕頭廈門等處特此聲明
己未正月十九日啟

臺灣火輪船帶廈門行情信云亞利臣與孖麟米沽銀二員四毛公碼煙土沽銀八百四十八員公煙土沽銀八百員鳳銀每百稱木一員紋銀加水七兩二

啟者唐人如有切要時事或得之目擊或得之傳聞不論何事但取其有益於唐人有合於同好者均可摘至本館刻刷分文不取特此佈聞
新聞紙館謹啟

占厘臣

急頓占厘臣所有驗之公白煙土到各港口必照時價發沽如貨色不好乃急頓占厘臣理妥價錢如下舞紀用銀每箱半員驗公碼煙土每箱銀一員驗白皮煙土每箱銀二員驗金花煙土每箱銀二員樓租每箱銀一員所驗之煙土記樓十四日不計樓租記在加啟臣船泊岸上貨倉均同一樣如人客有煙土記樓欲取上則銀亦可

前往新金山

孖士士店臣公司有快駛花旗船一隻名咽毛時非船主名倫準於早日揚帆前往雪梨碎非立二埠如欲搭客搭貨者請到本行面議
戊午年十一月廿三日啟

孖士晏治有好駛花旗船一隻名衣故續船主名威林時準於早日揚帆前往新金山雪梨碎非立二埠如有搭貨與搭帳於人客者請到本行面議○己未年正月初二日啟

前往舊金山

孖士士店臣公司有第一等好駛花旗船一隻名山打澁羅時船主名科時打可載貨一千二百噸準於早日揚帆前往舊金山正埠如欲搭客搭貨者請到本行面議
戊午年十一月初一日啟

孖士啖文士急頓時文公司有第一等好駛花旗船一隻名歌蘇船主名鼓藍一千八百噸大準於早日揚帆前往舊金山埠在船位已有人定下大半如有搭客搭貨請到本行面議○戊午十二月廿九日啟

亞架士顛喝公司有第一等好駛洋船一隻名北力便還時船主名邦耶準於早日揚帆前往舊金山正埠如欲搭貨者請到喝公司行面議
戊午年十一月十四日啟

鴉風扮公司有第一等好駛洋船一隻名占時那耶船主名及立地壓準於早日揚帆前往舊金山正埠如欲搭客搭貨者請到鴉風扮公司面議
戊午年十一月初三日啟

鴉風芬公司有好駛花旗船一隻名萬樓顛威時船主名伽云準於早日揚帆前往舊金山正埠如有搭客搭貨者請到本行面議○己未正月十九日啟

急頓占厘臣有各樣大小黃鐦片出賣如欲買者請到本行面議
戊午十二月廿一日啟

洋船出賃

茲有第一等花旗船一隻出賃船名化顯恩時卑西主船主名英架蘇如貴客欲租船請到船上面議或付信一函交孖士活笠交船主亦可
戊午十一月十八日啟

洋船出賃

孖士閂臣公司有快駛洋船一隻出賃船名曼那耶船主名剌士查九百八十噸大又有好艙位裝載搭客如貴客欲租船請到閂臣行面議
戊午十二月十五日謹啟

洋船出賣

孖士喝公司有二枝半桅船一隻名衣壓巴出賣其船牌三百六十噸大可載貨六百噸新釘銅底走港口甚是合宜如欲知其詳細者請到本行問便妥○己未正月十九日啟

前往

孖士孖剌有華艇一隻現在搭貨準於正月二十日揚帆前往省城如　貴客

於本月十七日在金魚行地方有一段大地投得銀一萬九千餘員買主蝦巴

加利咭

啟者所有加利吉打戰船之武員兵丁水手欠剩各人賬目宜於本月尾以前

孖士鄰爹壓於正月廿一日下午一點鐘有醫館地酒卡喇錄甑洞洋燭香梘蔴油鼓打咸牛肉咸豬肉火腿罐仔鵝肉結汁臘腸臘某福州烟肉等物出投

孖士地堪壓化於正月廿七日上午十一點鐘在本海海面船上有好駛三枝桅士篤拿船一隻名加撥出投其船三百噸大於一千八百五十年在花旗國縫整新裝後於一千八百五十八年在香港釘過銅底船上各樣傢生什物有單開列如欲

鴉片

香港鴉片行情新公烟土沽八百零五員○舊公烟土沽七百七十五員○碼烟土沽八百一十五員白皮烟土沽六百零五員至六百一十員○澳門新公烟土沽八百

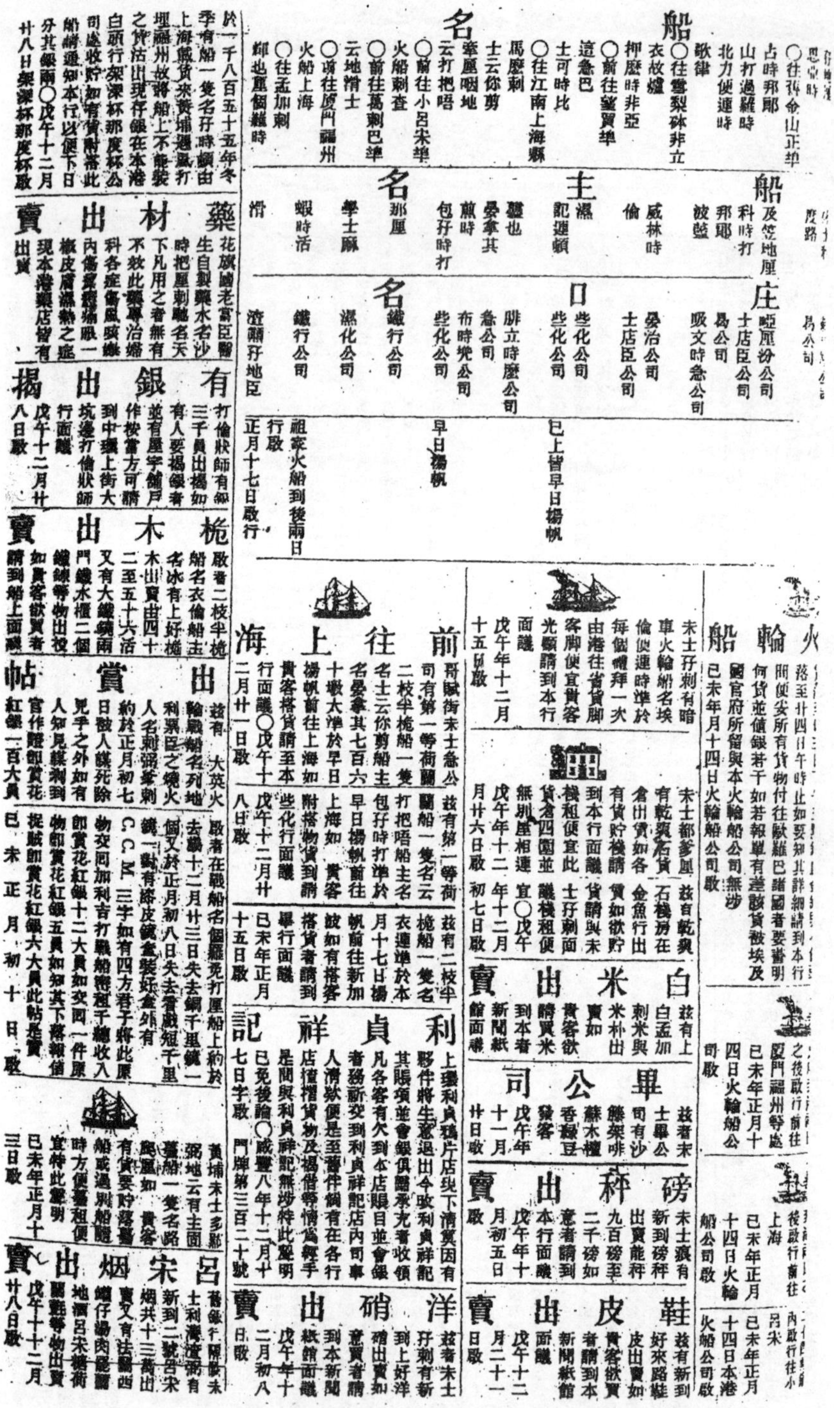

船名
○往孖命山正埠
占時邪郎
山打過羅時
北力便連時
歌律
○往雪梨砵非立
衣故爐
抑歷時非亞
○前往望賈埠
適急巴
士可時比
○往江南上海縣
馬歷剌
士云你剪
宰厘咽地
云打把唔
○前往小呂宋埠
火船剌查
○前往萬剌巴埠
云地消士
○前往厦門福州
火船上海
○往孟加剌
鄰也厘個羅時

船主名
度路
及笠地厘
科時打
邪郎
波藍
威林時
倫
濕
記連頓
驪也
晏拿其
顛時
包孖時打
那厘
學士麻
蝦時活
滑

庄口名
爲公司
啞厘扮公司
士店臣公司
爲公司
吸文咋急公司
晏治公司
士店臣公司
些化公司
些化公司
腓立時歷公司
急公司
布時吔公司
些化公司
鐵行公司
濕化公司
鐵行公司
渣甸孖地臣

已上皆早日揚帆
早日揚帆
祖家火船到後兩日行啟
正月十七日啟行

火輪船
落至廿四日午時止如要知其詳細請到本行問便妥所有貨物付往歐羅巴諸國者要書明何貨並値銀若干如若報單有差該貨被埃及國官府所留與本火輪船公司無涉
已未年月十四日火輪船公司啟

之後啟行前往厦門福州等處
已未年正月十四日火輪船公司啟

後啟行前往上海
已未年正月十四日火輪船公司啟

內啟行往小呂宋
已未年正月十四日本港火船公司啟

未士孖剌有暗車火輪船名埃倫便連時準於每個禮拜一次由港往省貨腳客腳便宜貴客光顧請到本行面議
戊午年十二月十五日啟

未士都爹厘茲有乾爽有乾爽石貨石機房在倉出賃如各金魚行出有貨貯棧請賃如欲貯到本行面議貨請與未機租便宜此士孖剌面貨倉四園並議棧租便無別屋相連宜○戊午
戊午年十二月廿六日啟 戊午年十二月初七日啟

白米出賣
茲有上白孟加剌米與米朴出賣如貴客欲請買米到本者新聞紙館面議

畢公司
茲者未士畢公司有沙籐架啡蘇木檀香綠豆發客
戊午年十一月廿日啟

磅秤出賣
未士濱有新到磅秤出賣能秤九百磅至二千磅如意者請到本行面議
戊午年十月初五日啟

鞋皮出賣
茲有新到好來路鞋皮出賣如貴客欲買者請到本新聞紙館面議
戊午年十二月二十一日啟

前往上海
哥賦街未士急公司有第一等荷蘭二枝半桅船一隻名士云你剪船主名晏拿其七百六十墩大準於早日揚帆前往上海如貴客搭貨請至本行面議○戊午年十二月廿一日啟

茲有第一等荷蘭船一隻名云打把唔船主名包孖時打準於早日揚帆前往上海如貴客附搭物貨到請些化行面議
戊午年十二月廿八日啟

茲有二枝半桅船一隻名衣連準於本月十七日揚帆前往新加坡如有搭客搭貨者請到畢行面議
已未年正月十五日啟

利貞祥記
上環利貞鴉片店現下清贘因有夥伴將生意退出今改利貞祥記其賬項並會銀俱歸承充者收領凡各客有欠到本店賬目並會銀者務祈交到利貞祥記店內司事人清欵便是至舊伴倘有在各行店揸揩貨物及揭借等情爲經手是問與利貞祥記無涉特此聲明
已免後論○咸豐八年十二月十七日字啟 門牌第三百二十號

洋硝出賣
茲者未士孖剌有新到上好洋硝出賣如意買者請到本新聞紙館面議
戊午年十二月初八日啟

於一千八百五十五年冬季有船一隻名孖時頓由上海載貨來黃埔遇風打壞福州故將船上不能裝之貨沽出現存銀在本港白頭行架深杯那度杯公司處收貯如有貨附落此船者請通知本行以便下日分其銀兩○戊午年十二月廿八日架深杯那度杯啟

藥材出賣
花旗國老富臣醫生自製藥水名沙時把厘剌咃名天下凡用之者無有不效此藥專治婦科各症傷風咳嗽內傷瘀積痛服一椒皮膚濕熱之症現本港藥店皆有出賣

有銀出揭
打倫狀師有銀三千員出揭如有人要揭銀者並有屋宇舖戶作按當方可請到中環上街大坑邊打倫狀師行面議
戊午年十二月廿八日啟

桅木出賣
啟者二枝半桅船名衣倫船去名冰有上好桅木出賣四十二至五十六活又有大鐵鏈兩門鐵水櫃二個鐵鏈等物出投如貴客欲買者請到船上面議

出賞帖
茲有大英火輪戰船名列地利黑臣之燒火人名剌彌爹剌約於正月初七日被人謀死除兇手之外如有人知見謀剌到官作證即賞花紅銀一百大員

啟者在戰船名個羅兎打厘船上約於去年十二月廿三日失去銅千里鏡一個又於正月初八日失去看戰短千里鏡一對有爹皮鏡盒裝好盒外有C. C. M.三字如有四方君子將此原物交回加利吉打戰船將軍千總收入即賞花紅銀十二大員如交回一件原物即賞花紅銀五員如知其下落報信捉賊即賞花紅銀六大員此帖是實
已未正月初十日啟

黃埔未士多鄰弼地云有主固舊船一隻名路隄厘如貴客有貨要貯落舊船或過別船隨時方便舊租便宜特此聲明
已未年正月十三日啟

呂宋烟出賣
舊餘行隔鄰未士利濱渣彌有新到二號呂宋烟共十三箱出賣又有法蘭西地酒呂宋播衛蠔仔鵝肉雞蘭爾鞋等物出賣
戊午年十二月廿八日啟

香港船頭貨價紙

第二百零六號　己未年正月廿二日　禮:

敬啓者此紙係在孖剌處每日所印之新聞紙同館印刷每逢禮拜二禮拜四禮拜六爲期遞派香港各舖戶每月收回銀一大員如　貴客有事要印落此紙內務宜早一日走字通知未士孖剌便妥印刷唐字價錢如左　一凡每次落唐字者五十個字已下收銀一員倘五十個字已上每字收銀一個先士如欲再落者每個禮拜照前一半算如意者祈請到本館印刷便是

未士孖剌　新文紙館謹啓

新聞

茲接到上海新聞紙云現在湖北武昌府與漢口鎮復被長毛攻破又聞欽差胡寧故亞柏督卒水勇前往攻擊南京云云〇於二十日　大英欽差大臣額爾金駕火輪戰船名栗厘碼時到香港聞說該大臣乘輕落西至海口地方觀看各港口但未有見該處地方官云云〇本港德臣行未士威厘臣欲由九龍陸路往省城至南頭一路平安過南頭約二十四里即被多人閉住幸得鄉人阻止匪人然後得脫云云

茲接到汕頭信云現有兩隻洋船在汕頭沙口攔淺一名夭非列地時一名思厘亞時又有一隻船名亞厘卑仁在汕頭招人去洋俗云賣猪仔近日汕頭地方招人甚難因歷年招去多人百中無一返中國亦無音信歸來或有一二返回原籍者言唐人在古巴島地方爲奴受主人約束極嚴受盡多少驚嚇苦楚打罵做猪仔者十死一生所以汕頭各處人民嚴禁子弟云云故現在澳門每得猪仔一名番人肯出銀三十大員賞與引帶之人有此重賞即有一等無賴之徒往各處拐騙無知無識之人矣

於本月十七日三點半鐘白頭行那羅治卑時顛治公司起烟土上行中途被擔工挑擴一箱不知下落即時着人報明大館出差往太平山壓雖廟石塘嘴等處守緝後在一隻渡船上查出但未捉拿得賊

敬啓者唐人如有切要時事或得之目擊或得之傳聞不論何事但取其有益於唐人有合於同好者均可攜至本館刻刷分文不取特此佈聞

新聞紙館謹啓

占厘臣

急噸占厘臣所有經驗之公白烟土到各港口必照時價發沽如貨色不好乃急噸占厘臣理安價錢如下輕肥用銀每箱半員驗公鴣烟土每箱銀一員驗白皮烟土每箱銀二員驗金花烟土每箱銀二員棧租每箱銀一員所驗之烟土記棧十四日不計棧租記在加啓臣船或岸上貨倉均同一樣如人客有烟土記棧欲取上期銀亦可

前往新金山

未士士店臣公司有快駛花旗船一隻名咽毛時非船主名倫準於早日揚帆前往雪梨砵非立二埠如欲搭客搭貨者請到本行面議

戊午年十一月廿三日啓

未士晏治有好駛花旗船一隻名衣故爐船主名威林時準於早日揚帆前往新金山雪梨砵非立二埠如有搭貨與搭幫房人客者請到本行面議〇己未年正月初二日啓

前往舊金山

未士士店臣公司有第一等好駛花旗船一隻名山打過羅時船主名科時打可載貨一千二百噸准於早日揚帆前往舊金山正埠如欲搭客搭貨者請到本行面議

戊午年十一月初一日啓

未士吸文士急疵時文公司有第一等好駛花旗船一隻名歌律船主名施藍丁千八百噸大準於早日揚帆前往舊金山現在船位已有人定下大半如有搭客搭貨請到本行面議〇戊午十二月廿九日啓

亞架士顛喝公司有第一等好駛洋船一隻名北力便遲時船主名邦鄰准於早日揚帆前往舊金山正埠如欲搭貨者請到喝公司行面議

戊午年十二月十四日啓

鴉厘汾公司有第一等好駛洋船一隻名占時邦鄰船主名及立地厘准於早日揚帆前往舊金山正埠如欲搭客搭貨者請到鴉厘汾公司面議

戊午年十一月初三日啓

鴉厘芬公司有好駛花旗船一隻名高爐顛威時船主名加云準於早日揚帆前往舊金山正埠如有搭客搭貨者請到本行面議〇己未正月十九日啓

洋船出賃

茲有第一等花旗船一隻出賃船名化爐思時卑西主船主名英架疏如貴客欲租船請到船上面議或付信一函交未士活笠交船主亦可

戊午十一月十八日啓

洋船出賃

未士閃臣公司有快駛洋船一隻出賃船名晏那鄰船主名剌士查九百八十噸大又有好艙位裝載搭客如貴客欲租船請到閃臣行面議

戊午十二月十五日謹啓

香港書信館

香港督理書信館官示　照得每凡泰西書信火輪船到港後六點鐘即有柀砵帶書信往黃埔省城除附搭各庄口火輪船主省之外每禮拜四早晨七點鐘亦有柀砵往省書信準以拾禮拜三下午五點鐘截收〇每逢禮拜一早晨七點鐘即有柀砵由省啓行落黃埔來香港

戊午十二月廿九日示

上環永興油店於己未年正月十五與衆股人當面氣明郭勝頂受即將本利銀派回衆股人如數收足永興上年欠項郭勝乘已

藥材

禮打醫生藥房在興隆大街對面有來路藥材成箱出賣凡接新舊金山搭客

急頓占厘臣有各樣大小黃銅片出賣如欲買者請

加利咭

敬者所有加利吉打戰船之武員兵丁水手欠到各人賬目宜於

未士地思厘化於正月廿七日上午十一點鐘在本海面船上有好駛三枝桅士官拿船一隻名加撒出投其船三百噸大於一千八百五十年在花旗國綿埠新裝後於一千八百五十八年在香港釘過銅

鴉片

香港鴉片行情新公烟土沽八百零二員半至八百零員五〇舊公烟土沽七百七十二員半至七百七十五員〇新鴣烟土沽八百四十員至八百五十員〇舊鴣烟七

船名	船主名	船庄口名
思安時	度路	島公司
○往舊金山正埠		
占時邦耶	及笠地厘	啞厘汾公司
山打邁羅時	科時打	士店臣公司
北力便連時	邦耶	島公司
歌律	波藍	吸文時急公司
高爐顛威時	加云	鴉厘芬公司
○往雪梨砵非立		
衣故爐	威林時	晏治公司
押慶時非亞	倫	士店臣公司
○前往望買埠		
這急巴	濕	些化公司
士可時比	記邊顛	些化公司
○往江南上海縣		
士云你剪	晏拿其	急公司
寧厘咽地	薫時	布時咣公司
云打把唔	包孖時打	些化公司
○前往小呂宋埠		
火船剌查	那厘	鐵行公司
○前往葛剌巴埠		
云地悄士	學士厤	濕化公司
○前往厦門福州		
火船上海	蝦時活	鐵行公司
○望買英國祖家		
澳多華	丫厘威	鐵行公司

已上皆早日揚帆

早日揚帆

祖家火船到後兩日行啟

正月廿五日啟行

於一千八百五十五年冬季有船一隻名孖時顛由上海載貨來黃埔遇風打壞福州故將船上不能裝之貨估出現存銀在本港白頭行架傑杯那度杯公司處收貯如有貨附搭此船者通知本行以便下日分其銀兩○戊午十二月廿八日架傑杯那度杯啟

藥材出賣

花旗國老富臣醫生自製藥水名沙時把厘剌馳名天下凡用之者無有不效此藥專治婦科各症傷風咳嗽內傷藥癧痛眼一概皮膚濕熱之症現本港藥店皆有出賣

有銀出揭

打倫狀師自銀三千員出揭如有人要揭銀者並有屋宇舖戶作按當方可請到中環上街大坑邊打倫狀師行面議 戊午十二月廿八日啟

桅木出賣

啟者二枝半桅船名衣倫船主名冰有上好桅木出賣由四十二至五十六活又有大鐵鏈兩門鐵水樻二個鐵鍊等物出投如貴客欲買者請到船上面議

出賞帖

茲有 大英火輪戰船名列地利與臣之燒火人名剌弱爹剌約於正月初七日被人謀死除兇手之外如有人知見謀剌到官作證即賞花紅銀一百大員

啟者在戰船名個羅免打風船上約於去歲十二月廿三日失去鋼千里鏡一個又於正月初八日失去香戲短千里鏡一對有綠皮鏡盒裝好盒外有C. C. M.三字如有四方君子將此原物交回加利吉打戰船甯祖千總收入即賞花紅銀十二大員如交回一件原物即賞花紅銀五員如知其下落報信捉賊即賞花紅銀六大員此帖是實 已未正月初十日啟

黃埔未士多顆弼地云有主固蔓船一隻名路聚厘如貴客有貨要貯落蔓船或過別船隨時方便蔓租便宜特此聲明 已未年正月十三日啟

呂宋烟出賣

舊鐵行隔鄰未士利濟渣弼有新到二號呂宋烟共十三萬出賣又有法蘭西罐仔鍋肉雞鵝地酒呂宋糖荷蘭點等物出賣 戊午十十二月廿八日啟

火輪船

貨落至廿三日下午五點鐘止金銀與小件頭落至廿四日午時止如要知其詳細請到本行問便妥所有貨物付往歐羅巴諸國者要書明何貨並值銀若干如若報單有差該貨被埃及國官府所留與本火輪船公司無涉 已未年月十四日火輪船公司啟

火船到港兩日之後啟行前往厦門福州等處 已未年正月十四日火輪船公司啟

到港兩日之後啟行前往上海 已未年正月十四日火輪船公司啟

二十四點鐘內啟行往小呂宋 已未年正月十四日本港火船公司啟

未士孖剌有暗車火輪船名埃倫便進時準於每個禮拜一次由港往省貨脚客脚便宜貴客光顧請到本行面議 戊午年十二月十五日啟

啟者畢公司有火輪船名臺灣者準於本月廿二日下午五點鐘前往汕頭厦門等處特此聲明 已未正月十九日啟

未士都爹厘有乾爽石貨倉出賃如各有貨貯棧請到本行面議棧租便宜此貨倉四圍並無別屋相連 戊午年十二月廿六日啟

茲自乾爽石棧房在金魚行出賃如欲貯貨請與未士孖剌面議棧租便宜○戊午年十二月初七日啟

白米出賣

茲有上白孟加剌米與米朴出賣如貴客欲請買米到本者新聞紙館面議

磅秤出賣

未士嗔有新到磅秤出賣能秤九百磅至二千磅如意者請到本行面議 戊午年十月初五日啟

鞋皮出賣

茲有新到好來路鞋皮出賣如貴客欲買者請到本新聞紙館面議 戊午十二月二十一日啟

前往上海

哥賦街未士急公司有第一等荷蘭船一隻名云二枝半桅船一隻名士云你剪船主名晏拿其七百六十擔大準於早日揚帆前往上海如貴客搭貨請至本行面議○戊午十二月廿一日啟

茲有第一等荷蘭船一隻名云打把唔船主名包孖時打準於早日揚帆前往上海如貴客附搭物貨到請些化行面議 戊午十二月廿八日啟

利貞祥記

上環利貞鴉片店現下清冀因有夥伴將生意退出今改利貞祥記其賬項並會銀俱歸承充者收領凡各客有欠到本店賬目並會銀者務祈交到利貞祥記店內司事人清欵便是至舊伴倘有在各店擅揭貨物及揭借等情爲經手是問與利貞祥記無涉特此聲明 已兗後論○咸豐八年十二月十七日字啟 門牌第三百二十號

洋硝出賣

茲者未士孖剌有新到上好洋硝出賣如建買者請到本新聞紙館面議 戊午年十二月初八日啟

畢公司

茲者未士畢公司有沙籐架啡蘇木檀香綠豆發客 戊午年十一月廿日啟

香港船頭貨價紙

第二百零七號　己未年正月廿四日　禮拜六

啟者此紙係在孖剌館每日所印之新聞紙同館印刷每逢禮拜二禮拜四禮拜六爲期遍派香港各舖戶每月收回銀一大員如　有客有事要印落此紙內務宜早一日走字通知末士孖剌便妥印刷唐字價錢如左　一凡每次落唐字者五十個字已下收銀一員倘五十個字已上每字收銀一個先士如欲再落者每個禮拜照前一半冚如意者祈請到本館印刷便是
末士孖剌　新文紙館謹啟

啟者唐人如有切要時事或得之目擊或得之傳聞不論何事但取其有益於唐人有合於聞好者均可攜至本館刻刷分文不取特此佈聞
新聞紙館謹啟

占厘臣

急賴占厘臣所有經驗之公白烟土到各港口必照時價發沽如貨色不好乃急賴占厘臣埋妥價錢如下經紀用銀每箱半員驗公烟烟土每箱銀一員驗白皮烟土每箱銀二員驗金花烟土每箱銀二員機租每箱銀一員所驗之烟土紀錢十四日不計機租紀在加啟臣哪或岸上貨倉均同一樣如人客有烟土紀機欲取上期銀亦可

新聞

現在澳門法蘭西人建造許多小木廠戰往安南度郞半兵丁用〇又聞有天主教巴禮在安南東京地方相連中國廣西雲南兩省等得有出金出銀山礦是以西班雅大呂宋人與法蘭西人借天主教巴禮在安南被地方官所剎之事卽兩國合兵攻擊安南國云〇又聞欽咸豐君特派兩江總督何桂清爲洋務欽差大臣至後黃宗漢只有兩廣總督關防而已又聞不日將有新總督來粵云云〇於本月十四日有操砵數隻前往西江肇慶去了但未聞有音信回來〇聞說衆英商公議數人擇爲下日在羊城於何處建造新洋行一事呈稟大英欽差大臣謹該數人稱爲十三行與及西關一帶建造洋行甚是合宜

茲有花旗船一隻名孖士的扶在本港灣泊於去歲十一月廿七夜其船主之事仔年方十五六歲乃上海人氏被人謀死用鐵一閘㨪在頸上放落海其船主未知情由故出賞帖在新聞紙內訪尋事仔蹤蹟後幾日駛事仔之屍傍近船邊浮起水面其頸所㨪之鐵認得係船上之鐵器故知此事仔必在船上數人謀死於是船主將是夜當更之水手送官追究於本月廿二日大葛審訊得其確據將三名番人水手定了死罪云云

畢公司

茲者末士畢公司有沙籐架啡蘇木檀香綠荳發客
戊午年十一月廿日啟

前往新金山

末士士店臣公司有快駛花旗船一隻名咽毛時非船主名偷準於早日揚帆前往雪梨砵非立二埠如欲搭客搭貨者請到本行面議
戊午年十一月廿三日啟

末士晏治有好駛花旗船一隻名衣故爐船主名威林時準於早日揚帆前往新金山雪梨砵非立二埠如有搭貨與搭艙房人客者請到本行面議〇已未年正月初二日啟

前往舊金山

末士士店臣公司有第一等好駛花旗船一隻名山打過羅時船主名科時打可載貨一千二百墩准於早日揚帆前往舊金山正埠如欲搭客搭貨者請到本行面議
戊午年十一月初一日啟

末士吸文士急故時交公司有第一等好駛花旗船一隻名歌徐船主名故藍一千八百墩大準於早日揚帆前往舊金山埠在船位已有人定下大半如有搭客搭貨請到本行面議〇戊午十二月廿九日啟

亞架士顛喝公司有第一等好駛洋船一隻名北力使連時船主名邦郞准於早日揚帆前往舊金山正埠如欲搭貨者請到喝公司行面議
戊午年十一月十四日啟

鴉厘汾公司有第一等好駛洋船一隻名占時邦郞船主名及立地厘准於早日揚帆前往舊金山正埠如欲搭客搭貨者請到鴉厘汾公司面議
戊午年十一月初三日啟

鴉厘芬公司有好駛花旗船一隻名高爐顛咸時船主名加云準於早日揚帆前往舊金山正埠如有搭客搭貨者請到本行面議〇已未正月十九日啟

洋船出賃

茲有第一等花旗船一隻出賃船名化蘭思時卑西主船主名英架琉如貴客欲租船請到船上面議或付信一函交末士活笠交船主亦可
戊午十一月十八日啟

洋船出賃

末士閃臣公司有快駛洋船一隻出賃船名晏那鄖船主名剌士耆九百八十墩大又有好艙位裝載搭客如貴客欲租船請到閃臣行面議
戊午十二月十五日謹啟

香港書信館

香港督理書信館官示　照得每凡泰西書信火輪船到港後六點鐘即有梘砵帶書信往黃埔省城除附搭各庄口火輪船往省之外每禮拜四早晨七點鐘亦有梘砵往省書信準以托禮拜三下午五點鐘截收〇每逢禮拜一早晨七點鐘卽有梘砵由省啟行落黃埔來香港
戊午十二月廿九日示

躉船出賣

末士士茂孖林勞有躉船一隻連鐵鏈出賣其船現泊省城大英軍糧局爲頭如要知其詳細請到本行問便可
已未年正月二十日啟

藥材出賣

花旗國老富臣醫生自製藥水名沙時把厘剌馳名天下凡用之者無有不效此藥專治婦科各症傷風咳嗽內傷叢聯爛眼一概皮膚濕熱之症現本港藥店皆有出賣

末士地恕厘化於正月廿七日上午十一點鐘在本港海面船上有好駛三枝桅士官拿船一隻名加撒川投其船三百墩大於一千八百五十年在花旗國綿埠新裝後於一千八百五十八年在香港修過銅底船上各樣傢生什物有單開列如欲知者可到本行問便是一凡投到此船者要卽交價銀一半其餘一個禮拜內交清如過期無銀卽當所交之銀化爲烏有
已未年正月十六日啟

末士馬頓云於本月廿七日上午十一點鐘在堅街活倫行內喝行對面有各樣傢私什物出投又於正午十二點鐘有連近該行地一段地址第五百零三號出投其地東西各量二百三十五活南北各量九十五活每年地稅七磅零八個邊時現銀七一七兌〇已未年正月十二日啟

鴉片行情

香港鴉片行情新公烟土沽八百零五員至八百零七員半〇舊公烟土沽七百七十二員半至七百七十五員〇新鴉烟土沽八百四十員至八百五十員〇舊鴉烟土沽八百二十五員至八百三十員白皮六百一至六百一十二員半上海正月初五日行情公烟土沽五百六十兩至五百六十五兩〇白皮烟土沽五百六十上下兩

船名	船主名	船庄口名	
思克時	皮路	易公司	
○往舊金山正埠			
占時邦那	及笠地厘	嘜厘扮公司	
山打過羅時	科時打	士店臣公司	
北力便連時	邦那	易公司	
歐律	皎藍	吸文時衾公司	
高爐顛威時	加云	鴉厘芬公司	
○往雪梨沙非立			
衣故爐	威林時	嘜治公司	
押麼時非亞	倫	士店臣公司	
○前往盤買埠			
遮急巴	濕	些化公司	已上皆早日揚帆
士可時比	靶連頓	些化公司	
○往江南上海縣			
士云你剪	嘜拿其	衾公司	
火船花應沙	間爐	鐵行公司	
云打把嚐	包孖時打	些化公司	早日揚帆
○前往小呂宋埠			
火船剌查	那厘	鐵行公司	
○前往葛剌巴埠			
云地滑士	學士麻	濕化公司	
○前往廈門福州			
火船上海	蝦時活	鐵行公司	祖家火船到後兩日行啟
○盤買英國祖家			
火船澳多華	丫連臣	鐵行公司	正月廿五日啟行

輪船

落至廿四日午時止如要知其詳細請到本行問便妥所有貨物付往歐羅巴諸國者要書明何貨並值銀若干如若報單有差該貨被埃及國官府所留與本火輪船公司無涉

已未年正月十四日火輪船公司啟

之後啟行前往廈門福州等處

已未年正月十四日火輪船公司啟

後啟行前往上海

已未年正月十四日火輪船公司啟

西啟行往小呂宋

已未年正月十四日本港火船公司啟

未士孖剌有晬車火輪船名埃倫便遲時準於每個禮拜一次由港往省貨腳客腳便宜貴客光顧請到本行面議

戊午年十二月十五日啟

未士都爹厘有乾爽石貨倉出賃如各有貨貯棧請到本行面議棧租便宜此貨倉四個並無別屋相連

戊午年十二月廿六日啟

茲有乾爽石棧夯在金魚行出賃如欲貯貨請與未士孖剌面議棧租便宜〇戊午年十二月初七日啟

白米出賣

茲有上白孟加剌米與米朴出賣如有客欲請買米到本新聞紙館面啟

磅秤出賣

未士濱有新到磅秤出賣能秤九百磅至二千磅如意者請到本行面議

戊午年十二月初五日啟

鞋皮出賣

茲有新到好來路鞋皮出賣如貴客欲買者請到本新聞紙館面議

戊午年十二月二十一日啟

洋硝出賣

茲者未士孖剌有新到上好洋硝出賣如意買者請到本新聞紙館面議

戊午年十二月初八日啟

前往上海

哥啤街未士衾公司有第一等荷蘭二枝半桅船一隻名士云你剪船主名嘜拿其七百六十擔大準於早日揚帆前往上海如貴客搭貨請至本行面議〇戊午十二月廿一日啟

茲有第一等荷蘭船一隻名云打把嚐船主名包孖時打準於早日揚帆前往上海如貴客附搭物貨到請些化行面議

戊午十二月廿八日啟

黃埔未士多羅弼地云有主圖甕船一隻名路廐厘如貴客有貨要貯落躉船或過別船躉時方便躉租便宜特此聲明

已未年正月十三日啟

銅片出賣

急頓占厘臣有各樣大小黃銅片出賣如欲買者請到本行面議

戊午十二月廿一日啟

上環永興

上環永興油店於已未年正月十五與前股人當面算明郭勝旗授將本利銀派回各股人如數收足永興上年欠項郭勝業已清還惟有各號欠永興銀兩俱要郭勝收用及生意一切與後股人無涉倘後股人并各伴與人賒借銀手是問與永興無干

於一千八百五十五年冬季有船一隻名孖時顛由上海載貨來黃埔遇風打壞福州故將船上不能裝之貨沽出現存銀在本港白頭行架深杯那厘杯公司處收貯如有貨附搭此船請通知本行以便下日分其銀兩〇戊午十二月廿八日架深杯那度杯啟

藥材出賣

禮打醫生藥房在興隆大街對面有來路藥材成箱出賣凡搭新舊金山搭客船者要來路藥材便請與禮打醫生面議價錢便宜其藥係照香港官例製備

出賞帖

茲有大英火[船]啟者在戰船名個羅覓打厘船上約於去歲十二月廿三日失去鋼千里鏡一個又於正月初八日失去雙戲短千里鏡一對有漆皮鏡盒裝好盒外有C. C. M. 三字如有四方君子將此原物交回加利吉打戰船審租千總收入即賞花紅銀十二大員如交回一件原物即賞花紅銀五員如知其下落報信捉賊即賞花紅銀六大員此帖是實

輪戰船名列地利巢臣之燒火人名剌弼爹剌約於正月初七日被人謀死險兇手之外如有人知兇謀剌到官作證即賞花紅銀一百大員

已未正月初十日啟

加利咭打戰船

啟者所有加利吉打戰船之武員兵丁水手欠到各人賬目宜於本月尾以前送單因其將離香港特啟

戊午十二月廿九日啟

香港軍糧局官出示

招人投票承接貨艇快艇挑夫轎等件開列於下〇貨艇每月每日每次該銀若干快艇每月每日每次該銀若干以上係在香港開埋或來往柴灣貨艇往來赤柱每月每次該銀若干快艇往來赤柱每月每次該銀若干三扒艇在香港往來每月每日每次開埋該銀若干挑夫每日工銀若干轎夫在香港每日該工銀若干轎夫往來赤柱每月該工銀若干轎或竹轎每日租銀若干帶響信人每次往來該工銀若干挑夫往來赤柱每日該工銀若干如要知其詳細可到運糧官寫字樓問便妥其票准於二月初六日截收

已未年正月廿二日示

香港船頭貨價紙

第二百零八號　己未年正月廿七日　禮

啟者此紙係在孖剌處每日所印之新聞紙同館印刷每逢禮拜二禮拜四禮拜六為期遍派香港各舖戶每月收回銀一大員如 倘客有事要印落此紙內務宜早一日走字通知未士孖剌便妥印刷唐字價錢如左 一凡每次落册字者五十個字已下收銀一員倘五十個字已上每字收銀一個先士如欲再落者每個禮拜照前一半算如意者祈請到本館印刷便是

未士孖剌 新文紙館謹啟

新聞

茲有三枝桅船名西架鄺於本月廿三日由舊金山到港帶來新聞紙云近日在金山到有暹羅米船兩隻暮剌巴米船一隻香港船三隻所到之米大跌價上白暹羅米每磅沽兩個半先時白糖沽十一先時茶葉價錢如舊○於去歲十二月初九日舊金山官府曉去上日議定禁止唐人往加利科省一例○聞說在舊金山又有許多人駕船或從陸路往北邊咈禮查里化金山採金云云

聞說 大英水師提督西大人於本月二十七日駕大戰船名加利吉打囘國 但大英君主與未有命新提督來或俟祖家大船到港便有實音云云

茲接到暹羅行情信云現在米每車起價艮約十疋上白米每車約二十担沽艮六十疋二白沽艮五十五疋米朴沽艮四十疋白糖每担沽艮十疋至十一疋蘇木五枚一担沽艮二疋一毛每百隴艮找暹羅艮一百六十六疋七五足金葉一十六換一云云

桅木出賣

啟者二枝半桅船名衣倫船主名冰有上好桅木出賣由四十二至五十六活又有大鐵鏈兩門鐵水櫃二個鐵鍊等物出投如貴客欲買者請到船上面議

畢公司

茲者未士畢公司有沙藤架啡蘇木檀香綠豆發客 戊午年十一月廿日啟

啟者唐人如有切要時事或得之目擊或得之傳聞不論何事但取其有益於唐人有合於同好者均可備至本館刻刷分文不取特此佈聞 新聞紙館謹啟

占厘臣

急頓占厘臣所有經驗之公白烟土到各港口必照時價發沽如貨色不好乃急頓占厘臣理妥價錢如下 經紀用銀每箱半員驗公烟土每箱銀一員驗白皮烟土每箱銀二員驗金花烟土每箱銀二員棧租每箱銀一員所驗之烟土配棧十四日不計棧租配任加啟厘臣船或岸上貨倉均同一樣如人客有烟土配棧欲取上期銀亦可

前往新金山

未士士店臣公司有快駛花旗船一隻名咽毛時非船主名倫準於早日揚帆前往雪梨砵非立二埠如欲搭客搭貨者請到本行面議 戊午年十一月廿三日啟

未士晏治有好駛花旗船一隻名衣故爐船主名威林時準於早日揚帆前往新金山雪梨砵非立二埠如有搭貨與搭帳於人客者請到本行面議○已未年正月初二日啟

前往舊金山

未士士店臣公司有第一等好駛花旗船一隻名山打過羅時船主名科時打可截貨一千二百噸准於早日揚帆前往舊金山正埠如欲搭客搭貨者請到本行面議 戊午年十一月初一日啟

未士吸文士急放時文公司有第一等好駛花旗船一隻名歌律船主名披藍一千八百噸大準於早日揚帆前往舊金山埠在船位已有人定下大半如有搭客搭貨請到本行面議○戊午十二月廿九日啟

亞架士顛喝公司有第一等好駛洋船一隻名北力便連時船主名邦鄺准於早日揚帆前往舊金山正埠如欲搭貨者請到喝公司行面議 戊午年十一月十四日啟

鴉厘扮公司有第一等好駛洋船一隻名占時邦鄺船主名及立地厘准於早日揚帆前往舊金山正埠如欲搭客搭貨者請到鴉厘扮公司面議 戊午年十一月初三日啟

鴉厘芬公司有好駛花旗船一隻名高爐頓威時船主名加云準於早日揚帆前往舊金山正埠如有搭客搭貨者請到本行面議○已未正月十九日啟

剌時厘公司有好駛大花旗船一隻名查倫治船主名花便準於早日揚帆前往舊金山正埠如有搭客搭貨者請到本行面議 已未年正月廿三日啟

洋船出賃

茲有第一等花旗船一隻出賃船名化隘思時字西主船主名英架疏如貴客欲租船請到船上面議或付信一函交未士活笠交船主亦可 戊午十一月十八日啟

洋船出賃

未士閃臣公司有快駛洋船一隻出賃船名曇那鄺船主名剌士查九百八十噸大又有好艙位裝載搭客如貴客欲租船請到閃臣行面議 戊午年十二月十五日謹啟

呂宋烟出賣

舊銀行隔隣未士利濱渣弼有新到二號呂宋烟共十三萬出賣又有法蘭西蠔仔湯肉鬆鱅地酒呂宋糖荷蘭甑等物出賣 戊午年十二月廿八日啟

未士孖剌有火輪船名埃倫便連時現在本港落貨準於早晚前

未士卜祿時於本月廿七日正午十二點鐘在新公司後邊待戲棚內有上好威時忌酒澳爐毗三邊酒這厘砵酒西打之時火腿黃滲魚洋燭

未士鄒爹厘於本月廿八日下午一點鐘有甕罈地酒甑酒卡剌律酒替蜆洋燭玻璃被打

未士地思厘化於正月廿七日上午十一點鐘在本港海面船上有好駛三枝桅士官拿船一隻名加攤出投其船三百噸大於一千八百五十年在花旗國締準新裝後於一千八百五十八年在香港釘過銅

未士罵孀云於本月廿七日上午十一點鐘在堅街活倫行內嗎行對面有各樣傢私什物出投又於正午十二點鐘有連近該行地一段地址

未士痰於本月三十日上午十一點鐘在船政官媽頭新行內有亞剌堅米三千五百担上好無花菓二百八十件

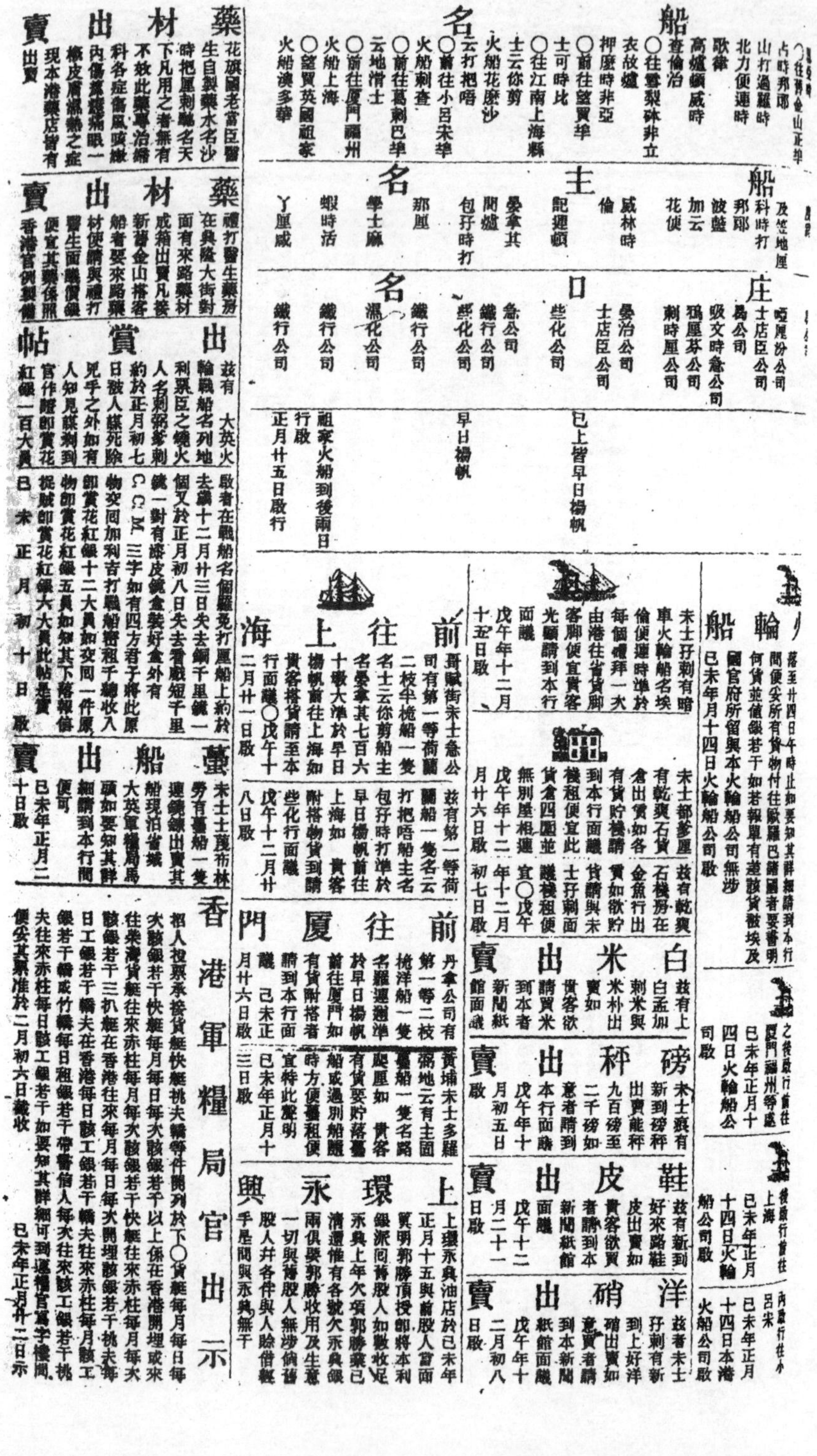

船名 船主 庄口

○往舊金山正埠 占時邦鄰 山打過羅時 北力便連時 歌律 高爐頓威時 查倫治 ○往雪梨砵非立 衣故爐 押麼時非亞 ○前往鹽買埠 士可時比 ○往江南上海縣 士云你剪 火船花麼沙 云打杷唔 ○前往小呂宋埠 火船剌查 ○前往葛剌巴埠 云地滑士 ○前往厦門福州 火船上海 ○鹽買英國祖家 火船澳多華

已上皆早日揚帆

早日揚帆

祖家火船到後兩日行啟

正月廿五日啟行

藥材出賣

花旗國老富臣醫生自製藥水名沙時杷厘剌嗱名天下凡用之者無有不效此藥專治婦科各症傷風咳嗽內傷痰㿔瘡眼一概皮膚濕熱之症現本港藥店皆有出賣

藥材出賣

禮打醫生藥房在興隆大街對面有來路藥材成箱出賣凡往新舊金山搭客船者要來路藥材便請與禮打醫生面議價錢便宜其藥係照香港官例製備

出賞帖

茲有大英火輪戰船名列地利聚臣之鏡火人名剌缗爹剌約於正月初七日被人謀死除死手之外如有人知見謀剌到官作證即賞花紅銀一百大員

啟者在戰船名個羅免打厘船上約於去臘十二月廿三日失去銅千里鏡一個又於正月初八日失去雙眼短千里鏡一對有漆皮鏡盒裝好盒外有C. C. M.三字如有四方君子將此原物交回加利吉打戰船督租手轉收入即賞花紅銀十二大員如交回一件原物即賞花紅銀五員如知其下落報信捉賊即賞花紅銀六大員此帖是實

已未正月初十日啟

輪船

何貨並値銀若干如若報單有遺該貨被挨及國官府所留與本火輪船公司無涉

已未年正月十四日火輪船公司啟

前往上海

末士孖剌有暗車火輪船名挨倫便連時準於每個禮拜一次由港往省貨腳客腳便宜貴客光顧請到本行面議

戊午年十二月十五日啟

前往上海

哥賦街末士急公司有第一等荷蘭二枝半桅船一隻名士云你剪船主名晏拿其七百六十噸大準於早日揚帆前往上海如貴客搭貨請至本行面議

戊午十二月廿一日啟

茲有第一等荷蘭船一隻名云打杷唔船主名包孖時打準於早日揚帆前往上海如貴客附搭物貨到請些化行面議

戊午十二月廿八日啟

末士都爹厘茲有乾爽石貨棧房在倉出賃如各金魚行出有貨貯棧請貴如欲貯到本行面議貨請與末棧租便宜此士孖剌面貨倉四圍並鐵棧租便無別屋相連宜

戊午年十二月初七日啟

戊午年十二月十六日啟

白米出賣

茲有上白孟加剌米與米朴出賣如貴客欲請買米到本者新聞紙館面議

磅秤出賣

末士濱有新到磅秤出賣能秤九百磅至二千磅如意者請到本行面議

戊午年十月初五日

鞋皮出賣

茲有新到好來路鞋皮出賣如貴客欲買者請到本新聞紙館面議

戊午十二月二十一日啟

洋硝出賣

茲着末士孖剌有新到上好洋硝出賣如意買者請到本新聞紙館面議

戊午年十二月初八日啟

前往厦門

丹拿公司有黃埔末士多羅第一等二枝桅洋船一隻名鹽地云有主面名羅邁瀨準於早日揚帆前往厦門如有貨附搭者請到本行面議

已未正月十六日啟

船名個厘如貴客有貨要貯落躉船或過別船躉時方便躉租便宜特此聲明

已未年正月十三日啟

上環永興

上環永興油店於已未年正月十五與前股人當面貿明郭勝頂授館將本利銀派回與前股人如數收足永興上年欠項郭勝歸已清還惟有各號欠永興銀兩俱要郭勝收用及生意一切與舊股人無涉倘舊股人并各件與人瞞借銀手星間與永興無干

輪船

落至廿四日午時止如要知其詳細請到本行問便妥所有貨物付往歐羅巴請開列明

之後啟行前往厦門福州等處

已未年正月十四日火輪船公司啟

後啟行前往上海

已未年正月十四日火輪船公司啟

內啟行往小呂宋

已未年正月十四日本港火船公司啟

船出賣

藍末士士蔑布林勞有舊船一隻連鐵錨出賣其船現泊省城大英軍糧局馬頭如要知其詳細請到本行問便可

已未年正月二十日啟

香港軍糧局官出示

招人投票承接貨艇快艇挑夫轎等件開列於下○貨艇每月每日每次該銀若干快艇每月每日每次該銀若干以上係在香港開埋或來往柴灣貨艇往來赤柱每月每日每次該銀若干三扒艇在香港往來每月每日每次該工銀若干轎夫在香港每日該工銀若干轎夫往來赤柱每月該工銀若干轎或竹轎每日租銀若干帶信人每次往來該工銀若干挑夫往來赤柱每日該工銀若干如要知其詳細可到本局官寫字樓問便妥其票准於二月初六日截收

已未年正月廿二日示

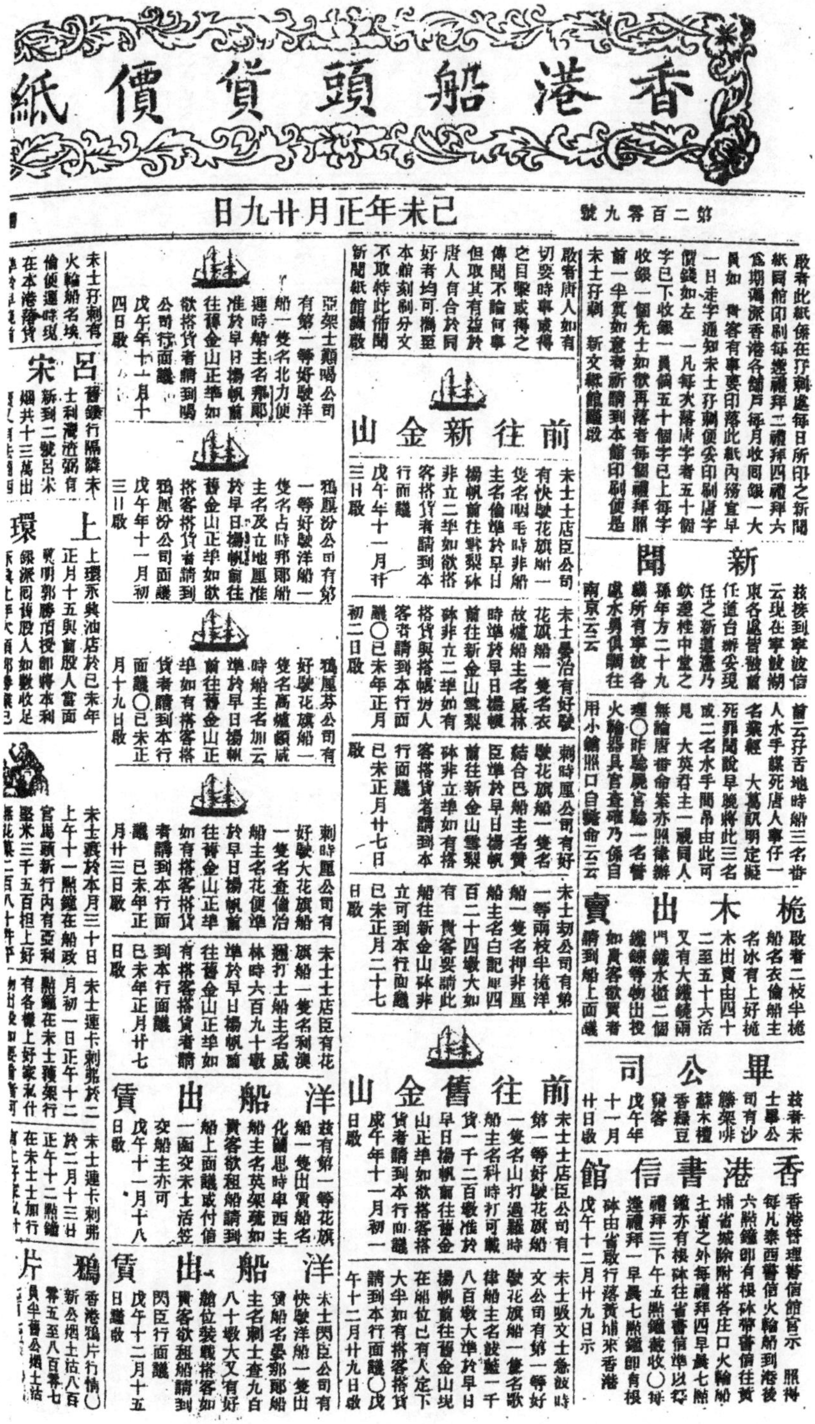

香港船頭貨價紙

第二百零九號　　己未年正月廿九日

啟者此紙係在孖剌處每日所印之新聞紙同館印刷每逢禮拜二禮拜四禮拜六俻期派香港各舖戶每月收回銀一大員如　貴客有事要印落此紙內務宜早一日走字通知未士孖剌便妥印刷唐字價錢如左　一凡每次落唐字者五十個字已下收銀一員倘五十個字已上每字收銀一個先士如欲再落者每個禮拜照前一半算如意者祈請到本館印刷便是　未士孖剌　新文紙館謹啟

啟者唐人如有切要時事或得之目擊或得之傳聞不論何事但取其有益於唐人有合於同好者均可攜至本館刻刷分文不取特此佈聞　新聞紙館謹啟

新聞

玆接到寧波信云現在寧波湖東各處皆被賊首任道台辦妥現任之新道憲乃欽差桂中堂之孫年方二十九歲所有事故各處水勇俱調在南京云云

前云孖舌地時船三名番人水手謀死唐人事仔一名業經大英叙明定擬死罪聞說早晚將此三名或二名水手問吊由此可見大英君主一視同人無論唐番命案亦照律辦理○昨晚晨官驗一名番火輪船具官查確乃係自用小鎗照口自鎗命云云

前往新金山

桅木出賣

畢公司

前往舊金山

香港書信館

洋船出賃

洋船出賃

呂宋

上環

鴉片

船名

○往舊金山正埠
占時邦郎
山打過羅時
北力便運時
歌律
高爐頓威時
查倫治
利澳挄打時
○往雪梨砵非立
結合巴
衣故爐
押麼時非亞
○前往望賈埠
士可時比
○往江南上海縣
之之釐
云打杷唔
○前往小呂宋埠
火船剌查
○前往葛剌巴埠
云地悄士
○前往厦門福州
火船上海
羅時邏

船主名

及笠地厘
科時打
邦郎
波藍
加云
花便
威林時
贊臣
威林時
倫
記遁頓
思箴
包孖時打
那厘
學士麻
蝦時活
架鵬

庄口名

哎厘份公司
士店臣公司
愚公司
吸文時急公司
鴉厘芬公司
剌時厘公司
士店臣公司
剌時厘公司
晏治公司
士店臣公司
些化公司
畢公司
些化公司
鐵行公司
濕化公司
鐵行公司
丹拿公司

已上皆早日揚帆
早日揚帆
租家火船到後兩日行啟

輪船

□落至廿四日午時止如要知其詳細郡至本行問便妥所有貨物付往歐羅巴諸國者要書明何貨並値銀若干如若報單有差該貨被埃及國官府所留與本火輪船公司無涉
已未年月十四日火輪船公司啟

□□□□往厦門福州等處
已未年正月十四日火輪船公司啟

□□□□往上海
已未年正月十四日火輪船公司啟

□□□□往呂宋
已未年正月十四日本港火船公司啟

香港船頭貨價紙

第二百一十號　已未年二月初一日

啟者此紙係在孖剌處每日所印之新聞紙同館印刷每逢禮拜二禮拜四禮拜六爲期渦派香港各舖戶每月收銀一大員如　貴客有事要印落此紙內務宜早一日走字通知未士孖剌便妥印刷唐字價錢如左、一凡每次落唐字者五十個字已下收銀一員倘五十個字已上每字收銀一個先士如欲再落者每個禮拜照前一半算如意者新請到本館印刷便是
未士孖剌　新文紙館謹啟

新聞

聞說　大英欽差大臣同英商數人於二月廿八日往省城裁度地方以爲下日建造新洋行之用又聞該大臣早晚將往新嘉坡迎接其胞弟未士布路時即來任　大英駐劄中華京師全權大臣然後返回英國○本港督憲包大人俟候新任欽差到港亦將回國矣○於本月下旬本港案察司亦要回國一轉○前云沓人水手謀剩孖時地扶船之事仔一案現在　大憲批准於二月初三日朝早將二名兇手開吊又一名兇手永遠監禁云云

玻璃出賣

未士都時有來路玻璃片出賣高十四烟治闊十個烟治至高三十五個烟治闊二十四個烟治
已未正月廿九日啟

畢公司

茲啓未士畢公司有沙籐架啡蘇木欖香綠豆發客
戊午年十一月廿日啟

香港書信館

香港管理書信館官示　照得每凡泰西書信火輪船到港後六點鐘即有根砵帶書信往黃埔省城除附搭各庄口火輪船上省之外每禮拜四早晨七點鐘亦有根砵往省書信準以每禮拜三下午五點鐘截收○每逢禮拜一早晨七點鐘即有根砵由省啟行落黃埔來香港
戊午十二月廿九日示

啟者唐人如有切要時事或得之目擊或得之傳聞不論何事但取其有益於唐人有合於同好者均可攜至本館刻刷分文不取特此佈聞
新聞紙館謹啟

前往新金山

未士士店臣公司有快駛花旗船一隻名咽毛時非船主名倫準於早日揚帆前往雪梨砵非立二埠如欲搭客搭貨者請到本行面議
戊午年十一月廿三日啟

未士晏治有好駛花旗船一隻名衣故爐船主名威林時準於早日揚帆前往新金山雪梨砵非立二埠如有搭貨與搭艙坊人客者請到本行面議○已未年正月初二日啟

剌時壓公司有好駛花旗船一隻名結合巴船主名贊臣準於早日揚帆前往新金山雪梨砵非立埠如有搭客搭貨者請到本行面議
已未正月廿七日啟

未士刼公司有第一等兩枝半桅洋船一隻名押非壓船主名白記夙四百二十四墩大如有　貴客要請此船往新金山砵非立可到本行面議
已未正月二十七日啟

前往舊金山

未士士店臣公司有第一等好駛花旗船一隻名山打過羅時船主名科時打可載貨一千二百墩准於早日揚帆前往舊金山正埠如欲搭客搭貨者請到本行面議
戊午年十一月初一日啟

未士吸文士急𠊎時文公司有第一等好駛花旗船一隻名歌律船主名波監一千八百墩大準於早日揚帆前往舊金山埠在船位已有人定下大半如有搭客搭貨請到本行面議○戊午十二月廿九日啟

亞架士顛喝公司有第一等好駛洋船一隻名北力便連時船主名邦鄰准於早日揚帆前往舊金山正埠如欲搭貨者請到喝公司行面議
戊午年十一月十四日啟

鴉壓扮公司有第一等好駛洋船一隻名占時邦鄰船主名及立地壓准於早日揚帆前往舊金山正埠如欲搭客搭貨者請到鴉壓扮公司面議
戊午年十一月初三日啟

鴉壓芬公司有好駛花旗船一隻名高爐頓威時船主名加云準於早日揚帆前往舊金山正埠如有搭客搭貨者請到本行面議○已未正月十九日啟

剌時壓公司有好駛大花旗船一隻名查倫治船主名花便準於早日揚帆前往舊金山正埠如有搭客搭貨者請到本行面議　已未年正月廿三日啟

未士士店臣有花旗船一隻名利澳邏打士船主名威林時六百九十墩準於早日揚帆前往舊金山正埠如有搭客搭貨者請到本行面議
已未年正月廿七日啟

洋船出賃

茲有第一等花旗船一隻出賃船名化爾思時卑西主船主名英架疏如貴客欲租船請到船上面議或付信一函交未士活笠交船主亦可
戊午十一月十八日啟

洋船出賃

未士閃臣公司有快駛洋船一隻出賃船名晏那鄰船主名剌士查九白八十墩大又有好艙位裝載搭客如貴客欲租船請到閃臣行面議
戊午十二月十五日謹啟

未士孖剌有火輪船名埃倫便連時現在本港落貨

銅

急𠊎占眉臣有各樣大小黃銅工丁片出賣如

未士麥飛壓架於二月初一日上午十一點鐘在士

未士士蔑布林勞於二日初四日上午十一點鐘在士丹壓街貨倉有各樣鐵器火藥五十桶現皇家火

未士連卡剌弗於二月初四日正午十二點鐘在包剌貨倉有地思壓化行過火敗出各色洋

未士連卡剌弗於二月初一日正午十二點鐘在未士穫架行有各樣上好家私什

未士連卡剌弗於二月十三日正午十二點鐘在未士士加行

鴉片

香港鴉片行情○新公烟土沽價八百弊七員半至八百一十員○舊公

船名	船主名	庄口名	
占[illegible]時	反[illegible]	[illegible]公司	
山打過留時	科時打	士店臣公司	
北力便連時		曷公司	
歌徭	波藍	吸文時急公司	
高爐頓威時	加云	鴉厘芬公司	
查倫治	花使	剌時厘公司	
利澳堄打時	威林時	士店臣公司	
○往雪梨砵非立			
結合巴	賛臣	剌時厘公司	
衣故爐	威林時	曼治公司	
押麼時非亞	倫	士店臣公司	
○前往望賈埠			
士可時比	記連頓	些化公司	已上皆早日揚帆
○往江南上海縣			
之之壓	思箴	畢公司	
云打杷唔	包孖時打	些化公司	早日揚帆
爲躐也	英架文	布士堄公司	
希非沙	滔列	布士堄公司	
○前往小呂宋埠			
火船舟山	布砵時	鐵行公司	
○前往葛剌巴埠			
云地滑士	學士麻	滙化公司	祖家火船到後兩日行啟
○前往厦門福州			
火船上海	蝦時活	鐵行公司	
羅時邏	架爾	丹拿公司	

[illegible]初十日午時止如要知其詳細請到本行問明

輪船

[illegible]妥所有貨物付往歐羅巴諸國者要書明何貨並値銀若干如若報單有差該貨被埃及國官府所留與本火輪船公司無涉 已未年正月廿六日火輪船公司啟

[illegible]之貨[illegible]行厦門福州等處 已未年正月廿六日火輪船公司啟

[illegible]後啟行前往上海 已未年正月廿六日火輪船公司啟

[illegible]港內啟行往小呂宋 已未年正月廿六日本港火船公司啟

未士孖剌有暗車火輪船名埃倫使連時準於每個禮拜一次由港往省貨腳客腳便宜貴客光顧請到本行面議 戊午年十二月十五日啟

白米出賣

茲有上白孟加剌米與米朴出賣如貴客欲請買米到本者新聞紙館面議

磅秤出賣

未士痕有新到磅秤出賣能秤九百磅至二千磅如意者請到本行面議 戊午年十二月初五日啟

鞋皮出賣

茲有新到好來路鞋皮出賣如貴客欲買者請到本新聞紙館面議 戊午年十二月二十一日啟

洋硝出賣

茲者未士孖剌有新到上好洋硝出賣如意買者請到本新聞紙館面議 戊午年十二月初八日啟

上環永興

上環永興油店於已未年正月十五與前股人當面買明郭勝頂受即將本利銀派回舊股人如數收足永興上年欠項郭勝業已清還惟有各號欠永興銀兩俱要郭勝收用及生意一切與舊股人無涉倘舊股人并各伴與人賒借經手是問與永興無干

前往上海

哥賦街未士急公司有第一等荷蘭二枝半桅船一隻名士云你剪船主名曼拿共七百六十墩大準於早日揚帆前往上海如貴客搭貨請至本行面議○戊午年十二月廿一日啟

茲有第一等荷蘭船一隻名云打把唔船主名包孖時打準於早日揚帆前往上海如貴客附搭物貨到請些化行面議 戊午年十二月廿八日啟

未士畢公司有好駛二枝半桅船一隻名之之壓船主名思箴三百四十墩大準於早日揚帆前往上海如有貨附搭者請到本行面議 已未正月廿七日啟

前往厦門

丹拿公司有第一等二枝桅洋船一隻名羅時邏準於早日揚帆前往厦門如有貨附搭者請到本行面議 已未正月廿六日啟

未士丹拿公司有兩枝桅船一隻名羅時邏準於早日揚帆前往厦門如有附搭貨者請到本行面議 已未正月廿七日啟

黄埔未士多羅弼地云自主國躉船一隻名路壓如貴客有貨要貯落躉船或過別船隨時方便躉租便宜特此聲明 已未年正月十三日啟

往上海日本

茲有火輪船一隻名埃打倫船主名威時打約於二月十二日由本港啟行往長崎上海日本那架西晏等港該由日本經過上海返港如有搭客搭貨者請到本行面議 已未正月廿九日啟

藥材出賣

禮打醫生藥房在興隆大街對面有來路藥材成箱出賣凡樓新舊金山搭客船者要來路藥材便請與禮打醫生面議價錢便宜其藥係照香港官例製備

出賞帖

茲有 大英火輪戰船名列地利祟臣之燒火人名剌腦爹剌約於正月初七日被人謀死除兇手之外如有人知見謀剌到官作證即賞花紅銀一百大員

啟者在戰船名偘羅免打厘船上約於去歲十二月廿三日失去銅千里鏡一個又於正月初八日失去看戲短千里鏡一對有漆皮鏡盒裝好盒外有C. C. M. 三字如有四方君子將此原物交回加利吉打戰船商租子總收入即賞花紅銀十二大員如交回一件原物即賞花紅銀五員如知其下落報信捉賊即賞花紅銀六大員此帖是實 已未正月初十日啟

躉船出賣

未士十蔑布林勞有躉船一隻連鐵鍊出賣其船現泊省城大英軍糧局馬頭如要知其詳細請到本行問便可 已未年正月二十日啟

香港軍糧局官出示

招人投票承接貨艇快艇挑夫轎等件開列於下○貨艇每月每日每次該銀若干快艇每月每日每次該銀若干以上係在香港開埋或來往桑灣貨艇往來赤柱每月每次該銀若干快艇往來赤柱每月每次該銀若干三扒艇在香港往來每月每日每次開埋該銀若干挑夫每日工銀若干轎夫在香港每日該工銀若干轎夫往來赤柱每月該工銀若干轎或竹轎每日租銀若干帶書信人每次往來該工銀若干挑夫往來赤柱每日該工銀若干如要知其詳細可到運糧官寫字樓問便妥其票准於二月初六日截收 已未年正月廿二日示

香港船頭貨價紙

第二百一十一號　己未年二月初四日

啟者此紙係在孖剌處每日所印之新聞紙同館印刷每逢禮拜二禮拜四禮拜六爲期遍派香港各舖戶每月收回銀一大員如　貴客有事要印落此紙內務宜早一日走字通知未士孖剌便妥印刷唐字價錢如左　一凡每次落唐字者五十個字巳下收銀一員倘五十個字巳上每字收銀一個先士如欲再落者每個禮拜照前一半算如意者祈請到本館知剌便是
未士孖剌　新文紙館謹啟

啟者唐人如有切要時事或得之目擊或得之傳聞不論何事但取其有益於唐人有合於同好者均可攜至本館刻刷分文不取特此佈聞
新聞紙館謹啟

新聞

聞說　大英各根砵往西北江入了六百六十餘里探聽各處風土人情於正月三十日各根砵盤同省城云及所到各處人民皆歡喜迎接待之以禮○又聞　大英欽差大臣會同各客商已經議定後日何處建造洋行之地但未有出示詳明○又聞包番麥欲於本月下旬搭鐵行火輪船同僱云云

玆接到福州正月廿五日來信各貨行情列下新公烟土沽銀八百四十員舊公烟土沽銀八百一十員新鴿烟土沽銀八百七十五員舊鴿烟土沽銀八百四十員白皮烟土沽銀六百二十五員暹羅米每担沽銀二員四毛○廈門正月廿九日行情鴿烟土沽銀八百五十員舊公烟土沽銀八百一十零半員鷹銀每百員七毛半水紋銀每百兩加水七兩○汕頭二月初一日行情舊公烟土沽銀八百一十五員至八百二十員舊公無存新白沽銀六百二十員至六百二十五員

玻璃出賣

未士都時有來路玻璃片出賣高十四烟治闊十個烟治至高三十五個烟治闊二十四個烟治
巳未正月廿九日啟

畢公司

啟者未士畢公司有沙藤架啡蘇木檀香綠豆發客
戊午年十一月廿日啟

前往新金山

未士士店臣公司有快駛花旗船一隻名喇毛時非船主名倫準於早日揚帆前往雪梨砵非立二埠如欲搭客搭貨者請到本行面議
戊午年十一月廿三日啟

未士粵治有好駛花旗船一隻名衣故爐船主名威林時準於早日揚帆前往新金山雪梨砵非立三埠如有搭貨與搭艙搭人客者請到本行面議○巳未年正月初二日啟

剌時厘公司有好駛花旗船一隻名結合巴船主名費臣準於早日揚帆前往新金山雪梨砵非立埠如有搭客搭貨者請到本行面議
巳未正月廿七日啟

未士刼公司有第一等兩枝半桅洋船一隻名押非厘船主名白記四百二十四噸大如有　貴客要請此船往新金山砵非立可到本行面議
巳未正月二十七日啟

前往舊金山

未士士店臣公司有第一等好駛花旗船一隻名山打邁羅時船主名科時打可載貨一千二百噸准於早日揚帆前往舊金山正埠如欲搭客搭貨者請到本行面議
戊午年十一月初一日啟

未士吸文士急啟時文公司有第一等好駛花旗船一隻名歌律船主名波藍一千八百噸大準於早日揚帆前往舊金山現在船位已有人定下大半如有搭客搭貨請到本行面議○戊午十二月廿九日啟

亞架士顛喝公司有第一等好駛洋船一隻名北力便連時船主名邦鄉准於早日揚帆前往舊金山正埠如欲搭貨者請到喝公司行面議
戊午年十一月十四日啟

鴉厘汾公司有第一等好駛洋船一隻名占時邦鄉船主名及立地厘准於早日揚帆前往舊金山正埠如欲搭客搭貨者請到鴉厘汾公司面議
戊午年十一月初三日啟

鴉厘芬公司有好駛花旗船一隻名高爐頓威時船主名加云準於早日揚帆前往舊金山正埠如有搭客搭貨者請到本行面議○巳未正月十九日啟

剌時厘公司有好駛大花旗船一隻名查倫治船主名花便準於早日揚帆前往舊金山正埠如有搭客搭貨者請到本行面議　巳未年正月廿三日啟

未士士店臣有花旗船一隻名利澳羅打士船主名威林時共百九十噸準於早日揚帆前往舊金山正埠如有搭客搭貨者請到本行面議
巳未年正月廿七日啟

洋船出賃

玆有第一等花旗船一隻出賃船名化蘭恩時皋西主船主名英架疏如貴客欲租船請到船上面議或付信一函交未士沽笠交船主亦可
戊午十一月十八日啟

洋船出賃

未士閟臣公司有快駛洋船一隻出賃船名晏耶鄉船主名剌士查九百八十噸大又有好艙位裝載搭客如貴客欲租船請到閟臣行面議
戊午十二月十五日啟

銅片

急頓占嗎臣有各樣大小黃銅片出賣如

未士都爹厘於二月初五日下午一點鐘有飛輪地酒卡剌佛酒餅酒洋鎗番硯玻

未士地思厘化於二月初五日上午十一點鐘有上好梘子火腿蔴蘭地酒玻璃器

未士士蔑布林勞於二月初四日上午十一點鐘在士丹厘街貨倉有各樣織器火藥五十桶現皇家火

未士連卡剌弗於二月初四日正午十二點鐘在包剌貨倉有地思厘化行遇火救出各色洋

未士連卡剌弗於二月十三日正午十二點鐘在未士士加行

鴉片

香港鴉片行情新公烟土沽價八百零七員半○舊公烟七百員七百

船名

山打過羅時 北力便運時 歌律 高爐頓威時 查倫治 利澳挽孖時 ○往雪梨砵非立 結合巴 衣故爐 押麼時非亞 ○前往盂買埠 士司時比 ○往江南上海縣 之之厘 云打艳晤 孖度路 希非沙 ○前往小呂宋埠 火船舟山 ○前往葛㓹巴埠 云地滑士 ○前往厦門福州 火船上海 羅時釐

船主名

科時打 邦郎 波藍 加云 花便 威林時 賛臣 威林時 倫 杷連頓 愚篾 包孖時打 砵士科 滔列 布祿時 學士麻 蝦時活 架蘭

口庄名

士店臣公司 畏公司 吸文時堔公司 鴉厘芬公司 剌時厘公司 士店臣公司 剌時厘公司 曼治公司 士店臣公司 些化公司 畢公司 些化公司 剌時厘公司 布士凭公司 鐵行公司 瀝化公司 鐵行公司 丹拿公司

已上皆早日揚帆 早日揚帆 俟家火船到後兩日行啟

往上海日本

玆有火輪船一隻名埃打倫船主名威時打約於三月十二日由本港啟行往扶桑上海日本那架西昃等埠後又由日本經過上海返港如有搭客搭貨者請到本行面議

已未正月廿九日啟

藥材出賣

禮打醫生藥房在與隆大街對面有來路藥材成箱出賣凡楼新舊金山搭客船者要來路藥材便請與禮打醫生面議價銀便宜其藥係照香港官例製備

出賞帖

玆有大英火輪戰船名列地剌縣臣之燒火人名剌縣膠剌約於正月初七日被人謀死除兇手之外如有人知見謀剌到官作證即賞花紅銀一百大員

敢者在戰船名個羅晃打厘船上約於去歲十二月廿三日失去銅千里鏡一個又於正月初八日失去看戲短千里鏡一對有漆皮鏡盒裝好盒外有C. C. M. 三字如有四方君子將此原物交回加利吉打戰船當租千里鏡收入即賞花紅銀十二大員如交回一件原物即賞花紅銀五員如知其下落稟信提賊即賞花紅銀六大員此帖是實

已未正月初十日啟

躉船出賣

末士士蔑布林勞有躉船一隻運儎鐵出賣其船現泊當埠大英軍糧局馮頭如要知其詳細請到本行面議價便可

已未年正月二十日啟

香港軍糧局官出示

招人投票承接貨艇快艇挑夫轎等件開列於下○貨艇每月每日每次該銀若干快艇每月每日每次該銀若干以上係在香港開埋或來往桊灣貨艇往來赤柱每月每次該銀若干快艇往來赤柱每月每次該銀若干三扒艇在香港往來每月每日每次開埋該銀若干挑夫每日工銀若干轎夫在香港每日該工銀若干轎夫往來赤柱每月該工銀若干轎或竹轎每日租銀若干帶管人每次往來該工銀若干挑夫往來赤柱每日該工銀若干如要知其詳細可到運糧官寫字樓問便妥其票准於二月初六日截收

已未年正月廿二日示

輪船

示所有貨物付往歐羅巴者須當聲明何貨並值銀若干如若報單有差該貨被埃及國官府所留與本火輪船公司無涉

已未年正月廿六日火輪船公司啟

厦門福州等處

已未年正月廿六日火輪船公司啟

上海

已未年正月廿六日火輪船公司啟

往小呂宋

已未年正月廿六日本港火船公司啟

末士孖剌有車火輪船名埃倫便連時準於每個禮拜一次由港往省貨脚客脚便宜貴客光顧請到本行面議

戊午年十二月十五日啟

前往澳門

末士孖剌有火輪船名埃倫便連時現在本港落貨準初四十二點鐘往澳門如有貨物附此船到本行面議

已未二月初三日啟

上環永興

上環永興油店於已未年正月十五與首股人當面算明郭勝貞授回將本利銀派回舊股人如數收足永興上年欠項郭勝業已清還惟有各號欠永興銀兩俱歸郭勝收用及生意一切與舊股人無涉倘舊股人并各件與人贈借與是問與永興無干

憲示

憲示 爲招人承充燕賣洋烟事玆限於英三月初二日華正月廿八日起至英三月二十一日華二月十七日十二點鐘截止如有情願投充者每日來署標投其燕賣洋烟以英四月初一日起至明年英三月三十一日止限以一年爲滿期此按照一千八百五十八年所定之例第二條辦理特諭

已未年正月廿八日示

前往上海

哥賦街末士龕公司有第一等街艦二枝半桅船一隻名士云你剪船主名曼拿其七百六十墩大準於早日揚帆前往上海如貴客搭貨請至本行面議○戊午十二月廿一日啟

玆有第一等街艦船一隻名云打艳晤船主名包孖時打準於早日揚帆前往上海如貴客附搭物貨到些化行面議

戊午十二月廿八日啟

末士畢公司有好艦二枝半桅船一隻名之之厘船主名愚篾三百四十墩大準於早日揚帆前往上海如有貨附搭者請到本行面議

已未正月廿七日啟

前往厦門

丹拿公司有第一等二枝桅洋船一隻名羅連羅準於早日揚帆前往厦門如有貨附搭者請到本行面議 已未正月廿六日啟

末士丹拿公司有兩枝桅船一隻名羅時釐準於早日揚帆前往厦門如有附搭貨者請到本行面議

已未正月廿七日啟

黄埔末士多羅弼地云有主固蔓船一隻名鶴慶厘如貴客有貨要貯蔣蔓船或過別船離時方便蔓租便宜特此聲明

已未年正月十三日啟

香港船頭貨價紙

第二百十二號　己未年二月初六日

啟者此紙係在孖剌處每日所印之新聞紙同館印刷每逢禮拜二禮拜四禮拜六為期澳門香港各舖戶每月收回銀一大員如貴客有事要印落此紙內務宜早一日走字通知未士孖剌便妥印刷唐字價錢如左 一凡每次落唐字者五十個字已下收銀一員倘五十個字已上每字收銀一個先士如欲再落者每個禮拜照前一半價如意者請到本館印刷便是 未士孖剌 新文紙館謹啟

新聞

聞說上日法蘭西國助英國合兵攻擊中華有一弓兩箭之意現在泰西各國係忌我權我妒你勢法國係妒英國得志於西竺痕鴉片銷貨每年不下二百萬員故上年法國閒在廣東省攬因宗雖帶兵之事法國卻發兵助英國者非因英國兵少故出兵相助之實恐英國獨獲其益而已法國亦欲在東方得志如英國一般奈無寶可乘故上年借助英國攻大寗東來後一得省城將事俱交法國提督管轄法兵往安南攻擊聲明安南國王無故將殺天主教門已有故嘗問罪實法人欲得安南土地而已但上年法人不助英人則英人斷不允法人出大軍東來因英人戰船多法人戰船少若英人不允法人則不能來實不敢與爭之理也

香港書信館

香港管理書信館官示 照得每凡泰西書信火輪船到港後六點鐘即有扱砵帶書信往黃埔省城除附搭各庄口火輪船往省之外每禮拜四早晨七點鐘亦有扱砵往省書信準以七點鐘為限禮拜三下午五點鐘截收〇每逢禮拜一早晨七點鐘即有扱砵由省啟行落黃埔來香港 戊午十二月廿九日示

膏藥出賣

啟者中環泰盛洋貨舖有何老威賣藥膏丸山賣此藥馳名日久所有外科食藥無症用之無有不效

啟者唐人如有切要時事或得傳之目擊或得之傳聞不論何事但取其有益於唐人有合於同好者均可攜至本館刻刷分文不取特此佈聞 新聞紙館謹啟

前往新金山

未士士店臣公司有快駛花旗船一隻名咽毛時非船主名倫準於早日揚帆前往新金山砵非立二埠如欲搭客搭貨者請到本行面議 戊午年十一月廿三日啟

未士晏治有好花旗船一隻名衣故爐船主名咸林時準於早日揚帆前往新金山雪梨砵非立二埠如有搭貨與搭幪坊人客者請到本行面議〇已未年正月初二日啟

剌時壓公司有好駛花旗船一隻名結合巴船主名賀臣準於早日揚帆前往新金山雪梨砵非立埠如有搭客搭貨者請到本行面議 已未正月廿七日啟

未士翱公司有第一等兩枝半桅洋船一隻名押非墨船主名白記啤四百二十四擔大如有貴客要搭此船往新金山砵非立可到本行面議 已未正月二十七日啟

前往舊金山

未士士店臣公司有第一等好駛花旗船一隻名山打過顯時船主名科時打可載貨一千二百擔準於早日揚帆前往舊金山正埠如欲搭客搭貨者請到本行面議 戊午年十一月初一日啟

未士哾文士急鼓時文公司有第一等好駛花旗船一隻名歟啲船主名谈蓝一千八百擔大準於早日揚帆前往舊金山其在船位已有人定下大半如有搭客搭貨請到本行面議〇戊午十二月廿九日啟

亞架士顛𠱁公司有第一等好駛洋船一隻名北力便連時船主名飛啷準於早日揚帆前往舊金山正埠如欲搭貨者請到𠱁公司行面議 戊午年十一月十四日啟

鴉尾芬公司有好駛花旗船一隻名高爐頓咸時船主名加云準於早日揚帆前往舊金山正埠如有搭客搭貨者請到本行面議〇已未正月十九日啟

剌時壓公司有好駛大花旗船一隻名查倫治船主名花便準於早日揚帆前往舊金山正埠如有搭客搭貨者請到本行面議 已未年正月廿三日啟

未士士店臣有花旗船一隻名利澳邏打士船主名威林時六百九十擔準於早日揚帆前往舊金山正埠如有搭客搭貨者請到本行面議 已未年正月廿七日啟

洋船出賃

茲有第一等花旗船一隻出賃船名花旗摩時東西主船主名英架號如貴客欲租船請到船上面議或待信一函交未士活笠交船主亦可 戊午十一月十八日啟

洋船出賃

未士閃臣公司有快駛洋船一隻出賃船名晏鄧啷船主名剌士查九百八十擔大又有好艙位搭客如貴客欲租船請到閃臣行面議 戊午十二月十五日謹啟

桅木出賣

啟者二枝半桅船名衣倫船主名冰有上好桅木出賣由四十二至五十六尺又有大鐵錨及鐵纜門鐵水櫃二個鐵鏈等物出賣如貴客欲買者請到船上面議

銅片

急庇占臣有各樣大小黃銅片出賣如

畢

茲者未士畢公司有沙嗹架啡

呂宋

舊銀行隔隣未士利澳沽弼有新到二號呂宋烟共十三萬出

未士鄧爹臣茲有乾爽有乾爽石灰石樓亦在倉出賃如各命魚行出有貨貯棧請賃如欲貯

未士瘷於二月初七日上午十一點鐘在船政官衙新行內南亞利堅米六千担

未士遮卡剌於二月十三日正午十二點鐘

鴉

香港鴉片行情〇新公班土估八百五八百零五員

船名

山打過暹時
北力使邏時
歌律
高爐顧威時
查倫治
利澳挑打時
○往雪梨砵非立
結合巴
衣故爐
押麼時非亞
○前往盤買埠
士可時比
○往江南上海縣
之之厘
云打把唔
孖度路
希非沙
○前往小呂宋埠
火船舟山
○前往萬剌巴埠
云地滑士
○前往廈門福州
火船上海
羅時邏

船主名

科嘛打
邦𠍴
彼藍
加云
花使
威林時
賢臣
威林時
倫
配連顧
思篾
包孖時打
砵士科
滔列
布咻時
學士麻
蝦時活
架爾

庄口名

士只巴公司
鳥公司
嗳文時急公司
鴉厘芬公司
剌時厘公司
士店臣公司
剌時厘公司
晏治公司
士店臣公司
些化公司
畢公司
些化公司
剌時厘公司
布士挽公司
鐵行公司
濕化公司
鐵行公司
丹拿公司

已上皆早日揚帆
早日揚帆
組寧火船到後兩日行啟

輪船

安所有貨物付往歐羅巴諸國者要書明何貨並值銀若干如若報單有差該貨被埃及國官府所留與本火輪船公司無涉
已未年正月廿六日火輪船公司啟

往廈門福州等處
已未年正月廿六日火輪船公司啟

上海
已未年正月廿六日火輪船公司啟

往小呂宋
已未年正月廿六日本港火船公司啟

末士孖剌有暗車火輪船名埃倫使邁時準於每個禮拜一次由港往省貨腳客腳便宜貴客光顧請到本行面議
戊午年十二月十五日啟

上環永興

上環永興油店於已未年正月十五與前股人當面算明郭勝償授卽將本利銀派回舊股人如數收足永興上年欠項郭勝兼已清楚惟有各號欠永興銀兩俱歸郭勝收用及生意一切與舊股人無涉倘舊股人幷各件與人賒借經手是問與永興無干

憲示

憲示 爲招人承充煮賣洋烟事茲限於英三月初二日華正月廿八日起至英三月二十一日華二月十七日十二點鐘截止如有情願投充者每日來署標投其煮賣洋烟以英四月初一日起至明年英三月三十一日止限以一年爲滿期此按照一千八百五十八年所定之例第二條辦理特諭
已未年正月廿八日示

玻璃出賣

末士鄰時有來路玻璃片出賣高十四烟治闊十個烟治至高三十五個烟治闊二十四個烟治
已未正月廿九日啟

前往上海

啓賦街末士急公司有第一等荷蘭二枝半桅船一隻名士云你剪船主名晏拿其七百六十墩大準於早日揚帆前往上海如貴客搭貨請至本行面議○戊午十二月廿一日啟

茲有第一等荷蘭船一隻名云打把唔船主名包孖時打準於早日揚帆前往上海如貴客附搭物貨到請些化行面議
戊午十二月廿八日啟

末士畢公司有好駛二枝半桅船一隻名之之厘船主名思蔑三百四十墩大準於早日揚帆前往上海如有貨附搭者請到本行面議
已未正月廿七日啟

前往廈門

丹拿公司有第一等二枝桅洋船一隻名羅還邏準於早日揚帆前往廈門如有貨附搭者請到本行面議
已未正月廿六日啟

末士丹拿公司有兩枝桅船一隻名羅時邏準於早日揚帆前往廈門如有附搭貨者請到本行面議
已未正月廿七日啟

黃埔末士多羅碼地云濟主厘舊船一隻名路厘厘如貴客有貨要貯落舊船或過別船隨時方便躉租便宜特此聲明
已未年正月十三日啟

往上海日本

茲有火輪船一隻名埃打倫船主名威時打約於二月十二日由本港啟行往扶桑上海日本那架西邑等埠後又由日本經過上海返港如有搭客搭貨者請到本行面議
已未正月廿九日啟

藥材出賣

禮打醫生藥房在奧隆大街對面有來路藥材成箱出賣凡樓船者要來路藥材新舊金山搭客材便請與禮打醫生面議價錢便宜其藥係照香港官例製備

出賞帖

茲有 大英火輪戰船名列地利渠臣之燒火人名剌將爹剌約於正月初七日被人謀死除兇手之外如有人知見謀剌到官作證卽賞花紅銀一百大員

啟者在戰船名個羅免打厘船上約於去歲十二月廿三日失去偏千里鏡一個又於正月初八日失去看戲短千里鏡一對有漆皮鐵盒裝好盒外有C. C. M. 三字如有四方君子將此原物交回加利吉打戰船齊祖千總收入卽賞花紅銀十二大員如交回一件原物卽賞花紅銀五員如知其下落報信捉賊卽賞花紅銀六大員此帖是實
已未正月初十日啟

躉船出賣

末士士蔑布林勞有躉船一隻運磅鍊出賣其船現泊省城大英軍糧局馬頭如要知其詳細請到本行問便可
已未年正月二十日啟

香港軍糧局官出示

招人投票承接貨艇快艇挑夫轎等件開列於下○貨艇每月每日每次該銀若干快艇每月每日每次該銀若干以上係在香港開埋或來往坐灣貨艇往來赤柱每月每次該銀若干快艇往來赤柱每月每次該銀若干三扒艇在香港往來每月每日每次開埋該銀若干挑夫每日工銀若干轎夫在香港每日該工銀若干轎夫往來赤柱每月該工銀若干轎竹轎每日租銀若干帶書信人每次往來該工銀若干挑夫往來赤柱每日該工銀若干如要知其詳細可到運糧官寫字樓問便妥其票准於二月初六日截收
已未年正月廿二日示

香港船頭貨價紙

第二百三十號 己未年二月初八日

啟者此紙係在孖剌處每日所印之新聞紙同館印刷每逢禮拜二禮拜四禮拜六為期遍派香港各舖戶每月收回銀一大員如 再客有事要印落此紙內務宜早一日走字通知未士孖剌便妥印刷唐字價錢如左 一凡每次落將字者五十個字已下收銀一員倘五十個字已上每字收銀一個先士如欲再落者每個禮拜照前一半算如意者祈請到本館印刷便是

未士孖剌 新文紙館謹啟

新聞

聞説 大英欽差大臣會同英商既定了日後建造洋行之地即時別各商民駕火輪戰船名顛厘亞時駛往新嘉波云云〇又聞英法提督親帶兵勇八百名根砵九隻直入西江經過西南沙灣眷奇鄉順德新會縣肇慶府德慶州至廣西梧州然後止步各處官民人等歡喜迎接據英法人云由肇慶府至廣西梧州地方並未見有一唐人船過往小艇亦少見因該處地方多遭紅匪武寄家之慘村鄉被燒亦不少云云

茲由鐵行火輪船名亞顛接到上海信云上日傳説漢口武昌被長毛攻破一事至今未聞有實報故疑是訛傳現在各色洋貨皆有市道白皮烟土沽銀四百八十兩新公號數高者沽銀五百八十至五百八十五兩舊公沽銀五百四十至五百六十五兩結糖沽銀三兩九錢五至四兩大結糖沽三兩七錢五至三兩八錢五蘇木有價各行欲辦往日本長直者沽銀二兩二錢至二兩六錢暹羅米沽銀一兩四錢至一兩五錢孟加剌米朴沽銀一兩八錢至一兩九錢二分云云

有銀出揭

打倫狀師有銀三千員出揭如有人要揭銀者並有屋宇舖戶作按當方可請到中環上街大坑邊打倫狀師行面議

戊午十二月廿八日啟

啟者唐人如有切要時事或得之目擊或得之傳聞不論何事但取其有益於唐人自合於同好者均可擲至本館刻制分文不取特此佈聞

新聞紙館謹啟

前往新金山

未士士店臣公司有快駛花旗船一隻名咽毛時非船主名倫準於早日揚帆前往雪梨砵非立二準如欲搭客搭貨者請到本行面議

戊午年十一月廿三日啟

未士晏治有好駛花旗船一隻名衣故爐船主名威林時準於早日揚帆前往新金山雪梨砵非立二準如有搭貨與搭艙位人客者請到本行面議〇己未年正月初二日啟

剌時厘公司有好駛花旗船一隻名結合巴船主名賛臣準於早日揚帆前往新金山雪梨砵非立準如有搭客搭貨者請到本行面議

己未正月廿七日啟

朱士劫公司有第一等兩枝半桅洋船一隻名押非厘船主名白記厘四百二十四墩大如有 貴客要請此船往新金山砵非立可到本行面議

己未正月二十七日啟

前往舊金山

未士士店臣公司有第一等好駛花旗船一隻名山打過羅時船主名科時打可載貨一千二百墩准於早日揚帆前往舊金山正埠如欲搭客搭貨者請到本行面議

戊午年十一月初一日啟

未士吸文士急做咗文公司有第一等好駛花旗船一隻名歌律船主名啟藍一千八百墩大準於早日揚帆前往舊金山現在船位已有人定下大半如有搭客搭貨請到本行面議〇戊午十二月廿九日啟

亞架士顛嗎公司有第一等好駛洋船一隻名北力便連時船主名邦鄭准於早日揚帆前往舊金山正埠如欲搭貨者請到嗎公司行面議

戊午年十一月十四日啟

鴉厘芬公司有好駛花旗船一隻名高爐顛咸時船主名加云準於早日揚帆前往舊金山正埠如有搭客搭貨者請到本行面議〇己未正月十九日啟

剌時厘公司有好駛大花旗船一隻名查倫治船主名花便準於早日揚帆前往舊金山正埠如有搭客搭貨者請到本行面議 己未年正月廿三日啟

未士士店臣有花旗船一隻名利澳邏孖士船主名咸林時六百九十墩準於早日揚帆前往舊金山正埠如有搭客搭貨者請到本行面議 己未年正月廿七日啟

洋船出賃

茲有第一等花旗船一隻出賃船名化顯思時卑西主船主名英架蔬如貴客欲租船請到船上面議或付信一函交未士活笠交船主亦可

戊午十一月十八日啟

洋船出賃

未士閃臣公司有快駛洋船一隻出賃船名晏那鄭船主名剌士查九百八十墩大又有好艙位裝載搭客如貴客欲租船請到閃臣行面議

戊午十二月十五日謹啟

桅木出賣

啟者二枝半桅船名衣倫船主名冰有上好桅木出賣由四十二至五十六活又有大鐵鏈兩門鐵水櫃二個鐵絲等物出投如貴客欲買者請到船上面議

銅片

急噸占眉臣有各樣大小黃銅片出賣如

呂宋

哈銀行隔隣未士利濟沼角新到二號呂宋烟共十三萬出

未士𠸄參厘茲有乾爽有乾爽石貨石機房在倉川貨如各命魚行出有貨貯棧請貨如欲貯

未士邏卡剌弗於二月十三日正午十二點鐘在未士士加行

本士連卡剌弗於二月十五日正午十二點鐘有新到各樣香水香油花露水香皂

本士連卡剌弗於二月廿四日正午十二點鐘在澳爐玻厘街加時古行

鴉片

香港鴉片行倘新公烟土沽八百零二員半至八百零五員舊公烟上古……

船名
北力便連時
渺律
髙爐頓威時
吞倫治
利澳捉打時
○往雪梨弥非立
結合巴
衣故爐
押歷時非亞
○前往望買埠
士可時比
○往江南上海縣
之之厘
云打杷唔
孖度路
希非沙
○前往小呂宋埠
火船舟山
○前往葛剌巴埠
云地消士
○前往厦門福州
火船上海
羅時爾

船主名
科符打
那鄰
加云
花使
威林時
賛臣
威林時
倫
記連頓
思篾
包孖時打
弥士科
滔列
布桑時
學士麻
蝦時活
架鮋

庄口名
士店臣公司
晏公司
啖文時急公司
鴉爐芬公司
剌時厘公司
士店臣公司
剌時厘公司
晏治公司
士店臣公司
些化公司
畢公司
些化公司
剌時厘公司
布士喚公司
鐵行公司
濕化公司
鐵行公司
丹拿公司

已上皆早日揚帆
早日揚帆
祖家火船到後兩日行啟

輪船
安所有貨物付往歐羅巴諸國者要言明何貨並値銀若干如若報單有差該貨被埃及國官府所留與本火輪船公司無涉
已未年正月廿六日火輪船公司啟

厦門福州等處……已未年正月廿六日火輪船公司啟

上海……已未年正月廿六日火輪船公司啟

……已未年正月廿六日本港火船公司啟

末士孖剌有暗車火輪船名埃倫使連時準於每個禮拜一次由港往省貨腳客腳便宜貴客光顧請到本行面議
戊午年十二月十五日啟

上環永興
上環永興油店於已未年正月十五與前股人當面冥明郭勝頂授部將本利銀派回舊股人如數收足永與上年欠項郭勝業已清還惟有各號欠永興銀兩俱要郭勝收用及生意一切與舊股人無涉倘舊股人并各伴與人賒借經手是問與永興無干

憲示
憲示 爲招人承充煮賣洋烟事茲限於英三月初二日華正月廿八日起至英三月二十一日華二月十七日十二點鐘截止如有情願投充者每日來署標投其煮賣洋烟以英四月初一日起至明年英三月三十一日止限以一年爲滿期此按照一千八百五十八年所定之例第二條辦理特諭
已未年正月廿八日示

玻璃出賣
末士都時有來路玻璃片出賣高十四烟治闊十個烟治至高三十五個烟治闊二十四個烟治
已未正月廿九日啟

前往上海
茲有第一等荷蘭船一隻名云打杷唔船主名包孖時打準於早日揚帆前往上海如貴客附搭物貨到請些化行面議
戊午十二月廿八日啟

末士畢公司有好嗲二枝半桅船一隻名之之厘船主名思蔑三百四十噸大準於早日揚帆前往上海如有貨附搭者請到本行面議
已未正月廿七日啟

前往厦門
丹拿公司有第一等二枝桅洋船一隻名羅連爾準於早日揚帆前往厦門如有貨附搭者請到本行面議
已未正月廿六日啟

末士丹拿公司有兩枝桅船一隻名羅時爾準於早日揚帆前往厦門如有附搭貨者請到本行面議
已未正月廿七日啟

黃埔末士多羅滿地云有主固驀船一隻名路毗厘如貴客有貨要貯落躉船或過別船躉時方便躉租便宜特此聲明
已未年正月十三日啟

膏藥出賣
啟者中環泰興洋貨舖有何老威膏藥丸出賣此藥馳名日久所有外科奇難雜症用之無有不效

往上海日本
茲有火輪船一隻名埃打倫船主名威時打約於二月十二日由本港啟行往扶桑上海日本那架西昆等埠後又由日本經過上海返港如有搭客搭貨者請到本行面議
已未正月廿九日啟

藥材出賣
禮打醫生藥房在興隆大街對面有來路藥材成箱出賣凡接新舊金山搭客船者要來路藥材便請與禮打醫生面議價銀便宜其藥係照香港官例製備

花旗國老富臣醫生自製藥水名沙時把厘剌馳名天下凡用之者無有不效此藥專治婦科各症傷風咳嗽內傷虛癆痛眼一概皮膚濕熱之症現本港藥店皆有出賣

出賞帖
茲有大英火輪戰船名列地利與臣之燒火人名剌弼參剌約於正月初七日被人謀死除兇手之外如有人知見謀剌到官作證即賞花紅銀一百大員
啟者在戰船名個羅覓打厘船上約於去歲十二月廿三日失去編千里鏡一個又於正月初八日失去看戲短千里鏡一對有嵌皮鏡盒裝好盒外有C. C. M. 三字如有四方君子將此原物交回加利吉打戰船禮租千總收入即賞花紅銀十二大員如交回一件原物即賞花紅銀五員如知其下落報信捉賊即賞花紅銀六大員此帖是實
已未正月初十日啟

躉船出賣
末士士蔑布林勞有躉船一隻連鐵鍊出賣其船現泊省城大英軍糧局馬頭如要知其詳細請到本行間便可
已未年正八十日啟

磅秤出賣
末士孻有新到磅秤出賣能秤九百磅至二千磅如意者請到本行面議
戊午年十二月初五日啟

洋硝出賣
茲者末士孖剌有新到上好洋硝出賣如意買者請到本新聞紙館面議
戊午年十二月初八日啟

皮鞋出賣
茲有新到好來路鞋皮出賣如貴客欲買者請到本新聞紙館面議
戊午十二月二十一日啟

香港船頭貨價紙

第二百十四號
己未年二月十一日

啟者此紙係在孖剌處每日所印之新聞紙同館印刷每逢禮拜二禮拜四禮拜六為期遍派香港各舖戶每月收回銀一大員如 列客有事要印落此紙內務宜早一日走字通知未士孖剌便妥印刷唐字價錢如左 一凡每次落唐字者五十個字已下收銀一員倘五十個字已上每字收銀一個先士如欲再落者每個禮拜照前一半算如意者祈請到本館印刷便是
未士孖剌 新文紙館謹啟

新聞

聞說 粵海關租得火船二隻一名金花一名士瓜利厘前往江門陳村各處海面緝私用心加增國課使早日結清僑補英法之項照和約之辜係要此項清楚然後交回粵城與大清皆轄但聞於本年五六月間來任 大英欽差大臣上北京駐劄若見 大清皇帝並羣臣民庶各人保守天津和約雖僑補之項尚未清結英法兵勇亦將退守羊城云云

於二月初八日刼行有火輪船名禮寧由加利吉打到港載來烟土一千六百零五箱〇於二月初九日車地烟今麻公司有火輪船名礫時由加利吉打到港載來烟土六百十五箱洋硝一千六百五十担木香四百二十五担據該船帶來加利吉打鴉片行情於正月廿一日新公烟土沽銀一千五百四十四個路車舊公烟土沽銀一千五百二十五個路車新鴣烟土沽銀一千六百七十五個路車舊鴣烟土沽銀一千六百十四十個路車云云

憲示

照得本港地方現有英民二名在所泊舟次謀死華人一名經已查明確實是以照例辦罪本大憲欲將其事俾華民通行知悉於英國所屬之處凡辦罪之件無論何國何事何色之人概皆畫一必求公允特諭
己未年二月初十日示

啟者唐人如有切要時事或得之目睹或得之傳聞不論何事但取其有益於唐人有合於同好者均可擕至本館刻刷分文不取特此佈聞
新聞紙館謹啟

前往新金山

未士士店臣公司有快駛花旗船一隻名咽毛時非船主名倫準於早日揚帆前往雪梨砵非立二埠如欲搭客搭貨者請到本行面議
戊午年十一月廿三日啟

未士晏治有好駛花旗船一隻名衣故爐船主名威林時準於早日揚帆前往新金山雪梨砵非立二埠如有搭貨與搭帳房人客者請到本行面議〇已未年正月初二日啟

刺時厘公司有好駛花旗船一隻名結台巴船主名贊臣準於早日揚帆前往新金山雪梨砵非立埠如有搭客搭貨者請到本行面議
已未正月廿七日啟

未士刼公司有第一等兩枝半桅洋船一隻名押非厘船主名白記厘四百二十四墩大如有 貴客要請此船往新金山砵非立可到本行面議
已未正月二十七日啟

前往舊金山

未士士店臣公司有第一等好駛花旗船一隻名山打過羅時船主名科時打可載貨一千二百墩准於早日揚帆前往舊金山正埠如欲搭客搭貨者請到本行面議
戊午年十一月初一日啟

未士吸文士急啟時文公司有第一等好駛花旗船一隻名歇律船主名波藍一千八百墩大準於早日揚帆前往舊金山現在船位已有人定下大半如有搭客搭貨請到本行面議〇戊午十二月廿九日啟

鴉厘芬公司有好駛花旗船一隻名高爐頓威時船主名加云準於早日揚帆前往舊金山正埠如有搭客搭貨者請到本行面議〇已未正月十九日啟

刺時厘公司有好駛大花旗船一隻名奄倫治船主名花使準於早日揚帆前往舊金山正埠如有搭客搭貨者請到本行面議 已未年正月廿三日啟

未士士店臣有花旗船一隻名利澳邏打士船主名威林時六百九十墩準於早日揚帆前往舊金山正埠如有搭客搭貨者請到本行面議
已未年正月廿七日啟

未士喝公司有第一等花旗船一隻名喝利失頓船主名士拜沙準於早日揚帆前往舊金山正埠如有附搭貨物請到本行面議〇已未年二月初十日啟

洋船出賃

茲有第一等花旗船一隻出賃船名化關思時卑西主船主名英架疏如貴客欲租船請到船上面議或付信一函交未士活笠交船主亦可
戊午十一月十八日啟

洋船出賃

未士閉臣公司有快駛洋船一隻出賃船名㬮那鄖船主名剌士查九百八十墩大又有好艙位裝載搭客如貴客欲租船請到閉臣行面議
戊午十二月十五日謹啟

桅木出賣

啟者二枝半桅船名衣倫船主名水有上好桅木出賣由四十至五十六活門又有大鐵鍊兩鐵水櫃二個鐵錨等物出投如貴客欲買者請到船上面議

未士郗爹厘 茲有乾爽貨倉出賃如各有乾爽石貨 石棧房在 貨坐在中環澳命魚行出 茲有行一間出爐俾厘街德臣

未士郗爹厘於二月十二日上午十一點鐘有各色顏料玻璃

未士連卡剌弗於二月十三日正午十二點鐘

本士連卡剌弗於二月十五日正午十二點鐘有新到各樣香

本士連卡剌弗於二月廿四日正午十二點鐘在澳爐

鴉

香港鴉片行情新公烟土沽八百零二員半至八百零五員舊

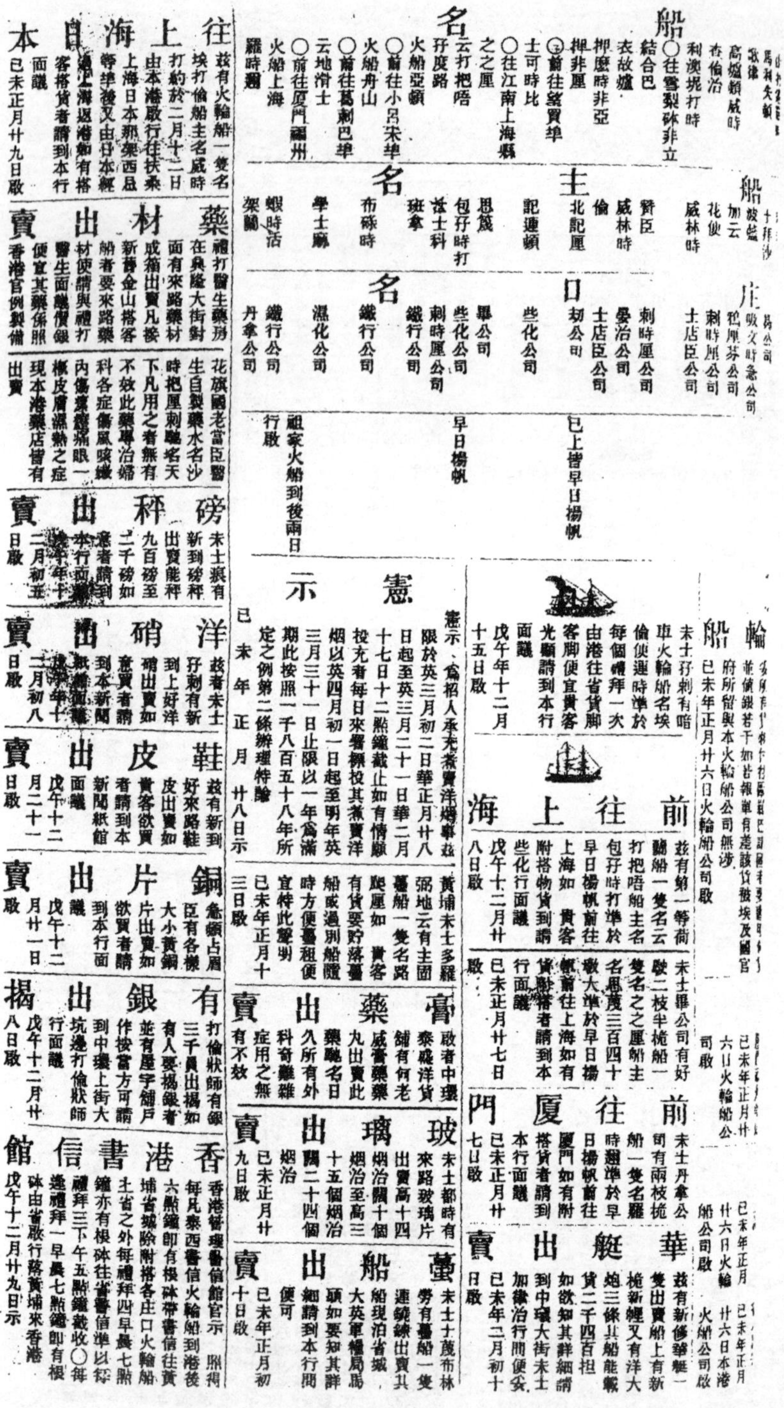

船名
馬利失頓
歌律
高爐頓威時
杏偷治
利澳堤打時
○往雪梨砵非立
結合巴
衣故爐
押慶時非亞
押非厘
○前往絡買埠
士可時比
○往江南上海縣
之之厘
云打把唔
孖度路
火船亞頓
○前往小呂宋埠
火船舟山
○前往葛剌巴埠
云地滑士
○前往厦門福州
火船上海
羅時羈

船主
十拜沙
波鹽
加云
花使
威林時
賢臣
威林時
倫
北記厘
記連頓
思箴
包孖時打
茄士科
班拿
布祿時
學士廝
蝦時活
架闒

庄口
吸文時急公司
砵厘芬公司
剌時厘公司
士店臣公司
剌時厘公司
晏治公司
士店臣公司
刼公司
些化公司
畢公司
些化公司
剌時厘公司
鐵行公司
鐵行公司
濕化公司
鐵行公司
丹拿公司

已上皆早日揚帆
早日揚帆
祖家火船到後兩日行啟

輪船
並偵銀若干如若報單有差該貨被埃及關官府所留與本火輪船公司無涉
已未年正月廿六日火輪船公司啟

已未年正月廿六日火輪船公司啟

已未年正月廿六日火輪船公司啟

已未年正月廿六日本港火船公司啟

末士孖剌有喑車火輪船名埃倫使連時準於每個禮拜一次由港往省貨腳客腳便宜貴客光顧請到本行面議
戊午年十二月十五日啟

前往上海
茲有第一等荷蘭船一隻名云打把唔船主名包孖時打準於早日揚帆前往上海如貴客附搭物貨到請些化行面議
戊午十二月廿八日啟

末士畢公司有好啟二枝半桅船一隻名之之厘船主名思箴三百四十墩大準於早日揚帆前往上海如有貨附搭者請到本行面議
已未正月廿七日啟

前往厦門
末士丹拿公司有兩枝桅船一隻名羅時翻準於早日揚帆前往厦門如有附搭貨者請到本行面議
已未正月廿七日啟

華艇出賣
茲有新修華艇一隻出賣船上有新桅新鯉又有洋大炮三條其船能載貨二千四百担如欲知其詳細請到中環大街末士加律治行問便妥
已未年二月初十日啟

憲示
憲示、爲招人承充煮賣洋烟事茲限於英三月初二日華正月廿八日起至英三月二十一日華二月十七日十二點鐘截止如有情願投充者每日來署稟投其煮賣洋烟以英四月初一日起至明年英三月三十一日止限以一年爲滿期此按照一千八百五十八年所定之例第二條辦理特諭
已未年正月廿八日示

黄埔末士多羅弼地云有主固臺船一隻名路旋厘如貴客有貨要貯落躉船或過別船隨時方便躉租便宜特此聲明
已未年正月十三日啟

膏藥出賣
啟者中環泰盛洋貨舖有何老威膏藥藥丸出賣此藥馳名日久所有外科奇難雜症用之無有不效

玻璃出賣
末士都時有來路玻璃片出賣高十四烟治闊十個烟治至高三十五個烟治闊二十四個烟治
已未正月廿九日啟

躉船出賣
末士士蔑布林勞有躉船一隻連鏈鍊出賣其船現泊省城大英軍帳局馬頭如要知其詳細請到本行問便可
已未年正月初十日啟

往上海日本
茲有火輪船一隻名埃打倫船主名威時打約於二月十二日由本港啟行往扶桑上海日本那架西艮等埠後又由日本經過上海返港如有搭客搭貨者請到本行面議
已未正月廿九日啟

藥材出賣
禮打醫生藥房在奥隆大街對面有來路藥材成箱出賣凡換新舊金山搭客船者要來路藥材便請與禮打醫生面議價銀便宜其藥係照香港官例製備

花旗國老當臣醫生自製藥水名沙時抱厘剌驗名天下凡用之者無有不效此藥專治婦科各症傷風咳嗽內傷棄癆痛眼一概皮膚濕熱之症現本港藥店皆有出賣

磅秤出賣
末士濱有新到磅秤出賣能秤九百磅至二千磅如意者請到本行面議
戊午年十二月初五日啟

洋硝出賣
茲者末士孖剌有新到上好洋硝出賣如意買者請到本新聞紙館面議
戊午年十二月初八日啟

皮鞋出賣
茲有新到好來路鞋皮出賣如貴客欲買者請到本新聞紙館面議
戊午十二月二十一日啟

銅片出賣
急頓占眉臣有各樣大小黃銅片出賣如欲買者請到本行面議
戊午十二月廿一日啟

有銀出揭
打倫狀師有銀三千員出揭如有人要揭銀者並有屋宇舖戶作按當方可請到中環上街大坑邊打倫狀師行面議
戊午十二月廿八日啟

香港書信館
香港管理書信館官示　照得每凡泰西書信火輪船到港後六點鐘即有根砵帶書信往黃埔省城除附搭各庄口火輪船主省之外每禮拜四早晨七點鐘亦有根砵往省書信準以每禮拜三下午五點鐘截收○每逢禮拜一早晨七點鐘即有根砵由省啟行落黃埔來香港
戊午十二月廿九日示

香港船頭貨價紙

第二百十五號　己未年二月十三日

啟者此紙係在孖剌處每日所印之新聞紙同館印刷每逢禮拜二禮拜四禮拜六分派香港各舖戶每月收回銀一大員如　貴客有事要印落此紙內務宜早一日走字通知末士孖剌便妥印刷唐字價錢如左　一凡每次落唐字者五十個字已下收銀一員倘五十個字已上每字收銀一個先士如欲再落者每個禮拜照前一半算如意者祈請到本館印刷便是　末士孖剌　新文紙館謹啟

新聞

茲接到上海信云現查天津河口大姑地方砲臺被英法人燬爛一切已經重新築好又聞　咸豐君實不欲英國欽差大臣進京故此遷去兩廣總督之洋務欽差關防交兩江總督料理又留桂中堂花大人二位欽差在江南候候來任　大英欽差到上海或以言語阻他進京之意以上之言未知真否如若是真可見　大清官長屢屢辦事如同小孩弄戲一般雖立明和約兩國欽差蓋了關防以昭信守亦有悔恨之意也

茲者喝公司之舊金山船名北力便運時於本月二十日揚帆載去米一萬零一十六担糖一千九百五十五担白豆三百四十担架啡一百七十五担呂宋烟十箱生油一千五百五十五箱綢緞四十箱桂皮二百二十箱茶葉一千零九十五箱串砲二千一百五十箱蚬醬五百九十件沙藤七十細西米一百二十箱洋烟齋二千五百磅雜貨七千零一十件

茲鐵行火船公司之火輪船於二月初一日已經離了新嘉波來港同日開行之火船名禮寧又一隻名碌時已於初八初九日到港但帶書信之火船尚未見到各人恐其於路上爛了火輪器皿亦未定云云

畢公司

茲者末士畢公司有沙藤架啡蘇木樹香綠豆發客　戊午年十一月廿日啟

啟者唐人如有切要時事或得之目擊或得之傳聞不論何事但取其有益於唐人有合於同好者均可擲至本館刻刷分文不取特此佈聞　新聞紙館謹啟

前往新金山

末士士店臣公司有快駛花旗船一隻名咽毛時非船主名倫準於早日揚帆前往雪梨砵非立二埠如欲搭客搭貨者請到本行面議　戊午年十一月廿三日啟

末士晏治有好駛花旗船一隻名衣故爐船主名威林時準於早日揚帆前往新金山雪梨砵非立二埠如有搭貨與搭帳房人客者請到本行面議〇已未年正月初二日啟

剌時厘公司有好駛花旗船一隻名結合巴船主名賀臣準於早日揚帆前往新金山雪梨砵非立埠如有搭客搭貨者請到本行面議　已未正月廿七日啟

末士葵公司有第一等兩枝半桅洋船一隻名押非厘船主名白記㖆四百二十四墩大如有附客要請此船往新金山砵非立可到本行面議　已未正月二十七日啟

末士士店臣有第一等洋船一隻名西古倫船主名荷石五百九十四墩大準於早日揚帆前往新金山雪梨砵非立埠如有搭客搭貨者請到本行面議　已未年二月初十日啟

前往舊金山

末士士店臣公司有第一等好駛花旗船一隻名山打過羅時船主名科時打司載貨一千二百墩准於早日揚帆前往舊金山正埠如欲搭客搭貨者請到本行面議　戊午年十一月初日啟

鴉厘芬公司有好駛花旗船一隻名高爐頓威時船主名加云準於早日揚帆前往舊金山正埠如有搭客搭貨者請到本行面議〇已未正月十九日啟

剌時厘公司有好駛大花旗船一隻名查倫治船主名花便準於早日揚帆前往舊金山正埠如有搭客搭貨者請到本行面議　已未年正月廿三日啟

末士士店臣有花旗船一隻名利澳遞打士船主名威林時六百九十墩準於早日揚帆前往舊金山正埠如有搭客搭貨者請到本行面議　已未年正月廿七日啟

末士喝公司有第一等花旗船一隻名馬利失顛船主名士拜沙準於早日揚帆前往舊金山正埠如有附搭貨物請到本行面議〇已未年二月初十日啟

末士吸文士急被時文公司有第一等好駛花旗船一隻名歌律船主名波藍一千八百墩大準於早日揚帆前往舊金山現在船位已有人定下大半如有搭客搭貨請到本行面議〇戊午十二月廿九日啟

洋船出賃

末士閃臣公司有快駛洋船一隻出賃船名晏那鄰船主名剌士查九白八十墩大又有好艙位裝載搭客如貴客欲租船請到閃臣行面議　戊午十二月十五日謹啟

桅木出賣

啟者二枝半桅船名衣倫船主名冰有上好桅木出賣由四十二至五十六活又有大鐵鍊兩門鐵水櫃二個鐵錬等物出投如貴客欲買者請到船上面議

茲有乾魚石機房在鹹魚行出

末士連卡剌弗於二月十三日正午十二點鐘在末士士加行

末士士茂布林勞時於二月十四日上午十一點鐘在　大英水師伙食房有拼干拼干冷盤

末士都爹厘於二月十四日上午十一點鐘在士丹厘街本行住家所有各樣傢私爽子未爽奇書石盤

本士連卡剌弗於二月十五日正午十二點鐘有新到各樣香水香油花露水香梘

末士都爹厘奉　憲命於二月十九正午十二點鐘有地三段遞壓出投地址第二百一十二號第二百一十二號A此兩段地每年納地稅銀六

本士連卡剌弗於二月廿四日正午十二點鐘在澳爐波厘街加時古行

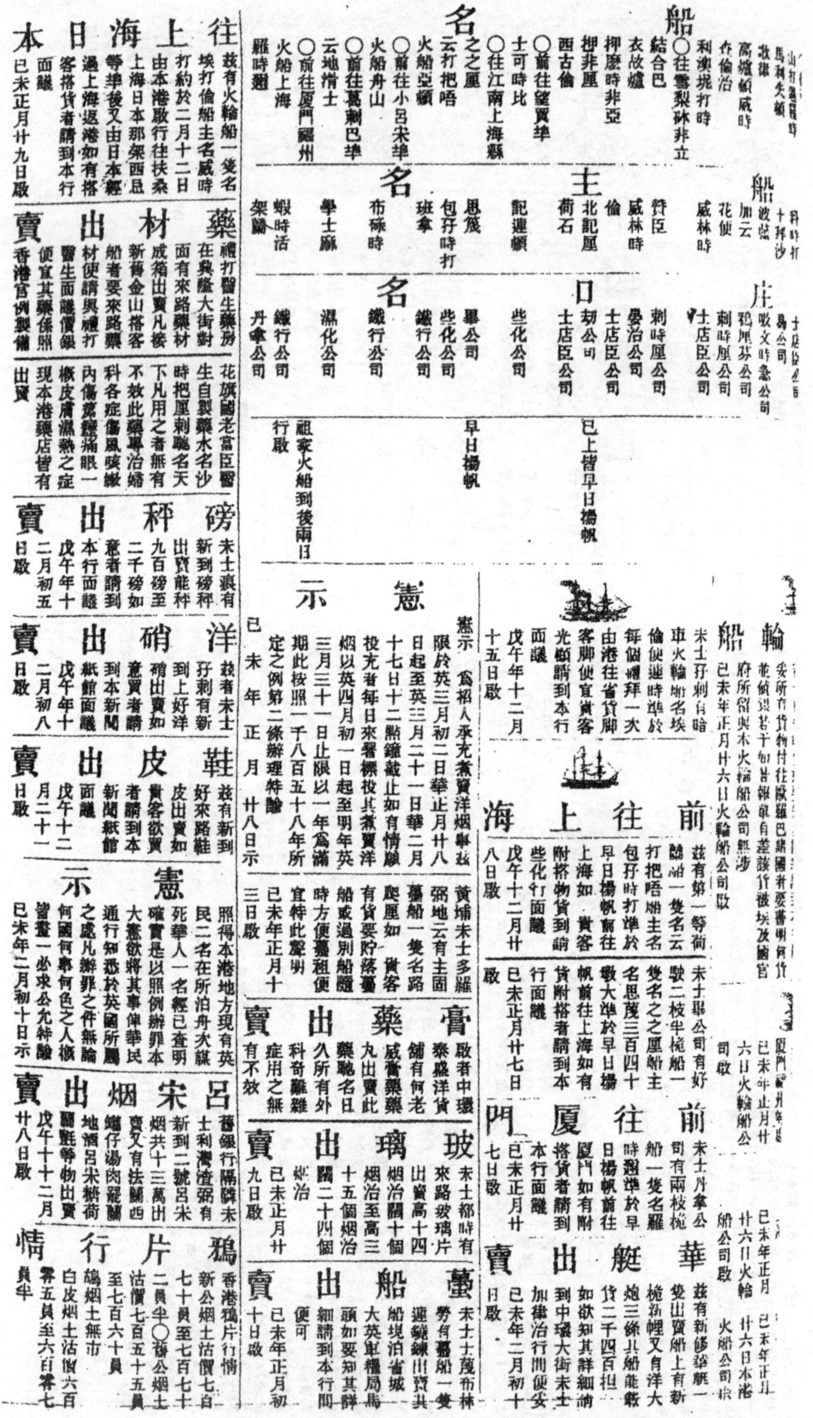

船名

山打…… 馬利失頓 敦律 高爐頓威昨 乍倫治 利澳挑打時 ○往雪梨砵非立 結合巴 衣故爐 押塵時非亞 押非厘 西古倫 ○前往望買埠 士可時比 ○往江南上海縣 之之厘 云打把唔 火船亞頓 ○前往小呂宋埠 火船舟山 ○前往葛剌巴埠 云地消士 ○前往廈門福州 火船上海 羅時遜

船主名

科時打 十拜沙 波盛 加云 花便 威林時 贊臣 威林時 倫 北記厘 荷石 記連頓 思蔑 包孖時打 班拿 布碌時 學士麻 蝦時活 架臨

庄口名

士旋臣公司 鳥公司 吸文時急公司 鴉厘芬公司 剌時厘公司 士店臣公司 剌時厘公司 晏治公司 士店臣公司 劫公司 士店臣公司 些化公司 畢公司 些化公司 鐵行公司 鐵行公司 濕化公司 鐵行公司 丹拿公司

已上皆早日揚帆 早日揚帆 祖家火船到後兩日行啟

輪船 要所有貨物付往歐羅巴諸國者要書明何貨並値銀若干如呈報單有差該貨被埃及國官府所留與本火輪船公司無涉 已未年正月廿六日火輪船公司啟

廈門福州…… 已未年正月廿六日火輪船公司啟

已未年正月廿六日火輪船公司啟

已未年正月廿六日本港火船公司啟

末士孖剌有啱車火輪船名埃倫使連時準於每個禮拜一次由港往省貨腳客腳便宜貴客光顧請到本行面議 戊午年十二月十五日啟

前往上海 茲有第一等荷蘭船一隻名云打把唔船主名包孖時打準於早日揚帆前往上海如貴客附搭物貨到請些化行面議 戊午十二月廿八日啟

末士畢公司有好駛二枝半桅船一隻名之之厘船主名思蔑三百四十噸大準於早日揚帆前往上海如有貨附搭者請到本行面議 已未正月廿七日啟

前往廈門 末士丹拿公司有兩枝桅船一隻名羅時遜準於早日揚帆前往廈門如有附搭貨者請到本行面議 已未正月廿七日啟

華艇出賣 茲有新修華艇一隻出賣船上有新桅新帆又有洋大炮三條共船能載貨二千四百担如欲知其詳細請到中環大街末士加律治行問便妥 已未年二月初十日啟

憲示 為招人承充煮賣洋烟事茲限於英三月初二日華正月廿八日起至英三月二十一日華二月十七日十二點鐘截止如有情願投充者每日來署標投其煮賣洋烟以英四月初一日起至明年英三月三十一日止限以一年為滿期此按照一千八百五十八年所定之例第二條辦理特諭 已未年正月廿八日示

黃埔末士多羅弼地云有主固蘇船一隻名路爬厘如貴客有貨要貯落躉船或過別船隨時方便躉租便宜特此聲明 已未年正月十三日啟

膏藥出賣 啟者中環泰盛洋貨舖有何老威膏藥藥丸出賣此藥馳名日久所有外科奇難雜症用之無有不效

玻璃出賣 末士都時有來路玻璃片出賣高十四烟治闊十個烟治至高三十五個烟治闊二十四個烟治 已未正月廿九日啟

躉船出賣 末士士蔑布林勞有躉船一隻連鐵鍊出賣其船現泊省城大英軍糧局馬頭如要知其詳細請到本行問便可 已未年正月初十日啟

往上海日本 茲有火輪船一隻名埃打倫船主名威時打約於二月十二日由本港啟行往扶桑上海日本那架西昆等埠後又由日本經過上海返港如有搭客搭貨者請到本行面議 已未正月廿九日啟

藥材出賣 禮打醫生藥房在興隆大街對面有來路藥材成箱出賣凡棧新舊金山搭客船者要來路藥材便請與禮打醫生面議價銀便宜其藥係照香港官例製備

花旗國老富臣醫生自製藥水名沙時把厘剌馳名天下凡用之者無有不效此藥專治婦科各症傷風咳嗽內傷痰瘡痛眼一概皮膚濕熱之症現本港藥店皆有出賣

磅秤出賣 末士瘋有新到磅秤出賣能秤九百磅至二千磅如意者請到本行面議 戊午年十二月初五日啟

洋硝出賣 茲者末士孖剌有新到上好洋硝出賣如意買者請到本新聞紙館面議 戊午年十二月初八日啟

皮鞋出賣 茲有新到好來路鞋皮出賣如貴客欲買者請到本新聞紙館面議 戊午十二月二十一日啟

憲示 照得本港地方現有英民二名在所泊舟次擬死華人一名經已查明確實是以照例辦罪本大憲欲將其事俾華民通行知悉於英國所屬之處凡辦罪之件無論何國何事何色之人概皆畫一必求公允特諭 已未年二月初十日示

呂宋烟出賣 香鑠行隔鄰末士利濃渣弼有新到二號呂宋烟共十三萬出賣又有法蘭西罐仔湯肉羅蘭地酒呂宋糖荷蘭甜等物出賣 戊午十二月廿八日啟

鴉片行情 香港鴉片行情新公烟土沽價七百七十員至七百七十二員半○舊公烟土沽價七百五十五員至七百六十員 鴣烟土無市 白皮烟土沽價六百零五員至六百零七員半

香港船頭貨價紙

第二百十六號　己未年二月十五日

啟者此紙係在孖剌處每日所印之新聞紙同館印刷每逢禮拜二禮拜四禮拜六為期遍派香港各舖戶每月收回銀一大員如有客有事要印落此紙內務宜早一日走字通知未士孖剌便妥印刷唐字價錢如左　一凡每次落唐字者五十個字已下收銀一員倘五十個字已上每字收銀一個先士如欲再落者每個禮拜照前一半算如意者祈請到本館印刷便是
未士孖剌　新文紙館謹啟

啟者唐人如有切要時事或得之見聞或得之傳聞不論何事但取其有益於唐人有合於同好者均可攜至本館刻刷分文不取特此佈聞
新聞紙館謹啟

新聞

據現月英國所到新聞紙云法蘭西皇之弟與沙典那國公主於去歲十二月廿七日結婚法皇之弟三十八歲沙典那國公主今年只十六歲生得十分美貌○又聞阿士地厘亞國與法沙兩國有些不和之處現在兩國皆整備出軍糧草但未聞有動干戈

聞說本港案察司大人將近回國一轉去後本港巡理廳正堂陞署案察司副巡理衙祖大老爺即署正巡理

於二月初七日有大英火輪戰船一隻根砵兩隻駛往高麗等處捉賊於十二日回港報稱賊二百餘名燬燒賊船共三十一隻燬爛賊船大砲一百五十餘門云云

本港顯地有火輪船名洋子於十二日下午三點鐘由上海到港於二月初八日該船離上海見鐵行火輪船名花麼沙於二月初五日到扶桑起了鴉片烟土過船直入上海中途擱淺在爛泥處後於初八日洋子啟行之時其船尚未浮起花麼沙火船雖擱淺但並無損傷大約要十二三日之潮水方能再浮云云○據上海行情信云結構起價洋米亦爽市白皮烟土沽銀四百九十三至四百九十五兩新公烟土沽銀五百八十至五百九十六兩舊公烟土沽銀五百七十至五百七十五兩○南京長毛之事如常未聞有甚麼大戰勝仗之事

前往新金山

未士士店臣公司有快駛花旗船一隻名咽毛時非船主名倫準於早日揚帆前往雪梨砵非立二埠如欲搭客搭貨者請到本行面議
戊午年十一月廿三日啟

未士晏治有好駛花旗船一隻名衣故爐船主名威林時準於早日揚帆前往新金山雪梨砵非立二埠如有搭貨與搭帳房人客者請到本行面議○己未年正月初二日啟

剌時厘公司有好駛花旗船一隻名結台巴船主名賀臣準於早日揚帆前往新金山雪梨砵非立埠如有搭客搭貨者請到本行面議
己未正月廿七日啟

未士刼公司有第一等兩枝半桅洋船一隻名押非厘船主名白記加四百二十四噸大如有　貴客要講此船往新金山砵非立可到本行面議
己未正月二十七日啟

未士士店臣有第一等洋船一隻名西古倫船主名荷石五百九十四噸大準於早日揚帆前往新金山雪梨砵非立埠如有搭客搭貨者請到本行面議　己未年二月初十日啟

前往舊金山

未士吸文士急波咩文公司有第一等好駛花旗船一隻名歌律船主名波臨一千八百噸大準於早日揚帆前往舊金山城在船位已有人定下大半如有搭客搭貨請到本行面議○戊午十二月廿九日啟

鴉厘芬公司有好駛花旗船一隻名高爐頓域時船主名加云準於早日揚帆前往舊金山正埠如有搭客搭貨者請到本行面議○己未正月十九日啟

剌時厘公司有好駛大花旗船一隻名齊倫治船主名花便準於早日揚帆前往舊金山正埠如有搭客搭貨者請到本行面議　己未年正月廿三日啟

未士士店臣有花旗船一隻名利澳邇打士船主名威林時六百九十噸準於早日揚帆前往舊金山正埠如有搭客搭貨者請到本行面議
己未年正月廿七日啟

未士喝公司有第一等花旗船一隻名馬利失顛船主名士拜沙準於早日揚帆前往舊金山正埠如有附搭貨物請到本行面議○己未年二月初十日啟

洋船出賃

未士閃臣公司有快駛洋船一隻出賃船名晏那郎船主名剌士查九白八十噸大又有好船位裝載搭客如貴客欲租船請到閃臣行面議
戊午十二月十五日謹啟

桅木出賣

啟者二枝半桅船名衣倫船主名冰有上好桅木出賣由四十二至五十六活又有大鐵鏈兩門鐵水櫃二個鐵錨等物出投如貴客欲買者請到船上面議

躉船出賣

未士士蔑布林勞有躉船一隻連鐵錨出賣其船現泊省城大英[illegible]局[illegible]頭如要知其詳細請到本行面[illegible]便可[illegible]
己未年正月初十日啟

移自啟失石棧所在金魚行出
銅
急頓占厝臣有各樣大小黃銅

未士掂爹厘於二月十五日下午一點鐘有各樣貨物衫褲布

本士連卡剌弗於二月十五日正午十二點鐘有新到各樣香

未士都爹厘奉　憲命於二月十九正午十二點鐘有地三段連屋出投地址第二百一十二號第二百一十

本士連卡剌弗於二月廿四日正午十二點鐘在澳爐

鴉

香港鴉片行情
新公烟土沽價七百六十七員半至七百

船名

收林 高塊頓威時
查倫治
利澳𡀔打時
○往雪梨咏非立
結合巴
衣故爐
抑麽時非亞
押非厘
西古倫
○往江南上海縣
之之厘
云打把唔
火船亞額
亞利孖沙
馬盞也
火船洋子
○前往小呂宋埠
火船舟山
○前往葛剌巴埠
云地㨂士
○前往厦門福州
火船上海
火船化地士

船主名

威林時
花便
加云
贊臣
威林時
倫
北記厘
荷石
思蔑
包孖時打
班拿
列治臣
英架文
爹也缴
布礫時
學士麻
蝦時活

庄口名

士店臣公司
剌時厘公司
鴉厘芬公司
剌時厘公司
晏治公司
士店臣公司
刼公司
士店臣公司
畢公司
些化公司
鐵行公司
布時𠲖公司
布時𠲖公司
顛地公司
鐵行公司
渠化公司
鐵行公司
巴剌爹公司

已上皆早日揚帆
早日揚帆
祖家火船到後兩日行啟

轄 … 並傾銀若干如有報單有差該貨被埃及國官府所留與本火輪船公司無涉 已未年正月廿六日火輪船公司啟

船 已未年正月廿六日火輪船公司啟

已未年正月廿六日本港火船公司啟

未士孖剌有暗車火輪船名埃倫使運時準於每個禮拜一次由港往省貨腳客腳便宜貴客光顧請到本行面議
戊午年十二月十五日啟

前往上海

茲有第一等街關船一隻名云打把唔船主名包孖時打準於早日揚帆前往上海如貴客附搭物貨到請些化行面議
戊午年十二月廿八日啟

未士畢公司有好駁二枝半桅船一隻名之之厘船主名思蔑三百四十墩大準於早日揚帆前往上海如有貨附搭者請到本行面議
已未正月廿七日啟

前往厦門

未士巴剌爹公司有火船一隻名化𨑨地士準於早日揚帆前往厦門如有附搭貨者請到本行面議
已未正月廿七日啟

華艇出賣

茲有新修華艇一隻出賣船上有新桅新帆又有洋大炮三條其船能載貨二千四百担如欲知其詳細請到中環大街未士加律治行問便妥
已未年二月初十日啟

憲示

憲示 爲招人承充煮賣洋烟事茲限於英三月初二日華正月廿八日起至英三月二十一日華二月十七日十二點鐘截止如有情願投充者每日來署標投其煮賣洋烟以英四月初一日起至明年英三月三十一日止限以一年爲滿期此按照一千八百五十八年所定之例第二條辦理特諭
已未年正月廿八日示

總差役館示

香港總理差役官出示 招人投票承接在本港每夜整淨點明各街燈約三百七十盞事限於六個月爲滿期由本年大英四月初一日起至九月三十日止油燈心人工等要承接者出燈與油球出在皇家倘有欲承接者票內列明每盞每月該銀若干願帶燈心油辦到總差役館以便查驗如欲知其詳悉可到總差役館問可也其票准於二月十三日午時截收特示
已未年二月初六日示

往上海日本

茲有火輪船一隻名埃打倫船主名威時打約於二月十二日由本港啟行往扶桑上海日本那架西息等埠後又由日本經過上海返港如有搭客搭貨者請到本行面議
已未正月廿九日啟

藥材出賣

禮打醫生藥房在與隆大街對面有來路藥材成箱出賣凡於新舊金山搭客船者要來路藥材使請與禮打醫生面議價銀便宜其藥係照香港官例製備出賣

花旗國老富臣醫生自製藥水名沙時把厘剌𩊚名天下凡用之者無有不效此藥專治婦科各症傷風咳嗽內傷瘀痛眼一概皮膚濕熱之症現本港藥店皆有

磅秤出賣

未士嗱有新到磅秤出賣能秤九百磅至二千磅如意者請到本行面議
戊午年十二月初五日啟

洋硝出賣

茲者未士孖剌有新到上好洋硝出賣如意買者請到本新聞紙館面議
戊午年十二月初八日啟

鞋皮出賣

茲有新到好來路鞋皮出賣如貴客欲買者請到本新聞紙館面議
戊午年十二月二十一日啟

憲示

照得本港地方現有英民二名在所泊舟夬𥼶死華人一名經已查明確實是以照例辦罪本大憲欲將其事俾華民通行知悉於英國所屬之處凡辦罪之件無論何國何事何色之人概皆一必求公允特諭
已未年二月初十日示

膏藥出賣

啟者中環泰盛洋貨舖有何老威膏藥藥丸出賣此藥馳名日久所有外科奇難雜症用之無有不效

玻璃出賣

未士都時有來路玻璃片出賣高十四烟治闊十個烟治至高三十五個烟治闊二十四個烟治
已未正月廿九日啟

呂宋烟出賣

舊銀行隔鄰未士利灣澄弼有新到二號呂宋烟共十三萬出賣又有法蘭西錯仔淌肉雞鵝地酒呂宋糖荷蘭甜等物出賣
戊午十十二月廿八

黃埔未士多𢇁弼地云有主固輪船一隻名路脫厘如貴客有貨要貯落躉船或過別船隨時方便價極便宜特此聲明
已未年正月十三日啟

香港船頭貨價

第二百十七號　已未年二月十八日

啟者此紙係在孖剌處每日所印之新聞紙同館印刷每逢禮拜二禮拜四禮拜六爲期遍派香港各舖戶每月收回銀一大員如　貴客有事要印落此紙內務宜早一日走字通知未士孖剌便妥印刷唐字價錢如左　一凡每次落唐字者五十個字已下收銀一員倘五十個字已上每字收銀一個先士如歡再落者每個禮拜減前一半奚如意者祈請到本館印刷便是
未士孖剌　新文紙館謹啟

新聞

茲聞現在佛山總局設一抽釐例將來要頒行於粵省各處城鎮墟市地方但今始行於佛山後及江門陳村等處凡所沽無論何項貨物每兩抽釐三分總局每月遣人查察各店數部若一舖做得一千兩銀生意者即抽釐三十兩惟恐有走私漏稅之弊故總局印刊沽貨單數百萬張派與各舖戶以後要買貨者有舖戶貨單爲據方能搬運貨物如查出無單者均作走私即將貨物歸官另將沽貨之店罰銀十倍載單內故意將貨價減少者亦要罰銀十倍由此推之設有小販帶柯貨物到佛山買與舖戶即每兩抽三分或將銀找錢亦抽三分或又將錢往別舖買什物亦要抽三分如斯計之凡買一兩銀什物實得九錢一分而已如此抽釐窮民受害倘此例果頒行吾恐下民不能免有時日曷喪予及汝偕亡之嘆也

英國祖家火輪船於十四夜一點鐘到港因在中途壞了一件火輪器皿故此担擱五六天修好〇大英水師提督西大人於十五日駕大戰船名加利吉打回國港內各英商於十四號在新公司擺宴與　西大人餞行又捐得銀約一萬員寄回英國做一套銀碟送西大人以彰其攻破羊城天津口之大功〇聞說　大英官府極欲海面太平除去各種海洋強盜現在各號樣砵整備聽用如一聞何處有海洋強盜即往追拿云云

茲接到汕頭信　敢着唐人如有云現在汕頭各　切要時事或得橫生意停止因　之目擊或得之有福建汀州連　傳聞不論何事城長毛到了潮　但取其有益於州地方擾亂因　唐人自合於同此處潮火船恐　好者均可攜至無貨往汕頭故　本館刻刷分文此次兼往福州　不取特此佈聞云云　新聞紙館謹啟

前往新金山

未生士店臣公司有快駛花旗船一隻名嘅毛時非船主名倫準於早日揚帆前往雪梨砵非立二埠如欲搭客搭貨者請到本行面議
戊午年十一月廿三日啟

未士晏治有好駛花旗船一隻名衣故爐船主名威林時準於早日揚帆前往新金山雪梨砵非立二埠如有搭貨與搭艙坊人客者請到本行面議〇已未年正月初二日啟

剌時厘公司有好駛花旗船一隻名結合巴船主名贊臣準於早日揚帆前往新金山雪梨砵非立埠如有搭客搭貨者請到本行面議
已未正月廿七日啟

未士刼公司有第一等兩枝半桅洋船一隻名押非厘船主名白記厘四百二十四墩大如有　貴客要請此船往新金山砵非立可到本行面議
已未正月二十七日啟

未士士店臣有第一等洋船一隻名西古倫船主名衙石五百九十四墩大準於早日揚帆前往新金山雪梨砵非立埠如有搭客搭貨者請到本行面議　已未年二月初十日啟

前往舊金山

未士吸文士急做時文公司有第一等好駛花旗船一隻名歌律船主名做藍一千八百墩大準於早日揚帆前往舊金山現在艙位已有人定下大半如有搭客搭貨請到本行面議〇戊午十二月廿九日啟

鴉厘芬公司有好駛花旗船一隻名高爐頓威時船主名加云準於早日揚帆前往舊金山正埠如有搭客搭貨者請到本行面議〇已未正月十九日啟

剌時厘公司有好駛大花旗船一隻名查倫治船主名花便準於早日揚帆前往舊金山正埠如有搭客搭貨者請到本行面議　已未年正月廿三日啟

未士士店臣有花旗船一隻名利澳羅打士船主名威林時六百九十墩準於早日揚帆前往舊金山正埠如有搭客搭貨者請到本行面議　已未年正月廿七日啟

未士喝公司有第一等花旗船一隻名馬利失頓船主名士拜沙準於早日揚帆前往舊金山正埠如有附搭貨物請到本行面議〇已未年二月初十日啟

洋船出賃

未士閃臣公司有快駛洋船一隻出賃船名晏那耶船主名剌士查九白八十墩大又有好艙位裝載搭客如貴客欲租船請到閃臣行面議
戊午十二月十五日謹啟

桅木出賣

啟者二枝半桅船名衣倫船主名冰有上好桅木出賣由四十二至五十六活又有大鐵鏈兩門鐵水櫃二個鐵鏈等物出投如貴客欲買者請到船上面議

銅

急頓占眉臣有各樣大小新舊[illegible]

未士濱於二月十八日正午十[illegible]

未士連卡剌弗於二月十九日正午十二[illegible]

未士都爹厘奉　憲命於二月十九正午十二點鐘有地三段運推出投[illegible]

未士馬蠟云於二月二十日正午十二點鐘在[illegible]

本士連卡剌弗於二月廿四日正午十二點鐘在澳爐[illegible]

鴉

香港鴉片行情

新公烟土估價七百六十七員半〇舊公[illegible]

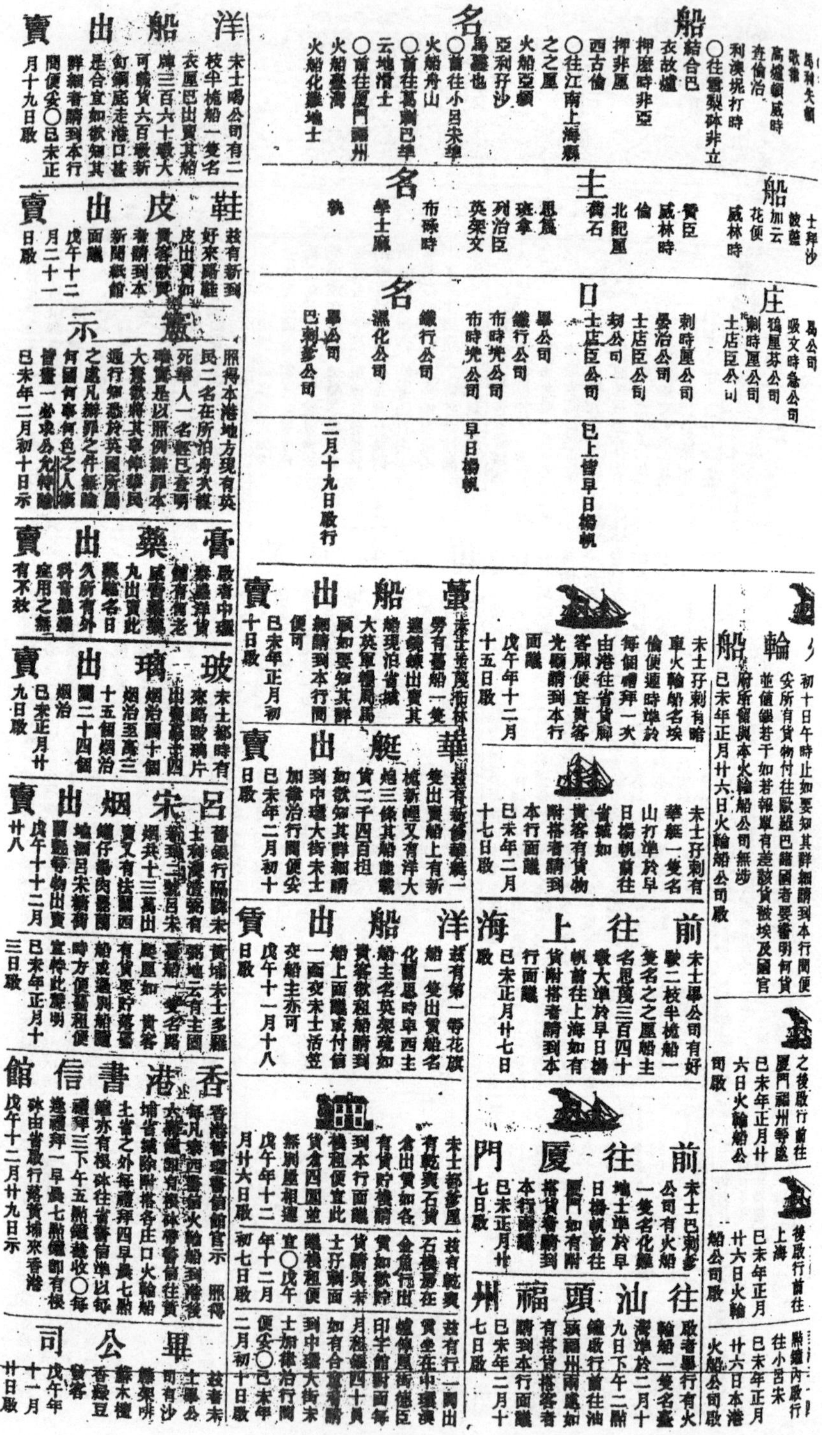

船名
馬利失顛 歌普 高爐顛威時 吞倫治 利澳挽打時
○往雪梨砵非立
結合巴 衣故爐 押麽時非亞 押非厘 西古倫
○往江南上海縣
之之厘 火船亞顛 亞利孖沙 馬醫也
○前往小呂宋埠
火船舟山
○前往葛喇巴埠
云地滑士
○前往廈門福州
火船臺灣 火船化籬地士

船主
士拜沙 彼藍 加云 花便 威林時 賓臣 威林時 倫 北記厘 夤石 思篾 琫拿 列治臣 英架文 布祿時 畢士麻 執

庄口名
馬公司 吸文時急公司 鴉厘芬公司 剌時厘公司 士店臣公司 剌時厘公司 晏治公司 士店臣公司 剌公司 士店臣公司 畢公司 鐵行公司 布時挽公司 布時挽公司 鐵行公司 濕化公司 畢公司 巴剌爹公司

已上皆早日揚帆
早日揚帆
二月十九日啟行

輪船
……初十日午時止如要知其詳細請到本行問便妥所有貨物付往歐羅巴諸國者要審明何貨並値銀若干如若報單有差該貨被埃及國官府所留與本火輪船公司無涉
已未年正月廿六日火輪船公司啟

……之後啟行前往廈門福州等處
已未年正月廿六日火輪船公司啟

……後啟行前往上海
已未年正月廿六日火輪船公司啟

……點鐘內啟行往小呂宋
已未年正月廿六日本港火船公司啟

末士孖剌有暗車火輪船名埃倫便運時準於每個禮拜一次由港往省貨腳客腳便宜貴客光顧請到本行面議
戊午年十二月十五日啟

末士孖剌有華艇一隻名山打準於早日揚帆前往省城如貴客有貨物附搭者請到本行面議
已未年二月十七日啟

前往上海
末士畢公司有好啵二枝半桅船一隻名之之厘船主名思蔑三百四十噸大準於早日揚帆前往上海如有貨附搭者請到本行面議
已未正月廿七日啟

前往廈門
末士巳剌爹公司有火船一隻名化籬地士準於早日揚帆前往廈門如有附搭貨者請到本行面議
已未正月廿七日啟

往汕頭福州
啟者畢行有火輪船一隻名臺灣準於二月十九日下午二點鐘啟行前往汕頭福州兩處如有搭貨搭客者請到本行面議
已未年二月十七日啟

臺船出賣
末士抵茂布林有臺船一隻速俾線出賣其船現泊省城大英軍器局爲顧如要知其詳細請到本行問便可
已未年正月初十日啟

華艇出賣
茲有新修華艇二隻出賣船上有新桅新帆又有洋大炮三條其船能載貨二千四百擔如欲知其詳細請到中環大街末士加律治行問便妥
已未年二月初十日啟

洋船出賃
茲有第一等花旗船一隻出賃船名化蘭思時卑西主船主名英架疏如貴客欲租船請到船上面議或付信一函交末士活笠交船主亦可
戊午年十一月十八日啟

末士都爹厘有乾爽石貨倉出賃如各有貨貯棧請到本行面議貨倉四面並無別屋相連
戊午年十二月廿六日啟

茲有乾爽石棧房在金魚街出賃如欲貯貨請與末士孖剌面議棧租便宜○戊午年十二月初七日啟

茲有行一間出賃坐在中環演爐俾厘街德臣印字館對面每月租銀四十員如有合意者請到中環大街末士加律治行問便妥○已未年二月初十日啟

洋船出賣
末士喝公司有二枝半桅船一隻名衣厘巴出賣其船牌三百六十噸大可載貨六百噸新釘銅底走港口甚是合宜如欲知其詳細者請到本行問便妥○已未正月十九日啟

鞋皮出賣
茲有新到好來路鞋皮出賣如貴客欲買者請到本新聞紙館面議
戊午十二月二十一日啟

告示
照得本港地方現有英民二名在所泊舟次被死華人一名經已查明確實是以照例辦罪本大憲欲將其事俾華民通行知悉於英國所屬之處凡辦罪之件無論何國何事何色之人總皆畫一必求公允特諭
已未年二月初十日示

膏藥出賣
啟者中環泰昌洋貨舖有舊老威吉藥膏藥九出賣此藥膏馳名日久所有外科膏藥症用之無有不效

玻璃出賣
末士都時有來路玻璃片出賣幾十四烟治闊十個烟治至高三十五個烟治闊二十四個烟治
已未正月廿九日啟

呂宋烟出賣
香港行隔鄰末士刺渣撥有新到呂宋烟共十三萬出賣又有牛肉罐頭烟仔杏肉醬醋地洞呂宋糖等物出賣
戊午十二月廿八

黃埔末士多羅有主國船一隻名嘵厘如貴客有貨要貯落營船或邊則船隨時方便租便宜特此聲明
已未年正月十三日啟

香港書信館
香港督理書信館官示　照得每凡泰西書信火輪船到港後大約有郵寄，以及省城往黃埔省城除附搭各庄口火輪船土省之外每禮拜四早晨七點鐘亦有艇來往省會信準以每禮拜三下午五點鐘截收○每逢禮拜一早晨七點鐘即有艇由省啟行落黃埔來香港
戊午十二月廿九日示

畢公司
茲者末士畢公司有沙籐架啡籐木檀香綠豆發客
戊午年十一月廿日啟

香港船頭貨價紙

第二百十八號　已未年二月二十日

啟者此紙係在孖剌處每日所印之新聞紙同館印刷每逢禮拜二禮拜四禮拜六為期遍派香港各舖戶每月收回銀一大員如 貴客有事要印落此紙內務宜早一日走字通知未士孖剌便妥印刷唐字價錢如左 一凡每次落唐字者五十個字已下收銀一員倘五十個字已上每字收銀一個先士如欲再落者每個禮拜照前一半算如意者祈請到本館印刷便是 未士孖剌 新文紙館謹啟

新聞

聞說潮州大埔縣城被由福建汀州連城過來之長毛攻破現在長毛圍困嘉應州官兵出城與之戰屢次敗兵後堅閉城門長毛日日攻城十分緊急○又聞西北兩江官兵失利現廣西紅匪在大烏地方擾亂四會之紅匪又聞退入些○現聞說佛鎮各舖戶因抽釐頭一節欲罷市惟恐官府執實故埋行酌議將貨價擡高每日亦關舖門但有客問買貨舖家即要雙倍價銀如此可謂不罷市之罷也如有官差拿人街坊即上關攔阻又有人說恐至終街坊不能硬得住官府因街坊不做生意每日亦要盤繳但官府不用盤繳雖候幾個月然後抽釐亦未爲遲但恐民與官鬥則民心日離若民心一離則弊端多生矣○又聞說有茶客由湖北省返粵云現在湖北宜昌府亦被長毛攻破兩湖地方路程十分難行處處皆被賊匪搶奪云云

桅木出賣

啟者二枝半桅船名衣倫船主名冰有上好桅木出賣由四十二至五十六活又有大鐵鏈兩門鐵水櫃二個鐵鍊等物出投如貴客欲買者請到船上面議

呂宋烟出賣

舊銀行隔鄰未士利灣渣弼有新到二號呂宋烟共十三萬出賣又有法蘭西罐仔湯肉罷蘭地酒呂宋檳荷蘭氈等物出賣 戊午十十二月廿八

啟者唐人如有切要時事或得之目擊或得之傳聞不論何事但取其有益於唐人有合於同好者均可攜至本館刻刷分文不取特此佈聞 新聞紙館謹啟

未士班時厘現在上環馬路賃得有行一間名奄保林常有各色貨物出投又做各樣經紀如 貴客光顧託他買賣之事無不妥辦特此聲明 已未年二月十九日謹啟

前往新金山

未士士店臣公司有快駛花旗船一隻名咽毛時非船主名倫準於早日揚帆前往雪梨砵非立二埠如欲搭客搭貨者請到本行面議 戊午年十一月廿三日啟

未士晏治有好駛花旗船一隻名衣故孻船主名威林時準於早日揚帆前往新金山雪梨砵非立二埠如有搭貨與搭帳房人客者請到本行面議○已未年正月初二日啟

剌時厘公司有好駛花旗船一隻名結合巴船主名賛臣準於早日揚帆前往新金山雪梨砵非立埠如有搭客搭貨者請到本行面議 已未正月廿七日啟

未士刼公司有第一等兩枝半桅洋船一隻名押非厘船主名白記四百二十四噸大如有 貴客要赭此船往新金山砵非立可到本行面議 已未正月二十七日啟

未士士店臣有第一等洋船一隻名西古倫船主名荷石五百九十四噸大準於早日揚帆前往新金山雪梨砵非立埠如有搭客搭貨者請到本行面議 已未年二月初十日啟

前往舊金山

未士吸文士急波時文公司有第一等好駛花旗船一隻名歌律船主名波藍一千八百噸大準於早日揚帆前往舊金山現在船位已有人定下大半如有搭客搭貨請到本行面議○戊午十二月廿九日啟

鴉厘芬公司有好駛花旗船一隻名高爐頓威時船主名加云準於早日揚帆前往舊金山正埠如有搭客搭貨者請到本行面議○已未正月十九日啟

剌時厘公司有好駛大花旗船一隻名查倫治船主名花便準於早日揚帆前往舊金山正埠如有搭客搭貨者請到本行面議 已未年正月廿三日啟

未士士店臣有花旗船一隻名利澳邏打士船主名威林時六百九十噸準於早日揚帆前往舊金山正埠如有搭客搭貨者請到本行面議 已未年正月廿七日啟

未士喝公司有第一等花旗船一隻名馬利失頓船主名士拜沙準於早日揚帆前往舊金山正埠如有附搭貨物請到本行面議○已未年二月初十日啟

洋船出賃

未士閃臣公司有快駛洋船一隻出賃船名曼那耶船主名剌士查九百八十噸大又有好艙位裝載搭客如貴客欲租船請到閃臣行面議 戊午十二月十五日謹啟

躉船出賣

未士士蔑布林勞有躉船一隻連鐃鍊出賣其船現泊省城大英軍糧局馬頭如要知其詳細請到本行問便可 已未年正月初十日啟

香港

香港管理書信館官示 照得每凡泰西書信火輪船到港後六點鐘即有褀砵帶書信往黃埔省城除附搭各庄口火輪船[illegible]

洋船

未士喝公司有二枝半桅船一隻名衣厘巴出賣其船牌三百六十噸大[illegible]

未士罵嬌云於二月二十日正午十二點鐘在燈籠洲沓顛行

本士運卡剌弗於二月廿四日正午十二點鐘在澳孻玻厘街加時古行

未士布碌時於二月廿五日在太平山有地一段出投地址第二百二十四號B每年地稅銀一磅零九個邊士本年上半年[illegible]

鴉片

香港鴉片行情 新公烟土沽價七百七十員 舊公烟土沽價七百六十員

船名 船主 庄口

〇往舊金山正埠

船名	船主	庄口
馬利失頓	十拜沙	曷公司
歌律	波盤	吸文時急公司
高爐頓威時	加云	鴉厘芬公司
奔倫治	花使	剌時厘公司
利澳坭打時	威林時	士店臣公司

〇往雪梨砵非立

船名	船主	庄口
結合巴	贊臣	剌時厘公司
衣故爐	威林時	晏治公司
押慶時非亞	倫	士店臣公司
押非厘	北記厘	刼公司
西古倫	荷石	士店臣公司

已上皆早日揚帆

〇往江南上海縣

船名	船主	庄口
之之厘	恩箴	畢公司
火船亞頓	班拿	鐵行公司
亞利孖沙	列治臣	布時㔓公司
馬禮也	英架文	布時㔓公司

早日揚帆

〇前往小呂宋埠

船名	船主	庄口
火船舟山	布碌時	鐵行公司

〇前往葛剌巴埠

船名	船主	庄口
云地滑士	學士麻	濕化公司

〇前往廈門福州

船名	船主	庄口
火船臺灣	執	畢公司
火船化離地士		巴剌爹公司

二月十九日啓行

火輪船

……初十日午時止如要知其詳細請到本行問便妥所有貨物付往歐羅巴諸國者要書明何貨並值銀若干如其報單有差該貨被埃及國官府所留與本火輪船公司無涉 已未年正月廿六日火輪船公司啓

……之後啓行前往廈門福州等處 已未年正月廿六日火輪船公司啓

……後啓行前往上海 已未年正月廿六日火輪船公司啓

……點鐘內啓行往小呂宋 已未年正月廿六日本港火船公司啓

未士孖剌有嗜車火輪船名埃倫使連時準於每個禮拜一次由港往省貨腳客腳便宜貴客光顧請到本行面議 戊午年十二月十五日啓

未士孖剌有華艇一隻名山打準於早日揚帆前往省城如貴客有貨物附搭者請到本行面議 已未年二月十七日啓

前往上海

未士畢公司有好駛二枝半桅船一隻名之之厘船主名恩箴三百四十墩大準於早日揚帆前往上海如有貨附搭者請到本行面議 已未正月廿七日啓

前往廈門

未士巴剌爹公司有火船一隻名化離地士準於早日揚帆前往廈門如有附搭貨者請到本行面議 已未正月廿七日啓

往汕頭福州

啓者畢行有火輪船一隻名臺灣準於二月十九日下午二點鐘啓行前往汕頭福州兩處如有搭貨搭客者請到本行面議 已未年二月十七日啓

華艇出賣

茲有新修華艇一隻出賣船上有新桅新㡌又有洋大炮三條其船能載貨二千四百担如欲知其詳細請到中環大街未士加律治行問便妥 已未年二月初十日啓

洋船出賃

茲有第一等花旗船一隻出賃船名化爾思時卑西主船主名英架璪如貴客欲租船請到船上面議或付信一函交未士活笠交船主亦可 戊午十一月十八日啓

未士都爹厘有乾爽石貨倉出賃如各有貨貯棧請到本行面議棧租便宜此貨倉四圍並無別屋相連 戊午年十二月廿六日啓

茲有乾爽石棧房在金庶行出賃如欲貯貨請與未士孖剌面議棧租便宜〇戊午年十二月初七日啓

茲有行一間出賃坐在中環澳爐俾厘街德臣印字館對面每月租銀四十員如有合意者請到中環大街未士加律治行問便妥〇已未年二月初十日啓

玻璃出賣

未士都時有來路玻璃片出賣高十四烟治闊十個烟治至高三十五個烟治闊二十四個烟治 已未正月廿九日啓

黃埔未士多羅溺地云有主圖臺船一隻名路慶厘如貴客有貨要貯落臺船或過別船臘時方便臺租便宜特此聲明 已未年正月十三日啓

鞋皮出賣

茲有新到好來路鞋皮出賣如貴客欲買者請到本新聞紙館面議 戊午十二月二十一日啓

憲示

照得本港地方現有英民二名在所泊舟次誤死華人一名經已查明確實是以照例辦罪本大憲欲將其事俾華民通行知悉於英國所屬之處凡辦罪之件無論何國何事何色之人概皆畫一必求公允特諭 已未年二月初十日示

膏藥出賣

啓者中環泰盛洋貨舖有何老威膏藥藥丸出賣此藥馳名日久所有外科奇雜雜症用之無有不效

銅片出賣

急頓占爾臣有各樣大小黃銅片出賣如欲買者請到本行面議 戊午十二月廿一日啓

畢公司

茲者未士畢公司自沙藤架啡蘇木檀香綠豆發客 戊午年十一月廿日啓

磅秤出賣

未士㹮有新到磅秤出賣能秤九百磅至二千磅如意者請到本行面議 戊午年十二月初五日啓

洋硝出賣

茲者未士孖剌有新到上好洋硝出賣如意買者請到本新聞紙館面議 戊午年十二月初八日啓

藥材出賣

禮打醫生藥房在興隆大街對面有來路藥材成箱出賣凡接新舊金山搭客船者要來路藥材便請與禮打醫生面議價錢便宜其藥係照香港官例製備

藥材出賣

花旗國老當臣醫生自製藥水名沙時把厘剌馳名天下凡用之者無有不效此藥專治婦科各症傷風咳嗽內傷癆瘵爛眼一概皮膚濕熱之症現本港藥店皆有出賣

香港船頭貨價紙

第二百十九號　　己未年二月廿二日　　禮拜

啟者此紙係在孖剌處每日所印之新聞紙同館印刷每逢禮拜二禮拜四禮拜六爲期遞派香港各舖戶每月收回銀一大員如 貴客有事要印落此紙內務宜早一日走字通知未士孖剌便妥印刷唐字價錢如左 一凡每次落唐字者五十個字已下亦收銀一員嗰五十個字已上每字收銀一個先士如欲再落者每個禮拜照前一半算如意者祈請到本館印刷便是
未士孖剌 新文紙館謹啟

新聞

茲有快艇一隻被新安巡船查私搬去貨物値銀四千員其船主在香港入稟報案本港 大憲收稟即派戰船三隻往南頭地方要該處地方官賠還此項地方官始不允後見勢不及故應允如數賠還云云

於本月十七晚在澳門有兩個兵丁入一舖打傷唐人一名傷唐人二名刧去舖中銀什物但未聞有捉拿得兇手云云

士店臣新金山船名押歷時非於本月十九日揚帆載去茶葉共五千二百零一件糖九百細生油九百三十七件白米一千九百六十包烟膏五千四百兩雜貨九千二百八十三件

香港書信館

香港管理書信館官示 照得每凡泰西書信火輪船到港後六點鐘即有梭砵帶書信往黃埔省城除附搭各庄口火輪船主省之外每禮拜四早晨七點鐘亦有梭砵往省書信準以每禮拜三下午五點鐘截收○每逢禮拜一早晨七點鐘即有梭砵由省啟行落黃埔來香港
戊午十二月廿九日示

洋船出賣

末士喝公司有二枝半桅船一隻名衣壓巴出賣其船牌三百六十墩大可載貨六百墩新釘銅底走港口甚是合宜如欲知其詳細者請到本行問便妥○已未正月十九日啟

啟者唐人如有切要時事或得之目擊或得之傳聞不論何事但取其有益於唐人有合於同好者均可攜至本館刻刷分文不取特此佈聞
新聞紙館謹啟

夜冷館

末士班時壓現在上環馬路賃得有行一間名奄保林常有各色貨物出投又做各樣經紀如 貴客光顧託他買賣之事無不妥辦特此聲明
已未年二月十九日謹啟

前往新金山

末士晏治有好駛花旗船一隻名衣故爐船主名威林時準於早日揚帆前往新金山雪梨砵非立二準如有搭貨與搭幡搒人客者請到本行面議○已未年正月初二日啟

剌時壓公司有好駛花旗船一隻名結合巴船主名賚臣準於早日揚帆前往新金山雪梨砵非立準如有搭客搭貨者請到本行面議
已未正月廿七日啟

末士刼公司有第一等兩枝半桅洋船一隻名押非壓船主名白記畢四百二十四墩大如有 貴客要搭此船往新金山砵非立可到本行面議
已未正月二十七日啟

末士士店臣有第一等洋船一隻名西古倫船主名街石五百九十四墩大準於早日揚帆前往新金山雪梨砵非立準如有搭客搭貨者請到本行面議 已未年二月初十日啟

玻璃出賣

末士鄰時有來路玻璃片出賣高十四烟治闊十個烟治至高三十五個烟治闊二十四個烟治
已未正月廿九日啟

前往舊金山

末士吸文士急波時文公司有第一等好駛花旗船一隻名歌律船主名波藍一千八百墩大準於早日揚帆前往舊金山現在船位已有人定下大半如有搭客搭貨請到本行面議○戊午十二月廿九日啟

鴉壓芬公司有好駛花旗船一隻名高爐頓威時船主名加云準於早日揚帆前往舊金山正準如有搭客搭貨者請到本行面議○已未正月十九日啟

剌時壓公司有好駛大花旗船一隻名查倫治船主名花便準於早日揚帆前往舊金山正準如有搭客搭貨者請到本行面議 已未年正月廿三日啟

末士士店臣有花旗船一隻名利澳邏打士船主名威林時六百九十墩準於早日揚帆前往舊金山正準如有搭客搭貨者請到本行面議
已未年正月廿七日啟

末士喝公司有第一等花旗船一隻名馬利失顛船主名士拜沙準於早日揚帆前往舊金山正準如有附搭貨物請到本行面議○已未年二月初十日啟

洋船出賃

末士罔臣公司有快駛洋船一隻出賃船名晏那耶船主名剌士查九百八十墩大又有好艙位裝載搭客如貴客欲租船請到罔臣行面議
戊午十二月十五日謹啟

躉船出賣

末士士蔑布林勞有躉船一隻連錨鍊出賣其船現泊省城大英軍器局碼頭如要知其詳細請到本行問便可
已未年正月初十日啟

呂宋烟

舊銀行隔鄰未士利濱渣弼有新到二號呂宋烟共十三萬出賣又有佐蘭西

桅木

啟者二枝半桅船名衣倫船主名冰有上好桅木出賣由四十二至五十六活

末士連卡剌弗於二月廿二日上午十一點鐘在士丹厘貨倉有

本士連卡剌弗於二月廿四日正午十二點鐘在澳爐啟厘街加時古行有各樣傢私檯椅

末士班時壓於二月廿五日正午十二點鐘有各樣酋餅罷爾地酒七十五桶三邊酒鐵水

末士布祿時於二月廿五日在太平山有屋一間連地出投地址第二百二十四號每年地稅銀一磅零九個邊士本年上半年地稅以經納妥現在每月

鴉片

香港鴉片行情
新公烟土沽價七百七十員
舊公烟土沽價七百六十員
新嗎烟土沽價八百

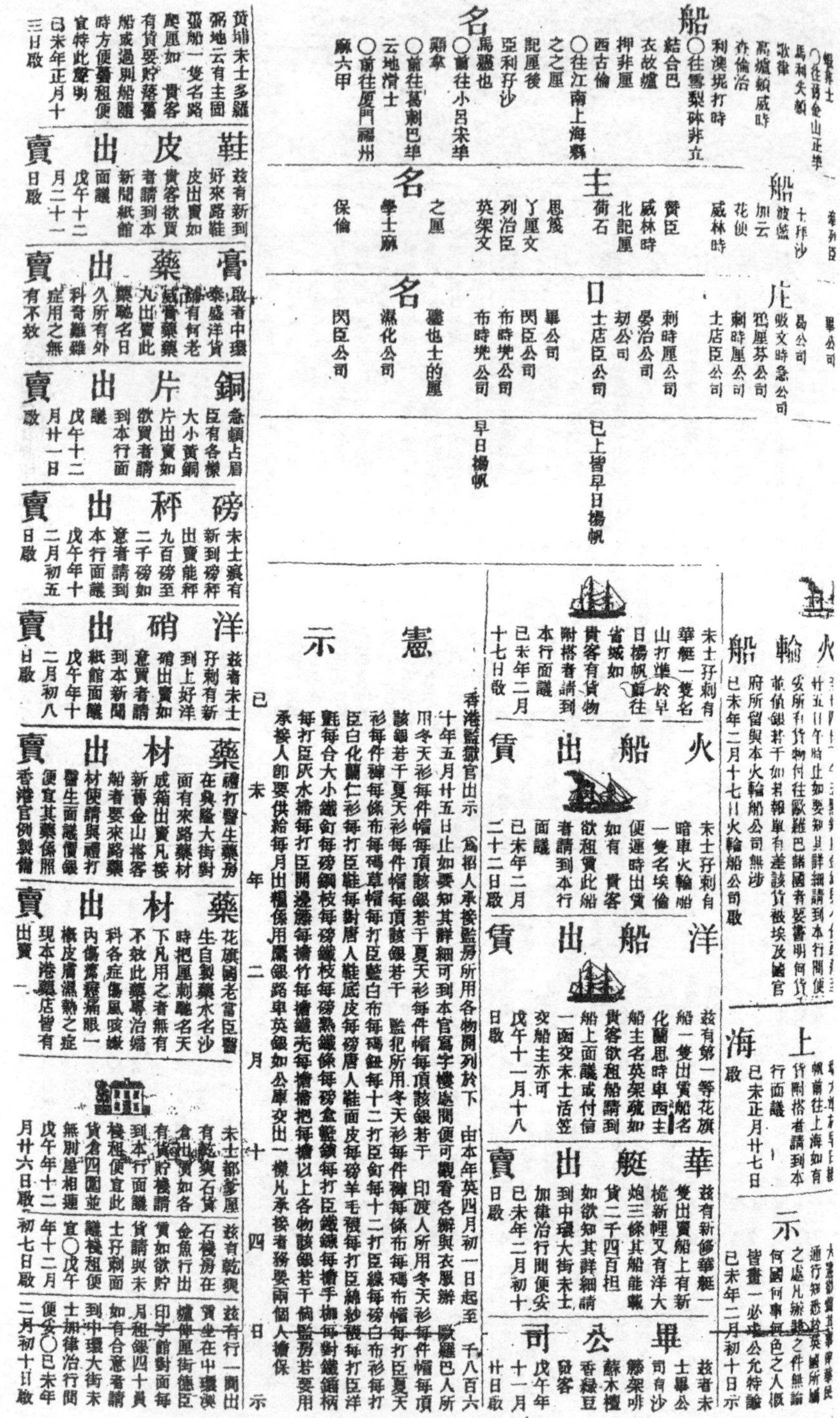

船名 船主名 口庄名

暇弗士 ○往舊金山正埠 華孙臣 畢公司
馬利夫頓 士拜沙 畐公司
歌偉 波藍 呅文時急公司
嵩爐頓威時 加云 鴉厘芬公司
乔倫治 花使 剌時厘公司
利澳坭打時 威林時 士店臣公司
○往雪梨砵非立
結合巴 贊臣 剌時厘公司
衣故爐 威林時 晏治公司
押非厘 北記厘 刼公司
西古倫 荷石 士店臣公司 已上皆早日揚帆
○往江南上海縣
之之厘 思篾 畢公司
記厘後 了厘文 閃臣公司
亞利孖沙 列治臣 布時坭公司
馬蘆也 英架文 布時坭公司 早日揚帆
○前往小呂宋埠
顯拿 之厘 蘆也士的厘
○前往葛喇巴埠
云地滑士 學士麻 濕化公司
○前往厦門福州
麻六甲 保倫 閃臣公司

火輪船

廿五日午時止如要知其詳細請到本行問便妥所有貨物付往歐羅巴諸國者要書明何貨並價銀若干如若報單有差該貨被埃及國官府所留與本火輪船公司無涉

已未年二月十七日火輪船公司啟

上海

帆前往上海如有貨附搭者請到本行面議

已未正月廿七日啟

示

通行知悉於英國所屬之處凡辦理之件無論何國何事何色之人概皆畫一必求公允特諭

已未年二月初十日示

未士孖剌有華艇一隻名山打準於早日揚帆前往省城如貴客有貨物附搭者請到本行面議

已未年二月十七日啟

火船出賃

未士孖剌有暗車火輪船一隻名埃倫便運時出賃如有貴客欲租賃此船者請到本行面議

已未年二月二十二日啟

洋船出賃

茲有第一等花旗船一隻出賃船名化蘭思時卑西主船主名英架疏如貴客欲租船請到船上面議或付信一函交未士活笠交船主亦可

戊午十一月十八日啟

華艇出賣

茲有新修華艇一隻出賣船上有新桅新裡又有洋大炮三條其船能載貨二千四百担如欲知其詳細請到中環大街未士加律治行問便妥

已未年二月初十日啟

畢公司

茲者未士畢公司有沙籐架啡蘇木檀香綠豆發客

戊午年十一月廿日啟

憲示

香港監獄官出示 爲招人承接監房所用各物開列於下 由本年英四月初一日起至一千八百六十年五月廿五日止如要知其詳細可到本官寫字樓處問便可觀看各辦與衣服辦 歐羅巴人所用冬天衫每件帽每頂該銀若干夏天衫每件帽每頂該銀若干 印渡人所用冬天衫每件帽每頂該銀若干夏天衫每件帽每頂該銀若干 監犯所用冬天衫每件褲每條布每碼草帽每打臣藍白布每碼鈕每十二打每十二打臣夏天衫每件褲每條布每碼布帽每打臣白化蘭仁衫每打臣鞋每對唐人鞋底皮每磅唐人鞋面皮每磅羊毛襪每打臣絲紗襪每打臣洋氈每合大小鐵釘每磅鋼枝每磅鐵枝每磅熟鐵條每磅盒籃鎖每打臣鐵鍊每擔手枷每對鐵鍋柄每打臣灰水帚每打臣開邊籐每擔竹每擔鐵壳每擔擔把每擔以上各物該銀若干倘監房若要用承接人即要供給每月出糧係用鷹銀路卑英銀如公庫交出一樣凡承接者務要兩個人擔保

已未年二月十四日示

貨埔未士多羅溺地云有主固孤船一隻名路爬厘如貴客有貨要貯落舊船或過則船躉時方便躉租便宜特此聲明

已未年正月十三日啟

鞋皮出賣

茲有新到好來路鞋皮出賣如貴客欲買者請到本新聞紙館面議

戊午十二月二十一日啟

膏藥出賣

啟者中環泰盛洋貨舖有何老威膏藥丸出賣此藥馳名日久所有外科奇難雜症用之無有不效

銅片出賣

急頓占眉臣有各樣大小黃銅片出賣如欲買者請到本行面議

戊午十二月廿一日啟

磅秤出賣

未士孖有新到磅秤出賣能秤九百磅至二千磅如意者請到本行面議

戊午年十二月初五日啟

洋硝出賣

茲者未士孖剌有新到上好洋硝出賣如意買者請到本新聞紙館面議

戊午年十二月初八日啟

藥材出賣

禮打醫生藥房在與隆大街對面有來路藥材成箱出賣凡搭新舊金山搭客船者要來路藥材便請與禮打醫生面議價銀便宜其藥係照香港官例製備

藥材出賣

花旗國老富臣醫生自製藥水名沙時把厘剌馳名天下凡用之者無有不效此藥專治婦科各症傷風咳嗽內傷癆瘵痛眼一概皮膚濕熱之症現本港藥店曾有出賣

未士都爹厘有乾爽石貨倉出貨如各有貨貯棧請到本行面議棧租便宜此貨倉四圍並無別屋相連

戊午年十二月廿六日啟

茲有乾爽石棧房在金魚行出賃如欲貯貨請與未士孖剌面議棧租便宜○戊午年十二月初七日啟

茲有行一間出賃坐在中環澳爐伸厘街德臣印字館對面每月租銀四十員如有合意者請到中環大街末士加律治行問便妥○已未年二月初十日啟

香港船頭貨價紙

第二百二十號　己未年二月廿五日　禮

啟者此紙係在孖剌處每日所印之新聞紙同館印刷每逢禮拜二禮拜四禮拜六爲期編派香港各舖戶每月收回銀一大員如　有客有事要印落此紙內務宜早一日走字通知末士孖剌便妥印刷唐字價錢如左　一凡每次落唐字者五十個字已下收銀一員倘五十個字已上每字收銀一個先士如欲再落者每個禮拜照前一半算如意者祈請到本館印刷便是

末士孖剌　新文紙館謹啟

新聞

茲接到安南信札云於舊歲十二月三十日法蘭西西班雅兩國戰船共八號另陸兵一千名由安南度耶港口揚帆南駛於本年正月初十日到安南細江城河口法蘭西與西班雅戰艦即與河口各炮台攻擊燬壞砲台數座於正月十四日水陸並攻細江城攻了個半時辰其城即破兵丁搭雲梯入城逢人便刺安南兵勇逃走者不計其數在此城法蘭西人所獲錢糧甚多云云

鐵行火輪船名花麼沙帶來上海信云現鴉片烟土每箱征收關稅二十四兩但各唐人云　大英新欽差將到新和約將行照和約每箱收稅銀三十兩故各人多買鴉片此兩個禮拜內各洋行沽去白皮烟土一千五百五十箱公烟土約五百箱另定落未出者不計白皮沽四百八十至四百九十五兩公烟土沽五百七十五至五百九十六兩白糖與米亦爽市云云

香港書信館

香港管理書信館官示　照得每凡泰西書信火輪船到港後六點鐘即有根砵帶書信往黃埔省城除附搭各庄口火輪船土省之外每禮拜四早晨七點鐘亦有根砵往省書信準以每禮拜三下午五點鐘截收〇每逢禮拜一早晨七點鐘即有根砵由省啟行落黃埔來香港

戊午十二月廿九日示

啟者唐人如有切要時事或得之目擊或得之傳聞不論何事但取其有益於唐人有合於同好者均可攜至本館刻刷分文不取特此佈聞

新聞紙館謹啟

夜冷館

末士班時厘現在上環馬路賃得有行一間名奄保林常有各色貨物出投又做各樣經紀如　貴客光顧託他買賣之事無不妥辦特此聲明

已未年二月十九日謹啟

前往新金山

末士晏治有好駛花旗船一隻名衣故爐船主名威林時準於早日揚帆前往新金山雪梨砵非立二埠如有搭貨與搭帳房人客者請到本行面議〇已未年正月初二日啟

刺時厘公司有好駛花旗船一隻名結合巴船主名賓臣準於早日揚帆前往新金山雪梨砵非立埠如有搭客搭貨者請到本行面議

已未正月廿七日啟

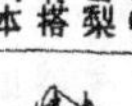

末士刼公司有第一等兩枝半桅洋船一隻名押非厘船主名白記厘四百二十四噸大如有　貴客要請此船往新金山砵非立可到本行面議

已未正月二十七日啟

末士才店臣有第一等洋船一隻名西古倫船主名荷石五百九十四噸大準於早日揚帆前往新金山雪梨砵非立埠如有搭客搭貨者請到本行面議　已未年二月初十日啟

玻璃出賣

末士都時有來路玻璃片出賣高十四烟治闊十個烟治至高三十五個烟治闊二十四個烟治

已未正月廿九日啟

前往舊金山

末士吸文士急破咋文公司有第一等好駛花旗船一隻名歌律船主名波藍一千八百噸大準於早日揚帆前往舊金山現在艙位已有人定下大半如有搭客搭貨請到本行面議〇戊午十二月廿九日啟

鴉厘芬公司有好駛花旗船一隻名高爐顛威時船主名加云準於早日揚帆前往舊金山正埠如有搭客搭貨者請到本行面議〇已未正月十九日啟

刺時厘公司有好駛大花旗船一隻名查倫治船主名花便準於早日揚帆前往舊金山正埠如有搭客搭貨者請到本行面議　已未年正月廿三日啟

末士士店臣有花旗船一隻名利澳邏打士船主名威林時六百九十噸準於早日揚帆前往舊金山正埠如有搭客搭貨者請到本行面議

已未年正月廿七日啟

末士啲公司有第一等花旗船一隻名馬利失顛船主名士拜沙準於早日揚帆前往舊金山正埠如有附搭貨物請到本行面議〇已未年二月初十日啟

洋船出賃

末士閃臣公司有快駛洋船一隻出賃船名晏耶耶船主名剌士查九百八十噸大又有好艙位裝載搭客如貴客欲租船請到閃臣行面議

戊午十二月十五日謹啟

躉船出賣

末士士蔑布林勞有躉船一隻連鐵錬出賣其船現泊省城大英軍糧局馬頭如要知其詳細請到本行問便可

已未年正月初十日啟

呂宋烟

舊銀行隔鄰末士利濱渣弼有新到二號呂宋烟共十三萬出賣又有法蘭西

啟者二枝半桅船名衣倫船主名冰有上好桅木出賣由四十二至五十六活

末士班時厘於二月廿五日正午十二點鐘有各樣酒飾罷蘭地酒七十五桶三邊酒鐵水

末士布碌時於二月廿五日在太平山有屋一間連地出投地址第二百二十四號B每年地稅銀一磅零九個邊士本年上半年地稅以經納妥現在每月

末士鷹孀云於二月廿五日上午十二點鐘在燈籠洲末士廉文行有呂宋格木一單出投建造唐字船

末士卜碌時於二月廿九日上午十一點半鐘在都爹厘行名域多厘益士甑

鴉片

香港鴉片行情

新公烟土沽價七百六十七員半

舊公烟土沽價七百六十員

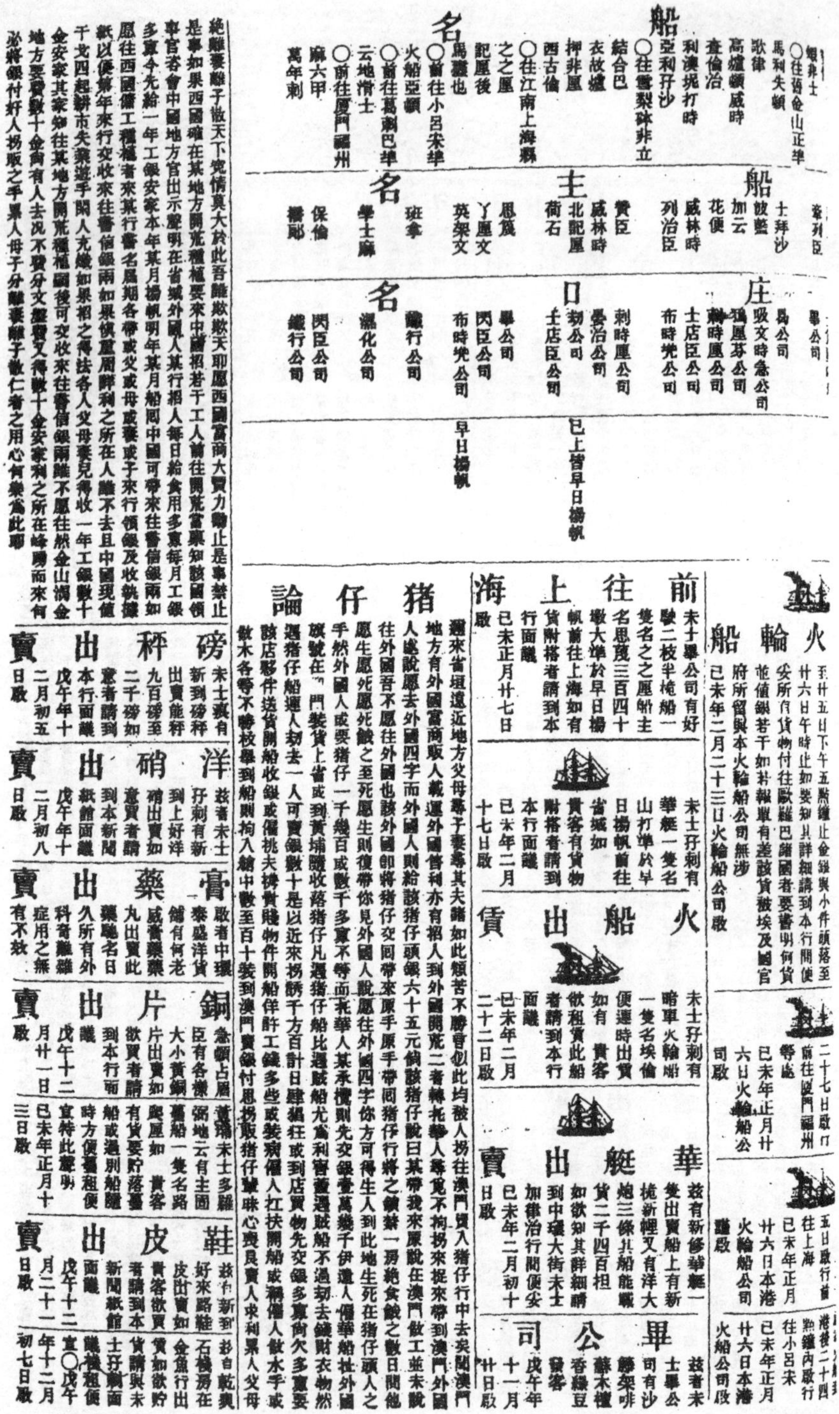

船名

……啡士 ○往舊金山正埠 馬利失頓 歌律 高爐頓威時 查倫治 利澳抿打時 亞利孖沙 ○往雪梨跡非立 結合巴 衣故爐 押非厘 西古倫 ○往江南上海縣 之之厘 記厘後 馬蘿也 ○前往小呂宋埠 火船亞顛 ○前往葛剌巴埠 云地滑士 ○前往厦門福州 麻六甲 萬年剌

船主名

丫列臣 士拜沙 故藍 加云 花便 威林時 列治臣 贊臣 威林時 北記厘 荷石 思箴 丫厘文 英架文 班拿 學士麻 保倫 播耶

庄口名

畢公司 島公司 吸文時急公司 鴉厘芬公司 䴏時厘公司 士店臣公司 布時兌公司 剌時厘公司 晏治公司 㫌公司 士店臣公司 畢公司 閃臣公司 布時兌公司 鐵行公司 瀾化公司 閃臣公司 鐵行公司

已上皆早日揚帆 早日揚帆

絕離妻離子散天下凶慘莫大於此吾雖歎歎天耶願西國富商大賈力勸止是事禁止是事如果西國確在某地方開荒種植要來中國招若干工人前往開荒富衆知該國領事官者會中國地方官出示聲明在省城外國人某行招人每日給食用多寡每月工銀多寡今先給一年工銀安家本年某月揚帆明年某月船回中國可帶來往書信銀兩如願往西國傭工種植者來某行書名屆期各帶或父或母或妻或子來行領銀及收執據紙以便每年來行交收來往書信銀兩如果俱屬開闢利之所在人雖不去且中國現值干戈四起耕市失業游手閑人充斥如果招之得法各人父母妻兒得收一年工銀數十金安家其家如往某地方開荒種植回後可交收來往書信銀兩雖不願往然金山澗金地方要費數十金尚有人去況不費分文盤費又得數十金安家利之所在蜂擁而來何必將銀付奸人拐販之手累人母子分離妻離子散仁者之用心有樂為此耶

火輪船

至廿五日下午五點鐘止金銀與小件頭落至廿六日午時止如要知其詳細請到本行問便妥所有貨物付往歐羅巴諸國者要書明何貨並值銀若干如若報單有差該貨被埃及國官府所留與本火輪船公司無涉 已未年二月二十三日火輪船公司啟

二十七日啟行前往厦門福州等處 已未年正月廿六日火輪船公司啟

五日啟行前往上海 已未年正月廿六日本港火輪船公司謹啟

港後二十四點鐘內啟行往小呂宋 已未年正月廿六日本港火船公司啟

前往上海

未士畢公司有好駁二枝半桅船一隻名之之厘船主名思箴三百四十墩大準於早日揚帆前往上海如有貨附搭者請到本行面議 已未正月廿七日啟

未士孖剌有華艇一隻名山打準於早日揚帆前往省城如貴客有貨物附搭者請到本行面議 已未年二月十七日啟

火船出賃

未士孖剌有暗車火輪船一隻名埃倫便遞時出賃如有貴客欲租賃此船者請到本行面議 已未年二月二十二日啟

華艇出賣

茲有新修華艇一隻出賣船上有新桅新𦁎又有洋大炮三條共船能載貨二千四百担如欲知其詳細請到中環大街未士加律治行問便妥 已未年二月初十日啟

畢公司

茲者未士畢公司有沙啡架啡蘇木檀香綠豆發客 戊午年十一月廿日啟

猪仔論

邇來省垣遠近地方父母尋子妻尋其夫諸如此類苦不勝言似此均被人拐往澳門賣入猪仔行中去矣聞澳門地方有外國富商販人載運外國皆利亦有招人到外國開荒二者轉托華人尋覓不拘拐來捉來帶到澳門外國人處說愿去外國四字而外國人則給該猪仔頭銀六十五元的該猪仔說曰某帶我來原說在澳門做工並未說往外國吾不愿往外國也該外國即將猪仔交回帶來原手原手帶回猪仔行將之鎖禁一房絕食餓之數日問他愿生愿死愿死餓之至死愿生則復帶你見外國人說愿往外國四字你方可得生人到此地生死在猪仔頭人之手然外國人或要猪仔一千幾百或數千多寡不等而托華人某承攬則先交銀壹萬幾千伊還人僱華船扯外國旗號在澳門裝貨上省或到黃埔隨收落猪仔凡遇猪仔船比遇賊船尤為利害蓋遇賊船不過劫去錢財衣物然遇猪仔船運人劫去一人可賣銀數十是以近來拐騙千方百計日肆猖狂或到店買物先交銀多寡尚欠多寡要該店夥伴送貨開船收銀或僱挑夫擔貴賤物件開船伴計工錢多些或裝病僱人扛扶開船或稱僱人做水手或做木各等不勝枚舉到船則拘入艙中數至百十裝到澳門賣銀付恩拐販猪仔輩昧心喪良賣人求利累人父母

磅秤出賣

未士嗼自新到磅秤出賣能秤九百磅至二千磅如意者請到本行面議 戊午年十二月初五日啟

洋硝出賣

茲者未士孖剌有新到上好洋硝出賣如意買者請到本新聞紙館面議 戊午年十二月初八日啟

膏藥出賣

啟者中環泰盛洋貨舖有何老威膏藥藥丸出賣此藥馳名日久所有外科奇難雜症用之無有不效

銅片出賣

急顛占厘臣有各樣大小黃銅片出賣如欲買者請到本行面議 戊午年十二月廿一日啟

茲者未士多羅弼地云有主圖舊船一隻名路與厘如貴客有貨要貯落舊船或過別船隨時方便舊租便宜特此聲明 已未年正月十三日啟

鞋皮出賣

茲有新到好來路鞋皮出賣如貴客欲買者請到本新聞紙館面議 戊午年十二月二十一日啟

茲自乾興石機房在金魚行出貨如欲貯貨請與未士孖剌面議租便宜○戊午年十二月初七日啟

香港船頭貨價紙

第二百二十一號　己未年二月廿七日

啟者此紙係在孖剌處每日所印之新聞紙同館印刷每逢禮拜二禮拜四禮拜六為期編派香港各舖戶每月收回銀一大員如　貴客有事要印落此紙內務宜早一日走字通知未士孖剌便妥印刷唐字價錢如左　一凡每次落唐字者五十個字已下收銀一員倘五十個字已上每字收銀一個先士如欲再落者每個禮拜照前一半算如意者祈請到本館印刷便是

未士孖剌　新文紙館謹啟

新聞

茲接到新金山雪梨埠新聞紙云有法蘭西船一隻名璧保羅載唐客三百一十六名於去年五月十七日由香港啟行前往新金山中途擱淺船上各人埋岸到一島名亞的厘其土人盡將唐人剎死獨留得一人船上水手伙長各人亦多遭剎戮云云○聞說暹羅官府查得近年唐人往暹羅耕種者太多恐唐人生變則難以制服故欲設法阻止云云○於本月廿四日丹拿行有火輪船一隻名加榜主由鑒買到港載來鴉片一千四百箱綿花一千六百綑

天源公司

奉憲　示本港水陸地方所有煮賣洋烟膏海面船上金山烟膏自英本年四月初一日起至明年三月三十一日止係張新林基天源公司總管凡各舖戶以及船上所存烟膏必要到天源公司經稅方得出口如有人以及舖戶煮烟賣者必要到本公司領牌給照特此聲明免至後論○己未年二月廿六日上環天源公司謹啟

啟者二枝半桅船名衣倫船主名冰有上好桅木出賣由四十二至五十六活又有大鐵鏈兩門鐵水櫃二個鐵練等物出投如貴客欲買者請到船上面議

畢公司

茲者未士畢公司有沙籐架啡蘇木檀香綠豆發客

戊午年十一月廿日啟

啟者唐人如有切要時事或得之目擊或得之傳聞不論何事但取其有益於唐人有合於同好者均可攜至本館刻刷分文不取特此佈聞

新聞紙館謹啟

夜冷館

未士班時厘現在上環馬路賃得有行一間名花保林常有各色貨物出投又做各樣經紀如　貴客光顧託他買賣之事無不妥辦特此聲明

己未年二月十九日謹啟

前往新金山

未士晏治有好駛花旗船一隻名衣故爐船主名威林時準於早日揚帆前往新金山雪梨啉非立二埠如有搭貨與搭帳房人客者請到本行面議○己未年正月初二日啟

剌時厘公司有好駛花旗船一隻名結合巴船主名賛臣準於早日揚帆前往新金山雪梨啉非立埠如有搭客搭貨者請到本行面議

己未正月廿七日啟

未士刼公司有第一等兩枝半桅洋船一隻名押非厘船主名白記畢四百二十四噸大如有　貴客要請此船往新金山啉非立可到本行面議

己未正月二十七日啟

未士士店臣有份一等洋船一隻名西古倫船主名荷石五百九十四噸大準於早日揚帆前往新金山雪梨啉非立埠如有搭客搭貨者請到本行面議　己未年二月初十日啟

玻璃出賣

未士鄒時有來路玻璃片出賣高十四烟治闊十個烟治至高三十五個烟治闊二十四個烟治

己未正月廿九日啟

前往舊金山

未士吸文士急波時文公司有第一等好駛花旗船一隻名歌律船主名波藍一千八百噸大準於早日揚帆前往舊金山現在船位已有人定下大半如有搭客搭貨請到本行面議○戊午十二月廿九日啟

鴉厘芬公司有好駛花旗船一隻名高爐顛威時船主名加云準於早日揚帆前往舊金山正埠如有搭客搭貨者請到本行面議○己未正月十九日啟

剌時厘公司有好駛大花旗船一隻名查倫治船主名花便準於早日揚帆前往舊金山正埠如有搭客搭貨者請到本行面議　己未年正月廿三日啟

未士士店臣有花旗船一隻名利澳邏打士船主名威林時六百九十噸準於早日揚帆前往舊金山正埠如有搭客搭貨者請到本行面議

己未年正月廿七日啟

未士喝公司有第一等花旗船一隻名馬利失顛船主名士拜沙準於早日揚帆前往舊金山正埠如有附搭貨物請到本行面議○己未年二月初十日啟

洋船出賃

未士閃臣公司有快駛洋船一隻出賃船名桑那耶船主名剌士查九百八十噸大又有好艙位裝載搭客如貴客欲租船請到閃臣行面議

戊午十二月十五日謹啟

躉船出賣

未士士蔑布林勞有躉船一隻連鐵鍊出賣其船現泊省城大英軍糧局馬頭如要知其詳細請到本行問便可

己未年正月初十日啟

香港書

香港總理書信館官示　照得每凡泰西書信火輪船到港後六點鐘即有根昳帶書信往黃埔省城除附搭各庄口火輪船土省之外每禮拜四早晨七點

洋船

茲有第一等花旗船一隻出賃船名化崙思時卑西主船主名英架疏如貴客欲租船請到

未士班時厘於二月廿七日上午十一點鐘有小種茶十二箱合隆茶二十五箱包種茶五十箱金鏢銀

未士士蔑布林勞於二月廿八日上午十一點鐘有罷蘭地酒卡剌律林酒亞力酒洋醋必打啤酒番梘烟餅魚膠衣

未士卜祿時於二月廿九日上午十點半鐘在都爹厘行名域多厘華士甑治

鴉片

香港鴉片行情新公烟土沽價七百六十二員半○舊公烟土沽七百五十二員半至七百五十五員○

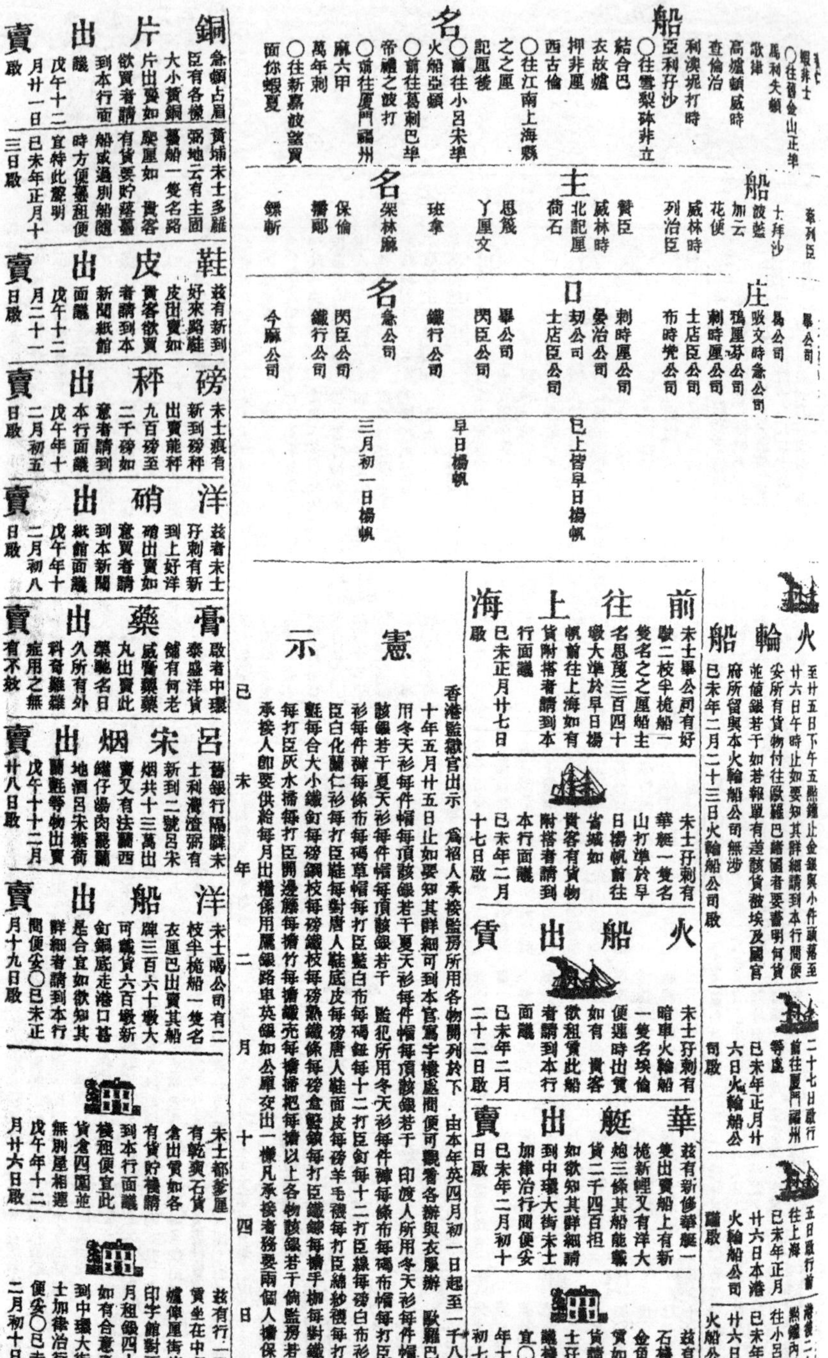

船名

蝦非士
○往舊金山正埠
馬利失頓
歌律
高爐頓威時
查倫治
利澳挮打時
亞利孖沙
○往雪梨砵非立
結合巴
衣故爐
押非厘
西古倫
○往江南上海縣
之之厘
記厘後
○前往小呂宋埠
火船益頓
○前往葛剌巴埠
帝禮之波打
○前往厦門福州
麻六甲
萬年剌
○往新嘉波盤買
面你蝦夏

船主名

乖列臣
士拜沙
波藍
加云
花使
威林時
列治臣
贊臣
威林時
北記厘
荷石
恩箴
丫厘文
班拿
渠林廉
保倫
播鄖
鏢斬

庄口名

畢公司
馬公司
吸文時急公司
鴉厘𡁻公司
剌時厘公司
士店臣公司
布時焼公司
剌時厘公司
晏治公司
刼公司
士店臣公司
畢公司
閃臣公司
鐵行公司
急公司
閃臣公司
鐵行公司
今麻公司

已上皆早日揚帆
早日揚帆
三月初一日揚帆

火輪船

至廿五日下午五點鐘止金銀與小件頭落至廿六日午時止如要知其詳細請到本行問便妥所有貨物付往歐羅巴諸國者要書明何貨並値銀若干如若報單有差該貨被埃及國官府所留與本火輪船公司無涉

已未年二月二十三日火輪船公司啟

二十七日啟行前往厦門福州等處

已未年正月廿六日火輪船公司啟

五日啟行前往上海

已未年正月廿六日本港火輪船公司謹啟

港後二十四點鐘內啟行往小呂宋

已未年正月廿六日本港火船公司啟

前往上海

未士畢公司有好駛二枝半桅船一隻名之之厘船主名恩箴三百四十噸大準於早日揚帆前往上海如有貨附搭者請到本行面議

已未正月廿七日啟

未士孖剌有華艇一隻名山打準於早日揚帆前往省城如貨客有貨物附搭者請到本行面議

已未年二月十七日啟

火船出賃

未士孖剌有暗車火輪船一隻名埃倫便捷時出賃如有貴客欲租賃此船者請到本行面議

已未年二月二十二日啟

華艇出賣

茲有新修華艇一隻出賣船上有新桅新帆又有洋大炮三條其船能載貨二千四百担如欲知其詳細請到中環大街未士加律治行問便妥

已未年二月初十日啟

茲有乾爽石棧房在金魚行出賃如欲貯貨請與未士孖剌面議租便宜○戊午年十二月初七日啟

憲示

香港監獄官出示　爲招人承接監房所用各物開列於下　由本年英四月初一日起至一千八百六十年五月廿五日止如要知其詳細可到本官寫字樓處問便可觀看各辦與衣服辦　歐羅巴人所用冬天衫每件幅每頂該銀若干夏天衫每件幅每頂該銀若干　印度人所用冬天衫每件褲每條布每件幅每頂該銀若干夏天衫每件幅每頂該銀若干　監犯所用冬天衫每件褲每條布每碼草帽每打臣藍白布每碼鈕每十二打臣釘每十二打臣綠每磅白布衫每打臣白化蘭仁衫每打臣鞋每對唐人鞋底皮每磅唐人鞋面皮每磅羊毛襪每打臣絲紗襪每打臣洋氈每合大小鐵釘每磅鋼枝每磅鐵枝每磅熟鐵條每磅盒鍟錄每打臣鐵鏈每擔手枷每對鐵鏈柄每打臣灰水擔每打臣開邊籐每擔竹每擔鐵充每擔擔耙每擔以上各物該銀若干倘監房君要用承接人即要供給每月出糧係用廣銀路單英銀如公庫交出一樣凡承接者務要兩個人擔保

已未年二月十四日示

銅片出賣

急頓占眉臣有各樣大小黃銅片出賣如欲買者請到本行面議

戊午年十二月廿一日啟

黃埔未士多羅弼地云有主園藝船一隻名路爬厘如貴客有貨要貯落藝船或過別船隨時方便藝租便宜特此聲明

已未年正月十三日啟

鞋皮出賣

茲有新到好來路鞋皮出賣如貴客欲買者請到本新聞紙館面議

戊午年十二月二十一日啟

磅秤出賣

未士裒有新到磅秤出賣能秤九百磅至二千磅如意者請到本行面議

戊午年十二月初五日啟

洋硝出賣

茲者未士孖剌有新到上好洋硝出賣如意買者請到本新聞紙館面議

戊午年十二月初八日啟

膏藥出賣

啟者中環泰盛洋貨舖有何老威膏藥藥丸出賣此藥馳名日久所有外科奇雜雜症用之無有不效

呂宋烟出賣

匯銀行隔隣未士利濟澄弼有新到二號呂宋烟共十三萬出賣又有法蘭西罐仔湯肉罷蘭地酒呂宋糖荷蘭氈等物出賣

戊午年十二月廿八日啟

洋船出賣

未士喝公司有二枝半桅船一隻名衣厘巴出賣其船牌三百六十噸大可載貨六百噸新釘銅底走港口甚是合宜如欲知其詳細者請到本行問便妥○已未正月十九日啟

未士都爹厘有乾爽石貨倉出賃如各有貨貯棧請到本行面議棧租便宜此貨倉四圍並無別屋相連

戊午年十二月廿六日啟

茲有行一間出賃坐在中環澳爐俾厘街德臣印字館對面每月租銀四十員如有合意者請到中環大街未士加律治行問便妥○已未年二月初十日啟

香港船頭貨價紙

第二百二十二號　　己未年二月廿九日　　禮拜

啟者此紙係在孖剌處每日所印之新聞紙同館印刷每逢禮拜二禮拜四禮拜六爲期遍派香港各舖戶每月收回銀一大員如　貴客有事要印落此紙內務宜早一日走字通知未士孖剌便妥印刷唐字價錢如左　一凡每次落唐字者五十個字已下收銀一員倘五十個字已上每字收銀一個先士如欲再落者每個禮拜照前一半算如意者請到本館印刷便是　未士孖剌　新文紙館謹啓

新聞

茲接到省城二月廿七日信云省內官憲現議設洋行二十一家與外國人交易今因　皇上倉庫空虛要每洋行納規銀若干亦未確知多寡外國官員亦允從此議惟外國客商多有不願現各洋行會議定准章程出入口貨價銀若干但未知此例何時方行〇又聞　大英提督於二月十九日帶領英法兵往白雲山龍眼洞各處遊玩衆鄉民無不樂見矣英人遊至清初明末兩王未入城時札兵之處又見高山峻嶺美景可觀遍遊三日然後回城並無別故云云

一本年在香港投蒸鴉片每月稅銀二千七百二十五員港內吹吸鴉片烟者必須供給此餉另烟土原價銀約二萬餘員〇每年外洋來鴉片烟土約六萬餘箱現照清朝要每箱入口抽銀三十兩歸　皇庫則每年增得銀一百八十萬兩若每箱烟土沽銀七百大員即中華一年要費鴉片銀四千二百萬員凡國富則強國窮則弱此定然之理也若中國每年要費用鴉片銀如此之多窮弱之勢定矣

畢公司

茲者未士畢公司有沙籐架啡蘇木檀香綠豆發客　戊午年十一月廿日啓

茲有行一間出賃坐在中環淇爐俾厘街德臣印字館對面每月租銀四十員如有合意者請到中環大街未士加律治行問便妥〇已未年二月初十日啓

啟者唐人如有切要時事或得之目擊或得之傳聞不論何事但取其有益於唐人有合於同好者均可攜至本館刻刷分文不取特此佈聞　新聞紙館謹啓

夜冷館

未士班時厘現在上環馬路賃得有行一間名奄保林常有各色貨物出投又做各樣經紀如　貴客光顧託他買賣之事無不妥辦特此聲明　已未年二月十九日謹啓

前往新金山

未士晏治有好駛花旗船一隻名衣故爐船主名威林時準於早日揚帆前往新金山雪梨砵非立二埠如有搭貨與搭帳房人客者請到本行面議〇已未年正月初二日啓

剌時厘公司有好駛花旗船一隻名結合巴船主名費臣準於早日揚帆前往新金山雪梨砵非立埠如有搭客搭貨者請到本行面議　已未正月廿七日啓

未士刼公司有第一等兩枝半桅洋船一隻名押非厘船主名白記厘四百二十四噸大如有　貴客要請此船往新金山砵非立可到本行面議　已未正月二十七日啓

未士士店臣有第一等洋船一隻名西古倫船主名荷石五百九十四噸大準於早日揚帆前往新金山雪梨砵非立埠如有搭客搭貨者請到本行面議　已未年二月初十日啓

玻璃出賣

未士都時有來路玻璃片出賣高十四烟治闊十個烟治至高三十五個烟治闊二十四個烟治　已未正月廿九日啓

前往舊金山

未士吸文士急啟時文公司有第一等好駛花旗船一隻名歌律船主名波藍一千八百噸大準於早日揚帆前往舊金山現在船位已有人定下大半如有搭客搭貨請到本行面議〇戊午十二月廿九日啓

鴉厘芬公司有好駛花旗船一隻名高爐顛威時船主名加云準於早日揚帆前往舊金山正埠如有搭客搭貨者請到本行面議〇已未正月十九日啓

剌時厘公司有好駛大花旗船一隻名查倫治船主名花便準於早日揚帆前往舊金山正埠如有搭客搭貨者請到本行面議　已未年正月廿三日啓

未士士店臣有花旗船一隻名利澳羅打士船主名威林時六百九十噸準於早日揚帆前往舊金山正埠如有搭客搭貨者請到本行面議　已未年正月廿七日啓

未士喝公司有第一等花旗船一隻名馬利失顛船主名士拜沙準於早日揚帆前往舊金山正埠如有附搭貨物請到本行面議〇已未年二月初十日啓

洋船出賃

未士閃臣公司有快駛洋船一隻出賃船名晏那鄖船主名剌士查九百八十噸大又有好艙位裝載搭客如貴客欲租船請到閃臣行面議　戊午十二月十五日謹啓

躉船出賣

未士士蔑布林勞有躉船一隻連鐵鍊出賣其船現泊省城頭如要知其詳細請到本行問便可　已未年正月初十日啓

天源

奉憲示本港水陸地方所有煮賣洋烟膏海面船上金山烟膏自英本年四月初一日起至明年三月三十一日止係張新林甚天源公司總管凡各舖戶以及船上 [illegible]

香港書信館

香港管理書信館官示照得每凡泰西書信火輪船到港後六點鐘即有棍砵帶書信往黃埔省城除附搭各庄口火輪船未省之外每禮拜四早晨七點 [illegible]

洋硝

茲者未士孖剌有新到上好洋硝出賣如意買者請 [illegible]

未士卜條時於二月廿九日上午十點半鐘在都爹厘行名城多厘益士甦治 [illegible]

未士卜條時於三月初五日正午十二點鐘在船政官馬頭有華艇一隻出投此華艇可載二千四百担 [illegible]

鴉片

香港鴉片行情新公烟土沽價七百六十五員至七百六十七員半〇舊公烟土沽七百五十五員 [illegible]

船名	船主名	庄口名	
寶仁	記尾砍	士篾堅呢地	
蝦非士	希州臣	畢公司	
○往舊金山正埠			
馬利失頓	士拜沙	畧公司	
歌律	波藍	吸文時急公司	
高爐頓威時	加云	鴉厘芬公司	
壹倫治	花使	剌時厘公司	
利澳挽打時	威林時	士店臣公司	
亞利孖沙	列治臣	布時挽公司	
○往雪梨砵非立			
結合巴	贊臣	剌時厘公司	
衣故爐	威林時	晏治公司	
押非厘	北記厘	刼公司	已上皆早日揚帆
西古倫	荷石	士店臣公司	
○往江南上海縣			
之之厘	思箴	畢公司	
記厘後	了厘文	閃臣公司	
加度爐	地波厘	富些公司	早日揚帆
○前往小呂宋埠			
火船亞顛	班拿	鐵行公司	
○前往葛剌巴埠			
帝禮之故打	架林麻	急公司	三月初一日揚帆
○前往廈門福州			
麻六甲	保倫	閃臣公司	
萬年剌	播郎	鐵行公司	
○往新嘉坡盛買			
面你蝦夏	鏢斯	今麻公司	

火輪船

至廿五日下午五點鐘止金銀與小件頭落至廿六日午時止如要知其詳細請到本行問便妥所有貨物付往歐羅巴諸國者要書明何貨並値銀若干如若報單有差該貨散埃及國官府所留與本火輪船公司無涉

已未年二月二十三日火輪船公司啟

二十七日啟行前往廈門福州等處

已未年正月廿六日火輪船公司啟

五日啟行前往上海

已未年正月廿六日本港火輪船公司啟

港後二十四點鐘內啟行往小呂宋

已未年正月廿六日本港火船公司啟

前往上海

未士畢公司有好駛二枝半桅船一隻名之之厘船主名思箴三百四十墩大準於早日揚帆前往上海如有貨附搭者請到本行面議

已未正月廿七日啟

未士孖剌有華艇一隻名山打準於早日揚帆前往省城如貴客有貨物附搭者請到本行面議

已未年二月十七日啟

火船出賃

未士孖剌有暗車火輪船一隻名埃倫便運時出賃如有貴客欲租賃此船者請到本行面議

已未年二月二十二日啟

華艇出賣

茲有新修華艇一隻出賣船上有新桅新帆又有洋大炮三條其船能載貨二千四百担如欲知其詳細請到中環大街未士加律治行問便妥

已未年二月初十日啟

磅秤出賣

未士褱有新到磅秤出賣能秤九百磅至二千磅如意者請到本行面做

戊午年十二月初五日啟

憲示

香港監獄官出示　爲招人承接監房所用各物開列於下　由本年英四月初一日起至一千八百六十年五月廿五日止如要知其詳細可到本官寫字樓處問便可觀看各辦與衣服辦　歐羅巴人所用冬天衫每件幅每頂該銀若干夏天衫每件幅每頂該銀若干　印度人所用冬天衫每件幅每頂該銀若干夏天衫每件幅每頂該銀若干　監犯所用冬天衫每件褲每條布每碼布幅每打臣夏天衫每件褲每條布每碼草幅每打臣藍白布每碼鈕每十二打臣釘每十二打臣線每磅白布衫每打臣白化蘭仁衫每打臣鞋每對唐人鞋底皮每磅唐人鞋面皮每磅羊毛氈每打臣絨紗襪每打臣洋氈每合大小鐵釘每磅鋼枝每磅鐵枝每磅熟鐵條每磅金藍鈕每打臣鐵鍊每擔手枷每對鐵鎚柄每打臣灰水播每打臣開邊籐每擔竹每擔鐵羌每擔播把每擔以上各物該銀若干倘監房若要用承接人即要供給每月出糧係用鷹銀路卑英銀如公庫交出一樣凡承接者務要兩個人擔保

已未年二月十四日示

銅片出賣

急顛占厘臣有各樣大小黃銅片出賣如欲買者請到本行面議

戊午十二月廿一日啟

黃埔末士多羅弼地云有主固舊船一隻名路彪厘如貴客有貨要貯落舊船或過別船躉時方便舊租便宜特此聲明

已未年正月十三日啟

鞋皮出賣

茲有新到好來路鞋皮出賣如貴客欲買者請到本新聞紙館面議

戊午十二月二十一日啟

膏藥出賣

啟者中環泰盛洋貨舖有何老威膏藥藥丸出賣此藥馳名日久所有外科奇難雜症用之無有不效

呂宋烟出賣

啓銀行隔鄰末士利濟渣弼有新到二號呂宋烟共十三萬出賣又有法蘭西罐仔湯肉罷蘭地酒呂宋糖荷蘭氈等物出賣

戊午十十二月廿八日啟

洋船出賣

未士喝公司有二枝半桅船一隻名衣厘巴出賣其船牌三百六十墩大可載貨六百墩新釘銅底走港口甚是合宜如欲知其詳細者請到本行問便妥○已未正月十九日啟

洋船出賃

茲有第一等花旗船一隻出賃船名化蘭思時卑西主船主名英架疏如貴客欲租船請到船上面議或付信一函交未士活笠交船主亦可

戊午十一月十八日啟

賣出木桅

啟者二枝半桅船名衣倫船主名冰有上好桅木出賣由四十二至五十六活又有大鐵鏈兩門鐵水櫃二個鐵鍊等物出投如貴客欲買者請到船上面議

未士都爹厘有乾爽石貨倉出賃如各有貨貯棧請到本行面議棧租便宜此貨倉四圍並無別屋相連

戊午年十二月廿六日啟

茲有乾爽石棧房在金魚行出賃如欲貯貨請與未士孖剌面議棧租便宜○戊午年十二月初七日啟

香港船頭貨價紙

第二百二十三號　己未年三月初三日

啟者此紙係在孖剌處每日所印之新聞紙同館印刷每逢禮拜二禮拜四禮拜六爲期遍派香港各舖戶每月收回銀一大員如 貴客有事要印落此紙內務宜早一日走字通知未士孖剌便妥印刷唐字價錢如左 一凡每次落唐字者五十個字已下收銀一員倘五十個字已上每字收銀一個先士如欲再落者每個禮拜照前一半算如意者祈請到本館印刷便是 未士孖剌 新文紙館謹啟

新聞

聞說有快蟹船一隻乃係石龍人與本港隆字號人做的被新安船查私奪去貨物值銀四千五百大員其船主在本港報官云於某日在某某處被賊刼去貨物值銀四千五百大員其賊船乃是新安南頭的船本港官憲信以爲然即派根砵兩隻火船一隻前至南頭捉賊並取回賍物但到該處尋貨物不見英官即限兩點鐘內要南頭人交回貨物或銀四千五百大員如不將銀交出即放砲攻城新安縣令與城內紳仕求英官寬限以便查明英官即允寬限但到期未見有銀交出故英官令開砲打入城內賊首所寓之屋連放五砲然後南頭人應允賠銀四千員即交現銀一千大員其餘三千請人担認限一個禮拜內交來香港華民政務司署收入云云○據以上之事本港英人新聞紙皆言帶兵水師官有不是之處因現在大清大英兩國已經立明和約南頭城乃係大清管轄之地不可聽一片之辭而放砲入城若該新安船乃係賊船該處官紳焉肯不將海賊交出而反包庇之乎

未士加士古狀師之案件自今日以後交與丹拿蝦時倫狀師辦理特此聲明○已未年三月初二日啟

洋硝出賣

啟者未士孖剌有新到上好洋硝出賣如意買者請到本新聞紙館面議 戊午年十二月初八日啟

啟者唐人如有切要時事或得之目擊或得之傳聞不論何事但取其有益於唐人有合於同好者均可擲至本館刻刷分文不取特此佈聞 新聞紙館謹啟

夜冷館

未士班時厘現在上環馬路貨得有行一間名夜保林常有各色貨物出投又做各樣經紀如 貴客光顧託他買賣之事無不妥辦特此聲明 已未年二月十九日謹啟

前往新金山

未士晏治有好駛花旗船一隻名衣故爐船主名威林時準於早日揚帆前往新金山雪梨砵非立二埠如有搭貨與搭艙房人客者請到本行面議○已未年正月初二日啟

剌時厘公司有好駛花旗船一隻名結合巴船主名賞臣準於早日揚帆前往新金山雪梨砵非立埠如有搭客搭貨者請到本行面議 已未正月廿七日啟

未士刼公司有第一等兩枝半桅洋船一隻名押非厘船主名白記畢四百二十四噸大如有 貴客要請此船往新金山砵非立可到本行面議 已未正月二十七日啟

未士士店臣有第一等洋船一隻名西古倫船主名荷石五百九十四噸大準於早日揚帆前往新金山雪梨砵非立埠如有搭客搭貨者請到本行面議 已未年二月初十日啟

玻璃出賣

未士都時有來路玻璃片出賣高十四烟治闊十個烟治至高三十五個烟治闊二十四個烟治 已未正月廿九日啟

前往舊金山

未士吸文士急放時文公司有第一等好駛花旗船一隻名歌律船主名波藍一千八百噸大準於早日揚帆前往舊金山現在船位已有人定下大半如有搭客搭貨請到本行面議○戊午十二月廿九日啟

鴉厘芬公司有好駛花旗船一隻名高爐顛威時船主名加云準於早日揚帆前往舊金山正埠如有搭客搭貨者請到本行面議○已未正月十九日啟

剌時厘公司有好駛大花旗船一隻名查倫治船主名花便準於早日揚帆前往舊金山正埠如有搭客搭貨者請到本行面議 已未年正月廿三日啟

未士士店臣有花旗船一隻名利澳週打士船主名威林時六百九十噸準於早日揚帆前往舊金山正埠如有搭客搭貨者請到本行面議 已未年正月廿七日啟

未士喝公司有第一等花旗船一隻名馬利失顛船主名士拜沙準於早日揚帆前往舊金山正埠如有附搭貨物請到本行面議○已未年二月初十日啟

洋船出賃

未士閃臣公司有快駛洋船一隻出賃船名曼那鄖船主名剌士查九百八十噸大又有好艙位裝載搭客如貴客欲租船請到閃臣行面議 戊午十二月十五日謹啟

躉船出賣

未士士蔑布林勞有躉船一隻連鐵鍊出賣其船現泊省城大英軍糧局馬頭如要知其詳細請到本行問便可 已未年正月初十日啟

未士連卡剌弗於三月初三日上午十一點鐘在士丹厘街貨倉有各樣米路紙香水香油香鹼竹布花布洋氈緞[illegible]

未士班時厘於三月初四日上午十一點鐘在上環馬路夜冷館有爐布五十張布[illegible]

未士連卡剌佛於三月初五日正午十二點鐘在金魚行蝦巴船[illegible]

未士卜祿時於三月初五日正午十二點鐘在船政官馬頭有華艇一隻出投此華艇可載二千四百担

未士卜祿時於三月初七日在太平山街市下便有舖一間連地出投其舖三層樓共高卅尺卅五尺長卅五尺闊廿尺內有水井地址第二百卅九號每年納地稅銀六員英本年巳

鴉片

香港鴉片行情新公烟土沽價七百六十五員○舊公烟土沽七百五十至七百五十二員半○新鴉[illegible]

往	船名	船主名	口庄名	
○往舊金山正埠	馬利夫頓	士拜沙	曷公司	
	耿偉	波盤	吸文時急公司	
	高爐頓威時	加云	鴉厘芬公司	
	查倫治	花便	剌時厘公司	
	刹澳垊打時	威林時	士店臣公司	
	亞利孖沙	列治臣	布時挽公司	
○往雪梨砵非立	結合巴	贊臣	剌時厘公司	
	衣故爐	威林時	晏治公司	
	押非厘	北記厘	刼公司	
	西古倫	荷石	士店臣公司	已上皆早日揚帆
○往江南上海縣	加度爐	地波厘	富些公司	
○前往小呂宋埠	火船亞顛	班拿	鐵行公司	
○前往葛剌巴埠	帝禮之被打	架林廉	急公司	早日揚帆
○往新嘉坡盛買	面你蝦夏	鏢斬	今廉公司	
	加連羅	羅	布時挽公司	

火輪船

至廿五日下午五點鐘止金銀與小件可收至廿六日午時止如要知其詳細請到本行問便妥所有貨物付往歐羅巴諸國者要書明何貨並値銀若干如若報單有差該貨被埃及國官府所留與本火輪船公司無涉

已未年二月二十三日火輪船公司啟

二十七日啟行前往廈門福州等處

已未年正月廿六日火輪船公司啟

五日啟行前往上海

已未年正月廿六日本港火輪船公司謹啟

港後二十四點鐘內啟行往小呂宋

已未年正月廿六日本港火船公司啟

前往上海

未士畢公司有好駛二枝半桅船一隻名之之厘船主名思蔑三百四十噸大準於早日揚帆前往上海如有貨附搭者請到本行面議

已未正月廿七日啟

未士孖剌有華艇一隻名山打準於早日揚帆前往省城如貴客有貨物附搭者請到本行面議

已未年二月十七日啟

火船出賃

未士孖剌有暗車火輪船一隻名埃倫便邇時出賃如有貴客欲租賃此船者請到本行面議

已未年二月二十二日啟

華艇出賣

玆有新修華艇一隻出賣船上有新桅新幔又有洋大炮三條其船能載貨二千四百担如欲知其詳細請到中環大街未士加律治行問便妥

已未年二月初十日啟

磅秤出賣

未士寡有新到磅秤出賣能秤九百磅至二千磅如意者請到本行面議

戊午年十二月初五日啟

憲示

香港監獄官出示　爲招人承接監房所用各物開列於下　由本年英四月初一日起至一千八百六十年五月廿五日止如要知其詳細可到本官寫字樓處問便可覩看各辦與衣服辦　歐羅巴人所用冬天衫每件帽每頂該銀若干夏天衫每件帽每頂該銀若干　印度人所用冬天衫每件帽每頂該銀若干夏天衫每件帽每頂該銀若干　監犯所用冬天衫每件褲每條布每碼布帽每打臣夏天衫每件褲每條布每碼草帽每打臣藍白布每碼飿每十二打臣釘每十二打臣線每磅白布衫每打臣白化蘭仁衫每打臣鞋每對唐人鞋底皮每磅唐人鞋面皮每磅羊毛襪每打臣綿紗襪每打臣洋氈每合大小鐵釘每磅銅枝每磅鐵枝每磅熟鐵條每磅金籃鎖每打臣鐵鍊每擔手枷每對鐵鍁柄每打臣灰水掃每打臣開邊籐每擔竹每擔鐵売每擔掃把每擔以上各物該銀若干倘監房若要用承接人卽要供給每月出糧係用鷹銀路卑英銀如公庫交出一樣凡承接者務要兩個人擔保

已未年二月十四日示

銅片出賣

急頓占厘臣有各樣大小黃銅片出賣如欲買者請到本行面議

戊午年十二月廿一日啟

黃埔未士多羅弼地云有主固舊船一隻名路厥厘如貴客有貨要貯落躉船或遇別船躉時方便躉租便宜特此聲明

已未年正月十三日啟

膏藥出賣

啟者中環泰盛洋貨舖有何老威膏藥藥丸出賣此藥馳名日久所有外科奇難雜症用之無有不效

賣出木桅

啟者二枝半桅船名衣倫船主名冰有上好桅木出賣由四十二至五十六活又有大鐵鏈兩門鐵水櫃二個鐵鍊等物出投如貴客欲買者請到船上面議

未士都爹厘有乾爽石貨倉出賃如各有貨貯棧請到本行面議棧租便宜此貨倉四圍並無別屋相連

戊午年十二月廿六日啟

玆有行一間出賃坐在中環澳爐倬厘街德臣印字館對面每月租銀四十員如有合意者請到中環大街未士加律治行問便妥○已未年二月初十日啟

玆有乾爽石棧房在金魚行出賃如欲貯貨請與未士孖剌面議棧租便宜○戊午年十二月初七日啟

天源公司

奉憲　示本港水陸地方所有煮賣洋烟烟膏海面船上金山烟膏自英本年四月初一日起至明年三月三十一日止係張新林基天源公司總管凡各舖戶以及船上所存烟膏必要到天源公司輕稅方得出口如有人以及舖戶煮烟賣者必要到本公司領牌給照特此聲明免至後論○已未年二月廿六日上環天源公司謹啟

香港書信館

香港管理書信館官示　照得每凡泰西書信火輪船到港後六點鐘卽有樓砵帶書信往黃埔省城除附搭各庄口火輪船主省之外每禮拜四早晨七點鐘亦有樓砵往省書信準以每禮拜三下午五點鐘截收○每逢禮拜一早晨七點鐘卽有樓砵由省啟行落黃埔來香港

戊午十二月廿九日示

香港船頭貨價紙

第二百二十四號　已未年三月初五日

啟者此紙係在孖剌處每日所印之新聞紙同館印刷每逢禮拜二禮拜四禮拜六為期遍派香港各舖戶每月收回銀一大員如　貴客有事要印落此紙內務宜早一日走字通知未士孖剌便妥印刷唐字價錢如左　一凡每次落唐字者五十個字已下收銀一員倘五十個字已上每字收銀一個先士如欲再落者每個禮拜照前一半算如意者祈請到本館印刷便是

未士孖剌　新文紙館謹啟

新聞

上號本紙錄明有一快艇被新安官船捉去之事查訛此快艇乃係東莞第十四號巡船至於新安官船乃係縣關引艇前所云海洋賊首之屋乃係南頭吳家祠因有一名吳武秀才親帶引艇三隻往捉拿東莞第十四號巡船獲得私貨一單故有南頭受砲之慘○又聞有第十六號東莞巡船亦同第十四號之事硬做的於二月廿六日在急水門被　大英火輪戰船碰沉船上貨物值銀五萬員連三十餘人一切化為烏有此可為作惡之果報矣

茲有甲子貨船兩隻於二月十九日遇賊一隻逃脫一隻被奪去打死水手四名刧去糖尤魚等物值銀三千員有一搭客名史亞金於二月廿一日到大館報案後於二月廿八日史亞金再到大館報說云見有被刧之咸魚在上環海邊三隆欄即帶差到三隆欄認同咸魚十二簍三隆欄即轉帶差至海面尋覓載此咸魚之船幸此船未覺到船史亞金又認得糖五十包尤魚等物差役即拿該船主並水手十名及三隆欄之事頭到官審訊於二月廿九日經巡理廳訊明釋放三隆欄人但留其數部將案押候三月初四日再審云云

洋硝出賣

茲者未士孖剌有新到上好洋硝出賣如意買者請到本新聞紙館面議　戊午年十二月初八日啟

新聞

聞說黃埔地方有兩個拐子俗名即豬仔頭被人捉拿裸身吊起旁邊設有線香一把點着如有人埋看者無不拈香燒之後放下來其二人幾乎將死又聞南番兩縣皆出示捉拿拐子甚嚴云云

有洋船一隻名知扶蝦由烏之倫地方來港云近日在烏之倫地方僱工甚好工價故此各船水手皆偷走上岸尋工做有一船名亞架剌出四十三磅銀請一個水手來香港此船啟行之時大伙二伙均走去了云云

啟者唐人如有切要時事或得之目擊或得之傳聞不論何事但取其有益於唐人有合於同好者均可攜至本館刻刷分文不取特此佈聞　新聞紙館謹啟

前往新金山

未士晏治有好駛花旗船一隻名衣故爐船主名威林時準於早日揚帆前往新金山雪梨砵非立二埠如有搭貨與搭帳房人客者請到本行面議○已未年正月初二日啟

剌時厘公司有好駛花旗船一隻名結合巴船主名贊臣準於早日揚帆前往新金山雪梨砵非立埠如有搭客搭貨者請到本行面議　已未正月廿七日啟

未士士店臣有第一等洋船一隻名西古倫船主名荷石五百九十四墩大準於早日揚帆前往新金山雪梨砵非立埠如有搭客搭貨者請到本行面議　已未年二月初十日啟

未士加士古狀師之案件自今日以後交與丹拿蝦時倫狀師辦理特此聲明○已未年三月初二日啟

前往舊金山

未士吸文士急破時文公司有第一等好駛花旗船一隻名歌律船主名啟藍一千八百墩大準於早日揚帆前往舊金山現在船位已有人定下大半如有搭客搭貨請到本行面議○戊午十二月廿九日啟

鴉厘芬公司有好駛花旗船一隻名高爐頓威時船主名加云準於早日揚帆前往舊金山正埠如有搭客搭貨者請到本行面議○已未正月十九日啟

剌時厘公司有好駛大花旗船一隻名查倫治船主名花便準於早日揚帆前往舊金山正埠如有搭客搭貨者請到本行面議　已未年正月廿三日啟

未士士店臣有花旗船一隻名利澳邏打士船主名威林時六百九十墩頓準於早日揚帆前往舊金山正埠如有搭客搭貨者請到本行面議　已未年正月廿七日啟

未士喝公司有第一等花旗船一隻名馬利失頓船主名士拜沙準於早日揚帆前往舊金山正埠如有附搭貨物請到本行面議○已未年二月初十日啟

未士吸文時急公司有第一等花旗船一隻名孖時地乎船主名贊臣準於早日揚帆前往舊金山正埠如有附搭貨物者請到本行面議　已未年三月初三日謹啟

蠆船出賣

未士士蔑布林勞有蠆船一隻連蟯鍊出賣其船現泊省城大英軍糧局馬頭如要知其詳細請到本行問便可　已未年正月初十日啟

投

未士澒於三月初六日正午十二點鐘在船政官馬頭新行內有餅干來路白糖咸牛肉酸菓烟餅林酒羅蘭地盒鹽餉門鎖香梘

未士班時厘於三月初六日上午十一點鐘在上環馬路第六十四號屋衣厘度剌皮酒館對面有檯椅

未士連卡剌佛於三月初五日正午十二點鐘在金魚行蝦巴船廠有洋船帆

未士卜蒜時於三月初五日正午十二點鐘在船政官馬頭有華艇一隻出投此華艇可載二千四百担

未士卜蒜時於三月初七日在太平山街市下便有舖一間連地出投其舖三層樓共高沓尺卅五尺長卅五尺闊廿尺內有水井地址第二百卅九號每年納地稅銀六員英本年已[illegible]

未士澒於三月初七日上午十一點鐘在下環都爹厘舖包爐對面木廠有白梁木板二萬活三寸厚板[illegible]

船名

暇非士 ○往舊金山正埠
馬利失頓
歌傑
高爐顛威時
查倫治
利澳挑打時
亞利孖沙
孖舌地夫
○往雪梨砵非立
結合巴
衣故爐
西古倫
○往江南上海縣
加度爐
○前往小呂宋埠
火船亞顛
○前往葛剌巴埠
帝禮之𠹌打
○往新嘉波盤買
面你蝦夏
加運羅
○前往上海寧波
衣化力打

船主名

士拜沙
皎藍
加云
花便
威林時
列治臣
贊臣
贊臣
威林時
荷石
地波厘
班拿
架林麻
鮮斷
羅
盧今麻厘

庄口名

鳥公司
吸文時急公司
鴉厘芬公司
剌時厘公司
士店臣公司
布時𠩤公司
吸文時急公司
剌時厘公司
晏治公司
士店臣公司
富些公司
鐵行公司
急公司
今麻公司
布時𠩤公司
些化司公

已上皆早日揚帆
早日揚帆

火輪船

十一日下午五點鐘止收貨與小件須要至十二日午時止如要知其詳細請到本行閒便妥所有貨物付往歐羅巴諸國者要寫明何貨並值銀若干如若報單有差該貨被埃及國官府所留與本火輪船公司無涉
已未年二月二十八日火輪船公司啟

上海

[illegible]帆前往上海如有貨附搭者請到本行面議
已未正月廿七日啟

[illegible]貴客有貨物附搭者請到本行面議
已未年二月十七日啟

公司

[illegible]香發豆發客
戊午年十一月廿日啟

火船出賃

末士孖剌有暗車火輪船一隻名埃倫便趣時出賃如有貴客欲租賃此船者請到本行面議
已未年二月二十五日啟

華艇出賣

茲有新修華艇一隻出賣船上有新桅新𫚉又有洋大炮三條其船能載貨二千四百担如欲知其詳細請到中環大街末士加律治行閒便妥
已未年二月初十日啟

磅秤出賣

末士滇有新到磅秤出賣能秤九百磅至二千磅如意者請到本行面議
戊午年十二月初五日啟

洋船出賣

末士喝公司有二枝半桅船一隻名衣厘巴出賣其船牌三百六十墩大可載貨六百墩新釘銅底走港口甚是合宜如欲知其詳細者請到本行閒便妥○已未正月十九日啟

洋船出賃

茲有第一等花旗船一隻出賃船名化蘭思時卑西主船主名英架疏如貴客欲租船請到船上面議或付信一面交末士活笠交船主亦可
戊午七一月十八日啟

夜冷館

末士班時凰現在上環馬路買得有行一間名奄保林常有各色貨物出投又做各樣經紀如貴客光顧託他買賣之事無不妥辦特此聲明
已未年二月十九日謹啟

洋船出賃

末士閃臣公司有快駛洋船一隻出賃船名晏耶鄉船主名剌士查九百八十墩大又有好艙位裝載搭客如貴客欲租船請到閃臣行面議
戊午十二月十五日謹啟

呂宋烟出賣

蓄臘行隔壁末士利溝渣弼有新到二號呂宋烟共十三萬出賣又有法蘭西罐仔鵝肉雞蘭地酒呂宋糖荷蘭甦等物出賣
戊午十十二月廿八日啟

玻璃出賣

末士都時有來路玻璃片出賣高十四烟治闊十個烟治至高三十五個烟治闊二十四個烟治
已未正月廿九日啟

鴉片行情

香港鴉片行情新公烟土沽價七百六十五員○舊公烟土沽七百五十二員半
○新鴉烟土無市
○舊鴉烟土無市
○白皮烟土沽六百零七員半

銅片出賣

急顛占扁臣有各樣大小黃銅片出賣如欲買者請到本行面議
戊午十二月廿一日啟

黃埔末士多羅弼地云有主圖舊船一隻名路庚厘如貴客有貨要貯落舊船或邊則船體時方便舊租便宜特此聲明
已未年正月十三日啟

膏藥出賣

啟者中環泰盛洋貨舖有何老咸膏藥藥丸出賣此藥馳名日久所有外科奇難雜症用之無有不效

桅木出賣

啟者二枝半桅船名衣倫船主名冰有上好桅木出賣由四十二至五十六活又有大鐵鏈兩門鐵水櫃二個鐵鍊等物出投如貴客欲買者請到船上面議

末士鄒參厘有乾爽石貨倉出賃如各有貨貯棧請到本行面議棧租便宜此貨倉四圍並無別屋相連
戊午年十二月廿六日啟

茲有行一間出賃坐在中環澳爐俾厘街德臣印字館對面每月租銀四十員如有合意者請到中環大街末士加律治行閒便妥○已未年二月初十日啟

茲有乾爽石棧房在金魚行出賃如欲貯貨請與末士孖剌面議棧租便宜○戊午年十二月初七日啟

天源公司

奉憲示本港水陸地方所有煮賣洋烟膏海面船上金山烟膏自英本年四月初一日起至明年三月三十一日止係歸新林基天源公司總管凡各舖戶以及船上所存烟膏必要到天源公司報稅方得出口如有人以及舖戶煮烟賣者必要到本公司領牌給照特此聲明免至後論○已未年二月廿六日上環天源公司謹啟

香港書信館

香港管理書信館官示照得每凡泰西書信火輪船到港後六點鐘即有標砵帶書信往黃埔省城除附搭各庄口火輪船主省之外每禮拜四早晨七點鐘亦有標砵往省書信準以每禮拜三下午五點鐘截收○每逢禮拜一早晨七點鐘即有標砵由省啟行落黃埔來香港
戊午十二月廿九日示

香港船頭貨價紙

第二百二十五號　己未年三月初七日

啟者此紙係在孖剌處每日所印之新聞紙同館印刷每禮拜二禮拜四禮拜六為期備派香港各舖戶每月收銀一大員如 仕客有事要印落此紙內務宜早一日走字通知末士孖剌便妥印刷唐字價錢如左 一凡每次落卅字者五十個字已下收銀一員倘五十個字已上每字收錢一個先士如欲再落者每個禮拜照前一半算如意者薪請到本館印刷便是 末士孖剌 新文紙館謹啟

新聞

聞說湖南長毛賊由桂邊入粵於二月廿一日攻破韶府樂昌縣現在韶關各舖搬遷貨物長毛還近韶關但未聞勝敗如何若韶關一失則西南佛山危矣○西江紅匪已到肇慶府六步地方現守肇慶府官員欲求英法兵勇往守肇慶城使紅匪不敢下○又聞東江老龍小嶺之路不通長毛圍困惠州十二日然後攻破剩死州官並多殺人民此帶長毛俱係廣東江西人民稱王稱大元帥者亦有之穿明服禁止薙髮云云

賞帖

茲者二月二十六號八點鐘時寅第十四號貨船巡駛將至急水門被 英八十三號火船撞沉船分兩段內有番商水手共一百一十名皆沉海面其即過火船逃生者五十餘人後有熟水者逃回十餘人實缺命三十八人該貨並船共值銀一萬六千餘員現尋得屍三人尚有三十五屍未見但四方君子見有屍浮於海面者帶回本港即酬花紅銀十員或知其下落報信有據者每屍酬花紅銀四員決不食言其銀准在本港義祠支給倘有彼爺验徳不淺 香港廣福慈義祠啟

啟者唐人如有切要時事或得之目擊或得之傳聞不論何事但取其有益於唐人有合於聞好者均可攜至本館刻刷分文不取特此佈聞 新聞紙館謹啟

粵省商民禀帖

具禀中國粵省商民 洋貨號 銀 行 棉紗行 米埠行 綠茶幫 公義茶行 協仁茶行 絲發行 金 行 棉花行 疋頭行 紅茶幫 清源茶行 敬義茶行 絨綫行 檀香行 綢緞行 海味行 鉛錫行 沙籐行 庄口買辦 皮草行 新衣行 茶箱行 藥材行 顏料行 織蓆行 疋紙行 杉 行 衣服行 打包行 通事館各行店等為詭騙強拐坑害善良懇 恩吞會查禁以保民命而除大害事切我等粵東與 貴國通商二百餘年彼此誠信相孚各皆樂利不料近有西洋人在澳門建造土寮數間包庇中國匪棍串僱火船划艇假借 貴國名號另僱阿頭紹絲舸艇及大小各等船艇內俱有西洋人灣泊省河黃埔或泊四鄉多方詭計將騙良家男女以及無知鄉愚竟被強拐強捉名為賣豬仔押往大洋船或舊船即時綑綁閉在暗艙運交澳門豬仔館當即查點所拐之人從者免刑不從者威刑逼勒或致餓斃嗟乎人誰不畏死但見此慘毒祇得強從由是賣出外洋為奴受苦萬無一生家內父母妻兒望其供養乃久不見歸無人倚靠朝夕悲哀甚至有數代孤傳孀居守節獨得一男望其繼奉香燈竟被拐賣立至嗣絕無依因而傷自盡者數人亡可憐被拐一人即害死一家之命今統計數年被拐之人已有六七萬之多即害死六七萬家之命與害及此誰不傷心但西洋領事或未盡知其弊故未覺察仰維 貴國領事忠誠在念仁義為懷今聞此慘毒諒然不忍坐視若早一日查辦即救活數百人性命遲十日查辦即多害數千人性命迫得繼情告訴伏懇 貴領事咨會各國領事仰體 上天好生之德務祈嚴行查辦倘能將被拐之良民設法送回力除大害保我民生則感鴻慈無既矣切赴 大英國領事官大人台前恩准施行 咸豐九年三月廿日稟

前往舊金山

末士吸文士急皷時文公司有第一等好駛花旗船一隻名歌律船主名皷盤一千八百墩大準於早日揚帆前往舊金山現在船位已有人定下大半如有搭客搭貨請到本行面議○戊午十二月廿九日啟

鴉壓芬公司有好駛花旗船一隻名高爐嶺咸時船主名加云準於早日揚帆前往舊金山正埠如有搭客搭貨者請到本行面議○已未正月十九日啟

剌時壓公司有好駛大花旗船一隻名查倫治船主名花便準於早日揚帆前往舊金山正埠如有搭客搭貨者請到本行面議 已未年正月廿三日啟

末士士店臣有花旗船一隻名利澳飛打士船主名威林時六百九十墩準於早日揚帆前往舊金山正埠如有搭客搭貨者請到本行面議 已未年正月廿七日啟

末士喝公司有第一等花旗船一隻名馬利失嶺船主名士拜沙準於早日揚帆前往舊金山正埠如有附搭貨物請到本行面議○已未年二月初十日啟

末士吸文時急公司有第一等花旗船一隻名孖時地乎船主名賀臣準於早日揚帆前往舊金山正埠如有附搭貨物者請到本行面議 已未年三月初三日謹啟

末士丫壓汾公司有第一等洋船一隻名北力窩墨堂船主名馬非準於早日揚帆前往舊金山正埠如有搭客搭貨者請到本行面議 已未年三月初五日啟

前往新

剌時壓公司有好駛花旗船一隻名結合巴船主名軒臣準於早日揚帆前往新金山雪梨

末士士店臣有第一等洋船一隻名西古倫船主名荷石五百九十四墩大準於早日揚帆

梔木

啟者二枝半梔船名衣倫船主名冰有上好梔木出賣由四十二至五十六活

末士麥記壓架於三月初九日上午十一點鐘在新貨倉有木濱

末士卜祿時於三月初七日正午十二點鐘在太平山街市下便有舖一間連地出投其舖三層樓共高番尺卅五尺長卅五尺闊廿尺內有水井地址第二百卅九號每年納地稅銀六員英本年

末士覊於三月初七日上午十一點鐘在下環鄰麥壓鐘包爐對面木廠有白橡木板二萬吊三寸厚橡

船名

○往舊金山正埠
馬利矢頓
歌爺
高媽顛威時
查倫治
利澳呢打時
亞利孖沙
孖舌地夫
北力窩厘亞
○往雪梨砵非立
結合巴
西古倫
○往江南上海縣
加度爐
孖厘
○前往小呂宋埠
火船亞顛
○前往葛剌巴埠
帝禮之彼打
○往新嘉坡暹羅
面你蝦夏
加蓮羅
○前往上海寧波
衣化力打
○前往汕頭厦門
火船臺灣

船主名

士拜沙
波藍
花便
威林時
列治臣
費臣
罵啡
費臣
荷石
地波厘
天
班拿
架林麻
儒斬
羅
盛今麻厘
執

庄口名

馬公司
吸文時急公司
鴉厘芬公司
剌時厘公司
士店臣公司
布時咣公司
吸文時急公
鴉厘芬公司
剌時厘公司
士店臣公司
富些公司
富些公司
鐵行公司
急公司
今麻公司
布時咣公司
些化司公
畢公司

已上皆早日揚帆
三月十三日揚帆
早日揚帆
初七日下午五點鐘啟行

福州厦門行情

臺灣火船帶來福州行情云孟加剌米沽銀二員半暹羅米沽銀二員二毛香港匯單每百扣水二員○現在厦門鴉片烟土市淡新鴣烟土沽銀八百二十至八百二十五員舊鴣烟土沽銀七百七十五至七百八十員新公烟土沽銀七百七十五至七百八十員米價如常鷹銀每百員扣水一員紋銀每百兩補水七兩五錢正

天源公司

奉憲 示本港水陸地方所有煮賣洋烟膏海面船上金山烟膏自英本年四月初一日起至明年三月三十一日止係張新林基天源公司總管凡各舖戶以及船上所存烟膏必要到天源公司經稅方得出口如有人以及舖戶煮烟賣者必要到本公司領牌給照特此聲明免至後論○已未年二月廿六日上環天源公司謹啟

小火輪船

二日午時止如要知其詳細請到本行問便妥所有貨物付往歐羅巴諸國者要書明何貨並價銀若干如若報單有差該貨被埃及國官府所留與本火輪船公司無涉
已未年二月二十八日火輪船公司啟

上海

帆前往上海如有貨附搭者請到本行面議
已未正月廿七日
啟

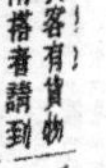

貴客有貨物附搭者請到本行面議
已未年二月十七日啟

公司

香港旦發客
戊午年十一月廿日啟

火船出賃

未士孖剌有暗車火輪船一隻名埃倫便遇時出賃如有貴客欲租賃此船者請到本行面議
已未年二月二十二日啟

前往呂宋

茲有呂宋船一隻名窩剌多剌船主名亞連拿在本港與澳門落貨往小呂宋如有搭貨者請到畢公司行面議
已未年三月初五日啟

華艇出賣

茲有新修華艇一隻出賣船上有新桅新幔又有洋大炮三條其船能載貨二千四百担如欲知其詳細請到中環大街未士加律治行問便妥
已未年二月初十日啟

磅秤出賣

未士濱有新到磅秤出賣能秤九百磅至二千磅如意者請到本行面議
戊午年十二月初五日啟

洋船出賣

未士喝公司有二枝半桅船一隻名衣厘巴出賣其船牌三百六十墩大可載貨六百墩新釘銅底走港口甚是合宜如欲知其詳細者請到本行問便妥○已未正月十九日啟

夜冷館

未士班時厲現在上環馬路賃得有行一間名奄保林常有各色貨物出投又做各樣經紀如貴客光顧託他買賣之事無不妥辦特此聲明
已未年二月十九日謹啟

洋船出賃

未士閃臣公司有快駛洋船一隻出賃船名麥耶耶船主名剌士查九百八十墩大又有好艙位裝載搭客如貴客欲租船請到閃臣行面議
戊午十二月十五日謹啟

呂宋烟出賣

舊鑠行隔鄰未士利灣渣弼有新到二號呂宋烟共十三萬出賣又有法蘭西罐仔湯肉雞鵝地酒呂宋糖荷蘭甜等物出賣
戊午十十二月廿八日啟

玻璃出賣

未士都時有來路玻璃片出賣高十四烟治闊十個烟治至高三十五個烟治闊二十四個烟治
已未正月廿九日啟

鴉片行情

香港鴉片行情新公烟土沽價七百六十二員半至七百六十五員○舊公烟土沽七百五十員○新鴣烟土沽七百七十五員○舊鴣烟土沽七百五十員
白皮烟土沽六百零七員半

洋船出賃

茲有第一等花旗船一隻出賃船名化蘭恐時卑西主船主名英架疏如貴客欲租船請到船上面議或付信一函交未士活笠交船主亦可
戊午十一月十八日啟

舊船出賣

未士士蔑布林勞有舊船一隻連錨鍊出賣其船現泊省城大英軍機局馬頭如要知其詳細請到本行問便可
已未年正月初十日啟

洋硝出賣

茲者士未孖剌有新到上好洋硝出賣如意買者請到本新聞紙館面議
戊午年十二月初八日啟

膏藥出賣

啟者中環泰盛洋貨舖有何老咸膏藥藥丸出賣此藥馳名日久所有外科奇難雜症用之無有不效

銅片出賣

急頓占臣有各樣大小黃銅片出賣如欲買者請到本行面議
戊午十二月廿一日啟

加時吉狀師

未士加士古狀師之案件自今日以後交與丹拿蝦時倫狀師辦理特此聲明○已未年三月初二日啟

香港船頭貨價紙

第二百二十七號　己未年三月十二日　禮拜

省城洋行新例

公議本行自後買受各店貨物掛號必須用紙單寫明某日受某店某貨若干疋某人經手蓋用　寳號圖章庶免舛錯并每月初一日　寳號所交抽頭銀兩所列明一清單以便按欵銷號茲此通知　茲將公議現在本行所與交易之洋貨店舖芳名開列於左　怡和　玉記　祥記　敬記　有恆　愼祥　濟記　信發　怡泰　又隆　義祥　厚泰　經和　新記　利貞　建記　麗源　啟昌　永順　順興　昌興　益記　隆盛　此後若有新張或改換招牌之公正洋貨店舖俟伊通知後集衆商議可否交易然後傳知以昭平允　咸豐八年十二月初十接奉　關憲大人札諭以現訪得有奸究之徒串同不肖行棧辦買疋頭等貨偷漏税課充賺生意者疋頭行中之人不避嫌怨有私必獲會同　關署人役拿解來　轅訊辦得實者所辦罰項一半充公一半充賞以獎勸能等因旋於去年集衆商議擬出花紅賞帖嚴密訪拿尚未弋獲　正月廿三日續又接到　關憲札催以諭示已久迄今尚未查議章程禀覆着立即會同來公議妥章程禀復核辦即可皁白自明等因奉此仰見　大憲格課恤商無徵不至實深感激但貨物曾否經税本行無由而知惟香港等處水客所來各貨蹤跡詭秘皁白難分茲公議所有香港澳門等處水客及未經列名之店舖貨物無論曾否經税是公是私一概本行各店不與之買受以杜影射而昭詳愼庶無負　大憲惇惇體恤之厚恩茲將公議規條詳列於左　一議本行各店不得與香港澳門等處水客及未入行店舖買受漏税貨物如違稟　官究治經手經紀一同禀究　一議本行各店不得與香港澳門等處水客及未入行店舖買受經税貨物如違以抗衆論永遠出行若該店之伴徇情不報本行永不叙用若先行報知錦聯堂者公議賞花紅銀三十員　一議本行交易洋貨店舖若漫無限制則真僞混淆難於稽察其中卽不免有漏税之貨茲公議限以公正店舖列明若干家可以交易尚未經列明之家本行私與交易者顯係希圖買私圖槓新章作背例論公議罰銀二百兩正或有新開及改換招牌之公正洋貨店舖俟雜議後可否與之交易然後傳知以昭平允　一議各洋貨店舖不能與香港澳門等處水客代賣貨物如有徇情代爲出單者本行永遠停其交易　一議外行買受香港澳門等處疋頭洋布等貨來省轉賣與各鄉市鎮各江客商及各行店舖者作爲私論事關奉公不得不衆公酌議以杜影射　一議本行買受貨物實成經手經紀限以成單後五日到錦聯堂掛號如違罰銀一十大員　一議本行買受貨物限以成單後實成該店五日內到錦聯堂掛號如違罰銀三十大員　一議本行店舖不得往香港澳門買受疋頭布疋等貨還至省城銷售如違公議罰銀二百兩正若該店夥伴先行投知錦聯堂者公議賞花紅銀三十大員　一議本紀不得將香港澳門水客貨物賣與本行及別人如違永遠逐出　一議本行與各洋貨店舖交易銀水每員七一七因九八扣每百兩錦聯堂公碼加二錢不得自行交番此訂　一議自本年正月廿九日起行新規　以上各欵事例業已呈　官原欲俟　官鑒定後然後發刻但守候數日尚未發出茲將前公議各欵先行刷印分與各家倘隨後　關憲或有增刪則另行雕刻補送

啟者唐人如有切要時事或得之目擊或得之傳聞不論何事但取其有益於唐人有合於同好者均可攜至本館刻刷分文不取特此佈聞

新聞紙館謹啟

銅片出賣

急頓占眉臣有各樣大小黃銅片出賣如欲買者請到本行面議

戊午十二月廿一日啟

前往舊金山

未士吸文士急敵時文公司有第一等好駛花旗船一隻名歌律船主名波盤一千八百載大準於早日揚帆前往舊金山現在船位已有人定下大半如有搭客搭貨請到本行面議○戊午十二月廿九日啟

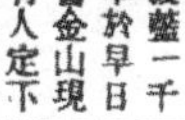

鴉厘芬公司有好駛花旗船一隻名高爐嶺威時船主名加云準於早日揚帆前往舊金山正準如有搭客搭貨者請到本行面議○已未正月十九日啟

剌時厘公司有好駛大花旗船一隻名查倫治船主名花便準於早日揚帆前往舊金山正準如有搭客搭貨者請到本行面議　已未年正月廿三日啟

未士士店臣有花旗船一隻名利澳邏打士船主名威林時六百九十載準於早日揚帆前往舊金山正準如有搭客搭貨者請到本行面議　已未年正月廿七日啟

未士喝公司有第一等花旗船一隻名馬利失頓船主名士拜沙準於早日揚帆前往舊金山正準如有附搭貨物請到本行面議○已未年二月初十日啟

未士吸文時急公司有第一等花旗船一隻名孖時地乎船主名賛臣準於早日揚帆前往舊金山正準如有附搭貨物者請到本行面議　已未年三月初三日謹啟

未士了厘汾公司有第一等洋船一隻名北力高厘亞船主名羆非準於早日揚帆前往舊金山正準如有搭客搭貨者請到本行面議　已未年三月初五日啟

前往新

剌時厘公司有好駛花旗船一隻名結合巴船主名賛臣準於早日揚帆前往新金山雪梨

未士士店臣有第一等洋船一隻名西古倫船主名荷石五百九十四載大準於早日揚帆

新

聞說有俄羅斯國欽差大臣由陸路到北京外藩院大臣到公館問候並問他來意但伊不肯與中國大臣會晤獨要見　咸豐君方奏其來意故此京內朝臣無不憤怒

投

未士連卞剌佛於三月十三日正午十二點鐘在士丹厘街貨倉有各樣家私檯椅枱子床衣服架面鏡

未士連卡剌弗於三月十四日上午十一點鐘在蝦巴船廠隔離郭亞松馬頭有實木一單出投二百八十四條長二十活至二十二活大六寸高八寸二十

船名	船主名	庄口名
○往舊金山正埠		
馬利失頓	士拜沙	爲公司
歌偉	波蘊	吸文時急公司
高爐頓威時	加云	鴉厘芬公司
查倫治	花使	剌時厘公司
剌澳堄打時	威林時	士店臣公司
亞利孖沙	列治臣	布時堄公司
孖舌地夫	贊臣	吸文時急公司
北力甯厘亞	鵬啡	鴉厘芬公司
○往雪梨砵非立		
結合巴	贊臣	剌時厘公司
西古倫	荷石	士店臣公司
○往江南上海縣		
加度爐	地波厘	富些公司
孖厘	天	富些公司
火船上海	蝦士倫	鐵行公司
○往新嘉波蘊買		
面你蝦夏	鏢新	今麻公司
加連羅	羅	布時堄公司
○前往上海寧波		
衣化力打	監今麻厘	些化司公
○前往厦門福州		
火船萬年剌	櫓鄭	鐵行公司

已上皆早日揚帆

三月初十日揚帆

輪船

十日午時止如要知其詳細請到本行問便妥所有貨物付往歐羅巴諸國者要書明何貨並值銀若干如若報單有差該貨被埃及關官府所留與本火輪船公司無涉

已未年二月二十八日火輪船公司啟

往厦門福州等處

已未年三月初八日火輪船公司啟

前往上海

已未年三月初八日本港火輪船公司謹啟

公司

香餘豆客

戊午年十一月廿日啟

前往上海

未士畢公司有好駛二枝半桅船一隻名之之厘船主名思蔑三百四十墩大準於早日揚帆前往上海如有貨附搭者請到本行面議

已未正月廿七日啟

未士孖剌有華艇一隻名山打準於早日揚帆前往省城如貴客有貨物附搭者請到本行面議

已未年二月十七日啟

前往福州

丫厘芬公司有二枝桅船一隻名拈扶船主名拜禮士準三月廿三日以前揚帆前往福州如有搭客搭貨者請到本行面議

已未年三月十一日啟

前往呂宋

茲有呂宋船一隻名罷剌多剌船主名亞運拿在本港與澳門落貨往小呂宋如有搭貨者請到畢公司行面議

已未年三月初五日啟

華艇出賣

茲有新修華艇一隻出賣船上有新桅新帆又有洋大炮三條其船能載貨二千四百担如欲知其詳細請到中環大街未士加律治行問便妥

已未年二月初十日啟

夜冷館

未士班時厘現在上環馬路賃得有行一間名奄保林常有各色貨物出投又做各樣經紀如貴客光顧託他買賣之事無不妥辦特此聲明

已未年二月十九日謹啟

洋船出賃

未士閃臣公司有快駛洋船一隻出賃船名曼那耶船主名剌士查九百八十墩大又有好艙位裝載搭客如貴客欲租船請到閃臣行面議

戊午十二月十五日謹啟

呂宋烟出賣

善銀行隔鄰未士剌灣渣碼有新到二號呂宋烟共十三萬出賣又有法蘭西罐仔湯肉罐頭地酒呂宋糖荷蘭甜等物出賣

戊午十十二月廿八日啟

玻璃出賣

未士鄰時有來路玻璃片出賣高十四烟治闊十個烟治至高三十五個烟治闊二十四個烟治

已未正月廿九日啟

洋船出賣

未士喝公司有二枝半桅船一隻名衣厘巴出賣其船牌三百六十墩大可載貨六百墩新釘銅底走港口甚是合宜如欲知其詳細者請到本行問便妥○已未正月十九日啟

天源公司

奉憲示本港水陸地方所有煮賣洋烟膏海面船上金山烟膏等事自英本年四月初一日起至明年三月三十一日止係歸新林基天源公司總管凡各舖戶以及船上所存烟膏必要到天源公司報稅方得出口如有人以及舖戶煮烟賣者必要到本公司領牌給照特此聲明免致後論○已未年二月廿六日上環天源公司謹啟

洋船出賃

茲有第一等花旗船一隻出賃船名化爾思時船主西主船主名英架苑如貴客欲租船請到船上面議或付信一函交未士活埜交船主亦可

戊午十一月十八日啟

躉船出賣

未士士蔑布林勞有躉船一隻運機器出賣其船現泊省城大英軍機局馬頭如要知其詳細請到本行問便可

已未年正月初十日啟

洋硝出賣

茲者士未孖剌有新到上好洋硝出賣如貴客有意到本新聞紙館面議

戊午年十二月初八日啟

膏藥出賣

啟者中環泰盛洋貨舖有何老咸膏藥藥丸出賣此藥膽名日久所有外科膏藥醫痊用之無有不效

加時古狀師

未士加士古狀師之案件自今日以後交與丹拿嘛時倫狀師辦理特此聲明○已未年三月初三日啟

桅木出賣

啟者二枝半桅船名衣爐船主名冰有上好桅木出賣由四十二至五十六活又有大鐵鏈兩門鐵水櫃二個鐵線等物出投如貴客欲買者請到船上面議

各客有貨附搭本行之船名萬年剌由福州厦門來港者新節到船起貨免快鐵行火輪船公司大班啟

鴉片行情

香港鴉片行情新公烟土沽價七百五十二員半○舊公烟土沽七百五十五至七百五十七員半○新鴉烟土沽七百七十五員○舊鴉烟土沽七百五十員白皮烟土沽價六百員正

香港船頭貨價紙

第二百二十八號　己未年三月十四日　禮拜

啟者此紙係在孖剌處每日所印之新聞紙同館印刷每逢禮拜二禮拜四禮拜六為期編派香港各舖戶每月收回銀一大員如 貴客有事要印落此紙內務宜早一日走字通知末士孖剌便妥印刷唐字價錢如左 一凡每次落唐字者五十個字已下收銀一員倘五十個字已上每字收銀一個先士如欲再落者每個禮拜照前一半算如意者祈請到本館印刷便是
末士孖剌 新文紙館謹啟

新聞

嘗謂天道昭彰害人終難自保天威震動作孽必有餘殃彼夫西洋國之貽禍粵東也可勝屢指哉當其設計勾結土匪賊噬貪財奸細布散四方拐騙良民水路則灣艙泊艇冒作渡人中其計者雖生猶死陸路則設伏陰謀恐嚇禍被其害者積少成多計前後所拐之人數約十餘萬之多吁粵東人非與西洋國素有讐隙如我 天朝二百餘年以來厚澤深仁其懷柔西洋國人者不可謂不厚何竟荼毒良民若是其慘大抵凶殘戎狄豺狼成性其設計之毒則烈於虎噬其害人之慘則倍於鯨吞凡屬洞悉情弊者僉恨食其肉而寢其皮取彼凶人祭獺而葬諸魚腹懸梟而大振雄威然後衆忿乃得其平況天眼昭昭疎而不漏待至罪惡貫盈爾等斷無逃活或水火瘟疫刀兵之劫為凶人所不及料之事猝然禍及乃身所謂多行不義必自斃者倘有微焉若澳門前有西洋人名雖治者因賣猪仔發財不久身故家財亦轉眼一空呂宋人名厘也又因此發財七年在君火船遇刀而亡今澳門議事亭之官名曰嗜庫凡有猪仔必要過堂點名每名收規銀一員含糊頂替任由洋匪唐匪橫行良可嘆也方今 花旗 大英 大法三國恩恤羣生設惠愛醫館以濟人建書館講亭以勸善試問西洋能以此仁愛及人否西洋既無仁愛及人更不應以毒計害人爾國忠厚者亦非全無如百令登亞孤夏魚塘拳奴等見奸匪拐騙心忿不平又如三記火船特出標貼聲明不許販人作猪仔者搭行若見搭行立即驅逐亦是善事奈惡者多善者少遂致今日之禍到處蔓延恐爾西洋禍將有報而澳門生意從此休矣伏願貿易澳門者暨四方良士時存警悟之心免墮其術幸甚幸甚
粵東良民同啟

於三月初六日在巡理廳衙訊明甲子艇手水九名與三隆欄人一案巡理廳大老爺將失主所認得三名犯人押候過 大審訊其餘釋放〇聞欽葉明琛向在加利吉打城居住每有英國名人欲往見他伊不允相見故此各新聞紙並無提及此人云云〇近日拐子猖狂各處鄉民皆貼長紅儆醒愚民免受出洋做奴之苦故廣東巡撫柏大人出示嚴拿拐匪如有人能捉得一名拐匪解送至轅即賞花紅銀四十大員報信者賞花紅銀十大員本紙現號抄印粵東良民長紅一張下號將抄印 柏大人之示云云

啟者唐人如有切要時事或得之目擊或得之傳聞不論何事但取其有益於唐人有合於同好者均可攜至本館刻刷分文不取特此佈聞
新聞紙館謹啟

凡各客有貨附搭本行之船名思沙便由舊金山來港者祈即到船起貨免悞
丫厘芬公司啟

各客有貨附搭本行之船名萬年剌由福州厦門來港者祈即到船起貨免悞
鐵行火輪船公司大班啟

加時古狀師

末士加士古狀師之案件自今日以後交與丹拿蝦時倫狀師辦理特此聲明〇已未年三月初二日啟

洋船出賣

末士喝公司有二桅半桅船一隻名衣厘巴出賣其船牌三百六十噸大可載貨六百噸新釘銅底走港口甚是合宜如欲知其詳細者請到本行問便妥〇已未正月十九日啟

前往舊金山

末士吸文士急波時文公司有第一等好駛花旗船一隻名歌律船主名波藍一千八百噸大準於早日揚帆前往舊金山現在船位已有人定下大半如有搭客搭貨請到本行面議〇戊午十二月廿九日啟

鴉厘芬公司有好駛花旗船一隻名高爐頓威時船主名加云準於早日揚帆前往舊金山正埠如有搭客搭貨者請到本行面議〇已未正月十九日啟

剌時厘公司有好駛大花旗船一隻名查倫治船主名花便準於早日揚帆前往舊金山正埠如有搭客搭貨者請到本行面議 已未年正月廿三日啟

末士士店臣有花旗船一隻名利澳邏打士船主名威林時六百九十噸準於早日揚帆前往舊金山正埠如有搭客搭貨者請到本行面議 已未年正月廿七日啟

末士喝公司有第一等花旗船一隻名馬利失頓船主名士拜沙準於早日揚帆前往舊金山正埠如有附搭貨物請到本行面議〇已未年二月初十日啟

末士吸文時急公司有第一等花旗船一隻名孖時地乎船主名贊臣準於早日揚帆前往舊金山正埠如有附搭貨物者請到本行面議 已未年三月初三日謹啟

末士丫厘扮公司有第一等洋船一隻名北力痴厘亞船主名鴉非準於早日揚帆前往舊金山正埠如有搭客搭貨者請到本行面議 已未年三月初五日啟

前往新

剌時厘公司有好駛花旗船一隻名結合巴船主名贊臣準於早日揚帆前往新金山雪梨

末士士店臣有第一等洋船一隻名西古倫船主名荷石五百九十四噸大準於早日揚帆

膏藥

啟者中環泰盛洋貨舖有何老威膏藥藥丸出賣此

投

末士卜硃時於三月十九日將末士開酒店名域多厘之家私什

末士連卡剌弗於三月十四日上午十一點鐘在蝦巴船廠隔離郭亞松馬頭有實木一單出投二百八十四條長二十活至二十二活大六寸高八寸二十

鴉片

香港鴉片行情新公烟土沽七百三十五員〇舊公烟土沽七百三十二員半
新舊鳥烟土俱無市

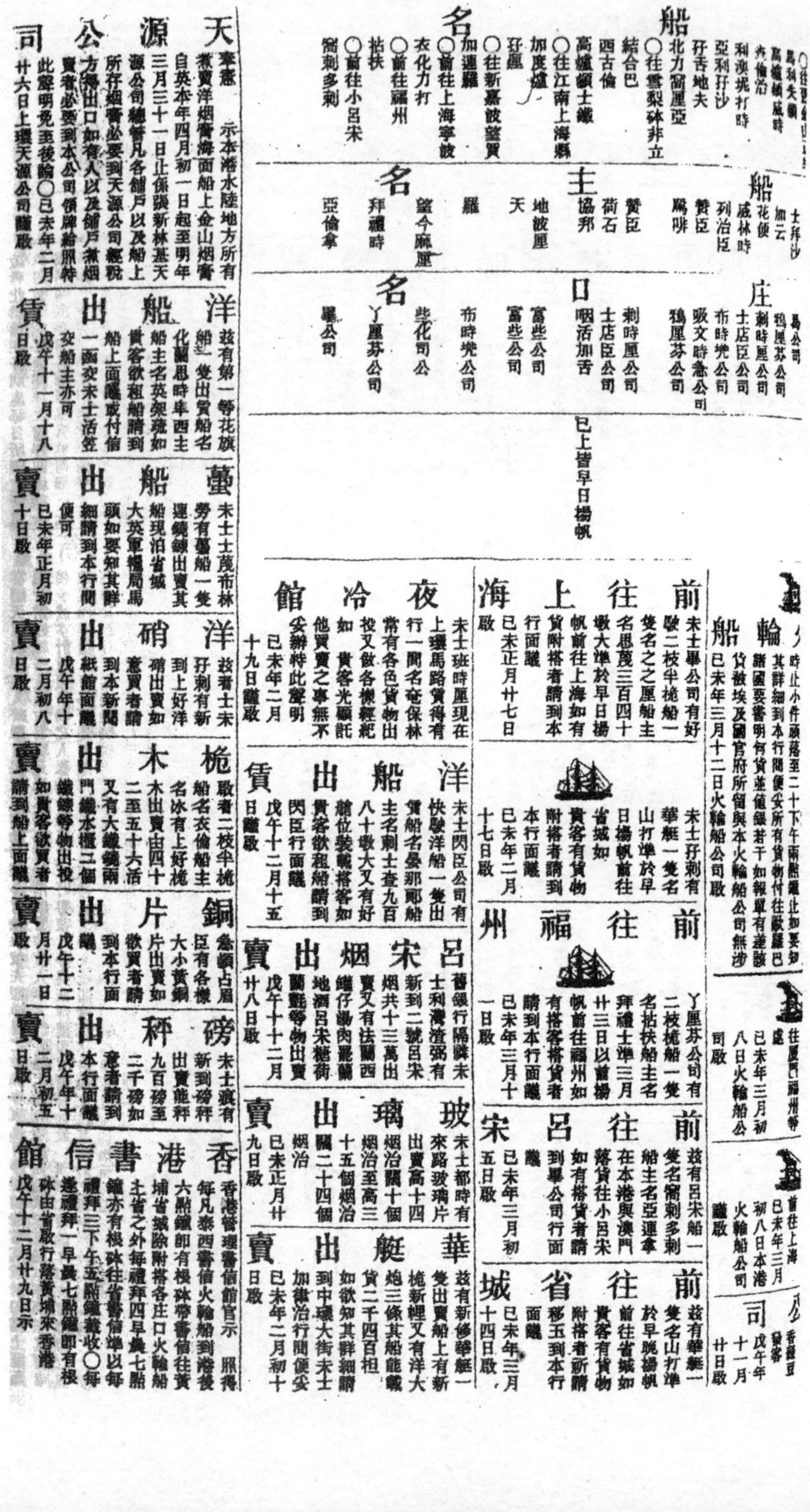

船名 船主名 庄口名

○往?……　士拜沙　……禹公司
馬利失頓　加云　鴉厘芬公司
高爐頓威時　花便　剌時厘公司
亦倫治　威林時　士店臣公司
利澳坭打時　列治臣　布時坭公司
亞利孖沙　贊臣　吸文時急公司
孖舌地夫　鳩啡　鴉厘芬公司
北力啲厘亞
○往雪梨砵非立
結合巴　贊臣　剌時厘公司
西古倫　荷石　士店臣公司
高爐頓士鐵　協邦　咽活加舌
○往江南上海縣
加度爐　地波厘　富些公司
孖厘　天　富些公司
○往新嘉波籃買
加邁羅　羅　布時坭公司
○前往上海寧波
衣化力打　籃今麻厘　些花司公
○前往福州
拈扶　拜禮時　丫厘芬公司
○前往小呂宋
啲剌多剌　亞倫拿　畢公司

已上皆早日揚帆

輪船……時止小件頭落至二十下午兩點鐘止如要知其詳細到本行問便妥所有貨物付往歐羅巴諸國要書明何貨並値銀若干如報單有差誤貨被埃及國官府所留與本火輪船公司無涉
已未年三月十二日火輪船公司啟

往廈門福州等處
已未年三月初八日火輪船公司啟

前往上海
已未年三月初八日本港火輪船公司謹啟

……公司 香港……
戊午年十一月廿日啟

前往上海
未士畢公司有好駛二枝半桅船一隻名之之厘船主名思蔑三百四十墩大準於早日揚帆前往上海如有貨附搭者請到本行面議
已未正月廿七日啟

（Ship illustration）
未士孖剌有華艇一隻名山打準於早日揚帆前往省城如貴客有貨物附搭者請到本行面議
已未年二月十七日啟

前往福州
丫厘芬公司有二枝桅船一隻名拈扶船主名拜禮士準三月廿三日以前揚帆前往福州如有搭客搭貨者請到本行面議
已未年三月十一日啟

前往呂宋
茲有呂宋船一隻名啲剌多剌船主名亞連拿在本港與澳門落貨往小呂宋如有搭貨者請到畢公司行面議
已未年三月初五日啟

前往省城
茲有華艇一隻名山打準於早晚揚帆前往省城如貴客有貨物附搭者祈請移玉到本行面議
已未年三月十四日啟

夜冷館
未士班時厘現在上環馬路賃得有行一間名奄保林常有各色貨物出投又做各樣經紀如貴客光顧託他買賣之事無不妥辦特此聲明
已未年二月十九日謹啟

洋船出賃
未士閃臣公司有快駛洋船一隻出賃船名晏那耶船主名剌士查九百八十墩大又有好艙位裝載搭客如貴客欲租船請到閃臣行面議
戊午十二月十五日謹啟

呂宋烟出賣
暮頓行隔鄰未士利灣渣弼有新到二號呂宋烟共十三萬出賣又有法蘭西罐仔湯肉罷蘭地酒呂宋糖街蘭甦等物出賣
戊午十十二月廿八日啟

玻璃出賣
未士都時有來路玻璃片出賣高十四烟治闊十個烟治至高三十五個烟治闊二十四個烟治
已未正月廿九日啟

華艇出賣
茲有新修華艇一隻出賣船上有新桅新鯉又有洋大炮三條其船能載貨二千四百担如欲知其詳細請到中環大街未士加徹治行問便妥
已未年二月初十日啟

天源公司
奉憲示本港水陸地方所有煮賣洋烟膏海面船上金山烟膏自英本年四月初一日起至明年三月三十一日止係張新林基天源公司總管凡各舖戶以及船上所存烟膏必要到天源公司繳稅方准出口如有人以及舖戶煮烟賣者必要到本公司領牌給照特此聲明免至後論○已未年二月廿六日上環天源公司謹啟

洋船出賃
茲有第一等花旗船一隻出賃船名化蘭思時幸西主船主名英架疏如貴客欲租船請到船上面議或付信一函交未士活笠交船主亦可
戊午十一月十八日啟

躉船出賣
未士士蔑布林勞有躉船一隻運鏡鍊出賣其船現泊省城大英軍械局馬頭如要知其詳細請到本行問便可
已未年正月初十日啟

洋硝出賣
茲著士未孖剌有新到上好洋硝出賣如意買者請到本新聞紙館面議
戊午年十二月初八日啟

桅木出賣
啟者二枝半桅船名冰有上好桅木出賣由四十二至五十六活又有大鐵鏈兩門鐵水櫃二個鐵鏈等物出投如貴客欲買者請到船上面議

銅片出賣
急頓占眉臣有各樣大小黃銅片出賣如欲買者請到本行面議
戊午十二月廿一日啟

磅秤出賣
未士滇有新到磅秤出賣能秤九百磅至二千磅如意者請到本行面議
戊午年十二月初五日啟

香港書信館
香港管理書信館官示　照得每凡泰西書信火輪船到港後六點鐘即有樓啉帶書信往黃埔省城除附搭各庄口火輪船主省之外每禮拜四早晨七點鐘亦有樓啉往省書信準以每禮拜三下午五點鐘截收○每逢禮拜一早晨七點鐘即有樓啉由省啟行落黃埔來香港
戊午十二月廿九日示

香港船頭貨價紙

第二百二十九號　己未年三月十七日　禮拜

啟者此紙係在孖剌處每日所印之新聞紙同館印刷每逢禮拜二禮拜四禮拜六爲期遍派香港各舖戶每月收回銀一大員如　貴客有事要印落此紙內務宜早一日走字通知未士孖剌便妥印刷唐字價錢如左　一凡每次落唐字者五十個字已下收銀一員倘五十個字已上每字收銀一個先士如欲再落者每個禮拜照前一半算如意者祈請到本館印刷便是
未士孖剌　新文紙館謹啟

新聞

兵部侍郎兼都察院右副都御史巡撫廣東地方提督軍務兼理糧餉柏　爲嚴拿拐匪以除民患事照得粵東地方商民謀生人烟稠密其中有貧無生計者覓食四方或自行雷離家鄉貿易出洋或受僱于遠人爲之工作獲利如果情甘願往自可勿庸禁止惟是訪聞近日有等不法奸匪三五成羣設計誘拐無論少壯捉將備工用船裝載私行販賣出洋名曰賣豬仔日久不得還鄉使人父母不相見兄弟妻子離散情殊可惨該匪等貪受財賄罔不畏法忍心害理置人身命于不顧其險惡陰謀甚于盜賊殊堪髮指此而不嚴拿懲辦何以肅法紀而安善良除通飭各文武督率兵役嚴密訪拿外合行曉諭爲此示仰闔省軍民人等知悉惻隱之心人皆有之雖無兄弟誰無子侄此等梟獍之徒人人得而誅之爾等務宜齊心合力四路查訪或有拐匪窩家潛藏境內或在街巷誆詐强拉立即公同綑捉解送來轅以憑盡法懲治一經審實每名賞給花紅銀四十元引拿報信者每名賞給花紅銀十元銀封存庫訊實即給決不食言本部院爲民除害慎勿視爲具文如有窩留拐匪之家即將房屋照例拆毀並治以窩留之罪此時城內亞屋尙多各業主將宜慎選殷實可靠之人看守切勿縱僱匪徒致受其累也爲此特示
己未年　三月　初七日　示

新聞

玆有臺灣火船帶來汕頭三月十三日信札云長毛得嘉應州之後使人入潮州地方要該處地方官繳三萬大員無則攻之地方官見長毛勢大不得不從即日交銀三千員其餘陸續交清現在長毛大營在嘉應州使人到左右各縣打單云云

啟者唐人如有切要時事或得之目擊或得傳聞不論何事但取其有益於唐人有合於買好者均可攜至本館刻刷分文不取特此佈聞
新聞紙館謹啟

凡各客有貨附搭本行之船名恩沙使由舊金山來港者新即到船起貨免懊
丫厘芬公司啟

各客有貨附搭本行之船名萬年剌由廣州來港者新即到船起貨免懊鐵行
火輪船公司大班啟

加時古狀師

未士加士古狀師之案件自今日以後交與丹拿蝦時倫狀師辦理特此聲明○已未年三月初二日啟

洋船出賣

未士喝公司有二桅半桅船一隻名衣厘巴出賣其船牌三百六十噸大可載貨六百噸新釘銅底走港口甚是合宜如欲知其詳細者請到本行問便妥○已未正月十九日啟

松木出賣

未士巴勞有新到停松木四寸厚板八寸至十二寸方一寸半厚板一寸厚板又有圓木二十八條出賣如要買松木者請到本行面議
已未年三月十五日啟

洋船出賃

玆有第一等花旗船一隻出賃船名化爾思時卑西主船主名英架飭如貴客欲租船請到船上面議或付信一函交未士活笠交船主亦可
戊午十一月十八日啟

前往舊金山

未士啄文士急啟時文公司有第一等好駛花旗船一隻名歌律船主名披藍一千八百噸大準於早日揚帆前往舊金山現在船位已有人定下大半如有搭客搭貨請到本行面議○戊午十二月廿九日啟

鴉厘芬公司有好駛花旗船一隻名高爐顛威時船主名加云準於早日揚帆前往舊金山正埠如有搭客搭貨者請到本行面議○已未正月十九日啟

剌時厘公司有好駛大花旗船一隻名查倫治船主名花便準於早日揚帆前往舊金山正埠如有搭客搭貨者請到本行面議　已未年正月廿三日啟

未士士店臣有花旗船一隻名利澳邏打士船主名威林時六百九十噸準於早日揚帆前往舊金山正埠如有搭客搭貨者請到本行面議
已未年正月廿七日啟

未士喝公司有第一等花旗船一隻名馬利失頓船主名士拜沙準於早日揚帆前往舊金山正埠如有附搭貨物請到本行面議○已未年二月初十日啟

未士吸文時急公司有第一等花旗船一隻名孖時地乎船主名賓臣準於早日揚帆前往舊金山正埠如有附搭貨物者請到本行面議
已未年三月初三日謹啟

未士丫厘紛公司有第一等洋船一隻名北力衛厘亞船主名鷹非準於早日揚帆前往舊金山正埠如有搭客搭貨者請到本行面議
已未年三月初五日啟

前往新

剌時厘公司有好駛花旗船一隻名結合巴船主名賛臣準於早日揚帆前往新金山雪梨……

未士士店臣有第一等洋船一隻名西古倫船主名荷石五百九十四噸大準於早日揚帆前往新金山雪梨……

未士烟活加舌有第一等好駛花旗船一隻名高爐顛士鐵船主名協邦準於四月十八日以前揚帆前往新金山雪梨……

未士癩於三月十七日上午十一點鐘在船政官馬頭行內有番梘五十箱麵粉五十桶殼麵地酒三十桶烏糖二十……

未士架律時林鶴於三月十八日下午一點鐘有三邊酒卡剌律設打殼麵地甄酒洋白豆繩龍蝦布糖羌玻璃洋燭……

鴉片

香港鴉片行情新公烟土沽七百三……五員○舊公烟土沽七百二十……五至七百三十員○新鵝烟土沽……百六十員○……

船名	船主名	庄口名
○往舊金山正埠		
馬利夫頓	士拜沙	鳥公司
高爐頓威時	加云	孖尾芬公司
査倫治	花便	剌時厘公司
利澳堀打時	威林時	士店臣公司
亞利孖沙	列治臣	布時㧾公司
孖舌地夫	贊臣	吸文時叅公司
北力架厘亞	罵咈	鴉厘芬公司
○往雪梨砵非立		
結合巴	贊臣	剌時厘公司
高爐頓士鐵	協邦	咽活加舌
○往江南上海縣		
渣厘搥啵	士吉	鱷也士的厘
孖厘	天	富些公司
○往新嘉波望買		
加連羅	羅	布時㧾公司
○前往上海寧波		
衣化力打	鑑今麻厘	些化司公
○前往福州		
祐扶	拜禮時	了厘芬公司
○前往小呂宋		
甯剌多剌	亞倫拿	畢公司

已上皆早日揚帆

火輪船

至十九日下午五點鐘止由今至二十日午時止小件頭落至二十下午兩點鐘止如要知其詳細到本行問便妥所有貨物付往歐羅巴諸國要書明何貨並値銀若干如報單有差該貨被埃及國官府所留與本火輪船公司無涉

已未年三月十二日火輪船公司啟

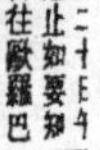

若要知 貴客有貨物附搭者請到本行面議

已未年二月十七日啟

呂宋

落貨往小呂宋如有搭貨者請到畢公司行面議

已未年三月初五日啟

公司

舊木棧 香緞豆 發客

戊午年十一月廿日啟

前往福州

了厘芬公司有二枝桅船一隻名祐扶船主名拜禮士準三月廿三日以前揚帆前往福州如有搭客搭貨者請到本行面議

已未年三月十一日啟

前往省城

茲有華艇一隻名山打準於早晚揚帆前往省城如貴客有貨物附搭者祈請移玉到本行面議

已未年三月十四日啟

桅木出賣

啟者二枝半桅船名衣倫船主名冰有上好桅木出賣由四十二至五十六活又有大鐵鏈兩門鐵水櫃二個鐵鍊等物出投如貴客欲買者請到船上面議

躉船出賣

未士士茂布林勞有躉船一隻運鐵鍊出賣其船現泊省城大英軍糧局馬頭如要知其詳細請到本行問便可

已未年正月初十日啟

藥材出賣

禮打醫生藥房在與隆大街對面有來路藥材成箱出賣凡搭新舊金山搭客船者要來路藥材便請與禮打醫生面議價錢便宜其藥係照香港官例製備

夜冷館

未士班時厘現在上環馬路賃得有行一間名奄保林常有各色貨物出投又做各樣經紀如 貴客光顧託他買賣之事無不妥辦特此聲明

已未年二月十九日謹啟

洋船出賃

未士閃臣公司有快駁洋船一隻出賃船名晏那耶船主名剌士查九百八十載大又有好艙位裝載搭客如貴客欲租船請到閃臣行面議

戊午十二月十五日謹啟

呂宋烟出賣

舊銀行隔鄰未士利濱澄弼有新到二號呂宋烟共十三萬出賣又有法蘭西罐仔湯肉罷蘭地酒呂宋糖荷蘭甦等物出賣

戊午十十二月廿八日啟

玻璃出賣

未士都時有來路玻璃片出賣高十四烟治闊十個烟治至高三十五個烟治闊二十四個烟治

已未正月廿九日啟

華艇出賣

茲有新修華艇一隻出賣船上有新桅新帆又有洋大炮三條其船能載貨二千四百担如欲知其詳細請到中環大街未士加律治行問便妥

已未年二月初十日啟

天源公司

奉憲 示本港水陸地方所有煮賣洋烟膏海面船上金山烟膏自英本年四月初一日起至明年三月三十一日止係張新林基天源公司總管凡各舖戶以及船上所存烟膏必要到天源公司輸稅方得出口如有人以及舖戶煮烟賣者必要到本公司領牌給照特此聲明免至後論○已未年二月廿六日上環天源公司謹啟

磅秤出賣

朱士濵有新到磅秤出賣能秤九百磅至二千磅如意者請到本行面議

戊午年十二月初五日啟

洋硝出賣

茲者士未孖剌有新到上好洋硝出賣如意買者請到本新聞紙館面議

戊午年十二月初八日啟

銅片出賣

急顛占屈臣有各欵大小黃銅片出賣如欲買者請到本行面議

戊午十二月廿一日啟

膏藥出賣

啟者中環泰盛洋貨舖有何老威膏藥藥丸出賣此藥馳名日久所有外科奇難雜症用之無有不效

火船出賃

未士孖剌有嗱車火輪船一隻名埃倫便運時出賃如有 貴客欲租賃此船者請到本行面議

已未年二月二十二日啟

茲有行一間出賃坐在中環澳爐偉厘街德臣印字館對面每月租銀四十員如有合意者請到中環大街未士加律治行問便妥○已未年二月初十日啟

茲有乾爽石棧房在金魚行出賃如欲貯貨請與未士孖剌面議棧租便宜○戊午年十二月初七日啟

香港書信館

香港管理書信館官示 照得每凡泰西書信火輪船到港後六點鐘即有棣砵帶書信往黃埔省城除附搭各庄口火輪船主省之外每禮拜四早晨七點鐘亦有棣砵往省書信準以每禮拜三下午五點鐘截收○每逢禮拜一早晨七點鐘即有棣砵由省啟行落黃埔來香港

戊午十二月廿九日示

香港船頭貨價紙

第二百三十號　己未年三月十九日　禮拜四

啓者此紙係在孖剌處每日所印之新聞紙同館印刷每逢禮拜二禮拜四禮拜六發期遍派香港各舖戶每月收回銀一大員如　貴客有事要印落此紙內務宜早一日走字通知未士孖剌便妥印刷唐字價錢如左　一凡每次落唐字者五十個字已下收銀一員倘五十個字已上每字收銀一個先士如欲再落者每個禮拜照前一半算如意者祈請到本館印刷便是
未士孖剌　新文紙館謹啟

新聞

茲有花旗船一隻名[illegible]其船主名文順因打壞水手故出差傳船主到船政官衙[illegible]英臬厘時衙審訊云云○本港皇家新聞紙有　英法兩國提督大人出示嚴禁拐賣豬仔以靖地方而安良善事但因本紙已有抄印粵東良民長紅並○柏大人之示都是大同小異故未有將　英法提督告示抄印○近日有船戶傳說有洋船一隻在東沙處擱淺有人疑是丫厘芬公司於二月初旬由港啟行之舊金山船名占時播郎惟此數日不見有人再來報未知真否如何云云聞說本港按察大人早晚將回英國但去後副案察陞署正按察大狀師京士味厘陞署副按察云云

未士士店臣之新金山船名西故倫於三月十七日啟行載去唐客九十八名白糖一十八萬七千零五十磅米七萬八千五百一十二磅茶葉一千二百七十四件生油六百埕又三百四十八箱洋烟膏七千兩雜貨八千零二十五件○現有一隻洋船泊在本港海面由日本國載來許多日本歘口鹿仔綿羊狗蛇等物聞說現在日本各洋貨所到太多出口貨價值高昂所以各國商人俱要蝕本云云

啟者唐人如有切要時事或得之目擊或得之傳聞不論何事但取其有益於唐人有合於耳好者均可攜至本館刻刷分文不取特此佈聞
新聞紙館謹啟

凡各客有貨附搭本行之船名恳沙便由舊金山來港者祈即到船起貨免悞　丫厘芬公司啟

各客有貨附搭本行之船名萬年剌由福州廈門來港者祈即到船起貨免悞　鐵行火輪船公司大班啟

加時古狀師

未士加士古狀師之案件自今日以後交與丹拿蝦時倫狀師辦理特此聲明○己未年三月初二日啟

英國大狀師

未士波律權理各衙門大小案情現住中環大街第四百一十號舊銀行對面便是　己未年三月十二日謹啟

洋船出賣

未士喝公司有二枝半桅船一隻名衣厘巴出賣其船牌三百六十墩大可載貨六百墩新釘銅底走港口甚是合宜如欲知其詳細者請到本行問便妥○己未正月十九日啟

松木出賣

未士巴勞有新到八寸至十二寸方停松木四寸厚板一寸半厚板一寸厚板又有圓木二十八條出賣如要買松木者請到本行面議　己未年三月十五日啟

洋船出賃

茲有第一等花旗船一隻出賃船名化蘭思時卑西主船主名英架疏如貴客欲租船請到船上面議或付信一函交未士活笠交船主亦可　戊午十一月十八日啟

金鷄勒出賣

茲有金鷄勒霜出賣每罇重一安沙即八錢三如有貴客欲買此藥可移玉到本新聞紙館問便知　己未年三月初九日啟

前往舊金山

未士吸文士急波時文公司有第一等好駛花旗船一隻名歌律船主名波藍一千八百墩大準於早日揚帆前往舊金山現在船位已有人定下大半如有搭客搭貨請到本行面議○戊午十二月廿九日啟

鴉厘芬公司有好駛花旗船一隻名高爐頓威時船主名加云準於早日揚帆前往舊金山正埠如有搭客搭貨者請到本行面議○己未正月十九日啟

剌時厘公司有好駛大花旗船一隻名查倫治船主名花侃準於早日揚帆前往舊金山正埠如有搭客搭貨者請到本行面議　己未年正月廿三日啟

未士士店臣有花旗船一隻名利澳趨打士船主名威林時六百九十墩準於早日揚帆前往舊金山正埠如有搭客搭貨者請到本行面議　己未年正月廿七日啟

未士喝公司有第一等花旗船一隻名馬利夫頓船主名士拜沙準於早日揚帆前往舊金山正埠如有附搭貨物請到本行面議○己未年二月初十日啟

未士吸文時急公司有第一等花旗船一隻名孖時地乎船主名賛臣準於早日揚帆前往舊金山正埠如有附搭貨物者請到本行面議　己未年三月初三日謹啟

未士丫厘扮公司有第一等洋船一隻名北力搿厘亞船主名厲非準於早日揚帆前往舊金山正埠如有搭客搭貨者請到本行面議　己未年三月初五日啟

前往新金山

剌時厘公司有好駛花旗船一隻名結合巴船主名賛臣準於早日揚帆前往新金山雪梨砵非立埠如有搭客搭貨者請到本行面議　己未正月廿七日啟

未士士店臣有第一等洋船一隻名西古倫船主名荷石五百九十四墩大準於早日揚帆前往新金山雪梨砵非立埠如有搭客搭貨者請到本行面議　己未年二月初十日啟

未士烟活加舌有第一等好駛花旗船一隻名高嫲頓士鐵船主名協邦準於四月十八日以前揚帆前往新金山雪梨砵非立埠如有貨物附搭此船請到本行面議　己未年三月十三日啟

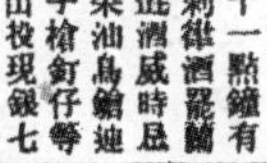

未士班時厘於三月二十日上午十一點鐘有卡剌律酒罷蘭地甜酒威時忌生菜油烏鎗連環手槍釘仔等物出投現銀七一七兌○己未三月十七日啟

未士班時厘於三月十九日正午十二點鐘在太平山街市上邊有地一段連屋五間出投地址第四百零六號每年地稅銀一磅十五個司連其屋下層用石上層用磚砌好第五百八十八號五百八十九號五百九十號五百九十一號五百九十二號其地近街量八十英尺深五十英尺一凡投到此地者要即交價銀三份一其餘俟地址之日交清　己未年三月十六日啟

鴉片行情

香港鴉片行情新公烟土沽七百三十二員半
舊公烟土沽七百三十五員
新鴣烟土沽七百四十員
舊鴣烟土無市
白皮烟土沽五百九十五至六百員

現在香港澳門黃埔落貨往各埠之船列左

船名	船主名	庄口名
○往蘭頓京城		
暇非士	韋列臣	畢公司
○往舊金山正埠		
馬利失顛	士拜沙	咼公司
高爐顛威時	加云	鴉厘芬公司
查倫治	花便	剌時厘公司
利澳挸打時	威林時	士店臣公司
亞利孖沙	列治臣	布時咣公司
孖舌地夫	贊臣	吸文時佘公司
北力窩厘亞	厲啡	鴉厘芬公司
○往雪梨砵非立		
結合巴	贊臣	剌時厘公司
高爐顛士鐵	協邦	咽活加舌
○往江南上海縣		
渣厘捏皺	士吉	鑑也士的厘
孖厘	天	富些公司
○往新嘉波望買		
加連羅	羅	布時咣公司
○前往上海寧波		
衣化力打	望今厮厘	些化司公
○前往福州		
祐扶	拜禮時	丫厘芬公司
○前往小呂宋		
嘢剌多剌	亞倫拿	畢公司

巳上皆早日揚帆

鐵行火輪船

本港鐵行火輪船公司有火輪船一隻名加的時船主將落港準於三月廿一日下午兩點鐘由本港啟行裝載搭客貨物書信前往新加波埠加厘書打厘時鎹買英國祖家等埠雜貨落至十九日下午五點鐘止金銀落至二十日午時止小件頭落至二十下午兩點鐘止如要知其詳細到本行問便妥所有貨物付往歐羅巴辦國要書明何貨並值銀若干如報單有差該貨被埃及國官府所留與本火輪船公司無涉

已未年三月十二日火輪船公司啟

未士孖剌有華艇一隻名山打準於早日揚帆前往省城如貴客有貨物附搭者請到本行面議

已未年二月十七日啟

前往呂宋

茲有呂宋船一隻名嘢剌多剌船主名亞連拿在本港與澳門落貨往小呂宋如有搭貨者請到畢公司行面議

已未年三月初五日啟

畢公司

茲者未士畢公司有沙籐架啡蘇木檀香綠豆發客

戊午年十一月廿日啟

前往福州

丫厘芬公司有二枝桅船一隻名祐扶船主名拜禮士準三月廿三日以前揚帆前往福州如有搭客搭貨者請到本行面議

已未年三月十一日啟

前往省城

茲有華艇一隻名山打準於早晚揚帆前往省城如貴客有貨物附搭者祈請移玉到本行面議

已未年三月十四日啟

桅木出賣

啟者二枝半桅船名衣倫船主名冰有上好桅木出賣由四十二至五十六活又有大鐵鏈兩門鐵水櫃二個鐵鍊等物出投如貴客欲買者請到船上面議

躉船出賣

未士士茂布林勞有躉船一隻連鐵鍊出賣其船現泊省城大英軍糧局馬頭如要知其詳細請到本行間便可

已未年正月初十日啟

藥材出賣

禮打醫生藥房在興隆大街對面有來路藥材成箱出賣凡換新舊金山搭客船者要來路藥材便請與禮打醫生面議價銀便宜其藥係照香港官例製備

夜冷館

未士班時厘現在上環馬路賃得有行一間名奄保林常有各色貨物出投又做各樣經紀如貴客光顧託他買賣之事無不妥辦特此聲明

已未年二月十九日謹啟

洋船出賃

未士閃臣公司有快駛洋船一隻出賃船名晏那鄖船主名剌士查九百八十墩大又有好艙位裝載搭客如貴客欲租船請到閃臣行面議

戊午年十二月十五日謹啟

呂宋烟出賣

舊銀行隔鄰未士利瀾渣弼有新到二號呂宋烟共十三萬出賣又有法蘭西罐仔湯肉罷蘭地酒呂宋糖荷蘭鞋等物出賣

戊午十十二月廿八日啟

玻璃出賣

未士都時有來路玻璃片出賣高十四烟治闊十個烟治至高三十五個烟治闊二十四個烟治

已未正月廿九日啟

華艇出賣

茲有新修華艇一隻出賣船上有新桅新悝又有洋大炮三條其船能載貨二千四百担如欲知其詳細請到中環大街未士加律治行問便妥

已未年二月初十日啟

天源公司

奉憲 示本港水陸地方所有煮賣洋烟膏海面船上金山烟膏自英本年四月初一日起至明年三月三十一日止係張新林甚天源公司總管凡各舖戶以及船上所存烟膏必要到天源公司經稅方得出口如有人以及舖戶煮烟賣者必要到本公司領牌給照特此聲明免至後論○已未年二月廿六日上環天源公司謹啟

磅秤出賣

未士痕有新到磅秤出賣能秤九百磅至二千磅如意者請到本行面議

戊午年十二月初五日啟

洋硝出賣

茲者士未孖剌有新到上好洋硝出賣如意買者請到本新聞紙館面議

戊午年十二月初八日啟

銅片出賣

急頓占眉臣有各樣大小黃銅片出賣如欲買者請到本行面議

戊午十二月廿一日啟

膏藥出賣

啟者中環泰盛洋貨舖有何老威膏藥丸出賣此藥馳名日久所有外科奇難雜症用之無有不效

火船出賃

未士孖剌有暗車火輪船一隻名埃倫便連時出賃如有貴客欲租賃此船者請到本行面議

已未年二月二十二日啟

茲有行一間出賃坐在中環澳爐俾厘街德臣印字館對面每月租銀四十員如有合意者請到中環大街未士加律治行間便妥○已未年二月初十日啟

茲有乾爽石棧房在金魚行出賃如欲貯貨請與未士孖剌面議棧租便宜○戊午年十二月初七日啟

香港書信館

香港管理書信館官示 照得每凡泰西書信火輪船到港後六點鐘即有標砵帶書信往黃埔省城除附搭各庄口火輪船主省之外每禮拜四早晨七點鐘亦有標砵往省書信準以每禮拜三下午五點鐘截收○每逢禮拜一早晨七點鐘即有標砵由省啟行落黃埔來香港

戊午年十二月廿九日示

香港船頭貨價紙

第二百三十一號　己未年三月廿一日　禮拜六

啟者此紙係在孖剌處每日所印之新聞紙同館印刷每逢禮拜二禮拜四禮拜六爲期濡派香港各舖戶每月收回銀一大員如　貴客有事要印落此紙內務宜早一日走字通知未士孖剌便妥印刷唐字價錢如左　一凡每次落唐字者五十個字已下收銀一員倘五十個字已上每字收銀一個先士如欲再落者每個禮拜照前一半算如意者祈請到本館印刷便是

未士孖剌　新文紙館謹啟

新聞

啟者新安縣彭城埠商陳玉田等向領牽　兩廣鹽運司牌照承辦彭城大埠曾設巡船三隻在於新安海面一帶緝捕私鹽以杜奸民漏稅緣本年二月初旬巡至攀石海面見有重載船一隻登往盤查見滿倉係鹽況亦無牌照顯係走私鹽時獲回本埠理處奈該私頭人等求愿公罰乞免解辦民等僉渠初犯亦爲原情允肯該私等自具同甘結登時人船貨物一概釋放去後不料該私等恩將仇報胆敢僞詞赴　治下瞞稟於二月十五日　高露雲老爺統帶火船三隻前抵新安城南頭吳屋面前抛泊十六早九點鐘放砲攻擊上圍被打爛房屋四間闔村居民男婦老少驚惶逃走殊覺慘然後高老爺帶貴兵數名上岸迫索要銀四千元方爲妥息事民等村老細思如不從愿則無家可歸不得已隨籌就銀一千元到船交納另三千元約以一個禮拜內交收然後火船於十二點鐘駛回香港曾經二月二十六日帶銀三千元親送到　高老爺處交收清楚忖思律法昭彰　貴國豈無施設若獲私鹽放反遭誣揑之累將見奸民猖獗國餉何歸茲將始末緣由詳稟仰祈鑒察　晚生陳玉田字稟

本年二月十四日之京報有戒柏振在京爲一品大員屢受朝廷大恩不意該大臣受賄將北闈硃卷賣與無恥之人故　咸豐君震怒將柏振正法又革去大員數名職員數名云云

聞歆省城設立洋行一事不合和約故　大英領事官業經照會粵海關但粵海關照覆云現在省城走私甚多以致國課無歸故設二十一家洋貨號與外國人交易嗣後香港澳門水客不得走私漏稅而已如君　大英領事官不願有洋貨行之設卽罷此議

加時古狀師

未士加士古狀師之案件自今日以後交與丹拿蝦時倫狀師辦理特此聲明○已未年三月初二日啟

英國大狀師

未士波律權理各衙門大小案情現住中環大街第四百一十號舊銀行對面便是

已未年三月十二日謹啟

洋船出賣

未士喝公司有二枝半桅船一隻名衣厘巴山賣其船牌三百六十噸大可載貨六百噸新釘銅底走港口甚是合宜如欲知其詳細者請到本行問便妥○已未正月十九日啟

松木出賣

未士巴勞有新到八寸至十二寸方停松木四寸厚板一寸半厚板一寸厚板又有圓木二十八條出賣如要買松木者請到本行面議

已未年三月十五日啟

洋船出賃

茲有第一等花旗船一隻出賃船名化闌思時卑西主船主名英架疏如貴客欲租船請到船上面議或付信一函交未士活笠交船主亦可

戊午十一月十八日啟

金鷄勒出賣

茲有金鷄勒霜出賣每罇重一安沙計八錢三如有貴客欲買此藥可移玉到本新聞紙館問便知

已未年三月初九日啟

前往舊金山

未士吸文士急波時文公司有第一等好駛花旗船一隻名歌律船主名波藍一千八百噸大準於早日揚帆前往舊金山現在船位已有人定下大半如有搭客搭貨請到本行面議○戊午十二月廿九日啟

鴉厘芬公司有好駛花旗船一隻名高爐頓威時船主名加云準於早日揚帆前往舊金山正埠如有搭客搭貨者請到本行面議○已未正月十九日啟

剌時厘公司有好駛大花旗船一隻名查倫治船主名花便準於早日揚帆前往舊金山正埠如有搭客搭貨者請到本行面議　已未年正月廿三日啟

未士士店臣有花旗船一隻名利澳邏打士船主名威林時六百九十噸準於早日揚帆前往舊金山正埠如有搭客搭貨者請到本行面議

已未年正月廿七日啟

未士喝公司有第一等花旗船一隻名馬利失頓船主名士拜沙準於早日揚帆前往舊金山正埠如有附搭貨物請到本行面議○已未年二月初十日啟

未士吸文時急公司有第一等花旗船一隻名孖時地乎船主名賓臣準於早日揚帆前往舊金山正埠如有附搭貨物者請到本行面議

已未年三月初三日謹啟

未士丫厘汾公司有第一等洋船一隻名北力嘶厘岦船主名鷹非準於早日揚帆前往舊金山正埠如有搭客搭貨者請到本行面議

已未年三月初五日啟

前往新金山

剌時厘公司有好駛花旗船一隻名結合巴船主名贊臣準於早日揚帆前往新金山雪梨砵非立埠如有搭客搭貨者請到本行面議

已未正月廿七日啟

未士士店臣有鉛一等洋船一隻名西古倫船主名荷石五百九十四噸大準於早日揚帆前往新金山雪梨砵非立埠如有搭客搭貨者請到本行面議　已未年二月初十日啟

未士烟活加舌有第一等好駛花旗船一隻名高爐頓士鐵船主名協邦準於四月十八日以前揚帆前往新金山雪梨砵非立埠如有貨物附搭此船請到本行面議

已未年三月十三日啟

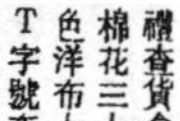

未士麥記厘架於三月二十三日上午十一點鐘在吠禮查貨倉有水漬棉花三十八綑原色洋布十六綑另T字號布四綑出投現銀七一七兌○已未三月廿一日啟

未士連卡剌弗於三月廿六日正午十二點鐘在士丹厘街貨倉有新到芥末沙時擔巢生菜油洋醋水瓜紐木櫈占巢這厘加倫子提子杏仁梅麥粉餅干洋意米粉仔魚鮮之時等物出投是日下午又有玻酒番覘鴉剌些粉猪肉火腿牛喇衣服花布時辰鏢火爐鐵釘來路紙數部等物出投現銀七一七兌　已未年三月十一日啟

鴉片行情

香港鴉片行情新公烟土沽七百三十二員半至七百三十五員○舊公烟土沽七百五十員

新鴒烟土沽七百四十五員

舊鴒烟土無市

白皮烟土沽五百九十員

現在香港澳門黃埔落貨往各埠之船列左

船名	船主名	庄口名	
○往爾頓京城			
蝦非士	葵列臣	畢公司	
天非列地時	士店臣	渣顛孖地臣	
○往荷金山正埠			
馬利失顛	士拜沙	鳥公司	
高爐頓威時	加云	鴉壓芬公司	
查倫治	花便	剌時壓公司	
利澳埠打時	威林時	士店臣公司	
亞利孖沙	列治臣	布時埃公司	
孖舌地夫	贊臣	畋文時叅公司	
北力鬧壓亞	鳫啡	鴉壓芬公司	
○往雲梨砵非立			
結合巴	贊臣	剌時壓公司	
高爐頓士鐵	協邦	咽活加舌	包上皆早日揚帆
○往江南上海縣			
渣壓揑啵	士吉	聽也士的壓	
孖壓	天	富些公司	
文非時都	華壓臣	布時埃公司	
爾哥倫	晏地臣	布時埃公司	
○往新嘉坡諸買			
加連羅	羅	布時埃公司	
○前往上海寧波			
衣化力打	鑑今麻壓	些化司公	
○前往福州			
拈扶	拜禮時	丫壓芬公司	
○前往小呂宋			
剎剌多剌	亞倫拿	畢公司	

鐵行火輪船

本港鐵行火輪船公司有火輪船一隻名加的時船主名基洛準於三月廿一日下午兩點鐘由本港啟行裝載搭客貨物書信前往新加波埠加壓嗇打剌時鹽買英國紐家等埠雜貨落至十九日下午五點鐘止金銀落至二十日午時止小件頭落至二十下午兩點鐘止如要知其詳細到本行問便妥所有貨物付往歐羅巴諸國要嗇明何貨並值銀若干如報單有差該貨被埃及國官府所留與本火輪船公司無涉
已未年三月十二日火輪船公司啟

未士孖剌有華艇一隻名山打準於早日揚帆前往省城如貴客有貨物附搭者請到本行面識
已未年二月十七日啟

前往呂宋

茲有呂宋船一隻名剎剌多剌船主名亞連拿在本港與澳門落貨往小呂宋如有搭貨者請到畢公司行面識
已未年三月初五日啟

畢公司

啟者未士畢公司有沙藤架啡蘇木檀香綠豆發客
戊午年十一月廿日啟

前往福州

丫壓芬公司有二枝桅船一隻名拈扶船主名拜禮士準三月廿三日以前揚帆前往福州如有搭客搭貨者請到本行面識
已未年三月十一日啟

前往上海

未士布時埃公司有好駛二枝半桅船一隻名爾哥連準於早日揚帆前往上海如有搭客搭貨者請到本行面識
已未年三月十九日啟

前往上海

未士布時埃公司有好駛二枝桅船一隻名文非士都準於早日揚帆前往上海如有搭客搭貨者請到本行面識
已未年三月十九日啟

前往省城

茲有華艇一隻名山打準於早晚揚帆前往省城如貴客有貨物附搭者祈請移玉到本行面識
已未年三月十四日啟

梔木出賣

啟者二枝半桅船名衣倫船主名冰有上好梔木出賣由四十二至五十六活又有大鐵鏈兩門鐵水櫃二個鐵鏈等物出投如貴客欲買者請到船上面識

夜冷館

未士班時壓現在上環馬路賃得有行一間名奄保林常有各色貨物出投又做各樣經紀如貴客光顧託他買賣之事無不妥辦特此聲明
已未年二月十九日謹啟

洋船出賃

未士閃臣公司有快駛洋船一隻出賃船名晏那耶船主名剌士查九百八十墩大又有好艙位裝載搭客如貴客欲租船請到閃臣行面識
戊午年十二月十五日謹啟

呂宋烟出賣

舊銀行隔鄰未士利灣渣嘛有新到二號呂宋烟共十三萬出賣又有法蘭西罐仔湯肉羅蘭地酒呂宋糖荷蘭氈等物出賣
戊午年十二月廿八日啟

玻璃出賣

未士都時有來路玻璃片出賣高十四烟治闊十個烟治至高三十五個烟治闊二十四個烟治
已未正月廿九日啟

華艇出賣

茲有新修華艇一隻出賣船上有新桅新帆又有洋大炮三條其船能載貨二千四百担如欲知其詳細請到中環大街未士加律治行問便妥
已未年二月初十日啟

天源公司

華憲 示本港水陸地方所有煮賣洋烟膏海面船上金山烟膏自英本年四月初一日起至明年三月三十一日止係張新林暨天源公司總管凡各舖戶以及船上所存烟膏必要到天源公司經批方得出口如有人以及舖戶煮烟賣者必要到本公司領牌給照特此聲明免至後論○已未年二月廿六日上環天源公司謹啟

磅秤出賣

未士痴有新到磅秤出賣能秤九百磅至二千磅如意者請到本行面識
戊午年十二月初五日啟

洋硝出賣

茲者士未孖剌有新到上好洋硝出賣如意買者請到本新聞紙館面識
戊午年十二月初八日啟

銅片出賣

急顛占眉臣有各樣大小黃銅片出賣如欲買者請到本行面識
戊午年十二月廿一日啟

膏藥出賣

啟者中環泰盛洋貨舖有何老威膏藥藥丸出賣此藥馳名日久所有外科奇難雜症用之無有不效

火船出賃

未士孖剌有暗車火輪船一隻名埃倫便邇時出賃如有貴客欲租賃此船者請到本行面識
已未年二月二十二日啟

茲有行一間出賃坐在中環澳爐俾壓街德臣印字館對面每月租銀四十員如有合意者請到中環大街未士加律治行間便妥○已未年二月初十日啟

茲有乾爽石機房在金魚行出賃如欲貯貨請與未士孖剌面識機租便宜○戊午年十二月初七日啟

香港書信館

香港管理書信館官示 照得每凡泰西書信火輪船到港後六點鐘即有様砵帶書信往黃埔省城除附搭各庄口火輪船主省之外每禮拜四早晨七點鐘亦有様砵往省書信準以每禮拜三下午五點鐘截收○每逢禮拜一早晨七點鐘即有様砵由省城行經黃埔來香港
戊午年十二月廿九日示

香港船頭貨價紙

第二百三十二號　己未年三月廿四日　禮拜

啟者此紙係在孖剌處每日所印之新聞紙同館印刷每逢禮拜二禮拜四禮拜六爲期遍派香港各舖戶每月收回銀一大員如　貴客有事要印落此紙內務宜早一日走字通知未士孖剌便妥印刷唐字價錢如左　一凡每次落唐字者五十個字已下收銀一員倘五十個字已上每字收銀一個先士如欲再落者每個禮拜照前一半算如意者祈請到本館印刷便是未士孖剌　新文紙館謹啟

新聞

三月廿二日晚有人到本衙差役總館報訊云在麼羅街有一麼羅人被人刺死故帮辦未士查文即時往該處訪查見其被傷之人眠在地上有兩處刀傷一在心胸一在脅上滿地鮮血即叫人抬往醫館調治但到醫館時其人已死此時在麼羅街左右地方追尋兇手後查得兇手乃係鐵行火船公司之火輪船名萬年剌之燒火人故登即開船拿獲監禁候審其殺殺之人亦係船上燒火之人云云

聞說日本皇帝欲遣一大員往花旗國爲欽差全權大臣但各朝臣諫阻之故日本皇亦罷此議○上年日本人偶得荷蘭國水師官員數名教習日本人天文地理行船方法又有荷蘭人教以火輪船之器皿現在日本文人多習西方人天文地理並鑄造火輪船及鑄炮之法惟所鑄之新炮俱是鑄實心然後車通使其堅固如洋炮無異又鑄空心碼子爲子母炮所有日本國之火輪船與及有帆杠之船隻俱是用日本人爲伙長上年所僱之荷蘭人爲伙長者一切辭去云云

入口船

本港畢行於三月廿三日到有暹羅米船二隻一名剌必一名華打滑治○鐵行有監買火輪船一隻到港載來烟土二千一百零七箱半洋銀三十萬零零二百八十七員云云

啟者本館所印之新聞紙如有切要時事或得之目擊或得之傳聞不論何事但取其有益於唐人有合於同好者均可携至本館刻刷分文不取特此佈聞新聞紙館謹啟

加時古狀師

未士加士古狀師之案件自今日以後交與丹拿蝦時倫狀師辦理特此聲明○已未年三月初二日啟

英國大狀師

未士波律機理各衙門大小案情現住中環大街第四百一十號荷銀行對面便是　己未年三月十二日謹啟

洋船出賣

未士喝公司有二枝半桅船一隻名衣厘巴出賣其船牌三百六十噸大可載貨六百噸新釘銅底走港口甚是合宜如欲知其詳細者請到本行問便妥○已未正月十九日啟

松木出賣

未士巴勞有新到八寸至十二寸方停松木四寸厚板一寸半厚板一寸厚板又有圓木二十八條出賣如要買松木者請到本行面議　已未年三月十五日啟

洋船出賃

茲有第一等花旗船一隻出賃船名化爾思時卑西主船主名英架疏如貴客欲租船請到船上面議或付信一函交未士活笠交船主亦可　戊午十一月十八日啟

金鷄勒出賣

茲有金鷄勒霜出賣每罇重一安沙即八錢三如有貴客欲買此藥可移玉到本新聞紙館問便知　已未年三月初九日啟

畢公司

啟者未士畢公司有沙藤架啡蘇木檀香綠豆發客　戊午年十一月廿日啟

前往舊金山

未士吸文士急啟時文公司有第一等好駛花旗船一隻名歌律船主名波藍一千八百噸大準於早日揚帆前往舊金山現在船位已有人定下大半如有搭客搭貨請到本行面議○戊午十二月廿九日啟

鴉厘芬公司有好駛花旗船一隻名高爐頓威時船主名加云準於早日揚帆前往舊金山正埠如有搭客搭貨者請到本行面議○已未正月十九日啟

剌時厘公司有好駛大花旗船一隻名查倫治船主名花便準於早日揚帆前往舊金山正埠如有搭客搭貨者請到本行面議　已未年正月廿三日啟

未士士店臣有花旗船一隻名利澳邏打士船主名威林時六百九十噸準於早日揚帆前往舊金山正埠如有搭客搭貨者請到本行面議　已未年正月廿七日啟

未士喝公司有第一等花旗船一隻名馬利失顛船主名士拜沙準於早日揚帆前往舊金山正埠如有附搭貨物請到本行面議○已未年二月初十日啟

未士歌文時急公司有第一等花旗船一隻名孖時地乎船主名賞臣準於早日揚帆前往舊金山正埠如有附搭貨物者請到本行面議　已未年三月初三日謹啟

未士了厘扮公司有第一等洋船一隻名北力倫厘亞船主名馬非準於早日揚帆前往舊金山正埠如有搭客搭貨者請到本行面議　已未年三月初五日啟

前往新

未士才店臣有第一等洋船一隻名西古倫船主名荷石五百九十四噸大準於早日揚帆前往新金山雪梨

未士烱活加活有第一等好駛花旗船一隻名高爐頓士纏船主名協邦準於四月十八日以前揚帆前往新金山雪梨砵非

投夜

未士架律時林茂於三月廿五日正午十二點鐘在都爹厘街行有罷蘭地酒甜酒茶二百箱蔴欖帆布福州烟肉醬料酸酒波打牛肉火腿麵粉番梘洋燭首飾時辰鐘時辰傢家私等物

未士連卡剌勞於三月廿六日正午十二點鐘在士丹厘街貨倉有新到芥末沙時鹹巢生菜油洋醋水瓜餅木欖占巢這厘加倫子提子杏仁梅麥粉餅干洋薏米粉仔魚解之時等物出投是日下午文

未士班時厘每逢禮拜二禮拜六日在上環馬路夜冷館名掩皺厘庵有貨出投茲於三月廿四禮拜二日有審料一單眞洋

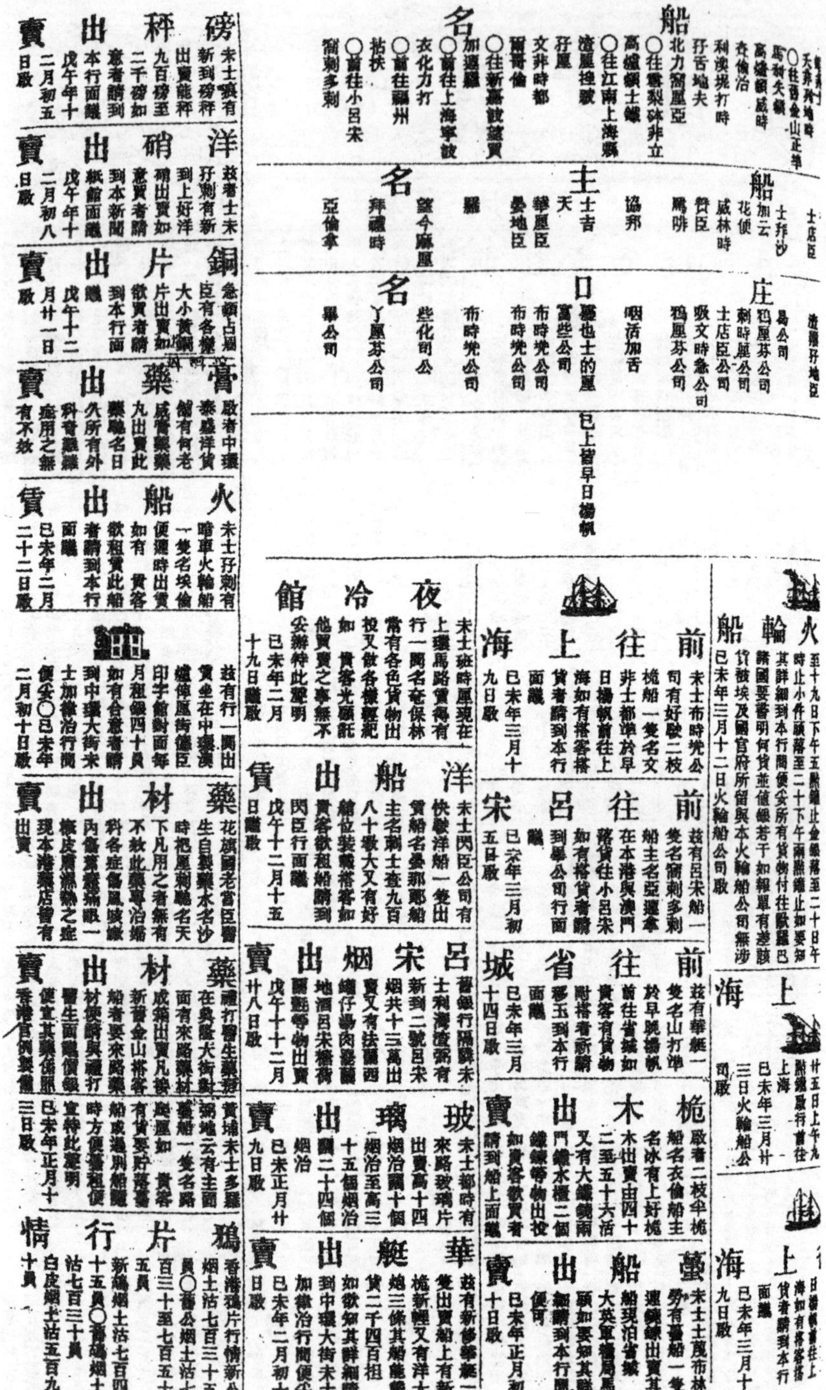

船名	船主名	口名
天非列地時	士店臣	渣顛孖地臣
○往舊金山正埠		
馬利夫頓	士拜沙	㕘公司
高爐頓威時	加云	鴉厘芬公司
倚倫治	花便	剌時厘公司
利澳捉打時	威林時	士店臣公司
孖舌地夫	督臣	吸文時急公司
北力衛厘亞	鷹啡	鴉厘芬公司
○往雪梨砵非立		
高爐頓士鐵	協邦	咽活加舌
○往江南上海縣		
渣厘挫職	士吉	鼉也士的厘
孖厘	天	富些公司
文非時都	華厘臣	布時凭公司
爾哥倫	晏地臣	布時凭公司
○往新嘉波蘇買		
加還羅	羅	布時凭公司
○前往上海寧波		
衣化力打	盛今麻厘	些化司公
○前往福州		
拈扶	拜禮時	丫厘芬公司
○前往小呂宋		
爾剌多剌	亞倫拿	畢公司

巳上皆早日揚帆

火輪船

至十九日下午五點鐘止金銀落至二十日午時止小件貨落至二十下午兩點鐘止如要知其詳細到本行問便妥所有貨物付往歐羅巴諸國要番明何貨並值銀若干如報單有差該貨被埃及國官府所留與本火輪船公司無涉巳未年三月十二日火輪船公司啟

上海

廿五日上午九點鐘啟行前往上海 巳未年三月廿三日火輪船公司啟

上海

日揚帆前往上海如有搭客搭貨者請到本行面議 巳未年三月十九日啟

前往上海

未士布時凭公司有好駛二枝桅船一隻名文非士都準於早日揚帆前往上海如有搭客搭貨者請到本行面議 巳未年三月十九日啟

前往呂宋

茲有呂宋船一隻名爾剌多剌船主名亞連拿在本港與澳門落貨往小呂宋如有搭貨者請到畢公司行面議 巳未年三月初五日啟

前往省城

茲有華艇一隻名山打準於早晚揚帆前往省城如貴客有貨物附搭者祈請移玉到本行面議 巳未年三月十四日啟

桅木出賣

啟者二枝半桅船名衣倫船主名冰有上好桅木出賣由四十二至五十六活又有大鐵錨兩門鐵水櫃二個鐵鍊等物出投如貴客欲買者請到船上面議

躉船出賣

未士士蔑布林勞有躉船一隻運鐵線出賣其船現泊省城大英軍餉局馬頭如要知其詳細請到本行問便可 巳未年正月初十日啟

夜冷館

未士班時厘現在上環馬路賃得有行一間名奄保林常有各色貨物出投又做各樣經紀如 貴客光顧託他買賣之事無不妥辦特此聲明 巳未年二月十九日謹啟

洋船出賃

未士閃臣公司有快艇洋船一隻出賃船名晏那耶船主名剌士查九百八十擔大又有好艙位裝載搭客如貴客欲租船請到閃臣行面議 戊午年十二月十五日謹啟

呂宋烟出賣

萬鎰行隔壁未士剌潑渣弼有新到二號呂宋烟共十三萬出賣又有法蘭西鹹仔鴉肉罐頭地酒呂宋糖荷蘭豁等物出賣 戊午年十二月廿八日啟

玻璃出賣

未士鄰時有來路玻璃片出賣高十四烟治闊十個烟治至高三十五個烟治闊二十四個烟治 巳未正月廿九日啟

華艇出賣

茲有新修華艇一隻出賣船上有新桅新帆又有洋大炮三條其船能載貨二千四百担如欲知其詳細請到中環大街未士加律治行問便妥 巳未年二月初十日啟

磅秤出賣

未士嗔有新到磅秤出賣能秤九百磅至二千磅如意者請到本行面議 戊午年十二月初五日啟

洋硝出賣

茲者士未孖剌有新到上好洋硝出賣如意買者請到本新聞紙館面議 戊午年十二月初八日啟

銅片出賣

急頓占爾臣有各樣大小黃銅片出賣如欲買者請到本行面議 戊午十二月廿一日啟

膏藥出賣

啟者中環泰盛洋貨舖有何老威膏藥藥丸出賣此藥聰名日久所有外科膏藥等症用之無有不效

火船出賃

未士孖剌有嘩車火輪船一隻名埃倫便遲時出賃如有 貴客欲租賃此船者請到本行面議 巳未年二月二十二日啟

茲有行一間出賃坐在中環漢爐偉厘街傍臣印字館對面每月租銀四十員如有合意者請到中環大街未士加律治行問便妥○巳未年二月初十日啟

藥材出賣

花旗國老番臣醫生自製藥水名沙時把厘喇嘛名天下凡用之者無有不效此藥專治婦科各症傷風咳嗽內傷寒發病瘧一切皮膚濕熱之症現本港藥店皆有出賣

藥材出賣

禮打醫生藥房在鳥隆大街對面有來路藥材成箱出賣凡換新舊金山搭客船者要來路藥材便時與禮打醫生面議價錢便宜其藥係照香港官例裝備

黄埔未士多羅弼地云有主圖躉船一隻名路與厘如 貴客有貨要貯落躉船或過別船躉時方便舊租便宜特此寔明 巳未年正月十三日啟

鴉片行情

香港鴉片行情新公烟土沽七百三十五員○舊公烟土沽七百三十至七百五十五員 新鴣烟土沽七百四十五員○舊鴣烟土沽七百三十員 白皮烟土沽五百九十員

香港船頭貨價紙

第二百三十三號　己未年三月廿六日　年圖

啟者此紙係在孖剌處每日所印之新聞紙同館印刷每逢禮拜二禮拜四禮拜六爲期遍派香港各舖戶每月收回銀一大員如　貴客有事要印落此紙內務宜早一日走字通知末士孖剌便妥印刷唐字價錢如左　一凡每次落唐字者五十個字已下收銀一員餚五十個字已上每字收銀一個先士如欲再落者每個禮拜照前一半算如意者祈請到本館印刷便是

末士孖剌　新文紙館謹啟

新聞

於三月廿五日有根砵由省城至港報廣東巡撫柏大人已薨〇近日接到歐羅巴新聞紙有云法蘭西與阿士地釐亞國之事尚未妥息兩國皆整備糧餉軍馬聽用〇上日因羅馬國人作反其國王即天主教王請法蘭西與阿士地釐亞兵馬入羅馬國境內保守羅馬城池茲現在伊兩國不睦故羅馬王移文請其兩國追兵出境因恐其在羅馬地方滋事云云

茲有英國二枝半桅船名金爾得晏壓時由暹羅棚郭埠載來米四千擔咸魚三百二十擔胡椒一百二十擔豆二百擔蘇木二百擔〇又有一隻船名華打滑主載來米四千五百擔蘇木一百一十八擔又有一隻船名蘇山那由新嘉坡載來米四千四百四十四包沙籐五十把兒茶一百四十擔云云

舊金山船布時兌行名亞孖沙於三月二十二日揚帆載去白糖七千五百八十九包白米一千三百三十三包茶葉七百箱地蓆三百三十二細生油五百箱胡椒二百五十包西米一百二十五箱烟七十箱蒜頭十九箱雜貨八百一件烟膏二千三百兩〇和興之新金山船名結合巴於三月廿二日揚帆載去茶葉大小共二百四十八箱米六百八十八包豆二百包蒜頭一百零二箱糖三百二十包烟膏六千兩雜貨六千六百八十四件搭客五百七十一名云云

啟者唐人如有切要時事或得之目擊或得之傳聞不論何事但取其有益於唐人有合於同好者均可擲至本館刻刷分文不取特此佈聞

新聞紙館謹啟

加時古狀師

末士加士古狀師之案件自今日以後交與丹拿蝦時倫狀師辦理特此聲明〇已未年三月初二日啟

英國大狀師

末士波律樓理各衙門大小案情現住中環大街第四百一十號舊銀行對面便是

已未年三月十二日

謹啟

洋船出賣

末士喝公司有二枝半桅船一隻名衣壓巴出賣其船牌三百六十噸大可載貨六百噸新釘銅底走港口甚是合宜如欲知其詳細者請到本行問便妥〇已未正月十九日啟

松木出賣

末士巴勞有新到八寸至十二寸方停松木四寸厚板一寸半厚板一寸厚板又有圓木二十八條出賣如要買松木者請到本行面議

已未年三月十五日啟

洋船出賃

茲有第一等花旗船六隻出賃船名化圖思時卑西主船主名英架蘇如貴客欲租船請到船上面議或付信一面交末士活笠交船主亦可

戊午十一月十八日啟

金鷄勒出賣

茲有金鷄勒霜出賣每罇重一安沙即八錢三如有貴客欲買此藥可移玉到本新聞紙館問便知

已未年三月初九日啟

畢公司

茲者末士畢公司有沙籐架啡蘇木檀香綠豆發客

戊午年十一月廿日啟

前往舊金山

末士吸文士急啟時文公司有第一等好駛花旗船一隻名歌律船主名波藍一千八百噸大準於早日揚帆前往舊金山現在船位已有人定下大半如有搭客搭貨請到本行面議〇戊午十二月廿九日啟

鴉壓芬公司有好駛花旗船一隻名高爐頓威時船主名加云準於早日揚帆前往舊金山正準如有搭客搭貨者請到本行面議〇已未正月十九日啟

剌時壓公司有好駛大花旗船一隻名查倫治船主名花便準於早日揚帆前往舊金山正準如有搭客搭貨者請到本行面議　已未年正月廿三日啟

末士士店臣有花旗船一隻名利澳邏打士船主名威林時六百九十噸準於早日揚帆前往舊金山正準如有搭客搭貨者請到本行面議　已未年正月廿七日啟

末士喝公司有第一等花旗船一隻名馬利失頓船主名士拜沙準於早日揚帆前往舊金山正準如有附搭貨物請到本行面議〇已未年二月初十日啟

末士吸文時急公司有第一等花旗船一隻名孖時地平船主名賞臣準於早日揚帆前往舊金山正準如有附搭貨物者請到本行面議　已未年三月初三日謹啟

末士丫壓扮公司有第一等洋船一隻名北力留壓亞船主名嘛非準於早日揚帆前往舊金山正準如有搭客搭貨者請到本行面議　已未年三月初五日啟

前往新

末士士店臣有第一等洋船一隻名西古倫船主名荷石五百九十四噸大準於早日揚帆前往新金山雪梨

末士連卡剌弗於三月廿七日在士蔑堅你地公司土庫有水漬洋紗六十五

末士[illegible]祿時於三月廿七日正午十二點鐘有鐵枝一千把綿花六細鳥鎗金鷄勒冰糖架啡一百擔魚解火柴茶葉金壓鎖

末士架律時林蔑於三月廿五日正午十二點鐘在鄒爹壓舊行有罷爾地酒甡酒茶二百箱蔴襯帆布福州烟肉醬料啵酒波打牛肉火腿麵粉番梘洋燭首飾時辰鐘時辰標家私等物

末士連卡剌弗於三月廿六日正午十二點鐘在士丹壓街貨倉有新到芥末沙時攙巢生菜油洋醋木瓜鹹水欖占巢這壓加倫子棗子杏仁梅麥粉餅干洋薏米粉仔魚解之時等物出投是日下午又

末士嘛孀云於三月廿八日上午十一點鐘有孟加剌米一百包番梘四十一箱醬料一單秋食留時香水等

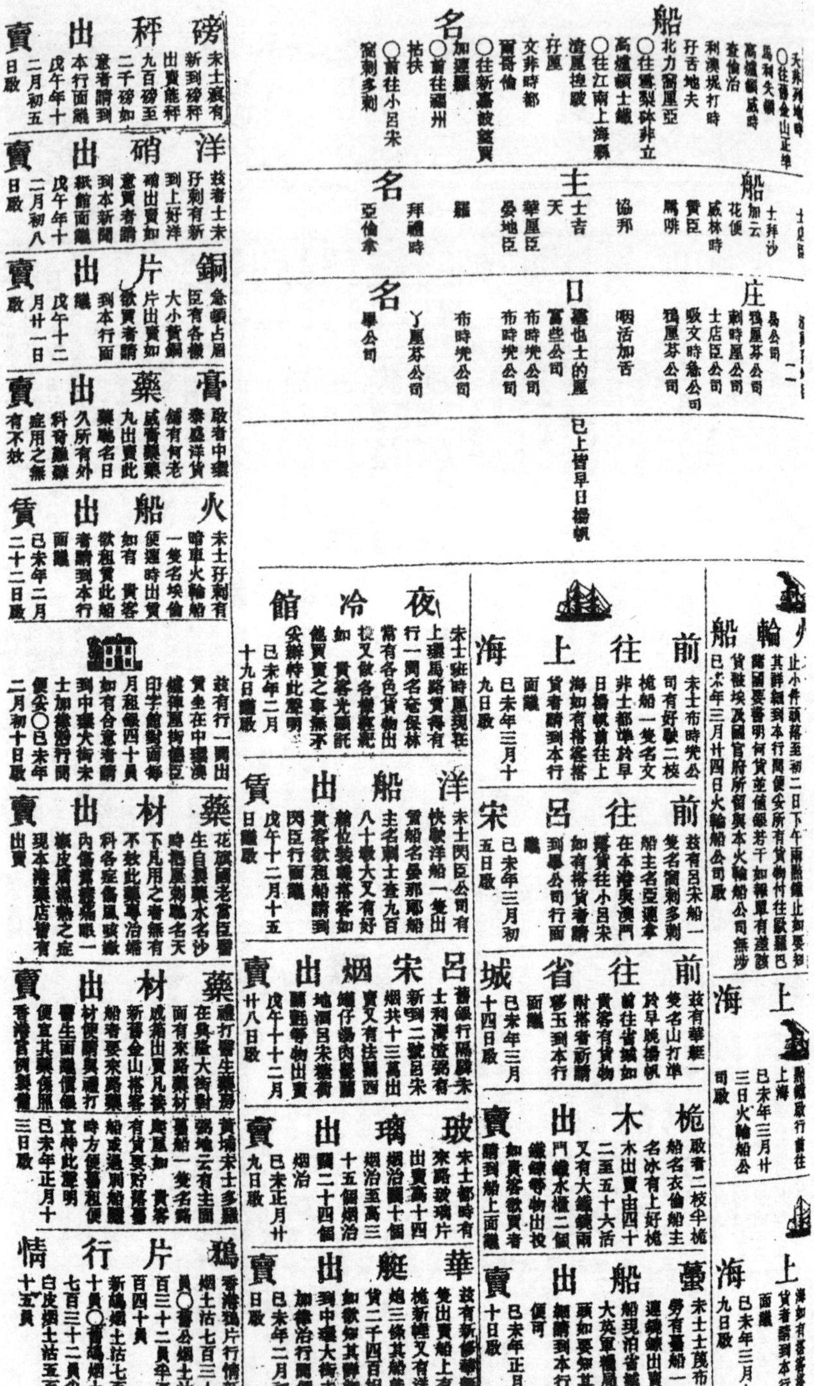

船名
天非列地時 ○往舊金山正埠
馬利失頓
高爐頓威時
查倫治
利澳坭打時
孖舌地夫
北力高厘亞 ○往雪梨砵非立
高爐頓士鐵 ○往江南上海縣
渣厘揑啵
孖厘
文非時都
賈哥倫 ○往新嘉坡盤買
加連顯 ○前往福州
拈扶 ○前往小呂宋
甯剌多剌

船主名
士拜沙
加云
花便
威林時
費臣
罵啡
協邦
士吉
天
華厘臣
晏地臣
羅
拜禮時
亞倫拿

庄口名
晏公司
鴉厘芬公司
剌時厘公司
士店臣公司
吸文時渣公司
鴉厘芬公司
咽活加舌
羅也士的厘
富些公司
布時咣公司
布時咣公司
布時咣公司
丫厘芬公司
畢公司
已上皆早日揚帆

火輪船
止小件順落至初二日下午兩點鐘止如要知其詳細到本行問便妥所有貨物付往歐羅巴需用要書明何貨並值銀若干如報單有虛謊貨被埃及國官府所留與本火輪船公司無涉
已未年三月廿四日火輪船公司啟

上海
船擬啟行前往上海
已未年三月廿三日火輪船公司啟

上海
海如有搭客搭貨者請到本行面議
已未年三月十九日啟

前往上海
未士布時咣公司有好快二桅桅船一隻名文非士都準於早日揚帆前往上海如有搭客搭貨者請到本行面議
已未年三月十九日啟

前往呂宋
茲有呂宋船一隻名甯剌多剌船主名亞連拿在本港與澳門攬貨往小呂宋如有搭貨者請到畢公司行面議
已未年三月初五日啟

前往省城
茲有華艇一隻名山打準於早晚揚帆前往省城如貴客有貨物附搭者祈請移玉到本行面議
已未年三月十四日啟

桅木出賣
啟者二枝半桅船名衣倫船主名冰有上好桅木出賣由四十二至五十六活又有大鐵鏈兩門鐵水櫃二個鐵鏈等物出投如貴客欲買者請到船上面議
已未年正月初十日啟

藝船出賣
未士士茂布林另有藝船一隻連鐵鍊出賣其船現泊省城大英軍糧局馬頭如要知其詳細請到本行問便可
已未年正月初十日啟

夜冷館
未士雖時厘現在上環馬路賃得有行一間名奄保林常有各色貨物出投又做各樣經紀如貴客光顧託他買賣之事無不妥辦特此聲明
已未年二月十九日謹啟

洋船出賃
未士罔臣公司有快駛洋船一隻出賃船名桑那耶船主名剌士查九百八十噸大又有好艙位裝載搭客如貴客欲租船請到罔臣行面議
戊午十二月十五日謹啟

呂宋烟出賣
畨銀行隔壁未士利溥渣現有新到二號呂宋烟共十三萬出賣又有法蘭西鋪仔湯肉龍鬚地酒呂宋樣荷蘭鞋等物出賣
戊午十十二月廿八日啟

玻璃出賣
未士都時有來路玻璃片出賣萬十四烟治每十個烟治至萬三十五個烟治鬮二十四個烟治
已未正月廿九日啟

華艇出賣
茲有新華艇一隻出賣船上有桅新帆又有洋大炮三條其船能載貨二千四百担如欲知其詳細請到中環大街未士加德治行問便妥
已未年二月初十日啟

磅秤出賣
未士賓有新到磅秤出賣能秤九百磅至二千磅如意者請到本行面議
戊午年十二月初五日啟

洋硝出賣
茲者士未孖剌有新到上好洋硝出賣如意買者請到本新聞紙館面議
戊午年十二月初八日啟

銅片出賣
急頓占屆臣有各樣大小黃銅片出賣如欲買者請到本行面議
戊午十二月廿一日啟

膏藥出賣
啟者中環泰盛洋貨舖有何老威膏藥藥丸出賣此藥馳名日久所有外科奇難雜症用之無有不效

火船出賃
未士孖剌有暗車火輪船一隻名埃倫便邇時出賃如有貴客欲租賃此船者請到本行面議
已未年二月二十二日啟

茲有行一間出賃坐在中環澳樓梯厘街德臣印字館對面每月租銀四十員如有合意者請到中環大街未士加德治行問便妥○已未年二月初十日啟

藥材出賣
花旗國老富臣醫生自製藥水名沙時巴厘剌馳名天下凡用之者無有不效此藥專治婦科各症傷風咳嗽內傷氣痛瘡眼一切皮膚濕熱之症現本港藥店皆有出賣

藥材出賣
禮打醫生藥房在興隆大街對面有來路藥材成箱出賣凡舊金山搭客新船者要來買藥材便宜與禮打醫生面議價錢便宜其藥係照香港官例製備
黃埔未士多馬云有主船一隻名鷓鴣加貴客有貨要貯落船或過別船轉時方便暫租便宜特此聲明
已未年正月十三日啟

鴉片行情
香港鴉片行情新公烟土沽七百三十五員○舊公烟土沽七百三十二員半至三七百四十員新鴉烟土沽七百四十員○舊鴉烟土沽七百三十二員半白皮烟土沽五百七十五員

香港船頭貨價紙

第二百三十四號　己未年三月廿八日　禮拜

啟者此紙係在孖剌處每日所印之新聞紙同館印刷每逢禮拜二禮拜四禮拜六為期遍派香港各舖戶每月收回銀一大員如　貴客有事要印落此紙內務宜早一日走字通知未士孖剌便妥印刷唐字價錢如左　一凡每次落唐字者五十個字已下收銀一員倘五十個字已上每字收銀一個先士如欲再落者每個禮拜照前一半算如意者祈請到本館印刷便是　未士孖剌　新文紙館謹啟

新聞

茲有一西班雅人名化蘭到中國數年俱是販買猪仔為業他在香港所有事務乃係蘿也士的厘公司辦理此人在澳門買得一隻舊船名亞巴時裝一載猪仔駛往古巴島夏華拿埠其船在洋海漏水太多全賴各猪仔日夜打水出船幸得平安到埠該船到埠各猪仔盡上岸為奴內中有數名猪仔已經在夏華拿做滿八年奴者欲搭船返回唐山未士化蘭即要每人交水脚銀二十三大員然後將此爛船裝他來唐山該船漏水愈甚其船伙長將該船駛埋南亞美利駕利澳甦爾羅埠將船上各猪仔客再為與該處西洋人為奴此段事乃係前幾個月之事查此未士化蘭曾往亞非利加販賣黑奴但因各國戰船稽查甚緊故伊離了亞非利加而到中國販買猪仔獲利

茲者前彭城埠之引艇果確為海洋賊匪致該處南頭地方屋宇被焚燒則是自招其禍無不應當倘彭城埠之引艇不過捉私而已並非為盜惟今被六勸索但其受害之人應到本港大葛衙門控告陳明曲直料　按察大人無不照公辦理云云

本港聖保羅書館英文書館每年一大考各儒宰與及華文學之人齊集考試館內男女童一年所學茲於三月廿七日本港包督憲親臨書館考驗每有聰明小童即賞給書籍文用書籍　撫獻

新任大英國駐扎中華京都欽差大臣已於本月廿四日駕火輪戰船名馬知先留到香港但未有迎接上岸候至本月三十日禮拜一日即上岸接受總理各港通商貿易之關防○聞說本港包督憲於下次祖家火輪船回國但未聞有新任督憲到港包大人去後大約堅大人陞署督憲云云○又聞柏巡撫乃係服毒而死未審其因何故服毒或因明柏振任京受刑亦未可知

啟者唐人如有切要時事或得之目擊或得之傳聞不論何事但取其有益於唐人有合於同好者均可擲至本館刻刷分文不取特此佈聞　新聞紙館謹啟

加時古狀師

未士加士古狀師之案件自今日以後交與丹拿蝦時倫狀師辦理特此聲明○已未年三月初二日啟

英國大狀師

未士波律權理各衙門大小案情現住中環大街第四百一十號舊銀行對面便是　已未年三月十二日謹啟

洋船出賣

未士嗎公司有二枝半桅船一隻名衣厘巴出賣其船牌三百六十噸大可載貨六百噸新釘銅底走港口甚是合宜如欲知其詳細者請到本行問便妥○已未正月十九日啟

松木出賣

未士巴勞有新到八寸至十二寸方停松木四寸厚板一寸半厚板一寸厚板又有圓木二十八條出賣如要買松木者請到本行面議　已未年三月十五日啟

金鷄勒出賣

茲有金鷄勒霜出賣每罇八錢三如有貴客欲買此藥可移玉到本新聞紙館問便知　已未年三月初九日啟

前往舊金山

未士結活巴厘公司有好駛洋船一隻名那活船主名被厘時頓準四月初三日揚帆前往舊金山正埠如有搭客搭貨者請到本行面議　已未年三月廿八日啟

未士吸文士急被時文公司有第一等好駛花旗船一隻名歌律船主名波藍一千八百噸大準於早日揚帆前往舊金山現在船位已有人定下大半如有搭客搭貨請到本行面議○戊午十二月廿九日啟

鴉厘芬公司有好駛花旗船一隻名高爐頓威時船主名加云準於早日揚帆前往舊金山正埠如有搭客搭貨者請到本行面議○已未正月十九日啟

剌時厘公司有好駛大花旗船一隻名查倫治船主名花便準於早日揚帆前往舊金山正埠如有搭客搭貨者請到本行面議　已未年正月廿三日啟

未士士店臣有花旗船一隻名利澳彌打士船主名威林時六百九十噸準於早日揚帆前往舊金山正埠如有搭客搭貨者請到本行面議　已未年正月廿七日啟

未士吸文時急公司有第一等花旗船一隻名孖時地平船主名賞臣準於早日揚帆前往舊金山正埠如有附搭貨物者請到本行面議　已未年三月初三日謹啟

未士丫厘汾公司有第一等洋船一隻名北力箇厘亞船主名馬非準於早日揚帆前往舊金山正埠如有搭客搭貨者請到本行面議　已未年三月初五日啟

前往新

未士士店臣有伦一等洋船一隻名西古倫船主名荷石五百九十四噸大準於早日揚帆前往新金山雪梨

未士烟活加舌有第一等好駛花旗船一隻名高爐頓士鐵船主名協邦準於四月十八日以前揚帆前往新金山雪梨咏非

桅木

啟者二枝半桅船名衣倫船主名冰有上好桅木出賣由四十二至五十六活又有大鐵鏈兩

投夜

未士濱於四月初一日正午十二點鐘在船政官馬頭新行內有各樣桶裝燒酒麵粉番梘來

未士鳥孀云於三月廿八日上午十一點鐘有孟加剌米一百包番梘四十一箱番料一單伙食醬香香木香

未士班時厘每逢禮拜二禮拜六日在上環馬路夜冷館有各貨出投於三月廿八日禮拜六日上午十一點鐘有麻根二百担繩仔五十担

鴉片

香港鴉片行情新公烟土沽七百三十五員○舊公烟土沽七百三十五員至七百四十員　新鴉烟土沽七百四

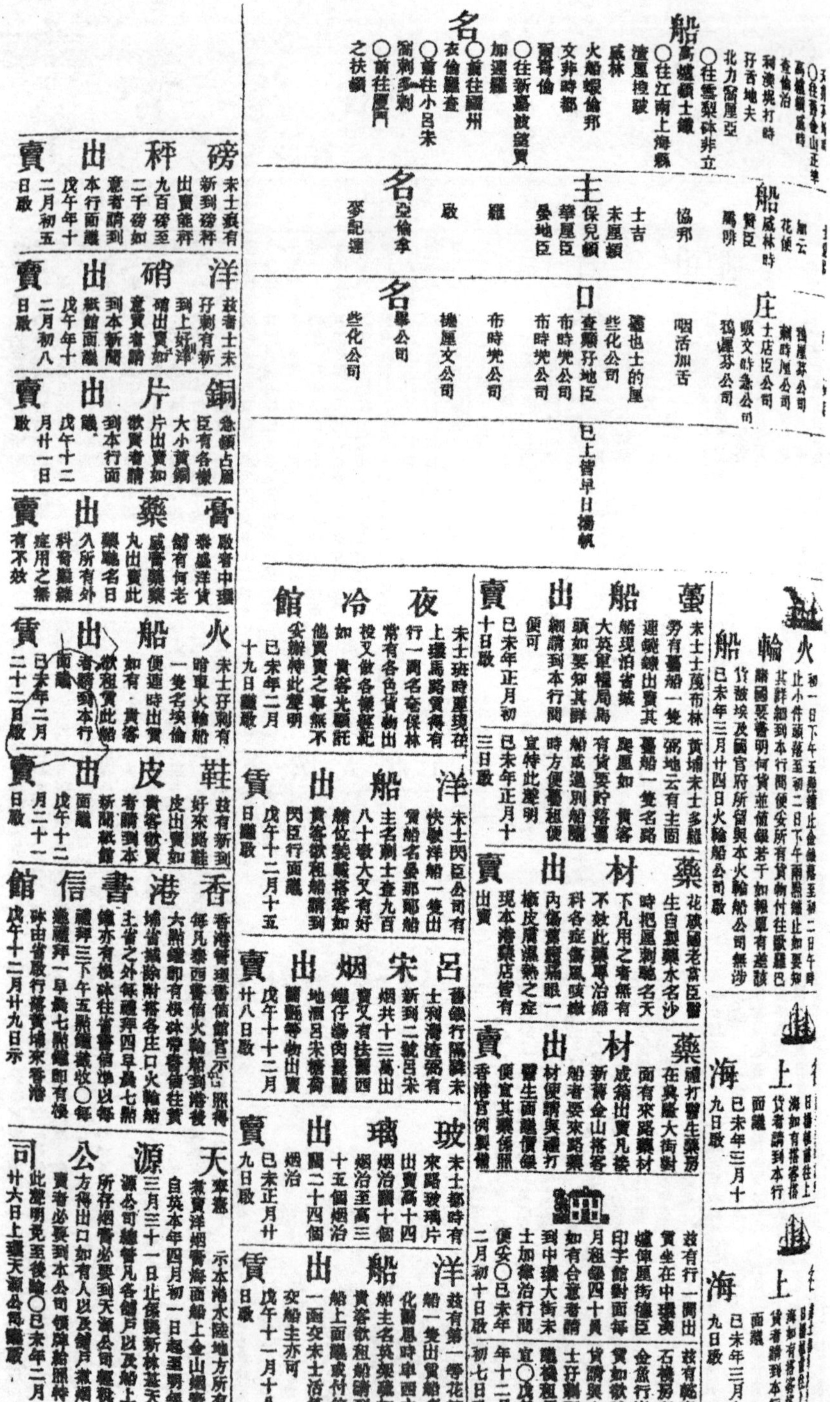

船名 ○往舊金山正埠 高爐頓威時 查倫治 利澳埃打時 孖香地夫 北力窩厘亞 ○往雪梨砵非立 高爐頓士鐵 ○往江南上海縣 渣厘撻破 威林 火船蝦倫邦 文非時都 爾哥倫 ○往新嘉坡孟買 加還羅 ○前往福州 衣倫羅查 ○前往小呂宋 溜剌多剌 ○前往廈門 之扶頓

船主 加云 花便 威林時 賢臣 罵啡 協邦 士吉 未厘頓 保兒頓 華厘臣 晏地臣 羅 啟 亞倫拿 麥記運

庄口 鵠厘芬公司 剩時厘公司 士店臣公司 吸文時急公司 鵠暹芬公司 咽活加舌 旗也士的厘 些化公司 查顛孖地臣 布時凭公司 布時凭公司 布時凭公司 機厘文公司 畢公司 些化公司

已上皆早日揚帆

火輪船 初一日下午五點鐘止金錢落至初二日午時止小件頭落至初二日下午兩點鐘止如要知其詳細到本行問便妥所有貨物付往歐羅巴藉國要寫明何貨並値銀若干如報單有差該貨被埃及國官府所留與本火輪船公司無涉 已未年三月廿四日火輪船公司啟

上海 日揚帆前往上海如有搭客搭貨者請到本行面議 已未年三月十九日啟

上海 日揚帆前往上海如有搭客搭貨者請到本行面議 已未年三月十九日啟

躉船出賣 未士士蔑布林勞有躉船一隻連鐵鍊出賣其船現泊省城大英軍福局馬頭如要知其詳細請到本行問便可 已未年正月初十日啟

黃埔未士多羅弼地云有主固躉船一隻名路足厘如貴客有貨要貯落躉船或過別船隨時方便躉租便宜特此聲明 已未年正月十三日啟

藥材出賣 花旗國老富臣醫生自製藥水名沙時把厘剌勒名天下凡用之者無有不效此藥專治婦科各症傷風咳嗽內傷痰嗽痛眼一概皮膚濕熱之症現本港藥店皆有出賣

藥材出賣 禮打醫生藥房在與隆大街對面有來路藥材成箱出賣凡搭新舊金山搭客船者要來路藥材便請與禮打醫生面議價錢便宜其藥係照香港官例製備

茲有行一間出賃坐在中環渣甸嘘倬厘街德臣印字館對面每月租銀四十員如有合意者請到中環大街未士加律治行問便妥○已未年二月初十日啟

茲有船與石揚房在金鈁行出賃如欲貯貨請與未士孖剌面議橫租便宜○戊午年十二月初七日啟

夜冷館 未士班時厘現在上環馬路賃得有行一間名奄保林常有各色貨物出投又做各樣經紀如貴客光顧託他買賣之事無不妥辦特此聲明 已未年二月十九日謹啟

洋船出賃 未士閃臣公司有快駛洋船一隻出賃船名桑那耶船主名剌士查九百八十噸大又有好艙位裝載搭客如貴客欲租船請到閃臣行面議 戊午年十二月十五日謹啟

呂宋烟出賣 番鬼行隔鄰未士剌濟渣弼有新到二號呂宋烟共十三萬出賣又有該國西蠟仔烟肉豆蔻地酒呂宋糖荷蘭點等物出賣 戊午年十二月廿八日啟

玻璃出賣 未士都時有來路玻璃片出賣高十四烟治闊十個烟治至高三十五個烟治闊二十四個烟治 已未正月廿九日啟

洋船出賃 茲有第一等花旗化顯恩時卑西主船一隻出賃船名船主名英渠士如貴客欲租船請到船上面議或付信一函交未士活登交船主亦可 戊午十一月十八日啟

磅秤出賣 未士痕有新到磅秤出賣能秤九百磅至二千磅如意者請到本行面議 戊午年十二月初五日啟

洋硝出賣 茲者士未孖剌有新到上好洋硝出賣如意買者請到本新聞紙館面議 戊午年十二月初八日啟

銅片出賣 急頓占厘臣有各樣大小黃銅片出賣如欲買者請到本行面議 戊午十二月廿一日啟

膏藥出賣 啟者中環泰盛洋貨舖有何老威膏藥藥丸出賣此藥馳名日久所有外科奇難雜症用之無有不效

火船出賃 未士孖剌有暗車火輪船一隻名埃倫便運時出賃如有貴客欲租賃此船者請到本行面議 已未年二月二十二日啟

鞋皮出賣 茲有新到好來路鞋皮出賣如貴客欲買者請到本新聞紙館面議 戊午十二月二十一日啟

香港書信館 香港管理書信館官示告照得每凡泰西書信火輪船到港後六點鐘即有桃啉常書信往黃埔省城除附搭各庄口火輪船主省之外每禮拜四早晨七點鐘亦有桃啉往省書信準以每禮拜三下午五點鐘截收○每逢禮拜一早晨七點鐘即有桃啉由省啟行落黃埔來香港 戊午十二月廿九日示

天源公司 寧波 示本港水陸地方所有煮賣洋烟膏海面船上金山烟膏自英本年四月初一日起至明年三月三十一日止保與新林甚天源公司總管凡各舖戶以及船上所存烟膏必要到天源公司輸稅方得出口如有人以及舖戶煮烟賣者必要到本公司領牌給照特此聲明晃至後論○已未年二月廿六日上環天源公司謹啟

香港船頭貨價紙

第二百三十五號　己未年四月初一日　禮拜

啟者此紙係在孖剌處每日所印之新聞紙同館印刷每逢禮拜二禮拜四禮拜六公期派香港各舖戶每月收回銀一大員如　貴客有事要印落此紙內務宜早一日走字通知末士孖剌便妥印刷唐字價錢如左　一凡每次落唐字者五十個字已下收銀一員倘五十個字已上每字收銀一個先士如欲再落者每個禮拜照前一半算如意者新請到本館印刷便是　末士孖剌　新文紙館謹啟

新聞

茲有火輪船名士葛倫由安南庚郎埠到港帶來安南交仗之新聞紙云法蘭西與西班雅兩國合兵攻破安南細江埠後安南人退入數里有砲台三四座堅守不出法國兵勇五百名水師一百名撬機二百名前往攻擊安南砲台法人失利被安南人截斷歸路剎死法人五六十名殺傷法兵總四名另一名兵總不知下落料被安南人生擒去矣所有死傷盡被安南人搶去〇在庚郎埠法兵多染時症現在兵少不能往攻安南京城護府地方今法蘭西水師提督用銀四萬六千買得花旗火船一隻在安南與軍兵調用云云

前月本港德臣行有一英國人客由九龍欲從陸路往省城到了新安深鎮地方被賣猪肉人數十名持猪刀吽打意欲搶刧後遇該處紳仕攔阻方得平安回港該英人將在深鎮所遇之事在本港稟明　大憲移文上省茲聞新安縣已經拿得兩名賣猪肉人監禁在案云云〇聞說省城將來設立番人管理粵海關口稅務茲聞擇英人末士非時來花旗人末士剌弼他前經在港為花旗領事官者〇又聞本港末士參被時告辭退任不日將上北亦為管理粵港海關洋務之職云云

畢公司

茲者末士畢公司有沙籐架啡籐木檯香綠豆發客　戊午年十一月廿日啟

出口船

末士喝公司之舊金山船名馬利失頓於三月廿五日揚帆載去糖九千零四十九包白米一萬六千三百五十八包豆四百五十七包烟膏四千三百兩茶葉大小共二千六百六十五箱絲髮五箱藤二十細草包一百一十細雜貨二千二百九十三件

啟者唐人如有切要時事或得之目擊或得之傳聞不論何事但取其有益於唐人有合於同好者均可擲至本館刻刷分文不取特此佈聞　新聞紙館謹啟

加時古狀師

末士加士古狀師之案件自今日以後交與丹拿蝦時倫狀師辦理特此聲明〇己未年三月初二日啟

英國大狀師

末士波律櫂理各衙門大小案情現住中環大街第四百一十號舊銀行對面便是　己未年三月十二日謹啟

松木出賣

末士巴勞有新到八寸至十二寸方停松木四寸厚板一寸半厚板一寸厚板又有圓木二十八條出賣如要買松木者請到本行面議　己未年三月十五日啟

金鷄勒出賣

茲有金鷄勒霜出賣每罇重一安沙即八錢三如有貴客欲買此藥可移玉到本新聞紙館間便知　己未年三月初九日啟

桅木出賣

啟者二枝半桅船名衣倫船主名冰有上好桅木出賣由四十二至五十六活又有大鐵錨兩門鐵水櫃二個鐵鍊等物出投如貴客欲買者請到船上面議

卑蔴油出賣

茲有桶裝罇裝卑蔴油出賣如貴客欲買者請到本新聞紙館面議　己未年三月三十日啟

前往舊金山

末士結活巴壓公司有好駛洋船一隻名那活船主名啟壓時頓準四月初三日揚帆前往舊金山正埠如有搭客搭貨者請到本行面議　己未年三月廿八日啟

末士吸文士急波時文公司有第一等好駛花旗船一隻名歌律船主名波藍一千八百墩大準於早日揚帆前往舊金山現在船位已有人定下大半如有搭客搭貨請到本行面議〇戊午十二月廿九日啟

鴉壓芬公司有好駛花旗船一隻名高爐頓威時船主名加云準於早日揚帆前往舊金山正埠如有搭客搭貨者請到本行面議〇己未正月十九日啟

剌時壓公司有好駛大花旗船一隻名查倫治船主名花便準於早日揚帆前往舊金山正埠如有搭客搭貨者請到本行面議　己未年正月廿三日啟

末士士店臣有花旗船一隻名利澳邏打士船主名威林時六百九十墩準於早日揚帆前往舊金山正埠如有搭客搭貨者請到本行面議　己未年正月廿七日啟

末士吸文時急公司有第一等花旗船一隻名孖時地乎船主名費臣準於早日揚帆前往舊金山正埠如有附搭貨物者請到本行面議　己未年三月初三日謹啟

末士丫壓㕷公司有第一等洋船一隻名北力窩壓亞船主名罵非準於早日揚帆前往舊金山正埠如有搭客搭貨者請到本行面議　己未年三月初五日啟

前往新

末士士店臣有第一等洋船一隻名西古倫船主名荷石五百九十四墩大準於早日揚帆前往新金山雪梨[illegible]非立埠如有搭[illegible]

末士烟活加舌有第一等好駛花旗船一隻名高爐頓士鐵船主名協邦準於四月十八日以前揚帆前往新金山雪梨𠺝非立埠如有貨物附搭[illegible]

投夜

末士運卡剌弗於四月初七日正午十二點鐘在船上有包銅底二枝桅船一隻出投船名烏利亞二百墩大現在本港海面灣泊船上架生俱全一凡投到此船者要即交銀一半[illegible]

末士㾗於四月初一日正午十二點鐘在船政官馬頭新行內有各樣桶裝燒酒[illegible]番梘來[illegible]等物出[illegible]

末士運卡剌弗於四月初四日在士丹壓街貨倉有各樣酸菓沙時機菓生菜油洋醋之時提子杏仁榛打卑座架洋薏米魚解占菓這壓餅干木瓜[illegible]

末士架律時林簸於四月初二日正午十二點鐘有羅蘭地酒卡剌律甦酒洋燭番梘啤酒被打猪肉火腿烟肉各樣罐頭牛肉[illegible]

船名　船主名　口庄名

○往舊金山正埠
那活
布倫治
利澳堀打時
孖舌地夫
北力留厘亞
○往雪梨砵非立
高爐頓士鐵
○往江南上海縣
渣厘揑䟦
威林
火船蝦倫邦
文非時都
爾哥倫
德
○往新嘉波諡買
加連羅
○前往福州
衣倫羅查
○前往小呂宋
窩剌多剌
○前往厦門
之扶頓

中甩時洗　花使　威林時　贊臣　羁咻　協邦　士吉　未厘頓　保兒頓　華厘臣　曼地臣　鮑婁時　羅　啟　亞倫拿　麥記連

啞活釈厘　剌時厘公司　士店臣公司　吸文時急公司　鴉厘芬公司　咽活加舌　蘿也士的厘　些化公司　查甸孖地臣　布時洗公司　布時洗公司　都時公司　布時洗公司　機厘文公司　畢公司　些化公司

四月初三日揚帆
已上皆早日揚帆

火輪船
初一日下午五點鐘止金銀落至初二日午時止小件頭落至初二日下午兩點鐘止如要知其詳細到本行問便妥所有貨物付往歐羅巴諸國要書明何貨並值銀若干如報單有差該貨被埃及國官府所留與本火輪船公司無涉
已未年三月廿四日火輪船公司啟

上海
日揚帆前往上海如有搭客搭貨者請到本行面議
已未年三月十九日啟

上海
日揚帆前往上海如有搭客搭貨者請到本行面議
已未年三月十九日啟

前往上海
未士都時有士官拿船一隻名德準於即日下午五點鐘揚帆前往上海

夜冷館
未士班時厘現在上環馬路賃得有行一間名奄保林常有各色貨物出投又做各樣經紀如貴客光顧託他買賣之事無不妥辦特此聲明
已未年二月十九日謹啟

躉船出賣
未士士茂布林勞有躉船一隻連鐵鍊出賣其船現泊省城大英軍糧局馬頭如要知其詳細請到本行問便可
已未年正月初十日啟

洋船出賃
未士閃臣公司有快駛洋船一隻出賃船名曼那耶船主名剌士查九百八十墩大又有好艙位裝載搭客如貴客欲租船請到閃臣行面議
戊午十二月十五日謹啟

藥材出賣
花旗國老當臣醫生自製藥水名沙時把厘剌馳名天下凡用之者無有不效此藥專治婦科各症傷風咳嗽內傷嘉癧痛眼一概皮膚濕熱之症現本港藥店皆有出賣

呂宋烟出賣
舊銀行隔鄰未士利灣渣弼有新到二號呂宋烟共十三萬出賣又有法蘭西罐仔鴿肉罷蘭地酒呂宋糖荷蘭氈等物出賣
戊午十十二月廿八日啟

藥材出賣
禮打醫生藥房在與隆大街對面有來路藥材成箱出賣凡接新舊金山搭客船者要來路藥材便請與禮打醫生面議價錢便宜其藥係照香港官例製備

玻璃出賣
未士都時有來路玻璃片出賣高十四烟治闊十個烟治至高三十五個烟治闊二十四個烟治
已未正月廿九日啟

洋船出賣
未士喝公司有二枝半桅船一隻名衣厘巴出賣其船牌三百六十墩大可載貨六百墩新釘銅底走港口甚是合宜如欲知其詳細者請到本行問便妥○已未正月十九日啟

洋船出賃
玆有第一等花旗船一隻出賃船名化蘭思時卑西主船主名英架魂如貴客欲租船請到船上面議或付信一函交未士活笠交船主亦可
戊午十一月十八日啟

洋硝出賣
彭者士未孖剌自新到上好洋硝出賣如意買者請到本新聞紙館面議
戊午年十二月初八日啟

銅片出賣
急順占眉臣有各樣大小黃銅片出賣如欲買者請到本行而議
戊午十二月廿一日啟

膏藥出賣
啟者中環泰盛洋貨舖有何老威膏藥丸出賣此藥馳名日久所有外科奇難雜症用之無有不效

火船出賃
未士孖剌有暗車火輪船一隻名埃倫便運時出賃如有貴客欲租賃此船者請到本行面議
已未年二月二十二日啟

皮鞋出賣
玆有新到好來路鞋皮出賣如貴客欲買者請到本新聞紙館面議
戊午十二月二十一日啟

玆有行一間出賃坐在中環澳爐俾厘街德臣印字館對面每月租銀四十員如有合意者請到中環大街未士加律治行間便妥○已未年二月初十日啟

玆有乾爽石機房在金魚行出貨如欲貯貨請與未士孖剌面議機租便宜○戊午年十二月初七日啟

磅秤出賣
未士濕有新到磅秤出賣能秤九百磅至二千磅如意者請到本行面議
戊午年十二月初五日啟

香港書信館
香港管理書信館官示照得每凡泰西書信火輪船到港後六點鐘即有揼砵帶書信往黃埔省城除附搭各庄口火輪船主省之外每禮拜四早晨七點鐘亦有揼砵往省書信準以禮拜三下午五點鐘截收○每逢禮拜一早晨七點鐘即有揼砵由省啟行落黃埔來香港
戊午十二月廿九日示

鴉片行情
香港鴉片行情新公烟土沽七百三十三員○舊公烟土沽七百三十員至七百三十五員
新鴣烟土沽七百四十員○舊鴣烟土沽七百三十員
白皮烟土沽五百七十五至五百八十員

香港船頭貨價紙

第二百三十六號　己未年四月初三日　禮拜四

啓者此紙係在孖剌處每日所印之新聞紙同前印刷每逢禮拜二禮拜四禮拜六爲期遍派香港各舖戶每月收回銀一大員如 貴客有事要印落此紙內務宜早一日走字通知未士孖剌便妥印刷唐字價錢如左 一凡每次落唐字者五十個字已下收銀一員倘五十個字已上每字收銀一個先士如欲再落者每個禮拜照前一半算如意者祈請到本館印刷便是
未士孖剌 新文紙館謹啓

新聞

開說 提督大人定於四月初四日興師派火輪船數隻載兵勇大砲手竪旗前往香山城實其縣內官紳上年禁止漢人來港與番人貿易之事或有人說此隊火輪戰船載兵勇乃係往澳門西攻擊紅匪云云如香山人通時達理於英人到城之時則待之以禮如在佛山花縣肇慶梧州等處相安無事若香山人執迷不悟藐視英兵吾恐干戈必動若干戈一動香山城將有新安南頭舊歲七月之苦矣可不慎乎○於三月三十日有人來差役總館報云有賊船一隻泊在燈籠州未士賚文大幫辦即帶差艇前往捉拿又有差役數人由陸路去截賊賊見差役到燈籠州即棄船而走差役放鎗打賊但未有傷斃賊匪上岸逃走被差拿得八名海賊走脫者有十餘名云云

茲接到上海三月廿一日行情信云白皮烟土沽銀四百四十五兩至四百五十五兩新公烟土沽銀五百四十五兩至五百五十兩舊公烟土沽銀五百四十五兩云云

卑蔴油出賣

茲有桶裝罐裝罇裝卑蔴油出賣如 貴客欲買者請到本新聞紙館面議 己未年三月三十日啓

洋硝出賣

茲者士未孖剌有新到上好洋硝出賣如意買者請到本新聞紙館面議 戊午年十二月初八日啓

出口船

了嗶芬公司之舊金山船名高嬔頓威時地於四月初二日揚帆載去白米一萬零八百八十六包白糖六千一百八十八包茶葉九百九十五件生油三百五十二件冰糖三百五十二件串砲二千一百四十二箱色酒九百箱孖姑烟二十六箱雜貨三千七百八十件洋烟膏二萬八千三百兩唐人搭客三百名

啓者唐人如有切要時事或得之目擊或得之傳聞不論何事但取其有裨於唐人有合於同好者均可擲至本館刻刷分文不取特此佈聞 新聞紙館謹啓

加時古狀師

未士加士古狀師之案件自今日以後交與丹拿蝦時倫狀師辦理特此聲明○己未年三月初二日啓

英國大狀師

未士波律攬理各衙門大小案情現住中環大街第四百一十號舊銀行對面便是 己未年三月十二日謹啓

松木出賣

未士巴勞有新到八寸至十二寸方停松木四寸厚板一寸半厚板一寸厚板又有圓木二十八條出賣如要買松木者請到本行面議 己未年三月十五日啓

金鷄勒出賣

茲有金鷄勒霜出賣每罇重一安沙即八錢三如有貴客欲買此藥可移玉到本新聞紙館問便知 己未年三月初九日啓

桅木出賣

啓者二枝半桅船名衣倫船主名冰有上好桅木出賣由四十二至五十六活又有大鐵鍊兩門鐵水櫃二個鐵鍊等物出投如貴客欲買者請到船上面議

畢公司

茲者未士畢公司有沙籐架啡蘇木檀香綠豆發客 戊午年十一月廿日啓

前往舊金山

未士結活巴厘公司有好駛洋船一隻名那活船主名被厘時頓準四月初三日揚帆前往舊金山正埠如有搭客搭貨者請到本行面議 己未年三月廿八日啓

未士吸文士急敏時文公司有第一等好駛花旗船一隻名歌律船主名波藍一千八百墩大準於早日揚帆前往舊金山現在船位已有人定下大半如有搭客搭貨請到本行面議○戊午十二月廿九日啓

鴉厘芬公司有好駛花旗船一隻名高爐頓威時船主名加云準於早日揚帆前往舊金山正埠如有搭客搭貨者請到本行面議○己未正月十九日啓

剌時厘公司有好駛大花旗船一隻名查倫治船主名花便準於早日揚帆前往舊金山正埠如有搭客搭貨者請到本行面議 己未年正月廿三日啓

未士士店臣有花旗船一隻名利澳邏打士船主名威林時六百九十墩準於早日揚帆前往舊金山正埠如有搭客搭貨者請到本行面議 己未年正月廿七日啓

未士吸文時急公司有第一等花旗船一隻名孖時地乎船主名賛臣準於早日揚帆前往舊金山正埠如有附搭貨物者請到本行面議 己未年三月初三日謹啓

未士了厘汾公司有第一等洋船一隻名北力衛厘亞船主名馬非準於早日揚帆前往舊金山正埠如有搭客搭貨者請到本行面議 己未年三月初五日啓

前往新金山

未士士店臣有第一等洋船一隻名西古倫船主名荷石五百九十四墩大準於早日揚帆前往新金山雪梨咩非立埠如有搭

未士燗活加舌有第一等好駛花旗船一隻名高爐頓士鐵船主名協邦準於四月十八日以前揚帆前往新金山雪梨咩非立埠如有貨物附搭

銅片出賣

急頓占眉臣有各樣大小黃銅片出賣如欲買者請到本行面議

投夜

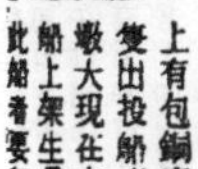

未士運卡剌弗於四月初七日正午十二點鐘在船上有包銅底二枝桅船一隻出投船名烏利亞二百墩大現在本港海面灣泊此船上架生俱全一凡投到此船者要即交價銀一半

未士運卡剌弗於四月初四日在士丹厘街貨倉有各樣酸菓沙時機架生菜油洋醋之時提子杏仁梅打卑厘架洋薏米魚解占菓適厘餅干水瓜絲水煙火柴玻璃器皿木駐[illegible]

鴉片行

香港鴉片行情新公烟土沽七百三十二員半至七百三十五員○舊公烟土沽七百四十員 新鴉烟土沽七百四十員○舊鴉烟土沽

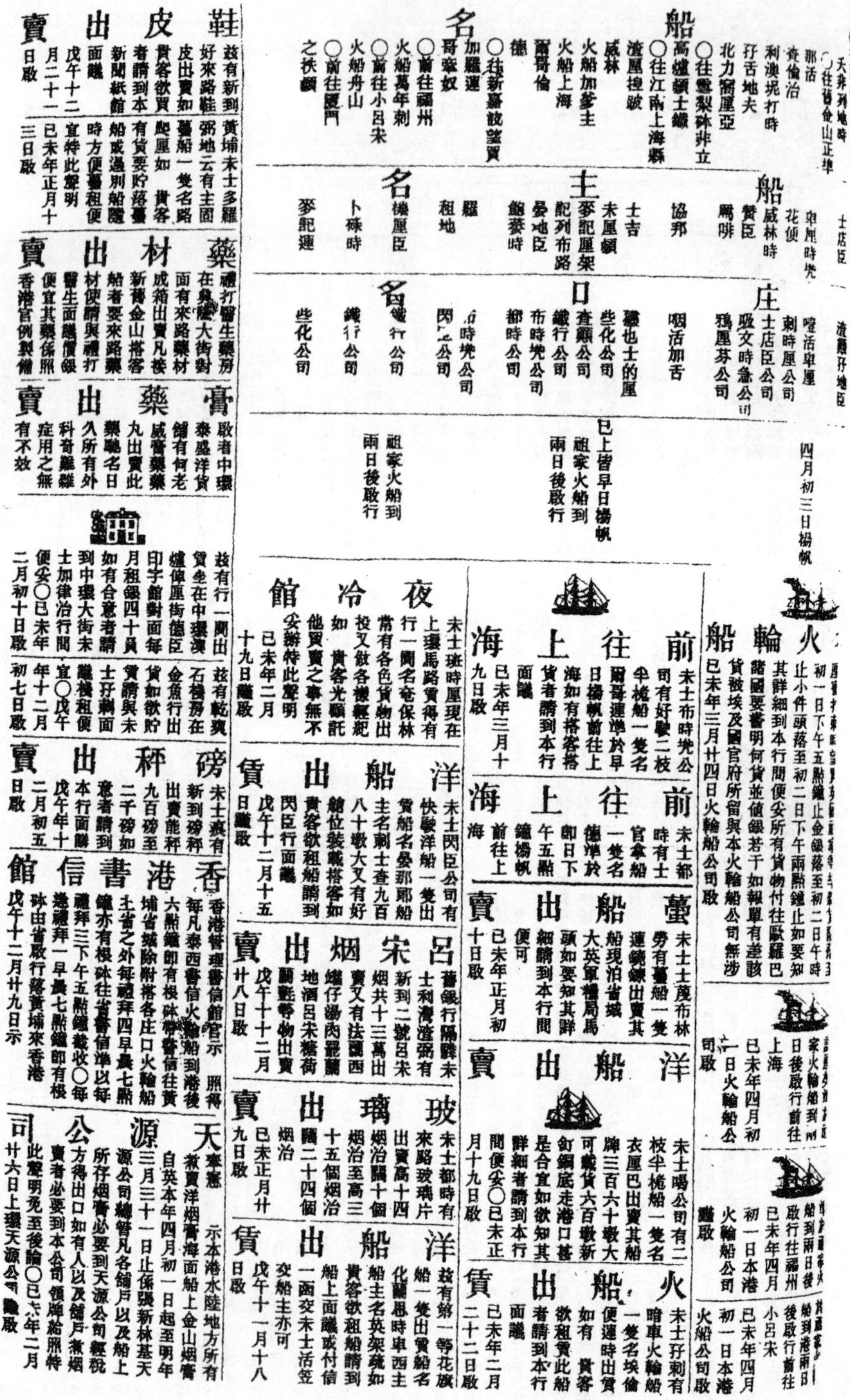

船名
○往舊金山正埠 天非列地時
那活
查倫治
利澳泥打時
孖舌地夫
北力衛厘亞
○往雪梨砵非立
高爐顧士鐵
○往江南上海縣
渣厘揑跛
威林
火船加爹主
火船上海
爾哥倫
德
○往新嘉波望買
加羅運
哥率奴
○前往福州
火船萬年剌
○前往小呂宋
火船舟山
○前往廈門
之扶顧

船主名
士店臣
央厘時凭
花便
威林時
賛臣
罵啡
協邦
士吉
未厘顧
麥記厘架
舵列布路
曇地臣
飽爹時
驪
租地
機厘臣
卜砵時
麥記連

庄口名
渣顛孖地臣
喳活卑厘
剌時厘公司
士店臣公司
吸文時急公司
鴉厘芬公司
咽活加舌
驪也士的厘
些化公司
查顛公司
纖行公司
布時凭公司
都時公司
布時凭公司
閃臣公司
纖行公司
纖行公司
些化公司

四月初三日揚帆
已上皆早日揚帆
租家火船到
兩日後啟行
租家火船到
兩日後啟行

火輪船
初一日下午五點鐘止金銀落至初二日午時止小件頭落至初二日下午兩點鐘止如要知其詳細到本行問便妥所有貨物付往歐羅巴諸國要書明何貨並值銀若干如報單有差該貨被埃及國官府所留與本火輪船公司無涉
已未年三月廿四日火輪船公司啟

家火輪船到□日後啟行前往上海
已未年四月初一日火輪船公司啟

船到兩日後啟行往福州
已未年四月初一日本港火輪船公司啟

船到港兩日後啟行前往小呂宋
已未年四月初一日本港火船公司啟

前往上海
未士布時凭公司有好快二枝半桅船一隻名爾哥連準於早日揚帆前往上海如有搭客搭貨者請到本行面議
已未年三月十九日啟

前往上海
未士都時有士官拿船一隻名德準於即日下午五點鐘揚帆前往上海

出賣船
未士士蔑布林勞有舊船一隻連鏈錠出賣其船現泊省城大英軍糧局馬頭如要知其詳細請到本行間便可
已未年正月初十日啟

洋船出賣
未士喝公司有二枝半桅船一隻名衣厘巴出賣其船牌三百六十敦大可載貨六百敦新釘銅底走港口甚是合宜如欲知其詳細者請到本行間便妥○已未正月十九日啟

火船出賃
未士孖剌有暗車火輪船一隻名埃倫便運時出賃如有貴客欲租賃此船者請到本行面議
已未年二月二十二日啟

夜冷館
未士班時厘現在上環馬路賃得有行一間名奄保林常有各色貨物出投又做各樣經紀如貴客光顧託他買賣之事無不妥辦特此聲明
已未年二月十九日識啟

洋船出賃
未士閃臣公司有快駛洋船一隻出賃船名曇那耶船主名剌士查九百八十敦大又有好艙位裝載搭客如貴客欲租船請到閃臣行面議
戊午年十二月十五日識啟

呂宋烟出賣
舊銀行隔鄰未士利濟渣弼有新到二號呂宋烟共十三萬出賣又有法蘭西地酒呂末蕃荷罐仔湯肉罷蘭醬豬等物出賣
戊午年十二月廿八日啟

玻璃出賣
未士都時有來路玻璃片出賣高十四烟治闊十個烟治至高三十五個烟治闊二十四個烟治
已未正月廿九日啟

洋船出賃
玆有第一等花旗船一隻出賃船名化顛思時卑西主船主名英架疏如貴客欲租船請到船上面議或付信一函交未士活笠交船主亦可
戊午十一月十八日啟

鞋皮出賣
玆有新到黃埔未士多羅好來路鞋弼地云有主固皮出賣如舊船一隻名路貴客欲買鞋厘如貴客者請到本有貨要貯落舊新聞紙館船或遇別船隨面議時方便舊租便
戊午十二月二十一 已未年正月十三日啟 宜梓此聲明

藥材出賣
禮打醫生藥房在皇后大街對面有來路藥材成箱出賣凡港新舊金山搭客船者要來路藥材使請與禮打醫生面議價銀便宜其藥係照香港官例製備

膏藥出賣
啟者中環泰盛洋貨舖有何老九出賣此藥馳名日久所有外科奇難雜症用之無不效

玆有行一間出賃坐在中環濱爐倬厘街德臣印字館對面每月租銀四十員如有合意者請到中環大街未士加律治行問便妥○已未年二月初十日啟

玆有乾爽石棧房在金煎行出貨如欲貯貨請與未士孖喇面議棧租便宜○戊午年十二月初七日啟

磅秤出賣
未士奕有新到磅秤出賣能秤九百磅至二千磅如意者請到本行面議
戊午年十二月初五日啟

香港書信館
香港管理書信館官示照得每凡泰西書信火輪船到港後六點鐘即有根砵帶書信往黃埔省城除附搭各庄口火輪船往省之外每禮拜四早晨七點鐘亦有根砵往省書信準以每禮拜三午五點鐘截收○每逢禮拜一早晨七點鐘即有根砵由省啟行落黃埔來香港
戊午十二月廿九日示

天源公司
憲示本港水陸地方所有煮賣洋烟膏海面船上金山烟膏自英本年四月初一日起至明年三月三十一日止係𥚃新林基天源公司總管凡各舖戶以及船上所存烟膏必要到天源公司經稅方得出口如有人以及舖戶煮烟賣者必要到本公司領牌給照特此聲明毋至後論○已未年二月廿六日上環天源公司識啟

香港船頭貨價紙

第二百三十七號　己未年四月初五日　禮拜六

敬者此紙係在孖剌處每日所印之新聞紙同館印刷每逢禮拜二禮拜四禮拜六為期遍派香港各舖戶每月收回銀一大員如貴客有事要印落此紙內務宜早一日走字通知末士孖剌便妥印刷唐字價錢如左　一凡每次落唐字者五十個字已下收銀一員倘五十個字已上每字收銀一個先士如欲再落者每個禮拜照前一半算如意者祈請到本館印刷便是　末士孖剌　新文紙館謹啟

新聞

於本月初二日早晨八點鐘有火船名金花由本港啟行往長沙載有搭客約四十餘人內有金山客八名至中途離澳門西邊約二十餘里火船內搭客忽然突起即將船主斬傷趕入船尾捞並將唐人燒火者數名毆打無數後將此唐人格撒飯恐與他對敵之故惟金山客跪求乞命憐救幸得無傷此際適有賊船三隻泊埋接濟過船即將船主之箱櫃一概開看及將人客之金銀並船內值錢之物件盡行搬空過船而去後火船駛回澳門金山客報刼去銀二萬二千昨初四日早據澳門來信云是晚十一點鐘在一屋內捉得賊七名云云

茲接到寧波新聞紙云在寧波地方亦有棍徒拐帶良民為猪仔客內有猎人六名日攜利刃在身周圍拐帶強捉迫勒人為猪仔有一佛蘭西船在此等候載裝此處土人業已具稟於英領事官惟領事官不理云此非英人故不究辦云云〇又聞寧波地方有強盜白日持刀打刼有一婦人為喊後獲賊匪數名訊明確據即押往教場梟首示衆云云

茲本港總督包大人昨日已經由祖家火輪船返國為本港有些案件要同國面聖云云〇聞說英國新欽差大臣部路士現奉命為本港總督因有事上北京後返港實受總督之職云云〇昨云省城柏大人已薨現聞兩個月內將柩運回北京殯葬云云

出口船

茲有火船名花離呢士於昨日由本港啟行前往廈門汕頭等處載去公烟土五箱白皮烟土十八箱棉花二百二十包銀五千大員雜貨共十八箱云云

敬者唐人如有切要時事或得之目擊或得之傳聞不論何事但取其有益於唐人有合於同好者均可攜至本館刻刷分文不取特此佈聞　新聞紙館謹啟

加時古狀師

末士加士古狀師之案件自今日以後交與丹拿蝦時倫狀師辦理特此聲明〇己未年三月初二日啟

英國大狀師

末士波徠檻理各衙門大小案情現住中環大街第四百一十號寶銀行對面便是　己未年三月十二日謹啟

松木出賣

末士巴勞有新到八寸至十二寸方停松木四寸厚板一寸半厚板一寸厚板又有圓木二十八條出賣如要買松木者請到本行面議　己未年三月十五日啟

金鷄勒出賣

茲有金鷄勒霜出賣每罇重一安沙即八錢三如有貴客欲買此藥可移玉到本新聞紙館問便知　己未年三月初九日啟

畢公司

茲者末士畢公司有沙籐架啡蘇木檀香綠豆發客　戊午年十一月廿日啟

卑蔴油出賣

茲有桶裝罐裝罇裝卑蔴油出賣如貴客欲買者請到本新聞紙館面議　己未年三月三十日啟

洋硝出賣

茲者士末孖刺有新到上好洋硝出賣如意買者請到本新聞紙館面議　戊午年十二月初八日啟

前往舊金山

末士結活巴厘公司有好駛洋船一隻名那活船主名被厘時頓準四月初三日揚帆前往舊金山正埠如有搭客搭貨者請到本行面議　己未年三月廿八日啟

末士吸文士急波時文公司有第一等好駛花旗船一隻名歌律船主名波藍一千八百噸大準於早日揚帆前往舊金山現在船位已有人定下大半如有搭客搭貨請到本行面議〇戊午十二月廿九日啟

鴉厘芬公司有好駛花旗船一隻名高爐頓威時船主名加云準於早日揚帆前往舊金山正埠如有搭客搭貨者請到本行面議〇己未正月十九日啟

剌時厘公司有好駛大花旗船一隻名查倫治船主名花便準於早日揚帆前往舊金山正埠如有搭客搭貨者請到本行面議　己未年正月廿三日啟

末士士店臣有花旗船一隻名利澳邏打士船主名威林時六百九十噸準於早日揚帆前往舊金山正埠如有搭客搭貨者請到本行面議　己未年正月廿七日啟

末士吸文時急公司有第一等花旗船一隻名孖時地平船主名贊臣準於早日揚帆前往舊金山正埠如有附搭貨物者請到本行面議　己未年三月初三日謹啟

末士了厘汾公司有第一等洋船一隻名北力甯厘亞船主名爾非準於早日揚帆前往舊金山正埠如有搭客搭貨者請到本行面議　己未年三月初五日啟

前往新金山

末士士店臣有第一等洋船一隻名西古倫船主名荷石五百九十四噸大準於早日揚帆前往新金山雪梨砵非立埠如有搭客搭貨者請到本行面議　己未年二月初十日啟

末士炳活加舌有第一等好駛花旗船一隻名高爐頓士鐵船主名協邦準於四月十八日以前揚帆前往新金山雪梨砵非立埠如有貨物附搭此船請到本行面議　己未年三月十三日啟

銅片出賣

憑蝦占眉臣有各樣大小黃銅片出賣如欲買者請到本行面議　戊午十二月廿一日啟

投夜冷

末士連卡剌弗於四月初七日正午十二點鐘在船上有包銅底二枝桅船一隻出投船名烏利亞二百噸大現在本港海面灣泊船上架生俱全一凡投到此船者要即交價銀一半其餘一個禮拜內交清爛銀交易　己未年三月廿七日啟

末士班時厘每逢禮拜二禮拜六日在上環馬路夜冷館有各樣貨物出投於四月初五禮拜六日正午十二點鐘有地理書首飾家私什物罷蘭地三邊甡紅酒衣服連環手鎗鳥鎗炮與及各等物出投現銀七一七兌　己未年四月初三日啟

鴉片行情

香港鴉片行情新公烟土沽七百三十員
舊公烟土沽七百四十員
新鴣烟土沽七百四十員
舊鴣烟土沽七百三十員
白皮烟土沽五百七十員

現在香港澳門黃埔落貨往各埠之船列左

船名	船主	庄口	
○往論頓京城			
天非列地時	士店臣	渣顛孖地臣	
○往舊金山正埠			
那活	阜厘時兜	嗱活阜厘	四月初三日揚帆
查倫治	花便	剌時厘公司	
利澳兆打時	威林時	士店臣公司	
孖舌地夫	贊臣	吸文時急公司	
北力嘧厘亞	羼啡	鴉厘芬公司	
○往雪梨砵非立			
高爐頓士鐵	協邦	咽活加舌	
○往江南上海縣			
渣厘揑皷	士吉	䃼也士的厘	
威林	未厘顛	些化公司	巳上皆早日揚帆
火船加爹主	麥記厘架	查顛公司	祖家火船到
火船上海	記列布路	鐵行公司	兩日後啟行
西顛	呢臣	布時兜公司	
○往新嘉波盤買			
加羅連	羅	布時兜公司	
哥確奴	租地	閃臣公司	
○前往福州			
火船萬年剌	橳厘臣	鐵行公司	祖家火船到
○前往小呂宋			
火船舟山	卜祿時	鐵行公司	兩日後啟行

鐵行火輪船

本港鐵行火輪船公司有火輪船一隻名北京船主名賓準於四月初三日下午兩點鐘由本港啟行裝載搭客貨物書信前往新加波埠加厘蜜打剌時盤買英國祖家等埠雜貨限落至初一日下午五點鐘止金銀落至初二日午時止小件頭落至初二日下午兩點鐘止如要知其詳細到本行問便妥所有貨物付往歐羅巴諸國要書明何貨並値銀若干如報單有差該貨被埃及國官府所留與本火輪船公司無涉

已未年三月廿四日火輪船公司啟

鐵行火輪船公司有火輪船名上海船主名麥記厘架準於祖家火輪船到兩日後啟行前往上海

已未年四月初一日火輪船公司啟

兹有火輪船名萬年剌船主名橳厘臣準於祖家火船到兩日後啟行往福州

已未年四月初一日本港火輪船公司謹啟

兹有火輪船名舟山船主名卜祿時準於祖家火輪船到港兩日後啟行前往小呂宋

已未年四月初一日本港火船公司啟

躉船出賣

未士士茂布林勞有躉船一隻連鏈鍊出賣其船現泊省城大英軍糧局馬頭如要知其詳細請到本行問便可

已未年正月初十日啟

洋船出賣

未士喝公司有二枝半桅船一隻名衣厘巴出賣其船牌三百六十墩大可載貨六百墩新釘銅底走港口甚是合宜如欲知其詳細者請到本行問便妥○已未正月十九日啟

火船出賃

未士孖剌有暗車火輪船一隻名埃倫便運時出賃如有 貴客欲租賃此船者請到本行面議

已未年二月二十二日啟

兹有行一間出賃坐在中環澳爐俾厘街德臣印字館對面每月租銀四十員如有合意者請到中環大街未士加律治行問便妥○已未年二月初十日啟

兹有乾爽石棧房在金魚行出貨如欲貯貨請與未士孖剌面議棧租便宜○戊午年十二月初七日啟

夜冷館

未士班時厘現在上環馬路賃得有行一間名奄保林常有各色貨物出投又做各樣經紀如 貴客光顧託他買賣之事無不妥辦特此聲明

已未年二月十九日謹啟

洋船出賃

未士閃臣公司有快駛洋船一隻出賃船名晏那郿船主名剌士查九百八十墩大又有好艙位裝載搭客如貴客欲租船請到閃臣行面議

戊午十二月十五日謹啟

呂宋烟出賣

舊銀行隔鄰未士利灣渣彌有新到二號呂宋烟共十三萬出賣又有法蘭西鑵仔湯肉罷蘭地酒呂宋糖荷蘭氈等物出賣

戊午十十二月廿八日啟

玻璃出賣

未士都時有來路玻璃片出賣高十四烟治闊十個烟治至高三十五個烟治闊二十四個烟治

已未正月廿九日啟

洋船出賃

兹有鄭一等花旗船一隻出賃船名化蘭思時阜西主船主名英架琉如貴客欲租船請到船上面議或付信一函交未士活笠交船主亦可

戊午十一月十八日啟

鞋皮出賣

兹有新到好來路鞋皮出賣如貴客欲買者請到本新聞紙館面議

戊午十二月二十一日啟

黃埔未士多羅孖地云有主固舊船一隻名路㖿厘如 貴客有貨要貯落躉船或過別船躉時方便躉租便宜特此聲明

已未年正月十三日啟

藥材出賣

禮打醫生藥房在典隆大街對面有來路藥材成箱出賣凡梭新舊金山搭客船者要來路藥材便請與禮打醫生面議價錢便宜其藥係照香港官例製備

膏藥出賣

啟者中環泰盛洋貨舖有何老威膏藥藥丸出賣此藥馳名日久所有外科奇難雜症用之無有不效

藥材出賣

花旗國老當臣醫生自製藥水名沙時把厘剌馳名天下凡用之者無有不效此藥專治婦科各症傷風咳嗽內傷痰瘀痛咽一條皮膚濕熱之症現本港藥店皆有出賣

香港書信館

香港管理書信館官示 照得每凡泰西書信火輪船到港後六點鐘即有根砵帶書信往黃埔省城除附搭各庄口火輪船主省之外每禮拜四早晨七點鐘亦有根砵往省書信準以每禮拜三下午五點鐘截收○每逢禮拜一早晨七點鐘即有根砵由省啟行落黃埔來香港

戊午十二月廿九日示

天源公司

天 寧憲 示本港水陸地方所有煮賣洋烟膏海面船上金山烟膏自英本年四月初一日起至明年三月三十一日止係張新林基天源公司總管凡各舖戶以及船上所存烟膏必要到天源公司經稅方得出口如有人以及舖戶煮烟賣者必要到本公司領牌給照特此聲明免至後論○已未年二月廿六日上環天源公司謹啟

桅木出賣

啟者二枝半桅船名衣倫船主名冰有上好桅木出賣由四十二至五十六活又有大鐵錨兩門鐵木椗二個鐵鍊等物出投如貴客欲買者請到船上面議

香港船頭貨價紙

第二百三十八號　己未年四月初八日　禮拜二

啟者此紙係在孖剌館每日所印之新聞紙同館印刷每逢禮拜二禮拜四禮拜六爲期遍派香港各舖戶每月收回銀一大員如貴客有事要印落此紙內務宜早一日走字通知未士孖剌便妥印刷唐字價錢如左　一凡每次落唐字者五十個字已下收銀一員倘五十個字已上每字收銀一個先士如欲再落者每個禮拜照前一半算如意者祈請到本館印刷便是
未士孖剌　新聞紙館謹啟

新聞

㘓來槪徒猖狂設謀拐帶良民爲猪仔一事聞者傷心見者流淚玆有一華人其兄弟被拐故往求黃埔濱公司夥伴名巴爾札救其兄弟後巴爾札亦承命登郎開船查問果有此人被拐在船故求船主釋放惟船主要銀一百員方能允肯後船上有一人對船主云此人今斷不可放他誠恐有事更兼此人回去盡將船內情由與人說知則後無人敢來矣如若念情要放此人待船啟行時放他方可以免後患因此議論紛紛故巴爾札在船等候許久未見船主實意又因有事乃返行後此人竟不能救拔矣○聞說有澳門第五號艇查一隻由汕頭載裝猪仔客不知多少云此猪仔客乃在汕頭請來澳門僱工立明合同兩年爲滿惟今此羅省駛往黃埔將猪仔客過一花旗船名士華羅因此船租期已滿如過限一日罰銀二百員故此迫轄拐徒四邊遠近勒捉之故耳又聞云此船曾在領事官處立明合約係往夏娃拿地方傭工惟未知果有領事官合約否不然料其定是拐往他邦賣爲奴僕矣

啟者唐人如有切要時事或得之目擊或得之傳聞不論何事但取其有益於唐人有合於同好者均可繳至本館剞劂分文不取特此佈聞
新聞紙館謹啟

畢公司

玆者未士畢公司有沙籐架啡蘇木檀香綠豆發客
戊午年十一月廿日啟

出口船

玆有舊金山船名利澳呢打時於本月初五日揚帆載去白米九千四百包白糖一千零九十一包油七百埕薯三百六十五細茶一百二十二箱烟膏二千八百兩雜貨共五千八百一十九件○又有一船名之乎頓於本月初五日由本港啟行前往廈門載去棉花一千零八十七包胡椒八百六十包葵扇八百件雜貨二百件鐵一千担○又有火船名台灣於四月初五日由本港啟行前往廈門汕頭等處載去雜貨九十一件又四百六十三件又銀五箱云云

加時古狀師

未士加士古狀師之案件自今日以後交與丹拿蝦時倫狀師辦理特此聲明○己未年三月初二日啟

英國大狀師

未士波律權理各衙門大小案情現住中環大街第四百一十號舊銀行對面便是
己未年三月十二日謹啟

松木出賣

未士巴勞有新到八寸至十二寸方停松木四寸厚板一寸半厚板一寸厚板又有圓木二十八條出賣如要買松木者請到本行面議
己未年三月十五日啟

金雞勒出賣

玆有金雞勒霜出賣每樽重一安沙即八錢三如有貴客欲買此藥可移玉到本新聞紙館閒便知
己未年三月初九日啟

卑蔴油出賣

玆有桶裝罌裝樽裝卑蔴油出賣如貴客欲買者祈到本新聞紙館面議
己未年三月三十日啟

洋硝出賣

玆者士未孖剌有新到上好洋硝出賣如意買者請到本新聞紙館面議
戊午年十二月初八日啟

前往舊金山

未士結活巴厘公司有好駛洋船一隻名那活船主名殺厘時頓準四月初三日揚帆前往舊金山正埠如有搭客搭貨者請到本行面議
已未年三月廿八日啟

未士吸文士急啟時文公司有第一等好駛花旗船一隻名歌律船主名波藍一千八百噸大準於早日揚帆前往舊金山現在船位已有人定下大半如有搭客搭貨請到本行面議○戊午十二月廿九日啟

鴉厘芬公司有好駛花旗船一隻名高爐頓威時船主名加云準於早日揚帆前往舊金山正埠如有搭客搭貨者請到本行面議○已未正月十九日啟

剌時厘公司有好駛大花旗船一隻名查倫治船主名花便準於早日揚帆前往舊金山正埠如有搭客搭貨者請到本行面議　已未年正月廿三日啟

未士士店臣有花旗船一隻名利澳邏打士船主名威林時六百九十噸準於早日揚帆前往舊金山正埠如有搭客搭貨者請到本行面議
已未年正月廿七日啟

未士吸文時急公司有第一等花旗船一隻名孖時地乎船主名賓臣準於早日揚帆前往舊金山正埠如有附搭貨物者請到本行面議
已未年三月初三日謹啟

未士丫厘汾公司有第一等洋船一隻名北力爾厘亞船主名馬非準於早日揚帆前往舊金山正埠如有搭客搭貨者請到本行面議
已未年三月初五日啟

前往新

未士架舌公司有大花旗船一隻名哥連士佚船主名協門准於早日揚帆前往新金山雪梨砵非立正埠如有欲搭貨搭客者

未士士店臣有第一等洋船一隻名西古倫船主名荷石五百九十四噸大準於早日揚帆前往新金山雪梨砵非立埠如有搭

未士烟活加舌有第一等好駛花旗船一隻名高爐頓士纖船主名協邦準於四月十八日以前揚帆前往新金山雪梨砵非立埠如有貨物附搭

投夜

未士連卡剌弗於四月初八日正午十二點鐘在二枝桅荷蘭船名士之剌泊在必打馬頭有日本煤炭一百七十噸出投現銀

未士連卡剌弗於四月十一日正午十二點鐘在兵頭屋內有堅固合用家私什物雲母石檯寧波檯番櫃茶機衣箱學士椅床枝子床又有好碗碟一套銀碟大小匙羹刀叉湯洗茶盤架棹燈冰碌與

鴉片行

香港鴉片行情新公烟土沽七百三十二員半○舊公烟土沽七百四十員
新鴉烟土沽七百四十員
舊鴉烟土沽七百三

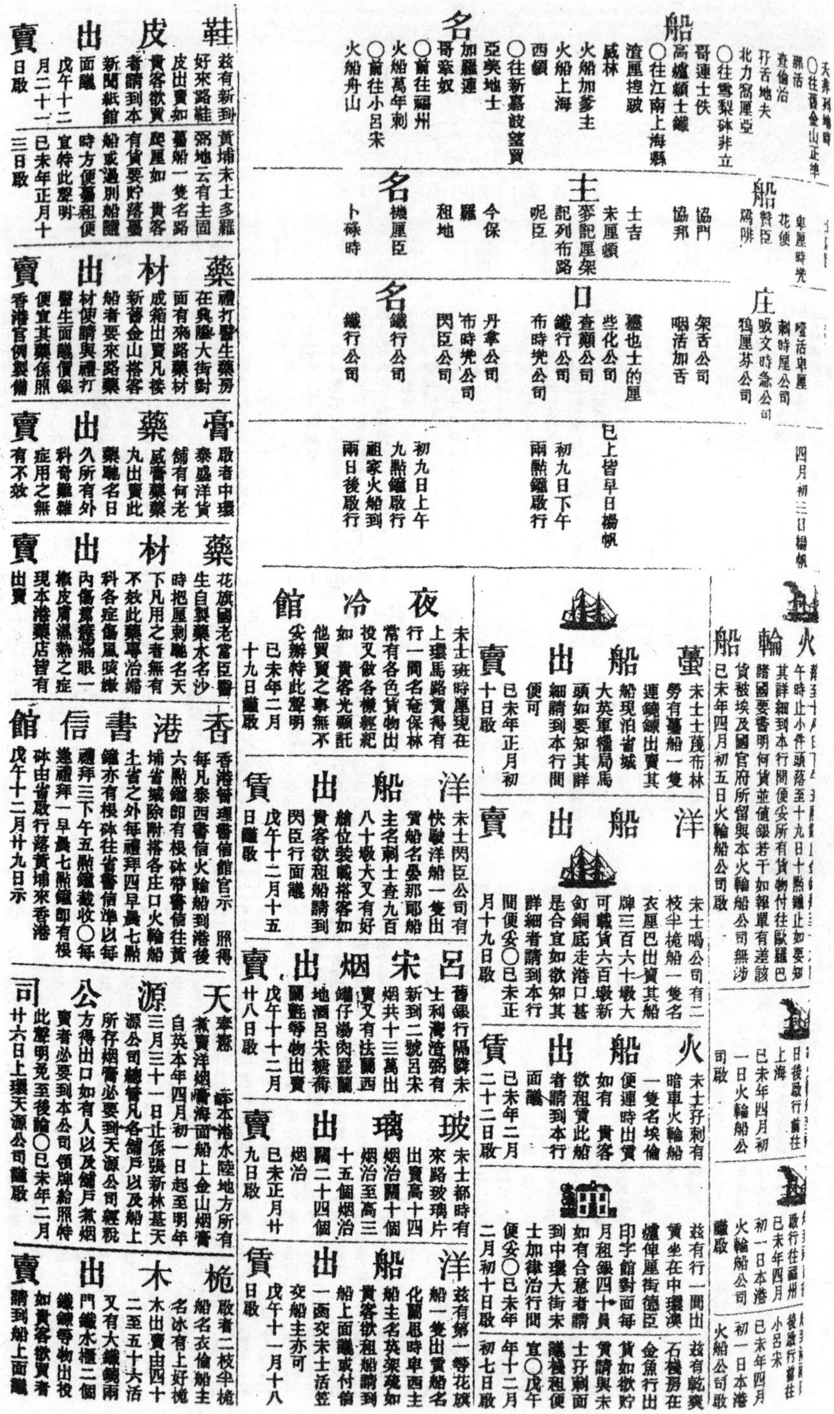

船名
天弗列地時
○往舊金山正埠
那活
査倫治
孖舌地夫
北力窩厘亞
○往雪梨砵非立
哥運士佚
高爐頓士鐵
○往江南上海縣
渣厘揑破
威林
火船加爹主
火船上海
西顧
○往新嘉波望買
亞奕地士
加羅連
哥傘奴
○前往福州
火船萬年剌
○前往小呂宋
火船舟山

船主名
卑厘時咣
花便
船督臣
碼啡
協門
協邦
士吉
末厘顛
麥記厘架
記列布路
呢臣
今保
羅
租地
機厘臣
卜祿時

庄口名
噎活卑厘
剌時厘公司
吸文時急公司
鴉厘芬公司
架舌公司
咽活加舌
禮也士的厘
些化公司
査顛公司
鐵行公司
布時咣公司
丹拿公司
布時咣公司
閃臣公司
鐵行公司
鐵行公司

四月初三日揚帆
已上皆早日揚帆
初九日下午兩點鐘啟行
初九日上午九點鐘啟行
祖家火船到兩日後啟行

火輪船
[illegible]午時止小件頭落至十九日十點鐘止如要知其詳細到本行問便妥所有貨物付往歐羅巴諸國要書明何貨並值銀若干如報單有差該貨被埃及國官府所留與本火輪船公司無涉
已未年四月初五日火輪船公司啟

[illegible]日後啟行前往上海
已未年四月初一日火輪船公司啟

[illegible]啟行往福州
已未年四月初一日本港火輪船公司謹啟

[illegible]後啟行前往小呂宋
已未年四月初一日本港火船公司啟

臺船出賣
末士士蔑布林勞有臺船一隻運鑄錄出賣其船現泊省城大英軍糧局馬頭如要知其詳細請到本行問便可
已未年正月初十日啟

洋船出賣
末士喝公司有二枝半桅船一隻名衣厘巴出賣其船牌三百六十噸大可載貨六百噸新釘銅底走港口甚是合宜如欲知其詳細者請到本行問便妥○已未正月十九日啟

火船出賃
末士孖剌有暗車火輪船一隻名埃倫便運時出賃如有 貴客欲租賃此船者請到本行面議
已未年二月二十二日啟

茲有行一間出賃坐在中環澳爐俾厘街德臣印字館對面每月租銀四十員如有合意者請到中環大街末士加律治行問便妥○已未年二月初十日啟

茲有乾爽石棧房在金魚行出賃如欲貯貨請與末士孖剌面議租便宜○戊午年十二月初七日啟

夜冷館
末士班時厘現在上環馬路賃得有行一間名奄保林常有各色貨物出投又做各樣經紀如 貴客光顧託他買賣之事無不妥辦特此聲明
已未年二月十九日謹啟

洋船出賃
末士閃臣公司有快駛洋船一隻出賃船名晏那耶船主名剌士查九百八十噸大又有好艙位裝載搭客如貴客欲租船請到閃臣行面議
戊午十二月十五日謹啟

呂宋烟出賣
舊鑤行隔鄰末士利灣渣弼有新到二號呂宋烟共十三萬出賣又有法蘭西罐仔湯肉罐蘭地酒呂宋糖荷蘭鞋等物出賣
戊午十十二月廿八日啟

玻璃出賣
末士綁時有來路玻璃片出賣高十四烟治闊十個烟治至高三十五個烟治闊二十四個烟治
已未正月廿九日啟

洋船出賃
茲有第一等花旗船一隻出賃船名化圖思時卑西主船主名英架殘如貴客欲租船請到船上面議或付信一函交末士活笠交船主亦可
戊午十一月十八日啟

鞋皮出賣
茲有新到好來路鞋皮出賣如貴客欲買者請到本新聞紙館面議
戊午十二月二十一日啟

黃埔末士多羅弼地云有主固臺船一隻名路庇厘如 貴客有貨要貯落臺船或過別船時方便臺租便宜特此聲明
已未年正月十三日啟

藥材出賣
禮打醫生藥房在與隆大街對面有來路藥材成箱出賣凡搭新舊金山搭客船者要來路藥材便請與禮打醫生面議價銀便宜其藥係照香港官例製備

膏藥出賣
啟者中環泰盛洋貨舖有何老威膏藥丸出賣此藥馳名日久所有外科奇難雜症用之無有不效

藥材出賣
花旗國老富臣醫生自製藥水名沙時把厘剌馳名天下凡用之者無有不效此藥專治婦科各症傷風咳嗽內傷痰癧瘋眼一概皮膚濕熱之症現本港藥店皆有出賣

香港書信館
香港管理書信館官示 照得每凡泰西書信火輪船到港後六點鐘即有艇砵帶書信往黃埔省城除附搭各庄口火輪船土省之外每禮拜四早晨七點鐘亦有艇砵往省書信準以每禮拜三下午五點鐘截收○每逢禮拜一早晨七點鐘即有艇砵由省啟行落黃埔來香港
戊午十二月廿九日示

天源公司
啟者本港水陸地方所有煮賣洋烟膏海面船上金山烟膏自英本年四月初一日起至明年三月三十一日止係張新林甚天源公司總管凡各舖戶以及船上所存烟膏必要到天源公司經稅方得出口如有人以及舖戶煮烟賣者必要到本公司領牌給照特此聲明免至後論○已未年二月廿六日上環天源公司謹啟

桅木出賣
啟者二枝半桅船名衣倫船主名冰有上好桅木出賣由四十二至五十大活又有大鐵鍊兩門鐵木櫃二個鐵鍊等物出投如貴客欲買者請到船上面議

香港船頭貨價紙

第二百三十九號　已未年四月初十日　禮拜

啟者此紙係在孖剌處每日所印之新聞紙同館印刷每逢禮拜二禮拜四禮拜六為期遍派香港各舖戶每月收回銀一大員如 貴客有事要印落此紙內務宜早一日走字通知未士孖剌便妥印刷唐字價錢如左 一凡每次落唐字者五十個字已下收銀一員倘五十個字已上每字收銀一個先士如欲再落者每個禮拜照前一半算如意者祈請到本館印刷便是

未士孖剌　新文紙館謹啟

新聞

於前月十六日印度國有水師提督火輪戰船名與利帶兵頭文書一封到巴坑王內詢問該處尚有洋盜否而巴坑王於是晚卽復文答云近日海洋盜賊畧見平靖惟地方現尚未得十分停妥在巴坑海口新建一水閘甚堅固以防禦敵人攻擊因定閣堯王屢欲與師與之相戰之故耳此火輪船於十七日十點鐘由定閣堯啟行到馬剌剌地方適遇頭猛一隻此頭猛已經被賊刼去公烟二箱所有銀兩與及各器皿因見火船經過故求追賊後火船遠望見賊船二隻卽進前追趕其賊船亦放炮與之對敵交戰許久勝負不分後火船見賊船炮多其勢甚猛料不能相敵乃退後順帶被刼之頭猛船返新嘉坡取救至中途遇一暹羅火船名闍非亞乃請其同往攻賊惟暹羅火船因見自無炮火器械更之船主亦無定意故不允其所請云云

茲有一船名孖羅剌由德架沙解準帶來煤炭一百二十擔紫菜五百細豆五百包○又有一船名衣舍路网平花園由冷簪準帶來白米七千担○又一船名孟尾架賽由望買準帶來白皮烟土一千二百箱綿花一千包

磅秤出賣

未士痕有新到磅秤出賣能秤九百磅至二千磅如意者請到本行面議

戊午年十二月初五日啟

新州府各貨行情白凡每担一員七毛五至二員檳榔每担二員半樟磁每担十六員半薅嶋烟土每箱七百一十五員新嶋烟土每箱七百三十員白皮烟土每箱五百九十員黑胡椒每担七員白胡椒十二員半至十三員暹羅米每車七十五員米朴五十八至六十員○冷簪米五十五至五十六員沙藤每担二員至三員半洋硝九員至十一員花旗鹹牛肉每桶二十二員鹹猪肉每桶二十四員○坎摩羅準鹹牛肉猪肉每桶二十五至二十六員○架利哥及蝦梳粉每桶十五至十八員烟餅每磅二毛半至三毛花旗鞋四十碼六十六至六十七員

啟者唐人如有切要時事或得之目擊或得之傳聞不論何事但取其有益於唐人有合於國好者均可攜至本館刻刷分文不取特此佈聞

新聞紙館謹啟

加時古狀師

未士加士古狀師之案件自今日以後交與丹拿蝦時倫狀師辦理特此聲明○已未年三月初二日啟

英國大狀師

未士竣律權理各衙門大小案情現住中環大街第四百一十號舊銀行對面便是

已未年三月十二日謹啟

松木出賣

未士巴勞有新到八寸至十二寸方停松木四寸厚板一寸半厚板一寸厚板又有圓木二十八條出賣如要買松木者請到本行面議

已未年三月十五日啟

畢公司

茲者未士畢公司有沙籐架啡蘇木檀香綠豆發客

戊午年十一月廿日啟

洋硝出賣

茲者士未孖剌有新到上好洋硝出賣如意買者請到本新聞紙館面議

戊午年十二月初八日啟

前往舊金山

未士結活巴厘公司有好駛洋船一隻名那活船主名嘅厘時顛準四月初三日揚帆前往舊金山正埠如有搭客搭貨者請到本行面議

已未年三月廿八日啟

未士吸文士急鼓時文公司有第一等好駛花旗船一隻名歌律船主名鼓藍一千八百墩大準於早日揚帆前往舊金山現在船位已有人定下大半如有搭客搭貨請到本行面議○戊午十二月廿九日啟

鴉厘芬公司有好駛花旗船一隻名高爐顛威時船主名加云準於早日揚帆前往舊金山正埠如有搭客搭貨者請到本行面議○已未正月十九日啟

剌時厘公司有好駛大花旗船一隻名查倫治船主名花便準於早日揚帆前往舊金山正埠如有搭客搭貨者請到本行面議

已未年正月廿三日啟

未士士店臣有花旗船一隻名利澳邏打士船主名威林時六百九十墩準於早日揚帆前往舊金山正埠如有搭客搭貨者請到本行面議

已未年正月廿七日啟

未士吸文時急公司有第一等花旗船一隻名孖時地乎船主名賛臣準於早日揚帆前往舊金山正埠如有附搭貨物者請到本行面議

已未年三月初三日謹啟

未士丫厘扮公司有第一等洋船一隻名北力論厘亞船主名嗎非準於早日揚帆前往舊金山正埠如有搭客搭貨者請到本行面議

已未年三月初五日啟

前往新

未士架舌公司有大花旗船一隻名哥連士佚船主名協門准於早日揚帆前往新金山雪梨砵非立正埠如

未士士店臣有第一等洋船一隻名西古倫船主名荷石五百九十四墩大準於早日揚帆前往新金山雪梨

未士烟活加舌有第一等好駛花旗船一隻名高爐顛士鐵船主名協邦準於四月十八日以前揚帆前往新金山雪梨砵非

銅片

急頓占眉臣有各樣大小黃銅片出賣如欲買者請到本行面

投夜

未士遮卡剌弗於四月十一日正午十二點鐘在兵頭屋內有堅固合用家私什物雲母石檯穿衣鏡書櫃茶機衣箱學士椅床校子床又有好碗碟一套鐘錶大小匙羹刀

鴉片

香港鴉片行情新公烟土沽七百二十七員半○舊公烟土沽七百四十員

新嶋烟土沽七百四十員

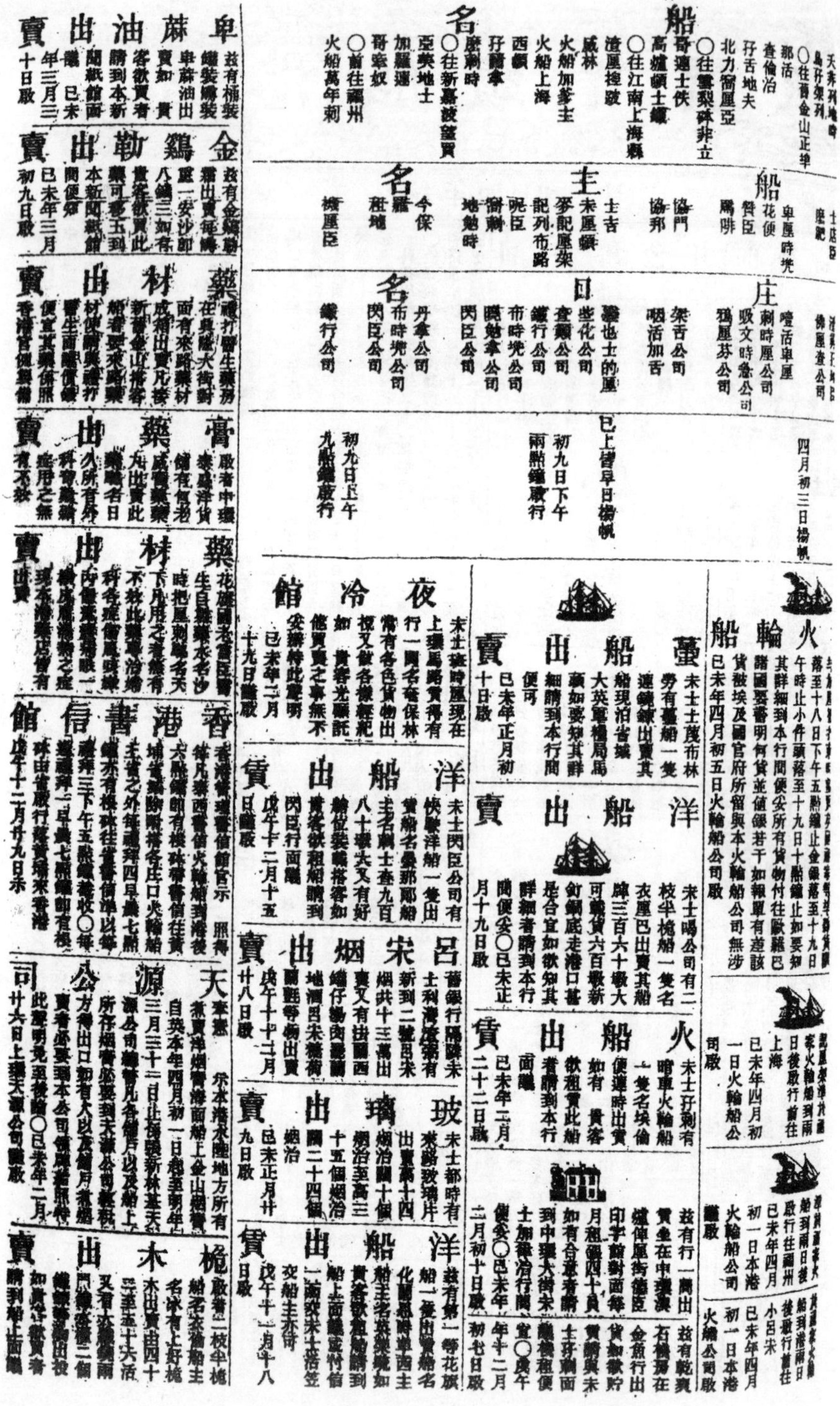

船名

天弗列地岛
○往旧金山正埠
那活
查伦治
孖舌地夫
北力留厘亚
○往雪梨砵非立
哥适士佚
高炉顿士镇
○往江南上海县
渣厘揑跛
威林
火船加爹主
火船上海
西顿
孖简拿
么剌时
○往新嘉波监买
亚英地士
加罗运
哥宰奴
○前往福州
火船万年剌

船主名

士店臣
卑厘时洸
花便
督臣
罵啡
协门
协邦
士吉
未厘顿
麦记厘架
记列布路
呢臣
锄剌
地勉时
今保
罗租地
横厘臣

庄口名

布厘查公司
喳活卑厘
剌时厘公司
吸文时急公司
鸦厘芬公司
架舌公司
咽活加舌
罄也士的厘
些花公司
查甸公司
铁行公司
布时洸公司
既勉拿公司
閃臣公司
丹拿公司
布时洸公司
閃臣公司
铁行公司

四月初三日扬帆
巳上礼拜日扬帆
初九日下午两点钟启行
初九日上午九点钟启行

火轮船
洋船出卖
船出卖
夜冷馆
洋船出卖
吕宋烟出卖
玻璃出卖
洋船出卖
卑蔴油出卖
金鸡勒出卖
药材出卖
膏药出卖
药材出卖
香港书信馆
天泰源公司
桅木出卖

香港船頭貨價紙

第二百四十號　　己未年四月二十日

啟者此紙係在孖剌處每日所印之新聞紙同館印刷每逢禮拜二禮拜四禮拜六為期遍派香港各舖戶每月收回銀一大員如　貴客有事要印落此紙內務宜早一日走字通知未士孖剌便妥印刷唐字價錢如左　一凡每次落唐字者五十個字已下收銀一員倘五十個字已上每字收銀一個先士如欲再落者每個禮拜照前一半冥如意者新請到本館印刷便是　未士孖剌　新文紙館謹啟

新聞

聞說葉明琛在加利吉打因染病十餘日後乃薨現英人將其屍用香粉殮藏之又用棺槨封固後由加利吉打用銀約五百餘員僱得火船一隻名化厘哥罹士將其柩運載於「本月初十日已到港並昔日跟隨葉明琛傳話者名亞剌孖士打與及葉明琛之貼身服役人等俱由此火船返港云云〇茲又聞說花旗水師提督在本港僱火船一隻名香港因欲上北有事於昨十一日早由港啟行故順帶葉明琛之柩上省殯葬云云

入口船

茲有一船名哥林勉由新嘉坡埠載來米一萬二千零八十六担藤竿一箱皮一千零六十三塊羊皮二包魚肚六羅魚翅五羅燕六細紅酒二百九十五箱香油二百一十九件雜貨八箱黑胡椒七十包沙藤六千七百三十綑云云

啟者唐人如有切要時事或舞之目擊或得之傳聞不論何事但取其有益於唐人有合於風好者均可攜至本館刻刷分文不取特此佈聞　新聞紙館謹啟

松木出賣

未士巴勞有新到八寸至十二寸方停松木四寸厚板一寸半厚板一寸厚板又有圓木二十八條出賣如要買松木者請到本行面議　已未年三月十五日啟

加時古狀師

未士加士古狀師之案件自今日以後交與丹拿蝦時倫狀師辦理特此聲明〇已未年三月初二日啟

英國大狀師

未士設律權理各衙門大小案情現住中環大街第四百一十號舊銀行對面便是　已未年三月十二日謹啟

畢公司

茲者未士畢公司有沙籐架啡蘇木欖香綠豆發客　戊午年十一月廿日啟

洋硝出賣

茲者士未孖剌有新到上好洋硝出賣如意買者請到本新聞紙館面議　戊午年十二月初八日啟

銅片出賣

急頓占眉臣有各樣大小黃銅片出賣如欲買者請到本行面議　戊午年十二月廿一日啟

磅秤出賣

未士瘨有新到磅秤出賣能秤九百磅至二千磅如意者請到本行面議　戊午年十二月初五日啟

鞋皮出賣

茲有新崽好麥路鞋皮出賣如貴客欲買者請到本新聞紙館面議　戊午年十二月二十一日啟

黃埔未士多羅粥地云有主固舊船一隻名路眠壓如　貴客有貨要貯落舊船或過別船隨時方便舊租便宜特此聲明　已未年正月十三日啟

前往舊金山

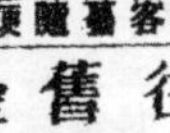

未士吸文時急公司有第一等花旗船一隻名孖時地乎船主名賁臣準於早日揚帆前往舊金山正埠如有附搭貨物者請到本行面議　已未年三月初三日謹啟

未士吸文士急被時文公司有第一等好駛花旗船一隻名歌律船主名被藍一千八百墩大準於早日揚帆前往舊金山現在船位已有人定下大半如有搭客搭貨請到本行面議〇戊午十二月廿九日啟

鴉厘芬公司有好駛花旗船一隻名高爐頓威時船主名加云準於早日揚帆前往舊金山正埠如有搭客搭貨者請到本行面議〇已未正月十九日啟

剌時厘公司有好駛大花旗船一隻名查倫治船主名花便準於早日揚帆前往舊金山正埠如有搭客搭貨者請到本行面議　已未年正月廿三日啟

未士士店臣有花旗船一隻名利澳週打士船主名威林時六百九十墩準於早日揚帆前往舊金山正埠如有搭客搭貨者請到本行面議　已未年正月廿七日啟

未士丫厘份公司有第一等洋船一隻名北力審厘亞船主名鳥非準於早日揚帆前往舊金山正埠如有搭客搭貨者請到本行面議　已未年三月初五日啟

未士結活巴厘公司有好駛洋船一隻名那活船主名被厘時頓準四月初三日揚帆前往舊金山正埠如有搭客搭貨者請到本行面議　已未年三月廿八日啟

前往新金山

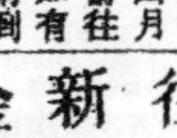

未士士店臣有第一等洋船一隻名西古倫船主名荷石五百九十四墩大準於早日揚帆前往新金山雪梨砵非立埠如有搭客搭貨者請到本行面議　已未年二月初十日啟

未士架舌公司有大花旗船一隻名哥連士佚船主名協門准於早日揚帆前往新金山雪……

未士烟活加舌有第一等好駛花旗船一隻名高爐頓士鐵船主名協邦準於四月十八日以前揚帆前……

投夜

未士瘨公司於四月十五日上午十一點鐘在必打馬頭有呂宋好馬一對連馬車及馬車器皿一概出投又有信紙信封各樣紙……

未士班時厘每逢禮拜二禮拜六日在上環馬路夜冷館有各樣貨物出投於四月十二日正午十二點鐘有豆綠豆各樣酸菓粉提子醋酸魚呂宋烟番梘羊蘭……

未士麥呂厘架於四月十二日上午十一點鐘在佛厘查公司貨倉有木濱綿紗十六包出投

鴉片

香港鴉片行情新公烟土沽七百四十員舊公烟土沽七百四十員新鴉烟土沽七百四十五員

船名

鳥孖身孖
○往舊金山正埠
查倫治
孖舌地夫
北力窩厘亞
○往雪梨砵非立
哥連士佚
高爐顛士鐵
○往江南上海縣
渣厘搜啵
威林
科麼沙
西顛
孖蘭拿
麼剌時
○往新嘉坡盛買
亞英地士
加羅運
哥亞奴
○前往福州
火船萬年剌
租厘亞
○前往盛買埠
剌查

船主名

花便
贊臣
嘪啡
協門
協邦
士吉
未厘顛
茂流
呢臣
衛剌
地勉時
今保
羅
租地
機厘臣
奕剌
那厘

庄口名

剌時厘公司
吸文時急公司
碼厘芬公司
架舌公司
咽活加舌
孻也士的厘
些化公司
鐵行公司
布時兆公司
曉勉拿公司
閃臣公司
丹拿公司
布時兆公司
閃臣公司
鐵行公司
顛地公館
鐵行公司

巳上皆早日揚帆
祖家火船到後兩日啟行
祖家火船到後兩日啟行

火輪船

午時止小件頂落至十九日十點鐘止如要知其詳細到本行問便妥所有貨物付往歐羅巴諸國要番明何貨並值銀若干如報單有差該貨被埃及國官府所留與本火輪船公司無涉 已未年四月初五日火輪船公司啟

日後啟行前往上海 已未年四月初一日火輪船公司啟

啟行往福州 已未年四月初十日本港火輪船公司謹啟

後啟行前往小呂宋 已未年四月初一日本港火船公司啟

蠆船出賣

未士士蔑布林勞有蠆船一隻連鐵鍊出賣其船現泊省城大英軍機局馬頭如要知其詳細請到本行問便可 已未年正月初十日啟

洋船出賣

未士喝公司有二枝半桅船一隻名衣厘巴出賣其船牌三百六十擔大可載貨六百擔新釘銅底走港口甚是合宜如欲知其詳細者請到本行問便妥○已未正月十九日啟

火船出賃

未士孖剌有暗車火輪船一隻名埃倫便連時出賃如有貴客欲租賃此船者請到本行面議 已未年二月二十二日啟

茲有行一間出賃坐在中環鴨巴甸街德臣印字館對面每月租銀四十員如有合意者請到中環大街未士加律治行問便妥○已未年二月初十日啟

茲有乾貨石棧房在金魚行出賃如欲貯貨請與未士孖剌面議租便宜○戊午年十二月初七日啟

夜冷館

未士班時[illegible]現在上環馬路賃得有行一間名花保林常有各色貨物出投又做各樣經紀如有貴客光顧託他買賣之事無不妥辦特此聲明 已未年二月十九日謹啟

洋船出賃

未士閃臣公司有快艇洋船一隻出賃船名曇耶耶船主名剌士查九百八十擔大又有好艙位裝載搭客如貴客欲租船請到閃臣行面議 戊午十二月十五日謹啟

呂宋烟出賣

旂昌銀行隔鄰未士利灣澄有新到二號呂宋烟共十三萬出賣又有法蘭西罐仔湯肉泥蘭地酒呂宋[illegible]等物出賣 戊午十二月廿八日啟

玻璃出賣

未士都時有來路玻璃片出賣高十四烟治闊十個烟治至高三十五個烟治闊二十四個烟治 已未正月廿九日啟

洋船出賃

茲有第一等花旗船一隻出賃船名化蘭思時卑西主船主名英架蘇如貴客欲租船請到船上面議或付信一函交未士活笠交船主亦可 戊午十一月十八日啟

卑蔴油出賣

茲有桶裝罈裝罇裝卑蔴油出賣如貴客欲買者請到本新聞紙館面議 已未年三月三十日啟

金鷄勒出賣

茲有金鷄勒霜出賣每罇重一安沙即八錢三如有貴客欲買此藥可移玉到本新聞紙館問便知 已未年三月初九日啟

藥材出賣

禮打醫生藥房在典臨大街對面有來路藥材成箱出賣凡挨新舊金山搭客船者要來路藥材便請與禮打醫生面議價銀便宜其藥係照香港官例製備

膏藥出賣

啟者中環泰盛洋貨舖有何老威膏藥藥丸出賣此藥馳名日久所有外科膏藥雜症用之無有不效

藥材出賣

花旗國老富臣醫生自製藥末名沙時把厘剌馳名天下凡用之者無有不效此藥專治婦科各症傷風咳嗽內傷寒症瘰癧一概皮膚濕熱之症現本港藥店皆有出賣

香港書信館

香港督理書信館官示 照得每凡泰西書信火輪船到港後六點鐘即有根砵帶書信往黃埔省城除附搭各庄口火輪船主省之外每禮拜四早晨七點鐘亦有根砵往省書信準以每禮拜三下午五點鐘截收○每逢禮拜一早晨七點鐘即有根砵由省啟行落黃埔來香港 戊午十二月廿九日示

天源公司

奉憲示本港水陸地方所有煮賣洋烟膏滿面船上金山烟膏自英本年四月初一日起至明年三月三十一日止係張新林基天源公司總管凡各舖戶以及船上所存烟膏必要到天源公司經稅方得出口如有人以及舖戶煮烟賣者必要到本公司領牌照特此聲明免至後悔○已未年二月廿六日上環天源公司謹啟

桅木出賣

啟者二枝半桅船名衣倫船主名冰有上好桅木出賣由四十二至五十六活又有大鐵錨兩門鐵木槽二個鐵鍊等物出投如貴客欲買者請到船上面議

香港船頭貨價紙

第二百四十一號 已未年四月十五日 禮拜二

啟者此紙係在孖剌處每日所印之新聞紙同館印刷每逢禮拜二禮拜四禮拜六爲期遍派香港各舖戶每月收回銀一大員如 貴客有事要印落此紙內務宜早一日走字通知未士孖剌便妥印刷唐字價錢如左 一凡每次落唐字者五十個字已下收銀一員倘五十個字已上每字收銀一個先士如欲再落者每個禮拜照前一半算如意者祈請到本館印刷便是

未士孖剌 新文紙館謹啟

新聞

玆有火輪船名臺灣由汕頭啟行於本月十二日下午到港報云有汕頭土人心懷不平因此與英人相鬥官兵聞之即往助英人於是土人敗而被逐受殺者數人云云〇聞說在鷄士花有新設海關官一名在彼管理出入口貨稅務事云云〇玆有根砵二隻一名查拿士一名幾士地壓於本月初十日由厦門啟行往湖衣頭緝捕洋盜因前有二枝桅番船名加關被刼之故云云

未士烟架拿哥有壓[illegible]啟貨艇三隻裝載貨物關埋甚便或租往別處亦可如有貴客欲光顧祈請到與隆街門牌第一百八十四號與原人面議便是價錢相宜特此聲明

已未四月十四日啟

啟者唐人如有切要時事或得之目擊或得之傳聞不論何事但取其有益於唐人有合於同好者均可攜至本館刻刷分文不取特此佈聞

新聞紙館謹啟

松木出賣

未士巴勞有新到八寸至十二寸方停椗木四寸厚板一寸半厚板一寸厚板又有圓木二十八條出賣如要買松木者請到本行面議

已未年三月十五日啟

洋硝出賣

玆者士未孖喇有新到上好洋硝出賣如意買者請到本新聞紙館面議

戊午年十二月初八日啟

憲示

香港監獄官出示 爲招人投票承辦監犯食用各物開列於下 由本年英五月廿六日起至英一千八百六十年五月廿五日止〇歐羅巴人每日食用每人麵包一磅牛肉或豬肉半磅青菜一磅茶葉三錢三白糖二兩半鹽三錢三柴兩磅番梘三錢三〇唐人及黑人每日食用每人米廿二兩咸魚二兩青菜每個禮拜一斤鮮魚每個禮拜四兩黃羌粉一兩茶葉三錢三鹽三錢三柴兩磅至於票內必要列明每日每人食用銀若干及麵包每磅該銀若干生油每擔該銀若干綿繩每斤該銀若干其票准英五月廿一日截收如要知其詳細請到本官寫字樓問便知

已未年四月初四日示

加時古狀師

未士加士古狀師之案件自今日以後交與丹拿蝦時倫狀師辦理特此聲明〇已未年三月初二日啟

英國大狀師

未士波律檽理各衙門大小案情現住中環大街第四百一十號舊銀行對面便是

已未年三月十二日謹啟

畢公司

玆者未士畢公司有沙藤架啡蘇木檀香綠豆發客

戊午年年十一月廿日啟

銅片出賣

急頓占眉臣有各樣大小黃銅片出賣如欲買者請到本行面議

戊午年十二月廿一日啟

鴉片行情

香港鴉片行情新公烟土沽七百四十五員〇舊公烟土沽七百四十員

新鴉烟土沽七百四十五員

舊鴉烟土沽七百三十員

白皮烟土沽五百七十五員

前往舊金山

未士吸文時急公司有第一等花旗船一隻名孖時地平船主名賢臣準於早日揚帆前往舊金山正埠如有附搭貨物者請到本行面議

已未年三月初三日謹啟

未士吸文士急啟時文公司有第一等好駛花旗船一隻名歌律船主名波藍一千八百噸大準於早日揚帆前往舊金山現在船位已有人定下大半如有搭客搭貨請到本行面議〇戊午十二月廿九日啟

剌時壓公司有好駛大花旗船一隻名查倫治船主名花便準於早日揚帆前往舊金山正埠如有搭客搭貨者請到本行面議 已未年正月廿三日啟

未士丫壓扮公司有第一等洋船一隻名北力富壓亞船主名馬非準於早日揚帆前往舊金山正埠如有搭客搭貨者請到本行面議

已未年三月初五日啟

前往新金山

未士架舌公司有大花旗船一隻名哥連士佚船主名協門准於早日揚帆前往新金山雪梨砵非立正埠如有欲搭貨搭客者請到本行面議

已未年四月初五日啟

未士烟活加舌有第一等好駛花旗船一隻名高爐顛士纖船主名協邦準於四月十八日以前揚帆前往新金山雪梨砵非立埠如有貨物附搭此船請到本行面議

已未年三月十三日啟

黃埔未士多羅粥地云有主固幕船一隻名路騣壓如 貴客有貨要貯落躉船或過則船躉時方便暮租便宜特此聲明

投夜

未士鴨嬌云於四月十八日上午十一點鐘有水漬洋紗七包出投現銀七一七兌

未士士蔑布林味羅於四月十六日上午十一點鐘有醋蕌六酒糖薑檸檬汁蠔鐵桶鐵水桶魚膠薏米地氈連環手槍鐵床波打酒一桶單巴桶衣服一箱貨艇一隻連桿=本地埋[illegible]

未士架剌時林蔑于四月十六日十二點鐘在舊鄰爹壓夜冷館有單酒波打酒羅蘭地酒紅酒氈酒洋燭番梘提子鹹牛肉豬肉火腿福州鹹牛肉糖菓歐羅巴罐[illegible]

未士孖嬌云於四月十六日正午十二點鐘在查顛孖地臣貨倉有水漬白皮烟土十三箱出投現銀出貨[illegible]七一七兌

未士連卡剌弗於四月十八日正午十二點鐘在士丹壓街夜冷館有酸菓欖菓糖果芥末生菜油杏仁提子粉薏米咸牛肉豬腳凍小兒餅之時番梘五十箱羅蘭地酒一桶這壓二十箱三邊十二箱又番梘二十箱竹[illegible]

未士連卡剌弗於四月廿三日正午十二點鐘在都爹壓舊夜冷館有格馬糧黃鋼手物箱寫字箱工夫箱刻花皮箱坑[illegible]小兒玩[illegible]

船名
○往舊金山正埠 烏仔架列 查倫治 仔舌地夫 北力渴厘亞
○往雪梨埠非立 哥連士佚 渣厘揑啟 ○往江南上海縣 高嚧顛士纖 威林 科廉沙 西顛 孖顛拿 麼剌時
○往新嘉坡孟買 加顛連 ○前往福州 化厘哥羅士 火船萬年剌 ○前往孟買埠 租厘亞 剌查 地沙

船主名
花便 局啡 協門 協邦 士吉 未厘顛 茂流 呢臣 渴剌 地勉時 爹剌 羅 咸 機厘臣 美剌 那厘 今保

庄口名
吸文時急公司 剌時厘公司 鴉厘芬公司 架舌公司 咽活加舌 澳也士的厘 些化公司 鐵行公司 布時梵公司 機勉拿公司 閃臣公司 厘亦士顛公司 布時梵公司 查顛孖地臣 鐵行公司 顛地公記 鐵行公司 鳴公司

已上皆早日揚帆 租家火船到後兩日啟行 是日兩點鐘啟行 是日四點鐘啟行 租家火船到後兩日啟行

火輪船
落至十八日下午五點鐘止倉落至十九日午時止小件頭落至十九日十點鐘止如要知其詳細到本行問便妥所有貨物付往歐羅巴請園要講明何貨並値銀若干如報單有違駮貨被埃及國官府所留與本火輪船公司無涉 巳未年四月初五日火輪船公司啟

家火輪船到兩日後啟行前往上海 巳未年四月初一日火輪船公司啟

船到兩日後啟行往福州 巳未年四月初十日本港火輪船公司謹啟

船到兩日後啟行前往小呂宋 巳未年四月初一日本港火船公司啟

躉船出賣
未士士蔑布林勞有躉船一隻其連錨鍊出賣其船現泊省城大英軍糧局馬頭如要知其詳細請到本行問便可 巳未年正月初十日啟

洋船出賣
未士鳴公司有二枝半桅船一隻名衣厘巴出賣其船牌三百六十噸大可載貨六百噸新釘銅底走港口甚是合宜如欲知其詳細者請到本行問便妥○巳未正月十九日啟

火船出賃
未士孖剌有暗車火輪船一隻名埃倫便遞時出賃如有貴客欲租賃此船者請到本行面議 巳未年二月二十二日啟

兹有行一間出賃坐在中環澳臣爐偉厘街德臣印字館對面每月租銀四十員如有合意者請到中環大街未士加治行問便妥○巳未年二月初十日啟

兹有乾興石棧房在金煮行出貨如欲貯貨請與未士孖剌面議棧租便宜○戊午年十二月初七日啟

夜冷館
未士班時厘現在上環馬路賃得有行一間名奄保林常有各色貨物出投又做各樣經紀如貴客光顧託他買賣之事無不妥辦特此聲明 已未年二月十九日謹啟

洋船出賃
未士閃臣公司有快駛洋船一隻出賃船名晏那耶船主名剌士查九百八十噸大又有好艙位裝載搭客如貴客欲租船請到閃臣行面議 戊午十二月十五日謹啟

呂宋烟出賣
蕃鎂行隔鄰未士利溝徵弱有新到二號呂宋烟共十三萬出賣又有佳麗西地酒呂宋糖鑵仔燒肉蚝豉等物出賣 戊午十二月廿八日啟

玻璃出賣
未士郁時有來路玻璃片出賣萬十四烟治闊十個烟治至萬三十五個烟治闊二十四個烟治 已未正月廿九日啟

洋船出賃
兹有第一等花旗船一隻出賃船名化顛恩時卑西主船主名英梁薄如貴客欲租船請到船上面議或付信一函交未士活埊交船主亦可 戊午十一月十八日啟

卑蔴油出賣
兹有福發綫美號裝卑蔴油出賣如貴客欲買者請到本新聞紙館面議 巳未年三月三十日啟

金鷄勒出賣
兹有金鷄勒露出賣每磅重一安沙即八錢三如有貴客欲買此藥可移玉到本新聞紙館面議便知 巳未年三月初九日啟

藥材出賣
禮打醫生藥房在典臣大街對面有來路藥材成箱出賣凡係新舊金山搭客船者要來路藥材便請與禮打醫生面議價錢便宜其藥係照香港官例製備

膏藥出賣
啟者中環泰盛洋貨舖有何老九出賣此藥驗名日科普所有外科奇難雜症用之無有不效

藥材出賣
花旗國老富臣醫生自製藥水名沙時把厘剌驗名天下凡用之者無有不效此藥專治婦科各症風濕瘋癱眼一概皮膚濕熱之症現本港藥店皆有出賣

鞋皮出賣
兹有新到好來路鞋皮出賣如貴客欲買者請到本新聞紙館面議 戊午十二月二十一日啟

香港書信館
香港管理書信館官示 照得每凡泰西書信火輪船到港後六點鐘即有信派埔省城肆附搭各庄口火輪船主者之外每禮拜四早晨七點鐘亦有信收往省信件以每逢禮拜三下午五點鐘截收○每逢禮拜一早晨七點鐘即有信咈由省啟行搭貨船來香港 戊午十二月廿九日示

磅秤出賣
未士嘉有新到磅秤出賣此秤九百磅至二千磅如意者請到本行面議 戊午年十二月初五日啟

桅木出賣
啟者二枝半桅船名衣倫船主名冰有上好桅木出賣由四十二至五十六活門鐵木桅二個又有大纜鐵錨纜練等物出投如貴客欲買者請到船上面議

香港船頭貨價紙

第二百四十二號 己未年四月十七日 禮拜四

啟者此紙係在孖剌處每日所印之新聞紙嗣館印刷每逢禮拜二禮拜四禮拜六為期滙派香港各舖戶每月收回銀一大員如 貴客有事要印落此紙內務宜早一日走字通知未士孖剌便妥印刷唐字價錢如左 一凡每次落唐字者五十個字已下收銀一員倘五十個字已上每字收銀一個先士如欲再落者每個禮拜照前一半算如意者祈請到本館印刷便是 未士孖剌 新文紙館謹啟

新聞

前本紙云英水師提督欲帶領兵勇及根砵前往香山實其禁華民不准來港貿易一事後因新欽差到港有事未暇待其起程上北之後方能帶兵今准於本月十八日帶領兵勇根砵後往香山遍遊鄉邑不拘何處但根砵可以到得者定必遍遊全邑而後止如所到之處官民以禮接待則可倘稍有阻滯及出言不遜致與之拒敵者本軍門定必香出惟行開炮攻擊不恕鄉時玉石俱焚爾宜慎之云云

於昨晚約七點鐘時候未士摩打士在上環被人搶去銀及銀紙銀單共計約值三百七十員適值此際街上並無差役在此故匪徒得以逃去云云○聞說前任 咸豐君遣往上海之欽差後往往蘇州故因英國欽差已離蘇州故于本月初旬返上海與英國欽差酌議更改前所立之和約云云

入口船

茲有一船名干平些士由孟買帶來原色洋布十五萬八千碼洋花布四萬碼洋紗八萬零四百磅小呢絨一千碼銅片三十八擔鉛條十擔鉛一百六十擔○又有一船名衍厘阿士架由新嘉坡到港帶來米七千担○又有一船名呢士多連由暹羅到港帶來米三千三百六十九包蘇木八千担○又有一船名咸林喦厘士由暹羅帶來米八千包木板三百擔

憲示

香港監獄官出示 為招人投票承辦監犯食用各物開列於下 由本年英五月廿六日起至英一千八百六十年五月廿五日止○歐羅巴人每日食用每人麵包一磅牛肉或豬肉半磅青菜一磅茶葉三錢三白糖二兩半鹽三錢三柴兩磅番梘三錢三○唐人及黑人每日食用每人米廿二兩咸魚二兩青菜每個禮拜一斤鮮魚每個禮拜四兩黃羌粉一兩茶葉三錢三鹽三錢三柴兩磅至於票內必要列明每日每人食用銀若干及麵包每磅該銀若干生油每擔該銀若干綿糊每斤該銀若干其票准英五月廿一日截收如要知其詳細請到本官寫字樓問便知 己未年四月初四日示

未士烟架拿哥有堅固艇貨艇三隻裝載貨物開埋甚便或租往別處亦可如有貴客欲光顧祈請到興隆街門牌第一百八十四號與原人面議便是價錢相宜特此聲明 己未四月十四日啟

啟者唐人如有切要時事或得之目擊或得之傳聞不論何事但取其有益於唐人有合於閱好者均可攜至本館刻刷分文不取特此佈聞 新聞紙館謹啟

加時古狀師

未士加士古狀師之案件自今日以後交與丹拿蝦時倫狀師辦理特此聲明○己未年三月初二日啟

英國大狀師

未士波律檔理各衙門大小案情現住中環大街第四百一十號舊銀行對面便是 已未年三月十二日謹啟

銅片出賣

急頓占厘臣有各樣大小黃銅片出賣如欲買者請到本行面議 戊午十二月廿一日啟

前往舊金山

未士吸文時急公司有第一等花旗船一隻名孖時地乎船主名贊臣準於早日揚帆前往舊金山正埠如有附搭貨物者請到本行面議 已未年三月初三日謹啟

未士吸文士急啟時文公司有第一等好駛花旗船一隻名歌律船主名波藍一千八百噸大準於早日揚帆前往舊金山現在船位已有人定下大半如有搭客搭貨請到本行面議○戊午十二月廿九日啟

剌時厘公司有好駛大花旗船一隻名查倫治船主名花便準於早日揚帆前往舊金山正埠如有搭客搭貨者請到本行面議 已未年正月廿三日啟

未士丫厘份公司有第一等洋船一隻名北力高厘亞船主名馬非準於早日揚帆前往舊金山正埠如有搭客搭貨者請到本行面議 已未年三月初五日啟

前往新金山

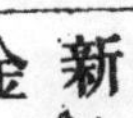

未士架舌公司有大花旗船一隻名哥連士佚船主名協門准於早日揚帆前往新金山雪梨砵弗立正埠如有欲搭貨搭客者請到本行面議 已未年四月初五日啟

未士烟活加舌有第一等好駛花旗船一隻名高嚧嚧士蟻船主名協邦準於四月十八日以前揚帆前往新金山雪梨砵弗立埠如有貨物附搭此船請到本行面議 已未年三月十三日啟

洋硝出

茲者士未孖剌有新到上好洋硝出賣如意買者請到本新聞紙館面議

松木出

未士巴勞有新到八寸至十二寸方停松木四寸厚板一寸半厚板一寸厚板又有圓木二十八條出賣如要買樣大者請到本

黃埔未士多羅碼地云有主固帆船一隻名路庇尾如 貴客有貨要貯落舊船或過別船時方便暫寄租便

投夜

未士厲嬌云於四月十八日上午十一點鐘有水漬洋紗七包出投現銀

未士連卡剌弗於四月十八日正午十二點鐘在士丹厘街夜冷館有酸菓糖菓糖菓芥末生菜油杏仁榥子粉意米咸牛肉豬腳凍小兒餅之時番梘五十箱葡萄地酒一桶這厘二十箱三邊十二箱又番梘二十箱竹

未士連卡剌弗於四月廿三日正午十二點鐘在都爹厘街夜冷館有格馬鐘黃銅手物箱寫字箱工夫箱剌花皮箱瓶盤鐵小兒玩器與及各等

鴉片行

香港鴉片行情新公烟土沽七百四十五員○舊公烟土沽七百四十員新鴉烟土沽七百四十五員舊鴉烟土沽七百二

船名
烏牙奴列
○往舊金山正埠
查倫治
孖舌地夫
北力甯厘亞
○往雪梨砵非立
哥連士佚
高爐顛士鐵
○往江南上海縣
渣厘揑啵
威林
麼厘
西顛
孖蘭拿
麼剌時
○往新嘉波蜜買
加羅蓮
○前往福州
火船萬年剌
租厘亞
哥厘舞厘時
○前往藍買埠
剌查
地沙
○前往汕頭
衍厘奕剌

船主名
麼肥
花便
麼臣
鷄啡
協門
協邦
士吉
末厘顛
佛厘查
呢臣
甯剌
地勉時
羅
機厘臣
奕剌
北力洛
那厘
今保
砵

口庄名
佛厘查公司
剌時厘公司
吸文時爺公司
鴉厘芬公司
架舌公司
咽活加舌
釐也士的厘
些化公司
士蔑亞查公司
布時挽公司
晩勉拿公司
閃臣公司
布時挽公司
鐵行公司
顛地公記
士蔑壂呢公司
鐵行公司
喝公司
顛地公司

已上皆早日揚帆
二十一日啟行
祖家火船到
後兩日啟行

火輪船
準加厘實打剌時蜜買英國祖家等埠裝貨限
落至十八日下午五點鐘止金銀落至十九日
午時止小件頭落至十九日十點鐘止如要知
其詳細到本行問便妥所有貨物付往歐羅巴
諸國要番明何貨並價銀若干如報單有差誤
貨被埃及國官府所留與本火輪船公司無涉
已未年四月初五日火輪船公司啟

記厘架準於祖
家火輪船到兩
日後啟行前往
上海
已未年四月初
一日火輪船公
司啟

準於祖家火
船到兩日後
啟行往福州
已未年四月
初十日本港
火輪船公司
謹啟

準於祖家火輪
船到港兩日
後啟行前往
小呂宋
已未年四月
初一日本港
火船公司啟

前往上海
茲者未士士蔑亞
查公司有船一隻
名麼厘船主名佛
厘查準於本月廿
一日啟行前往上
海如有　貴客欲
搭貨搭客者請到
本行面議
已未年四月十五
日啟

躉船出賣
未士士蔑布林
勞有躉船一隻
連錨鍊出賣其
船現泊省城
大英軍糧局馬
頭如要知其詳
細請到本行問
便可
已未年正月初
十日啟

洋船出賣
未士喝公司有二
枝半桅船一隻名
衣厘巴出賣其船
牌三百六十噸大
可載貨六百噸新
釘銅底走港口甚
是合宜如欲知其
詳細者請到本行
問便妥○已未正
月十九日啟

新鮮粉出賣
未士瘋
公司有
架厘哥
新鮮粉
三百桶
出賣
已未年
四月十
五日謹
啟

畢公司
茲者未
士畢公
司有沙
藤架啡
蘇木檀
香綠豆
發客
戊午年
十一月
廿日啟

夜冷館
未士班時厘現在
上環馬路賃得有
行一間名奄保林
常有各色貨物出
投又做各樣經紀
如　貴客光顧託
他買賣之事無不
妥辦特此聲明
已未年二月
十九日謹啟

洋船出賃
未士閃臣公司有
快駛洋船一隻出
賃船名晏那耶船
主名剌士查九百
八十噸大又有好
艙位裝載搭客如
貴客欲租船請到
閃臣行面議
戊午十二月十五
日謹啟

呂宋烟出賣
舊銀行隔鄰未
士剎灣渣弼有
新到二號呂宋
烟共十三萬出
賣又有法蘭西
罐仔鷄肉雞醬
地濶呂宋檳榔
蘭甑等物出賣
戊午十十二月
廿八日啟

火船出賃
未士孖剌有
暗車火輪船
一隻名埃倫
便連時出賃
如有　貴客
欲租賃此船
者請到本行
面議
已未年二月
二十二日啟

洋船出賃
茲者未士帝禮協
公司有船一隻名
之時店文呢船主
名哥見約四百噸
大現泊在黃埔如
有　貴客欲撒搭
或全隻租賃者請
到本行面議
已未年四月十五
日啟

皁蔴油出賣
茲有桶裝
罇裝罐裝
皁蔴油出
賣如　貴
客欲買者
請到本新
聞紙館面
議　已未
年三月三
十日啟

金鷄勒出賣
茲有金鷄勒
霜出賣每罇
重一安沙即
八錢三如有
貴客欲買此
藥可移玉到
本新聞紙館
閱便知
已未年三月
初九日啟

藥材出賣
禮打醫生藥房
在興隆大街對
面有來路藥材
成箱出賣凡接
新舊金山搭客
船者要來路藥
材便請與禮打
醫生面議價錢
便宜其藥係照
香港官例製備

膏藥出賣
啟者中環
泰盛洋貨
舖有何老
威膏藥藥
丸出賣此
藥馳名日
久所有外
科奇難雜
症用之無
有不效

藥材出賣
花旗國老富臣醫
生自製藥水名沙
時把厘剌馳名天
下凡用之者無有
不效此藥專治婦
科各症傷風咳嗽
內傷痨瘵痛眼一
概皮膚濕熱之症
現本港藥店皆有
出賣

鞋皮出賣
茲有新到
好來路鞋
皮出賣如
貴客欲買
者請到本
新聞紙館
面議
戊午十二
月二十一
日啟

玻璃出賣
未士都時有
來路玻璃片
出賣高十四
烟治闊十個
烟治至高三
十五個烟治
闊二十四個
烟治
已未正月廿
九日啟

茲有行一間出
賃坐在中環濠
爐偉厘街德臣
印字館對面每
月租銀四十員
如有合意者請
到中環大街未
士加律治行問
便妥○已未年
二月初十日啟

茲有乾爽
石機房在
金魚行出
貨如欲貯
貨請與未
士孖剌面
議機租便
宜○戊午
年十二月
初七日啟

桅木出賣
啟者二枝半桅
船名衣倫船主
名冰有上好桅
木出賣由四十
二至五十六活
又有大鐵錨兩
門鐵水櫃二個
鐵鍊等物出投
如貴客欲買者
請到船上面議

香港船頭貨價紙

第二百四十三號　已未年四月十九日　禮拜

啟者此紙係在孖剌處每日所印之新聞紙同館印刷每逢禮拜二禮拜四禮拜六爲期遍派香港各舖戶每月收回銀一大員如　貴客有事要印落此紙內務宜早一日走字通知未士孖剌便妥印刷唐字價錢如左　一凡每次落唐字者五十個字已下收銀一員倘五十個字已上每字收銀一個先士如欲再落者每個禮拜照前一半算如意者祈請到本館印刷便是
未士孖剌　新文紙館謹啟

新聞

聞說新欽差大人臨保亦將被革爲保舉楊道台茲因楊道台辦事不妥故着部押解回京交部議處以彰國典故連累新欽差以濫保之咒一同被革云云○又聞說張國良大人已解南京之圍而撥兵往攻河北賊匪後因賊勢浩大四方蜂擁而來尾首不顧寡不敵衆反被賊匪追襲奪去炮火現聞張國良命人往上海鑄辦大炮○又聞　咸豐君有旨着備辦弓箭以防不虞云云

茲有魚船二隻在佛頭門被刦於本月初十日到差役總館稟報後發根砵一隻名哥流安三帶辦赤臘根砵前往緝捕但到佛頭門不見賊匪踪跡後適在滘邊遇之此際賊見根砵卽時登岸而逃匿矣

茲有船一隻名租壓亞於本月十六日由本港啟行前往福州駛至鯉魚門被擱淺後請威林茂地火輪船往救援惟因水淺不能拖帶待潮水浮起船方能舉動但所壞之貨物未知多少云云

啟者唐人如有切要時事或得之目擊或得之傳聞不論何事但取其有益於唐人有合於用好者均可攜至本館刻刷分文不取特此佈聞
新聞紙館謹啟

銅片出賣

余順占臘現有各樣大小黃銅片出賣如欲買者請到本行面議
戊午十二月廿一日　啟

憲示

香港監獄官出示　爲招人投票承辦監犯食用各物開列於下由本年英五月廿六日起至英一千八百六十年五月廿五日止○歐羅巴人每日食用每人麵包一磅牛肉或猪肉半磅青菜一磅茶葉三錢三白糖二兩半鹽三錢三柴兩磅番梘三錢三○唐人及黑人每日食用每人米廿二兩咸魚二兩青菜每個禮拜一斤鮮魚每個禮拜四兩黃羌粉一兩茶葉三錢三鹽三錢三柴兩磅至於票內必要列明每日每人食用銀若干及麵包每磅該銀若干生油每擔該銀若干綿繩每斤該銀若干其票准英五月廿一日截收如要知其詳細請到本官寫字樓問便知
已未年四月初四日示

上海入口貨

上海入口貨自戊午年九月廿六日起至本年二月廿七日止蠟四担海參三百七十五担樟腦九十七担煤炭一萬三千六百三十八担魚干一千零二十八担五倍子六十四担洋參五百二十七担魚膠五百六十八担藥材三十三担香信四担米一萬三千零二十六担海帶八千六百九十担魚翅一千零三十九担絲羅六担餘生絲五十二担豉油一萬二千六百麻菜油七百三十九担粉絲四百三十三担日本蠟四千零七十二担鐵一千三百四十八担鐵線三十三担鉛七百四十担洋花布九百疋竹布二百四十疋糖一千八百九十担錫片三百七十箱雲母殼二箱

畢公司

茲者未士畢公司有沙籐架啡蘇木檀香綠豆發客
戊午年十一月廿日啟

新鮮粉出賣

未士域公司有架厘哥新鮮粉三百桶出賣
已未年四月十五日謹啟

前往舊金山

未士吸文時急公司有第一等花旗船一隻名孖時地乎船主名賀臣準於早日揚帆前往舊金山正埠如有附搭貨物者請到本行面議
已未年三月初三日謹啟

未士丫厘份公司有第一等洋船一隻名北力窩厘亞船主名羼非準於早日揚帆前往舊金山正埠如有搭客搭貨者請到本行面議
已未年三月初五日啟

前往新金山

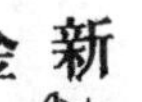

未士架舌公司有大花旗船一隻名哥連士佚船主名協門准於早日揚帆前往新金山雪梨砵非立正埠如有欲搭貨搭客者請到本行面議
已未年四月初五日啟

未士烟活加舌有第一等好駛花旗船一隻名高爐頤士鐵船主名協邦準於四月十八日以前揚帆前往新金山雪梨砵非立埠如有貨物附搭此船請到本行面議
已未年三月十三日啟

杉板出賣

茲者西營盤貨倉未士巴孖有各樣杉板出賣如有貴客欲光顧者祈請移玉到本行面議便是
已未年四月十五日啟

未士烟架拿哥有監園啟貨艇三隻裝載貨物開埋甚便或租往別處亦可如有貴客欲光顧祈請到與隆街門牌第一百八十四號與原人面議便是價錢相宜特此聲明
已未四月十四日啟

松木

未士巴勞有新到八寸至十二寸方停松木四寸厚板一寸半厚板一寸厚板又有圓木二十八條出賣如要

呂宋烟

啟者本新聞紙館有呂宋烟夏那華烟哥爹那時烟出賣每箱五百口如有

桅木

啟者二枝半桅船名衣倫船主名冰有上好桅木出賣由四十二至五十六活又有大鐵燒萬

加時古

未士加士古狀師之案件自今日以後交與丹拿蝦時倫狀師

英國大

未士皷律擺理各衙門大小案情現住中環大街第四百一十號舊銀行對面

投夜

未士連卡刺弗於四月廿三日正午十二點鐘在都爹厘舊夜冷館有格馬爐黃銅手物箱寫字箱工夫箱刻花皮箱瓶盤鐵

鴉片

香港鴉片行情新公烟土沽七百四十二員半至七百四十五員○舊公烟土幾市新鴉烟土沽七百四十五員半左

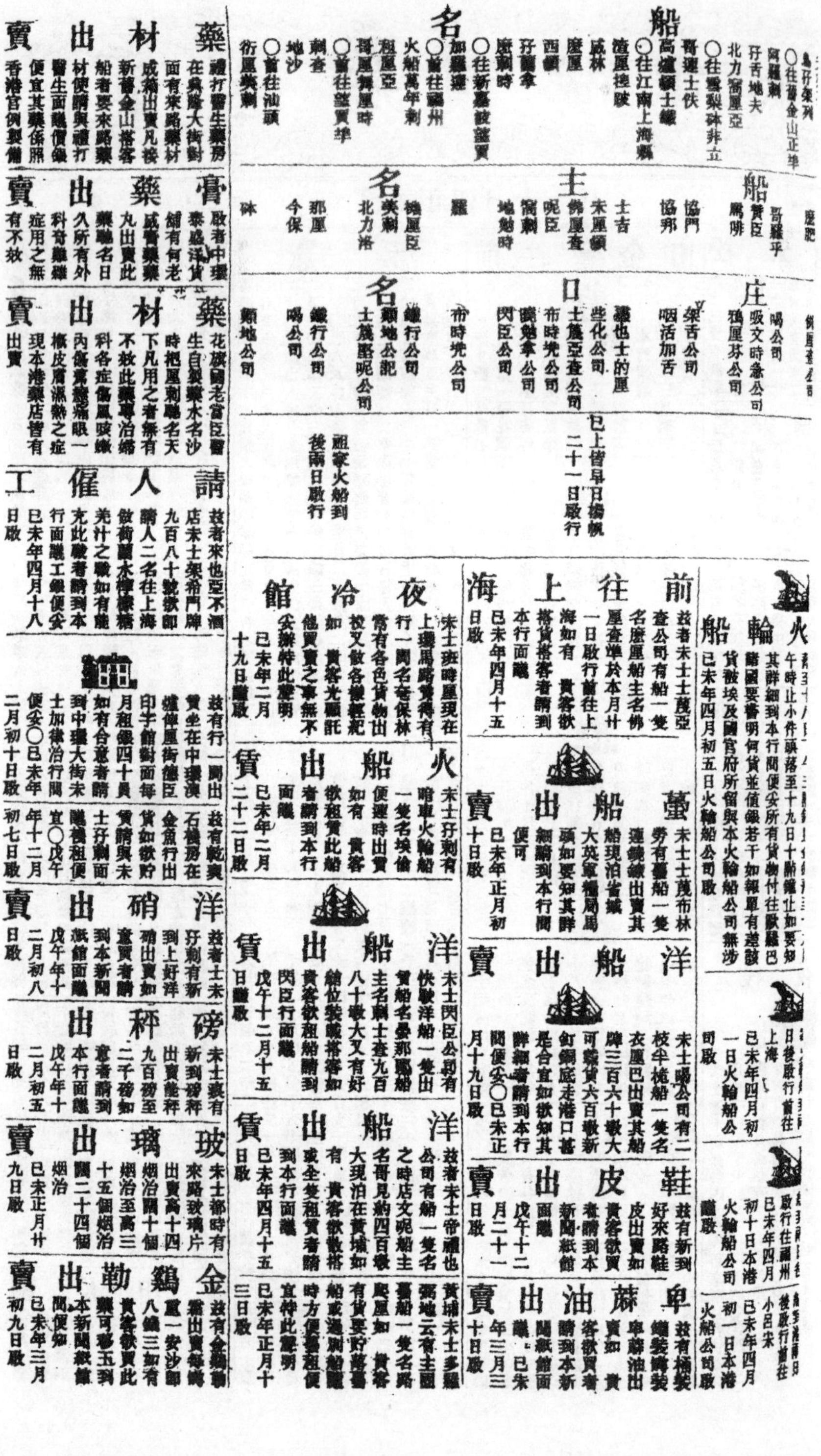

船名 ○往舊金山正埠 阿巴剌 孖舌地夫 北力宿厘亞 ○往雪梨砵非立 哥連士佚 高盧顛士鐵 ○往江南上海縣 渣厘撻啵 威林 麼厘 西鐵 孖釐拿 麼剌時 ○往新嘉坡盤買 加羅連 ○首往福州 火船萬年剌 租厘亞 哥厘彌厘時 ○首往盤買埠 剌查 地沙 ○首往汕頭 衍厘类剌

船主名 哥羅平 黃臣 嗎啡 協門 協邦 士吉 未厘顛 佛厘查 呢臣 衛剌 地勉時 羅 撈厘臣 葵剌 北力洛 那厘 今保 砵

庄口名 嗎公司 吸文時急公司 鴉厘芬公司 架舌公司 咽活加舌 潞也士的厘 些化公司 士箴亞查公司 布時兇公司 嘰勉拿公司 閃臣公司 布時兇公司 鐵行公司 顛地公記 士箴路呢公司 鐵行公司 嗎公司 顛地公司

巳上皆早日揚帆 二十一日啟行

祖家火船到 後兩日啟行

藥材出賣
禮打醫生藥房在皇后大街對面有來路藥材成箱出賣凡搭船者要來路新舊金山搭客藥材便請與禮打醫生面議價錢便宜其藥係照香港官例製備

膏藥出賣
啟者中環泰盛洋貨舖有何老威膏藥丸出賣此藥馳名日久所有外科奇難雜症用之無有不效

藥材出賣
花旗國老富臣醫生自製藥水名沙時杷厘剌馳名天下凡用之者無有不救此藥專治婦科各症傷風咳嗽內傷棗瘡痛眼一概皮膚濕熱之症現本港藥店皆有出賣

請人僱工
茲者來也亞不湎店未士架希門牌九百八十號欲聘請人二名往上海做街闌木樽樣糖羌汁之職如有能充此職者請到本行面議工銀便妥 巳未年四月十八日啟

茲有行一間出賃坐在中環海旁德臣街德臣印字館對面每月租銀四十員如有合意者請到中環大街末士加律治行間便妥○巳未年二月初十日啟

茲有乾爽石樓房在金魚行出貨如欲貯貨請與未士孖剌面議租價便宜○戊午年十二月初七日啟

洋硝出賣
茲者士未孖剌有新到上好洋硝出賣如意買者請到本新聞紙館面議 戊午年十二月初八日啟

磅秤出
未士爽有新到磅秤出賣能秤九百磅至二千磅如意者請到本行面議 戊午年十二月初五日啟

玻璃出賣
未士都時有來路玻璃片出賣高十四烟治闊十個烟治至高三十五個烟治闊二十四個烟治 巳未正月廿九日啟

金鷄勒出賣
茲有金鷄勒霜出賣每磅重一安沙即八錢三如有貴客欲買此藥可移玉到本新聞紙館間便知 巳未年三月初九日啟

夜冷館
未士班時厘現在上環馬路覓得有行一間名爹保林常有各色貨物出校又做各樣經紀如貴客光顧託他買賣之事無不妥辦特此聲明 巳未年二月十九日謹啟

火船出賃
未士孖剌有啲車火輪船一隻名埃倫便運時出賃如有貴客欲租賃此船者請到本行面議 巳未年二月二十二日啟

洋船出賃
未士閃臣公司有快駛洋船一隻出賃船名桑那馳船主名剌士查九百八十墩大又有好艙位裝載搭客如貴客欲租船請到閃臣行面議 戊午十二月十五日謹啟

洋船出賃
茲者未士帝禮也公司有船一隻名之時店文晚船主名哥見納四百墩大現泊在黃埔如有貴客欲搭船或全隻租賃者請到本行面議 巳未年四月十五日啟

黃埔未士多爾獨地云有主圖壽船一隻名路咫厘如貴客有貨要貯落船或過別船暫時方便租便宜特此聲明 巳未年正月十三日啟

前往上海
茲者未士士蔑亞查公司有船一隻名麼厘船主名佛厘查準於本月廿一日啟行前往上海如有貴客欲搭貨搭客者請到本行面議 巳未年四月十五日啟

藍船出賣
未士士蔑布林勞有藍船一隻連鐵鍊出賣其船現泊省城大英軍機局馬頭如要知其詳細請到本行閒便可 巳未年正月初十日啟

洋船出賣
未士嗎公司有二枝半桅船一隻名衣厘巴出賣其船牌三百六十墩大可載貨六百墩新釘銅底走港口甚是合宜如欲知其詳細者請到本行閒便妥○巳未正月十九日啟

鞋皮出賣
茲有新到好來路鞋皮出賣如貴客欲買者請到本新聞紙館面議 戊午十二月二十一日啟

卑蔴油出賣
茲有桶裝罐裝卑蔴油出賣如貴客欲買者請到本新聞紙館面議 巳未年三月三十日啟

火輪船
啟者十八日下午時止小件頭落至十九日十點鐘止如要知其詳細到本行問便妥所有貨物付往歐羅巴諸國要書明何貨並值銀若干如報單有差該貨被埃及國官府所留與本火輪船公司無涉 巳未年四月初五日火輪船公司啟

日後啟行前往上海 巳未年四月初一日火輪船公司啟

啟行往福州 巳未年四月初十日本港火輪船公司謹啟

後啟行前往小呂宋 巳未年四月初一日本港火船公司啟

香港船頭貨價紙

第二百四十四號　己未年四月廿二日　禮拜□

啟者此紙係在孖剌處每日所印之新聞紙同館印刷每逢禮拜二禮拜四禮拜六爲期遍派香港各舖戶每月收回銀一大員如　貴客有事要印落此紙內務宜早一日走字通知未士孖剌便妥印刷唐字價錢如左　一凡每次落唐字者五十個字已下收銀一員倘五十個字已上每字收銀一個先士如欲再落者每個禮拜照前一半算如意者祈請到本館印刷便是　未士孖剌　新文紙館謹啟

新聞

近來粵海關稅務多有不照規例征收惟專設𦔳勒索藉端捏云走私欺詐商民將貨物充公以肥已囊致令商民血本無歸仍將人押帶勒索銀兩傾家蕩產種種弊端流毒日甚每見商人被其害者須受屈況冤亦無由伸訴惟啞忍於心訴諸斯人聞者無不切齒亦無可如何茲因中華官憲俱是賣官鬻爵專貪賄賂是以上爲下傚無一盡直爲國爲民之官現關吏如此故商民多有裹足不前坐視窮困生意爲之停止貨物不能通行前有一華民在黃埔與一洋船買得船底銅欲載往佛山已經掛號過稅後被關吏誣揑走稅將銅充公仍監押此人後索銀四百大員方得脫身本錢一空喪氣而歸誠可嘆惜今稅吏如此殘暴傷心害理吾恐弊端由此而生則禍無底止矣惟現任領事官者既云協助關稅一同征收以免勒索之弊何今見稅吏如此擾民而不勸責任其橫行竟若罔聞則是無能反致關稅所欺不能免商民之害是與稅吏擾民無異不能辭其責實有礙生意之道其兆在此若能盡職體恤民情勸轄稅吏使之照公征收以免阻滯生意則貨物流行中外商民雲集互相貿易彼此皆獲其益矣

啟者中環馬路未士的鐵匠專做船貨鐵器皿如有貴客光顧者請到本行面議　已未年四月十九日啟

憲示

香港監獄官出示　爲招人投槊承辦監犯食用各物開列於下　由本年英五月廿六日起至英一千八百六十年五月廿五日止〇歐羅巴人每日食用每人麵包一磅牛肉或猪肉半磅青菜一磅茶葉三錢三白糖二兩半鹽三錢三柴兩磅番梘三錢三〇唐人及黑人每日食用每人米廿二兩咸魚二兩青菜每個禮拜一斤鮮魚每個禮拜四兩黃羌粉一兩茶葉三錢三鹽三錢三柴兩磅至於槊內必要列明每日每人食用銀若干及麵包每磅該銀若干生油每擔該銀若干綿纈每斤該銀若干其票准英五月廿一日截收如要知其詳細請到本官寫字樓問便知　己未年四月初四日示

啟者唐人如有切要時事或得之目擊或得之傳聞不論何事但取其有益於唐人有合於同好者均可擲至本館刻刷分文不取特此佈聞　新聞紙館謹啟

洋船出賃

未士冈臣公司有快疾洋船一隻出賃船名𠸄那耶船主名剌士查九百八十墩大又有好船位裝載搭客如貴客欲租船請到冈臣行面議　戊午十二月十五日謹啟

洋船出賃

茲者未士帝禮也公司有船一隻名之時店文呢船主名哥見約四百墩大現泊在黃埔如有　貴客欲載搭或全隻租賃者請到本行面議　已未年四月十五日啟

茲有第一等掛旗船一隻出賃船名化𠸄時卑西主船主名英架疏如貴客欲租船請到船上面議或付信一函交未士活登交船主亦可　戊午十一月十八日啟

前往舊金山

未士吸文時急公司有第一等花旗船一隻名孖時地平船主名賞臣準於早日揚帆前往舊金山正埠如有附搭貨物者請到本行面議　已未年三月初三日謹啟

未士了厘扮公司有第一等洋船一隻名北力當厘亞船主名馬非準於早日揚帆前往舊金山正埠如有搭客搭貨者請到本行面議　已未年三月初五日啟

前往新金山

未士架舌公司有大花旗船一隻名哥連士佚船主名協門准於早日揚帆前往新金山雪梨砵非立正埠如有欲搭貨搭客者請到本行面議　已未年四月初五日啟

未士烟活加舌有第一等好駛花旗船一隻名高爐顛士鐵船主名協邦準於四月十八日以前揚帆前往新金山雪梨砵非立埠如有貨物附搭此船請到本行面議　已未年三月十三日啟

杉板出賣

茲者西營盤貨倉未士巴竭有各樣杉板出賣如有貴客欲光顧者祈請移玉到本行面議便是　已未年四月十五日啟

未士烟架拿寄有塁固敞貨艇三隻裝載貨物開埋甚便或租往別處亦可如有貴客欲光顧祈請到與隆街門牌第一百八十四號與原人面議便是價錢相宜特此聲明　未四月十四日啟

松木出

未士巴勞有新到八寸至十二寸方停松木四寸厚板一寸半厚板一寸厚板又有圓木二十八條出賣如要[illegible]

呂宋烟

啟者本新聞紙館有呂宋烟夏那華烟哥爹那時烟出賣每箱五百口如有[illegible]

舊銀行隔鄰未士利灣沆𠸄有新到二號呂宋烟共十三萬出賣又有法蘭西罐仔滷肉踶膀[illegible]

華艇出

啟者中環未士架律時有華艇一隻可載二千四百担此艇經已修整桅𦈄俱新出賣如意者[illegible]

金鷄勒

茲有金鷄勒霜出賣每𠸄重一安沙即八錢三如有貴客欲買此藥可移玉到[illegible]

投夜

未士連卡剌弗於四月廿三日正午十二點鐘在都爹厘蓉夜冷館有格馬𨫼黃銅手物箱寫字箱工夫箱剌花皮箱瓦器[illegible]

鴉片

香港鴉片行情新公烟土沽七百四十二員半至七百四十五員〇舊公烟土無市新嶋烟土沽七百四十員[illegible]

船名
烏孖架列
○往舊金山正埠
阿羅剌
孖舌地夫
北力蔴厘亞
○往雲梨砵非立
高爐顛士鐵
○往江南上海縣
時非治
威林
麼厘
西顛
孖蘭拿
○往新嘉波望買
加羅運
○前往福州
哥厘舞厘時
○前往望買埠
地沙
○前往省城
火船飛馬

船主名
座肥
哥羅平
贊臣
罵啡
協門
來
未厘顛
佛厘查
呢臣
谿剌
羅
北力洛
今保

庄口名
佛厘查公司
喝公司
吸文時急公司
鴉厘芬公司
咽活架舌公司
佗厘公司
些化公司
士蔑亞查公司已上皆早日揚帆
布時光公司二十一日啟行
晚勉拿公司
布時光公司
士蔑堅呢公司
喝公司
蘿也士的厘 是早八點鐘啟行

火輪船
□□至初三日下午五點鐘止□□至初四日午時止小件頭落至初四日十點鐘止如要知其詳細到本行問便妥所有貨物付往歐羅巴諸國要書明何貨並值銀若干如報單有差該貨被埃及國官府所留與本火輪船公司無涉
已未年四月二十日火輪船公司啟

□火輪船到兩日後啟行前往上海
已未年四月初一日火輪船公司啟

船到兩日後啟行往福州
已未年四月初十日本港火輪船公司謹啟

□□□□船到港兩日後啟行前往小呂宋
已未年四月初一日本港火船公司啟

前往上海
玆者末士士蔑亞查公司有船一隻名麼厘船主名佛厘查準於本月廿一日啟行前往上海如有貴客欲搭貨搭客者請到本行面議
已未年四月十五日啟

蘆船出賣
末士士蔑布林勞有蘆船一隻運鐵鍊出賣其船現泊省城大英軍糧局馬頭如要知其詳細請到本行問便可
已未年正月初十日啟

洋船出賣
末士喝公司有二枝半桅船一隻名衣厘巴幽賣其船牌三百六十墩大可載貨六百墩新釘銅底走港口甚是合宜如欲知其詳細者請到本行問便妥○已未正月十九日啟

鞋皮出賣
玆有新到好來路鞋皮出賣如貴客欲買者請到本新聞紙館面議
戊午十二月二十一日啟

皂蘇油出賣
玆有桶裝罐裝皂蘇油出賣如貴客欲買者請到本新聞紙館面議
已未年三月三十日啟

夜冷館
末士班時厘現在上環馬路實得有行一間名奄保林常有各色貨物出投又做各樣經紀如貴客光顧託他買賣之事無不妥辦特此聲明
已未年二月十九日謹啟

火船出賃
末士孖剌有暗車火輪船一隻名埃倫便運時出賃如有貴客欲租賃此船者請到本行面議
已未年二月二十二日啟

英國大狀師
末士啟律檔理各衙門大小案情現住中環大街第四百一十號舊銀行對面便是
已未年三月十二日謹啟

加時古狀師
末士加士古狀師之案件自今日以後交與丹拿蝦時倫狀師辦理特此聲明○已未年三月初二日啟

桅木出賣
啟者二枝半桅船名衣倫船主名冰有上好桅木出賣由四十二至五十六活又有大鐵錨兩門鐵水櫃二個鐵鍊等物出投如貴客欲買者請到船上面議

新鮮粉出賣
末士濕公司有架厘哥新鮮粉三百桶出賣
已未年四月十五日謹啟

啟者末士阻治亞查欲買鐵棵一條如有此鐵賣者請到本行面議
已未年四月十九日啟

煤炭出
啟者末士巴剌爹公司有煤炭出賣如有貴客光顧者請到本行面議
已未年四月十九日啟

膏藥出賣
啟者中環泰盛洋貨舖有何老威膏藥藥丸出賣此藥馳名日久所有外科奇難雜症用之無有不效

請人僱工
玆者來也亞不酒店末士架希門牌九百八十號欲帥請人二名往上海做荷蘭水檸檬糖羌汁之職如有能充此職者請到本行面議工銀便妥
已未年四月十八日啟

玆有行一間出賃坐在中環澳爐俾厘街德臣印字館對面每月租銀四十員如有合意者請到中環大街末士加律治行問便妥○已未年二月初十日啟

玆有乾爽石樓房在金鱼行出賃如欲貯貨請與末士孖剌面議樓租便宜○戊午年十二月初七日啟

洋硝出賣
玆者士末孖剌有新到上好洋硝出賣如意買者請到本新聞紙館面議
戊午年十二月初八日啟

磅秤出賣
末士袁有新到磅秤出賣能秤九百磅至二千磅如意者請到本行面議
戊午年十二月初五日啟

玻璃出賣
末士鄰時有來路玻璃片出賣高十四烟治闊十個烟治至高三十五個烟治闊二十四個烟治
已未正月廿九日啟

黃埔末士多羅弼地云有主圖蓋船一隻名路慶厘如貴客有貨要貯落舊船或過則船隨時方便舊租便宜特此聲明
已未年正月十三日啟

藥材出賣
禮打醫生藥房在與隆大街對面有來路藥材成箱出賣凡接新舊金山搭客船者要來路藥材便請與禮打醫生面議價銀便宜其藥係照香港官例類備

香港船頭貨價紙

第二百四十五號 已未年四月廿四日 禮拜

啟者此紙係在孖剌處每日所印之新聞紙同館印刷每逢禮拜二禮拜四禮拜六爲期遍派香港各舖戶每月收回銀一大員如 有客有事要印落此紙內務宜早一日走字通知未士孖剌便妥印刷唐字價錢如左 一凡每次落唐字者五十個字已下收銀一員倘五十個字已上每字收銀一個先士如欲再落者每個禮拜照前一半算如意者祈請到本館印刷便是 未士孖剌 新文紙館謹啟

新聞

昨十八日英水師提督帶領根砵二隻及兵勇前往香山於十九日下午一點鐘到香山即上城其縣官與下屬官僚皆歡洽迎接以禮相待至於街上百姓亦歡聲踴躍觀看並無異意是以平安無事至廿一日帶根砵兵勇回港云云

於本月初一日本新聞紙已經錄明法蘭西與西班雅兩國合兵攻破安南細江埠現聞安南復與西班雅法蘭西兩國大戰惟安南人十分勇烈奮不顧身雖大炮在前不懼而進若炮臺是日被打爛一夜之間建復明早如舊兵威甚壯俱是胆勇之士以進而無退法蘭西兵共二千之間故此不能拒敵被安南人殺得大敗而奔殺死兩國兵總各一名兵丁死傷者約百餘又因不服水土或病或傷皆無戰意又聞法蘭西欽差已經有文回國奏請調取救兵一萬前來應敵料不日將有淺水根砵到必非昔日之比屢敗於安南人之手矣云云

入口貨船

茲有船名查華由新嘉波載來檀香木二百九十担洋硝三十包西米一百五十六担皮九十六担烟餅七包馬豆一包兒茶二百二十餘担胡椒四十担木八百六十七條紅銅及釘一百四十餘担

畢公司

茲者未士畢公司有沙籐架啡蘇木檀香綠豆發客 戊午年十一月廿日啟

憲示

香港監獄官出示 爲招人投票承辦監犯食用各物開列於下 由本年英五月廿六日起至英一千八百六十年五月廿五日止○歐羅巴人每日食用每人麵包一磅牛肉或猪肉半磅青菜一磅茶葉三錢三白糖二兩半鹽三錢三柴兩磅番梘三錢三○唐人及黑人每日食用每人米廿二兩鹹魚二兩青菜每個禮拜一斤鮮魚每個禮拜四兩黃羌粉一兩茶葉三錢三鹽三錢三柴兩磅至於票內必要列明每日每人食用銀若干及麵包每磅該銀若干生油每擔該銀若干綿繩每斤該銀若干其票准英五月廿一日截收如要知其詳細請到本官寫字樓問便知 已未年四月初四日示

啟者唐人如有切要時事或得之目擊或得之傳聞不論何事但取其有益於唐人有合於同好者均可攜至本館刻刷分文不取特此佈聞 新聞紙館謹啟

洋船出賃

未士閃臣公司有快駛洋船一隻出賃船名晏那耶船主名剌士查九百八十墩大又有好艙位裝載搭客如貴客欲租船請到閃臣行面議 戊午十二月十五日謹啟

洋船出賃

茲者未士帝禮也公司有船一隻名之時店文晛船主名哥見約四百墩大現泊在黃埔如有 貴客欲做搭或全隻租賃者請到本行面議 已未年四月十五日啟

茲有第一等花旗船一隻出賃船名化蘭思時卑西主船主名英架琥如貴客欲租船請到船上面議或付信下面交未士活笠交船主亦可 戊午十一月十八日啟

前往舊金山

未士吸文時急公司有第一等花旗船一隻名孖時地平船主名賢臣準於早日揚帆前往舊金山正埠如有附搭貨物者請到本行面議 已未年三月初三日謹啟

未士了壓扮公司有第一等洋船一隻名北力畸壓亞船主名馮非準於早日揚帆前往舊金山正埠如有搭客搭貨者請到本行面議 已未年三月初五日啟

前往新金山

未士架舌公司有大花旗船一隻名哥連士佚船主名協門准於早日揚帆前往新金山雪梨砵非立正埠如有欲搭貨搭客者請到本行面議 已未年四月初五日啟

未士烟活加舌有第一等好駛花旗船一隻名高爐顛士纖船主名協邦準於四月十八日以前揚帆前往新金山雪梨砵非立埠如有貨物附搭此船請到本行面議 已未年三月十三日啟

杉板出賣

茲者西營盤貨倉未士巴碼有各樣杉板出賣如有貴客欲光顧者祈請移玉到本行面議便是 已未年四月十五日啟

未士烟架拿哥有堅固駁貨艇三隻裝載貨物開埋甚便或租往別處亦可如有貴客欲光顧祈請到興隆街門牌第一百八十四號與原人面議便是價錢相宜特此聲明 已未四月十四日啟

松木

未士巴勞有新到八寸至十二寸方停松木四寸厚板一寸半厚板一寸厚板又有圓木二十八條出賣如要

金鷄勒

茲有金鷄勒霜出賣每罇重一安沙即八錢三如有貴客欲買此樣可多五到

投夜

未士連卡剌佛於四月廿六日正午十二點鐘在閃臣公司貨倉有還羅水漬炊瓦千二百二

未士連卡剌佛於四月廿四日上午十二點鐘在都爹厘舊夜冷館對門新行

未士連卡剌佛於四月廿九日上午十二點鐘在德臣上街有雲母石檯圓檯茶機琴地氈冗床椅鏡大餐檯西砵雲母檯燈洋枝燈玻璃大餐磁器具床床褥衣櫃箱櫃

未士麼厘時於四月廿四日上午十一點鐘在布時

鴉片

香港鴉片行情新公烟土沽七百四十五員○番公烟土七百四十員 新鴉烟土沽七百四十五員

船名	船主名	庄口名
鳥孖架列	慶聖	[illegible]厘查公司
耶阿平衣令頓	羅平頓	些化公司
慶可	科杰	鈴厘查公司
○往舊金山正埠		
阿羅喇	哥羅平	喝公司
孖舌地夫	費臣	吸文時急公司
北力衍厘亞	罵啡	鴉厘芬公司
○往雪梨砵非立		
高爐頓士鐵	協門	咽活架舌公司
○往江南上海縣		
時非治	來	化厘公司
威林	未厘頓	些化公司
孖蘭拿	衍喇	晄勉拿公司
○往新嘉波望賈		
加羅連	羅	布時境公司
○前往福州		
哥厘舞厘時	北力洛	士篾堅呢公司
○前往廈門埠		
孖他衣奕厘	加時打	些化公司
○前往省城		
火船謙當		飛沙公司
火船威林莨地		科時打公司

已上皆早日揚帆

是日早八點鐘啟行

廿五早八點鐘啟行

火輪船

[illegible]午時止小件頭落至初四日十點鐘止如要知其詳細到本行問便妥所有貨物付往歐羅巴諸國要嗜明何貨並值銀若干如報單有差該貨被埃及國官府所留與本火輪船公司無涉 已未年四月二十日火輪船公司啟

[illegible]日後啟行前往上海 已未年四月初一日火輪船公司啟

[illegible]啟行往福州 已未年四月初十日本港火輪船公司謹啟

[illegible]後啟行前往小呂宋 已未年四月初一日本港火船公司啟

藍船出賣

未士士蔑布林勞有藍船一隻運載鎮出賣其船現泊省城大英軍糧局馬頭如要知其詳細請到本行問便可 已未年正月初十日啟

洋船出賣

未士喝公司有二枝半桅船一隻名衣厘巴出賣其船牌三百六十墩大可載貨六百墩新釘銅底走港口甚是合宜如欲知其詳細者請到本行問便妥○已未正月十九日啟

華艇出賣

啟者中環未士架律時有華艇一隻可載二千四百担此艇經已修整桅𥔲俱新出賣如意者請到本行面議 已未年四月十九日啟

皂蘇油出賣

茲有桶裝罐裝皂蘇油出賣如貴客欲買者請到本新聞紙館面議 已未年三月三十日啟

黃埔未士多羅弼地云有主園舊船一隻名路應厘如貴客有貨要貯落舊船或過別船馳時方便舊租便宜特此聲明 已未年正月十三日啟

夜冷館

未士班時厘現在上環馬路賃得有行一間名奄保林常有各色貨物出投又做各樣經紀如貴客光顧託他買賣之事無不妥辦特此聲明 已未年二月十九日謹啟

火船出賃

未士孖剌有暗車火輪船一隻名埃倫便運時出賃如有貴客欲租賃此船者請到本行面議 已未年二月二十二日啟

英國大狀師

未士波律權理各衙門大小案情現住中環大街第四百一十號舊銀行對面便是 已未年三月十二日謹啟

加時古狀師

未士加士古狀師之案件自今日以後交與丹拿蝦時倫狀師辦理特此聲明○已未年三月初二日啟

桅木出賣

啟者二枝半桅船名衣倫船主名冰有上好桅木出賣由四十二至五十六活又有大鐵鏈兩門鐵水櫃二個鐵錨等物出投如貴客欲買者請到船上面議

新鮮粉出賣

未士寡公司有架厘哥新鮮粉三百桶出賣 已未年四月十五日謹啟

啟者未士阻治亞查欲買鐵梯一條如有此鐵賣者請到本行面議 已未年四月十九日啟

煤炭出賣

啟者未士巴剌爹公司有煤炭出賣如有貴客光顧者請到本行面議 已未年四月十九日啟

膏藥出賣

啟者中環泰盛洋貨舖有何罷威膏藥藥丸出賣此藥馳名日久所有外科奇難雜症用之無有不效

請人僱工

茲者來也亞不酒店未士架希門牌九百八十號欲即請人二名往上海做荷蘭水檸檬糖羌汁之職如有能充此職者請到本行面議工價便妥 已未年四月十八日啟

呂宋烟出賣

啟者本新聞紙館有呂宋烟夏那華烟哥爹那時烟出賣每箱五百口如有貴客光顧者請到本館面議○已未四月十八日啟

呂宋烟出賣

舊銀行隔鄰未士利濤渣弼有新到二號呂宋烟共十三萬出賣又有法蘭西罐仔湯肉罷蘭地酒呂宋糖荷蘭藍等物出賣 戊午年十二月廿八日啟

洋硝出賣

茲者士未孖剌有新到上好洋硝出賣如意買者請到本新聞紙館面議 戊午年十二月初八日啟

磅秤出賣

未士寡有新到磅秤出賣能秤九百磅至二千磅如意者請到本行面議 戊午年十二月初五日啟

玻璃出賣

未士都時有來路玻璃片出賣高十四烟治闊十個烟治至高三十五個烟治闊二十四個烟治 已未正月廿九日啟

藥材出賣

禮打醫生藥房在與隆大街對面有來路藥材成箱出賣凡接新舊金山搭客船者要來路藥材便請與禮打醫生面議價錢便宜其藥係照香港官例製備

啟者中環萬路未士的鐵匠專做船隻鐵器如有貴客光顧者請到本行面議 已未年四月十九日啟

香港船頭貨價紙

第二百四十六號 已未年四月廿六日

啟者此紙係在孖剌館每日所印之新聞紙同館印刷每逢禮拜二禮拜四禮拜六爲期遍派香港各舖戶每月收回銀一大員如 有客有事要印落此紙內務宜早一日走字通知未士孖剌便妥印刷唐字價錢如左 一凡每次落唐字者五十個字已下收銀一員倘五十個字已上每字收銀一個先士如欲再落者每個禮拜照前一半算如意者祈請到本館印刷便是
未士孖剌 新文紙館謹啟

上諭

咸豐九年二月十一日 皇上御勤政殿召見惠親王綿愉怡親王載垣鄭親王端華軍機大臣彭蘊章穆蔭匡源文祥內務府大臣瑞麟肅順全慶陳孚恩趙光許乃普諭曰本日據載垣等奏會審科場案內已革大員並已革職定擬罪名應行擬結一摺朕詳加披覽及覆審定有不能不爲在廷諸臣明白宣示者科場爲掄才大典交通舞弊定例綦嚴自來典試大小諸臣從無敢以身試法輕犯刑章者不意柏俊以一品大臣乃辜恩藐法至於如是柏俊身任大學士內廷行走有年曾任內務府大臣軍機大臣原係科甲出身豈不知科場定例竟以家人求請輒即撤換試卷若使斬詳倘在加以夾訊何難盡情吐露既有成讞可循朕即不爲已甚但就所供情節詳加核實情雖可原法難寬宥言念及此不禁垂淚柏俊着照王大臣所擬即行處斬派肅順趙光前赴市曹監視行刑已革編修替安已革舉人羅鴻繹已革主事李鶴齡着照例斬決以昭炯戒副考官戶部尚書朱鳳標於柏俊撤換試卷闈中並不查訊出場後又不卽行參奏着照例辦理知情狗隱卽應治罪及止於失察亦未應研訊惟閱其供詞無知情之弊訪朱鳳標亦不敢公然狗縱着從寬卽行革職同考官降調編修鄒石麟爲已革舉人平齡更改硃卷實屬違例着革職永不敍用磨勘查出試卷應行查辦之舉人余汝楷等十二名並同考官涂相鏞秀徐賓剛何福盛對讀官鮑應鳴應得處分着交禮部查照科場條例定擬具奏至墨卷內更改馬丞字樣是否有外簾傳遞之處着原派之監臨明白迴奏另片奏未經到案之謝森墀鮑元培李旦華等三名着江蘇巡撫派員迅速解京歸案嗣後科場大典秉文衡者皆當深已廢懷杜絕干情應試士子亦各立品自愛毋蹈覆轍發楓則朕此次執法嚴懲正爲士林能持風氣端在廷諸臣當能默喻也餘依議欽此

尋貨主

於一千八百五十五年九月有船一隻名孖時都由上海來黃埔其船遇風颶後到福州將各水漬壞貨當公出投如有各附貨物人到本行未士孖剌卽以所應得之銀派回便是其貨開列於下 德記貨CT乜頭八十七件KB二百二十一件XY六十九件WB二十件以上係四方欖核乜W九十件MD六件LK十三件OL三十九件WR一百五十三件以上係用三角乜 亞一貨JT乜頭一百四十一件CD六十件 恆昌貨HY乜頭二百一十八件 合昌J乜九十件 亞棋貨C乜一百九十六件 寶興貨L乜一百三十三件 福記貨D乜八十件 和源ST乜一百一十九件SH二十件SO六件 亞錦貨Achuen乜二十七件以上係四方欖核乜頭
已未年四月廿一日 司理辦數人孖剌啟

啟者於英一千八百五十二年八月間有一人名未士衍衣架格西洋華人由海南返澳門至中途身故但曾殯葬之日如有 親朋送葬者煩將名字告余知特此聲明
已未年四月廿二日 澳門未士瘋打啟

啟者如有船隻往廈門欲要船底壓載者可到本行面議此壓載不須費銀
已未年四月廿二日 未士丹拿公司啟

前往舊金山

未士吸文時急公司有第一等花旗船一隻名孖時地乎船主名費臣準於早日揚帆前往舊金山正埠如有附搭貨物者請到本行面議
已未年三月初三日謹啟

未士丁厘汾公司有第一等洋船一隻名北力衙厘亞船主名嗱非準於早日揚帆前往舊金山正埠如有搭客搭貨者請到本行面議
已未年三月初五日啟

前往新金山

未士架舌公司有大花旗船一隻名哥連士佚船主名協門准於早日揚帆前往新金山雪梨砵非立正埠如有欲搭貨搭客者請到本行面議
已未年四月初五日啟

未士烟活加舌有第一等好駛花旗船一隻名高爐頓士鐵船主名協邦準於四月十八日以前揚帆前往新金山雪梨砵非立埠如有貨物附搭此船請到本行面議
已未年三月十三日啟

杉板出賣

茲者西營盤貨倉未士巴嗎有各樣杉板出賣如有貴客欲光顧者祈請䅲玉到本行面議便是
已未年四月十五日啟

未士烟架拿哥有鑒國駁貨艇三隻裝載貨物開埋甚便或租往別處亦可如有貴客欲光顧祈請到興隆街門牌第一百八十四號與原人面議便是價錢相宜特此聲明
己未四月十四日啟

松木

未士巴勞有新到八寸至十二寸方停松木四寸厚板一寸半厚板一寸厚板又有圓木二

投

未士連卡剌佛奉堅大人命准於五月初六日正午十二點鐘在監屋內有櫃椅西砵亢床床茶機衣櫃揹桶爐大餐器具玻璃嶄

未士連卡剌佛於四月廿八日上午十一點鐘在舊公司園有水漬麵粉餅干麻包桶鐵匝

未士連卡剌佛於四月廿六日正午十二點鐘在閃臣公司貨倉有運離水漬

未士連卡剌佛於四月廿九日上午十二點鐘在德臣上街有雲母石櫃圓櫃茶機琴地氈亢床椅鏡大餐櫃西砵雲母櫃燈洋枝燈玻璃大餐磁器具床床褥衣櫃箱櫃

鴉片

香港鴉片行情新公烟土估七百四十五員○舊公烟土七百四十員 是日無市 新鴣烟土估七百四

船名

天未列地時
鳥仔架列
聯阿平衣令頓
廠可
華使尔
○往莳金山正埠
阿羅剌
孖舌地夫
北力緇厘亞
○往雪梨鉢非立
高爐頓士纖
○往江南上海縣
時非治
威林
孖顚拿
衣厘士品
○往新嘉波盛買
加羅連
○前往福州
哥厘舞厘時
○前往厦門埠
孖他衣柒厘

船主名

士瓜呂
摩肥
羅平頓
科杰
活杰
哥羅平
賛臣
厲啡
協門
來
末厘頓
衛剌
摩頓
羅
北力洛
加時打

庄口名

佛厘查公司
些化公司
佛厘查公司
佛厘查公司
喝公司
吸文時急公司
鴉厘芬公司
咽活架舌公司
化厘公司
些化公司
晚勉拿公司
查顛公司
布時兜公司
士箴堅呢公司
些化公司

已上皆早日揚帆

火輪船

落至初三日下午五點鐘止金銀落至初四日午時止小件頭落至初四日十點鐘止如要知其詳細到本行問便妥所有貨物付往歐羅巴諸國要書明何貨並値銀若干如報單有差該貨被失及國官府所留與本火輪船公司無涉
已未年四月二十日火輪船公司啟

家火輪船到兩日後啟行前往上海
已未年四月初一日火輪船公司啟

船到兩日後啟行往福州
已未年四月初十日本港火輪船公司謹啟

家火輪船到港兩日後啟行前往小呂宋
已未年四月初一日本港火船公司啟

藝船出賣

末士士蔑布林勞有藝船一隻連鐵錬出賣其船現泊省城大英軍糧局馬頭如要知其詳細請到本行問便可
已未年正月初十日啟

洋船出賣

末士喝公司有二枝半桅船一隻名衣厘巴出賣其船牌三百六十墩大可載貨六百墩新釘銅底走港口甚是合宜如欲知其詳細者請到本行問便妥○已未正月十九日啟

華艇出賣

啟者中環末士架律時有華艇一隻可載二千四百担此艇經已修整桅𥚃俱新出賣如意者請到本行面議
已未年四月十九日啟

卑蔴油出賣

茲有桶裝罇裝卑蔴油出賣如貴客欲買者請到本新聞紙館面議　已未年三月三十日啟

黃埔末士多羅弼地云有主固藝船一隻名路庾厘如貴客有貨要貯落藝船或過別船隨時方便藝租便宜特此聲明
已未年正月十三日啟

夜冷館

末士班時厘現在上環馬路賃得有行一間名奄保林常有各色貨物出投又做各樣經紀如貴客光顧託他買賣之事無不妥辦特此聲明
已未年二月十九日謹啟

火船出賃

末士孖剌有暗車火輪船一隻名埃倫便運時出賃如有貴客欲租賃此船者請到本行面議
已未年二月二十二日啟

英國大狀師

末士啟律擺理各衙門大小案情現住中環大街第四百一十號舊銀行對面便是
已未年三月十二日謹啟

加時古狀師

末士加士古狀師之案件自今日以後交與丹拿蝦時倫狀師辦理特此聲明○已未年三月初二日啟

桅木出賣

啟者二枝半桅船名衣倫船主名冰有上好桅木出賣由四十二至五十六活又有大鐵鏈兩門鐵木櫃二個鐵錬等物出投如貴客欲買者請到船上面議

新鮮粉出賣

末士滇公司有架厘哥新鮮粉三百桶出賣
已未年四月十五日謹啟

啟者末士阻治亞查欲買鐵㯒一條如有此鐵賣者請到本行面議
已未年四月十九日啟

煤炭出賣

啟者末士巴剌爹公司有煤炭出賣如有貴客光顧者請到本行面議
已未年四月十九日啟

請人催工

茲者來也亞不酒店末士架喬門牌九百八十號欲御請人二名往上海做衛蘭木檸樣糖羗汁之職如有能充此職者請到本行面議工價便妥
已未年四月十八日啟

呂宋烟出賣

啟者本新聞紙館有呂宋烟夏那華烟哥爹那時烟出賣每箱五百口如有貴客光顧者請到本館面議○已未四月十八日啟

呂宋烟出賣

舊銀行隔鄰末士利灣渣弼有新到二號呂宋烟共十三萬出賣又有法蘭西罐仔湯肉罷蘭地酒呂宋糖街蘭甦等物出賣
戊午年十二月廿八日啟

洋硝出賣

茲者士未孖剌有新到上好洋硝出賣如意買者請到本新聞紙館面議
戊午年十二月初八日啟

洋酒出賣

啟者末士佛厘查公司有罷蘭地酒砵酒車厘酒出賣如欲買者請到本行面議
已未四月廿四日啟

啟者中環馬路末士的鐵匠專做船隻鐵器皿如有貴客光顧者請到本行面議
已未年四月十九日啟

金鷄勒出賣

茲有金鷄勒新出賣每罇單一安沙即八錢三如有貴客欲買此藥可移玉到本新聞紙館問便知
已未年三月初九日啟

洋船出賃

茲者末士帝禮也公司有船一隻名之時店文呢船主名哥見約四百墩大現泊在黃埔如有貴客欲做搭或全隻租賃者請到本行面議
已未年四月十五日啟

畢公司

茲者末士畢公司有沙籐架啡蔴木檍香綠豆發客
戊午年十一月廿日啟

香港船頭貨價紙

第二百四十七號 已未年四月廿九日 禮拜二

啟者此紙係在孖剌處每日所印之新聞紙同館印刷每逢禮拜二禮拜四禮拜六爲期遍派香港各舖戶每月收回銀一大員如 貴客有事要印落此紙內務宜早一日走字通知未士孖剌便妥印刷唐字價錢如左 一凡每次落唐字者五十個字已下收銀一員倘五十個字已上每字收銀一個先士如欲再落者每個禮拜照前一半算如意者祈請到本館印刷便是
未士孖剌 新文紙館謹啟

新聞

聞法蘭西國欽差於本月廿六日駕火輪船駛往上海俟三國欽差到齊然後上天津入京朝見○大英欽差大臣將駕大火輪船數隻根砵十餘號前往○花旗公使大臣將駕大花旗火輪船一隻另搭得小火輪船一隻名臺灣者同往但照泰西諸國規矩如有兩相爭論之事必各派欽差大臣會同商議各必將所奉全權大臣便宜行事之 上諭互相較閱如不將該上諭出看則不准入國商議故去年五月間英法花旗三國欽差往天津先見直隸總督譚大人但伊未有欽差大臣便宜行事之關防故英法欽差不與之商議兩國大事後 咸豐君特派桂中堂花大人爲欽差到天津故英法欽差與之商議將所議和約五十六欵抄錄二本 大英欽差執一本則有 中國欽差之關防圖書 大清欽差執一本則有英國欽差關防圖書俟兩國 御筆批准以一年爲期彼此各派大臣於 大清京師會晤互相交付現在英法花旗欽差各帶來本國 御筆批准之和約議於六月進京交付但聞桂中堂花大人請各外國欽差不可進京稱說此事不合中國規矩又用言辭阻止云云惟英國欽差提督各率英國 上諭進京朝見 咸豐君親手交付 御筆批准之和約令在必行是以英國欽差多帶戰艦兵勇前往天津以防不虞及阻止等事云云

中環裕亨

中環裕亨洋貨店於已未年四月初二日與前股人富面冀明吳德遠頂受即將本鋪派回舊股人如數收足此店於四月十五日改換裕興字號惟有各號欠裕亨銀兩俱要吳德遠收用及生意一切與舊股人無涉倘舊股人並各件與人瞭借經手是問與裕興無干

尋貨主

於一千八百五十五年九月有船一隻名孖時都由上海來黃埔其船遇風颶後到福州將各水漬壞貨富公出投如有各附貨物人到本行未士孖剌面以所應得之銀派回便是其貨開列於下 德記貨CT乜頭八十七件KB二百二十一件XY六十九件WH二十件以上係四方欖核乜W九十件ND六件LK十三件OL三十九件WR一百五十三件以上係用三角乜 亞一貨JT乜頭一百四十一件CDK六十件 極昌貨HY乜頭二百一十八件 合艮J乜九十件 亞棋貨C乜一百九十六件 寶興貨L乜一百三十三件 福記貨D乜八十件 和源ST乜一百一十九件SH二十件SO六件 亞錦貨Ackum乜二十七件以上係四方欖核乜頭
已未年四月廿一日 司理鄰敦人孖剌啟

啟者唐人如有切要時事或得之目擊或得之傳聞不論何事但取其有益於唐人有合於同好者均可攜至本館刻刷分文不取特此佈聞
新聞紙館謹啟

啟者於英一千八百五十二年八月間有一人名未士衍衣架搭華艇由海南返澳門至中途身故但昔殯葬之日如有 親朋送葬者煩將名字告余知特此聲明
已未年四月廿二日 澳門未士寢打啟

啟者如有船隻往廈門欲要船底壓載者可到本行面議此壓載不須價錢
已未年四月廿二日 未士丹拿公司啟

前往舊金山

未士吸文時急公司有第一等花旗船一隻名孖時地乎船主名贊臣準於早日揚帆前往舊金山正埠如有附搭貨物者請到本行面議
已未年三月初三日謹啟

未士丫厘汾公司有第一等洋船一隻名北力尚厘亞船主名嘅非準於早日揚帆前往舊金山正埠如有搭客搭貨者請到本行面議
已未年三月初五日啟

前往新金山

未士架舌公司有大花旗船一隻名哥連士佚船主名協門准於早日揚帆前往新金山雪梨砵非立正埠如有欲搭貨搭客者請到本行面議
已未年四月初五日啟

杉板出賣

啟者西營盤貨倉未士巴嗎有各樣杉板出賣如有貴客欲光顧者祈請移玉到本行面議便是
已未年四月十五日啟

未士烟架拿哥有堅固敞貨艇三隻裝載貨物開埋甚便或租往別處亦可如有貴客欲光顧祈請到與隆街門牌第一百八十四號與原人面議便是價錢相宜特此聲明
已未四月十四日啟

洋酒出賣

啟者未士佛厘査公司有罷囒地酒砵酒車厘酒出賣如欲買者請到本行面議
已未四月廿四日啟

啟者未士阻治亞查欲買鐵櫃一條如有此鐵賣者請到本行面議
已未年四月十九日啟

松木出

未士巴勞有新到八寸至十二寸方停松木四寸厚板一寸半厚板一寸厚板又有圓木二十八條出賣如要買松木者請到本行面議

煤炭出

啟者未士巴剌爹公司有煤炭出賣如有貴客光顧者請到本行面議
已未年四

投夜

未十架律時林茂於五月初一日正午十二點鐘有罷囒地酒卡剌律甑酒洋燭𥲤𡰪波酒波打牛肉猪肉火腿罐仔湯肉洋醋之時豆罐等物出投又有廚房器具……

未士連卡剌佛奉堅大人命准於五月初六日正午十二點鐘在堅屋內有檯椅西砵亢床床茶機衣櫃櫃桶檯大餐器具玻璃器裝身檯洗身桶鏡……

未士連卡剌佛於四月廿九日上午十二點鐘在德臣上街有雲母石檯圓檯茶機琴地氈亢床椅鏡大餐檯西砵雲母檯燈洋枝燈玻璃大餐磁器具床床褥衣櫃箱櫃桶檯裝身檯面盤架手巾架上海洗身桶轎手車與及各等物件出投……

鴉片行

香港鴉片行情新公烟土沽七百四十四員○舊公烟土是日無市
新鴉烟土沽是日無市
舊鴉烟土沽是日無市

船名

烏孖架列
耶阿平衣令頓
康可
華便拿
〇往舊金山正埠
阿羅喇
孖舌地夫
北力嘀屋亞
〇往雪梨砵非立
高爐頓士鐵
〇往江南上海縣
哱非治
威林
孖蘭拿
衣都亞曼租屋
〇往新嘉坡盤買
加羅還
〇前往福州
哥屋舞屋時
〇前往厦門埠
孖他衣爽屋
巴地屋澳地時

船主名

座肥
羅平頓
科杰
活杰
哥羅平
贊臣
馬啡
協門
來
宋屋頓
喎喇
綿年
羅
北力格
加時打
剌時屋

庄口名

佛屋查公司
些化公司
佛屋查公司
佛屋查公司
喝公司
吸文時惫公司
鴉屋芬公司
咽活架舌公司
化屋公司
些化公司
嘅勉拿公司
都時公司
布時咣公司
士蔑堅呢公司
些化公司
士蔑堅呢地

已上皆早日揚帆

火輪船

落至初三日下午五點鐘止金條落至初四日午時止小件頭落至初四日十點鐘止如要知其詳細到本行問便妥所有貨物付往歐羅巴諸國要書明何貨並值銀若干如報單有差誤貨撒埃及國官府所留與本火輪船公司無涉

已未年四月二十日火輪船公司啟

家火輪船到兩日後啟行前往上海

已未年四月初一日火輪船公司啟

火輪船到兩日後啟行往福州

已未年四月初十日本港火輪船公司謹啟

火輪船到港兩日後啟行前往小呂宋

已未年四月初一日本港火船公司啟

前往上海

未士都時有船一隻名衣都亞曼租屋准於五月初一朝揚帆前往上海如有搭客搭貨請本行面議

已未年四月廿五日啟

洋船出賣

未士喝公司有二枝半桅船一隻名衣屋巴出賣其船牌三百六十噸大可載貨六百噸新釘銅底走港口甚是合宜如欲知其詳細者請到本行問便妥〇已未正月十九日啟

躉船出賣

未士士蔑布林勞有躉船一隻連鐵碇出賣其船現泊省城大英軍機局馬頭如要知其詳細請到本行問便可

已未年正月初十日啟

華艇出賣

啟者中環未士架律時有華艇一隻可載二千四百担此艇經已修整桅帆俱新出賣如意者請到本行面議

已未年四月十九日 啟

皂蔴油出賣

茲有桶裝罇裝皂蔴油出賣如貴客欲買者請到本新聞紙館面議

已未年三月三十日啟

夜冷館

未士嘅時屋現在上環馬路開張有行一間名奄保林常有各色貨物出投又做各樣經紀如貴客光顧託他買賣之事無不妥辦特此聲明

已未年二月十九日謹啟

火船出賃

未士孖剌有暗車火輪船一隻名埃倫便運時出賃如有貴客欲租賃此船者請到本行面議

已未年二月二十二日啟

英國大狀師

未士鼓律權寓居各衙門大小案情現住中環大街第四百一十號舊銀行對面便是

已未年三月十二日謹啟

加時古狀師

未士加士古狀師之案件自今日以後與丹拿爛時倫狀師辦理特此聲明〇已未年三月初二日啟

桅木出賣

啟者二枝半桅船名衣倫船主名冰有上好桅木出賣由四十二至五十六活又有大鐵錨兩門鐵木櫃二個鐵鍊等物出投如貴客欲買者請到船上面議

新鮮粉出賣

未士臧公司有架屋哥新鮮粉三百桶出賣

已未年四月十五日謹啟

請人僱工

茲者來也亞不酒店未士架希門牌九百八十號欲邮請人二名往上海做荷蘭水檸檬糖羌汁之職如有能充此職者請到本行面議工價便妥

已未年四月十八日啟

呂宋烟出賣

啟者本新聞紙館有呂宋烟哥爹耶時烟夏耶華烟出賣每箱五百口如有貴客光顧者請到本館面議〇已未四月十八日啟

呂宋烟出賣

舊銀行隔壁未士利濱渣㘞有新到二號呂宋烟共十三萬出賣又有法蘭西罐仔㘞肉罷蘭地酒呂宋烟荷蘭雜貨等物出賣

戊午年十二月廿八日啟

洋硝出賣

茲者士未孖剌有新到上好洋硝出賣如有貴客者請到本新聞紙館面議

戊午年十二月初八日啟

黃埔未士多羅㘞地云有主閱甚船一隻名路屋如貴客有貨要貯落躉船或遞別船隨時方便舊租便宜特此聲明

已未年正月十三日啟

洋船出賃

未士閔臣公司有快艇洋船一隻出賃船名曇耶鄰船主名喇士查九百八十噸大又有好艙位裝載搭客如貴客欲租船請到閔臣行面議

戊午十二月十五日謹啟

啟者中環馬路宋士的鐵匠專做船隻鐵器如有貴客光顧者請到本行面議

已未年四月十九日啟

金鷄勒出賣

茲有金鷄勒霜出賣每罇八錢三如有貴客欲買此藥可移玉到本新聞紙館問便知

已未年三月初九日啟

洋船出賃

茲者未士帝禮也公司有船一隻名哥晃約四百噸之時店文哶船主大現泊在黃埔如有貴客欲擔帶或全隻租賃者請到本行面議

已未年四月十五日啟

畢公司

茲者未士畢公司有沙糖架啡蘇木檀香綠豆發客

戊午年十一月廿日啟

香港船頭貨價紙

第二百四十八號　己未年五月初二日　禮拜□

啟者此紙係在孖剌處每日所印之新聞紙同館印刷每逢禮拜二禮拜四禮拜六爲期遍派香港各舖戶每月收回銀一大員如　客有事要印落此紙內務宜早一日走字通知未士孖剌便妥印刷唐字價錢如左　一凡每次落唐字者五十個字已下收銀一員倘五十個字已上每字收銀一個先士如欲再落者每個禮拜照前一半算如意者祈請到本館印刷便是
未士孖剌　新文紙館謹啟

新聞

在汕頭有傳道教師名未士賓有一日見一癈婦約六十歲在街上悲哭稱說伊獨生一子被奸人拐去賣猪仔此子靠以養老與及繼香燈者今竟被人拐去則終身無所靠矣晉及至此哀哭不止在旁觀者無不淚下未士賓亦可憐此婦乃同此婦人往猪仔館內尋覓伊子路遇一英商乃未士賓之好朋友未士賓將婦人失子之事一一告知此友人亦願同往助其一二後查了三個猪仔館方尋得見此婦人之子贖出使其母子再得相逢據其子云於某日有某某人叫他賭錢又肯借銀與他賭遂借得銀五員半入場輸了後某某勸取回銀兩無銀填還故稱說欠銀一事將他打罵捉去猪仔館受苦不能盡說幸得未士賓與友人救出故母子再得團圓云云

臣黃片奏再廣東陽江鎮水師總兵官温賢自咸豐元年補授今職舊曆具摺謝・恩奉到硃批着毋庸前來欽此嗣以該總兵所轄洋面有匪船竄擾經前督臣飭令暫緩起程俟接署有人再行北上現又再屆三年自應委員前往接署以便該總兵仍遵前　旨進京　陛見其所遺陽江水師總兵篆務查有會稱保舉堪勝總兵之陞署大鵬協副將潘駿溪曾務諳練督捕認真除檄飭遵照外所有陽江總兵應行進京委署鎮篆緣由謹附片具奏奉　朱批知道了欽此

尋貨主

於一千八百五十五年九月有船一隻名孖時都由上海來黃埔其船遇風飄後到福州將各水漬壞貨當公出投如有各附貨物人到本行未士孖剌師以所應得之銀派回便是其貨開列於下　德記貨CT乜頭八十七件KB二百二十一件XY六十九件WR二十件以上係四方欖核乜W九十件MD六件LK十三件OL三十九件WR一百五十三件以上係州三角乜　亞一貨JT乜頭一百四十一件CDK六十件怪昌貨HY乜頭二百一十八件　合艮J乜九十件　亞棋貨C乜一百九十六件　寶興貨L乜一百三十三件　福記貨D乜八十件　和源ST乜一百一十九件SH二十件SO六件　亞錦貨Ackm乜二十七件以上係四方欖核乜頭
己未年四月廿一日　司理攤數人孖剌啟

啟者唐人如有切要時事或得之目擊或得之傳聞不論何事但取其有益於唐人有合於闔好者均可攜至本館刻刷分文不取特此佈聞
新聞紙館謹啟

啟者於英一千八百五十二年八月間有一人名未士衍衣架嘝西洋華艇由海南返澳門至中途身故但昔殯葬之日如有　親朋送葬者煩將名字告余知特此聲明
己未年四月廿二日
澳門未士㾗打啟

啟者如有船隻往厦門欲要船底壓載者可到本行面議此壓載不須費錢
己未年四月廿二日
未士丹拿公司啟

中環裕亨

中環裕亨洋貨店於己未年四月初二日與前股人當面算明吳德遠頂受部將本銀派回舊股人如數收足此店於四月十五日改換裕興字號惟有各號欠裕亨銀兩俱要吳德遠收用及生意一切與舊股人無涉倘舊股人並各件與人險借經手是問與裕興無干

前往舊金山

未士吸文時急公司有第一等花旗船一隻名孖時地乎船主名賓臣準於早日揚帆前往舊金山正埠如有附搭貨物者請到本行面議
己未年三月初三日謹啟

未士丫厘紛公司有第一等洋船一隻名北力淅厘亞船主名鵬非準於早日揚帆前往舊金山正埠如有搭客搭貨者請到本行面議
己未年三月初五日啟

前往新金山

未士架舌公司有大花旗船一隻名哥連士佚船主名協門准於早日揚帆前往新金山雪梨砵非立正埠如有欲搭貨搭客者請到本行面議
己未年四月初五日啟

杉板出賣

茲者西營盤貨倉未士巴嗎有各欖杉板出賣如有貴客欲光顧者祈請移玉到本行面議便是
己未年四月十五日啟

未士烟架拿晉有堅固駁貨艇三隻裝載貨物開埋甚便或租往別處亦可如有貴客欲光顧祈請到興隆街門牌第一百八十四號與原人面議便是價錢相宜特此聲明
己未四月十四日啟

洋酒出賣

啟者未士佛厘查公司有罷蘭地酒砵酒車厘酒出賣如欲買者請到本行面議
己未四月廿四日啟

啟者未士阻治亞倉欲買鐵棵一條如有此鐵賣者請到本行面議
己未年四月十九日啟

松木出□

未士巴勞有新到八寸至十二寸方停松木四寸厚板一寸半厚板一寸厚板又有闆木二十八條出賣如要買松木者請到本

煤炭出□

啟者未士巴剌爹公司有煤炭出賣如有貴客光顧者請到本行面議

呂宋烟

啟者本新聞紙館有呂宋烟裊那華烟哥爹那時烟出賣每箱五百口如有貴客光顧者

未士班時厘於五月初二日正午十二點鐘有名匠洋薑火腿猪肉柴魚眉豆白豆蘐鯖地三邊洋酯等物出

未士蓮卡剌佛奉堅大人命准於五月初六日正午十二點鐘在堅厘內有檯椅西砵亢床床茶檯衣櫃櫃桶檯大餐器具玻璃嘝裝身檯洗身桶燈鏡鐵䃟碗碟□厘酒𨠵打□與及

南向未士吉蝦在剌爹行有麥子二千包准於五月初六日十一點鐘

鴉片行

香港鴉片行情新公烟土沽七百四十四員〇舊公烟土七百四十員新鴉烟土沽七百四十員十員　香港鴉片上古上七百三

四月廿六日厦門行情新公烟土七百六十五員〇新鴉烟土七百四十五員〇舊鴉烟土七□□□

船名	船主名	庄口名
烏孖架列	座肥	佛厘查公司
耶阿平衣合顛	羅平顛	些化公司
康可	科杰	佛厘查公司
華優拿	活杰	佛厘查公司
○往舊金山正埠		
阿羅剌	哥雖平	喝公司
孖舌地夫	賛臣	吸文時急公司
北力甯厘亞	鳴咩	鵶厘芬公司
○往雪梨砵非立		
現無船往		
○往江南上海縣		
時非治	來	化厘公司
威林	末厘顛	些化公司
孖蘭拿	甯剌	曉魁拿公司
衣都亞晏租厘	紼年	都時公司
○往新嘉波埠		
加羅蓮	羅	布時斧公司
○前往福州		
遠[illegible]卑厘	羅	亞查公司
○前往厦門		
孖他衣樊厘	加時打	些化公司
巴地厘澳地時	剌時厘	士蔑臣呢地
○前往小呂宋		
孖碌也路衣沙	查厘北	布時斧公司
○前往汕頭厦門		
化蘇地時	谷巴	巴剌爹公司

已上皆早日揚帆

火輪船

[illegible]落至初三日下午五點鐘止金銀落至初四日午時止小件頭落至初四日十點鐘止如要知其詳細到本行問便妥所有貨物付往歐羅巴諸國要書明何貨並值銀若干如報單有差該貨被埃及國官府所留與本火輪船公司無涉

已未年四月二十日火輪船公司啟

[illegible]家火輪船到兩日後啟行前往上海

已未年四月初一日火輪船公司啟

[illegible]船到兩日後啟行往福州

已未年四月初十日本港火輪船公司謹啟

[illegible]家火輪船到港兩日後啟行前往小呂宋

已未年四月初一日本港火船公司啟

前往上海

末士都時有船一隻名衣都亞晏租厘准於五月初一朝揚帆前往上海如有搭客搭貨請本行面議

已未年四月廿五日啟

前往新嘉波

茲有暹羅火輪船一隻名走快亞船主名阿俊准於五月初六日揚帆前往新嘉波埠如貴客有貨附搭請到末士畢公司行面議

已未年五月初一日畢行啟

洋船出賣

末士喝公司有二枝半桅船一隻名衣厘巴出賣其船牌三百六十噸大可載貨六百噸新銅底走港口甚是合宜如欲知其詳細者請到本行問便妥〇已未正月十九日啟

躉船出賣

末士士蔑布林勞有躉船一隻運餅餘出賣其船現泊省城大英軍糧局馬頭如要知其詳細請到本行問便可

已未年正月初十日啟

皁蔴油出賣

茲有桶裝罐裝皁蔴油出賣如貴客欲買者請到本新聞紙館面議

已未年三月三十日啟

夜冷館

末士碌時厘現在上環馬路賃得有行一間名奄保林常有各色貨物出投又做各樣經紀如貴客光顧託他買賣之事無不妥辦特此聲明

已未年二月十九日謹啟

火船出賃

末士孖剌有暗車火輪船一隻名埃倫便運時出賃如有貴客欲租賃此船者請到本行面議

已未年二月二十二日啟

英國大狀師

末士畝律攬理各衙門大小案情現住中環大街第四百一十號舊匯行對面便是

已未年三月十二日謹啟

加時古狀師

末士加士古狀師之案件自今日以後交與丹拿蝦時倫狀師辦理特此聲明〇已未年三月初二日啟

桅木出賣

啟者二枝半桅船名衣倫船主名冰有上好桅木出賣由四十二至五十六活又有大鐵鏈兩門鐵水櫃二個鐵錨等物出投如貴客欲買者請到船上面議

新鮮粉出賣

末士森公司有架厘哥新鮮粉三百桶出賣

已未年四月十五日謹啟

請人雇工

茲者來也亞不酒店末士架希門牌九百八十號欲聘請人二名往上海做荷蘭水檸檬糖羌汁之職如有能充此職者請到本行面議工價便妥

已未年四月十八日啟

呂宋烟出賣

舊匯行隔鄰末士利灣渣弼有新到二號呂宋烟共十三萬出賣又有法蘭西罐仔鴿肉鵝肝地酒呂宋糖荷蘭鞋等物出賣

戊午年十二月廿八日啟

洋硝出賣

茲者士末孖剌有新到上好洋硝出賣如意買者請到本新聞紙館面議

戊午年十二月初八日啟

黃埔末士多羅弼地云有主固蓄船一隻名路麂厘如貴客有貨要貯落躉船或遇別船躉時方便舊租便宜特此聲明

已未年正月十三日啟

華艇出賣

啟者中環末士架律時有華艇一隻可載二千四百担此艇經已修整桅幔俱新出賣如意者請到本行面議

已未年四月十九日啟

洋船出賃

末士閃臣公司有快駛洋船一隻出賃船名晏耶耶船主名剌士查九百八十噸大又有好艙位裝載搭客如貴客欲租船請到閃臣行面議

戊午年十二月十五日謹啟

啟者中環馬路末士的鐵匠專做船隻鐵器皿如有貴客光顧者請到本行面議

已未年四月十九日啟

金鷄勒出賣

茲有金鷄勒霜出賣每觔重一安沙即八錢三如有貴客欲買此藥可移玉到本新聞紙館問便知

已未年三月初九日啟

洋船出賃

茲者末士帝禮也公司有船一隻名之時店文呢船主名哥見納四百噸大現泊在黃埔如有貴客欲散搭或全隻租賃者請到本行面議

已未年四月十五日啟

畢公司

茲者末士畢公司有沙藤架啡蘇木檀香綠豆發客

戊午年十一月廿日啟

香港船頭貨價紙

第二百四十九號　己未年五月初四日　禮拜

啟者此紙係在孖剌處每日所印之新聞紙同館印刷每逢禮拜二禮拜四禮拜六為期遍派香港各鋪戶每月收回銀一大員如　貴客有事要印落此紙內務宜早一日走字通知未士孖剌便妥印刷唐字價錢如左　一凡每次落唐字者五十個字已下收銀一員倘五十個字已上每字收銀一個先士如欲再落者每個禮拜照前一半算如意者祈請到本館印刷便是
未士孖剌　新文紙館謹啟

新聞

茲接到上海四月廿五日來信云於三月中旬張國員大人率諭藥南京之圍帶兵往江北剿賊南京長毛知其動靜出兵追之屢次交戰使張國員之兵不能盡渡江北江北之賊見張國員之兵到不敢與之戰惟有小戰則詐敗佯輸俟其糧草盡過江北即四面埋伏攻其不備於是張國員江北之兵失利首尾不能相顧心膽俱喪被傷斃者不計其數糧草布帳砲械軍器盡行失去江南官兵亦敗官兵屢戰屢敗現在退守揚州長毛復得六合縣攻破儀徵縣直上揚州未聞揚州交戰如何若揚州一失則運糧河再不通行矣○聞說俄羅斯國因　清朝割去黑龍江省之地與他現在送來大砲八百口以為酬答之禮云云

現在巡理廳正堂辭任往北做唐人海關鈔任副巡理衙租大老爺陞署正堂未士咩署副巡理未士查文署總理差役官等情

煤炭出賣

啟者未士巴剌爹公司有煤炭出賣如有貴客光顧者請到本行面議
已未年四月十九日啟

呂宋烟出賣

啟者本新聞紙館有呂宋烟夏那華烟哥爹那時烟出賣每箱五百口如有貴客光顧者請到本館面議○已未四月十八日啟

尋貨主

於一千八百五十五年九月有船一隻名孖時都由上海來黃埔其船遇風颶後到福州將各水漬壞貨當公出投如有各附貨物人到本行未士孖剌即以所賺得之銀派回便是其貨開列於下　德記貨CT也頭八十七件KB二百二十一件XY六十九件WR二十件以上係四方欖核也W九十件MD六件LK十三件OL三十九件WR一百五十三件以上係用三角也　亞一貨JT也頭一百四十一件CDK六十件恆昌貨HY也頭二百一十八件　合員J也九十件　亞棋貨C也一百九十六件　寶與貨L也一百三十三件　福記貨D也八十件　和源ST也一百一十九件SH二十件SO六件　亞錦貨dckm也二十七件以上係四方欖核也頭
已未年四月廿一日　司理繳人孖剌啟

啟者唐人如有切要時事或得之目擊或得之傳聞不論何事但取其有益於唐人有合於眾好者均可攜至本館刻刷分文不取特此佈聞
新聞紙館謹啟

啟者如有船隻往廈門欲要船底壓載者可到本行面議此壓載不須費錢
已未年四月廿二日　未士丹拿公司啟

中環裕亨

中環裕亨洋貨店於已未年四月初二日與前股人當面算明與德遠頂受即將本銀派回舊股人如數收足此店於四月十五日改換裕興字號惟有各號欠裕亨銀兩俱要與德遠收用及生意一切與舊股人無涉倘舊股人並各件與人除借經手是問與裕興無干

洋船出賃

茲者未士帝禮也公司有船一隻名之時店文呢船主名哥見約四百噸大現泊在黃埔如有　貴客欲搭或全隻租賃者請到本行面議
已未年四月十五日啟

前往舊金山

未士吸文時急公司有第一等花旗船一隻名孖時地平船主名費臣準於早日揚帆前往舊金山正埠如有附搭貨物者請到本行面議
已未年三月初三日謹啟

未士丫壓扮公司有第一等洋船一隻名北力窩壓亞船主名鳴非準於早日揚帆前往舊金山正埠如有搭客搭貨者請到本行面議
已未年三月初五日啟

前往新金山

未士架舌公司有大花旗船一隻名哥連士佚船主名協門准於早日揚帆前往新金山雪梨砵非立正埠如有欲搭貨搭客者請到本行面議
已未年四月初五日啟

杉板出賣

茲者西營盤貨倉未士巴嗎有各樣杉板出賣如有貴客欲光顧者祈請移玉到本行面議便是
已未年四月十五日啟

未士烟架拿哥有壓園艇貨艇三隻裝載貨物開埋甚便或租往別處亦可如有貴客欲光顧祈請到與隆街門牌第一百八十四號與原人面議便是價錢相宜特此稟明
未四月十四日啟

洋酒出賣

啟者未士佛壓查公司有最關地酒砵酒車厘酒出賣如欲買者請到本行面議
已未四月廿四日啟

啟者未士阻治亞查欲買鐵樑一條如有此鐵賣者請到本行面議
已未年四月十九日啟

松木出

未士巴勞有新到八寸至十二寸方停松木四寸厚板一寸半厚板一寸厚板又有圓木二十八條出賣如要買換木者請到本

未士運卡剌弗於五月初九日正午十二點鐘在監街未士高嫜雲嘶鄉有地一段出投地址第五百零四號共地二萬五千八百五十方尺此地遂行居住甚是合宜一凡投到此地者即要交價銀三份一其餘陸續繳之

未士運卡剌弗於五月初十日正午十二點鐘在未士爹庇時行上日巡理廳老爺有檯椅較子床睡床洋燈鏡磁器玻璃器洋琴各等家私什

未士運卡剌佛奉監大人命准於五月初六日正午十二點鐘在監屋內有檯椅西砵亢床床茶機衣櫃櫃桶檯大餐器具玻璃器裝身檯洗身桶燈鏡鐵碟碗碟這厘晉打臣與及

南柯未士士吉蝦在剌爹行有麥子二千包准於五月初六日十一點鐘

鴉片行

香港鴉片行情新公烟土沽七百五十五員○舊公烟是日無價新鴉烟土是日無價
香港鴉片土是日係

上海四月廿八日火船洋子帶來行情新白烟土四百四十二兩○舊白烟土四百六十兩○新公鴉片土五百

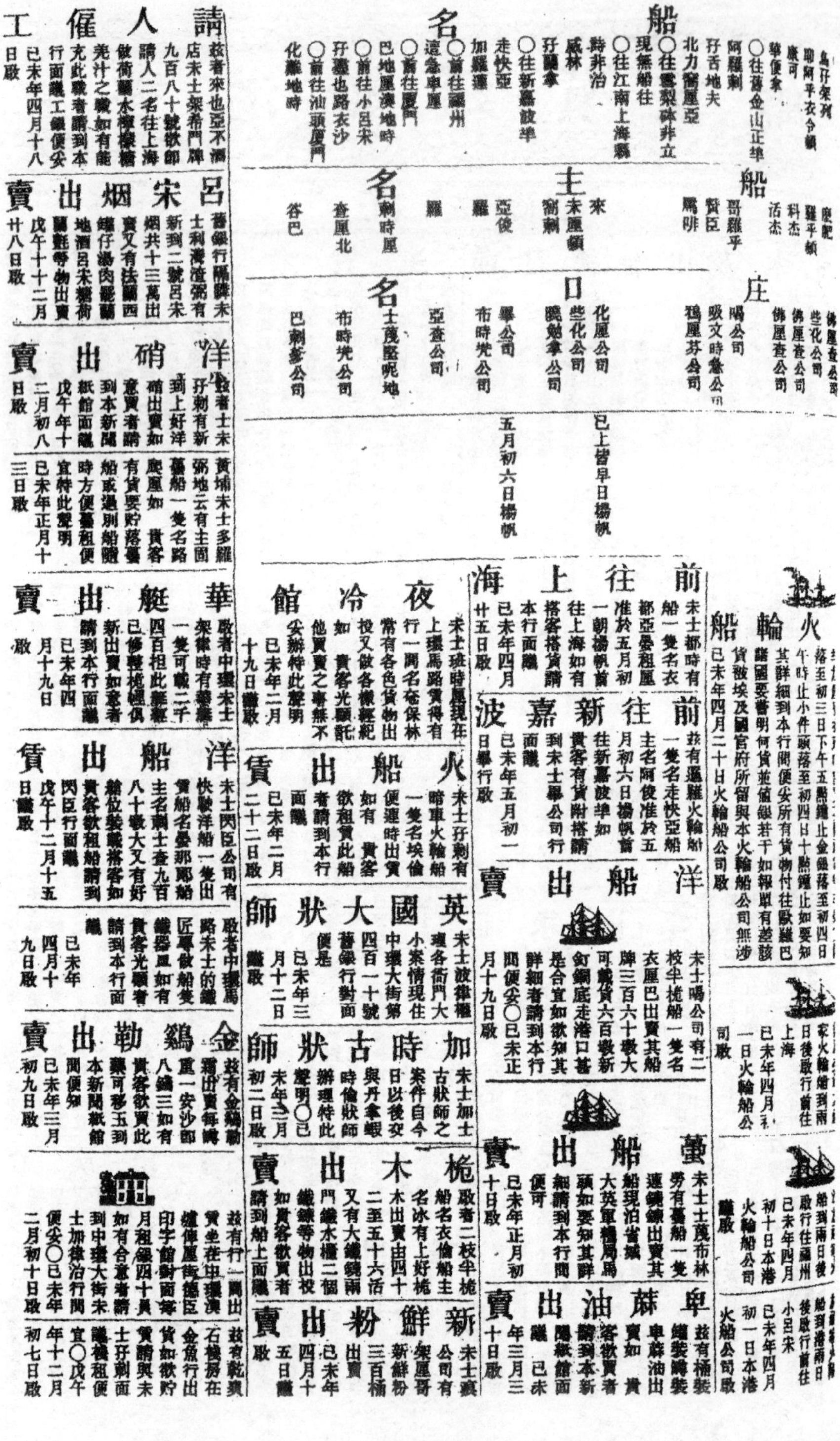

船名　船主　庄口

烏孖架列　廣肥　佛厘查公司
耶阿平衣令頓　羅平頓　些化公司
廉可　科杰　佛厘查公司
華便拿　活杰　佛厘查公司
○往舊金山正埠
阿羅剌　哥羅平　喝公司
孖舌地夫　賢臣　吸文時急公司
北力術厘亞　罵啡　鴉厘芬侖公司
○往雪梨砵非立
現無船往
○往江南上海縣
時非治　來　化厘公司
威林　未厘頓　些化公司
孖顛拿　剎剌　晚勉拿公司
已上皆早日揚帆
○往新嘉波埠
走快亞　亞使　畢公司
加羅蓮　羅　布時咣公司
五月初六日揚帆
○前往福州
遮急車厘　羅　亞查公司
○前往廈門
巴地厘澳地時　剌時厘　士蔑堅呢地
○前往小呂宋
孖蘇也路衣沙　查厘北　布時咣公司
○前往汕頭廈門
化蘇地時　谷巴　巴剌爹公司

火輪船

落至初三日下午五點鐘止金銀落至初四日午時止小件順落至初四日十點鐘止如要知其詳細到本行問便妥所有貨物付往歐羅巴諸國要書明何貨並值銀若干如報單有差該貨被埃及國官府所留與本火輪船公司無涉 已未年四月二十日火輪船公司啟

家火輪船到兩日後啟行前往上海 已未年四月初一日火輪船公司啟

船到兩日後啟行往福州 已未年四月初十日本港火輪船公司議啟

船到港兩日後啟行前往小呂宋 已未年四月初一日本港火船公司啟

前往上海

未士都時有船一隻名衣都亞晏租厘准於五月初一朝揚帆前往上海如有搭客搭貨請本行面議 已未年四月廿五日啟

前往新嘉波

茲有暹羅火輪船一隻名走快亞船主名阿使准於五月初六日揚帆前往新嘉波埠如貴客有貨附搭請到未士畢公司行面議 已未年五月初一日畢行啟

洋船出賣

未士喝公司有二枝半桅船一隻名衣厘巴出賣其船牌三百六十墩大可載貨六百墩新釘銅底走港口甚是合宜如欲知其詳細者請到本行問便妥○已未正月十九日啟

躉船出賣

未士士蔑布林勞有躉船一隻連鐵鍊出賣其船現泊省城大英軍糧局碼頭如要知其詳細請到本行問便可 已未年正月初十日啟

卑蘇油出賣

茲有桶裝罐裝卑蘇油出賣如貴客欲買者請到本新聞紙館面議 已未年三月三十日啟

夜冷館

未士玻時厘現在上環馬路賃得有行一間名奄保林常有各色貨物出投又做各樣經紀如貴客光顧託他買賣之事無不妥辦特此聲明 已未年二月十九日議啟

火船出賃

未士孖剌有暗車火輪船一隻名埃倫便遲時出賃如有貴客欲租賃此船者請到本行面議 已未年二月二十二日啟

英國大狀師

未士波律權理各衙門大小案情現住中環大街第四百一十號舊銀行對面便是 已未年三月十二日議啟

加時古狀師

未士加士古狀師之案件自今日以後交與丹拿蝦時倫狀師辦理特此聲明○已未年三月初二日啟

桅木出賣

啟者二枝半桅船名衣倫船主名冰有上好桅木出賣由四十二至五十六活又有大鐵錨兩門鐵木櫃二個鐵鍊等物出投如貴客欲買者請到船上面議

新鮮粉出賣

未士戴公司有新架厘哥新鮮粉三百桶出賣 已未年四月十五日議啟

請人僱工

茲者來也亞不灑店未士架希門牌九百八十號欲師請人二名往上海做荷蘭水檸檬糖羌汁之職如有能充此職者請到本行面議工價便妥 已未年四月十八日啟

呂宋烟出賣

舊銀行隔鄰未士利海渣弼有新到二號呂宋烟共十三萬出賣又有法蘭西罐仔湯肉鹹蘭地酒呂宋糖荷蘭甑等物出賣 戊午年十二月廿八日啟

洋硝出賣

啟者士未孖剌有新到上好洋硝出賣如意買者請到本新聞紙館面議 戊午年十二月初八日啟

黃埔未士多羅弼地云有主固薑船一隻名路庇厘如貴客有貨要貯落躉船或過別船時方便躉租便宜特此聲明 已未年正月十三日啟

華艇出賣

啟者中環未士架律時有艇一隻可載二千四百担此艇已修整桅帆俱新出賣如意者請到本行面議 已未年四月十九日啟

洋船出賃

未士閃臣公司有快駛洋船一隻出賃船名晏那耶船主名剛士查九百八十墩大又有好艙位裝載搭客如貴客欲租船請到閃臣行面議 戊午年十二月十五日議啟

啟者中環馬路未士的鐵匠專做船隻鐵器皿如有貴客光顧者請到本行面議 已未年四月十九日啟

金鷄勒出賣

茲有金鷄勒霜出賣每罇重一安沙即八錢三如有貴客欲買此藥可移玉到本新聞紙館問便知 已未年三月初九日啟

茲有行一間出賃坐在中環漢璉律厘街德臣印字館對面每月租銀四十員如有合意者請到中環大街未士加律治行問便妥○已未年二月初十日啟

茲有乾爽石棧房在金魚行出貨如欲貯貨請與未士孖剌面議租便宜○戊午年十二月初七日啟

香港船頭貨價紙

第二百五十號 己未年五月初七日

啟者此紙係在孖剌館每日所印之新聞紙嗣館印刷每禮拜二禮拜四禮拜六爲期遍派香港各舖戶每月收回銀一大員如 貴客有事要印落此紙內務宜早一日走字通知未士孖剌便妥印刷唐字價錢如左 一凡每次落唐字者五十個字已下收銀一員倘五十個字已上每字收銀一個先士如欲再落者每個禮拜照前一半算如意者祈請到本館印刷便是 未士孖剌 新文紙館謹啟

新聞

於五月初五晚七點鐘有鐵行火輪船名亞顛由孟買埠到港帶來泰西書信並新聞紙云澳打利亞與瑞颠拿國不睦澳打利亞乃泰西之一大國瑞颠拿不過一小國耳法蘭西國皇以兵助之一聞澳打利亞有兵一十二萬入瑞颠拿國之境法帝即親大兵八九萬水陸並進御駕親征入瑞颠拿境內堵禦但吾恐法人救兵未到澳打利亞之兵勇已經攻破瑞颠拿國之城池所謂遠水不能救近火矣現在俄羅斯國普路沙國大英國法蘭西國皆責澳打利亞之行爲各國商議救瑞颠拿國惟法兵已動其三大國之兵尚未有動云云又聞有法國上諭法水師提督珍那壓即刻帶兵攻破安南京城名䕶府後𢍁將兵勇調回本國聽用云云〇啟火輪船又帶來白皮烟土九百箱在加利吉打埠新公烟土投一千六百五十一個路卑在孟買白皮烟土沽銀一千三百一十個路卑

前督葉大人之靈柩於四月十六日上船停寄東門外斗姥宮於二十五日將載來之錫棺打開其屍有藥製好不見臭味許多大小官員來弔喪者亦得見面後用本地棺木裝好交其家屬提理候候部覆如何安置〇又聞說柏大人薨之後有上諭到省調黃宗漢往別處命柏椎署兩廣總督關防云云

新聞

茲有法國火輪船名被利眞由安南到港帶來四月十六日書信云法蘭西與西班雅兩國兵勇往攻安南砲臺戰座安南人據險力戰法人不得地利故被戮者五十名後法雅人苦戰方能得此砲臺安南人死者不知其數云云

尋貨主

於一千八百五十五年九月有船一隻名孖時都由上海來黃埔其船過風颶後到福州將各水漬壞貨當公出投如有各附貨物人到本行未士孖剌館以所應得之銀派回便是其貨嘜列於下 德記貨CT乜頭八十七件KB二百二十一件XY六十九件WB二十件以上係四方欖核乜W九十件MD六件LK十三件OL三十九件WR一百五十二件以上係用三角乜 亞一貨JT乜頭一百四十一件CDK六十件恆昌貨HY乜頭二百一十八件 合員J乜九十件 亞棋貨O乜一百九十六件 寶與貨L乜一百三十三件 福記貨D乜八十件 和源ST乜一百一十九件SH二十件SO六件 亞錦貨Ackum乜二十七件以上係四方欖核乜頭 己未年四月廿一日 司理辦數人孖剌啟

中環裕亨

中環裕亨洋貨店於己未年四月初二日與舊股人當面算明吳德遠頂受即將本銀派回舊股人如數收足此店於四月十五日改換裕興字號惟有各號欠裕亨銀兩俱要吳德遠收用及生意一切與舊股人無涉倘舊股人並各件與人賒借經手是問與裕興無干

啟者如有船隻往廈門欲要船底壓載者可到本行面議此壓載不須費錢 己未年四月廿二日 未士丹拿公司啟

啟者未士阻治亞查欲買鐵梯一條如有此鐵賣者請到本行面議 己未年四月十九日啟

前往舊金山

未士吸文時急公司有第一等花旗船一隻名孖時地平船主名贊臣準於早日揚帆前往舊金山正埠如有附搭貨物者請到本行面議 己未年三月初三日謹啟

未士丫𠲍汾公司有第一等洋船一隻名北力㕑壓堂船主名賜非準於早日揚帆前往舊金山正埠如有搭客搭貨者請到本行面議 己未年三月初五日啟

前往新金山

未士架舌公司有大花旗船一隻名哥運士佚船主名協門准於早日揚帆前往新金山鳥梨砵非立正埠如有欲搭貨搭客者請到本行面議 己未年四月初五日啟

杉板出賣

茲者西營盤貨倉未士巴媽有各樣杉板出賣如有貴客欲光顧者祈請移玉到本行面議便是 己未年四月十五日啟

未士烟架拿哥有堅固戰貨艇三隻裝載貨物開埋甚便或租往別處亦可如有貴客欲光顧祈請到與隆街門牌第一百八十四號與原人面議便是價錢相宜特此聲明 未四月十四日啟

洋酒出賣

啟者未士佛壓查公司有鬆爛地酒砵酒車壓酒出賣如欲買者請到本行面議 己未四月廿四日啟

新鮮粉出賣

未士甕公司有架壓哥新鮮粉三百桶出賣 己未年四月十五日謹啟

松木

未士巴勞有新到八寸至十二寸方停松木四寸厚板一寸半厚板一寸厚板又有圓木二十八條出賣如要

煤炭

啟者未士巴剌爹公司有煤炭出賣如有貴客光顧者請到本

呂宋烟

啟者本新聞紙館有呂宋烟烏夏那華烟哥爹那時烟出賣每箱五百口如有

未士班時壓於五月初七日正午十二點鐘有大小洋纜火腿眉豆洋𥂝鞋皮竹布夏布海圖

未士遮卡剌弗於五月初九日正午十二點鐘在堅街未士高煤雲隔鄰有地一段出投地址第五百零四號共地二萬五千八百五十方尺此地適行居住甚是合宜一凡投到此地者即

未士遮卡剌弗於五月初十日正午十二點鐘在未士爹庇時行上日巡理廳老爺有檯椅椅子床睡床洋鏡畫鏡磁器玻璃

鴉片

香港鴉片行情新公烟土沽七百五十五員〇舊公烟是日無價新烟土沽七百四十五員

船名

鳥仔架列 耶阿乎衣令頓
廉可
華便拿
○往舊金山正埠
阿羅剌
孖舌地夫
北力窩厘亞
○往雪梨砵非立
現無船往
○往江南上海縣
時非治
威林
孖蘭拿
火船上海
○往新嘉波埠
加羅連
○前往福州
這急卑厘
○前往厦門
巴地厘澳地時
火船萬年剌

船主名

應肥 羅乎頓
科杰
活杰
哥羅乎
贊臣
嗎啡
來
未厘頓
窩剌
記厘布
羅
羅
剌時厘
記厘臣

庄口名

咈厘查公司
些化公司
咈厘查公司
佛厘查公司
嗎公司
吸文時急公司
鴉厘芬公司
化厘公司
些化公司
晓勉拿公司
鐵行公司
布時摙公司
亞查公司
士蔑堅呢地
鐵行公司

已上皆早日揚帆
五月初八日朝九點鐘啟行
五月初八日朝九點鐘啟行

火輪船

落至初三日下午五點鐘止金銀落至初四日午時止小件頭落至初四日十點鐘止如要知其詳細到本行問便妥所有貨物付往歐羅巴諸國要書明何貨並值銀若干如報單有差該貨被埃及國官府所留與本火輪船公司無涉 已未年四月二十日火輪船公司啟

家火輪船到兩日後啟行前往上海 已未年四月初一日火輪船公司啟

船到兩日後啟行往福州 已未年四月初十日本港火輪船公司謹啟

船到港兩日後啟行前往小呂宋 已未年四月初一日本港火船公司啟

憲示

為招人投票承充西便屠房宰猪牛各牲口於本年六月初二日即英七月初一日起以一年為期又另招人承充東便屠房宰牛猪各牲口如各人欲充當者寫票投遞其票限於五月十九日即英六月十九日十二點鐘截收其例式俱照一千八百五十八年街市規例倘於後或有改其規例該充當之人務必依所改之例而行其票內務要寫明每年願納租銀若干按月上期交收該票俱至總憲署投遞其票東西屠房務要分別 已未年五月初一日示

為懸賞緝拿事照得本月初五日在亞公巖地方突有匪徒傷斃人命該匪關逸已照例將被傷屍首當場驗明據証指確兇手二名但經早覔未就弋獲理合出賞格為此示諭諸色人等知悉除二犯自首不議外凡有人確知二犯住址前來報信俾得迅即拿獲以憑分別辦理報信者即給銀二百五十大員或報信後有欲往南金山者亦當由官長備給盤費附船送往切勿猶豫各宜凜遵毋違 特示 已未年五月初四日示

夜冷館

未士班時厘現在上環馬路賃得有行一間名奄保林常有各色貨物出投又做各樣經紀如 貴客光顧託他買賣之事無不妥辦特此聲明 已未年二月十九日謹啟

招人承辦皇家醫館各樣食物於本年五月二十六日即英六月二十六日起以一年為期牛肉耙每磅若干湯肉每磅若干雞每磅若干上鮮魚每磅若干鹹魚每磅若干羊排骨每磅若干羊頭連四腳每付若干猪排骨每磅若干猪肝每磅若干白猪油每磅若干牛油每磅若干上白米每四個蘇鈴兩個邊宜若干磅薯仔每磅若干番薯每磅若干大薯每磅若干上耦粉每磅若干西谷米每磅若干大麥每磅若干架啡每磅若干上工夫茶葉每磅若干白糖每磅若干椰菜每磅若干番瓜每磅若干紅蘿白每磅若干葱頭每磅若干火油每磅若干炭每磅若干柴每四個蘇鈴兩個邊宜若干磅雞蛋斷打臣若干牛乳一罇磅半每罇若干黃色鞭飽每磅若干以上各物件務要上好的如要知其詳細者即問皇家醫生孖厘便知已未年五月初四

桅木出賣

啟者二枝半桅船名衣倫船主名冰有上好桅木出賣由四十二至五十六活又有大鐵鏈兩門鐵水櫃二個鐵鍊等物出投如貴客欲買者請到船上面識

加時古狀師

未士加士古狀師之案件自今日以後交與丹拿蝦時倫狀師辦理特此聲明○已未年三月初二日啟

啟者唐人如有切要時事或得之目擊或得之傳聞不論何事但取其有益於唐人有合於同好者均可攜至本館刻刷分文不取特此佈聞 新聞紙館謹啟

洋硝出賣

茲者士未孖剌有新到上好洋硝出賣如意買者請到本新聞紙館面識 戊午年十二月初八日啟

卑蔴油出賣

茲有桶裝罐裝卑蔴油出賣如 貴客欲買者請到本新聞紙館面識 已未年三月三十日啟

洋船出賃

未士閃臣公司有快駛洋船一隻出賃船名曼那耶船主名剌士查九百八十噸大又有好艙位裝載搭客如貴客欲租船請到閃臣行面識 戊午年十二月十五日謹啟

洋船出賣

澳門未士嗔有二枝半桅船一隻出賣或租賃與人其船於一千八百五十一年在跛厤文埠新裝各樣架生堅固有單開列現在灣泊澳門裏海如欲知其詳細請到本行問便妥○已未五月初一日啟

洋船出賃

茲者未士帝禮也公司有船一隻名之時店文呢船主名哥見約四百噸大現泊在黃埔如有 貴客欲徵將或全隻租賃者請到本行面識 已未年四月十五日啟

黃埔未士多羅㽜地云有主圖舊船一隻名路腴厘如 貴客有貨要貯落舊船或過別船隨時方便舊租便宜特此聲明 已未年正月十三日啟

華艇出賣

啟者中環未士架律時嗜華艇一隻可載二千四百担此艇經已修整桅帷俱新出賣如意者請到本行面識 已未年四月十九日啟

啟者中環馬路未士的鐵匠專做船隻鐵器皿如有貴客光顧者請到本行面識 已未年四月十九日啟

金鷄勒出賣

茲有金雞勒霜出賣每罇重一安沙即八錢三如有貴客欲買此藥可移玉到本新聞紙館問便知 已未年三月初九日啟

香港船頭貨價紙

第二百五十一號　己未年五月初九日　禮拜四

啟者此紙係在孖剌處每日所印之新聞紙同館印刷每逢禮拜二禮拜四禮拜六為期編派香港各舖戶每月收回銀一大員如貴客有事要印落此紙內務宜早一日走字通知未士孖剌便妥印刷唐字價錢如左一凡每次落唐字者五十個字已下收銀一員倘五十個字已上每字收銀一個先士如欲再落者每個禮拜照前一半算如意者祈請到本館印刷便是 未士孖剌 新文紙館謹啟

新聞

於五月初七日有一隻花旗內河火輪船名百忍由新嘉波到港不過行五日船火輪船之中要由新嘉波來港不及此之快也聞說此火輪船係來走香港澳門省城等處裝載貨物搭客其船樣似舊日之嗹布不火船較嗹布不火船更長且大○渣顛有火輪船一隻名蘭士非壓由加利吉打到港載來公鴉烟土一千一百二十箱○又有火輪船一隻名占時洽壓由加利吉打到港只載來公鴉烟土二百五十箱○聞說現樹植鴉片多被虫蟻傷害有計得來年西竹地方只出得公烟土一萬六千箱鴉烟土五千箱故本港各商人接到信札公鴉烟土即時起價云云

中環裕亨

中環裕亨洋貨店於己未年四月初二日與前股人當面算明吳德遠頂受即將本銀派回舊股人如數收足此店於四月十五日改換裕興字號惟有各號欠裕亨銀兩俱要吳德遠收用及生意一切與舊股人無涉倘舊股人並各件與人賒借經手是問與裕興無干

洋船出賃

茲者未士帝禮也公司有船一隻名之時店文呢船主名哥見約四百墩大現泊在黃埔如有貴客欲搬搭成全隻租賃者請到本行面議 己未年四月十五日啟

尋貨主

於一千八百五十五年九月有船一隻名孖時都由上海來黃埔其船遇風颶後到福州將各水濆壞貨當公出投如有各附貨物人到本行未士孖剌即以所應得之銀派回便是其貨開列於下 德記貨CT乜頭八十七件KB二百二十一件XY六十九件WB二十件以上係四方欖核乜W九十件MD六件LK十三件OL三十九件WR一百五十三件以上係用三角乜 亞一貨JT乜頭一百四十一件CD K六十件恆昌貨HY乜頭二百一十八件 合良J乜九十件 亞棋貨C乜一百九十六件 寶興貨L乜一百三十三件 福記貨D乜八十件 和源ST乜一百一十九件SH二十件SO六件 亞錦貨Ackam乜二十七件以上係四方欖核乜頭 己未年四月廿一日 司理攤收人孖剌啟

上諭

上諭王懿德奏官軍克復連城閩省被擾地方一律收復一摺福建省匪徒竄踞連城縣經王懿德督飭官軍迭次痛剿並飭署總兵饒祺副將王植元參將袁良等督帶兵勇尅期收復正月初九日城內出賊數千四面包撲袁良奮勇督隊斬獲不計其數初十日諸軍復分投進勦逆匪傾巢出撲各軍奮力攻擊賊斃無算餘匪由四堡逃竄當將城池收復此次粵匪竄入閩境勾結土匪所至滋擾該督撫等迭將汀州甯化等府縣克復餘匪盤踞連城茲復痛加剿洗立拔堅城閩省地方克期全境謐安辦理尚為妥協候補參將袁良督兵勦賊奮勇當先尤為出力著賞給堅勇巴圖魯名號以示鼓勵其餘出力員弁兵勇該由該督等核實保奏候朕施恩仍著督飭臬司裕鐸署總督饒祺等將逃竄殘匪殲除淨盡並分別解散以靖地方欽此

啟者未士阻治亞查欲買鐵棍一條如有此鐵賣者請到本行面議 己未年四月十九日啟

前往舊金山

未士嗷文時急公司有第一等花旗船一隻名孖時地乎船主名贊臣準於早日揚帆前往舊金山正埠如有附搭貨物者請到本行面議 己未年三月初三日謹啟

未十丫壓扮公司有第一等洋船一隻名北力窩壓亞船主名羯非準於早日揚帆前往舊金山正埠如有搭客搭貨者請到本行面議 己未年三月初五日啟

前往新金山

未士架舌公司有大花旗船一隻名哥連士佚船主名協門准於早日揚帆前往新金山雪梨砵非立正埠如有欲搭貨搭客者請到本行面議 己未年四月初五日啟

杉板出賣

茲者西營盤貨倉未士巴嗎有各樣杉板出賣如有貴客欲光顧者祈請移玉到本行面議便是 己未年四月十五日啟

未士烟架拿哥有堅固駁貨艇三隻裝載貨物開埋甚便或租往別處亦可如有貴客欲光顧祈請到典隆街門牌第一百八十四號與原人面議便是價錢相宜特此聲明 己未四月十四日啟

洋酒出賣

啟者未士佛壓查公司有龍鬚地酒砵酒車厘酒出賣如欲買者請到本行面議 己未四月廿四日啟

新鮮粉出賣

未士嗔公司有架壓哥新鮮粉三百桶出賣 己未年四月十五日謹啟

煤炭出賣

啟者未士巴剌爹公司有煤炭出賣如有貴客光顧者請到本行面議 己未年四月十九日啟

呂宋烟出賣

啟者本新聞紙館有呂宋烟夏那華烟哥爹那時烟出賣每箱五百口如有貴客光顧者請到本館面議○己未四月十八日啟

未士痕於五月十一日正午十二點鐘在船政官馬頭新行內有跛酒罇裝罷蘭地桶裝罷蘭地大貨呂宋蘇欖烟餅鐵鏡束洋漆器等物出投現銀七一七兌 己未年五月初八日啟

未士士滅佈林勞於五月初九日上午十一點鐘在大英船料局有大小三板艇牛鐵熟鐵火櫃鐵筒油布鋼鐵衣服等物出投現銀七一七兌 己未年五月初七日啟

未士運卡剌弗於五月初九日正午十二點鐘在堅街未士高孀雲隔鄰有地一段出投地址第五百零四號共地二萬五千八百五十方尺此地建行居住甚是合宜一凡投到此地者即要交價銀三份一其餘轉紙之日交清所有轉地紙使用係買主自理特此聲明 己未年五月初十日啟

未士運卡剌弗於五月初十日正午十二點鐘在未士爹庇時行上日巡理廳老爺有檯椅轎子床睡床洋燈畫鏡磁器玻璃器洋琴各等家私什物出投現銀出貨七一七兌 已未年五月初二日啟

鴉片行情

香港鴉片行情新公烟土沽七百八十五員○舊公烟是日無價新鴉烟土沽七百五十五員舊鴉烟土是日無價白皮烟土沽五百九十員

現在香港澳門黃埔落貨往各埠之船列左

船名

○往蘭頓京城
烏孖架列
耶阿平衣令頓
康可
華便拿
○往舊金山正埠
孖舌地夫
北力啲厘亞
○往雪梨砵非立
現無船往
○往江南上海縣
時非治
威林
孖闌拿
火船上海
○往新嘉波埠
加羅運
○前往福州
這急卑厘
○前往廈門
火船萬年剌
○前往暹羅
晏拿希運拿

船主名

麽肥
羅平頓
科杰
活杰
贊臣
罵啡
來
末厘頓
㗎剌
記厘布
羅
羅
記厘臣
安

庄口名

佛厘查公司
些化公司
佛厘查公司
佛厘查公司
吸文時急公司
鴉厘芬公司
化厘公司
些化公司
曉勉拿公司
鐵行公司
布時𫭢公司
亞查公司
鐵行公司
急公司

已上皆早日揚帆
五月初八日朝九點鐘啟行
五月初八日朝九點鐘啟行

鐵行火輪船

本港鐵行火輪船公司有火輪船一隻名那拿船主名敦拿士準於五月初五日上午九點鐘由本港啟行裝載搭客貨物書信前往新加波埠加厘當打剌時望買英國祖家等埠雜貨限落至初三日下午五點鐘止金銀落至初四日午時止小件頭落至初四日十點鐘止如要知其詳細到本行問便妥所有貨物付往歐羅巴諸國要書明何貨並值銀若干如報單有差該貨被埃及國官府所留與本火輪船公司無涉
已未年四月二十日火輪船公司啟

鐵行火輪船公司有火輪船名上海船主名麥記厘架準於祖家火輪船到兩日後啟行前往上海
已未年四月初一日火輪船公司啟

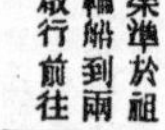

茲有火輪船名萬年剌船主名機厘臣準於祖家火船到兩日後啟行往福州
已未年四月初十日本港火輪船公司謹啟

茲有火輪船名舟山船主名卜爍時準於祖家火輪船到港兩日後啟行前往小呂宋
已未年四月初一日本港火船公司啟

憲示

為招人投稟承充西便屠房宰猪牛各牲口於本年六月初二日即英七月初一日起以一年為期又另招人承充東便屠房宰牛猪各牲口如各人欲充當者寫稟投遞其票限於五月十九日即英六月十九日十二點鐘截收其例式俱照一千八百五十八年街市規例倘於後或有改其規例該充當之人務必依所改之例而行其稟內務要寫明每年願納租銀若干按月上期交收該稟俱至總巡署投遞其票東西屠房務要分別
已未年五月初一日示　特示

為懸賞緝拿事照得本月初五日在亞公巖地方突有匪徒傷斃人命該匪颺逸已照例將被傷屍首當場驗明據証指確兇手二名但經早竄未就弋獲理合出賞格為此示諭諸色人等知悉除二犯自首不議外凡有人確知二犯住址前來報信俾得迅即拿獲以憑分別辦理報信者即給銀二百五十大員或報信後有欲往南金山者亦當由官長備給盤費附船送往切勿猶豫各宜凜遵毋違　特示
已未年五月初四日示

桅木出賣

啟者二枝半桅船名衣倫船主名冰有上好桅木出賣由四十二至五十六活又有大鐵鏈兩門鐵水櫃二個鐵鍊等物出投如貴客欲買者請到船上面議

夜冷館

末士班時厘現在上環馬路賃得有行一間名奄保林常有各色貨物出投又做各樣經紀如　貴客光顧託他買賣之事無不妥辦特此聲明
已未年二月十九日謹啟

招人承辦皇家醫館各樣食物於本年五月二十六日即英六月二十六日起以一年為期牛肉杷每磅若干湯肉每磅若干鷄每磅若干上鮮魚每磅若干鹹魚每磅若干羊排骨每磅若干羊頭連四脚每付若干猪排骨每磅若干猪肝每磅若干白猪油每磅若干牛油每磅若干上白米每四個綠鈴兩個邊宜若干磅薯仔每磅若干番薯每磅若干大薯每磅若干上糯粉每磅若干西谷米每磅若干大麥每磅若干架啡每磅若干上工夫茶葉每磅若干白糖每磅若干椰菜每磅若干番瓜每磅若干紅蘿白每磅若干葱頭每磅若干火油每磅若干炭每磅若干柴每四個綠鈴兩個邊宜若干磅鷄蛋斷打臣若干牛乳一罇磅半每罇若干黃色麵飽每磅若干以上各物件務要上好的如要知其詳細者即問皇家醫生孖厘便知已未年五月初四

加時古狀師

末士加士古狀師之案件自今日以後交與丹拿蝦時倫狀師辦理特此聲明〇已未年三月初二日啟

啟者唐人如有切要時事或得之目擊或得之傳聞不論何事但取其有益於唐人有合於同好者均可攜至本館刻刷分文不取特此佈聞
新聞紙館謹啟

啟者如有船隻往廈門欲要船底壓載者可到本行面議此壓載不須貿錢
已未年四月廿二日
末士丹拿公司啟

皁蔴油出賣

茲有桶裝罐裝罇裝皁蔴油出賣如　貴客欲買者請到本新聞紙館面議　已未年三月三十日啟

洋船出賃

茲有好駛三枝桅船一隻名士打剌闌拿船主名威林臣出賃此船有上好客艙如有　貴客要承租此船請到船上問船主或附信交末士罵嬙云轉交船主亦可〇
已未年五月初八日謹啟

洋船出賣

澳門末士濱有二枝半桅船一隻出賣或租賃與人其船於一千八百五十一年在跛厤文埠新裝各機架生堅固有單開列現在灣泊澳門[illegible]海如欲知其詳細請到本行問便妥〇已未五月初一日啟

黃埔末士多羅弼地云有主固躉船一隻名路毗厘如　貴客有貨要貯落躉船或過別船隨時方便躉租便宜特此聲明
已未年正月十三日啟

華艇出賣

啟者中環末士架律時有華艇一隻可載二千四百担此艇經已修整桅帆俱新出賣如意者請到本行面議
已未年四月十九日啟

啟者中環馬路末士的鐵匠舉做船隻鐵器皿如有貴客光顧者請到本行面議
已未年四月十九日啟

金鷄勒出賣

茲有金鷄勒霜出賣每罇重一安沙即八錢三如有貴客欲買此藥可移玉到本新聞紙館問便知
已未年三月初九日啟

松木出賣

末士巴勞有新到八寸至十二寸方停松木四寸厚板一寸半厚板一寸厚板又有圓木二十八條出賣如要買松木者請到本行面議
已未年三月十五日啟

香港船頭貨價紙

第二百五十二號　己未年五月十一日　禮拜六

啟者此紙係在孖剌逐每日所印之新聞紙同館印刷每逢禮拜二禮拜四禮拜六爲期遍派香港各舖戶每月收回銀一大員如列客有事要印落此紙內務宜早一日走字通知末士孖剌便妥印刷唐字價錢如左　一凡每次落唐字者五十個字已下收銀一員倘五十個字已上每字收銀二個先士如欲再落者每個禮拜照前一半算如意者祈請到本館印刷便是

末士孖剌　新文紙館謹啟

新聞

玆有法蘭西官所租之火船名碌士於五月初九日到港於五月初六日由安南度耶埠駛來路過海南澳門等處將所戰之病人交澳門醫館後一直來港據該火船云法兵屢攻安南人營寨不能取勝現法人被安南人困在度耶不敢出安南人札營不過離法人四百步而已法人之鎗可以打得到如無新兵到法人不敢攻安南人反被安南人攻法人營寨現有四隻法蘭西火船在度耶埠守口但安南人夜間抬大砲到海邊處攻之火食來得十分艱難兵勇多染病症云云由此觀之安南之武士勝　清朝之武士多矣今　清朝重文不重武實係重虛文不習武古時重實學重實學即文武並習矣安南人多習中國古風故勝於今之中國人也

中環裕亨

中環裕亨洋貨店於己未年四月初二日與舊股人當面算明與德遠領受即將本銀派回舊股人如數收足此店於四月十五日改換裕興字號惟有各號欠裕亨銀兩俱要與德遠收用及生意一切與舊股人無涉倘舊股人並各件與人賒借經手是問與裕興無干

煤炭出賣

啟者末士巴剌爹公司有煤炭出賣如有貴客光顧者請到本行面議

己未年四月十九日 啟

彝貨主

於一千八百五十五年九月有船一隻名孖時都由上海來黃埔其船遇風颶後到福州將各水漬壞貨當公出投如有各附貨物人到本行末士孖剌即以所應得之銀派回便是其貨開列於下　德記貨CT乜頭八十七件KB二百二十一件XY六十九件WH二十件以上係四方欖核乜W九十件MD六件LK十三件OL三十九件WR一百五十三件以上係用三角乜　亞一貨JT乜頭一百四十一件CDK六十件極昌貨HY乜頭二百一十八件　合貝J乜九十件　亞棋貨C乜一百九十六件　寶興貨L乜一百三十三件　福記貨D乜八十件　和源ST乜一百一十九件SH二十件SO六件　亞錦貨Achun乜二十七件以上係四方欖核乜頭

己未年四月廿一日　司理拗數人孖剌啟

玆者鳴公司之舊金山船名亞羅剌於五月初八日揚帆載去糖一萬零八百八十四包米一萬一千四百八十包眉豆一百包茶葉四千六百八十四件生油一百六十箱西米一百三十四箱綠麥二十五箱鴉片烟膏七千兩草蓆三百四十九綑雜貨三千六百八十件屋料一關共二百零五件唐客二百五十名○士店臣有新金山船一隻名車厘洛於五月初一日揚帆載去糖二千四百零八包米一千九百六十六包茶葉二千七百四十九件糖菓九百八十箱生油一千八百零七埕又生油三百六十九箱鴉片烟膏一萬二千兩雜貨一萬一千五百七十二件

呂宋烟出賣

啟者本新聞紙館有呂宋烟夏那華烟哥爹那時烟出賣每箱五百口如有貴客光顧者請到本館面議○己未四月十八日啟

啟者末士阻治亞查欲買鐵煤一條如有此鐵賣者請到本行面議

己未年四月十九日 啟

前往舊金山

末士吸文時急公司有第一等花旗船一隻名孖時地平船主名賓臣準於早日揚帆前往舊金山正埠如有附搭貨物者請到本行面議

己未年三月初三日謹啟

末士丫厘扮公司有第一等洋船一隻名北力啣厘亞船主名馬非準於早日揚帆前往舊金山正埠如有搭客搭貨者請到本行面議

己未年三月初五日啟

前往新金山

末士士店臣公司有三枝桅船一隻名澳多拿船主名衞准於早日揚帆前往新金山雪梨砵非立正埠如有欲搭貨搭客者請到本行面議

己未年四月初五日啟

杉板出賣

玆者西營盤貨倉末士巴媽有各樣杉板出賣如有貴客欲光顧者祈請移玉到本行面議便是

己未年四月十五日啟

末士烟架拿哥有壓國戰貨艇三隻裝載貨物開堪甚便或租往別處亦可如有貴客欲光顧祈請到與隆街門牌第一百八十四號與原人面議便是價錢相宜特此聲明

己未四月十四日啟

洋酒出賣

啟者末士佛厘查公司有啤酒地酒砵酒車厘酒出賣如欲買者請到本行面議

己未四月廿四日啟

新鮮粉出賣

末士蘇公司有架厘哥新鮮粉三百桶出賣

己未年四月十五日謹啟

請人僱

啟者堅爾醫生要請識番話唐人一名能與病人放牛其補藥幫醫生做各樣細小工夫如有能克其任者自有好工價每日十點鐘至十二點鐘有人合式可到堅

英國狀

啟者咽主這打倫狀師之案件交與谷巴丹拿與末士蝦士倫狀師辦理特此聲明

呂宋烟

舊銀行隔鄰末士利灣渣弼有新到二號呂宋烟共十三萬出賣又有法蘭西鰳仔鍋肉罐頭地酒呂宋糖荷

洋船出

玆者末士帝禮也公司有船一隻名之時店文晚船主名哥見約四百墩大現泊在黃埔如有貴客欲散搭或全隻租賃者請

末士蘇於五月十一日正午十二點鐘在船政官馬頭新行內有玻璃酒樽裝羅嗣地桶裝羅嗣地大黃呂宋蘇攏烟餅鐵鏡東洋漆器等物出投現

末士班時厘於五月十一日正午十二點鐘有家私衣服鐵器洋酒雜貨等物出投現銀七

鴉片行

香港鴉片行情新公烟土沽七百八十五員○舊公烟是日無價新鴣烟土沽七百七十員舊鴣烟土沽七百

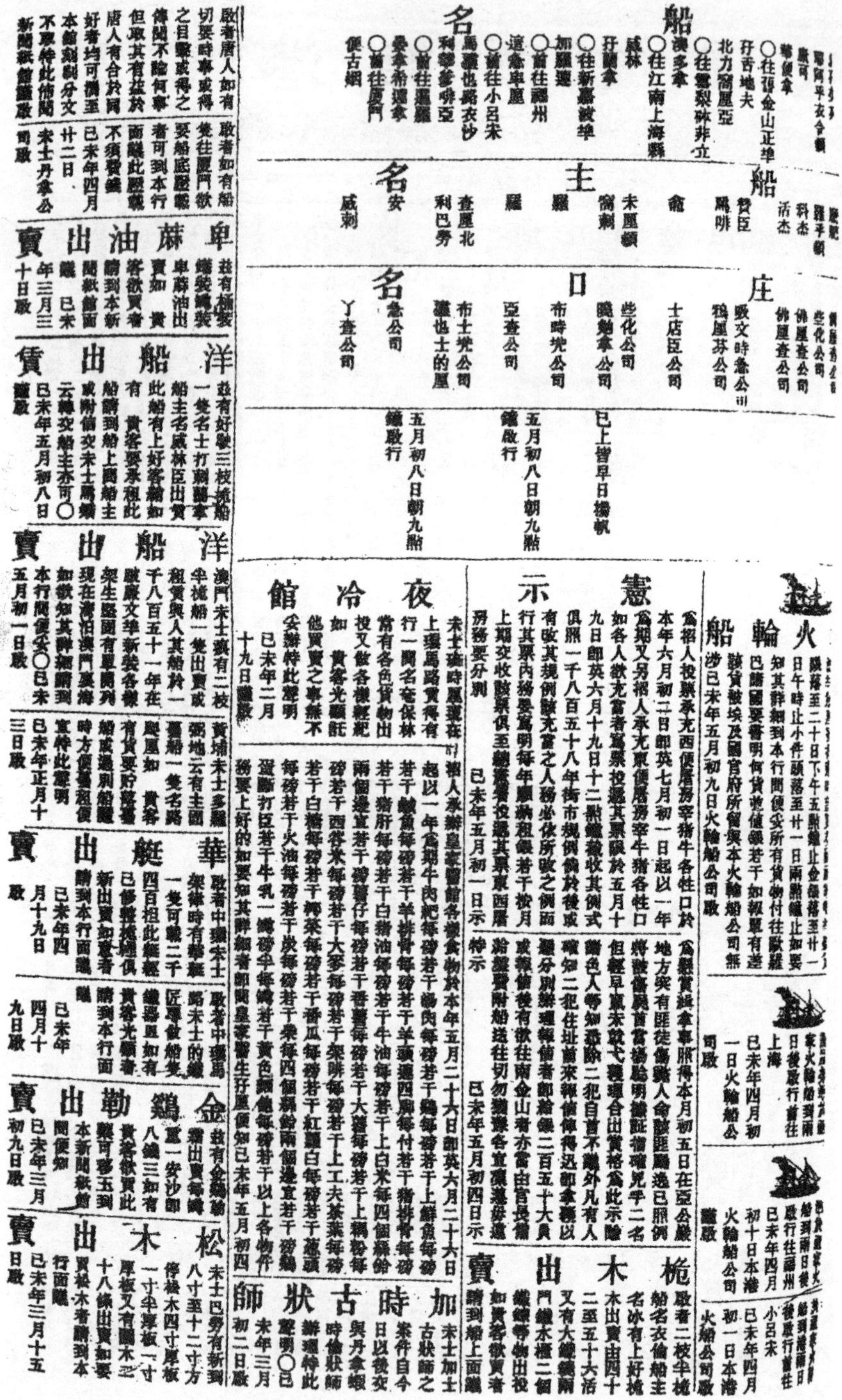

船名
主名
口名
火輪船
涉巳未年五月初九日火輪船公司啟
憲示
為招人投票承充西便屋房宰猪牛各牲口於本年六月初二日即英七月初一日起以一年為期又另招人承充東便屋房宰牛猪各牲口
巳未年五月初一日示
夜冷館
末士施時巡現在上環馬路實得有行一間名奄保林常有各色貨物出投又做各樣經紀如貴客光顧託他買賣之事無不妥辦特此聲明
巳未年二月十九日謹啟
加時古狀師
末士加士古狀師之案件自今日以後交與丹拿顯時偷狀師辦理特此聲明○巳未年三月初二日啟
桅木出賣
啟者二枝半桅船名衣倫船主名冰有上好桅木出賣由四十二至五十六活又有大鐵錨兩門鐵水櫃二個纜繩等物出投如貴客欲買者請到船上面議
松木出賣
末士巳勞有新到八寸至十二寸方停板木四寸厚板一寸半厚板一寸厚板十八條出賣如要買松木者請到本行面議
巳未年三月十五日啟
金鷄勒出賣
華艇出賣
啟者中環末士架律時有華艇一隻可載二千四百担此艇已修整堅固新出賣如貴客請到本行面議
巳未年四月十九日啟
洋船出賣
澳門末士奕有二枝半桅船一隻出賣或租賃與人其船於一千八百五十一年在暹羅文華新裝各樣架生器皿齊全現在澳門泊灣如欲知其詳細請到本行問便妥○巳未五月初一日啟
洋船出賃
茲有好駛三枝桅船一隻名士打剌驛拿船主名威林臣出賃此船有上好客艙如有貴客要承租此船請到船上與船主○
巳未年五月初八日
卑蔴油出賣
茲有卑蔴油出賣如貴客欲買者請到本新聞紙館面議
巳未年三月三十日啟
啟者唐人如有切要時事或得之目擊或得之傳聞不論何事但取其有益於唐人有合於聞好者均可撮至本館刻刷分文不取特此佈聞
新聞紙館謹啟
啟者如有船隻往廈門欲要船底者可到本行面議
巳未年四月廿二日
末士丹拿公司啟

香港船頭貨價紙

第二百五十三號　己未年五月十四日

啟者此紙係在孖剌處每日所印之新聞紙同館印刷每禮拜二禮拜四禮拜六爲期遍派香港各舖戶每月收回銀一大員如　貴客有事要印落此紙內務宜早一日走字通知末士孖剌便妥印刷唐字價錢如左　一凡每次落唐字者五十個字已下收銀一員倘五十個字已上每字收銀一個仙士如欲再落者每個禮拜照前一半價如意者請到本館印刷便是

末士孖剌　新文紙館謹啟

新聞

在葛剌巴之荷蘭督憲與思壓被島土人不睦荷蘭水師提督帶領戰船數隻往困邦爾埠即思壓被島之總埠也茲有荷蘭火輪船帶來書信云有波爾澳島之土人名布幾時盎將該處居住荷人剿戮無論男婦老少共六十餘名因布幾人與思壓被人結爲唇齒見荷蘭人攻擊邦爾埠故有此舉耳

上諭

駱秉章片奏再臣於本年四月初十日奉　上諭撥火藥二萬斤火繩一萬盤迅解鎮遠糧台等因辰玩各營所存火藥火繩無多飭省局在于製造火藥項下湊撥分四起解往六月十七日奉　上諭蔣尉遠奏餉項支缺懇請添撥一摺等因欽此八月十六日復奉　上諭著駱秉章迅速籌銀三萬兩巡解黎平等處以資防剿欽此惟時因先後協濟庫平銀八千三百三十三兩嗣又一次籌庫平銀一萬兩分解晃州靖州飭鎮遠黎平兩府派員領回一次籌庫平銀一萬一千六百六十七兩均分存黎平府及辦理軍務記名道韓超領訖所有撥解軍火餉銀緣由謹片具奏奉　朱批知道了欽此

啟者唐人如有切要時事或得之目擊或得之傳聞不論何事但取其有益於唐人有合於官好者均可擲至本館刻刷分文不取特此佈聞　新聞紙館謹啟

尋貨主

於一千八百五十五年九月有船一隻名孖時都由上海來黃埔其船遇風颶後到福州將各水濕貨當公山投如有各附貨物人到本行末士孖剌即以所應得之銀派回便是其貨開列於下　德記貨CT乜頭八十七件KB二百二十一件XY六十九件WR二十件以上係四方欖核乜W九十件MD六件LK十三件OL三十九件WR一百五十三件以上係用三角乜　亞一貨JT乜頭一百四十一件CDK六十件　恆昌貨HY乜頭二百一十八件　合貝J乜九十件　亞棋貨O乜一百九十六件　寶興貨L乜一百三十三件　福記貨D乜八十件　和源ST乜一百一十九件SH二十件SO六件　亞錦貨Achum乜二十七件以上係四方欖核乜頭

己未年四月廿一日　司理攤做人孖剌啟

中環裕亨

中環裕亨洋貨店於己未年四月初二日與舊股人當面算明吳德遠頂受即將本銀派回舊股人如數收足此店於四月十五日改換裕興字號惟有各號欠裕亨銀兩俱要吳德遠收用及生意一切與舊股人無涉倘舊股人並各件與人賒借經手是問與裕興無干

呂宋烟出賣

啟者本新聞紙館有呂宋烟夏那華烟哥爹那時烟出賣每箱五百口如有貴客光顧者請到本館面議○己未四月十八日啟

桅木出賣

啟者二枝半桅船名衣倫船主名冰有上好桅木出賣由四十二至五十六活又有大鐵鏈兩門鐵水櫃二個鐵錨等物出投如貴客欲買者請到船上面議

新鮮粉出賣

末士羨公司有架厘哥新鮮粉三百桶出賣　己未年四月廿五日謹啟

前往舊金山

末士吸文時急公司有第一等花旗船一隻名孖時地乎船主名贊臣準於早日揚帆前往舊金山正埠如有附搭貨物者請到本行面議　己未年三月初三日謹啟

末十丫厘汾公司有第一等洋船一隻名北力窩厘亞船主名嗎非準於早日揚帆前往舊金山正埠如有搭客搭貨者請到本行面議　己未年三月初五日啟

前往新金山

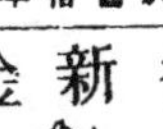

末士士店臣公司有好駛三枝桅洋船一隻名澳多那船主名龕時準於早日揚帆前往新金山雪梨砵非立埠此船已經租去大半如有搭客搭貨者請到本行面議　己未年五月十一日啟

洋船出賃

茲者末士帝禮也公司有船一隻名哥見約四百噸之時店文呢船主大現泊在黃埔如有貴客欲搭或全隻租賃者請到本行面議　己未年四月十五日啟

末士烟架拿哥有堅固駁貨艇三隻裝載貨物開埋甚便或租往別處亦可如有貴客欲光顧祈請到興隆街門牌第一百八十四號與原人面議便是價錢相宜特此聲明　己未四月十四日啟

茲有二枝半桅洋船一隻名截那船主名亞倫則臣出賃其船四百五十五噸大藥輕新裝銅底如有客商要聘此船無論何埠可到船上與船主面議或信交末士活笠轉交船主均可　己未年五月十三日啟

請人

啟者堅喇醫生要請識番話唐人一名能與病人放牛其補藥幫醫生做各樣細小工夫如有能充其任者自有好工價每日十點鐘至十二

啟者中環馬路末士的鐵匠要做船隻鐵器皿如有貴客光顧者請到本行面

末士地思壓化於五月十七日上午十一點鐘有大小時辰鐘一百八十個牛油五十桶烟肉十桶番梘五十

末士連卡剌弗於五月十六日正午十二點鐘在士丹厘街貨倉有新到酸菓六十三箱梳時樓菓生菜油占菓這厘水欖水瓜盌剌士巴厘酯加倫杏仁梅提子粉仔餅干

末士連卡剌弗於五月二十二日下午兩點鐘祖家火船啟行之後在末士士爹時狀師行內有床檯椅梳子床洋燈面鏡寫字箱洋畫刀叉碗碟番馬馬鞍等物出投後又在本夜冷館馬路之新行內又

鴉片

香港鴉片行情新公烟土沽七百七十五至七百八十員○舊公烟無價新鴉烟土沽七百六十五至七百七

船名	船主名	庄口名
華便拿 〇往舊金山正埠	活杰	佛壓查公司
孖吉地夫	贊臣	吸文時急公司
北力窩壓亞	罵啡	鴉壓芬公司
〇往雪梨砵非立		
澳多拿	鈎	士店臣公司
〇往江南上海縣		
威林	未壓頓	㸃化公司
孖蘭拿	窩剌	曉勉拿公司
〇往新嘉波埠		
加羅運	羅	布時坱公司
〇前往福州		
這急卑壓	羅	亞查公司
〇前往小呂宋		
利華爹啡亞	利巴勞	蘿也士的壓
〇前往廈門		
便古烟	威剌	丫查公司
〇前往新嘉波加		
利吉打		
火船蘭士非壓	澳壓化	渣顛孖地臣

已上皆早日揚帆

五月十六日兩點鐘啟行

限落至二十日下午五點鐘止金銀落至廿一日午時止小件頭落至廿一日兩點鐘止如要知其詳細到本行問便妥所有貨物付往歐羅巴諸國要將明何貨並値銀若干如報單有差該貨被埃及國官府所留與本火輪船公司無涉已未年五月初九日火輪船公司啟

火輪船

……家火輪船到兩日後啟行前往上海 已未年四月初一日火輪船公司啟

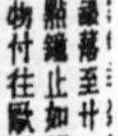

……船到兩日後啟行往福州 已未年四月初十日本港火輪船公司謹啟

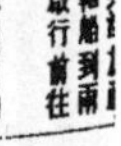

……船到港兩日後啟行前往小呂宋 已未年四月初一日本港火船公司啟

憲示

爲招人投票承充西便屠劏宰猪牛各牲口於本年六月初二日卽英七月初一日起以一年爲期又另招人承充東便屠劏宰牛猪各牲口如各人欲充當者寫票投遞其票限於五月十九日卽英六月十九日十二點鐘截收其例式俱照一千八百五十八年街市規例備於後或有畋其規例欲充當之人務必依所畋之例而行其票內務要寫明每年願納租銀若干按月上期交收該票俱至總巡捕房投遞其票東西屠務要分別 已未年五月初一日示

爲懸賞緝拿事照得本月初五日在亞公巖地方突有匪徒傷斃人命該匪竄逸已照例將被傷屍首當場驗明據証指確兇手二名但經早竄未就弋獲理合出賞格爲此示諭諸色人等知悉除二犯自首不議外凡有人確知二犯住址前來報信俾得迅卽拿獲以憑分別辦理報信者卽給銀二百五十大員成報信後有欲往南金山者亦當由官長備給盤費附船送往切勿猶豫各宜凜遵毋違特示 已未年五月初四日示

前往上海

非立時麼有好駛二枝半桅船一隻名摩文耶主名蘿也準於早日揚帆前往上海如有搭客搭貨者請到本行面議 已未年五月初十日啟

夜冷館

未士班時壓現在上環馬路實發有行一間名奄保林常有各色貨物出投又做各樣經紀如 貴客光顧託他買賣之事無不妥辦特此聲明 已未年二月十九日謹啟

招人承辦皇家醫館各樣食物於本年五月二十六日卽英六月二十六日起以一年爲期牛肉耙每磅若干湯肉每磅若干鷄每磅若干上鮮魚每磅若干鹹魚每磅若干羊排骨每磅若干羊頭連四脚每付若干猪排骨每磅若干猪肝每磅若干白猪油每磅若干牛油每磅若干上白米每四個蘇鈴兩個邊宜若干磅薯仔每磅若干番薯每磅若干大薯每磅若干上糯粉每磅若干西谷米每磅若干大麥每磅若干架啡每磅若干上工夫茶葉每磅若干白糖每磅若干椰菜每磅若干番瓜每磅若干紅蘿白每磅若干葱頭每磅若干火油每磅若干炭每磅若干柴每四個蘇鈴兩個邊宜若干磅鷄蛋斷打臣若干牛乳一罇磅半每罇若干黃色蠟燭每磅若干以上各物件務要上好的如要知其詳細者卽問皇家醫生孖壓便知已未年五月初四

英國狀師

啟者咽主這打倫狀師之案件交與谷巴丹拿與未士蝦士倫狀師辦理特此聲明 已未年五月初八日啟

煤炭出賣

啟者未士巴剌爹公司有煤炭出賣如有貴客光顧者請到本行面議 已未年四月十九日啟

啟者如有船隻往廈門欲要船底壓載者可到本行面議此壓載不須費銀 已未年四月廿二日 未士丹拿公司啟

洋船出賃

茲有好駛三枝桅船一隻名士打剌蘭拿船主名威林臣出賃此船有上好客艙如有一貴客要承租此船請到船上問船主或附信交未士罵矯云轉交船主亦可〇已未年五月初八日謹啟

洋船出賣

澳門未士裒有二枝半桅船一隻出賣或租賃與人其船於一千八百五十一年在跛麻文埠新裝各樣架生堅固有單開列現在灣泊澳門裏海如欲知其詳細請到本行問便妥〇已未五月初一日啟

黃埔未士多羅弼地云有主固藹船一隻名路奧壓如 貴客有貨要貯孖躉船或過別船躉時方便㘵租便宜特此聲明 已未年正月十三日啟

華艇出賣

啟者中環未士架律時有華艇一隻可載二千四百担此艇經已修整桅𥑮俱新出賣如意者請到本行面議 已未年四月十九日啟

金鷄勒出賣

茲有金鷄勒霜出賣每罇重一安沙卽八錢三如有貴客欲買此藥可移玉到本新聞紙館問便知 已未年三月初九日啟

啟者未士阻治亞[illegible]欲買鐵[illegible]一條如[illegible]此鐵賣者請到本行面議 已未年四月十九日啟

洋酒出賣

啟者未士佛壓查公司有罷顛地酒砵酒車壓酒出賣如欲買者請到本行面議 已未年四月廿四日啟

松木出賣

未士巴勞有新到停松木四寸厚板八寸至十二寸方一寸半厚板一寸厚板又有圓木二十八條出賣如要買松木者請到本行面議 已未年三月十五日啟

香港船頭貨價紙

第二百五十四號　己未年五月十六日　禮拜

啟者此紙係在孖剌處每日所印之新聞紙同館印刷每逢禮拜二禮拜四禮拜六爲期遍派香港各舖戶每月收回銀一大員如　貴客有事要印落此紙內務宜早一日走字通知末士孖剌便妥印刷唐字價錢如左　一凡每次落唐字者五十個字已下收銀一員倘五十個字已上每字收銀一個先士如欲再落者每個禮拜照舊一半算如意者新請到本館印刷便是　末士孖剌　新文紙館謹啟

新聞

聞說在廈門地方因梢輸之事多有舖戶閉門不敢做生意○茲有火輪船名望買加時厘由上海到港載來白烟土二十二箱金條兩箱重九千三百兩又帶上海新聞紙云　花旗全權公使大臣未士和地並隨員於四月廿六日到上海住在末士喝行於五月初二日　欽差大臣桂艮花沙納等在欽差行臺請宴花旗公使並各隨員用兩隻戰船鉤乞頓未縣涉敬之兵员保駕到欽差行臺拜候飲宴於五月初四日欽差大臣桂艮花沙納等到花旗公使居住之行答禮不久將去天津交新和約云云○於五月初六日　大英欽差末士布路士與　大法欽差巴布耶各駕本國戰船到滬是日　大英欽差卽命根砵戰船前後往直隸　大英水師提督隨往但花旗與法蘭西兩國欽差之行爲舉動英人亦不知其何云云

啟者唐人如有切要時事或得之目擊或得之傳聞不論何事但取其有益於唐人有合於國好者均可備至本館刻刷分文不取特此佈聞　新聞紙館謹啟

梔木出賣

啟者二枝半梔船名衣倫船主名冰有上好梔木出賣由四十二至五十六活又有大鐵鏈兩附鐵木櫃二個鐵鍊等物出投如貴客欲買者請到船上面議

尋貨主

於一千八百五十五年九月有船一隻名孖時都由上海來黃埔其船遇風壞後到福州將各木濱壞貨當公出投如有各附貨物人到本行末士孖剌卽以所應得之銀派回便是其貨開列於下　德記貨 CT 乜頭八十七件 KB 二百二十一件 XY 六十九件 WR 二十件以上係四方欖也 W 九十件 MD 六件 LK 十三件 OL 三十九件 WR 一百五十三件以上係用三角乜　亞一貨 JT 乜頭一百四十一件 OD K 六十件恆昌貨 HY 乜頭二百一十八件　合艮 J 乜九十件　亞棋貨 C 乜一百九十六件　寶興貨 L 乜一百三十三件　福記貨 D 乜八十件　和源 ST 乜一百一十九件 SH 二十件 SO 六件　亞錦貨 Ackam 乜二十七件以上係四方欖也頭

己未年四月廿一日　司理濫數人孖剌啟

呂宋烟出賣

啟者本新聞紙館有呂宋烟夏孤華烟哥爹那時烟出賣每箱五百口如有貴客光顧者請到本館面議○己未四月十八日啟

加時古狀師

末士加士古狀師之案件自今日以後交與丹拿蝦時倫狀師辦理特此聲明○己未年三月初二日啟

樟腦出賣

啟者畢行有上好樟腦出賣如意買者請到本行面議　己未年五月十四日啟

卑蔴油出賣

茲有桶裝罐裝卑蔴油出賣如貴客欲買者請到本新聞紙館面議　己未年三月三十日啟

華艇出賣

啟者中環末士架律時有華艇一隻可載二千四百担此艇經已修整桅𥔵俱新出賣如意者請到本行面議　己未年四月十九日啟

前往舊金山

末士吸文時急公司有第一等花旗船一隻名孖時地乎船主名賫臣準於早日揚帆前往舊金山正準如有附搭貨物者請到本行面議　己未年三月初三日謹啟

末士丫厘扮公司有第一等洋船一隻名北力窩厘亞船主名厲非準於早日揚帆前往舊金山正準如有搭客搭貨者請到本行面議　己未年三月初五日啟

前往新金山

末士士店臣公司有好駛三枝桅洋船一隻名澳多那船主名鑫時準於早日揚帆前往新金山雪梨砵非立準此船已經租去大半如有搭客搭貨者請到本行面議　己未年五月十一日啟

洋船出賃

茲者末士帝禮也公司有船一隻名之時店文呢船主名哥見約四百墩大現泊在黃埔如有　貴客欲僱搭或全隻租賃者請到本行面議　己未年四月十五日啟

茲有二枝半桅洋船一隻名畿耶船主名亞倫剛臣出賃其船四百五十五墩大棄舊新裝銅底如有客商要請此船無論何埠可到船上與船主面議或僱交末士活笠轉交船主均可　己未年五月十三日啟

有銀出揭

茲有銀二萬五千員出揭如唐人有好地紙在本港要銀用者自願將屋地寫典數到巴臣時狀師商便妥如外國人有屋要揭銀亦可　己未年五月十四日啟

請人

啟者監爾醫生要請識番話唐人一名能與病人故牛其𥚃藥帮醫生做各樣細小工夫如有能充其任者自有好工價每日十點鐘至十二

啟者中環馬路末士的鐵匠專做船隻鐵器皿如有貴客光顧者請到本行面

末士地恩厘化於五月十七日上午十一點鐘有大小時辰鐘一百八十個牛油五十桶烟肉十桶番梘五十

末士連卡剌弗於五月十六日正午十二點鐘在士丹厘街貨倉有新到酸菓六十三箱梳時𣏌菓生菜油占菓這厘水欖木瓜鉛剌士巴厘醋加倫杏仁梅提子粉仔餅千

末士連卡剌弗於五月二十二日下午兩點鐘祖家火船啟行之後在末士士爹時狀師行內有床𨰻椅校子床洋燈面鏡寫字箱洋畫刀叉碗碟審馬馬鞍等物出投後又在本夜冷館馬路之新行內又

鴉片行

香港鴉片行情新公烟沽七百七十至七百七十二員半○番公烟無價新鴉烟土沽七百六十五至七百七

船名 船主名 庄口名

船名	船主名	庄口名	
咸可 郁便拿 ○往舊金山正埠	科杰 活杰	佛厘查公司 佛厘查公司	
孖舌地夫	贊臣	吸文時急公司	
北力窩厘亞 ○往雪梨砵非立	馬咪	鴉厘芬公司	
澳多拿	侖	士店臣公司	
○往江南上海縣 桑卑巴蘇	非時拜禮	亞查公司	
火船亞顛	班拿	鐵行公司	租家火船到港後兩日啟行
○往新嘉坡埠 加羅蓮	羅	布時光公司	巳上皆早日揚帆
○前往福州 便爾拔打	聆寧	亞查公司	
○前往小呂宋 利華爹咈亞	利巴勞	鷄也士的厘	
火船剌查	那厘	鐵行公司	租家火船到港後廿四點鐘啟行
○前往廈門 便古烟	威剌	丫查公司	
○前往新嘉坡加 利吉打			
火船嘯士非厘	澳厘化	渣顛孖地臣	五月十六日兩點鐘啟行
○前往廈門福州 火船萬年剌	機厘臣	鐵行公司	租家火船到港後兩日啟行
○前往汕頭廈門 火船化蘇地時	谷巴	巴剌爹公司	禮拜一下午五點鐘啟行

火輪船

限落至二十日下午五點鐘止金銀落至廿一日午時止小件頭落至廿一日兩點鐘止如要知其詳細到本行問便妥所有貨物付往歐羅巴諸國要書明何貨並值銀若干如報單有差該貨被失及國官府所留與本火輪船公司無涉已未年五月初九日火輪船公司啟

火輪船到港兩日後啟行前往上海 已未年五月十三日火輪船公司啟

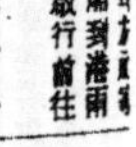

火輪船到兩日後啟行往福州 已未年五月十三日本港火輪船公司謹啟

租家火輪船到港後廿四點鐘啟行前往小呂宋 已未年五月十三日本港火船公司啟

憲示

為招人投票承充西便屠房宰猪牛各牲口於本年六月初二日即英七月初一日起以一年為期又另招人承充東便屠房宰牛猪各牲口如各人欲充當者寫票投遞其票限於五月十九日即英六月十九日十二點鐘截收其例式俱照一千八百五十八年街市規例然於後或有改其規例該充當之人務必依所改之例而行其票內務要寫明每年願納租銀若干按月上期交收該票俱至總巡理投遞其票東西屠房務要分別 已未年五月初一日示

為懸賞緝拿事照得本月初五日在亞公廠地方突有匪徒傷斃人命該匪飄逸已照例將被傷屍首當場驗明據証指確兇手二名但經早寬未就弋獲理合出賞格為此示論諸色人等知悉除二犯自首不計外凡有人確知二犯往址前來報信俾得迅即拿獲以憑分別辦理報信者即給銀二百五十大員或報信後有欲往南金山者亦當由官長備給盤費附船送往切勿觀望各宜凜遵毋違特示 已未年五月初四日示

杉板出賣

茲者西營盤貨倉末士巴竭有各樣杉板出賣如有貴客欲光顧者祈駕移玉到本行面議便是 已未年四月十五日啟

夜冷館

末士癸嗎厘現在上環馬路賓得有行一間名竜保林常有各色貨物出投又做各樣經紀如貴客光顧託他買賣之事無不妥辦特此聲明 已未年二月十九日謹啟

招人承辦皇家醫館各樣食物於本年五月二十六日即英六月二十六日起以一年為期牛肉耙每磅若干嫩肉每磅若干雞每磅若干上鮮魚每磅若干鹹魚每磅若干羊排骨每磅若干羊頭連四腳每付若干猪排骨每磅若干猪肝每磅若干白猪油每磅若干牛油每磅若干上白米每四個餘麵兩個邊宜若干磅饅仔每磅若干番薯每磅若干西谷米每磅若干大麥每磅若干上飄粉每磅若干白糖每磅若干大薯每磅若干上工夫茶葉每磅若干椰菜每磅若干番瓜每磅若干葱頭每磅若干火油每磅若干炭每磅若干架啡每磅若干紅糖白每磅若干雞蛋斷打臣若干牛乳一嚀磅半每嚀若干黃色蠟燭每磅若干以上各物件務要上好的如要知其詳細者即問皇家醫生孖厘便知已未年五月初四

英國狀師

啟者咽主渣打倫狀師之案件交與谷巴丹拿與末士嗹士倫狀師辦理特此聲明 已未年五月初八日啟

煤炭出賣

啟者末士巴剌爹公司有煤炭出賣如有貴客光顧者請到本行面議 已未年四月十九日啟

啟者如有船隻往廈門欲要船底壓載者可到本行面議此壓載不須費錢 已未年四月廿二日 末士丹拿公司啟

洋船出賃

茲有好駛三枝桅船一隻名士打剌爹拿船主名威林臣出賃此船有上好客艙如有貴客要承租此船請到船上問船主或附倘交末士罵爝云轉交船主亦可○ 已未年五月初八日謹啟

洋船出賣

澳門末士嗎有二枝半桅船一隻出賣或租賃與人其船於一千八百五十一年在啟麻文準新裝各樣架生堅固有單開列現在灣泊澳門裏海如欲知其詳細請到本行問便妥○已未五月初一日啟

黃埔末士多羅弼地云有士國嗎船一隻名嚇與厘如貴客有貨要貯落船或遇別船艙時方便看租便宜特此聲明 已未年正月十三日啟

新鮮粉出賣

末士嗎公司有架厘哥新鮮粉三百桶出賣 已未年四月十五日謹啟

金鷄勒出賣

茲有金鷄勒霸出賣每罇重一安沙即八錢三如有貴客欲買此藥可移玉到本新聞紙館問便知 已未年三月初九日啟

啟者末士阻治亞查欲買鐵桶一條如有此鐵賣者請到本行面議 已未年四月十九日啟

洋酒出賣

啟者末士佛臨查公司有葡萄地灑砵酒車厘酒出賣如欲買者請到本行面議 已未年四月廿四日啟

膏藥出賣

啟者中環泰盛洋貨舖有何老成膏藥丸出賣此藥馳名日久所有外科奇難雜症用之無有不效

茲失去五口頭手鎗一枝係圖撒士㗎臣所造如有人知其情者新去大館報知取回原物或將賊拏解師即賞花紅銀十大員決不食言此帖是實 已未年五月十四日啟

香港船頭貨價紙

第二百五十五號　己未年五月十八日　禮拜

啟者此紙係在孖剌處每日所印之新聞紙同館印刷每逢禮拜二禮拜四禮拜六爲期彈派香港各舖戶每月收回銀一大員如 貴客有事要印落此紙內務宜早一日走字通知未士孖剌便妥印刷唐字價錢如左 一凡每次落唐字者五十個字已下收銀一員倘五十個字已上每字收銀一個先士如欲再落者每個禮拜照前一半算如意者祈請到本館印刷便是 未士孖剌 新聞紙館謹啟

新聞

聞敘厦門道憲要各鴉片行每箱烟土征收稅銀一百大員每月准以三百箱爲額各行每月務要納鴉片餉銀三萬大員如入口不敷額數須要各行補足是以各行商不從故各行閉舖不做生意每日道憲飭差役民壯巡查甚緊現在各樣生意止息未知後事如何云云〇此次上海新聞紙並無提及南京長毛交仗之事〇聞火船三隻與燕非耶都近在澳門打了四隻賊船云云

尋貨主

於一千八百五十五年九月有船一隻名孖時都由上海來黃埔其船遇風颶後到福州將各水漬壞貨當公出投如有各附貨物人到本行未士孖剌即以所應得之銀派回便是其貨開列於下 德記貨CT乜頭八十七件KB二百二十一件XY六十九件WB二十件以上係四方欖核乜W九十件MD六件LK十三件OL三十九件WR一百五十三件以上係用三角乜 亞一貨JT乜頭一百四十一件CDK六十件恆昌貨HY乜頭二百一十八件 合良J乜九十件 亞祺貨C乜一百九十六件 寶興貨L乜一百三十三件 陽記貨D乜八十件 和源ST乜一百一十九件SH二十件SO六件 亞錦貨[illegible]乜二十七件以上係四方欖核乜頭

己未年四月廿一日 司理變賣人孖剌啟

署廣東分巡惠潮嘉兵備道高廉道攝潮州府正堂趙 爲訪拿嚴禁事照得拐賣人口例有明條而販入外洋尤爲法所必誅罪所不赦嫣嶼孤懸海中聞每有澳門艇來搫無船停泊于茲收買人口游手無賴之徒因而圖獲微利爲之經手或開設賭館誘人入局賭輸無錢可償便逼勒上船閉置暗艙更有營鄉不法匪徒擄掠良善哄騙孩提載至嶼山賣銀幾許再由嶼轉賣名曰咕哩一經上船細縛拘鎖無所不至由是運交澳門發往他處名爲開墾受罪無窮生無還期死有餘慘夫世固有不肖子弟浪蕩賭博靡所不爲及至財窮計盡拋棄家鄉生爲別世之人死爲異域之鬼然既竟願去者不過百之一二至若良民何罪童子何知而販賣咕哩之人胆敢于光天化日之中作忍心害理之事賣一人則喪一人之命破一人之家往往有數世單傳孀居守節祇此一子繼續香燈一旦被拐遂至絕人之嗣斬人之宗似此情節非惟天理所不容抑亦王法所不宥本道聞風已久前經示禁再三此風稍戢近聞又有故智復萌偷行害獄爲此出示訪拿嚴禁除移知武營札飭潮陽澄海兩縣嚴行拿辦另委幹員密行查訪外並著廣行曉諭珍郭廣順外砂謝唎記謝明利等還有收買人口搫艇等船到嶼即行公司驅逐毋令片刻停留至獨嶼彈丸之地稽查較易一有販賣咕哩之人立即就近綑送招寧司衙解來轅置之重典俾此等匪類知害人適以害己嚐利終必亡身該行戶在嶼有年自必深明大義慎勿顧惜情面或以舊時相識而有心庇護或以本鄉子弟而故爲隱瞞自干咎戾毋于厚㜷其各凜遵特示

咸豐九年四月十八日示

茲失去五口藥手鎗一枝係鑲銅鐵嘴鷹頭紅邊主晏啤所造如有人知其情者新去大館報知取回原物或將賊綁罪即賞花紅銀十大員決不食言此帖是實 已未年五月十四日啟

前往舊金山

未士了厘𠯿公司有第一等洋船一隻名北力甯厘亞船主名鳥非準於早日揚帆前往舊金山正埠如有搭客搭貨者請到本行面議 己未年三月初五日啟

前往新金山

未士士店臣公司有好駛三枝桅洋船一隻名澳多那船主名爺時準於早日揚帆前往新金山雪梨咻非立埠此船已經租去大半如有搭客搭貨者請到本行面議 已未年五月十一日啟

卑蔴油出賣

茲有桶裝罐裝卑蔴油出賣如 貴客欲買者請到本新聞紙館面議 已未年三月三十日啟

加時古狀師

未士加士古狀師之案件自今日以後交與丹拿蝦時偉狀師辦理特此聲明〇已未年三月初二日啟

樟腦出賣

啟者畢行有上好樟腦出賣如意買者請到本行面議 已未年五月十四日啟

洋船出賃

茲者未士帝禮也公司有船一隻名之時店文晚船主名哥見約四百噸大現泊在黃埔如有 貴客欲搭或全隻租賃者請到本行面議 已未年四月十五日啟

茲有二枝半桅洋船一隻名縷耶船主名亞倫則臣出賃其船四百五十五噸大乘經新裝銅底如有客商要僱此船無論何埠可到船上與船主面議或偷交未士活笠轉交船主均可 已未年五月十三日啟

啟者未士阻治亞查欲買鐵欄一條如有此鐵賣者請到本行[illegible]

投夜

未士麥記厘架於五月二十日上午十一點鐘有水漬洋紗五十細出投現銀 七一七兒

未士班時厘於五月十八日正午十二點鐘有火腿餅乾豆麵粉酸菓咸時昷西衣服鳥鎗連槳手鎗各等什[illegible]

未士連卡剌佛於五月廿九日正午十二點鐘在打倫狀師行有閒床枚子床枱椅石面櫃西砵櫃大餐碗碟衣櫃洋琴面鏡玻璃器象牙器櫃布出投現銀 七一七兒 未投之先即[illegible]

未士連卡剌佛於五月廿三日正午十二點鐘在大街新行內有新家私一畢櫃椅床碗碟玻璃器地氈竹布洋琴出投又有白鐵玻璃馬鞍上好[illegible]

未士連卡剌弗於五月二十二日下午兩點鐘祖寮火船啟行之後在未士士爹時狀師行內有床櫃椅枚子床洋燈面鏡寫字箱洋畫刀叉碗碟番馬馬鞍等物出投後又在本夜冷館馬路之新行內又有銅床大餐碗碟玻璃器地氈竹[illegible]

鴉片行

香港鴉片行情新公烟沽七百七十至七百七十二員半〇舊公烟無價新鴉烟土沽七百六十五至七百七十員 舊鴉烟土[illegible]

船名	船主名	庄口名	
華便拿	活杰	佛厘查公司	
衣利沙白 ○往花旗島約埠	澳云	機厘文公司	
亞林明古 ○往舊金山正埠	加山	澳門噸打行	
北力窩厘亞 ○往雪梨砵非立	罵啡	鴉厘芬公司	
澳多拿 ○往江南上海縣	喬	士甸臣公司	祖家火船到港後兩日啟行
火船亞顛 ○往新嘉坡埠	班拿	鐵行公司	已上皆早日揚帆
加爾還 ○前往福州	羅	布時凸公司	
便爾法打 ○前往小呂宋	幹寧	亞查公司	
利華爹啡亞	利巴勞	遮也士的厘	祖家火船到港後廿四點鐘啟行
火船剌查 ○前往廈門	那厘	鐵行公司	
便古烟 ○前往廈門福州	威剌	丫查公司	
火船萬年剌 ○前往汕頭廈門	機厘臣	鐵行公司	祖家火船到港後兩日啟行
火船化雞地時	谷巴	巴剌爹公司	禮拜一下午五點鐘啟行

火輪船

限落至二十日下午五點鐘止金銀落至廿一日午時止小件頭落至廿一日兩點鐘止如要知其詳細到本行問便妥所有貨物付往歐羅巴諸國要書明何貨並值銀若干如報單有差該貨被埃及國官府所留與本火輪船公司無涉已未年五月初九日火輪船公司啟

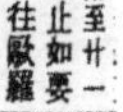

[illegible]火輪船到港兩日後啟行前往上海 已未年五月十三日火輪船公司啟

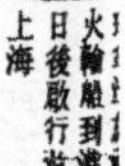

[illegible]火船到兩日後啟行往福州 已未年五月十三日本港火輪船公司謹啟

祖家火輪船到港後廿四點鐘啟行前往小呂宋 已未年五月十三日本港火船公司啟

憲示

為招人投票承充西便屠房宰豬牛各牲口於本年六月初二日即英七月初一日起以一年為期又另招人承充東便屠房宰牛豬各牲口如各人欲充當者寫票投遞其票限於五月十九日即英六月十九日十二點鐘截收其例式俱照一千八百五十八年街市規例備於後或有改其規例該充當之人務必依所改之例而行其票內務要寫明每年願納租銀若干按月上期交收該票俱至總[illegible]投遞其票東西屠房務要分別 已未年五月初一日示

廣南興

茲者上環廣南興生意係梅変遷[illegible]頂受限於五月廿一日交易倘有賬目欠項祈早對明向經手取如期不到是為烏有特此聲明為照 咸豐九年五月十六日啟

有銀出揭

茲有銀二萬五千員出揭如唐人有好地紙在本港要銀用者自願將屋地寫與數到巴臣時狀師問便妥如外國人有屋要揭銀亦可 已未年五月十四日啟

洋酒出賣

敢者未士佛厘查公司有啤酒地酒砵酒車厘酒出賣如欲買者請到本行面議 已未四月廿四日啟

夜冷館

未士挑時厘現在上環馬路賃得有行一間名奄保林常有各色貨物出投又做各樣經紀如貴客光顧託他買賣之事無不妥辦特此聲明 已未年二月十九日謹啟

招人承辦皇家醫館各樣食物於本年五月二十六日即英六月二十六日起以一年為期牛肉紀每磅若干湯肉每磅若干鷄每磅若干上鮮魚每磅若干鹹魚每磅若干羊排骨每磅若干羊頭連四腳每付若干猪排骨每磅若干猪肝每磅若干白猪油每磅若干牛油每磅若干上白米每四個鷄鈴兩個邊宜若干磅雪仔每磅若干番薯每磅若干大薯每磅若干上糯粉每磅若干西谷米每磅若干大麥每磅若干架啡每磅若干上工夫茶葉每磅若干白糖每磅若干椰菜每磅若干番瓜每磅若干紅蘿白每磅若干蔥頭每磅若干火油每磅若干炭每磅若干柴每四個鷄鈴兩個邊宜若干磅鷄蛋斷打臣若干牛乳一樽每磅半每樽若干黃色糖每磅若干以上各物件務要上好的如要知其詳細者即問皇家醫生府厘便知已未年五月初四

英國狀師

敢者咽士遮打倫狀師之案件交與谷巴丹拿與未士蝦士倫狀師辦理特此聲明 已未年五月初八日啟

煤炭出賣

敢者未士巴剌爹公司有煤炭出賣如有貴客光顧者請到本行面議 已未年四月十九日啟

敢者如有船隻往廈門欲要船底壓載者可到本行面議此壓載不須費銀 已未年四月廿二日未士丹拿公司啟

洋船出賃

茲有好[illegible]枝桅船一隻名士[illegible]剌蘭拿船主名威林臣出賃此船有上好客艙如有貴客要承租此船請到船上問船主或附信交未士馬孫云轉交船主亦可○已未年五月初八日謹啟

洋船出賣

澳門未士嗔有二枝半桅船一隻出賣或租賃與人其船於一千八百五十一年在破麻文埠新裝各樣架生堅固有單開列現在灣泊澳門裏海如欲知其詳細請到本行問便妥○已未五月初一日啟

黃埔未士多羅喎地云有主固舊船一隻名路厰厘如貴客有貨要貯落舊船或過別船隨時方便舊租便宜特此聲明 已未年正月十三日啟

新鮮粉出賣

未士嗔公司有架厘哥新鮮粉三百桶出賣 已未年四月十五日謹啟

呂宋烟出賣

敢者本新聞紙館有呂宋烟夏耶華烟哥爹那時烟出賣每箱五百口如有貴客光顧者請到本館面議○已未四月十八日啟

請人僱工

敢者監院醫生要請識番話唐人一名能與病人放牛其[illegible]藥幫醫生做各樣細小工夫如有能充其任者自有好工價每日十點鐘至十二點鐘有人合式可到監院醫生行問未士蘇沙便妥 已未年五月初十日啟

敢者中環馬路未士的戲匠專做船隻纜索器皿如有貴客光顧者請到本行面議 已未年四月十九日啟

金鷄勒出賣

茲有金鷄勒霜出賣每樽重一安沙即八錢三如有貴客欲買此藥可移玉到本新聞紙館問便知 已未年三月初九日啟

香港船頭貨價紙

第二百五十六號　己未年五月廿一日　禮拜

啟者此紙係在孖剌處每日所印之新聞紙同館印刷每逢禮拜二禮拜四禮拜六為期遍派香港各舖戶每月收回銀一大員如　貴客有事要印落此紙內務宜早一日走字通知末士孖剌便妥印刷唐字價錢如左　一凡每次落唐字者五十個字已下收銀一員倘五十個字已上每字收銀一個先士如欲再落者每個禮拜照前一半算如意者祈請到本館印刷便是

末士孖剌　新文紙館謹啟

京報

奴才都興阿跪　奏為帶兵大員赴援觀望不以軍務為重請　旨交部議處並先行摘去頂帶以肅軍律仰祈　聖鑒事竊奴才前因桐城危急咨行湖廣總督官文催調鑲黃旗漢軍副都統舒保來援舒保于十月十八日由武昌起程後因桐城失守官兵撤回安慶之圍幸于二十六日獲勝如能扼紮宿松數月以來舒保尚未赶到經奴才屢次札調併接連派弁迎催乃于十一月初一日由新水縣起程初八日始至廣濟一帶因官文調回上屯仍防蘄黃等處舒保一奉札文立即轉營回營彼時尚在未經進剿擊退道聚之前賊勢甚兇各營岌岌未有不支之勢舒保已抵廣濟一帶距前敵不遠離奉回防之文而上游並非急警乃不知探詢前敵各軍是否尚能支持及賊勢兇悍情形便即掉營而去帶兵二品大員于緊急軍情漠不關心顯係意存觀望未嘗以軍務為重請　旨將舒保交部議處並先行摘去頂戴以為帶兵大員于緊急軍情觀望者戒奴才為整飭軍紀起見理合恭摺由驛五百里馳奏伏乞　皇上聖鑒訓示再摺封仍借用潛山縣印信合併陳明謹奏奉　旨已錄

啟者唐人如有切要時事或得之目擊或得之傳聞不論何事但取其有益於唐人有合於同好者均可攜至本館刻刷分文不取特此佈聞　新聞紙館謹啟

新聞

茲有鐵行火輪船名花麼沙於五月二十朝由上海來港帶來上海五月十四信札云　欽差大臣桂良花沙納聞得各外國差進京主意以定故桂中堂花大人即時由蘇州動身返京云云○現在　大英往天津之大戰船七號很砵九號載陸兵船兩號共成一十八號　大英水師提督坐駕大戰船名適懇北○大英大法花旗三國欽差大臣擇於五月十五日動身北上○現在生意頗旺但南京長毛交仗之事一旬無聞此半個月在上海沽公烟土四百箱白皮烟土一千四百箱現存公烟土二千箱白烟土五千五百箱白烟土沽銀四百五十五兩至四百六十五兩公烟土沽銀五百七十五兩至五百八十兩○米白糖俱無市道

尋貨主

於一千八百五十五年九月有船一隻名孖時都由上海來黃埔其裝遇風颶後到福州將各水漬壞貨當公出投如有各附貨物人到本行末士孖剌即以所賺得之銀派回便是其貨開列於下　德記貨CT乜頭八十七件KB二百二十一件XY六十九件WB二十件以上係四方欖核乜W九十件MD六件LK十三件OL三十九件WR一百五十三件以上係用三角乜　亞一貨JT乜頭一百四十一件CD K六十件恆昌貨HY乜頭二百一十八件　合員J乜九十件　亞棋貨C乜一百九十六件　寶興貨L乜一百三十三件　福記貨D乜八十件　和源ST乜一百一十九件SH二十件SO六件　亞錦貨Ackum乜二十七件以上係四方欖核乜頭

己未年四月廿一日　司理辦人孖剌啟

茲失去五口頭手鎗一枝係關願城羅爾主愛申所造如有人知其情者新去大館報知取回原物或將賊辦罪即賞花紅銀十大員決不食言此帖是實　己未年五月十四日啟

前往舊金山

末士丫壓扮公司有第一等洋船一隻名北力謝壓亞船主名馬非準於早日揚帆前往舊金山正埠如有搭客搭貨者請到本行面議

己未年三月初五日啟

前往新金山

末士士店臣公司有好駛三枝桅洋船一隻名澳多那船主名黐時準於早日揚帆前往新金山雪梨砵非立埠此船已經租去大半如有搭客搭貨者請到本行面議

己未年五月十一日啟

洋船出賃

茲者末士帝禮也公司有船一隻名之時店文呢船主名哥見約四百噸大現泊在黃埔如有　貴客欲做搭或全隻租賃者請到本行面議

己未年四月十五日啟

茲有二枝半桅洋船一隻名義郎船主名亞倫則臣出賃其船四百五十五噸大業經新裝銅底如有客商要請此船無論何埠可到船上與船主面議或做交末士活笠轉交船主均可

己未年五月十三日啟

末士烟架拿哥有堅固殷貨艇三隻裝載貨物開埋甚便或租往別處亦可如有貴客欲光顧祈請到興隆街門牌第一百八十四號與原人面議便是價錢相宜特此聲明

己未四月十四日啟

面鏡出賣

末士伯顧公司有新到上好大小面鏡出賣由十八英寸至五十二寸大如有客欲要買請到本行面議

己未年五月二十日香港伯顧行啟

啟者末士阻治亞查欲買鐵棵一條如有此鐵賣者請到本行……

卑蔴油

茲有桶裝罐裝卑蔴油出賣如　貴客欲買者請到本新……

樟腦出

啟者畢行有上好樟腦出賣如意買者請到本……

投夜

末士運卡剌佛於五月廿九日正午十二點鐘在打倫狀師行有閣床校子床校椅石面櫃西砵櫃大餐碗碟衣櫃洋琴面鏡玻璃器象牙器櫃布出投現銀化一七兌　未投之先卸……

末士運卡剌佛於五月廿三日正午十二點鐘在大街新行內有新家私一單櫃椅床碗碟玻璃器地氈竹布洋琴出投又有白酒啤酒馬鞍上好……

末士運卡剌弗於五月二十二日下午兩點鐘租家火船啟行之後在末士士爹時狀師行內有床櫃椅校子床洋燈面鏡寫字箱洋書刀叉碗碟醫馬馬鞍等物出投後又在本夜冷館馬路之新行內又有銅床大餐碗碟玻璃器地氈竹……

鴉片行

香港鴉片行情新公烟沽七百七十至七百七十二員半○舊公烟無價新鴉烟土沽七百五十至七百六十員○……烟土沽……

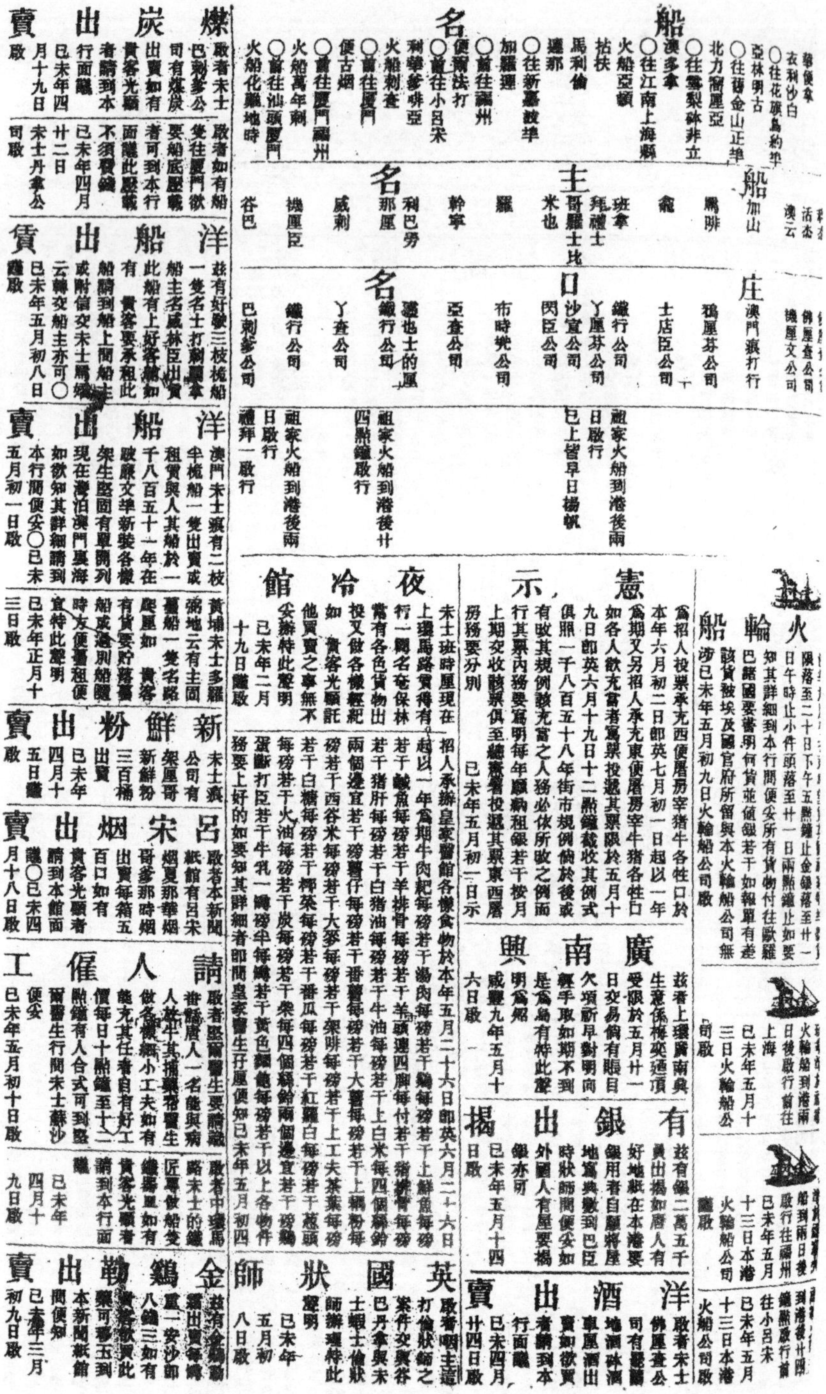

船名 船主名 庄口名

華便拿 衣利沙白 ○往花旗烏約埠 活杰 佛厘查公司
亞林明古 澳云 機厘文公司
○往舊金山正埠 北力閣厘亞 加山 澳門瀕打行
○往雪梨砵非立 鴉啡 鴉厘芬公司
澳多拿 ○往江南上海縣 龕 士店臣公司
火船亞顛 班拿 鐵行公司 祖家火船到港後兩日啟行
拈扶 拜禮士 丫厘芬公司
馬利倫 哥羅士比 沙宣公司 巳上皆早日揚帆
邏耶 米也 閂臣公司
○往新嘉坡埠 加羅邏 羅 布時蔑公司
○前往福州 便爾法打 幹寧 亞查公司
○前往小呂宋 利華爹啡亞 利巴勞 禮也士的厘
火船剌查 ○前往廈門 那厘 鐵行公司 祖家火船到港後廿四點鐘啟行
便古烟 威剌 丫查公司
○前往廈門福州 火船萬年剌 機厘臣 鐵行公司 祖家火船到港後兩日啟行
○前往汕頭廈門 火船化難地時 谷巴 巴剌爹公司 禮拜一啟行

燐炭出賣
啟者未士巴剌爹公司有燐炭出賣如有貴客光顧者請到本行面議 巳未年四月十九日啟

啟者如有船隻往廈門欲要船底壓載者可到本行面議此壓載不須費錢 巳未年四月廿二日 未士丹拿公司啟

洋船出賃
茲有好欵三枝桅船一隻名士打剌厘拿船主名威林臣出賃此船有上好客艙如有貴客要承租此船請到船上問船主或附信交未士鵬云轉交船主亦可○巳未年五月初八日識啟

洋船出賣
澳門未士瀕有二枝半桅船一隻出賣或租賃與人其船於一千八百五十一年在啵廉文埠新裝各樣架生堅固有單開列現在灣泊澳門裏海如欲知其詳細請到本行問便妥○巳未五月初一日啟

黃埔未士多羅彌地云有主固舊船一隻名路啟厘如貴客有貨要貯舊船或遇別船時欠便舊租便宜特此聲明 巳未年正月十三日啟

新鮮粉出賣
未士瀕公司有架厘哥新鮮粉三百桶出賣 巳未年四月十五日識啟

呂宋烟出賣
啟者本新聞紙館有呂宋烟夏那華烟哥爹那時烟出賣每箱五百口如有貴客光顧者請到本館面議○巳未四月十八日啟

請人僱工
啟者堅爾醫生要請識番話唐人一名能與病人並中其揀藥帮醫生做各樣細小工夫如有能充其任者自有好工價每日十點鐘至十二點鐘有人合式可到堅爾醫生行問未士鮮沙便妥 巳未年五月初十日啟

啟者中環馬路未士的鐵匠專做船斐鐵器如有貴客光顧者請到本行面議 巳未年四月十九日啟

金鷄勒出賣
茲有金鷄勒霜出賣每罇重一安沙卸八錢三如有貴客欲買此藥可移玉到本新聞紙館問便知 巳未年三月初九日啟

夜冷館
未士班時厘現在上環馬路賃得有行一間名奄保林常有各色貨物出投又做各樣經紀如貴客光顧託他買賣之事無不妥辦特此聲明 巳未年二月十九日識啟

招人承辦皇家醫館各樣食物於本年五月二十六日即英六月二十六日起以一年為期牛肉耙每磅若干湯肉每磅若干鷄每磅若干上鮮魚每磅若干鹹魚每磅若干羊排骨每磅若干羊頭連四腳每付若干豬排骨每磅若干豬肝每磅若干白豬油每磅若干牛油每磅若干上白米每四個鷄鈴兩個邊宜若干磅豬仔每磅若干番薯每磅若干大薯每磅若干上麵粉每磅若干西谷米每磅若干大麥每磅若干架啡每磅若干上工夫茶葉每磅若干白糖每磅若干椰菜每磅若干番瓜每磅若干紅蘿白每磅若干葱頭每磅若干火油每磅若干炭每磅若干柴每四個鷄鈴兩個邊宜若干磅鷄蛋斷打臣若干牛乳一罇磅半每罇若干黃色蠟燭每磅若干以上各物件務要上好的如要知其詳細者即問皇家醫生仔厘便知巳未年五月初四

英國狀師
啟者咽士遮打倫狀師之案件交與谷巴丹拿與未士蝦士倫狀師辦理特此聲明 巳未年五月初八日啟

憲示
為招人投票承充西便屠房宰豬牛各牲口於本年六月初二日即英七月初一日起以一年為期又另招人承充東便屠房宰牛豬各牲口如各人欲充當者寫票投遞其票限於五月十九日即英六月十九日十二點鐘截收其例式俱照一千八百五十八年街市規例倘於後或有改其規例該充當之人務必依所改之例而行其票內務要寫明每年願納租銀若干按月上期交收該票俱至總巡捕投遞其票東西屠房務要分別 巳未年五月初一日示

廣南興
茲者上環廣南興生意係梅爽適頂受限於五月廿一日交易倘有賬目欠項祈早對明向經手取如期不到是為自有特此聲明為照 咸豐九年五月十六日啟

有銀出揭
茲有銀二萬五千員出揭如唐人有好地紙在本港要銀用者自顧將屋地寫典數到巴臣時狀師問便妥如外國人有屋要揭銀亦可 巳未年五月十四日啟

洋酒出賣
啟者未士佛厘查公司有愛爾地酒砵酒車厘酒出賣如欲買者請到本行面議 巳未四月廿四日啟

火輪船
限落至二十日下午五點鐘止金銀落至廿一日午時止小件頭落至廿一日兩點鐘止如要知其詳細到本行問便妥所有貨物付往歐羅巴諸國要書明何貨並値銀若干如報單有差該貨被埃及國官府所留與本火輪船公司無涉巳未年五月初九日火輪船公司啟

火輪船到港兩日後啟行前往上海 巳未年五月十三日火輪船公司啟

船到兩日後啟行往福州 巳未年五月十三日本港火輪船公司識啟

到港後廿四點鐘啟行前往小呂宋 巳未年五月十三日本港火輪船公司啟

香港船頭貨價紙

第二百五十七號　己未年五月廿三日　禮拜四

啟者此紙係在孖剌處每日所印之新聞紙同館印刷每逢禮拜二禮拜四禮拜六爲期遍派香港各舖戶每月收回銀一大員如　貴客有事要印落此紙內務宜早一日走字通知末士孖剌便妥印刷唐字價錢如左　一凡每次落唐字者五十個字已下收銀一員倘五十個字已上每字收銀一個先士如欲再落者每個禮拜照前一半算如意者新請到本館印刷便是　末士孖剌　新文紙館謹啟

新聞

聞僧格林沁帶有十萬蒙古兵在天津口大姑地方意欲阻止英人進京但英人立意進京故大英欽差多帶兵馬於五月十五日由上海啟行向天津前進如僧王敢用兵阻止英人斷不肯罷手○於四五月間江南地方大雨逕綿荷水氾濫村庄田土○又聞　咸豐君遣一便駕火輪船名孔夫子由天津往長崎與日本國修好但未知因何緣故○據新聞紙云於五月初八日在安南度那埠札智之法蘭西兵見安南人猖狂日來日近如是出兵七百五十名與之戰戰了三點鐘時候安南人敗北法人奪得營盤數座大砲七十口軍器等物安南人死者一百名傷者約六七百名法人死者八人內有一位呂宋兵總傷者四五十名安南人即時修集已被打爛之營寨又聞現在並無交仗安南人與法人講和惟安南斷不肯放　大清皇帝賠補四百萬兵費銀之理云云

啟者唐人如有切要時事或得之目擊或得之傳聞不論何事但取其有益於唐人有合於同好者均可擲至本館刻刷分文不取特此佈聞　新聞紙館謹啟

茲失去五口願手槍一枝係鑲銀城隍圖主爺申所造如有人知其情者祈去大館報知取回原物或將賊拿解罪即賞花紅銀十大員決不食言此帖是實　己未年五月十四日啟

尋貨主

於一千八百五十五年九月有船一隻名孖時都由上海來黃埔其臺遇風壞後到福州將各水漬壞貨當公出投如有各附貨物人到本行末士孖剌即以所應得之銀派回便是其貨開列於下　德記貨 CT 也頭八十七件 KB 二百二十一件 XY 六十九件 WR 二十件以上係四方欖核也 W 九十件 MD 六件 LK 十三件 OL 三十九件 WB 一百五十三件以上係用三角也　亞一貨"也頭一百四十一件 CD K 六十件恆昌貨 HY 也頭二百一十八件　合眞 J 也九十件　亞棋貨 C 也一百九十六件　寶興貨 L 也一百三十三件　福記貨 D 也八十件　和源 ST 也一百一十九件 SH 二十件 SO 六件　亞錦貨 Ackum 也二十七件以上係四方欖核也頭　己未年四月廿一日　司理辦人孖剌啟

此半個月有火輪船名亞顛由孟買埠載來白皮烟土九百五十箱○又鳥士非厘火船由加利吉打載來公烟烟土共一千一百五十箱據鳥士非厘帶來之信云本年鴉片不甚好收成之說故各商即時抬高價錢以至七百八十五員但因西北江不通刀兵四起帶烟土入內地甚難故買烟土之客少到故此兩日新公烟土跌至七百七十員白皮烟土因有價外國人多將白皮烟土運去上海發賣○現在本港約存得公烟土一千三百箱烏烟土八百五十箱白皮烟土三千箱云云

樟腦出賣

啟者舉行有上好樟腦出賣如意買者請到本行面議　己未年五月十四日啟

華艇出賣

啟者中環末士架律時有華艇一隻可載二千四百担此艇經已修整機罉俱新出賣如意者請到本行面議　己未年四月十九日啟

前往舊金山

末士丫厘扮公司有第一等洋船一隻名北力蘭厘亞船主名罵非準於早日揚帆前往舊金山正埠如有搭客搭貨者請到本行面議　己未年三月初五日啟

前往新金山

末士士店臣公司有好駛三枝桅洋船一隻名澳多那船主名鑫時準於早日揚帆前往新金山雪梨砵非立埠此船已經租去大半如有搭客搭貨者請到本行面議　己未年五月十一日啟

洋船出賃

茲者末士帝禮也公司有船一隻名之時店文呢船主名哥見約四百噸大現泊在黃埔如有　貴客欲搭或全隻租賃者請到本行面議　己未年四月十五日啟

茲有二枝半桅洋船一隻名獎耶船主名亞倫則臣出賃其船四百五十五噸大裝輕新裝銅底如有客商要請此船無論何埠可到船上與船主面議或信交末士活笠轉交船主均可　己未年五月十三日啟

末士烟架拿哥有堅固啟貨艇三隻裝載貨物開埋甚便或租往別處亦可如有貴客欲光顧祈請到與隆街門牌第一百八十四號與厭人面議便是價錢相宜特此聲明　己未四月十四日啟

面鏡出賣

末士伯顛公司有新到上好大小面鏡出賣由十八英寸至五十二寸大如有客欲要買請到本行面議　己未年五月二十日香港伯顛行啟

往日本上海

末士非立時麼有好駛二枝半桅洋船一隻名馬毛剌準於早日揚帆前往上海與日本兩埠業經有人定去一半艙位如有搭客搭貨者請到本行面議

啟者末士阻治亞查欲買鐵椗一條如有此鐵賣者請到本行面議

卑蔴油出賣

茲有桶裝罐裝罎裝卑蔴油出賣如貴客欲買者請到本新聞紙館面議

夜投

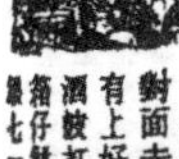

末士班時壓於五月廿三日上午十一點鐘在遮治行對面末士孖顛行有上好面鏡這壓酒樽打破酒各色箱仔雜干出投現銀七一七兌

末士遮卡剌佛於五月廿九日正午十二點鐘在打倫狀師行有閒床枝子床枝椅石面檯四碗檯大餐碗碟衣櫃洋琴面鏡玻璃器象牙器檯布出投現銀七一七兌　末投之先即將各物開列有單以便各

末士遮卡剌佛於五月廿三日正午十二點鐘在大街新行內有新傢私一屋檯椅床碗碟玻璃器地氈竹布洋琴出投又有白酒啤酒馬鞍上好洋畫出投現銀七一

鴉片行情

香港鴉片行情新公烟沽七百七十二員半○舊公烟土無價新烏烟土沽七百五十至七百五十五員○舊烏烟土

船名	船主名	船庄口名	
○往[illegible] 華便拿	活杰	佛厘查公司	
衣利沙白	澳云	機厘文公司	
○往花旗烏約埠 亞林明古	加山	澳門褒打行	
○往舊金山正埠 北力窩厘亞	罔啡	鴉厘芬公司	
○往雪梨砵非立 澳多拿	鮝	士店臣公司	
○往江南上海縣 火船亞頌	班拿	鐵行公司	祖家火船到港後兩日啟行
拈扶	拜禮士	丫厘芬公司	
馬利倫	哥羅士比	沙宣公司	已上皆早日揚帆
運那	米也	閉臣公司	
○往新嘉坡埠 加羅連	羅	布時洸公司	
○前往福州 便爾法打	幹寧	亞查公司	
○前往小呂宋 利華爹啡亞	利巴勞	釐也士的厘	
火船剌查	那厘	鐵行公司	祖家火船到港後廿四點鐘啟行
○前往廈門 便古烟	威剌	丫查公司	
○前往廈門福州 火船萬年剌	機厘臣	鐵行公司	祖家火船到港後兩日啟行

行火輪船

啟由本港啟行裝載搭客貨物書信前往新加波埠加厘費打剌時望買英國祖家等埠雜貨限落至二十日下午五點鐘止金銀落至廿一日午時止小件頭落至廿一日兩點鐘止如要知其詳細到本行問便妥所有貨物付往歐羅巴辭國要書明何貨並值銀若干如報單有差該貨被埃及國官府所留與本火輪船公司無涉已未年五月初九日火輪船公司啟

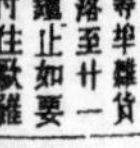

名亞頌船主名班拿準於祖家火輪船到港兩日後啟行前往上海 已未年五月十三日火輪船公司啟

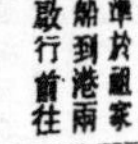

主名機厘臣準於祖家火船到兩日後啟行往福州 已未年五月十三日本港火輪船公司謹啟

名那厘準於祖家火輪船到港後廿四鐘點啟行前往小呂宋 已未年五月十三日本港火船公司啟

憲示

為招人投票承充西便屠房宰豬牛各牲口於本年六月初二日即英七月初一日起以一年為期又另招人承充東便屠房宰牛豬各牲口如各人欲充當者寫票投遞其票限於五月十九日即英六月十九日十二點鐘截收其例式俱照一千八百五十八年街市規例倘於後或有敢其規例該充當之人務必依所敢之例而行其票內務要寫明每年願納租銀若干按月上期交收該票俱至總巡署投遞其票東西屠房務要分別 已未年五月初一日示

廣南興

茲者上環廣南興生意係梅英通頂受限於五月廿一日交易倘有賬目欠項祈早對明向經手取如期不到是為烏有特此聲明為照 咸豐九年五月十六日啟

有銀出揭

茲有銀二萬五千員出揭如唐人有好地紙在本港要銀用者自願將屋地寫典數到巴臣時狀師問便妥如外國人有屋要揭銀亦可 已未年五月十四日啟

洋酒出賣

啟者未士佛厘查公司有罷蘭地酒砵酒車厘酒出賣如欲買者請到本行面議 已未四月廿四日啟

夜冷館

未士班時厘現在上環馬路賃得有行一間名奄保林常有各色貨物出投又做各樣經紀如貴客光顧託他買賣之事無不妥辦特此聲明 已未年二月十九日謹啟

招人承辦皇家醫館各樣食物於本年五月二十六日即英六月二十六日起以一年為期牛肉耙每磅若干湯肉每磅若干鷄每磅若干上鮮魚每磅若干鹹魚每磅若干羊排骨每磅若干羊頭連四脚每付若干豬排骨每磅若干豬肝每磅若干白豬油每磅若干牛油每磅若干上白米每四個絲鈴兩個邊宜若干磅薯仔每磅若干番薯每磅若干上耦粉每磅若干西谷米每磅若干大麥每磅若干架啡每磅若干上工夫茶葉每磅若干白糖每磅若干椰菜每磅若干番瓜每磅若干紅羅白每磅若干葱頭每磅若干火油每磅若干炭每磅若干桀每四個絲鈴兩個邊宜若干磅鷄蛋斷打臣若干牛乳一罇磅半每罇若干黃色蠟燭每磅若干以上各物件務要上好的如要知其詳細者即問皇家醫生孖屋便知已未年五月初四

英國狀師

啟者咽主遺打倫狀師之案件交與谷巴丹拿與未士蝦士倫狀師辦理特此聲明 已未年五月初八日啟

煤炭出賣

啟者未士巴剌爹公司有煤炭出賣如有貴客光顧者請到本行面議 已未年四月十九日啟

啟者如有船隻往廈門欲要船底壓載者可到本行面議此壓載不須費錢 已未年四月廿二日 未士丹拿公司啟

洋船出賃

茲有好駛三枝桅船一隻名士打剌爾拿船主名威林臣出賃此船有上好客艙如有貴客要承租此船請到船上問船主或附信交未士馬端云轉交船主亦可○已未年五月初八日謹啟

洋船出賣

澳門未士褒有二枝半桅船一隻出賣或租賃與人其船於一千八百五十一年在啟麻文埠新發各樣架生堅固有單開列現在灣泊澳門裏海如欲知其詳細請到本行問便妥○已未五月初一日啟

黃埔未士多羅弼地云有主固舊船一隻名路庇厘如貴客有貨要貯落舊船或過別船臨時方便舊租便宜特此聲明 已未年正月十三日啟

新鮮粉出賣

未士褒公司有架厘哥新鮮粉三百桶出賣 已未年四月十五日謹啟

呂宋烟出賣

啟者本新聞紙館有呂宋烟夏那華烟哥爹那時烟出賣每箱五百口如有貴客光顧者請到本館面議○已未四月十八日啟

請人雇工

啟者堅爾醫生要請識番話唐人一名能與病人放牛其捕藥幫醫生做各樣細小工夫如有能充其任者自有好工價每日十點鐘至十二點鐘有人合式可到堅爾醫生行問未士蘇沙便妥 已未年五月初十日啟

啟者中環馬路未士的鐵匠專做船隻鐵器皿如有貴客光顧者請到本行面議 已未年四月十九日啟

金鷄勒出賣

茲有金鷄勒霜出賣每罇重一安沙即八錢三如有貴客欲買此藥可移玉到本新聞紙館間便知 已未年三月初九日啟

香港船頭貨價紙

第二百五十八號　　己未年五月廿五日　　禮拜六

啟者此紙係在孖剌處每日所印之新聞紙同館印刷毎逢禮拜二禮拜四禮拜六為期滿派香港各舖戶每月收回銀一大員如　貴客有事要印落此紙內務宜早一日走字通知末士孖剌便妥印刷唐字價錢如左　一凡毎次落唐字者五十個字已下收銀一員倘五十個字已上毎字收銀一個先士如欲再落者毎個禮拜照前一半算如意者新請到本館印刷便是
末士孖剌　新文紙館謹啟

新聞

聞說上環大水坑口德記樓上有一教館先生姓唐名星甫帶一個司運往上環海邊均和雜貨店買生油一斤繳回銅錢一百六十六文內有次錢數個均和長櫃不肯同換互相爭論不妥故唐星甫將此事報明大館出差拿其長櫃到案藥經　巡理廳大老爺審訊查始立行規不使次錢者乃係雜貨店地方官並無出示禁止便爛錢等情今爾雜貨店實入者既要好錢惟出則給以次錢顯係藐視國法欺過貧民故官擬將均和長櫃監禁三個月當苦工云云

於廿二晚十一點鐘鐵行有祖家火船名新嘉波由盤買埠到港帶來泰西新聞紙云澳士打利亞國兵勇共一十二萬已經入了沙典那國之境內過了一河名俁河但因雨水運綿故暫退出法帝擇於四月初八日由法國京城動身御駕親征共調大兵十五萬水陸並進往助沙典那國留皇后在朝攝理政務現有法蘭西兵勇九千已到沙典那國境內其餘陸續皆至惟法蘭西兵所到沙典那國各埠處處皆鋪花道路簞食壺漿以迎法師現在兩國兵勇尚未有動手惟沙典那王親自督率兵勇固守疆土俟法蘭西大兵到齊然後攻擊澳士打利亞地方至於俄羅斯日耳曼諸國皆整備軍旅以防不虞英國亦多裝戰艦操練兵勇保守各處海埠云云

奉貨主

於一千八百五十五年九月有船一隻名孖時都由上海來黃埔其船遇風颶後到福州將各水漬壞貨當公出投如有各附貨物人到本行末士孖剌即以所應得之銀派回便是其貨開列於下　德記貨 *CT* 乜頭八十七件 *KB* 二百二十一件 *XY* 六十九件 *WR* 二十件以上係四方櫳核乜 *W* 九十件 *MD* 六件 *LK* 十三件 *OL* 三十九件 *WR* 一百五十三件以上係用三角乜　亞一貨 *JT* 乜頭一百四十一件 *ODK* 六十件恆昌貨 *HY* 乜頭二百一十八件　合昌 *J* 乜九十件　亞棋貨 *O* 乜一百九十六件　寶興貨 *L* 乜一百三十三件　福記貨 *D* 乜八十件　和源 *ST* 乜一百一十九件 *SH* 二十件 *SO* 六件　亞錦貨 Acheen 乜二十七件以上係四方櫳核乜頭
已未年四月廿一日　司理變賣人孖剌啟

啟者唐人如有切要時事或得之目擊或得之傳聞不論何事但取其有益於唐人有合於同好者均可僑至本館刻刷分文不取特此佈聞
新聞紙館謹啟

樟腦出賣

啟者畢行有上好樟腦出賣如意買者請到本行面議
已未年五月十四日啟

華艇出賣

啟者中環末士架律時有華艇一隻可載二千四百担此艇經已修整桅𢹂俱新出賣如意者請到本行面議
已未年四月十九日啟

兹失去五口頭手鎗一枝係蘭頓城羅蘭主晏申所造如有人知其情者祈去大館報知取回原物或將賊辦罪即賞花紅銀十大員決不食言此帖是實　已未年五月十四日啟

皁蘇油出賣

兹有桶裝罇裝皁蘇油出賣如貴客欲買者請到本新聞紙館面議　已未年三月三十日啟

前往舊金山

末士丫厘扮公司有第一等洋船一隻名北力甯厘啞船主名羅非準於早日揚帆前往舊金山正埠如有搭客搭貨者請到本行面議
已未年三月初五日啟

前往新金山

末士士店臣公司有好駛三枝桅洋船一隻名澳多那船主名嚤時準於早日揚帆前往新金山雪梨埠非立埠此船已經租去大半如有搭客搭貨者請到本行面議
已未年五月十一日啟

洋船出賃

兹者末士帝禮也公司有船一隻名之時店文呢船主名哥見約四百墩大現泊在黃埔如有　貴客欲撥搭或全隻租賃者請到本行面議
已未年四月十五日啟

兹有二枝半桅洋船一隻名𦏁耶船主名亞倫則臣出賃其船四百五十五墩大業經新裝銅底如有客商要請此船無論何埠可到船上與船主面議或借交末士活笠轉交船主均可
已未年五月十三日啟

末士烟架拿哥有堅固𢇁貨艇三隻裝載貨物開埋甚便或租往別處亦可如有貴客欲光顧祈請到與盛街門牌第一百八十四號與原人面議便是價錢相宜特此聲明
已未四月十四日啟

面鏡出賣

末士伯頓公司有新到上好大小面鏡出賣由十八英寸至五十二寸大如有客欲要買請到本行面議
已未年五月二十日香港伯頓行啟

往日本上海

末士非立時麽有好駛二枝半桅洋船一隻名馬毛剌準於早日揚帆前往上海與日本兩埠業經有人定去一半艙位如有搭客搭貨請到本行面議　已未年五月初十日啟

啟者末士阻治亞查欲買鐵樑一條如有此鐵賣者請到本行面議
已未年四月十九日啟

杉板出賣

兹者西營盤貨倉末士巴嗎有各樣杉板出賣如有貴客欲光顧者祈請移玉到本行面議便是
已未年四月十五日啟

加時古狀師

末士加士古狀師之案件自今日以後交與丹拿蝦時倫狀師辦理特此聲明○已未年三月初二日啟

投夜冷

末士麥記厘架於五月廿七日上午十一點鐘在𠯋禮查士廳有水漬洋布字號布共四十細出投現銀七一七兌
已未年五月廿四日啟

末士蓮卡剌彿於五月廿九日正午十二點鐘在打倫狀師行有開床椗子床椗椅石面檯西砵檯大餐碗碟衣櫃洋琴面鏡玻璃器象牙器檯布出投現銀七一七兌　未投之先即將各物開列有單以便各客觀覽
已未年五月十五日啟

鴉片行情

香港鴉片行情新公烟沽七百六十七員半
○舊公烟土無價
新鴣烟土沽七百五十至七百五十五員○舊鴣烟土沽是日無價
白皮沽五百九十二員半至六百員

現在香港澳門黃埔落貨往各埠之船列左

船名	船主名	庄口名	
○往蘭頓京城			
華便拿	活杰	佛厘查公司	
衣利沙白	澳云	機厘文公司	
○往花旗島約埠			
亞林明古	加山	澳門痕打行	
○往舊金山正埠			
北力獨厘亞	鵬啡	鴉厘芬公司	
○往雪梨砵非立			
澳多拿	鑫	士店臣公司	
○往江南上海縣			
火船亞頓	班拿	鐵行公司	祖家火船到港後兩日啟行
拈扶	拜禮士	丫厘芬公司	
馬利倫	哥羅士比	沙宣公司	已上皆早日揚帆
邇那	米也	閃臣公司	
○往新嘉坡埠			
加羅連	羅	布時𠷈公司	
○前往福州			
便甯法打	粹寧	亞查公司	
○前往小呂宋			
利華爹啡亞	利巴勞	鑪也士的厘	
火船剌查	那厘	鐵行公司	祖家火船到港後廿四點鐘啟行
○往上海日本			
孖麼剌	鑪也	非立時公司	
○前往廈門福州			
火船萬年剌	機厘臣	鐵行公司	祖家火船到港後兩日啟行

鐵行火輪船

本港鐵行火輪船公司有火輪船一隻名鵬剌巴船主名敦拿士準於五月廿二日下午兩點鐘由本港啟行裝載搭客貨物書信前往新加波埠加厘蠻打剌時望買英國祖家等埠雜貨限落至二十日下午五點鐘止金銀落至廿一日午時止小件頭落至廿一日兩點鐘止如要知其詳細到本行問便妥所有貨物付往歐羅巴諸國要書明何貨並值銀若干如報單有差該貨被埃及國官府所留與本火輪船公司無涉已未年五月初九日火輪船公司啟

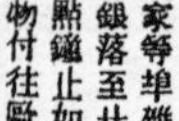

鐵行火輪船公司茲有火輪船名亞頓船主名班拿準於祖家火輪船到港兩日後啟行前往上海 已未年五月十三日火輪船公司啟

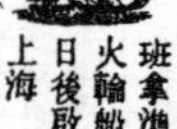

茲有火輪船名萬年剌船主名機厘臣準於祖家火船到兩日後啟行往福州 已未年五月十三日本港火輪船公司謹啟

茲有火輪船名剌查船主名那厘準於祖家火輪船到港後廿四鐘點啟行前往小呂宋 已未年五月十三日本港火船公司啟

憲示

為招人投稟承充西便屠劏宰猪牛各牲口於本年六月初二日即英七月初一日起以一年為期又另招人承充東便屠劏宰牛猪各牲口如各人欲充當者寫稟投遞其票限於五月十九日即英六月十九日十二點鐘截收其例式俱照一千八百五十八年街市規例倘於後或有改其規例該充當之人務必依所改之例而行其票內務要寫明每年願納租銀若干按月上期交收該票俱至總憲署投遞其票東西屠劏務要分別 已未年五月初一日示

廣南興

茲者上環廣南興生意係梅奕廷頂受限於五月廿一日交易倘有賬目欠項祈早對明向經手取如期不到是為烏有特此聲明為炤 咸豐九年五月十六日啟

有銀出揭

茲有銀二萬五千員出揭如唐人有好地紙在本港要銀用者自願將屋地寫典數到巴臣時狀師問便妥如外國人有屋要揭銀亦可 已未年五月十四日啟

洋酒出賣

啟者未士佛厘查公司有罷蘭地酒砵酒車厘酒出賣如欲買者請到本行面議 已未四月廿四日啟

夜冷館

末士班時厘現在上環馬路賃得有行一間名砵保林常有各色貨物出投又做各樣經紀如貴客光顧託他買賣之事無不妥辦特此聲明 已未年二月十九日謹啟

招人承辦皇家醫館各樣食物於本年五月二十六日即英六月二十六日起以一年為期牛肉粑每磅若干湯肉每磅若干鷄每磅若干上鮮魚每磅若干鹹魚每磅若干羊排骨每磅若干羊頭連四脚每付若干猪排骨每磅若干猪肝每磅若干白猪油每磅若干牛油每磅若干上白米每四個絲鈴兩個邊宜若干磅薯仔每磅若干番薯每磅若干大薯每磅若干上糯粉每磅若干西谷米每磅若干大麥每磅若干架啡每磅若干上工夫茶葉每磅若干白糖每磅若干椰菜每磅若干番瓜每磅若干紅羅白每磅若干葱頭每磅若干火油每磅若干炭每磅若干柴每四個絲鈴兩個邊宜若干磅鷄蛋斷打臣若干牛乳一罇磅半每罇若干黃色麵飽每磅若干以上各物件務要上好的如要知其詳細者即問皇家醫生孖厘便知已未年五月初四

英國狀師

啟者咽主這打倫狀師之案件交與谷巴丹拿與末士蝦士倫狀師辦理特此聲明 已未年五月初八日啟

煤炭出賣

啟者未士巴則爹公司有煤炭出賣如有貴客光顧者請到本行面議 已未年四月十九日啟

啟者如有船隻往廈門欲要船底壓載者可到本行面議此壓載不須費錢 已未年四月廿二日 末士丹拿公司啟

洋船出賃

茲有好駛三枝桅船一隻名士打剌蘭拿船主名威林臣出賃此船有上好客艙如有貴客要承租此船請到船上問船主或附信交末士鵬嫣云轉交船主亦可○已未年五月初八日謹啟

洋船出賣

澳門未士痕有二枝半桅船一隻出賣或租賃與人其船於一千八百五十一年在玻厤文埠新裝各樣架生堅固有單開列現在灣泊澳門氹海如欲知其詳細請到本行問便妥○已未五月初一日啟

黃埔未士多羅弼地云有主固躉船十隻名路爬厘如貴客有貨要貯落躉船或過別船隨時方便躉租便宜特此聲明 已未年正月十三日啟

新鮮粉出賣

未士痕公司有架厘哥新鮮粉三百桶出賣 已未年四月十五日謹啟

呂宋烟出賣

啟者本新聞紙館有呂宋烟夏那華烟哥爹那時烟出賣每箱五百口如有貴客光顧者請到本館面議○已未四月十八日啟

請人僱工

啟者堅爾醫生要請識番話唐人一名能與病人放牛其捕藥幫醫生做各樣細小工夫如有能充其任者自有好工價每日十點鐘至十二點鐘有人合式可到堅爾醫生行問末士蘇沙便妥 已未年五月初十日啟

啟者中環馬路末士的鐵匠專做船隻鐵器皿如有貴客光顧者請到本行面議 已未年四月十九日啟

金鷄勒出賣

茲有金鷄勒霜出賣每罇重一安沙即八錢三如有貴客欲買此藥可移玉到本新聞紙館問便知 已未年三月初九日啟

香港船頭貨價紙

第二百五十九號　己未年五月廿八日　禮拜二

啟者此紙係在孖剌處每日所印之新聞紙同館印刷每逢禮拜二禮拜四禮拜六爲期遍派香港各舖戶每月收回銀一大員如 貴客有事要印落此紙內務宜早一日走字通知末士孖剌便妥印刷唐字價錢如左 一凡每次落唐字者五十個字已下收銀一員倘五十個字已上每字收銀一個先士如欲再落者每個禮拜照前一半算如意者祈請到本館印刷便是 末士孖剌 新文紙館謹啟

新聞

直隸總督臣慶祺跪奏爲遵 旨調撥官兵火藥前赴軍營並微臣到省日期恭摺具奏仰祈聖鑒事竊臣承准軍機大臣字寄咸豐八年十一月初二日奉 上諭著慶祺于大名正定兩營內酌抽精銳合成四百名飭赴江北軍營同日又奉 上諭著慶祺協濟火藥四萬斤加工製造派員迅解江南軍營等因欽此臣伏查大名一帶處處與豫東接連前經奏明調兵一千名馳往防堵該鎮官兵此時仍未可抽調臣擬調宣化兵二百名正定鎮二百名已照會各該鎮務須揀選精銳派員管帶即行起程至火藥一項查上次奉撥之四萬斤外其餘一萬斤現按成數齊槍子火繩派委員弁於本月十三日先行解赴江南交和春軍營應用並飭小心護解沿途毋受潮濕此次奉 旨協濟之火藥四萬斤飭督趕緊加工製造接續起解毋任遲延臣于初三日自天津起程兹于初七日抵省一路看察麥苗均已出土民情亦頗安謐現將督中文案逐一清厘分別辦理所有遵調官兵火藥緣由理合恭摺具奏奉朱批知道了欽此

華艇出賣

啟者中環末士架律時有華艇一隻可載二千四百担此艇經已修整桅[illegible]俱新出賣如意者請到本行面議 已未年四月十九日 啟

尋貨主

於一千八百五十五年九月有船一隻名孖時都由上海來黄埔其船遇風颶後到福州將各水漬壞貨當公出投如有各附貨物人到本行末士孖剌即以所應得之銀派回便是其貨開列於下 德記貨CT乜頭八十七件KB二百二十一件XY六十九件WB二十件以上係四方欖核乜W九十件MD六件LK十三件OL三十九件WB一百五十三件以上係用三角乜 亞一貨JT乜頭一百四十一件OD K六十件恆昌貨HY乜頭二百一十八件 合良J乜九十件 亞棋貨C乜一百九十六件 寶興貨L乜一百三十三件 福記貨D乜八十件 和源ST乜一百一十九件SH二十件SO六件 亞錦貨Achum乜二十七件以上係四方欖核乜頭 已未年四月廿一日 司理孿做人孖剌啟

啟者唐人如有切要時事或得之目擊或得之傳聞不論何事但取其有益於唐人有合於同好者均可攜至本館刻刷分文不取特此佈聞 新聞紙館謹啟

樟腦出賣

啟者畢行有上好樟腦出賣如意買者請到本行面議 已未年五月十四日啟

出口船

鐵行火輪船名罷剌巴載去湖絲一千四百零四綑金銀約一十八萬五千三百三十三員〇火輪船名鹽買加時厘載去湖絲二百九十二箱綢緞四十一箱金銀六萬五千員白糖三百六十包雜貨五百五十六件〇舊金山船名孖士地乎於五月二十日啟行載去白糖八千九百四十包米七千四百一十八包芝蔴瓜子四十八包茶葉八百七十六件生油五百四十五箱湖絲一百箱孖姑烟二十七箱西米一百三十五箱烟膏二萬三千八百兩光石九百零三件雜貨五千九百七十三件

前往舊金山

末士了厘扮公司有第一等洋船一隻名北力窩厘亞船主名罵非準於早日揚帆前往舊金山正埠如有搭客搭貨者請到本行面議 已未年三月初五日啟

前往新金山

末士士店臣公司有好駛三枝桅洋船一隻名澳多那船主名龕時準於早日揚帆前往新金山雪梨埠非立埠此船已經租去大半如有搭客搭貨者請到本行面議 已未年五月十一日啟

洋船出賃

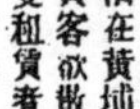

兹者末士帝禮也公司有船一隻名之時店文呢船主名哥見約四百噸大現泊在黄埔如有 貴客欲搬搭或全隻租賃者請到本行面議 已未年四月十五日啟

兹有二枝半桅洋船一隻名義耶船主名亞倫則臣出賃其船四百五十五噸大業經新裝銅底如有客商要請此船無論何埠可到船上與船主面議或信交末士活笠衶交船主均可 已未年五月十三日啟

末士烟架拿哥有堅固駁貨艇三隻裝載貨物開埋甚便或租往別處亦可如有貴客欲光顧祈請到興隆街門牌第一百八十四號與原人面議便是價錢相宜特此聲明 末四月十四日啟

面鏡出賣

末士伯顛公司有新到上好大小面鏡出賣由十八英寸至五十二寸大如有客欲要買請到本行面議 已未年五月二十日香港伯顛行啟

往日本上海

末士非立時應有好駛二枝半桅洋船一隻名馬毛剌準於早日揚帆前往上海與日本兩埠業經有人定去一半艙位如有搭客搭貨請到本行面議 已未年五月初十日啟

啟者末士阻治亞查欲買鐵棵一條如有此鐵賣者請到本行面議 已未年四月十九日啟

杉板出賣

兹者西營盤貨倉末士巴嗎有各樣杉板出賣如有貴客欲光顧者祈請移玉到本行面議便是 已未年四月十五日啟

投夜冷

末士架街時林茂於五月廿九日正午十二點鐘有卡剌律一百打臣罷蘭地一百打臣這厘砵酒林酒甦酒啵酒波打呂宋烟磅秤鐵門簾爾之時火腿糖羗白糖豬鹹洋烟白豆眉豆繩油漆面鏡洋鎗鳥鎗連環手鎗首飾時辰鏢時辰鐘等物出投現銀七一七兑 已未年五月廿八日啟

末士邏卡剌佛於五月廿九日正午十二點鐘在打倫狀師行有開床校子床校椅石面檯西砵檯大餐碗碟衣櫃洋琴面鏡玻璃器具象牙器檯布出投現銀七一七兌 末投之先即將各物開列有單以便各客觀覽 已未年五月十五日啟

鴉片行情

香港鴉片行情彩公烟沽七百五十五至七百五十七員半〇舊公無價新鴉烟土沽七百四十五至七百四十五員半〇舊鴉烟土無價 白皮沽五百九十五至五百九十七員半

現在香港澳門黃埔落貨往各埠之船列左

船名

〇往蘭𡁜京城 華便拿 衣利沙白 〇往花旗鳥約埠 亞林明古 租地 〇往舊金山正埠 北力窩厘亞 〇往雪梨砵非立 澳多拿 〇往江南上海縣 拈扶 乞地臣 〇往新嘉波埠 遮那 加羅連 〇前往福州 便爾法打 〇前往小呂宋 利華參咈亞 窩剌多剌 〇往上海日本 孖麼剌 〇前往葛剌巴 哥利亞

船主名

活杰 澳云 加山 播郎 㸃啡 龕 拜禮士 卑 米也 羅 幹寧 利巴勞 亞剌拿 𨘥也 劣根

口庄名

佛厘查公司 機厘文公司 澳門㵼打行 剌時厘公司 鴉厘芬公司 士店臣公司 丫厘芬公司 布時㧾公司 閃臣公司 布時㧾公司 亞查公司 𨘥也士的厘 畢公司 非立時公司 急公司

已上皆早日揚帆

鐵行火輪船

本港鐵行火輪船公司有火輪船一隻名鴉剌巴船主名敦拿士準於六月初六日下午兩點鐘由本港啟行裝載搭客貨物書信前往新加波埠加厘蠻打剌時望買英國祖家等埠雜貨限落至初四日下午五點鐘止金銀落至初五日午時止小件頭落至初五日兩點鐘止如要知其詳細到本行問便妥所有貨物付往歐羅巴諸國要譖明何貨並值銀若干如報單有差該貨被垛及國官府所留與本火輪船公司無涉已未年五月廿三日火輪船公司啟

鐵行火輪船公司茲有火輪船名亞頓船主名班拿準於祖家火輪船到港兩日後啟行前往上海 已未年五月十三日火輪船公司啟

茲有火輪船名萬年剌船主名機厘臣準於祖家火船到兩日後啟行往福州 已未年五月十三日本港火輪船公司謹啟

茲有火輪船名剌查船主名那厘準於祖家火輪船到港後廿四鐘點啟行前往小呂宋 已未年五月十三日本港火船公司啟

憲示

香港公庫官科 為曉諭事照得本港所有欠到本歲上半年地税者准於英七月十七日以前納清如至英七月十七以後仍未清納即將該欠地税之人名姓交與皇家狀師辦理特示 已未五月廿五日示

廣南興

茲者上環廣南興生意係梅奕廼頂受限於五月廿一日交易倘有賬目欠項新早對明向經手取如期不到是啚鳥有特此聲明為照 咸豐九年五月十六日啟

有銀出揭

茲有銀二萬五千員出揭如唐人有好地紙在本港要銀用者自願將屋地寫典數到巴臣時狀師間便妥如外國人有屋要揭銀亦可 已未年五月十四日啟

卑蔴油出賣

茲有桶裝罐裝鑍裝卑蔴油出賣如 貴客欲買者請到本新聞紙館面議 已未年三月三十日啟

桅木出賣

啟者二枝半桅船名衣倫船主名冰有上好桅木出賣由四十二至五十六活又有大鐵錨兩門鐵水櫃二個鐵鍊等物出投如貴客欲買者請到船上面議

夜冷館

未士班時厘現在上環馬路賃得有行一間名奄保林常有各色貨物出投又做各樣經紀如 貴客光顧託他買賣之事無不妥辦特此聲明 已未年二月十九日謹啟

英國狀師

啟者咽主這打倫狀師之案件交與谷巴丹拿與未士蝦士倫狀師辦理特此聲明 已未年五月初八日啟

茲失去五口頭手鎗一枝係蘭頓城羅蘭主晏申所造如有人知其情者祈去大館報知取回原物或將賊辦罪即賞花紅銀十大員決不食言此帖是實 已未年五月十四日啟

洋酒出賣

啟者未士佛厘查公司有羅蘭地酒砵酒車厘酒出賣如欲買者請到本行面議 已未四月廿四日啟

茲有行一間出賃坐在中環澳爐俾厘街德臣印字館對面每月租銀四十員如有合意者請到中環大街未士加律治行間便妥〇巳未年二月初十日啟

茲有乾爽石棧房在金魚行出貨如欲貯貨請與未士孖剌面議棧租便宜〇戊午年十二月初七日啟

煤炭出賣

啟者未士巴剌爹公司有煤炭出賣如有貴客光顧者請到本行面議 已未年四月十九日啟

啟者如有船隻往厦門欲要船底壓載者可到本行面議此壓載不須費鏹 已未年四月廿二日未士丹拿公司啟

洋船出賃

茲有好駛三枝桅船一隻名士打剌蘭拿船主名威林臣出賃此船有上好客艙如有 貴客要承租此船請到船上問船主或附信交未士羅嫣云轉交船主亦可〇已未年五月初八日謹啟

洋船出賣

澳門未士㵼有二枝半桅船一隻出賣或租賃與人其船於一千八百五十一年在跛厭文埠新裝各樣架生堅固有單開列現在灣泊澳門褱海如欲知其詳細請到本行問便妥〇已未五月初一日啟

黃埔未士多羅溺地云有主固舊船一隻名路爬厘如 貴客有貨要貯落舊船或過別船躉時方便舊租便宜特此聲明 已未年正月十三日啟

新鮮粉出賣

未士㵼公司有架厘哥新鮮粉三百桶出賣 已未年四月十五日謹啟

呂宋烟出賣

啟者本新聞紙館有呂宋烟夏那華烟哥爹那時烟山寶每箱五百口如有貴客光顧者請到本館面議〇已未四月十八日啟

請人僱工

啟者堅爾醫生要請識番話唐人一名能與病人放牛其捕藥帮醫生做各樣細小工夫如有能充其任者自有好工價每日十點鐘至十二點鐘有人合式可到堅爾醫生行間未士蘇沙便妥 已未年五月初十日啟

啟者中環馬路未士的鐵匠專做船隻鐵器皿如有貴客光顧者請到本行面議 已未年四月十九日啟

金鷄勒出賣

茲有金鷄勒霜出賣每鐘重一安沙即八錢三如有貴客欲買此藥可移玉到本新聞紙館間便知 已未年三月初九日啟

香港船頭貨價紙

第二百六十號　己未年六月初一日　禮拜四

啟者此紙係在孖剌遞每日所印之新聞紙同館印刷每逢禮拜二禮拜四禮拜六為期遍派香港各舖戶每月收回銀一大員如　貴客有事要印落此紙內務宜早一日走字通知末士孖剌便妥印刷唐字價錢如左　一凡每次落唐字者五十個字已下收銀一員倘五十個字已上每字收銀一個先士如欲再落者每個禮拜册前一半算如意者祈請到本館印刷便是
末士孖剌　新文紙館謹啟

新聞

玆有船一隻名約野亞希厘由舊金山四月初八日來港云於四月初旬一連到了四隻唐山船一名今茂一名占時播郎一名北力便連時一名山打過羅時帶來金山行情云白糖爽市冰花沽九個半先士白米多到無市有商人將平米收埋載往新金山糶茶葉無市好茶葉少到價爽生油頗爽烟膏沽銀十二員至十二員半水銀一磅沽銀一員鷹銀每百加水十員至十一員云云

啟者唐人如有切要時事或得之目擊或得之傳聞不論何事但取其有益於唐人有合於同好者均可攜至本館刻刷分文不取特此佈聞
新聞紙館謹啟

往日本上海

末士非立時麼有好駛二枝半桅洋船一隻名馬毛剌準於早日揚帆前往上海與日本兩埠業經有人定去一半艙位如有搭客搭貨請到本行面議　已未年五月初十日啟

加時古狀師

末士加士古狀師之案件自今日以後交與丹拿蝦時倫狀師辦理特此聲明〇已未年三月初二日啟

樟腦出賣

啟者[illegible]打有上好樟腦出賣如意買者請到本行面議　已未年五月十四日啟

京報

閩浙總督臣王懿德跪奏為查明道員剿匪陣亡籲懇　天恩撫䘏恭摺具奏仰祈　聖鑒事竊照前據委辦福建上游軍務臬司保泰試用道袁績懋等稟報本年五月間邵武逆匪合土攻撲麻沙署延建邵道趙印川力戰陣亡經王懿德于五月二十八日會摺具奏在案玆據該故員趙印川親子遊擊趙芳捫稟稱本年五月十八日辰刻逆匪由界首地方分股沖撲趙印川親督兵勇在于麻沙三里亭遇賊接仗力戰受傷賊匪四面環攻兵勇死者枕藉趙印川奮力督剿身受重傷猶手刃逆匪二名旋被悍賊槍刺喉間復被叢槍迭戳登時陣亡該故道趙印川先于五月十七日夜探聞寇氛甚惡兵勇復遭挫潰勢難抵禦當將延建邵道關防令家人齎送自晉麻沙為建郡咽喉豈可委之而去生不畏賊死亦不避賊等語並據建甯府方鼎以趙印川屍骸經該處練董劉桂林等查獲棺殮等情先後稟報前來臣查上年江右逆匪竄陷邵武圍攻建郡正值軍情萬緊維時趙印川護理興泉永道篆稟請前赴上游剿匪當經飭委代理按察使篆統帶兵勇馳往建甯征剿立解城圍克復邵郡嗣　恩以道員留閩即補並　賞加按察使銜旋委署延建邵道篆務該員才兼文武膽略過人每值打仗必躬冒矢石不避艱險戰功最著玆因剿匪力竭遇害深堪憫惜相應仰懇　天恩俯准將按察使銜福建督糧道調補延建邵道趙印川照按察使陣亡例從優賜䘏以勵臣節而慰忠魂臣謹會同福建巡撫臣慶端合詞恭摺具奏奉旨已錄

洋硝出賣

玆者末士孖剌有新到上好洋硝出賣如意買者請到本新聞紙館面議　戊午年十二月初八日啟

啟者末士阻治亞查欲買鐵梘一條如有此鐵賣者請到本行面議　已未年四月十九日啟

尋貨主

於一千八百五十五年九月有船一隻名孖時都由上海來貨埔其船遇風颶後到福州將各水漬壞貨當公出投如有各附貨物人到本行末士孖剌即以所應得之銀派回便是其貨開列於下　德記貨CT乜頭八十七件KD二百二十一件XY六十九件WR二十件以上係四方欖核乜W九十件MD六件LK十三件OL三十九件WR一百五十三件以上係用三角乜　亞一貨JT乜頭一百四十一件CDK六十件恆昌貨HY乜頭二百一十八件　合艮J乜九十件　亞棋貨O乜一百九十六件　寶興貨L乜一百三十三件　福記貨D乜八十件　和源ST乜一百一十九件SH二十件SO六件　亞錦貨Achun乜二十七件以上係四方欖核乜頭
已未年四月廿一日　司理攤數人孖剌啟

前往舊金山

末士了壓汾公司有第一等洋船一隻名北力窩壓亞船主名罵非準於早日揚帆前往舊金山正埠如有搭客搭貨者請到本行面議　已未年三月初五日啟

前往新金山

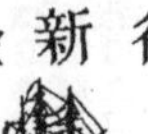

末士士店臣公司有好駛三枝桅洋船一隻名澳多那船主名麁時準於早日揚帆前往新金山雪梨砵非立埠此船已經租去大半如有搭客搭貨者請到本行面議　已未年五月十一日啟

華艇出賣

啟者中環末士架律時有華艇一隻可載二千四百担此艇經已修整桅裡俱新出賣如意者請到本行面議　已未年四月十九日啟

洋船出賃

玆者末士帝禮也公司有船一隻名之時店文呢船主名哥見約四百墩大現泊在黃埔如有　貴客欲搬搭或全隻租賃者請到本行面議　已未年四月十五日啟

玆有二枝半桅洋船一隻名義郎船主名亞倫則臣出賃其船四百五十五墩大業經新裝銅底如有客商要請此船無論何埠可到船上與船主面議或信交末士活笠轉交船主均可　已未年五月十三日啟

投夜冷

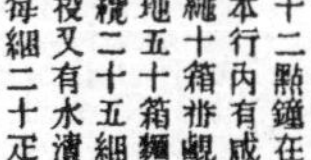

末士痕於六月初三日正午十二點鐘在船政官馬頭本行內有咸牛肉十桶烟絲十箱番覘二十箱罷蘭地五十箱麵粉十二桶麻纜二十五細船鏢羅頁出投又有水漬斜文布三細每細二十疋長四十碼出投現銀七一七兌　已未年五月廿九日啟

末士班時壓於六月初二日上午十一點鐘有家私醬料衣服番書各等什物出投現銀七一七兌　已未年五月廿九日啟

末士迺卡剌弼於六月初五日正午十二點鐘在金魚行蝦巴船廠有花旗松木大桅一枝長九十五英活腰大二十八寸又有兩枝長八十四活腰大二十一寸出投現銀七一七兌　已未五月廿七日啟

鴉片行情

香港鴉片行情新公烟沽七百五十五員
舊公無價
新鴣烟土沽七百四十五員
舊鴣烟土無價
白皮烟土沽五百九十員

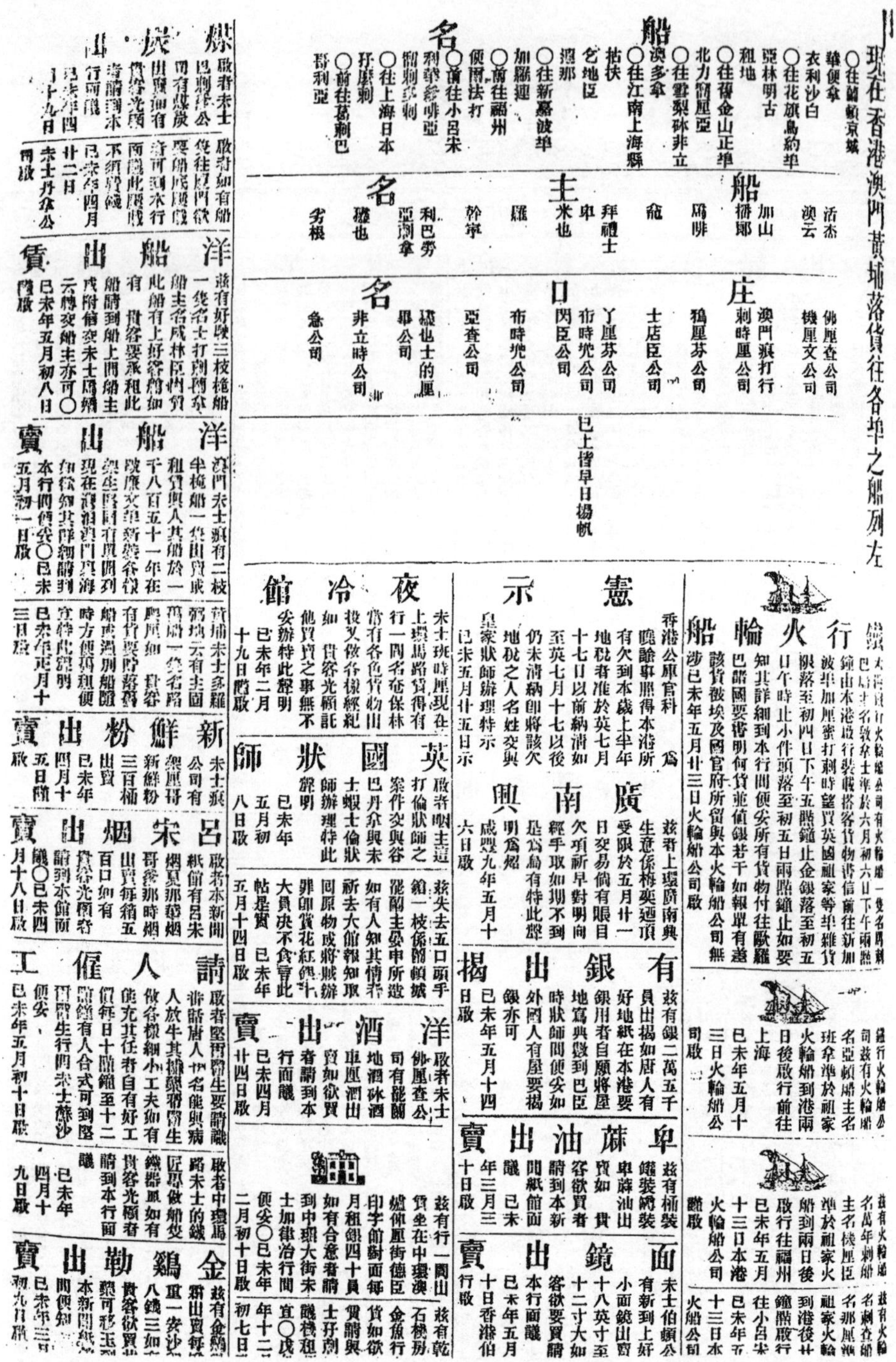

现在香港澳门黄埔落货往各埠之船列左

船名

○往倫頓京城 華便拿 衣利沙白 ○往花旗鳥約埠 亞林明古 租地 ○往舊金山正埠 北力留厘亞 ○往雪梨砵非立 澳多拿 ○往江南上海縣 拈伕 乞地臣 澀那 ○往新嘉波埠 加爾連 ○前往福州 便爾法打 ○前往小呂宋 利華紗啡亞 搁刺系刺 ○往上海日本 孖麼刺 ○前往葛剌巴 哥利亞

船主名

活杰 澳云 加山 排郎 咸啡 砵 拜禮士 卑 米也 羅 幹寧 利巴勞 亞渕拿 孖也 劣根

船庄口名

佛厘查公司 機厘文公司 澳門滾打行 剌時厘公司 鴉厘芬公司 士店臣公司 丫厘芬公司 布時洸公司 閃臣公司 布時洸公司 亞查公司 孖也士的厘 畢公司 非立時公司 急公司

已上皆早日揚帆

行火輪船

鐵大[illegible]行火輪船公司有火輪船一隻名[illegible]巴[illegible]士名敦弁士準於六月初六日下午兩點鐘由本港起行裝載搭客貨物書信前往新加波埠加厘蜜打剌時望買英國租家等埠雜貨限落至初四日下午五點鐘止金銀落至初五日午時止小件頭落至初五日兩點鐘止如要知其詳細到本行問便妥所有貨物付往歐羅巴諸國要帶明何貨並值銀若干如報單有遺該貨被埃及國官府所留與本火輪船公司無涉 已未年五月廿三日火輪船公司啟

鐵行火輪船公司茲有火輪船名亞頓船主名班弁準於祖家火輪船到港兩日後啟行前往上海 已未年五月十三日火輪船公司啟

茲有火輪船名萬年剌船主名棧厘臣準於祖家火輪船到兩日後啟行往福州 已未年五月十三日本港火輪船公司謹啟

茲有火輪名剌查船名那厘渀祖家火輪到港後廿鐘點啟行往小呂宋 已未年五[illegible]十三日本火船公司[illegible]

憲示

香港公庫官科 為曉諭事照得本港所有欠到本歲上半年地稅者准於英七月十七日以前納清如至英七月十七以後仍未清納即將該欠地稅之人名姓交與皇家狀師辦理特示 已未五月廿五日示

廣南興

茲者上環廣南興生意係梅奕廼頂受限於五月廿一日交易倘有賬目欠項祈早對明向經手取如期不到是為自有特此聲明為照 咸豐九年五月十六日啟

有銀出揭

茲有銀二萬五千員出揭如唐人有好地紙在本港要銀用者自願將屋地寫典數到巴臣時狀師問便妥如外國人有屋要揭銀亦可 已未年五月十四日啟

卑蔴油出賣

茲有桶裝罐裝網裝卑蔴油出賣如貴客欲買者請到本新聞紙館面議 已未年三月三十日啟

面鏡出賣

未士伯頓公有新到上好小面鏡出賣十八英寸至十二寸大如貴客欲要買請本行面議 已未年五月十日香港伯行啟

夜冷館

未士班時厘現在上環馬路賃得有行一間名花保林常有各色貨物出投又做各樣經紀如貴客光顧託他買賣之事無不妥辦特此聲明 已未年二月十九日謹啟

英國狀師

啟者咽主這打倫狀師之案件交與谷巴丹弁與未士蝦士倫狀師辦理特此聲明 已未年五月初八日啟

茲失去五口頭手銀一枝係翳頓城罷爾主發申所遺如有人知其情者祈去大館報知取回原物或將賊辦罪即賞花紅銀[illegible]大員決不食言此帖是實 已未年五月十四日啟

洋酒出賣

啟者未士佛厘查公司有龍爾地酒砵酒車厘酒出賣如欲買者請到本行面議 已未四月廿四日啟

茲有行一間在中環澳爐佛厘街德臣印字館對面每月租銀四十員如有合意者請到中環大街未士加律治行間便妥○已未年二月初十日啟

茲有乾石模男金旗行貨如欲買請與士孖剌議租宜○戊年十二初七日[illegible]

煤炭出賣

啟者未士巴剌架公司有煤炭出賣如有貴客光顧請到本行面議 已未年四月十九日

啟者如有船隻往厦門欲要船廠廠戲者可到本行面議此廠戲不須費錢 已未年四月廿二日 未士丹弁公司啟

洋船出賃

茲有好嘜三枝桅船一隻名士打剌剛弁船主名咸林臣此船有上好客艙如有貴客要承租此船請到船上問船主戍附備交未士慶彌云轉交船主亦可○已未年五月初八日謹啟

洋船出賣

澳門未士滾有二枝半桅船一隻出賣或租賃與人其船於一千八百五十一年在啖麼交埠新造各般染坐路匙有具開列現在澳門與海如欲知其詳細請到本行問便妥○已未五月初一日啟

黃埔未士多羅鴉地云有主固舊船一隻名路興厘細 貴客有貨要貯蓄者船甫渦別船隨時方便為租便宜特此聲明 已未年正月十三日啟

新鮮粉出賣

未士滾公司有架厘哥新鮮粉三百桶出賣 已未年四月十五日啟

呂宋烟出賣

啟者本新聞紙館有呂宋烟夏那雞烟哥爹那時烟出賣每箱五百口如有貴客光顧請到本館面議○已未四月十八日啟

請人僱工

啟者堅尼臀生要請識非話唐人十名能與病人放牛其掃藥賓臀生做各樣細小工夫如有能充其任者自有好工價每日十點鐘至十二點鐘有人合式可到堅臣臀生行問未士蔡沙便妥 已未年五月初十日啟

啟者中環馬路未士的鐵匠要做船隻鐵器如有貴客光顧者請到本行面議 已未年四月十九日啟

金鷄勒出賣

茲有金鷄[illegible]出賣每[illegible]重一安沙[illegible]八錢三如[illegible]貴客欲買[illegible]藥可移玉[illegible]本新聞紙[illegible]問便知[illegible]已未年三[illegible]初九日啟

香港船頭貨價紙

第二百六十一號　己未年六月初三日　禮拜六

啟者此紙係在孖剌處每日所印之新聞紙同館印刷每逢禮拜二禮拜四禮拜六為期遍派香港各舖戶每月收回銀一大員如　貴客有事要印落此紙內務宜早一日走字通知未士孖剌便妥印刷唐字價錢如左　一凡每次落唐字者五十個字已下收銀一員倘五十個字已上每字收銀一個先士如欲再落者每個禮拜照前一半算如意者祈請到本館印刷便是　未士孖剌　新文紙館謹啟

新聞

未士孖剌於本年英五月初二日刊落新聞紙內說澳門西洋人名三鬢之事身當澳門總理差役官乃自投番攤賭館聚藏匪徒買得火輪船數隻裝載猪仔來澳門以圖利實乃為富不仁之甚現在三鬢已經到香港請大狀師未士別列者時與未士包律在大葛告了未士孖剌云他誣揑假傳新聞故意欲壞伊名聲一案未士孖剌於英五月初九日又刊落新聞紙云伊一生未有見過三鬢原日與他並無仇恨只因見三鬢行為不合情理心懷不平故將其事畧述一二以望化其驕惡之心而已若已有差理當認錯但此事實有確據不是錯落新聞俟開大葛審訊是否則涇渭自分矣

聞說北江韶關地方紅匪太多有人傳說韶關已失又有人說韶關未失但現在被紅匪圍困十分危急若無救兵失在旦夕現在北江各路不通貨物不能運動云云又聞省城各官懇求英兵勇切不可離省城若一離城則紅匪必至矣〇又聞有上諭羅龍蘇三位大臣為剿匪欽差未審此說真否云云

華艇出賣

啟者中環未士架律時有華艇一隻可載二千四百担此艇經已修整桅艃俱新出賣如意者請到本行面議　已未年四月十九日　啟

尋貨主

於一千八百五十五年九月有船一隻名孖時都由上海來黃埔其船遇風颶後到福州將各水漬壞貨當公出投如有各附貨物人到本行未士孖剌卽以所應得之銀派回便是其貨開列於下　德記貨OT乜頭八十七件KB二百二十一件XY六十九件WB二十件以上係四方攏核乜W九十件MD六件LK十三件OL三十九件WR一百五十三件以上係用三角乜　亞一貨JT乜頭一百四十一件ODK六十件恆昌貨HY乜頭二百一十八件　合艮J乜九十件　亞棋貨C乜一百九十六件　寶興貨L乜一百三十三件　福記貨D乜八十件　和源ST乜一百一十九件SH二十件SO六件　亞錦貨Ackum乜二十七件以上係四方攏核乜頭　已未年四月廿一日　司理攤數人孖剌啟

啟者唐人如有切要時事或得之目擊或得之傳聞不論何事但取其有益於唐人有合於同好者均可擲至本館刻刷分文不取特此佈聞　新聞紙館謹啟

加時古狀師

未士加士古狀師之案件自今日以後交與丹拿蝦時倫狀師辦理特此聲明〇已未年三月初二日啟

洋硝出賣

茲者未士孖剌有新到上好洋硝出賣如意買者請到本新聞紙館面議　戊午年十二月初八日啟

桅木出賣

啟者二枝半桅船名衣倫船主名冰有上好桅木出賣由四十二至五十六活又有大鐵鏈兩門鐵水櫃二個鐵鏈等物出投如貴客欲買者請到船上面議

膏藥出賣

啟者中環泰盛洋貨舖有何老威膏藥藥丸出賣此藥馳名日久所有外科奇難雜症用之無有不效

前往新金山

未士士店臣公司有好駛三枝桅洋船一隻名澳多那船主名鑫時準於早日揚帆前往新金山雪梨砵非立埠此船已經租去大半如有搭客搭貨者請到本行面議　已未年五月十一日　啟

前往舊金山

未士丫廛汾公司有第一等洋船一隻名北力窗廛埊船主名罵非準於早日揚帆前往舊金山正埠如有搭客搭貨者請到本行面議　已未年三月初五日啟

洋船出賃

茲者未士帝禮也公司有船一隻名之時店文呢船主名哥見約四百噸大現泊在黃埔如有　貴客欲搬搭或全隻租賃者請到本行面議　已未年四月十五日啟

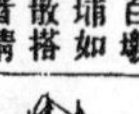

茲有二枝半桅洋船一隻名義耶船主名亞倫則臣出賃其船四百五十五噸大業經新裝銅底如有客商要請此船無論何埠可到船上與船主面議或信交未士活笠轉交船主均可　已未年五月十三日啟

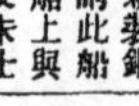

茲有好駛三枝桅船一隻名士打剌鬭拿船主名威林臣出賃此船有上好客艙如有　貴客要承租此船請到船上問船主或附信交未士羆孀云轉交船主亦可〇已未年五月初八日　謹啟

往日本上海

未士非立時麼有好駛二枝半桅洋船一隻名馬毛剌準於早日揚帆前往上海與日本兩埠業經有人定去一半船位如有搭客搭貨請到本行面議　已未年五月初十日啟

樟腦出賣

啟者畢行有上好樟腦出賣如意買者請到本行面議　已未年五月十四日啟

啟者未士阻治亞查欲買鐵梘一條如有此鐵賣者請到本行面議　已未年四月十九日啟

杉板出賣

茲者西營盤貨倉未士巴嗎有各樣杉板出賣如有貴客欲光顧者祈請移玉到本行面議便是　已未年四月十五日啟

投夜冷

未士㾗於六月初三日正午十二點鐘在船政官馬頭本行內有咸牛肉十桶烟絲十箱番梘二十箱蘭地五十箱麵粉十二桶麻纜二十五細船鏢纜更出投又有水漬斜文布三細每細二十疋長四十碼出投現銀七一七兌　已未年五月廿九日啟

未士連卡剌弗於六月初五日正午十二點鐘在金魚行蝦巴船廠有花旗松木大桅一枝長九十五英活闊大二十八寸又有兩枝長八十四活闊大二十一寸出投現銀七一七兌　已未五月廿七日啟

鴉片行情

香港鴉片行情　新公烟沽七百五十五員　舊公無價　新鴣烟土沽七百四十五員　舊鴣烟土無價　白皮烟土沽五百九十至五百九十二員半

現在香港澳門黃埔落貨往各埠之船列左

船名

〇往關頓京城 華便拿 衣利沙白
〇往花旗島約埠 亞林明古 租地
〇往舊金山正埠 北力儞厘亞
〇往雪梨砵非立 澳多拿
〇往江南上海縣 拈扶 乞地臣 連那
〇往新嘉波埠 加羅運
〇前往福州 便爾法打
〇前往小呂宋 利華爹啡亞 儞刺多刺
〇前往葛剌巴 哥利亞

船主名

活杰 澳云 加山 播耶 罵啡 鑫 拜禮士 卑 米也 羅 幹寧 利巴勞 亞剌拿 劣根

口庄名

佛厘查公司 機厘文公司 澳門濵打行 剌時厘公司 鴉厘芬公司 士店臣公司 丫厘芬公司 布時咣公司 閃臣公司 布時咣公司 亞查公司 鑪也士的厘 畢公司 急公司

已上皆早日揚帆

鐵行火輪船

本港鐵行火輪船公司有火輪船一隻名罵剌巴船主名敦拿士準於六月初六日下午兩點鐘由本港啟行裝載搭客貨物書信前往新加波埠加厘竇打剌時望買英國祖家等埠雜貨限落至初四日下午五點鐘止金銀落至初五日午時止小件頭落至初五日兩點鐘止如要知其詳細到本行問便妥所有貨物付往歐羅巴諸國要審明何貨並值銀若干如報單有差該貨被埃及國官府所留與本火輪船公司無涉已未年五月廿三日火輪船公司啟

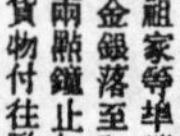

鐵行火輪船公司茲有火輪船名亞頓船主名班拿準於祖家火輪船到港兩日後啟行前往上海 已未年五月十三日火輪船公司啟

茲有火輪船名萬年剌船主名機厘臣準於祖家火船到兩日後啟行往福州 已未年五月十三日本港火輪船公司謹啟

茲有火輪船名剌查船主名那厘準於祖家火輪船到港後廿四鐘點啟行前往小呂宋 已未年五月十三日本港火船公司啟

憲示

香港公庫官科 為曉諭事照得本港所有欠到本歲上半年地税者准於英七月十七日以前納清如至英七月十七以後仍未清納即將該欠地税之人名姓交與皇家狀師辦理特示 已未五月廿五日示

廣南興

茲者上環廣南興生意係梅奕迺頂受限於五月廿一日交易倘有眼目欠項新早對明向經手取如期不到是爲烏有特此聲明爲炤 咸豐九年五月十六日啟

有銀出揭

茲有銀二萬五千員出揭如唐人有好地紙在本港要銀用者自願將屋地寫典數到巴臣時狀師間便妥如外國人有屋要揭銀亦可 已未年五月十四日啟

卑蔴油出賣

茲有桶裝罐裝卑蔴油出賣如貴客欲買者請到本新聞紙館面議 已未年三月三十日啟

面鏡出賣

未士伯頓公司有新到上好大小面鏡出賣由十八英寸至五十二寸大如有客欲要買請到本行面議 已未年五月二十日香港伯頓行啟

夜冷館

未士班時厘現在上環馬路賃得有行一間名奄保林常有各色貨物出投又做各樣經紀如貴客光顧託他買賣之事無不妥辦特此聲明 已未年二月十九日謹啟

英國狀師

啟者咽主遣打倫狀師之案件交與谷巴丹拿與未士蝦士倫狀師辦理特此聲明 已未年五月初八日啟

茲失去五口頭手鎗一枝係關頓城罷蘭主晏申所造如有人知其情者新去大館報知取回原物或將賊辦罪即賞花紅銀十大員決不食言此帖是實 已未年五月十四日啟

洋酒出賣

啟者未士佛厘查公司有罷蘭地酒砵酒車厘酒出賣如欲買者請到本行面議 已未四月廿四日啟

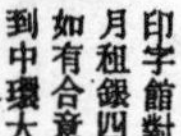

茲有行一間出賃坐在中環澳爐俾厘街德臣印字館對面每月租銀四十員如有合意者請到中環大街未士加律治行間便妥〇已未年二月初十日啟

茲有乾爽石棧房在金魚行出貨如欲貯貨請與未士孖剌面議棧租便宜〇戊午年十二月初七日啟

煤炭出賣

啟者未士巴剌爹公司有煤炭出賣如有貴客光顧者請到本行面議 已未年四月十九日啟

啟者如有船隻往廈門欲要船底壓載者可到本行面議此壓載不須費錢 已未年四月廿二日 未士丹拿公司啟

洋船出賃

未士烟架拿哥有堅固啟貨艇三隻裝載貨物開埋甚便或租往別處亦可如有貴客欲光顧祈請到典隆街門牌第一百八十四號與原人面議便是價錢相宜特此聲明 已未四月十四日啟

洋船出賣

澳門未士濵有二枝半桅船一隻出賣或租賃與人其船於一千八百五十一年在破厭文埠新裝各樣架生堅固有單開列現在灣泊澳門裏海如欲知其詳細請到本行問便妥〇已未五月初一日啟

黃埔未士多羅弼地云有主固甍船一隻名路咹厘如貴客有貨要貯落甍船或過別船隨時方便甍租便宜特此聲明 已未年正月十三日啟

新鮮粉出賣

未士濵公司有架厘哥新鮮粉三百桶出賣 已未年四月十五日謹啟

呂宋烟出賣

啟者本新聞紙館有呂宋烟夏那華烟哥爹那時烟出賣每箱五百口如有貴客光顧者請到本館面議〇已未四月十八日啟

請人雇工

啟者堅爾醫生要請識番話唐人一名能與病人放牛其捕藥帮醫生做各樣細小工夫如有能充其任者自有好工價每日十點鐘至十二點鐘有人合式可到堅爾醫生行問未士蘇沙便妥 已未年五月初十日啟

啟者中環馬路未士的鐵匠專做船隻鐵器皿如有貴客光顧者請到本行面議 已未年四月十九日啟

金鷄勒出賣

茲有金鷄勒霜出賣每樽重一安沙即八錢三如有貴客欲買此藥可移玉到本新聞紙館問便知 已未年三月初九日啟

香港船頭貨價紙

第二百六十二號　已未年六月初六日　禮拜二

啟者此紙係在孖剌處每日所印之新聞紙同館印刷每逢禮拜二禮拜四禮拜六爲期遍派香港各舖戶每月收回銀一大員如　貴客有事要印落此紙內務宜早一日走字通知未士孖剌便妥印刷唐字價錢如左　一凡每次落唐字者五十個字已下收銀一員爲五十個字已上每字收銀一個先士如欲再落者每個禮拜照前一半算如意者祈請到本館印刷便是
未士孖剌　新文紙館謹啟

新聞

聞說北江紅匪剩戮甚大故各鄉踴躍協同官兵民壯打退紅匪現在北江各貨再復通流云云茲有上海火船帶來上海五月廿五日新聞紙云英法花旗三國欽差往北已經十日但未有火船回滬通報天津音信諒必一路平安各欽差直抵京都亦未可知○軍機公文到省得恐廣東巡撫員缺着廣西巡撫勞祟光大人調補其兩廣總督王大人未到任着勞祟光大人兼署等由又聞勞大人擇於五月十六日交御定廿六日由桂林起程來粵計程六月初旬可到省城云云

啟者唐人如有切要時事或得之目擊或得之傳聞不論何事但取其有益於唐人有合於同好者均可攜至本館刻刷分文不取特此佈聞
新聞紙館謹啟

加時古狀師

未士加士古狀師之案件自今日以後交與丹拿蝦時倫狀師辦理特此聲明○已未年三月初二日啟

洋硝出賣

茲者未士孖剌有新到上好洋硝出賣如意買者請到本新聞紙館面議　戊午年十二月初八日啟

膏藥出賣

啟者中環泰益洋貨舖有何老威膏藥丸出賣此藥馳名日久所有外科奇難雜症用之無有不效

於一千八百五十五年九月有船一隻名孖時都由上海來黃埔其船遇風颶後到福州將各水濆壞貨當公出投如有各附貨物人到本行未士孖剌館以所應得之銀派回便是其貨開列於下　德記貨 OT 乜頭八十七件 KB 二百二十一件 XY 六十九件 WB 二十件以上係四方欖核乜 W 九十件 MD 六件 LK 十三件 OL 三十九件 WB 一百五十三件以上係用三角乜　亞一貨 JT 乜頭一百四十一件 CDK 六十件恆昌貨 FY 乜頭二百一十八件　合昌 J 乜九十件　亞棋貨 O 乜一百九十六件　寶興貨 L 乜一百三十三件　福記貨 D 乜八十件　和源 ST 乜一百一十九件 SH 二十件 SO 六件　亞錦貨 Achern 乜二十七件以上係四方欖核乜頭
已未年四月廿一日　司理攤散人孖剌啟

貨主

洋船出賃

茲有好駛三枝桅船一隻名士打喇蘭拿船主名威林臣出賃此船有上好客艙如有　貴客要承租此船請到船上問船主或附信交未士罵嬌云嘛交船主亦可○
已未年五月初八日謹啟

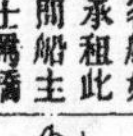

茲有二枝半桅洋船一隻名羲郎船生名亞倫則臣出賃其船四百五十五墩大葉經新裝銅底如有客商要請此船無論何埠可到船上與船主面議或信交未士活笠嘛交船主均可
已未年五月十三日啟

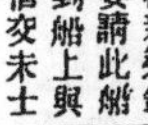

茲者未士帝禮也公司有船一隻名之時店文呢船主名哥見約四百墩大現泊在黃埔如有　貴客欲徵搭或全隻租賃者請到本行面議
已未年四月十五日啟

前往新金山

未士士店臣公司有好駛三枝桅洋船一隻名澳多那船主名禽時準於早日揚帆前往新金山鶯梨砵非立埠此船已經租去大半如有搭客搭貨者請到本行面議
已未年五月十一日啟

前往舊金山

未士了壓汾公司有第一等洋船一隻名北力留壓亞船主名罵非準於早日揚帆前往舊金山正埠如有搭客搭貨者請到本行面議
已未年三月初五日啟

京報

掌陝西道監察御史臣李培祜跪奏爲命婦闔門殉節請　旨飭查旌卹以維風化恭摺仰祈　聖鑒事竊臣聞上年九月十九日江南六合縣城被逆匪攻陷有前任內閣學士兼禮部侍郎銜葉觀儀之母蔡氏年九十歲逆匪圍攻縣城之時即勸諭親友鄰里毋許遷移及城陷時逆匪肆行殺戮誓不從賊率令孫媳洪氏孫女翠姑珍姑義姑曾孫和官並僕婦人等投水而死彼時其孫附生葉鉦從九品葉玉成充當團練董事多係練勇巷戰數時之久殺斃賊匪多人因力竭被執不屈遇害聞前任內閣學士葉觀儀僅有一子候選通判葉縈因候選在京未曾遇難其餘在籍者男女老幼俱皆殉節實屬一門忠義大節凜然可否請　旨飭令該省督撫將蔡氏等殉節情形確切查明奏請旌卹以彰忠節而維風化臣愚昧之見是否有當伏乞　皇上聖鑒謹奏奉旨已錄

啟者未士阻治亞查欲買鐵梘一條如有此鐵賣者請到本行面議　已未年四月十九日啟

樟腦出賣

啟者畢行有上好樟腦出賣如意買者請到本行面議　已未年五月十四日啟

松木出賣

未士巴勞有新到八寸至十二寸方停松木四寸厚板一寸半厚板一寸厚板又有圓木二十八條出賣如要買松木者請到本行面議　已未年三月十五日啟

桅木出賣

啟者二枝半桅船名衣倫船主名冰有上好桅木出賣由四十二至五十六活又有大鐵鏈兩門鐵水櫃二個鐵鍊等物出投如貴客欲買者請到船上面議

華艇出賣

啟者中環未士架律時有華艇一隻可載二千四百担此艇經已修整桅𦨴俱新出賣如意者請到本行面議　已未年四月十九日啟

投夜冷

未士麥記壓架於六月初六日上午十一點鐘有水濆棉紗數綑出投現銀出貨驗銀七一七兌　已未年六月初三日啟

未士連卡剌弗於六月初八日在新行有新到檸檬水糖餅羌豉梳打粉墨水香水玫瑰水頭髮油香梘牙擦頭髮擦各樣玻璃器來路紙筆墨黃硯酒鑽襪頭手笠韆擀綢遮生菜油芥末磅秤日本豉汕架啡各等什物出投現銀七一七兌已未六月初五日啟

鴉片行情

香港鴉片行情　新公烟沽七百五十二員半至七百五　十五○舊公無價　新鵝烟土沽七百四十五員無價　舊鵝烟土無價　白皮烟土沽五百九十員

現在香港澳門黃埔落貨往各埠之船列左

船名	船主名	庄口名	
○往花旗鳥約埠			
亞林明古	加山	澳門渂打行	
租地	播郎	剌時厘公司	
○往舊金山正埠			
北力爾厘亞	駡啡	鴉厘芬公司	
○往雪梨砵非立			
澳多拿	鑫	士店臣公司	
○往吠禮査厘化			
思拈扶	士爹治	巴勞公司	
○往江南上海縣			
火船花麼沙	播郎	鐵行公司	祖家火船到港兩日後啓行
拈扶	拜禮士	丫厘芬公司	
乞地臣	卑	布時𡋾公司	
運那	米也	閃臣公司	
○往新嘉波埠			
加羅連	羅	布時𡋾公司	
○前往福州			
火船上海	旲厘布	鐵行司公	
便留法打	幹寧	亞査公司	
○前往小呂宋			
火船舟山	播郎	鐵行公司	
以利沙白	澳云	機厘文公司	
爾剌多剌	亞剌拿	畢公司	
○前往葛剌巴			
哥利亞	劣根	急公司	
○前往厦門			
士温	士荅時	剌時厘公司	

巳上皆早日揚帆

鐵行火輪船

本港鐵行火輪船公司有火輪船一隻名駡剌巴船主名敦拿士準於六月初六日下午兩點鐘由本港啓行裝載搭客貨物書信前往新加坡埠加厘䆿打剌時竪買英國祖家等埠雜貨限落至初四日下午五點鐘止金銀落至初五日午時止小件頭落至初五日兩點鐘止如要知其詳細到本行問便妥所有貨物付往歐羅巴諸國要書明何貨並值銀若干如報單有差該貨被埃及國官府所留與本火輪船公司無涉已未年五月廿三日火輪船公司啓

鐵行火輪船公司茲有火輪船名花麼沙船主名播郎準於祖家火輪船到港兩日後啓行前往上海 已未年六月初二日火輪船公司啓

茲有火輪船名上海船主名旲厘布準於祖家火船到兩日後啓行往厦門福州 已未年六月初二日本港火輪船公司謹啓

茲有火輪船名舟山船主名播郎準於祖家火輪船到港後廿四點鐘啓行前往小呂宋 已未年六月初二日本港火船公司啓

憲示

香港公庫官科　爲曉諭事照得本港所有欠到本歲上半年地稅者准於英七月十七日以前納清如至英七月十七以後仍未清納即將該欠地稅之人名姓交與皇家狀師辦理特示 已未五月廿五日示

廣南興

茲者上環廣南興生意係梅奕廼頂受限於五月廿一日交易倘有賬目欠項祈早對明向經手取如期不到是爲烏有特此聲明爲炤 咸豐九年五月十六日啓

有銀出揭

茲有銀二萬五千員出揭如唐人有好地紙在本港要銀用者自願將屋地寫與數到巴臣時狀師問便妥如外國人有屋要揭銀亦可 已未年五月十四日啓

卑蔴油出賣

茲有桶裝罐裝卑蔴油出賣如　貴客欲買者請到本新聞紙館面議 已未年三月三十日啓

面鏡出賣

未士伯頓公司有新到上好大小面鏡出賣由十八英寸至五十二寸大如有客欲要買請到本行面議 已未年五月二十日香港伯頓行啓

夜冷館

未士班時厘現在上環馬路賃得有行一間名奄保林常有各色貨物出投又做各樣經紀如　貴客光顧託他買賣之事無不妥辦特此聲明 已未年二月十九日謹啓

英國狀師

啓者咽士遣打倫狀師之案件交與谷巴丹拿與未士蝦士倫狀師辦理特此聲明 已未年五月初八日啓

茲失去五口頭手鎗一枝係關頓城罷爾主晏申所造如有人知其情者祈去大館報知取回原物或將賊辦罪即賞花紅銀十大員決不食言此帖是實 已未年五月十四日啓

洋酒出賣

啓者未士佛厘査公司有罷爾地酒砵酒車厘酒出賣如欲買者請到本行面議 已未四月廿四日啓

茲有行一間出賃坐在中環澳爐俾厘街德臣印字館對面每月租銀四十員如有合意者請到中環大街未士加律治行問便妥○已未年二月初十日啓

茲有乾與石棧房在金魚行出貨如欲貯貨請與未士孖剌面議棧租便宜○戊午年十二月初七日啓

煤炭出賣

啓者未士巴剌爹公司有煤炭出賣如有貴客光顧者請到本行面議 已未年四月十九日啓

啓者如有船隻往厦門欲要船底壓載面議此壓載不須費錢 已未年四月廿二日未士丹拿公司啓

洋船出賃

未士烟架拿哥有堅固殴貨艇三隻裝載貨物開埋甚便或租往別處亦可如有貴客欲光顧祈請到與隆街門牌第一百八十四號與原人面議便是價錢相宜特此聲明 已未四月十四日啓

洋船出賣

澳門未士滇有二枝半桅船一隻出賣或租賃與人其船於一千八百五十一年在破厲文埠新裝各樣架生堅固有單開列現在灣泊澳門裏海如欲知其詳細請到本行問便妥○已未五月初一日啓

黃埔未士多羅弼地云有主固躉船一隻名路爬厘如　貴客有貨要貯落躉船或過別船隨時方便躉租便宜特此聲明 已未年正月十三日啓

新鮮粉出賣

未士滇公司有架厘哥新鮮粉三百桶出賣 已未年四月十五日謹啓

呂宋烟出賣

啓者本新聞紙館有呂宋烟夏那華烟哥爹那時烟出賣每箱五百口如有貴客光顧者請到本館面議○已未四月十八日啓

請人僱工

啓者堅術醫生要請識番話唐人一名能與病人放牛其捕藥幫醫生做各樣細小工夫如有能充其任者自有好工價每日十點鐘至十二點鐘有人合式可到堅爾醫生行問未士蘇沙便妥 已未年五月初十日啓

啓者中環馬路未士的鐵匠專做船隻鐵器皿如有貴客光顧者請到本行面議 已未年四月十九日啓

金鷄勒出賣

茲有金鷄勒霜出賣每樽重一安沙即八錢三如有貴客欲買此藥可移玉到本新聞紙館問便知 已未年三月初九日啓

香港船頭貨價紙

第二百六十三號　已未年六月初八日　禮拜四

啟者此紙係在孖剌處每日所印之新聞紙同館印刷每逢禮拜二禮拜四禮拜六爲期遍派香港各舖戶每月收回銀一大員如貴客有事要印落此紙內務宜早一日走字通知未士孖剌便妥印刷唐字價錢如左一凡每次落所字者五十個字已下收銀一員倘五十個字已上每字收銀一個先士如欲再落者每個禮拜照前一半算如意者祈請到本館印刷便是
未士孖剌　新文紙館謹啟

新聞

上年英法往攻省城未進之時城內各人俱不願兩國兵勇進城有人自驕自傲云外國人只水戰可勝我中國至於陸戰英法斷不能取勝若他上岸恐一人亦難存也英法人攻破省城之後又有人諒他斷不能久守今守了年餘並無阻礙之事英法兵勇由陸往返花縣總局攻破石井大營西江過了梧州之上九十六鄉江門陳村佛山西南石岐英法兵勇亦遍遊歷現在粵省紅匪四起逼近韶關城內居民人等不獨不願英法兵勇離城反求其保守而賴平安免遭紅匪之慘毒何其人事變遷愛惡靡定若是歟

茲有白雲火輪船於六月初五日往省河行了五點鐘三個刮船即到省城又於初六日由省來港不過行了六點鐘一個刮較飛馬火輪船猶快一點鐘一個刮云云

啟者唐人如有切要時事或得之目擊或得之傳聞不論何事但取其有益於唐人有合於同好者均可攜至本館刻刷分文不取特此佈聞
新聞紙館謹啟

加時古狀師

未士加士古狀師之案件自今日以後交與丹拿蝦時倫狀師辦理特此聲明〇已未年三月初二日啟

啟者未士阻治亞查欲買鐵棕一條如有此鐵賣者請到本行面議
已未年四月十九日啟

彝貨主

於一千八百五十五年九月有船一隻名孖時都由上海來黃埔其船遇風颶後到福州將各水漬壞貨當公出投如有各附貨物人到本行未士孖剌卽以所應得之銀派回便是其貨開列於下　德記貨 CT 乜頭八十七件 KB 二百二十一件 XY 六十九件 WR 二十件以上係四方欖核乜 W 九十件 MD 六件 LK 十三件 OL 三十九件 WR 一百五十三件以上係用三角乜　亞一貨 JT 乜頭一百四十一件 CD K 六十件恆昌貨 HY 乜頭二百一十八件　合昆 J 乜九十件　亞棋貨 C 乜一百九十六件　寶興貨 L 乜一百三十三件　福記貨 D 乜八十件　和源 ST 乜一百一十九件 SH 二十件 SO 六件　亞錦貨 Ackum 乜二十七件以上係四方欖核乜頭
已未年四月廿一日　司理攤數人孖剌啟

洋船出賃

茲有好駛三枝桅船一隻名士打剌闌拿船主名威林臣出賃此船有上好客艙如有貴客要承租此船請到船上問船主或附信交未士鵬嬌云轉交船主亦可〇
已未年五月初八日　謹啟

茲有二枝半桅洋船一隻名義耶船主名亞倫則臣出賃其船四百五十五噸大葉經新裝銅底如有客商要講此船無論何埠可到船上與船主面議或信交未士活笠轉交船主均可
已未年五月十三日啟

茲者未士帝禮也公司有船一隻名之時店文呢船主名哥見約四百噸大現泊在黃埔如有貴客欲撒搭或全隻租賃者請到本行面議
已未年四月十五日啟

前往新金山

未士士店臣公司有好駛三枝桅洋船一隻名澳多那船主名龕時準於早日揚帆前往新金山雪梨砵非立埠此船已經租去大半如有搭客搭貨者請到本行面議
已未年五月十一日啟

前往舊金山

未士丫壓汾公司有第一等洋船一隻名北力喻壓亞船主名鵬非準於早日揚帆前往舊金山正埠如有搭客搭貨者請到本行面議
已未年三月初五日啟

前往金山

未士巴勞有好駛二枝半桅花旗船一隻名思拈扶船主名士爹治六百墩大現在艙位已經定去大半准於本月十六日揚帆前往吠禮查壓化金山埠域多壓亞地方如有搭客搭貨者請到本行面議
已未年六月初七日啟

樟磁出賣

啟者畢行有上好樟磁出賣如意買者請到本行面議
已未年五月十四日啟

洋硝出賣

茲者未士孖剌有新到上好洋硝出賣如意買者請到本新聞紙館面議
戊午年十二月初八日啟

膏藥出賣

啟者中環泰盛洋貨舖有何老威膏藥藥丸出賣此藥馳名日久所有外科奇難雜症用之無有不效

杉板出賣

茲者西營盤貨倉未士巴媽有各樣杉板出賣如有貴客欲光顧者祈請移玉到本行面議便是
已未年四月十五日啟

松木出賣

未士巴勞有新到八寸至十二寸方停松木四寸厚板一寸半厚板一寸厚板又有圓木二十八條出賣如要買松木者請到本行面議
已未年三月十五日啟

桅木出賣

啟者二枝半桅船名衣倫船主名冰有上好桅木出賣由四十二至五十六活又有大鐵鏈兩門鐵水櫃二個鐵鍊等物出投如貴客欲買者請到船上面議

華艇出賣

啟者中環未士架律時有華艇一隻可載二千四百担此艇經已修整桅𥫣俱新出賣如意者請到本行面議
已未年四月十九日啟

未士麥記壓架於六月初十日上午十一點鐘在本行新士厘有水漬洋紗擷細出投現銀七一七兌
已未年六月初八日啟

未士連卡剌弗於六月十三日正午十二點鐘有新到上好這壓七十五打臣砵酒八十打臣法蘭西罷蘭地一百箱三邊二十五箱波打五十桶桅打水墨水卷硯劍油醬出投又有各樣醬料各樣日本綢緞縐紗磁器等物出投兌銀七一七兌
已未年六月初五日啟

未士連卡剌弗於六月初八日在新行有新到檸檬水糖餅羌豉梳打粉墨水香水玫瑰水頭髮油香梘牙擦頭髮擦各樣玻璃器來路紙筆墨黃梘酒鑽筷頭手笠鞋擦綢遮生菜油芥末磅秤日本豉油架啡各等什物出投現銀七一七兌已未六月初五日啟

鴉片行情

香港鴉片行情
新公烟土沽價七百五十二員半至七百五十五員
白皮烟土沽價五百九十二員半至五百九十五員

現在香港澳門黃埔落貨往各埠之船列左

船名	船主名	庄口名	
○往花旗烏約埠			
亞林明古	加山	澳門瘨打行	
租地	播郎	剌時厘公司	
○往舊金山正埠			
北力囒厘亞	罵啡	鴉厘芬公司	
○往雪梨咻非立			
澳多拿	龕	士店臣公司	
○往吠禮查厘化			
思拈扶	士爹治	巴勞公司	
○往江南上海縣			
火船花麼沙	播郎	鐵行公司	祖家火船到港兩日後啟行
拈扶	拜禮士	丫厘芬公司	
乞地臣	卑	布時堄公司	
連那	米也	閃臣公司	
○往新嘉波埠			
加羅連	羅	布時堄公司	
○前往福州			
火船萬年剌	機厘臣	行鐵司公	
便爾法打	幹寧	亞查公司	已上皆早日揚帆
○前往小呂宋			
火船舟山	播郎	鐵行公司	
利華爹啡亞	利巴勞	禮也士的厘	
窩剌多剌	亞剌拿	畢公司	
○前往葛剌巴			
哥利亞	劣根	急公司	
○前往廈門			
士溫	士答時	剌時厘公司	

鐵行火輪船

本港鐵行火輪船公司有火輪船一隻名罵刺巴船主名數拿士準於六月初六日下午兩點鐘由本港啟行裝載搭客貨物書信前往新加波埠加厘蜜打剌時蘇買英國祖家等埠雜貨限落至初四日下午五點鐘止金銀落至初五日午時止小件頭落至初五日兩點鐘止如要知其詳細到本行問便妥所有貨物付往歐羅巴糤國要書明何貨並值銀若干如報單有差該貨被埃及國官府所留與本火輪船公司無涉已未年五月廿三日火輪船公司啟

鐵行火輪船公司茲有火輪船名花麼沙船主名播郎準於祖家火輪船到港兩日後啟行前往上海已未年六月初二日火輪船公司啟

茲有火輪船名萬年剌船主名機厘臣準於祖家火船到兩日後啟行往福州已未年六月初二日本港火輪船公司謹啟

茲有火輪船名舟山船主名播郎準於祖家火輪船到港後廿四鐘點啟行前往小呂宋已未年六月初二日本港火船公司啟

憲示

香港公庫官科　為曉諭事照得本港所有欠到本歲上半年地稅者准於英七月十七日以前納清如至英七月十七以後仍未清納即將該欠地稅之人名姓交與皇家狀師辦理特示已未五月廿五日示

廣南興

茲者上環廣南興生意係梅奕廼頂受限於五月廿一日交易倘有賬目欠項祈早對明向經手取如期不到是為烏有特此聲明為炤咸豐九年五月十六日啟

有銀出揭

茲有銀二萬五千員出揭如唐人有好地紙在本港要銀用者自願將屋地寫典數到巴臣時狀師問便妥如外國人有屋要揭銀亦可已未年五月十四日啟

卑蔴油出賣

茲有桶裝罇裝卑蔴油出賣如貴客欲買者請到本新聞紙館面議已未年三月三十日啟

面鏡出賣

未士伯頓公司有新到上好大小面鏡出賣由十八英寸至五十二寸大如有客欲要買請到本行面議已未年五月二十日香港伯頓行啟

夜冷館

未士班時厘現在上環馬路賃得有行一間名奄保林常有各色貨物出投又做各樣經紀如貴客光顧託他買賣之事無不妥辦特此聲明已未年二月十九日謹啟

英國狀師

啟者咽主遣打倫狀師之案件交與谷巴丹拿與未士蝦士倫狀師辦理特此聲明已未年五月初八日啟

茲失去五口頭手鎗一枝係蘭頓城羅蘭主晏申所造如有人知其情者祈去大館報知取回原物或將賊辦罪即賞花紅銀十大員決不食言此帖是實已未年五月十四日啟

洋酒出賣

啟者未士佛厘查公司有羅蘭地酒砵酒車厘酒出賣如欲買者請到本行面議已未四月廿四日啟

茲有行一間出賃坐在中環澳爐俾厘街德臣印字館對面每月租銀四十員如有合意者請到中環大街未士加律治行問便妥○已未年二月初十日啟

茲有乾爽石棧房在金魚行出貸如欲貯貨請與未士孖剌面議棧租便宜○戊午年十二月初七日啟

煤炭出賣

啟者未士巴剌爹公司有煤炭出賣如有貴客光顧者請到本行面議已未年四月十九日啟

啟者如有船隻往廈門欲要船底壓載者可到本行面議此壓載不須費錢已未年四月廿二日未士丹拿公司啟

洋船出賃

未士烟架拿哥有堅固駁貨艇三隻裝載貨物開埋甚便或租往別處亦可如有貴客欲光顧祈請到興隆街門牌第一百八十四號與原人面議便是價錢相宜特此聲明已未四月十四日啟

洋船出賣

澳門未士瘨有二枝半桅船一隻出賣或租賃與人其船於一千八百五十一年在跛厤文埠新裝各樣架生堅固有單開列現在灣泊澳門裏海如欲知其詳細請到本行問便妥○已未五月初一日啟

黃埔未士多羅碌地云有主固舊船一隻名路爬厘如貴客有貨要貯落舊船或過別船時方便舊租便宜特此聲明已未年正月十三日啟

新鮮粉出賣

未士瘨公司有架厘哥新鮮粉三百桶出賣已未年四月十五日謹啟

呂宋烟出賣

啟者本新聞紙館有呂宋烟夏那華烟哥爹那時烟出賣每箱五百口如有貴客光顧者請到本館面議○已未四月十八日啟

請人僱工

啟者竪術醫生要請識番話唐人一名能與病人放牛其搽藥幫醫生做各樣細小工夫如有能充其任者自有好工價每日十點鐘至十二點鐘有人合式可到竪術醫生行問未士蘇沙便妥已未年五月初十日啟

啟者中環馬路未士的鐵匠專做船隻鐵器皿如有貴客光顧者請到本行面議已未年四月十九日啟

金鷄勒出賣

茲有金鷄勒霜出賣每罇重一安沙即八錢三如有貴客欲買此藥可移玉到本新聞紙館問便知已未年三月初九日啟

香港船頭貨價紙

第二百六十四號　　己未年六月初十日　　禮拜六

啟者此紙係在孖剌處每日所印之新聞紙同館印刷每逢禮拜二禮拜四禮拜六爲期遍派香港各舖戶每月收回銀一大員如　貴客有事要印落此紙內務宜早一日走字通知未士孖剌便妥印刷唐字價錢如左　一凡每次落唐字者五十個字已下收銀一員倘五十個字已上每字收銀一個先士如欲再落者每個禮拜照前一半算如意者祈請到本館印刷便是
未士孖剌　新文紙館謹啟

新聞

有一白頭人名間渣治律數治係在白頭行衣化林治申做贊數人於初七日帶一個贊店到黃坭涌白頭人墳墓之所後使其贊店帶物一小包回行其贊店去後間渣治律數治即服毒而死其贊店帶回之物拆開有信一封鎖匙小數部等其東家一見他信即知其人欲自戕生故與其贊店即時往黃坭涌尋覓及到時其人已死○此幾日有差役捉得私行典當店數閒在太平山一間鴉片舖經巡理廳訊明擬罰銀二百大員云云

尋貨主

於一千八百五十五年九月有船一隻名孖時都由上海來黃埔其船遇風颶後到福州將各水濱壞貨當公出投如有各附貨物人到本行未士孖剌即以所應得之銀派回便是其貨開列於下　德記貨OT乜頭八十七件KB二百二十一件XY六十九件WB二十件以上係四方欖核乜W九十件MD六件LK十三件OL三十九件WR一百五十三件以上係用三角乜　亞一貨JT乜頭一百四十一件CDK六十件極昌貨HY乜頭二百一十八件　合員J乜九十件　亞棋貨O乜一百九十六件　寶興貨L乜一百三十三件　福記貨D乜八十件　和源ST乜一百一十九件SH二十件SO六件　亞錦貨Ackam乜二十七件以上係四方欖核乜頭
己未年四月廿一日　司理攤數人孖剌啟

今將西洋人化難地時告孖剌之稟章大畧譯於左　我名巴拿頭奴地先那化難地時總理澳門差役審案官發誓云茲有香港衞𨍭頓街一名夭力賓時孖剌刊刻之新聞紙名爹厘玻禮時於一千八百五十九年五月初二日之紙第一柱至第四柱係有故意假傳新聞之說○一凡澳門番攤館由一千八百四十九年俱是當公出投以價高者得初投番攤之人乃楊祉柏投得六個月每月納銀三百大員第二投番攤亦係唐人名未士地連奴每月納銀一千員以一年爲期其人卸盤走路於一千八百五十一五十二五十三五十四年投番攤之人乃係我兄弟名爾哥斐貨路顛奴化難地時其後有一唐人名亞海投到番攤每月納銀七千員○一凡我之兄弟連做番攤館約八年之久俱是我擔保餉銀此時我在澳門爲商於一千八百五十七年十月奉　憲命總理澳門差役○一凡歷年番攤賭與不睇與我並無干涉○一凡我並無做過番攤賭館又無與　督憲分贓又無接濟海洋賊匪又未有買得火船歟隻去關照海洋大盜○我兄弟做番攤館尚有三個月期我買得一隻火船名士瓜厘後改名燕非這都載貨來往澳門香港省城江門等處做正行生意我之兄弟不做番攤之後我又買火船兩隻一名化難地時一名三洛我買之火船皆因生意起見並無別意○我之火船不獨未有接濟海洋大盜反屢次攻擊賊匪○我之火船素未有因唐人投得番攤是以無生意做○我之火船名三洛與燕非這都未有載過被拐之人亦未有去拐過人○新聞紙名爹厘玻禮時所載我之行爲及我之火輪船各欵事務總是虛假寫新聞紙之人孖剌故意訛傳云云　己未年四月廿八日化難地時誓詞

啟者未士阻治亞查欲買鐵樑一條如有此鐵賣者請到本行面議
己未年四月十九日啟

前往新金山

未士士店臣公司有好駛三枝桅洋船一隻名澳多那船主名翕時準於早日揚帆前往新金山雪梨砵非立埠此船已經租去大半如有搭客搭貨者請到本行面議
己未年五月十一日啟

前往舊金山

未士丫厘汾公司有第一等洋船一隻名北力窩厘亞船主名賜非準於早日揚帆前往舊金山正埠如有搭客搭貨者請到本行面議
己未年三月初五日啟

前往金山

未士巴勞有好駛二枝半桅花旗船一隻名思拈扶船主名士爹治六百墩大現在艙位已經定去大半准於本月十六日揚帆前往吠禮查厘化金山埠域多厘亞地方如有搭客搭貨者請到本行面議
己未年六月初七日啟

洋船出賃

茲有好駛三枝桅船一隻名士打剌蘭拿船主名威林臣出賃此船有上好客船如有　貴客要承租此船請到船上問船主或附信交未士䁬𤙴云蚋交船主亦可○
己未年五月初八日謹啟

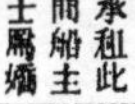

茲有二枝半桅洋船一隻名義耶船主名亞倫則臣出賃其船四百五十五墩大葉經新裝銅底如有客商要請此船無論何埠可到船上與船主面議或信交未士活笠蚋交船主均可
己未年五月十三日啟

茲者未士帝禮也公司有船一隻名之時店文呢船主名哥見約四百墩大現泊在黃埔如有　貴客欲撒搭或全隻租賃者請到本行面議
己未年四月十五日啟

松木出賣

未士巴勞有新到八寸至十二寸方停松木四寸厚板一寸半厚板一寸厚板又有圓木二十八條出賣如要買松木者請到本行面議
己未年三月十五日啟

桅木出賣

啟者二枝半桅船名衣倫船主名冰有上好桅木出賣由四十二至五十六活又有大鐵鏈兩門鐵水櫃二個鐵鍊等物出投如貴客欲買者請到船上面議

華艇出賣

啟者中環未士架律時有華艇一隻可載二千四百担此艇經已修整桅𥶷俱新出賣如意者請到本行面議
己未年四月十九日啟

未士麥記厘架於六月初十日上午十一點鐘在本行新土庫有水濱洋紗數細出投現銀七一七兌
己未年六月初八日啟

未士迺卡剌弗於六月十三日正午十二點鐘有新到上好這厘七十五打臣砵酒八十打臣法蘭西罷蘭地一百箱三邊二十五箱波打五十桶桅打水鹽水番梘劍油蠟出投又有各樣顏料各樣日本綢緞綿紗磁器等物出投現銀七一七兌
己未年六月初五日啟

鴉片行情

香港鴉片行情
新公烟土沽價七百六十員至七百六十二員半
白皮烟土沽價五百九十二員半至五百九十五員

現在香港澳門黃埔落貨往各埠之船列左

船名	船主名	庄口名	
○往爾頓京城			
華便拿	活杰	佛厘查公司	
衣利沙白	澳云	機厘文公司	
○往花旗鳥約埠			
亞林明古	加山	澳門瘋打行	
租地	播郞	剌時厘公司	
○往舊金山正埠			
北力窩厘亞	鶩啡	鴉厘芬公司	
○往雪梨砵非立			
澳多拿	龕	士店臣公司	
○往江南上海縣			
火船花歷沙	播郞	鐵行公司	祖家火船到港兩
拈扶	拜禮士	丫厘芬公司	日後啟行
乞地臣	卑	布時兇公司	
連邪	米也	閃臣公司	
○往新嘉波埠			
加羅連	羅	布時兇公司	
○前往福州			
火船萬年剌	機厘臣	行鐵司公	
便爾法打	幹寧	亞查公司	已上皆早日揚帆
○前往小呂宋			
火船舟山	播郞	鐵行公司	
利華爹啡亞	利巴勞	蠻也士的厘	
嚮剌多剌	亞剌拿	畢公司	
○前往葛剌巴			
哥利亞	劣根	急公司	
○前往厦門			
士溫	士砮時	剌時厘公司	

鐵行火輪船

本港鐵行火輪船公司有火輪船一隻名罵剌巴船主名敦拿士準於六月初六日下午兩點鐘由本港啟行裝載搭客貨物書信前往新加波埠加厘蠻打剌時盤買英國祖家等埠雜貨限落至初四日下午五點鐘止金銀落至初五日午時止小件頭落至初五日兩點鐘止如要知其詳細到本行問便妥所有貨物付往歐羅巴爵國要書明何貨並值銀若干如報單有差該貨被埃及國官府所留與本火輪船公司無涉已未年五月廿三日火輪船公司啟

鐵行火輪船公司茲有火輪船名花歷沙船主名播耶準於祖家火輪船到港兩日後啟行前往上海 已未年六月初二日火輪船公司啟

茲有火輪船名萬年剌船主名機厘臣準於祖家火船到兩日後啟行往福州 已未年六月初二日本港火輪船公司謹啟

茲有火輪船名舟山船主名播耶準於祖家火輪船到港後廿四鐘點啟行前往小呂宋 已未年六月初二日本港火船公司啟

憲示

香港公庫官科　為曉諭事照得本港所有欠到本歲上半年地稅者准於英七月十七日以前納清如至英七月十七以後仍未清納即將該欠地稅之人名姓交與皇家狀師辦理特示 已未五月廿五日示

廣南興

茲者上環廣南興生意係梅奕廼頂受限於五月廿一日交易倘有賬目欠項祈早對明向經手取如期不到是為鳥有特此聲明為炤 咸豐九年五月十六日啟

有銀出揭

茲有銀二萬五千員出揭如唐人有好地紙在本港要銀用者自願將屋地寫典數到巴臣時狀師問便妥如外國人有屋要揭銀亦可 已未年五月十四日啟

卑蔴油出賣

茲有桶裝罐裝罈裝卑蔴油出賣如貴客欲買者請到本新聞紙館面議 已未年三月三十日啟

面鏡出賣

未士伯頓公司有新到上好大小面鏡出賣由十八英寸至五十二寸大如有客欲要買請到本行面議 已未年五月二十日香港伯頓行啟

夜冷館

未士班時厘現在上環馬路賃得有行一間名奄保林常有各色貨物出投又做各樣經紀如ㄟ貴客光顧託他買賣之事無不妥辦特此聲明 已未年二月十九日謹啟

英國狀師

啟者咽主這打倫狀師之案件交與谷巴丹拿與未士蝦士倫狀師辦理特此聲明 已未年五月初八日啟

茲失去五口頭手鎗一枝係爾頓城罷爾主晏中所造如有人知其情者祈去大館報知取回原物或將賊辦罪即賞花紅銀十大員決不食言此帖是實 已未年五月十四日啟

洋酒出賣

啟者未士佛厘查公司有罷爾地酒砵酒車厘酒出賣如欲買者請到本行面議 已未四月廿四日啟

茲有行一間出賃坐在中環澳爐俾厘街德臣印字館對面每月租銀四十員如有合意者請到中環大街未士加律治行問便妥○已未年二月初十日啟

茲有乾爽石機房在金魚行出貨如欲貯貨請與未士孖剌面議機租便宜○戊午年十二月初七日啟

煤炭出賣

啟者未士巴剌爹公司有煤炭出賣如有貴客光顧者請到本行面議 已未年四月十九日啟

啟者如有船隻往厦門欲要船底壓載者可到本行面議此壓載不須費錢 已未年四月廿二日 未士丹拿公司啟

洋船出賃

未士烟架拿哥有堅固駁貨艇三隻裝載貨物開埋甚便或租往別處亦可如有貴客欲光顧祈請到興隆街門牌第一百八十四號與原人面議便是價錢相宜特此聲明 已未四月十四日啟

洋船出賣

澳門未士瘋有二枝半桅船一隻出賣或租賃與人其船於一千八百五十一年在跛厘文埠新裝各樣架生堅固有單開列現在灣泊澳門裏海如欲知其詳細請到本行問便妥○已未五月初一日啟

黃埔未士多羅弼地云有未固藝船一隻名路爬厘如貴客有貨要貯落藝船或過別船隨時方便藝租便宜特此聲明 已未年正月十三日啟

新鮮粉出賣

未士瘋公司有架厘哥新鮮粉三百桶出賣 已未年四月十五日謹啟

呂宋烟出賣

啟者本新聞紙館有呂宋烟夏那華烟哥爹那時烟山貨每箱五百口如有貴客光顧者請到本館面議○已未四月十八日啟

請人催工

啟者堅術醫生要請識番話唐人一名能與病人放牛其捕藥幫醫生做各樣細小工夫如有能充其任者自有好工價每日十點鐘至十二點鐘有人合式可到堅爾醫生行問未士蘇沙便妥 已未年五月初十日啟

啟者中環馬路未士的鐵匠專做船隻鐵器皿如有貴客光顧者請到本行面議 已未年四月十九日啟

金鷄勒出賣

茲有金鷄勒霜出賣每安沙即重一兩八錢三如有貴客欲買此藥可移玉到本新聞紙館問便知 已未年三月初九日啟

香港船頭貨價紙

第二百六十五號　已未年六月十三日　禮拜二

啟者此紙係在孖剌處每日所印之新聞紙同館印刷每逢禮拜二禮拜四禮拜六為期遍派香港各舖戶每月收回銀一大員如　貴客有事要印落此紙內務宜早一日走字通知未士孖剌便妥印刷唐字價錢如左　一凡每次落唐字者五十個字已下收銀一員倘五十個字已上每字收銀一個先士如欲再落者每個禮拜照前一半算如意者祈請到本館印刷便是

未士孖剌　新文紙館謹啟

啟者唐人如有切要時事或得之目擊或得之傳聞不論何事但取其有益於唐人有合於同好者均可攜至本館刻刷分文不取特此佈聞

新聞紙館謹啟

新聞

於初十日午時祖家火船到港帶來泰西新聞紙云於四月十七日法蘭西兵勇與澳士打利亞兵在瑞典拿國境內地名芒地嗷勞交仗法國皇帝親督戰仗初時澳士打利亞兵勝後因法國救兵陸續繼至故澳士打利亞人抵敵不住即時退出瑞典拿馬隊追之但澳士打利亞人雖退隊伍不亂故雖有數百馬隊追前亦無大碍路上死傷不能相顧法瑞兩國兵勇傷斃者五百餘人澳士打利亞國傷斃者二千餘名內有二百零三名被法人生擒軍器什物法人亦得不少〇茲於五月廿二日在紅海亞顛埠接到電氣傳快音云法瑞兩國兵勇與澳士打利亞兵又交一場大仗瑞典拿國王親冒矢石而得重傷云云〇大英君主命屢嬌厘時羅便臣大人前來香港調補督員缺戰該羅便臣大人擇於六月由英國起程要七月下旬或八月初旬方能到港蒞任〇又聞有一隻新裝花旗火輪船名北河如本港節地行往上海之火船名洋子裝法於四月初八日由英國載貨來港此船乃係剌時厘公司所裝載貨往北省貿易云云

尋貨主

於一千八百五十五年九月有船一隻名孖時都由上海來黃埔其船遇風颶後到福州將各水濆壞貨當公出投如有各附貨物人到本行未士孖剌即以所應得之銀派回便是其貨開列於下　德記貨OT乜頭八十七件KB二百二十一件XY六十九件WR二十件以上係四方欖核乜W九十件MD六件LK十三件OL三十九件WR一百五十三件以上係用三角乜　亞一貨JT乜頭一百四十一件CDK六十件恆昌貨HY乜頭二百一十八件　合艮J乜九十件　亞祺貨C乜一百九十六件　寶興貨L乜一百三十三件　福記貨D乜八十件　和源ST乜一百一十九件SH二十件SO六件　亞錦貨Ackum乜二十七件以上係四方欖核乜頭

已未年四月廿一日　司理攤嶽人孖剌啟

澹顛有火船名卿也厘過羅時由孟加剌到港帶來孟買埠鴉片行情云於五月十三日有公烟土一千九百一十五箱鴣烟土三百四十五箱當公出投公烟土沽價一千六百五十三個路卑鴣烟土沽價一千六百九十四個路卑〇火船卿也厘過羅時載來烟土共九百七十四箱云云

膏藥出賣

啟者中環泰盛洋貨舖有何老威膏藥藥丸出賣此藥馳名日久所有外科奇難雜症用之無有不效

加時古狀師

未士加士古狀師之案件自今日以後交與丹拿蝦時倫狀師辦理特此聲明〇已未年三月初二日啟

洋硝出賣

茲者未士孖剌有新到上好洋硝出賣如意買者請到本新聞紙館面議

戊午年十二月初八日啟

啟者未士阻治亞查欲買鐵梘一條如有此鐵賣者請到本行面議

已未年四月十九日啟

前往新金山

未士士店臣公司有好駛三枝桅洋船一隻名澳多那船主名龕時準於早日揚帆前往新金山雪梨砵非立埠此船已經租去大半如有搭客搭貨者請到本行面議

已未年五月十一日啟

前往金山

未士巴勞有好駛二枝半桅花旗船一隻名思拈扶船主名士爹治六百噸大現在船位已經定去大半准於本月十六日揚帆前往吠嚕查厘化金山埠域多厘亞地方如有搭客搭貨者請到本行面議

已未年六月初七日啟

洋船出賃

茲有好駛三枝桅船一隻名士打剌蘭拿船主名威林臣出賃此船有上好客艙如有　貴客要承租此船請到船上問船主或附信交未士鬋嬌云轉交船主亦可〇

已未年五月初八日　謹啟

茲有二枝半桅洋船一隻名義郞船主名亞倫則臣出賃其船四百五十五噸大業經新裝銅底如有客商要請此船無論何埠可到船上與船主面議或信交未士活笠轉交船主均可

已未年五月十三日啟

華艇出賣

啟者中環未士架律時有華艇一隻可載二千四百担此艇經已修整桅哩俱新出賣如意者請到本行面議

已未年四月十九日啟

樟磁出賣

啟者畢行有上好樟磁出賣如意買者請到本行面議

已未年五月十四日啟

茲者未士帝禮也公司有船一隻名之時店文呢船主名哥見約四百噸大現泊在黃埔如有　貴客欲散搭或全隻租賃者請到本行面議

已未年四月十五日啟

松木出賣

未士巴勞有新到八寸至十二寸方停松木四寸厚板一寸半厚板一寸厚板又有圓木二十八條出賣如要買松木者請到本行面議

已未年三月十五日啟

桅木出賣

啟者二枝半桅船名衣倫船主名冰有上好桅木出賣由四十二至五十六活又有大鐵鏈兩門鐵木櫃二個鐵鍊等物出投如貴客欲買者請到船上面議

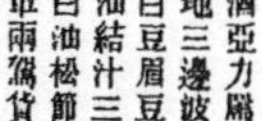

未士士臧布林勞於六月十四日正午十一點鐘在大街貨倉有砵酒林酒亞力爵沙剌蘭也架林酒罷爾地三邊波打火腿知時洋醋酸菓白豆眉豆平菓餅干椰餅牛肉牛油結汁三文魚蝦蠶魚鐵釘銅釘白油松節油黑鉛三邊杯孖鎗水車兩篤貨艇一隻三板一隻番醬等物出投現銀七一七兌

已未年六月初九日啟

未士運卡剌弗於六月十三日正午十二點鐘有新到上好這厘七十五打臣砵酒八十打臣法蘭西罷爾地一百箱三邊二十五箱波打五十桶桅打水墨水帶硯劍油蜚出投又有各樣醬料各樣日本綢緞縐紗磁器等物出投現銀七一七兌

已未年六月初五日啟

鴉片行情

香港鴉片行情

新公烟土沽價七百五十七員半至七百六十員

白皮烟土沽價五百九十二員半至五百九十五員

現在香港澳門黃埔落貨往各埠之船列左

船名	船主名	庄口名
○往花旗島約埠		
亞林明古	加山	澳門漩打行
租地	播郎	剌時厘公司
機厘打士鐵平	賓臣	喝公司
○往薩金山正埠		
北力劉厘亞	馬啡	鴉厘芬公司
○往雪梨砵非立		
澳多拿	鑫	士店臣公司
○往吠禮查厘化		
思拈扶	士爹治	巴勞公司
○往江南上海縣		
拈扶	拜禮士	丫厘芬公司
乞地臣	卑	布時堄公司
連那	米也	閃臣公司
○往新嘉坡埠		
加羅連	羅	布時堄公司
○前往福州		
便爾法打	幹寧	亞查公司
○前往小呂宋		
以利沙白	澳云	機厘文公司
劉剌多剌	亞剌拿	畢公司
蘇剌	遮鄰濁	畢公司
○前往葛喇巴		
哥利亞	劣根	衾公司
○前往廈門		
士溫	士答時	剌時厘公司

巳上皆早日揚帆

鐵行火輪船

本港鐵行火輪船公司有火輪船一隻名嗎剌巴船主名敦拿士準於六月初六日下午兩點鐘由本港啟行裝載搭客貨物番信前往新加波埠加厘蛮打剌時盛買英國祖家等埠雜貨限落至初四日下午五點鐘止金銀落至初五日午時止小件頭落至初五日兩點鐘止如要知其詳細到本行問便妥所有貨物付往歐羅巴諸國要晉明何貨並値銀若干如報單有差錯貨被換及國官府所留與本火輪船公司無涉巳未年五月廿三日火輪船公司啟

鐵行火輪船公司茲有火輪船名花麼沙船主名播郎準於祖家火輪船到港兩日後啟行前往上海 巳未年六月初二日火輪船公司啟

茲有火輪船名上海船主名品厘布準於祖家火船到兩日後啟行往廈門福州 巳未年六月初三日本港火輪船公司謹啟

茲有火輪船名舟山船主名播郎準於祖家火輪船到港後廿四鐘點啟行前往小呂宋 巳未年六月初二日本港火船公司啟

憲示

香港公庫官科 爲曉諭事照得本港所有欠到本歲上半年地税者准於英七月十七日以前納清如至英七月十七以後仍未清納即將該欠地税之人名姓交與皇家狀師辦理特示 巳未五月廿五日示

廣南興

茲者上環廣南興生意係梅奕適頂受限於五月廿一日交易倘有賬目欠項祈早對明向經手取如期不到是爲烏有特此聲明爲照 咸豐九年五月十六日啟

有銀出揭

茲有銀二萬五千員出揭如唐人有好地紙在本港要銀用者自願將屋地寫典數到巴臣時狀師間便妥如外國人有屋要揭銀亦可 巳未年五月十四日啟

卑蔴油出賣

茲有桶裝罐裝罈裝卑蔴油出賣如 貴客欲買者請到本新聞紙館面議 巳未年三月三十日啟

面鏡出賣

未士伯顛公司有新到上好大小面鏡出賣由十八英寸至五十二寸大如有客欲要買請到本行面議 巳未年五月二十日香港伯顛行啟

夜冷館

未士班時厘現在上環馬路買得有行一間名夜保林常有各色貨物出投又做各樣經紀如 貴客光顧託他買賣之事無不妥辦特此聲明 巳未年二月十九日謹啟

英國狀師

啟者咽主這打倫狀師之案件交與谷巴丹拿與未士蝦士倫狀師辦理特此聲明 巳未年五月初八日啟

茲失去五口頭手鎗一枝係蘭頓城罷蘭主發申所造如有人知其情者祈去大館報知取回原物或將賊辦罪卽賞花紅銀十大員決不食言此帖是實 巳未年五月十四日啟

洋酒出賣

啟者未士佛厘查公司有罷蘭地酒砵酒車厘酒出賣如欲買者請到本行面議 巳未四月廿四日啟

茲有行一間出賃坐在中環澳爐俾厘街德臣印字館對面每月租銀四十員如有合意者請到中環大街未士加律治行問便妥○巳未年二月初十日啟

茲有乾爽石機房在金魚行出貨如欲貯貨請與未士孖剌面議機租便宜○戊午年十二月初七日啟

煤炭出賣

啟者未士巴剌爹公司有煤炭出賣如有貴客光顧者請到本行面議 巳未年四月十九日啟

啟者如有船隻往廈門欲要船底壓載者可到本行面議此壓載不須發錢 巳未年四月廿二日 未士丹拿公司啟

洋船出賃

未士烟架拿哥有堅固殷貨艇三隻裝載貨物囲埋甚便或租往別處亦可如有貴客欲光顧祈請到典䕃街門牌第一百八十四號與原人面議便是價錢相宜特此聲明 巳未四月十四日啟

洋船出賣

澳門未士痕有二枝半桅船一隻出賣或租賃與人其船於一千八百五十一年在破脈文埠新裝各樣架生堅固有單開列現在灣泊澳門裏海如欲知其詳細請到本行問便妥○巳未五月初一日啟

黃埔未士多羅弼地云有主固躉船一隻名路爬厘如 貴客有貨要貯落躉船或過別船隨時方便躉租便宜特此聲明 巳未年正月十三日啟

新鮮粉出賣

未士痕公司有架厘哥新鮮粉三百桶出賣 巳未年四月十五日謹啟

呂宋烟出賣

啟者本新聞紙館有呂宋烟夏那華烟哥爹那時烟出賣每箱五百口如有貴客光顧者請到本館面議○巳未四月十八日啟

請人僱工

啟者堅爾醫生要請識番話唐人一名能與病人放牛其補藥帮醫生做各樣細小工夫如有能充其任者自有好工價每日十點鐘至十二點鐘有人合式可到堅爾醫生行問未士蘇沙便妥 巳未年五月初十日啟

啟者中環馬路未士的鐵匠舖做船隻鐵器皿如有貴客光顧者請到本行面議 巳未年四月十九日啟

金鷄勒出賣

茲有金鷄勒精出賣每礦重一安沙卽八錢三如有貴客欲買此藥可移玉到本新聞紙館問便知 巳未年三月初九日啟

香港船頭貨價紙

第二百六十六號　己未年六月十五日　禮拜四

啟者此紙係在孖剌處每日所印之新聞紙同館印刷每逢禮拜二禮拜四禮拜六為期遍派香港各舖戶每月收回銀一大員如　貴客有事要印落此紙內務宜早一日走字通知未士孖剌便妥印刷唐字價錢如左　一凡每次落唐字者五十個字已下收銀一員倘五十個字已上每字收銀一個先士如欲再落者每個禮拜照前一半算如意者祈請到本館印刷便是

未士孖剌　新文紙館謹啟

啟者唐人如有切要時事或得之目擊或得之傳聞不論何事但取其有益於唐人有合於同好者均可擲至本館刻刷分文不取特此佈聞

新聞紙館謹啟

新聞

茲接到省城信云紅匪返樂昌縣各榜北江貨物又不通流韶關舖戶盤將貨搬落西南佛山兩埠因官府欠糧幾個月各處民壯無心與賊攻擊有撤回原籍之壯勇所過各處村鄉無不搶奪又聞官府要各處捐資往西北江打賊俗云寧做太平犬莫作亂世民斯言誠是也

於本月初十晚九點半鐘本港近白頭了屋咽主今嘛行後便即運冶行買辦吳德衛住家廚房因劏口柴失火幸早救息若不早救息則大石柱禮拜堂對面一帶屋宇亦難保也是晚有女子一名年方十四五歲將攞也買辦何錫衣櫃一個搬去後遇攞也行內有人見此衣櫃即查問之見他言語含糊即叫綠衣截住帶去大館後經官審訊擬監禁一個月云云

上環大新

本港上環大街門牌第二百六十六號大新號紙店各股份生意貨物全盤頂與慶隆胡如村等承受准期本月十七日交易清楚凡大新號已未年六月十七日已前欠到各家銀兩與慶隆胡如村等無涉

己未年六月十三日謹啟

京報

奉　上諭前據和春奏剳　成良效順獻城並會同參將李世忠攻復浦口當經降旨賞給四品頂戴茲據勝保等奏稱　成良與李世忠密議投誠訂期舉事旋為粵逆知覺大股來攻上浦奏　成良倉猝無援遂親往賴鎮海水營乞師夾攻殺賊甚多固守以待迨李世忠兵到立即舉城出降遂與李世忠等直趨浦口乘賊不意首先進攻踏燬賊壘斃賊無算並陣斬偽天福等賊渠多名殲斃生擒者一千數百名當將浦口克復是役　成良不特悔罪投誠當逆衆圍攻之時並能矢志不渝尤堪嘉獎著再加恩賞給三品頂戴並賞戴花翎以昭激勵其部下出力頭目已有旨令和春分別保奏著與額鎮海水營出力人員一并查明請獎參將李世忠招降大股匪衆連復堅城著以副將即行升用並賞給庫爾楚特依巴圖魯名號出力將弁並勝保派出之員弁兵勇即由勝保查明酌保候朕施恩欽此

尋貨主

於一千八百五十五年九月有船一隻名孖時都由上海來黃埔其船遇風颶後到福州將各水漬壞貨當公出投如有各附貨物人到本行未士孖剌即以所應得之銀派回便是其貨開列於下　德記貨 OT 乜頭八十七件 KB 二百二十一件 XY 六十九件 WB 二十件以上係四方欖核乜 W 九十件 MD 六件 LK 十三件 OL 三十九件 WB 一百五十三件以上係用三角乜　亞一貨 JT 乜頭一百四十一件 ODK 六十件　恆昌貨 HY 乜頭二百一十八件　合艮 J 乜九十件　亞棋貨 O 乜一百九十六件　寶興貨 L 乜一百三十三件　福記貨 D 乜八十件　和源 ST 乜一百一十九件 SH 二十件 SO 六件　亞錦貨 Adams 乜二十七件以上係四方欖核乜頭

己未年四月廿一日　司理辦數人孖剌啟

前往新金山

未士士店臣公司有好歇三枝桅洋船一隻名澳多那船主名翕時準於早日揚帆前往新金山雪梨砵非立埠此船已經租去大半如有搭客搭貨者請到本行面議

己未年五月十一日啟

前往金山

未士巴勞有好歇二枝半桅花旗船一隻名思拈扶船主名士爹治六百噸大現在艙位已經定去大半准於本月十六日揚帆前往吠嗎查厘化金山埠或多厘亞地方如有搭客搭貨者請到本行面議

己未年六月初七日啟

洋船出賃

茲有好歇三枝桅船一隻名士打剌嚫拿船主名威林臣出賃此船有上好客船如有　貴客要承租此船請到船上問船主或附信交未士爾嬌云轉交船主亦可〇

己未年五月初八日謹啟

茲有二枝半桅洋船一隻名義耶船主名亞倫則臣出賃其船四百五十五噸大業經新裝銅底如有客商要請此船無論何埠可到船上與船主面議或信交未士活笠轉交船主均可

己未年五月十三日啟

華艇出賣

啟者中環未士架律時有華艇一隻可載二千四百担此艇經已修整桅𢃇俱新出賣如意者請到本行面議

己未年四月十九日啟

樟磁出賣

啟者畢行有上好樟磁出賣如意買者請到本行面議

己未年五月十四日啟

茲者未士帝禮也公司有船一隻名之時店文呢船主名哥見約四百噸大現泊在黃埔如有　貴客欲搬搭或全隻租賃者請到本行面議

己未年四月十五日啟

投夜冷

未士士滅布林勞於六月十四日正午十一點鐘在大街貨倉有砵酒林酒亞力𠮶沙剌𠱸也架林酒罷蘭地三邊波打火腿知時洋醋酸菓白豆眉豆平菓餅干椰餅牛肉牛油結汁三文魚蝦醬魚鐵釘銅釘白油松節油黑鉛三邊杯孖鎗水車兩灣貨艇一隻三板一隻番薯等物出投現銀七一七兌

己未年六月初九日啟

未士架律時林滅於六月十四日正午十二點鐘有罷蘭地甜酒跛酒火腿之時牛油黃淡魚啡洋燭烏鎗連環手鎗洋鐵面鏡家私繩纜油漆鐵釘等物出投又有來路埕呂宋烟出投現銀七一七兌

己未年六月十三日啟

未士地思厘化於六月十九日上午十一點鐘在船上有士官拿船一隻名巴利昷運拿出投其船現泊在本港海面船上架生有單列明一凡投到此船者要即交價銀一半其餘限一個禮拜交清如過期無銀交清則前所交之銀化為烏有

己未年六月十二日啟

未士麥䏊厘架於六月十四日上午十一點鐘在吠禮查士庫有水漬花布六箱出投現銀七一七兌

己未年六月十二日啟

鴉片行情

香港鴉片行情新公烟土沽價七百六十二員半至七百六十五員〇𡃁烟土沽七百五十五員〇白皮烟土沽價六百廿五員至六百一十員

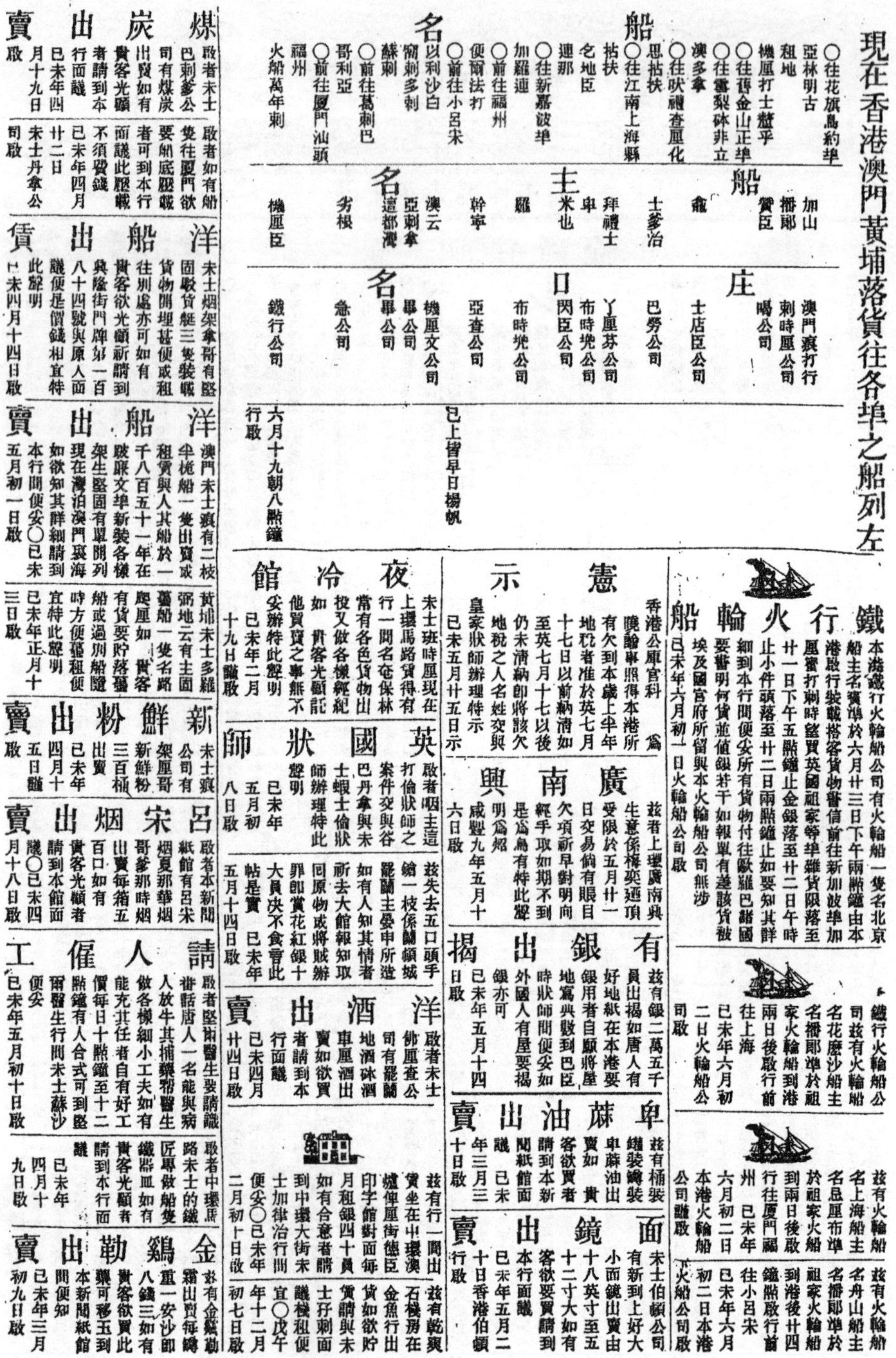

現在香港澳門黃埔落貨往各埠之船列左

船名	船主名	庄口名
○往花旗島約埠		
亞林明古	加山	澳門裒打行
租地	播郞	剌時厘公司
機厘打士盤乎	賓臣	喝公司
○往舊金山正埠		
○往雪梨砵非立		
澳多拿	龕	士店臣公司
○往吠禮查厘化		
思拈扶	士爹治	巴勞公司
○往江南上海縣		
拈扶	拜禮士	丫厘芬公司
乞地臣	卑	布時堄公司
連那	米也	閃臣公司
○往新嘉坡埠		
加羅連	羅	布時堄公司
○前往福州		
便爾法打	幹寧	亞查公司
○前往小呂宋		
以利沙白	澳云	機厘文公司
衞剌多剌	亞剌拿	畢公司
蘇剌	這都灣	畢公司
○前往葛剌巴		
哥利亞	劣根	急公司
○前往廈門汕頭		
福州		
火船萬年剌	機厘臣	鐵行公司

已上皆早日揚帆

六月十九朝八點鐘行啟

鐵行火輪船

本港鐵行火輪船公司有火輪船一隻名北京船主名賓準於六月廿三日下午兩點鐘由本港啟行裝載搭客貨物書信前往新加波埠加厘賓打剌時鋻買英國祖家等埠雜貨限落至廿一日下午五點鐘止金銀落至廿二日午時止小件頭落至廿二日兩點鐘止如要知其詳細到本行問便妥所有貨物付往歐羅巴諸國要書明何貨並値銀若干如報單有差該貨被埃及國官府所留與本火輪船公司無涉

已未年六月初一日火輪船公司啟

鐵行火輪船公司茲有火輪船名花麼沙船主名播郞準於祖家火輪船到港兩日後啟行前往上海

已未年六月初二日火輪船公司啟

茲有火輪船名上海船主名邑厘布準於祖家火船到兩日後啟行往廈門福州

已未年六月初二日本港火輪船公司謹啟

茲有火輪船名舟山船主名播郞準於祖家火輪船到港後廿四鐘點啟行前往小呂宋

已未年六月初二日本港火船公司啟

憲示

香港公庫官科　爲曉諭事照得本港所有欠到本歲上半年地稅者准於英七月十七日以前納清如至英七月十七以後仍未清納卽將該欠地稅之人名姓交與皇家狀師辦理特示

已未五月廿五日示

廣南興

茲者上環廣南興生意係梅奕邇項受限於五月廿一日交易倘有賬目欠項祈早對明向經手取如期不到是爲鳥有特此聲明爲炤

咸豐九年五月十六日啟

有銀出揭

茲有銀二萬五千員出揭如唐人有好地紙在本港要銀用者自願將屋地寫典數到巴臣時狀師間便妥如外國人有屋要揭銀亦可

已未年五月十四日啟

卑蔴油出賣

茲有桶裝罐裝鏄裝卑蔴油出賣如貴客欲買者請到本新聞紙館面議　已未年三月三十日啟

面鏡出賣

末士伯顚公司有新到上好大小面鏡出賣由十八英寸至五十二寸大如有客欲要買請到本行面議

已未年五月二十日香港伯顚行啟

夜冷館

末士班時厘現在上環馬路賃得有行一間名奄保林常有各色貨物出投又做各樣經紀如貴客光顧託他買賣之事無不妥辦特此聲明

已未年二月十九日謹啟

英國狀師

啟者咽主這打倫狀師之案件交與谷巴丹拿與未士蝦士倫狀師辦理特此聲明

已未年五月初八日啟

茲失去五口頭手鎗一枝係鬍顚城羅蘭主晏申所造如有人知其情者祈去大館報知取回原物或將賊辦罪卽賞花紅銀十大員決不食言此帖是實

已未年五月十四日啟

洋酒出賣

啟者末士佛厘查公司有羅蘭地酒砵酒車厘酒出賣如欲買者請到本行面議

已未四月廿四日啟

茲有行一間出賃坐在中環澳爐俾厘街德臣印字館對面每月租銀四十員如有合意者請到中環大街末士加律治行問便妥○已未年二月初十日啟

茲有乾爽石機房在金魚行出貨如欲貯貨請與未士孖剌面議　機租便宜○戊午年十二月初七日啟

煤炭出賣

啟者末士巴剌爹公司有煤炭出賣如有貴客光顧者請到本行面議

已未年四月十九日啟

啟者如有船隻往廈門欲要船底壓載者可到本行面議此壓載不須費錢

已未年四月廿二日末士丹拿公司啟

洋船出賃

末士烟架拿哥有堅固快貨艇三隻裝載貨物開埋甚便或租往別處亦可如有貴客欲光顧祈請到與隆街門牌第一百八十四號與原人面議便是價錢相宜特此聲明

已未四月十四日啟

洋船出賣

澳門末士裒有二枝半桅船一隻出賣或租賃與人其船於一千八百五十一年在玻廉文埠新裝各樣梁生堅固有單開列現在灣泊澳門裒海如欲知其詳細請到本行問便妥○已未五月初一日啟

黃埔末士多羅彌地云有主固舊船一隻名路爽厘如貴客有貨要貯落舊船或過別船隨時方便舊租便宜特此聲明

已未年正月十三日啟

新鮮粉出賣

末士裒公司有架厘哥新鮮粉三百桶出賣　已未年四月十五日謹啟

呂宋烟出賣

啟者本新聞紙館有呂宋烟夏那華哥爹那時烟出賣每箱五百口如有貴客光顧者請到本館面議○已未四月十八日啟

請人僱工

啟者堅術醫生要請識番話唐人一名能與病人放牛其捕藥幫醫生做各樣細小工夫如有能充其任者自有好工價每日十點鐘至十二點鐘有人合式可到醫館醫生行問末士蘇沙便妥

已未年五月初十日啟

啟者中環馬路末士的鐵匠專做船隻鐵器皿如有貴客光顧者請到本行面議

已未年四月十九日啟

金鷄勒出賣

茲有金鷄勒霜出賣每罇重一安沙卽八錢三如有貴客欲買此藥可移玉到本新聞紙館間便知

已未年三月初九日啟

香港船頭貨價紙

第二百六十七號　己未年六月十七日　禮拜六

啟者此紙係在孖剌巡每日所印之新聞紙同館印刷每逢禮拜二禮拜四禮拜六爲期遍派香港各舖戶每月收回銀一大員如　貴客有事要印落此紙內務宜早一日走字通知未士孖剌便妥印刷唐字價錢如左　一凡每次落唐字者五十個字已下收銀一員倘五十個字已上每字收銀一個先士如欲再落者每個禮拜照前一半算如意者祈請到本館印刷便是
未士孖剌　新文紙館謹啟

啟者唐人如有切要時事或得之目擊或得之傳聞不論何事但取其有益於唐人有合於同好者均可攜至本館刻刷分文不取特此佈聞
新聞紙館謹啟

新聞

現聞皖在省城英官接到北京快馬番信云　大英欽差已經入了京都覲見大清皇帝交轉和約各事無不妥協云云

聞皖法蘭西與安南交仗之事諒必和妥因上日法國水師提督命遣許多木屋今自燬罰去定銀將合同作爲故紙云云

茲聞於本年三月廿二日在花旗國內河有火輪船一隻名撒路夷時因水氣泡爛打死人三四十名又傷者甚多云云

三桅火輪船名化爐時於六月初十日拖一隻大閘敝入口內有貨值銀四萬大員已經遇賊將船擄去後見火船到賊卽退走火輪船將閘敝船帶回澳門要船貨各一半賞給該火船云云

茲聞三畫告孖剌一案已經在外廂和妥三畫所使各項衙門狀師費用孖剌不知孖剌所用各項使費三畫不理自後兩家再不將此事印落新聞紙內啟和之後所有上日一切爭鬥唇舌之事互相不究今卽兩無短長未士孖剌又要藉此機會託於紙篳論各衙門助他尋覓見証之朋友云云

尋貨主

於一千八百五十五年九月有船一隻名孖時都由上海來黃埔其船遇風颶後到福州將各水漬壞貨當公出投如有各附貨物人到本行未士孖剌卽以所應得之銀派回便是其貨開列於下　德記貨 CT 也頭八十七件 KB 二百二十一件 XY 六十九件 WB 二十件以上係四方欖核也 W 九十件 MD 六件 LN 十三件 OL 三十九件 WR 一百五十三件以上係用三角也　亞一貨 JT 也頭一百四十一件 OD K 六十件怪昌貨 HY 也頭二百一十八件　合昌 J 也九十件　亞棋貨 O 也一百九十六件　寶興貨 L 也一百三十三件　福記貨 D 也八十件　和源 ST 也一百一十九件 SH 二十件 SO 六件　亞錦貨 Achun 也二十七件以上係四方欖核也頭
已未年四月廿一日　司理攞數人孖剌啟

上環大新

本港上環大街門牌第二百六十六號大新號紙店各股份生意貨物全盤盤頂與慶隆胡如村等承受准期本月十七日交易清楚凡大新號已未年六月十七日已前欠到各家銀兩與慶隆胡如村等無涉
已未年六月十三日謹啟

格木出賣

茲有上好呂宋格木出賣裝船艙屋甚是合宜又有樟磁上好鋼瑞典國鐵枝發客如意者請到畢行面議○已未六月十六日啟

洋船出賃

未士各有第一等好駛二枝半桅花旗船一隻名丫壓不出賃與人如意租賃此船者請到本行面議
已未年六月十五日啟

桅木出賣

啟者二枝半桅船名衣倫船主名冰有上好桅木出賣由四十二至五十六活又有大鐵鏈兩門鐵水櫃二個鐵錨等物出投如貴客欲買者請到船上面議

前往新金山

未士士店臣公司有好駛三枝桅洋船一隻名澳多那船主名鑫時準於早日揚帆前往新金山雪梨砵非立埠此船已經租去大半如有搭客搭貨者請到本行面議
已未年五月十一日啟

前往金山

未士巴勞有好駛二枝半桅花旗船一隻名思拈扶船主名士爹治六百墩大現在艙位已經定去大半准於本月十六日揚帆前往吠喇查壓化金山埠域多壓亞地方如有搭客搭貨者請到本行面議
已未年六月初七日啟

洋船出賃

茲有好駛三枝桅船一隻名士打喇囉拿船主名威林臣出賃此船有上好客艙如有　貴客要承租此船請到船上問船主或附信交未士鷹孀云轉交船主亦可○
已未年五月初八日謹啟

茲有二枝半桅洋船一隻名義耶船主名亞倫則臣出賃其船四百五十五墩大葉經新裝銅底如有客商要稅此船無論何埠可到船上與船主面議或修信交未士活笠轉交船主均可
已未年五月十三日啟

華艇出賣

啟者中環未士架律時有華艇一隻可載二千四百担此艇經已修整桅𢃇俱新出賣如意者請到本行面議
已未年四月十九日　敬

樟磁出賣

啟者畢行有上好樟磁出賣如意買者請到本行面議
已未年五月十四日啟

茲者未士帝禮也公司有船一隻名之時店文呢船主名哥見約四百墩大現泊在黃埔如有　貴客欲搭或全隻租賃者請到本行面議
已未年四月十五日啟

洋硝出賣

茲者未士孖剌有新到上好洋硝出賣如意買者請到本新聞紙館面議
戊午年十二月初八日啟

膏藥出賣

啟者中環泰盛洋貨舖有何老威膏藥藥丸出賣此藥馳名日久所有外科奇難雜症川之無有不效

未士架律時林茂於六月廿三日上午十一點鐘在燈籠洲廠文船廠有大小上好油木約三千五百活出投又有新鐵插鐵喉鐵器出投如要知其詳細請到本行問便妥現銀七一七兌
已未年六月十六日卜砵時啟

未士邁卡剌弗於六月二十日正午十二點鐘有上好香水香油洋酸香梘桃椰磅秤鐵欄卡剌律鞋屐架啡茶杯碟帽大砲紙篳日本齒面鏡等物出投現銀七一七兌
已未六月十五日啟

未士地忠壓化於六月十九日上午十一點鐘在船上有士官拿船一隻名巴利品運拿出投其船現泊在本港海面船上架生有單列明一凡投到此船者要卽交價銀一半其餘限一個禮拜交清如過期無銀交清則首所交之銀化爲烏有
已未年六月十二日具

鴉片行情

香港鴉片行情　新公烟土沽價七百五十五員至七百五十七員半○舊烟土沽七百五十至七百五十五員○白皮烟土沽價六百零五員至六百一十員

現在香港澳門黃埔落貨往各埠之船列左

船名	船主名	庄口名
○往花旗島約埠		
亞林明古	加山	澳門滇打行
租地	播郎	剌時厘公司
機厘打士黨乎	贊臣	喝公司
○往雪梨砵非立		
澳多拿	鈍	士店臣公司
○往吠禮查厘化		
思拈扶	士爹治	巴勞公司
○往江南上海縣		
拈扶	拜禮士	丫厘芬公司
乞地臣	卑	布時地公司
運耶	米也	閃臣公司
○往新嘉坡埠		
加羅運	羅	布時地公司
○前往福州		
便留法打	幹寧	亞查公司
○前往小呂宋		
甯剌多剌	亞剌拿	畢公司
蘇剌	這都濟	畢公司
○前往葛剌巴		
哥利亞	劣根	急公司
○前往厦門汕頭福州		
火船萬年剌	機厘臣	鐵行公司

已上皆早日揚帆

六月十九朝八點鐘行啟

鐵行火輪船

本港鐵行火輪船公司有火輪船一隻名北京船主名賓準於六月廿三日下午兩點鐘由本港啟行裝載搭客貨物書信前往新加波埠加厘當打剌時盌買英國祖家等埠雜貨限落至廿一日下午五點鐘止金銀落至廿二日午時止小件頭落至廿二日兩點鐘止如要知其詳細到本行問便妥所有貨物付往歐羅巴諸國要聲明何貨並值銀若干如報單有差該貨被埃及國官府所留與本火輪船公司無涉

已未年六月初一日火輪船公司啟

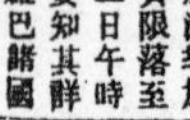

鐵行火輪船公司茲有火輪船名花麼沙船主名播郎準於祖家火輪船到港兩日後啟行前往上海

已未年六月初二日火輪船公司啟

茲有火輪船名上海船主名忌厘布準於祖家火船到兩日後啟行往厦門福州

已未年六月初二日本港火輪船公司謹啟

茲有火輪船名舟山船主名播郎準於祖家火輪船到港後廿四鐘點啟行前往小呂宋

已未年六月初二日本港火船公司啟

憲示

香港公庫官科　為曉諭事照得本港所有欠到本歲上半年地稅者准於英七月十七日以前納清如至英七月十七以後仍未清納即將該欠地稅之人名姓交與皇家狀師辦理特示

已未五月廿五日示

廣南興

茲者上環廣南興生意係梅奕通頂受限於五月廿一日交易倘有賬目欠項祈早對明向經手取如期不到是為烏有特此聲明為炤

咸豐九年五月十六日啟

有銀出揭

茲有銀二萬五千員出揭如唐人有好地紙在本港要銀用者自顧將屋地寫典數到巴臣時狀師問便妥如外國人有屋要揭銀亦可

已未年五月十四日啟

卑蔴油出賣

茲有桶裝罐裝鐵裝卑蔴油出賣如貴客欲買者請到本新聞紙館面議

已未年三月三十日啟

面鏡出賣

未士伯頓公司有新到上好大小面鏡出賣由十八英寸至五十二寸大如有客欲要買請到本行面議

已未年五月二十日香港伯頓行啟

夜冷館

未士班時厘現在上環馬路賃得有行一間名花保林常有各色貨物出投又做各樣經紀如貴客光顧託他買賣之事無不妥辦特此聲明

已未年二月十九日謹啟

英國狀師

啟者咽主這打倫狀師之案件交與谷巴丹拿與未士蝦士倫狀師辦理特此聲明

已未年五月初八日啟

茲失去五口頭手鎗一枝係關頓城罷關主晏申所造如有人知其情者祈去大館報知取回原物或將賊辦罪即賞花紅銀十大員決不食言此帖是實

已未年五月十四日啟

洋酒出賣

啟者未士佛厘查公司有罷關地酒砵酒車厘酒出賣如欲買者請到本行面議

已未四月廿四日啟

茲有行一間出賃坐在中環澳爐俾厘街德臣印字館對面每月租銀四十員如有合意者請到中環大街未士加律治行問便妥○已未年二月初十日啟

茲有乾爽石棧房在金魚行出貨如欲貯貨請與未士孖剌面議棧租便宜○戊午年十二月初七日啟

煤炭出賣

啟者未士巴剌爹公司有煤炭出賣如有貴客光顧者請到本行面議

已未年四月十九日啟

啟者如有船隻往厦門欲要船底壢載者可到本行面議此壢載不須費錢

已未年四月廿二日　未士丹拿公司啟

洋船出賃

未士烟架拿哥有堅固駁貨艇三隻裝載貨物開埋甚便或租往別處亦可如有貴客欲光顧祈請到與隆街門牌第一百八十四號與原人面議便是價錢相宜特此聲明

已未四月十四日啟

洋船出賣

澳門未士滇有二枝半桅船一隻出賣或租賃與人其船於一千八百五十一年在毗厘文埠新裝各樣架生堅固有單開列現在灣泊澳門裏海如欲知其詳細請到本行問便妥○已未五月初一日啟

黃埔未士多羅弼地云有主圖躉船一隻名路毗厘如貴客有貨要貯落躉船或過別船隨時方便躉租便宜特此聲明

已未年正月十三日啟

新鮮粉出賣

未士滇公司有架厘哥新鮮粉三百桶出賣

已未年四月十五日謹啟

呂宋烟出賣

啟者本新聞紙館有呂宋烟夏那華烟哥爹那時烟出賣每箱五百口如有貴客光顧者請到本館面議○已未四月十八日啟

請人雇工

啟者堅甫醫生要請識番話唐人一名能與病人放牛其補藥幫醫生做各樣細小工夫如有能充其任者自有好工價每日十點鐘至十二點鐘有人合式可到堅爾醫生行問未士蘇沙便妥

已未年五月初十日啟

啟者中環馬路未士的鐵匠專做船隻鐵器皿如有貴客光顧者請到本行面議

已未年四月十九日啟

金鷄勒出賣

茲有金鷄勒霜出賣每兩重一安沙即八錢三如有貴客欲買此藥可移玉到本新聞紙館問便知

已未年三月初九日啟

香港船頭貨價紙

第二百七十號　己未年六月廿四日　禮拜六

啟者此紙係在孖剌處每日所印之新聞紙同館印刷每逢禮拜二禮拜四禮拜六爲期遍派香港各舖戶每月收回銀一大員如　貴客有事要印落此紙內務宜早一日走字通知未士孖剌便妥印刷唐字價錢如左　一凡每次落唐字者五十個字已下收銀一員倘五十個字已上每字收銀一個先士如欲再落者每個禮拜照前一半算如意者祈請到本館印刷便是
未士孖剌　新文紙館謹啟

啟者唐人如有切要時事或得之目擊或得之傳聞不論何事但取其有益於唐人有合於同好者均可攜至本館刻刷分文不取特此佈聞
新聞紙館謹啟

寧波新聞

餘邑第泗門謝姓家素富年前例應大捐官欲捐伊數千千謝姓僅許數百千官亦無如之何適逢歲歉遂示諭貧民向謝姓乞賑謝姓未許貧民因而搶奪謝姓屢次呈控縣官置之罔聞遂出錢備勇私設刑具前年八月間謝姓有小主年甫廿六跨馬遊行適逢鄉民秋報迎賽有龍盤滾小主恐驚其馬叱令停盤無如持盤滾者不下二十餘人驟不能止以致馬驚人墜小主因懷恨而歸移時會至伊家遂率令家衆以圖報復鄉人被凶毆傷者甚衆時盤龍賽會者共十七廟轟起圖報蜂擁而前而謝姓住屋在于縣汀四面環河有橋兩條見人衆擁來拔去一橋使僅容一橋而進第泗門本係市鎮店舖皆閉內伏謝姓鄉勇迫人衆過街舖內伏勇齊出擲死百數人鄉人自是與謝姓攻打原其起事之由實因謝姓私設官刑而走馬毆會之仇猶其小也人謂餘邑鬧租之事起于謝姓其實鬧租案內傷人不多云云

賣藥出賣

啟者中環泰興洋貨舖有何老威嘗藥酒丸出賣此藥驗名日久有外所科奇難雜症用之無有不效

新聞

茲聞英法各勇於五月廿五日在北河口大沽炮台交仗無一人不疑大沽各炮台有俄羅斯人在內因其所燒之炮盡是洋炮極有準頭又有子母炮打來與外洋子毋炮無異又有人見俄羅斯人在炮台內穿藍衣頭上有短髮又有人聞俄人在炮台裏用俄話叫帶多的火藥來於次日廿六日英人見有兩屍骸在河水流出穿唐衣但其面貌無異俄羅斯人之面貌云云

現有刼行火船名禮寧於廿二日由加利吉打到港於十五日到新嘉波埠停止一日又於十六日正午離新嘉波來港在新嘉波時見望賈火船帶來祖家書信並泰西新聞紙云法國西瑞與拿兩國兵勇直入阿士地厘亞境於五月初五日在孖壓打地方大戰一場法瑞兩國兵勇大獲勝仗兩邊斃傷人不計其數有兩名法國提督亦在陣亡法瑞國人生擒阿士地厘亞兵亦不少法帝封其帶兵提督爲公爵阿士地厘亞人退入一處地方名巴非亞云云

於一千八百五十五年九月有船一隻名孖時都由上海來黃埔其船遇風颶後到福州將各水濕壞貨當公出投如有各附貨物人到本行未士孖剌卽以所應得之銀派回便是其貨開列於下　德記貨OT乜頭八十七件KB二百二十一件XY六十九件WB二十件以上係四方欖核乜W九十件MD六件LK十三件OL三十九件WB一百五十三件以上係用三角乜　亞一貨JT乜頭一百四十一件OD&K六十件極昌貨HY乜頭二百一十八件　合良J乜九十件　亞棋貨C乜一百九十六件　寶興貨L乜一百三十三件　福記貨D乜八十件　和源ST乜一百一十九件SH二十件SO六件　亞錦貨Achim乜二十七件以上係四方欖核乜頭
已未年四月廿一日　司理擺數人孖剌啟

前往新金山

未士士店臣公司有好駛三枝桅洋船一隻名澳多那船主名飛時準於早日揚帆前往新金山雪梨砵非立埠此船已經租去大半如有搭客搭貨者請到本行面議
已未年五月十一日
啟

前往金山

未士巴勞有好駛二枝半桅花旗船一隻名思拈扶船主名士爹治六百墩大現在艙位已經定去大半准於本月十六日揚帆前往吠禮查厘化金山埠域多厘亞地方如有搭客搭貨者請到本行面議
已未年六月初七日啟

洋船出賃

茲有好駛三枝桅船一隻名士打剌鷗拿船主名威林臣出賃此船有上好客艙如有　貴客要承租此船請到船上問船主或附信交未士隔嬌云轉交船主亦可○
已未年五月初八日
謹啟

火船出賣

茲有鐵行火輪船一隻出賣或租賃搭貨亦可其船名占時轄厘四百八十墩大有一百四十隻馬力於一千八百五十六年新裝可載煤二百墩亦可載貨甚多現在完好備便行駛慣往加拉巴暹羅及沿海各埠貿易亦有好艙位搭客隨時可以看驗數日後無人買則往孟加拉矣如有欲買者請問未士非沙便知詳細
已未年六月十七日啟

華艇出賣

啟者中環未士架律時有華艇一隻可載二千四百担此艇經已修整桅帆俱新出賣如意者請到本行面議
已未年四月十九日
啟

茲者未士帝禮也公司有船一隻名之時店文呢船主名哥見約四百墩大現泊在黃埔如有　貴客欲散搭或全隻租賃者請到本行面議
已未年四月十五日啟

有鋪出賃

未士卑地在上環大街酒店名花拜也打云隔鄰有鋪一連三間出賃如意者請到未士卑地面議
已未年六月十六日啟

上環大新

本港上環大街門牌第二百六十六號大新號紙店各股份生意貨物全盤誥頂與慶隆胡如村等承受准期本月廿七日交易清楚凡大新號已未年六月十七日已前欠到各家銀兩與慶隆胡如村等無涉
已未年六月十三日謹啟

投夜冷

未士架律時林茂於六月廿三日上午十一點鐘在燈籠洲厘文船廠有大小上好油木約三千五百活出投又有新鐵插鐵鍊鐵器出投如要知其詳細請到本行問便妥現銀七一七兌
已未年六月十六日卜砵時啟

未士隔嬌云於六月廿七日正午十二點鐘有荷厘活街地一段連屋一間出投其地址第二百五十五號屋第三百二十號前後係街闊二十二活深六十活每年地稅三磅十一個司連一凡投到此屋現銀交易所有轉地紙使費係買業者自理
已未年六月廿二日啟

鴉片行情

香港鴉片行情
新公烟土沽價七百五十二員半至七百五十五員
○舊烟土沽七百五十至七百五十五員
○白皮烟土沽價六百……

現在香港澳門黃埔落貨往各埠之船列左

船名	船主名	庄口名	
○往花旗島約埠			
租地	柵耶	剌時厘公司	
機厘打士盤乎	贊臣	喝公司	
○往雪梨砵非立			
澳多拿	鴌	士店臣公司	
○往吠禮查厘化			
恩拈扶	士爹治	巴勞公司	
○往江南上海縣			
火船洋子	爹也般	顛地公司	早晚即開
○往新嘉波埠			
加羅連	羅	布時𢃇公司	
○前往福州			
便爾法打	幹寧	亞查公司	
火船亞顛	拿班	鐵行公司	
○前往小呂宋			
窩剌多剌	亞剌拿	畢公司	巳上皆早日揚帆
火船剌查	那厘	鐵行公司	
○前往葛剌巴			
哥利亞	劣根	急公司	
○前往廈門汕頭福州			
火船上海	記盤布爐	鐵行公司	

鐵行火輪船

本港鐵行火輪船公司有火輪船一隻名北京船主名賓準於六月廿三日下午兩點鐘由本港啟行裝載搭客貨物書信前往新加波埠加厘當打剌時篋買英國祖家等埠雜貨限落至廿一日下午五點鐘止金銀落至廿二日午時止小件頭落至廿二日兩點鐘止如要知其詳細到本行問便妥所有貨物付往歐羅巴諸國要醬明何貨並值銀若干如報單有差該貨被埃及國官府所留與本火輪船公司無涉 已未年六月初一日火輪船公司啟

鐵行火輪船公司茲有火輪船名亞顛船主名班拿準於祖家火輪船到港兩日後啟行前往上海 已未年六月廿一日火輪船公司啟

茲有火輪船名上海船主名呂厘布準於祖家火船到兩日後啟行往汕頭福州 已未年六月廿一日本港火輪船公司謹啟

茲有火輪船名剌查船主名那厘準於祖家火輪船到港後廿四鐘點啟行前往小呂宋 已未年六月廿一日本港火船公司啟

憲示

香港公庫官科 爲曉諭事照得本港所有欠到本歲上半年地稅者准於英七月十七日以前納清如至英七月十七以後仍未清納即將該欠地稅之人名姓交與皇家狀師辦理特示 已未五月廿五日示

廣南興

茲者上環廣南興生意係梅奕通頂受限於五月廿一日交易倘有賬目欠項祈早對明向經手取如期不到是爲爲有特此聲明爲炤 咸豐九年五月十六日啟

有銀出揭

茲有銀二萬五千員出揭如唐人有好地紙在本港要銀用者自願將屋地寫典數到巴臣時狀師問便妥如外國人有屋要揭銀亦可 已未年五月十四日啟

卑蔴油出賣

茲有桶裝罇裝卑蔴油出賣如貴客欲買者請到本新聞紙館面議 已未年三月三十日啟

面鏡出賣

未士伯顛公司有新到上好大小面鏡出賣由十八英寸至五十二寸大如有客欲要買請到本行面議 已未年五月二十日香港伯顛行啟

夜冷館

未士班時厘現在上環馬路賃得有行一間名奄保林常有各色貨物出投又做各樣經紀如貴客光顧託他買賣之事無不妥辦特此聲明 已未年二月十九日謹啟

英國狀師

啟者咽主這打倫狀師之案件交與谷巴丹拿與未士蝦士倫狀師辦理特此聲明 已未年五月初八日啟

茲失去五口頭手鎗一枝係關顛城羅關主晏申所造如有人知其情者祈去大館報知取回原物或將賊辦罪即賞花紅銀十大員決不食言此帖是實 已未年五月十四日啟

洋酒出賣

啟者未士佛厘查公司有羅闌地酒砵酒車厘酒出賣如欲買者請到本行面議 已未四月廿四日啟

茲有行一間出賃坐在中環澳爐偉厘街德臣印字館對面每月租銀四十員如有合意者請到中環大街未士加律治行問便妥○已未年二月初十日啟

茲有乾爽石機房在金魚行出貨如欲貯貨請與未士孖剌面議機租便宜○戊午年十二四初七日啟

煤炭出賣

啟者未士巴剌爹公司有煤炭出賣如有貴客光顧者請到本行面議 已未年四月十九日啟

啟者如有船隻往廈門欲要船底壓載者可到本行面議此壓載不須費錢 已未年四月廿二日未士丹拿公司啟

洋船出賃

未士烟架拿哥有堅固啟貨艇三隻裝載貨物開埋甚便或租往別處亦可如有貴客欲光顧祈請到與隆街門牌第一百八十四號與原人面議便是價錢相宜特此聲明 已未四月十四日啟

洋船出賣

澳門未士痕有二枝半桅船一隻出賣或租賃與人其船於一千八百五十一年在肢厤文埠新裝各機架生堅固有單開列現在灣泊澳門裏海如欲知其詳細請到本行問便妥○已未五月初一日啟

黃埔未士多羅弼地云有主固躉船一隻名路爽厘如貴客有貨要貯落躉船或過別船躉時方便躉租價宜特此聲明 已未年正月十三日啟

新鮮粉出賣

未士痕公司有架厘哥新鮮粉三百桶出賣 已未年四月十五日謹啟

呂宋烟出賣

啟者本新聞紙館有呂宋烟夏那華烟哥爹那時烟出賣每箱五百口如有貴客光顧者請到本館面議○已未四月十八日啟

請人僱工

啟者堅爾醫生要請識番話唐人一名能與病人放牛其捕藥帮醫生做各樣細小工夫如有能充其任者自有好工價每日十點鐘至十二點鐘有人合式可到堅爾醫生行間未士蘇沙便妥 已未年五月初十日啟

啟者中環馬路未士的鐵匠專做船隻鐵器皿如有貴客光顧者請到本行面議 已未年四月十九日啟

金鷄勒出賣

茲有金鷄勒霜出賣每罇重一安沙即八錢三如有貴客欲買此藥可移玉到本新聞紙館問便知 已未年三月初九日啟

香港船頭貨價紙

第二百七十一號　己未年六月廿七日　禮拜二

啟者此紙係在孖剌處每日所印之新聞紙同館印刷每逢禮拜二禮拜四禮拜六爲期遍派香港各舖戶每月收回銀一大員如 貴客有事要印落此紙內務宜早一日走字通知未士孖剌便妥印刷唐字價錢如左 一凡每次落唐字者五十個字已下收銀一員倘五十個字已上每字收銀一個先士如欲再落者每個禮拜照前一半算如意者祈請到本館印刷便是
未士孖剌 新文紙館謹啟

新聞

鐵行火輪船名加地時由盌買到港載來鴉片烟土八百一十七箱洋銀七十八萬六千九百五十四員〇火輪船名北京於六月廿三日出口載去湖絲二千三百九十六件金葉紋銀共值銀一十五萬七千五百七十五員〇據火船帶來望買新聞紙云自從前次火船來港之後白皮烟土跌價至每箱沽銀一千三百四十個路卑現在望買埠存得五千五百箱烟土〇棉花市價頗爽沽一百二十五至一百四十七個路卑云云〇聞說法國西瑞與拿兩國與阿士地壢亞國人在孖竪打地方一日連打了三場大仗法瑞共兵一十二萬五千阿士地壢亞約有兵十五萬交仗阿士地壢亞斃傷者二萬餘人法瑞兩國斃傷者九千餘兩邊共斃傷約三萬人法帝與瑞王親督戰仗有一名法國提督在法帝左右被砲打死聞說阿士地壢亞皇帝亦將御駕親征擇於四月廿七日帶兵離京城云云〇現據花旗烏約新聞紙云 大清皇帝准賠補花旗國商人在粵城被燒洋行貨物銀六十萬兩已經收到十萬兩云云

啟者唐人如有切要時事或得之目擊或得之傳聞不論何事但取其有益於唐人有合於同好者均可攜至本館刻刷分文不取特此佈聞
新聞紙館謹啟

尋貨主

於一千八百五十五年九月有船一隻名孖時都由上海來黃埔其船遇風颶後到福州將各水濆壞貨當公出投如有各船貨物人到本行未士孖剌即以所應得之銀派回便是其貨開列於下 德記貨CT乜頭八十七件KB二百二十一件XY六十九件WR二十件以上係四方欖核乜W九十件MD六件LK十三件OL三十九件WR一百五十三件以上係用三角乜 亞一貨JT乜頭一百四十一件ODK六十件恆昌貨HY乜頭二百一十八件 合良J乜九十件 亞棋貨MO乜一百九十六件 寶興貨L乜一百三十三件 福記貨D乜八十件 和源ST乜一百一十九件SH二十件SO六件 亞錦貨[illegible]乜二十七件以上係四方欖核乜頭
已未年四月廿一日
司理攤數人孖剌啟

上環大新

本港上環大街門牌第二百六十六號大新號紙店各股份生意貨物全盤盤頂與慶隆胡如村等承受准期本月十七日交易清楚凡大新號已未年六月十七日已前欠到各家銀兩與慶隆胡如村等無涉
已未年六月十三日謹啟

戒指出賣

茲有頂大上好鑽石戒指一個出賣如意者請到本新聞紙館看貨議價便是〇已未年六月廿三日啟

松木出賣

未士巴勞有新到八寸至十二寸方停松木四寸厚板一寸半厚板一寸厚板又有圓木二十八條出賣如要買松木者請到本行面議
已未年三月十五日啟

藥材出賣

花旗國老富臣盌生自製藥水名沙時把厘剌咇名天下凡用之者無有不效此藥專治婦科各症傷風咳嗽內傷瘀積痛眼一癬皮膚濕熱之症現本港藥店皆有出賣

前往新金山

未士士店臣公司有好駛三枝桅洋船一隻名澳多那船主名翕時準於早日揚帆前往新金山雪梨砵非立埠此船已經租去大半如有搭客搭貨者請到本行面議
已未年五月十一日
啟

前往金山

未士巴勞有好駛二枝半桅花旗船一隻名思拈扶船主名士爹治六百墩大現在艙位已經定去大半准於本月十六日揚帆前往咉禮查厘化金山埠域多厘亞地方如有搭客搭貨者請到本行面議
已未年六月初七日啟

洋船出賃

茲有好駛三枝桅船一隻名士打剌蘭拿船主名威林臣出賃此船有上好客船如有 貴客要承租此船請到船上問船主或附信交未士爲嬌云轉交船主亦可〇已未年五月初八日謹啟

火船出賣

茲有鐵行火輪船一隻出賣或租賃搭貨亦可其船名占時轄厘四百八十墩大有一百四十隻馬力於一千八百五十六年新裝可載煤二百墩亦可載貨甚多現在完好備便行駛慣往加拉巴暹羅及沿海各埠貿易亦有好艙位搭客隨時可以看驗數日後無人買則往孟加拉矣如有欲買者請問未士非沙便知詳細
已未年六月十七日啟

華艇出賣

啟者中環未士架律時有華艇一隻可載二千四百担此艇經已修整桅𥑮俱新出賣如意者請到本行面議
已未年四月十九日啟

茲者未士帝禮也公司有船一隻名之時店文呢船主名哥見約四百墩大現泊在黃埔如有 貴客欲散搭或全隻租賃者請到本行面議
已未年四月十五
孖[illegible]啟

有舖出賃

未士卑地在上環大街酒店名奄拜也打云隔鄰有舖一連三間出賃如意者請到未士卑地面議
已未年六月十六日啟

桅木出賣

啟者二枝半桅船名衣倫船主名冰有上好桅木出賣由四十二至五十六活又有大鐵錨兩門鐵水櫃二個鐵鏈等物出投如 貴客欲買者請到船上面議

[illegible]

未士贊麼厘時於六月三十日在本港海面泊近尖沙嘴有二枝半桅巴倫文洋船一隻名澳係澳出投其船於一千八百五十五年用橡木新裝包銅底先將船身並大桅頭篷大桅律纜除帳房內家伙之外出投後將其桅𥑮律纜分開出投一凡投到此船並什物要即交銀一半其餘二十四點鐘內交清如無銀交清則前所交之銀化爲烏有
已未年六月二十六日啟

未士爲嬌云於六月廿七日正午十二點鐘有荷厘活街地一段連屋一間出投其地址第二百五十五號屋第三百二十號前後係街闊二十二活深六十活每年地稅三磅十一個司連一凡投到此屋現銀交易所有轉地紙使費係買業者自理
已未年六月廿二日啟

鴉片行情

香港鴉片行情 新公烟土沽價七百四十七員半至七百五十員〇鴉烟土沽七百五十至七百五十五員〇白皮烟土沽[illegible]

現在香港澳門黃埔落貨往各埠之船列左

船名

○往花旗島約埠
租地
機厘打士盤乎
○往雪梨孖非立
澳多拿
○往吠禮查厘化
思拈扶
○往江南上海縣
火船洋子
○往新嘉波埠
加羅運
○前往福州
便爾法打
火船亞頓
○前往小呂宋
渣剌多剌
火船剌查
○前往葛剌巴
哥利亞
○前往廈門汕頭
福州
火船上海

船主名

播郎
賀臣
蕭
士爹治
爹也般
羅
幹寧
拿班
亞剌拿
那厘
劣根
記爐布爐

庄口名

剌時釐公司
喝公司
士店臣公司
巴勞公司
顛地公司
布時晚公司
亞查公司
鐵行公司
畢公司
鐵行公司
急公司
鐵行公司

早晚卽開
已上皆早日揚帆

鐵行火輪船

本港鐵行火輪船公司有火輪船一隻名加地時船主名廠洛準於七月十二日下午兩點鐘由本港啟行裝載搭客貨物暫偷前往新加波埠加厘查打剌時盤買英國祖家等埠雜貨限落至初十日下午五點鐘止金銀落至十一日午時止小件頭落至十一日兩點鐘止如要知其詳細到本行問便妥所有貨物付往歐羅巴諸國要實明何貨並値銀若干如報單有遊該貨被埃及國官府所留與本火輪船公司無涉 已未年六月廿四日火輪船公司啟

鐵行火輪船公司茲有火輪船名亞頓船主名班拿準於祖家火輪船到港兩日後啟行前往上海 已未年六月廿一日火輪船公司啟

茲有火輪船名上海船主名晏厘布準於祖家火船到兩日後啟行往汕頭福州 已未年六月廿一日本港火輪船公司謹啟

茲有火輪船名剌查船主名那厘準於祖家火輪船到港後廿四鐘點啟行前往小呂宋 已未年六月廿一日本港火船公司啟

憲示

香港公鼎官抖 爲曉諭事照得本港所有欠到本歲上半年地稅者准於英七月十七日以前納淸如至英七月十七以後仍未淸納卽將該欠地稅之人名姓交與皇家狀師辦理特示 已未五月廿五日示

廣南興

茲者上環廣南興生意係梅奕通頂受限於五月廿一日交易倘有賬目欠項祈早對明向經手取如期不到是爲爲有特此聲明爲炤 咸豐九年五月十六日啟

有銀出揭

茲有銀二萬五千員出揭如唐人有好地紙在本港要銀用者自願將屋地寫與到巴臣時狀師問便妥如外國人有屋要揭銀亦可 已未年五月十四日啟

卑蔴油出賣

茲有桶裝罇裝卑蔴油出賣如 貴客欲買者請到本新聞紙館面議 已未年三月三十日啟

面鏡出賣

未士伯顚公司有新到上好大小面鏡出賣由十八英寸至五十二寸大如有客欲要買請到本行面議 已未年五月二十日香港伯顚行啟

夜冷館

未士班時厘現在上環馬路賃得有行一間名奄保林常有各色貨物出投又做各樣經紀如 貴客光顧託他買賣之事無不妥辦特此聲明 已未年二月十九日謹啟

英國狀師

啟者咽主這打倫狀師之案件交與谷巴丹拿與未士蝦士倫狀師辦理特此聲明 已未年五月初八日啟

茲失去五口頭手鎗一枝係鋼頸域飛蘭主曼申所造如有人知其情者祈去大館報知取回原物或將賊拿解卽賞花紅銀十大員決不食言此帖是實 已未年五月十四日啟

洋酒出賣

啟者未士佛厘查公司有罷蘭地酒砵酒車厘酒出賣如欲買者請到本行面議 已未四月廿四日啟

茲有行一間出賃坐在中環澳爐俾厘街德臣印字館對面每月租銀四十員如有合意者請到中環大街未士加律治行間便妥○已未年二月初十日啟

茲有乾爽石棧房在金魚行出賃如欲貯貨請與未士孖剌面議棧租便宜○戊午年十二月初七日啟

煤炭出賣

啟者未士巴剌爹公司有煤炭出賣如有貴客光顧者請到本行面議 已未年四月十九日啟

啟者如有船隻往廈門欲要船底壓載者可到本行面議此壓載不須價錢 已未年四月廿二日 未士丹拿公司啟

洋船出賃

未士烟架拿哥有堅固般貨艇三隻裝載貨物開埋甚便或租往別處亦可如有貴客欲光顧祈請到典隆街門牌第一百八十四號與原人面議便是價錢相宜特此聲明 已未四月十四日啟

洋船出賣

澳門未士濱有二枝半桅船一隻出賣或租賃與人其船於一千八百五十一年在破顚文埠新裝各樣傢生堅固有單開列現在灣泊澳門裏海如欲知其詳細請到本行問便妥○已未五月初一日啟

黃埔未士多羅弼地云有主固躉船一隻名路鹿厘如 貴客有貨要貯落躉船或過別船隨時方便躉租便宜特此聲明 已未年正月十三日啟

新鮮粉出賣

未士濱公司有架厘哥新鮮粉三百桶出賣 已未年四月十五日謹啟

呂宋烟出賣

啟者本新聞紙館有呂宋烟夏那華烟哥爹那時烟出賣每箱五百口如有貴客光顧者請到本館面議○已未四月十八日啟

請人僱工

啟者堅爾醫生要請識番話唐人一名能與病人放牛其捕藥物醫生做各樣細小工夫如有能充其任者自有好工價每日十點鐘至十二點鐘有人合式可到堅爾醫生行問未士蘇沙便安 已未年五月初十日啟

啟者中環馬路未士的鐵匠專做船隻鐵器皿如有貴客光顧者請到本行面議 已未年四月十九日啟

金鷄勒出賣

茲有金鷄勒霜出賣每罇重一安沙卽八錢三如有貴客欲買此藥可移玉到本新聞紙館問便知 已未年三月初九日啟

香港船頭貨價紙

第二百七十二號　己未年六月廿九日　禮拜四

啟者此紙係在孖剌處每日所印之新聞紙同館印刷每逢禮拜二禮拜四禮拜六為期遍派香港各舖戶每月收回銀一大員如 貴客有事要印落此紙內務宜早一日走字通知未士孖剌便妥印刷唐字價錢如左 一凡每次落唐字者五十個字已下收銀一員倘五十個字已上每字收銀一個先士如欲再落者每個禮拜照前一半算如意者祈請到本館印刷便是

未士孖剌 新文紙館謹啟

京報

臣勝保片奏再已革安徽布政使李孟群統帶并勇紮營官亭長城一路堵剿廬城西面本月初四日潛竄之賊由南路竄陷六安該員一軍孤立遂成腹背受敵之勢自是逆衆屢以大股撲營該員憤激誓師當糧餉罄盡之餘日哺稀粥一餐猶能使將士踴躍用命每仗皆有斬擒初八日獲勝之後十三十四日奮力督令飢軍以四千之衆擊退圍營賊匪二萬有餘斬馘亦復不少詎十五日賊衆大至由官亭而達長城偏地皆匪廬城復出大股自分路口來犯蜂屯潮勇重重圍攻自辰至午先攻破副將鄧清廣勇營盤並候選知縣李孟基營盤旋即合股并攻左右兩營副將盧又熊知府李懷忠均各出營迎戰相持至戌各軍援盡力絕左營潰陷右營繼失中營力不能支是夜丑刻賊勢愈來愈衆一擁而入李孟群執矛屹立圍墻缺處厲聲罵賊手刃悍賊三名力竭身倒登時陣亡全營俱潰現由盧又熊李懷忠收集潰軍一分札覺寺以扼壽州前路一札隱賢集以堵六安後路先期力固北面以免上竄正陽然後再圖南剿據該副將等稟前來臣等接閱之下曷勝駭異從前西路賊勢時復鴟張李孟群一軍雖屬單弱然已相持數月何期一旦挫失至于此極此次六安復陷臣等兩營兵力為南北諸路粵捻所牽制急切無可派援當飭該員竭力固守惟在以堵為剿免致疎虞並以該員一軍無專撥之餉臣等每于餉到時通融勻撥設法量為籌解昨復先後撥解銀四千兩以濟急需詎餉未到而營已潰殊非意料所及伏思李孟群係原任湖北臬司李卿穀之子歷廣西湖南湖北安徽數省軍營無不親冒矢石奮勇當先 皇上念其父殉難武昌又嘉其戰功卓著不數年間由縣令超擢藩司上年於署理皖撫任內廬州失守奉 旨革職責令圖功自効半載以來毀防籌剿竭慮殫心臣方以該員廬西一軍倚作干城之計令以兵單餉竭竟潰捐軀忠烈一門先後相繼聞其老在堂一子年幼尤堪矜憫合無仰懇 逾格恩施將署安徽巡撫已革安徽布政使李孟群准予開復原官 勅部照布政使陣亡例賜邺以慰忠魂其營內辦理糧台營務文案委員同時死難者容俟查明再行奏請分別議邺至副將盧又熊李懷忠皆為 孟群帶隊之員此次合營失雖因餉乏兵潰死咎無可辭惟 旨將該二員即行革職仍留軍營帶罪立功以觀後效謹附片具奏奉旨已錄

新聞

聞說英法兩國戰艦將往圍困天津北河口與運糧河口禁止船隻出進又聞英法欲譏飛各港口餉務未知真否○又聞有火輪船一隻名亞厘麻由望買載貨往埃及國蘇衣時半駛至紅海礁石打沉船上各人與書信幸被三板救脫得免葬於魚腹前任本港督員包大人亦在此船內回國失去許多貴重物件○又聞在汕頭地方各外國商人聚集商議稟請各國駐札汕頭領事官員嚴辦拐帶男女出洋賣豬仔一案○又聞說黃宗漢大人定廿六日起程進京請訓 前任撫憲柏大人之靈柩定七月初五日由火船起程回旗云云

戒指出賣

茲有頂大上好鑽石戒指一個出賣如意者請到本新聞紙館看貨議價便是○已未年六月廿三日啟

前往新金山

未士士店臣公司有好駛三枝桅洋船一隻名澳多那船主名龕時準於早日揚帆前往新金山雪梨砵非立埠此船已經租去大半如有搭客搭貨者請到本行面議

已未年五月十一日啟

前往金山

未士巴勞有好駛二枝半桅花旗船一隻名思拈扶船主名士爹治六百墩大現在艙位已經定去大半准於本月十六日揚帆前往咪禮查厘化金山埠域多厘亞地方如有搭客搭貨者請到本行面議

已未年六月初七日啟

洋船出賃

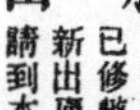

茲有好駛三枝桅船一隻名士打剌蘭拿船主名威林臣出賃此船有上好客艙如有 貴客要承租此船請到船上問船主或附信交未士篤嬌云轉交船主亦可○已未年五月初八日謹啟

華艇出賣

啟者中環未士架律時有華艇一隻可載二千四百担此艇經已修整桅幔俱新出賣如意者請到本行面議

已未年四月十九日啟

前往上海

茲有好駛花旗二枝半桅船一隻名哥石船主名記厘准於早日揚帆前往上海如有客附搭貨物請到剌時厘公司面議

已未年六月廿七日啟

瑞坤豐敬記

瑞坤豐敬記棧名和豐棧在上環海邊門牌第六百零九號常有海嶼洋貨各色洋布疋頭發客貨 商光顧請至本棧面議價錢便宜

已未年六月廿八日陳敬記啟

往日本上海

茲者鐵行火船公司擇於英七月以後每兩個禮拜一次有火輪船名亞梳扶前往上海後去日本長崎埠其人客位與貨腳開列如左 由香港往日本上艙人客一百五十大員即渡返者來回二百二十五員二艙人客九十五員即渡返者來回一百四十員船面搭客每名收客腳銀五十五員○由上海往日本上艙人客六十兩即渡返者來回九十兩二艙人客三十五兩即渡返者來回五十兩船面搭客每名收客腳銀二十兩正○由香港每墩貨收銀二十員金銀每百收一員○由上海每墩貨收銀八兩金銀每百員收半員粗重貨而議腳銀

已未年六月十七日鐵行火輪船公司啟

有鋪出賃

未士卑地在上環大街酒店名奄拜也打云隔鄰有鋪一連三間出賃如意者請到未士卑地面議

已未年六月十六日啟

未士賀歷厘時於六月三十日在本港海面泊近尖沙嘴有二枝半桅巴倫文洋船一隻名澳係澳出投其船於一千八百五十五年用橡木新裝包銅底先將船身並大桅頭篷大桅律纜除帳房內家伙之外出投後將其桅桿律纜分開出投一凡投到此船並什物要即交價銀一半其餘二十四點鐘內交清如無銀交清則前所交之銀化為烏有

已未年六月二十六日啟

鴉片行情

香港鴉片行情 新公烟土沽價七百五十員○新鴣烟土沽七百五十員○白皮烟土沽價五百九十五員至六百大員

現在香港澳門黃埔落貨往各埠之船列左

船名	船主名	庄口名	
○往花旗烏約埠 租地	播耶	剌時厘公司	
舋厘打士龍平	費臣	喝公司	
○往雪梨砵非立 澳多拿	鑫	士店臣公司	
○前往舊金山 北力嘝厘亞	嘛啡	丫厘芬公司	
○往江南上海縣 哥石	記咧	剌士厘公司	早晚即開
亞加士打士	荷力	些化公司	
○前往上海日本 火船亞梳扶	嘅被	鐵行公司	七月初三日啟行
○往新嘉波埠 加羅蓮	羅	布時炮公司	
○前往福州 便爾法打	幹寧	亞査公司	已上皆早日揚帆
火船亞顛	拿班	鐵行公司	
○前往小呂宋 嘝剌多剌	亞剌拿	畢公司	
○前往厦門汕頭 福州火船上海	記盤布爐	鐵行公司	

鐵行火輪船

本港鐵行火輪船公司有火輪船一隻名加地時船主名歌洛準於七月十二日下午兩點鐘由本港啟行裝載搭客貨物書信前往新加波埠加厘蜜打剌時盤買英國祖家等埠雜貨限落至初十日下午五點鐘止金銀落至十一日午時止小件頭落至十一日兩點鐘止如要知其詳細到本行間便妥所有貨物付往歐羅巴諸國要書明何貨並值銀若干如報單有差該貨被埃及國官府所留與本火輪船公司無涉

已未年六月廿四日火輪船公司啟

鐵行火輪船公司茲有火輪船名亞顛船主名班拿準於祖家火輪船到港兩日後啟行前往上海

已未年六月廿一日火輪船公司啟

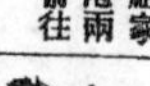

茲有火輪船名上海船主名昆厘布準於祖家火船到兩日後啟行往汕頭福州

已未年六月廿一日本港火輪船公司謹啟

茲有火輪船名剌查船主名那厘準於祖家火輪船到港後廿四鐘點啟行前往小呂宋

已未年六月廿一日本港火船公司啟

憲示

香港公庫官科　為曉諭事照得本港所有欠到本歲上半年地稅者准於英七月十七日以前納清如至英七月十七以後仍未清納即將該欠地稅之人名姓交與皇家狀師辦理特示

已未五月廿五日示

廣南興

茲者上環廣南興生意係梅奕適項受限於五月廿一日交易倘有賬目欠項祈早對明向經手取如期不到是爲烏有特此聲明爲炤

咸豐九年五月十六日啟

有銀出揭

茲有銀二萬五千員出揭如唐人有好地紙在本港要銀用者自願將屋地寫典數到巴臣時狀師間便妥如外國人有屋要揭銀亦可

已未年五月十四日啟

卑蔴油出賣

茲有桶裝鑵裝罇裝卑蔴油出賣如　貴客欲買者請到本新聞紙館面議

已未年三月三十日啟

面鏡出賣

未士伯顛公司有新到上好大小面鏡出賣由十八英寸至五十二寸大如有客欲要買請到本行面議

已未年五月二十日香港伯顛行啟

夜冷館

未士班時厘現在上環馬路賃得有行一間名奄保林常有各色貨物出投又做各樣經紀如　貴客光顧託他買賣之事無不妥辦特此聲明

已未年二月十九日謹啟

英國狀師

啟者咽主這打倫狀師之案件交與谷巴丹拿與未士蝦士倫狀師辦理特此聲明

已未年五月初八日啟

茲失去五口頭手鎗一枝係關頌城羅蘭主晏申所造如有人知其情者祈去大館報知取回原物或將賊辦罪即賞花紅銀十大員決不食言此帖是實

已未年五月十四日啟

洋酒出賣

啟者未士佛厘查公司有罷蘭地酒砵酒車厘酒出賣如欲買者請到本行面議

已未四月廿四日啟

茲有行一間出賃坐在中環澳爐俾厘街德臣印字館對面每月租銀四十員如有合意者請到中環大街未士加律治行間便妥○已未年二月初十日啟

茲有乾爽石棧房在金魚行出賃如欲貯貨請與未士孖剌面議棧租便宜○戊午年十二月初七日啟

煤炭出賣

啟者未士巴剌爹公司有煤炭出賣如有貴客光顧者請到本行面議

已未年四月十九日啟

啟者如有船隻往厦門欲要船底壓載者可到本行面議此壓載不須費錢

已未年四月廿二日未士丹拿公司啟

洋船出賃

未士烟架拿哥有堅固駁貨艇三隻裝載貨物開埋甚便或租往別處亦可如有貴客欲光顧祈請到與隆街門牌第一百八十四號與原人面議便是價錢相宜特此聲明

已未四月十四日啟

洋船出賣

澳門未士濱有二枝半桅船一隻出賣或租賃與人其船於一千八百五十一年在破麻文埠新裝各樣架生堅固有單開列現在灣泊澳門裏海如欲知其詳細請到本行間便妥○已未五月初一日啟

黃埔未士多羅嘝地云有主固躉船一隻名路庇厘如　貴客有貨要貯落躉船或過別船隨時方便躉租便宜特此聲明

已未年正月十三日啟

新鮮粉出賣

未士濱公司有架厘哥新鮮粉三百桶出賣

已未年四月十五日謹啟

呂宋烟出賣

啟者本新聞紙館有呂宋烟夏那華烟哥爹那時烟出賣每箱五百口如有貴客光顧者請到本館面議○已未四月十八日啟

請人僱工

啟者堅爾醫生要請識番話唐人一名能與病人放牛其捕藥帮醫生做各樣細小工夫如有能充其任者自有好工價每日十點鐘至十二點鐘有人合式可到堅爾醫生行間未士蘇沙便妥

已未年五月初十日啟

啟者中環馬路未士的鐵匠專做船隻鐵器皿如有貴客光顧者請到本行面議

已未年四月十九日啟

金鷄勒出賣

茲有金鷄勒霜出賣每罇重一安沙即八錢三如有貴客欲買此藥可移玉到本新聞紙館間便知

已未年三月初九日啟

香港船頭貨價紙

第二百七十三號　　已未年七月初一日　　禮拜六

啟者此紙係在孖剌處每日所印之新聞紙同館印刷每逢禮拜二禮拜四禮拜六為期謫派香港各舖戶每月收回銀一大員如　貴客有事要印落此紙內務宜早一日走字通知末士孖剌便妥印刷唐字價錢如左　一凡每次落唐字者五十個字已下收銀一員倘五十個字已上每字收銀一個先士如欲再落者每個禮拜照前一半算如意者祈請到本館印刷便是

末士孖剌　新文紙館謹啟

新聞

聞說新任巡撫勞大人聞得天津北河口之事明示商民云大沽之事皇帝自然與英人妥理與廣東人無涉各人宜貿易如常如有滋事者查出必將按律重辦〇又聞紅匪偽元帥陳金光在廣寧縣被其步下人剌死現在紅匪尚據樂昌如有貨物過者凡值銀一兩輸稅二錢卽放過關並無阻止〇現有兩個字號新茶陸續到省城云云

茲據新金山新聞紙云有唐人在便丁古坑打傷棚舖番人一名後因傷成病而死故此番人憎惡唐人甚至有番人無故將唐人毆打驅逐又聞唐人在砵非立埠不肯納住居地稅各處唐人聚集商議停止掘金不與番人交易云云

啟者末士歷壓時因此數日大雨連綿故將澳係澳船出投之日改期待天好卽投再字聲明便是〇已未六月三十日孖壓時啟

前往上海

茲有好駛花旗二枝半桅船一隻名哥石船主名記壓准於早日揚帆前往上海如有客附搭貨物請到剌時壓公司面議

已未年六月廿七日啟

華艇出賣

啟者中環末士架律時有華艇一隻可載二千四百担此艇經已修整桅𣗳俱新出賣如意者請到本行面議

已未年四月十九日

啟

寧波新聞

去年十一月英船赴漢口經南京長毛開炮轟擊英遂擊之壞伊炮臺無數返棹時綠水淺難行一船暫泊南京近處長毛知英人不可玩視假修和好猶書是船使奉英欽差書詞約云七八年前天父與耶穌下降南京因在天日有萬幾不能兼理世務特命太平王為天下主畀以大權賜以榮耀掃清蛇魔使無遺類爾英人不信可赴南京觀光上國我太平王榮華萬目共睹黎百姓皆仰事之且云耶穌乃天父長子次太平王爾英邦又次之誼關手足理合天人宜戮力同心以勦大事待蛇魔掃清後爾英可歸國以安臣服以落王室時英人見其書詞倨傲且荒謬不經故置而不答于思長毛起事之初人疑其教與耶穌教同今觀其書知彼有天父耶穌之名實無天父耶穌之理其所以稱之者或探天主教人之說煽惑愚人使之從已以邀成功耳昔回教之首穆罕默德攻擊諸國時其號令惑衆亦如是云其意以為人不肯聽從吾令必能聽從天命故特借名以脅服之

尋貨主

於一千八百五十五年九月有船一隻名孖時都由上海來貨埔其船遇風颶後到福州將各水漬爛貨當公出投如有各附貨物人到本行末士孖剌卽以所應得之銀派回便是其貨開列於下　德記貨OT乜頭八十七件KB二百二十一件XY六十九件WB二十件以上係四方欖核乜W九十件MD六件LK十三件OL三十九件WR一百五十三件以上係用三角乜　亞一貨JT乜頭一百四十一件ODK六十件恆昌貨HY乜頭二百一十八件　合興J乜九十件　亞棋貨C乜一百九十六件　寶興貨L乜一百三十三件　福記貨D乜八十件　和源ST乜一百一十九件SH二十件SO六件　亞錦貨Achum乜二十七件以上係四方欖核乜頭

已未年四月廿一日　　司理擲數人孖剌啟

前往新金山

末士士店臣公司有好駛三枝桅洋船一隻名澳多那船主名龕時準於早日揚帆前往新金山雪梨砵非立埠此船已經租去大半如有搭客搭貨者請到本行面議

已未年五月十一日

啟

前往金山

末士巴勞有好駛二枝半桅花旗船一隻名咫拈扶船主名士爹治六百噸大現在船位已經定去大半准於本月十六日揚帆前往吠禮查壓化金山埠域多壓亞地方如有搭客搭貨者請到本行面議

已未年六月初七日啟

洋船出賃

茲有好駛三枝桅船一隻名士打剌顛拿船主名威林臣出賃此船有上好客艙如有　貴客要承租此船請到船上問船主或附信交末士鷹嬌云轉交船主亦可〇

已未年五月初八日

謹啟

往日本上海

茲者鐵行火船公司擇於英七月以後每兩個禮拜一次有火輪船名亞桅扶前往上海後去日本長崎埠其人客位與貨腳開列如左　由香港往日本上艙人客一百五十員卽渡返者來回二百二十五員二艙人客九十五員卽渡返者來回一百四十員船面搭客每名收客腳銀五十五員〇由上海往日本上艙人客六十兩卽渡返者來回九十兩二艙人客三十五兩卽渡返者來回五十兩船面搭客每名收客腳銀二十兩正〇由香港每噸貨收銀二十員金銀每百收一員〇由上海每噸貨收銀八兩金銀每百員收半員粗重貨面議腳銀

已未年六月十七日鐵行火輪船公司啟

有舖出賃

末士卑地在上環大街酒店名奄拜也打云隔鄰有舖一連三間出賃如意者請到末士卑地面議

已未年六月十六日啟

瑞坤豐敬記

瑞坤豐敬記棧名和興棧在上環海邊門牌第六百零九號常有海嶼洋貨各色洋布疋頭發客諸商光顧請至本棧面議價錢便宜

已未年六月廿八日陳敬記啟

末士贊歷壓時在本港海面泊近尖沙嘴有二枝半桅巴倫文洋船一隻名澳係澳出投其船於一千八百五十五年用㮶木新裝包銅先將船身並大桅頭䌓大桅䌓纜除外另內家伙之外出投後將其桅䌓纜分開出投一凡投到此船並什物要卽交價銀一半其餘二十四點鐘內交清如無銀交清則前所交之銀化公爲孖此船待天晴出投特字聲明〇已未年六月三十日再啟

末士運卡剌弗於七月初四日正午十二點鐘有上好酸菓攊菓醋這壓白酒醋生菜油杏仁提子無花菓粉仔結汁條粉餅千水欖木瓜鹹芥末之時香梘香木香油玻璃器日本䌷紗漆器這壓酒砵酒三文魚磅秤等物出投現銀七一七兌

已未年六月廿九日啟

末士麥記壓架於七月初三日上午十一點鐘在本行新貨有水漬白洋布十六細原色洋布十九細洋紗九十細出投現銀七一七兌

已未年六月三十日啟

鴉片行情

香港鴉片行情新公烟土沽價七百五十七員半至七百六十員〇新鴣烟土沽七百五十員〇白皮烟土沽價六百大員

現在香港澳門黃埔落貨往各埠之船列左

船名

○往花旗島約埠
租地
機厘打士葛平
喝士巴
○往舊梨砵非立
澳多拿
○前往舊金山
北力喇厘亞
○往江南上海縣
哥石
亞加士打士
○前往上海日本
火船亞梳扶
○往新嘉波埠

船主名

播郎
賀臣
砵打
龐
罵啡
記咧
荷力
嘅被

庄口名

剌時厘公司
喝公司
伯頓公司
士店臣公司
丫厘芬公司
剌士厘公司
些化公司
鐵行公司

早晚即開
七月初三日啟行
已上皆早日揚帆

鐵行火輪船

本港鐵行火輪船公司有火輪船一隻名加地時船主名啟洛準於七月十二日下午兩點鐘由本港啟行裝載搭客貨物書信前往新加波埠加厘賞打剌時鐙買英國祖家等埠雜貨限落至初十日下午五點鐘止金銀落至十一日午時止小件頭落至十一日兩點鐘止如要知其詳細到本行間便妥所有貨物付往歐羅巴諸國要書明何貨並值銀若干如報單有差誤貨被埃及國官府所留與本火輪船公司無涉已未年六月廿四日火輪船公司啟

鐵行火輪船公司茲有火輪船名亞頓船主名班拿準於祖家火輪船到港兩日後啟行前往上海已未年六月廿一日火輪船公司啟

茲有火輪船名上海船主名邑厘布準於祖家火船到兩日後啟行往汕頭福州已未年六月廿一日本港火輪船公司謹啟

茲有火輪船名剌查船主名那厘準於祖家火輪船到港後廿四鐘點啟行前往小呂宋已未年六月廿一日本港火船公司啟

憲示

香港公庫官科 為曉諭事照得本港所有欠到本歲上半年地稅者准於英七月十七日以前納清如至英七月十七以後仍未清納即將該欠地稅之人名姓交與皇家狀師辦理特示已未五月廿五日示

廣南興

茲者上環廣南興生意係梅奕適頂受限於五月廿一日交易倘有賬目欠項祈早對明向經手取如期不到是爲鳥有特此聲明爲炤咸豐九年五月十六日啟

有銀出揭

茲有銀二萬五千員出揭如唐人有好地紙在本港要銀用者自願將屋地寫典數到巴臣時狀師間便妥如外國人有屋要揭銀亦可已未年五月十四日啟

卑蔴油出賣

茲有桶裝罐裝卑蔴油出賣如貴客欲買者請到本新聞紙館面議 已未年三月三十日啟

面鏡出賣

未士伯頓公司有新到上好大小面鏡出賣由十八英寸至五十二寸大如有客欲要買請到本行面議已未年五月二十日香港伯頓行啟

夜冷館

未士班時厘現在上環馬路賃得有行一間名奄保林常有各色貨物出投又做各樣經紀如貴客光顧託他買賣之事無不妥辦特此聲明已未年二月十九日謹啟

英國狀師

啟者咽主遣打倫狀師之案件交與谷巴丹拿與未士蝦士倫狀師辦理特此聲明已未年五月初八日啟

茲失去五口頭手鎗一枝係蘭頓城罷蘭主晏申所造如有人知其情者祈去大館報知取回原物或將賊辦拿即賞花紅銀十大員決不食言此帖是實 已未年五月十四日啟

戒指出賣

茲有頂大上好鑽石戒指一個出賣如意者請到本新聞紙館看貨議價便是○已未年六月廿三日啟

茲有行一間出賃坐在中環澳爐俾厘街德臣印字館對面每月租銀四十員如有合意者請到中環大街未士加律治行間便妥○已未年二月初十日啟

茲有乾爽石機房在金魚行出貨如欲貯貨請與未士孖剌面議機租便宜○戊午年十二月初七日啟

煤炭出賣

啟者未士巴剌爹公司有煤炭出賣如有貴客光顧者請到本行面議已未年四月十九日啟

啟者如有船隻往廈門欲要船底壓載者可到本行面議此壓載不須費鐳已未年四月廿二日未士丹拿公司啟

洋船出賃

未士烟架拿哥有堅固殿貨艇三隻裝載貨物開埋甚便或租往別處亦可如有貴客欲光顧祈請到與隆街門牌第一百八十四號與原人面議便是價錢相宜特此聲明已未四月十四日啟

洋船出賣

澳門未士濱有二枝半桅船一隻出賣或租賃與人其船於一千八百五十一年在波厘文埠新裝各樣架生堅固有單開列現在灣泊澳門裏海如欲知其詳細請到本行間便妥○已未五月初一日啟

黃埔未士多羅𣃁地云有主固舊船一隻名路𠺘厘如貴客有貨要貯落躉船或過別船躉時方便躉租便宜特此聲明已未年正月十三日啟

新鮮粉出賣

未士濱公司有架厘哥新鮮粉三百桶出賣已未年四月十五日謹啟

呂宋烟出賣

啟者本新聞紙館有呂宋烟夏那華烟哥爹那時烟出賣每箱五百口如有貴客光顧者請到本館面議○已未四月十八日啟

請人僱工

啟者堅爾醫生要請識番話唐人一名能與病人放牛其插藥帮醫生做各樣細小工夫如有能充其任者自有好工價每日十點鐘至十二點鐘有人合式可到堅爾醫生行間未士蘇沙便妥已未年五月初十日啟

啟者中環馬路未士的鐵匠專做船隻鐵器皿如有貴客光顧者請到本行面議 已未年四月十九日啟

金鷄勒出賣

茲有金鷄勒霜出賣每𠏉重一安沙即八錢三如有貴客欲買此藥可移玉到本新聞紙館間便知已未年三月初九日啟

香港船頭貨價紙

第二百七十七號 己未年七月十一日 禮拜二

啟者此紙係在孖剌處每日所印之新聞紙同館印刷每逢禮拜二禮拜四禮拜六為期滿派香港各舖戶每月收回銀一大員如 貴客有事要印落此紙內務宜早一日走字通知未士孖剌便妥印刷唐字價錢如左 一凡每次落唐字者五十個字已下收銀一員倘五十個字已上每字收銀一個先士如欲再落者每個禮拜照前一半算如意者祈請到本館印刷便是

孖剌 新文紙館謹啟

啟者唐人如有切要時事或得之目擊或得之傳聞不論何事但取其有益於唐人有合於好者均可擲至本館刻刷分文不取特此佈聞 新聞紙館謹啟

尋狗仔

啟者有聖保羅書院失去呂宋狗仔一隻如有四方君子知其下落將此狗帶回德忌厘時行郎賞花紅銀五大員○己未年七月初三日啟

洋船出賃

茲有好駛三枝桅船一隻名士打剌囒拿船主名威林臣出賃此船有上好客艙如有 貴客要承租此船請到船上問船主或附信交未士爲嬌云轉交船主亦可○己未年五月初八日 謹啟

欲買鐵條

啟者未士咀治亞耷欲買鐵枳一條如有此鐵賣者請到本行面議 己未年四月十九日啟

白蠟出賣

未士非立厤時行有日本白蠟出賣如意者請到本行面議已未七月初四啟

鴉片行情

香港鴉片行情 新公班土沽價七百五十五員至七百六十五員 ○新鴉烟土沽七百五十員 ○白皮烟土沽五百九十員至五百九十五員

新聞

於七月初七晚顛地行火輪船名洋子由上海到港帶來駭處信札云現在尚有一隻 大英火輪船名故路思亞與兩隻杉板在天津口外查訊上月英人往攻大沽砲台時有十二名英兵被唐人捉去現在天津官待之不薄但聞僧王欲奏章只說捉得英人兩名○花旗國公使大臣自從入了北河後未聞如何○又聞有一隻法蘭西船名加度路泊扶桑口收買豬仔載往古巴島夏華那埠作奴僕故有嘅人棍徒上岸或用甜言拐騙或用氣力強捉唐人下船賣去嗰國為奴雖有人稟告法蘭西官知法官置若罔聞嗟近上海各處多人被拐下船後在船鬧事其船主與大伙用手鎗打唐人斃名有四五十被拐之人見事如此嗇落海而走逃生者一半被溺者一半故此於七月初一日各處唐人見有嘅人拐子登即攻剎之有數名拐子追至北頭外國人所居之地有英人未士李現任總理各口出入洋務稅餉見唐人將嘅人拐子剎戮故來勸之不料有人持刀向他腹剎來以致有賜涨出嘅人自後不敢出外遨遊有許多唐人不識那個嘅人是拐子不是拐子總之不分清白逢見嘅人在外便叫打拐子而已現奉諭法國官駛一火船出扶桑口將豬仔船名加度路帶回上海審訊船上各兇手理應定擬間吊但未知法官如何審訊且聽下次火船定有實音現在上海生意暫時停止甚少買賣又無人敢去嘅人處做舖店並當水手之役因恐被拐之故也

初七晚有[illegible]火輪船到港帶來泰西新聞紙云法蘭西及撒典拿兩國兵勇又獲勝仗阿士地厘亞之皇帝亦親督戰仗是日阿士地厘亞陣傷七八千人法撒兩國獲大砲三十大門並將阿士地厘亞砲台營盤一切奪了阿士地厘亞皇帝之大營亦被法人所奪是晚法帝居之云云

前往新金山

未士士店臣公司有好駛三枝桅洋船一隻名澳多那船主名施時準於早日揚帆前往新金山雪梨砵非立埠此船已經租去大半如有搭客搭貨者請到本行面議 己未年五月十一日 啟

前往新金山

未士了利華厘有好駛船一隻名孖舌地時船主名羅平六百墩大准於早日揚帆前往新金山雪梨砵非立二埠如有搭客搭貨者請到本行面議○己未年七月初四日啟

前往金山

未士巴勞有好駛二枝半桅花旗船一隻名思㐌扶船主名士爹治六百墩大現在船位已經定去大半准於本月十六日揚帆前往咉嚟查厘化金山埠減多厘亞地方如有搭客搭貨者請到本行面議 己未年六月初七日啟

往汕頭廈門福州

茲者鐵行火輪船公司每逢祖家火船到港後兩日即有本公司火輪船一隻前往汕頭廈門福州等處貨脚客位便宜每位人客往汕頭收銀八員鴉片每箱收脚銀五員洋紗每綑收脚銀二員金銀每百兩收銀五錢各樣貨亦照低價議水脚銀如要知其詳細可到鐵行問便妥 己未年七月初六日啟

鞋皮出賣

茲有上好來路鞋底皮發客[illegible]星散賣亦可如意者請到新聞紙館問便妥○己未年七月初十日啟

洋船出賃

未士各有擔一等好駛二枝半桅花旗船一隻名了厘不出賃與人如意租賃此船者請到本行面議 己未年六月十五日啟

未士爲嬌云於七月十七日正午十二點鐘有地一段連屋六間出投地址第三百六十四號A 如欲知其詳細請到大狀師朋列者時寫字樓坐在大街第三百六十四號行間便妥一凡投到此段地要現[illegible]交易所有轉地紙

辛亥年楊癸秀投得下環第三百六十四號地一段批與[illegible]發王觀保王五楊癸仙建屋六間言明每間屋每年納地租銀四員并遠不得周取及加租等情立契各執為據楊癸秀因欠王觀民銀將地作按王觀民心貪每間屋每年勒收地租銀十八員楊癸不從本年六月廿三日被告在案裁斷理[illegible]明察吊契訊斷准楊癸照舊[illegible]租王觀民不得[illegible]收今將地出投凡投得者[illegible]

未士卜祿時於七月十四日正午十二點鐘有火礮八百九十八個鹹魚罷鱠地卡剎街這厘砵酒洋燈洋粉又有麵粉家[illegible]

未士廸卡剌弗於七月十七日正午十二點鐘在舉行馬頭對開海面有堅固貨艇八隻出投至細者載貨三百担至大者載貨一千二百担如欲觀看者即十二日以後下船觀驗一凡投到此船如要[illegible]

未士廸卡剌弗於七月十三日正午十二點鐘有新到酸菓糖菓生菜油洋醋占菓這厘餅干提子杏仁水瓜錢水欖粉仔芥末魚翅知時烟肉香水香油香鹼鼻烟[illegible]粉光玻面鏡火柴三文魚木瓦[illegible]出投

現在香港澳門黃埔落貨往各埠之船列左

船名

○往花旗島約埠
租地
機厘打士黹乎
喝士巴
○往雪梨砵非立
澳多拿
孖舌地時
○前往舊金山
北力嘶厘亞
奉厘咽地
○往江南上海縣
哥石
亞加士打士
火船花麽沙
○前往上海日本
火船亞梳扶
○往新嘉坡埠
○前往福州
衣鴨扶搽役
○往英國京城
澳臣拜禮
○前往小呂宋
馬礁也個羅地

船主名

播郎
贊臣
砵打
龕
羅乎
罵啡
剪時
記咧
荷力
播郎
嘅被
阿頓
巴打剌

庄口名

剌時厘公司
喝公司
伯頓公司
士店臣公司
丫利華厘公司
丫厘芬公司
布時兜公司
剌士厘公司
些化公司
鐵行公司
鐵行公司
畢公司
礁也士的厘

早晚即開
七月初三日啟行
七月十一朝九點鐘
巳上皆早日揚帆

鐵行火輪船

本港鐵行火輪船公司有火輪船一隻名加地時船主名啟洛準於七月十二日下午兩點鐘由本港啟行裝載搭客貨物書信前往新加波埠加厘審打剌時益買英國祖家等埠雜貨限落至初十日下午五點鐘止金銀落至十一日午時止小件頭落至十一日兩點鐘止如要知其詳細到本行問便妥所有貨物付往歐羅巴諸國要書明何貨並值銀若干如報單有差該貨被失及國官府所留與本火輪船公司無涉
巳未年六月廿四日火輪船公司啟

鐵行火輪船公司茲有火輪船名亞頓船主名班拿準於祖家火輪船到港兩日後啟行前往上海
巳未年六月廿一日火輪船公司啟

茲有火輪船名上海船主名邑厘布準於祖家火船到兩日後啟行往汕頭福州 巳未年六月廿一日本港火輪船公司謹啟

茲有火輪船名剌查船主名那厘準於祖家火輪船到港後廿四鐘點啟行前往小呂宋
巳未年六月廿一日本港火船公司啟

前往福州

啟者畢行有二枝桅洋船一隻名亞厘鴨扶搽役二百四十八墩大船主名阿頓准於早日揚帆前往福州如搭客搭貨者請至本行面議
巳未年七月初一日啟

往日本上海

茲者鐵行火船公司擇於英七月以後每兩個禮拜一次有火輪船名亞梳扶前往上海後去日本長崎埠其人客位與貨腳開列如左　由香港往日本上樓人客一百五十員即渡返者來回二百二十五員二樓人客九十五員即渡返者來回一百四十員船面搭客每名收客腳銀五十五員〇由上海往日本上樓人客六十兩即渡返者來回九十兩二樓人客三十五兩即渡返者來回五十兩船面搭客每名收客腳銀二十兩正〇由香港每墩貨收銀二十員金銀每百收一員〇由上海每墩貨收銀八兩金銀每百員收半員粗重貨面議腳銀
巳未年六月十七日鐵行火輪船公司啟

前往上海

茲有好駛花旗二枝半桅船一隻名哥石船主名記厘准於早日揚帆前往上海如有客附搭貨物請到剌時厘公司面議
巳未年六月廿七日啟

夜冷館

未士班時厘現往上環馬路賃得有行一間名奄保林常有各色貨物出投又做各樣經紀如貴客光顧託他買賣之事無不妥辦特此聲明
巳未年二月十九日謹啟

戒指出賣

茲有頂大上好鑽石戒指一個出賣如意者請到本新聞紙館看貨議價便是〇巳未年六月廿三日啟

茲有行一間出賃坐在中環澳爐俾厘街德臣印字館對面每月租銀四十員如有合意者請到中環大街未士加律治行問便妥〇巳未年二月初十日啟

茲有乾爽石棧捌在金魚行出貨如欲貯貨請與未士孖剌面議棧租便宜〇戊午年十二月初七日啟

格木出賣

茲有上好呂宋格木出賣裝船壓甚是合宜又有樟磁上好鋼瑞典國鐵枝發客如意者請到畢行面議〇巳未六月十六日啟

桅木出賣

啟者二枝半桅船名衣倫船主名冰有上好桅木出賣由四十二至五十六活又有大鐵鏈兩門鐵水櫃二個鐵鍊等物出沽如貴客欲買者請到船上面議

上環明豐

明豐棧現租到羅隆記舖一間在上環海邊第一段十六號A字南通街北通海門牌第五百四十六號又六百一十號倘舊日租舖之人有數目未清與本棧無涉特此先為佈聞〇巳未年七月初六日啟

中環興泰

中環怡泰洋貨舖原係周亞勝郭喜榮梁亞美三人合股同做自咸豐三年二月起至六年三人另做興泰至咸豐八年二月周亞勝郭喜榮願將興泰名份退出不做梁亞美承受興泰又自愿退出怡泰不做故將兩舖貨物賬行家伙三人當面一概清算怡泰是周亞勝郭喜榮之本錢興泰是梁亞美之本錢興泰數賬貨物與怡泰無涉怡泰數賬貨物與興泰無涉各有各本錢各有各字號恐口無憑故立退單一張收執為據　咸豐八年二月初十日啟

瑞坤豐敬記

瑞坤豐敬記棧名和豐棧在上環海邊門牌第六百零九號常有海嶼洋貨各色洋布疋頭發客　諸商光顧請至本棧面議價錢便宜
巳未年六月廿八日陳敬記啟

啟者中環馬路未士的鐵匠專做船隻鐵器皿如有貴客光顧者請到本行面議
巳未年四月十九日啟

啟者如有船隻往廈門欲要船底壓載者可到本行面議此壓載不須費錢
巳未年四月廿二日未士丹拿公司啟

金鷄勒出賣

茲有金鷄勒霜出賣每觔重一安沙即八錢三如有貴客欲買此藥可移玉到本新聞紙館問便知
巳未年三月初九日啟

藥材出賣

花旗國老當臣醫生自製藥水名沙時把厘剌馳名天下凡用之者無有不效此藥專治婦科各症傷風咳嗽內傷瘀積痛服一概皮膚濕熱之症現本港藥店皆有出賣

樟磁出賣

啟者畢行有上好樟磁出賣如意買者請到本行面議
巳未年五月十四日啟

新鮮粉出賣

未士濱公司有架厘哥新鮮粉三百桶出賣
巳未年四月十五日謹啟

香港船頭貨價紙

第二百七十九號　己未年七月十五日　禮拜六

啟者此紙係在孖剌館每日所印之新聞紙同館印刷每逢禮拜二禮拜四禮拜六爲期灑派香港各舖戶每月收回銀一大員如　貴客有事要印落此紙內務宜早一日走字通知未士孖剌便妥印刷唐字價錢如左　一凡每次落唐字者五十個字已下收銀一員倘五十個字已上其外每字收銀一個先士如欲再落者每個禮拜照前一半冀如意者祈請到本館印刷便是未士孖剌　新文紙館謹啟

新聞

聞說廈門地方於七月初四日酉刻有一朶光大如斗由海上騰起直至天空漸漸長大後散開無數小火星光雲等類然後不見此火球唐人俱見未知唐人以此爲吉凶之兆

於七月十一日柏撫台之靈柩由巡撫衙門遷往西關萬壽宮候有上諭到省然後運柩回籍○是日有英人差役在街巡查聞有人[illegible]此差役却被許多唐人往觀　柏大人之喪禮者圍緊他即時發鎗開鎗打傷一唐人云云

京報

峯　上諭勝保翁同書奏請將陣亡提督饒邺一摺湖北提督德安帶兵在天長縣之東關外駐札扼守猝遇大股粵匪臣六合繞道直薄城關致被闖入該提督以衆寡不敵力戰捐軀殊堪憫惻德安著賞還花翎勇號交部照提督陣亡例議邺以慰忠魂欽此峯　上諭慶端等奏請將失守城池之總兵免議[illegible]理漳州鎮總兵梁翼之前於失守龍巖州城系內本有應得處分茲據奏稱該總兵於閩省得募勇敢防扼堵竄匪令漳藉保無虞功過尚足相抵梁翼之著免其議處該部知道欽此

欲買鋪屋

茲有人欲買大街當道舖屋如有舖屋出賣者請到本新聞紙館通知便安○已未年七月十四日啟

啟者唐人如有切要時事或得之目覩或得之傳聞不論何事但取其有益於唐人有合於同好者均可攜至本館刻刷分文不取特此佈聞　新聞紙館謹啟

新奇變畫

未士亞非列於七月十五晚八點鐘在下環兵房新戲棚內大演新奇變畫天文地球山水人物儼然如活又有第一號兵廠鼓樂手動樂椅位收銀二大員板位收銀一大員樓上收銀半員在未士連卡剌佛行澳利烟打厘酒店戲棚門口三處有子棚票出賣欲要知其詳細請看票紅便妥　已未年七月十三日啟

白蜡出賣

未士非文麼時行有日本白蜡出賣如意者請到本行面議已未七月初四啟

鞋皮出賣

茲有上好來路鞋底皮發客零星散賣亦可如意者請到新聞紙館問便安○已未年七月初十日啟

洋船出賃

未士各有第一等好駛二枝半桅花旗船一隻名了厘不出貨與人如意租賃此船者請到本行面議已未年六月十五日啟

面鏡出賣

未士伯頓公司有新到上好大小面鏡出賣由十八英寸至五十二寸大如有客欲要買請到本行面議已·年五月二十日香港伯頓行啟

有銀出揭

茲有銀二萬五千員出揭如唐人有好地在本港要銀用者自願將屋地寫典數到巴臣時狀師問便安如外國人有屋要揭銀亦可　已未年五月十四日啟

啟者中環泰盛洋貨舖有何老威齋藥舖丸出賣此藥馳名日久所有外科奇難雜症用之無有不效

前往新金山

未士士店臣公司有好駛三枝桅洋船一隻名澳多那船主名奄時準於早日揚帆前往新金山雪梨砵非立埠此船已經租去大半如有搭客搭貨者請到本行面議　已未年五月十一日　啟

前往新金山

未士丫利華厘有好駛船一隻名孖舌地時船主名羅平六百墩大准於早日揚帆前往新金山雪梨砵非立二埠如有搭客搭貨者請到本行面議○已未年七月初四日啟

往汕頭廈門福州

茲者鐵行火輪船公司每逢禮拜火船到港後兩日即有本公司火輪船一隻前往汕頭廈門福州等處貨腳客位便宜每位人客往汕頭收銀八員鴉片每箱收腳銀五員洋紗每細收腳銀二員金銀每百兩收銀五錢各樣貨亦照低價議水腳銀如要知其詳細可到鐵行問便妥　已未年七月初六日啟

洋船出賃

茲有好駛三枝桅船一隻名士打剌蘭拿船主名威林臣出賃此船有上好客船如有　貴客要承租此船請到船上問船主或附信交未士爾嬌云轉交船主亦可○已未年五月初八日謹啟

投夜冷

未士連卡剌弗於七月十七日正午十二點鐘在畢行馬頭對開海面有堅固貨艇八隻出投至細者載貨三百担至大者載貨一千二百担如欲觀看者即十二日以後下船觀驗一凡投到此船如要現銀交易即要現銀交易以後此船如遇不測買者自理投貨艇之後又在占厘臣行有水濆白皮烟土兩箱出投也CTD 2411與　2415　已未年七月初七日啟

未士爾嬌云於七月十七日正午十二點鐘有地一段連屋六間出投地址第三百六十四號A如欲知其詳細請到大狀師別列者咗寫字樓坐在大街第三百四十九號行問便妥一凡投到此段地要現銀交易所有轉地紙使費係買者自理

辛亥年楊發秀投得下環第三百六十四號地一段批與楊發王觀保王五楊發仙建屋六間言明每間屋每年納地租銀四員永遠不得回收及加租等情立契各執爲據楊發秀因欠王敬民銀將地作按王敬民心貪每間屋每年勒收地租銀十八員楊發不從本年六月廿三日被告在臬巡理府明察吊契斷准楊發照舊納租王敬民不得額外加收今將地出投凡投得者楊發等惟遵憲斷每間屋每年納地租銀四員而已特此聲明以免後論○已未年七月初十日[illegible]啟

上文楊發等言及批到第三百六十四號之地建屋等語但此屋不爲此等所押其地及屋將照例出投並無阻礙特此聲明　賣主狀師別列者咗啟

未士贊剌弼時奉　憲於十八日正午十二點鐘有堅固銅底華艇一隻連桅帆律纜六磅碼大砲一口出投其船泊在上環差館海面○是日十二點半鐘在石塘嘴亞興船廠有新裝華艇船一隻出投此船尚未下水一凡下桅之後其船如遇不測係買者之事一凡投到此華艇要即交銀三份一其餘二十四點鐘交清　已未年七月十三日

未士麥記厘架於七月十八日上午十一點鐘有木濆T布洋紗洋布斜布出投現銀七一七[illegible]　已未年七月

香港鴉片行情

新公烟土沽價七百五十五員
舊公烟土是日無市
新烟土無市
舊烟土無市
○白皮烟土沽五百九十員

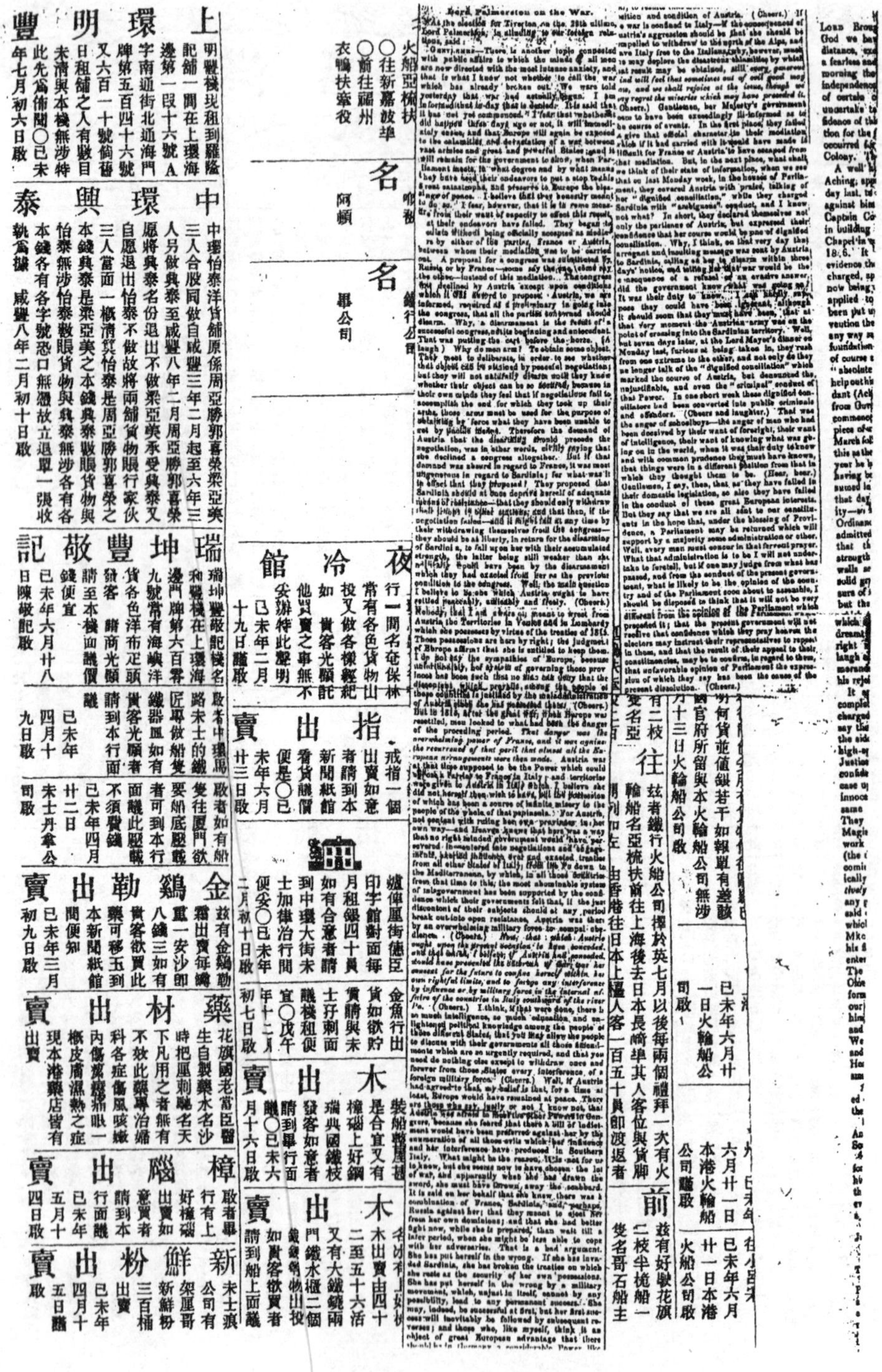

上環明豐

明豐棧現租到羅隆記舖一間在上環海邊第一段十六號A字南通街北通海門牌第五百四十六號又六百一十號倘舊日租舖之人有數目未清與本棧無涉特此先爲佈聞○已未年七月初六日啟

中環興泰

中環怡泰洋貨舖原係周亞勝郭喜榮梁亞奕三人合股同做自咸豐三年二月起至六年三人另做與泰至咸豐八年二月周亞勝郭喜榮願將與泰名份退出不做梁亞奕承受與泰又自願退出怡泰不做故將兩舖貨物賬行家伙三人當面一概清貿怡泰是周亞勝郭喜榮之本錢與泰是梁亞奕之本錢與泰數賬貨物與怡泰無涉怡泰數賬貨物與與泰無涉各有各本錢各有各字號恐口無憑故立退單一張收執爲據 咸豐八年二月初十日啟

瑞坤豐敬記

瑞坤豐敬記棧名和興棧在上環海邊門牌第六百零九號常有海嶼洋貨各色洋布疋頭發客 諸商光顧請至本棧面議價錢便宜 已未年六月廿八日陳敬記啟

啟者中環馬路末士的鐵匠舖做船隻鐵器皿如有貴客光顧者請到本行面議 已未年四月十九日啟

啟者如有船隻往廈門欲要船底壓載者可到本行面議此壓載不須費錢 已未年四月廿二日 末士丹拿公司啟

金鷄勒出賣

茲有金鷄勒霜出賣每罇重一安沙即八錢三如有貴客欲買此藥可移玉到本新聞紙館問便知 已未年三月初九日啟

藥材出賣

花旗國老富臣醫生自製藥水名沙時把厘剌馳名天下凡用之者無有不效此藥專治婦科各症傷風咳嗽內傷痰癧痳咽一概皮膚濕熱之症現本港藥店皆有出賣

樟磁出賣

啟者畢行有上好樟磁出賣如意買者請到本行面議 已未年五月十四日啟

新鮮粉出賣

未士滾公司有架厘哥新鮮粉三百桶出賣 已未年四月十五日謹啟

火船亞椀扶 ○往新嘉波埠 ○前往福州 衣輪扶率役

名 啝秘 阿頓

名 錦行公司 畢公司

夜冷館

行一間名奄保林常有各色貨物出投又做各樣經紀如貴客光顧託他買賣之事無不妥辦特此聲明 己未年二月十九日謹啟

指出賣

戒指一個出賣如意者請到本新聞紙館看貨議價便是○已未年六月廿三日啟

爐俾厘街德臣印字館對面每月租銀四十員如有合意者請到中環大街末士加律治行間便妥○已未年二月初十日啟

金魚行出貨如欲貯價請與末士孖剌面議棧租便宜○戊午年十二月初七日啟

木出賣

裝船壓載甚是合宜又有樟磁上好鋼瑞典國鐵枝發客如意者請到畢行面議○已未六月十六日啟

木出賣

各樣有上好木出賣由四十二至五十六活又有大鐵錨兩門鐵水櫃二個鐵錨鍊物出投如貴客欲買者請到船上面議

Lord Palmerston on the War.

At the election for Tiverton on the 29th ultimo, Lord Palmerston, in alluding to our foreign relations, said:—

GENTLEMEN—There is another topic connected with public affairs to which the minds of all men are now directed with the most intense anxiety, and that is what I know not whether to call the war which has already broken out. We were told yesterday that war had actually begun. I am informed that to-day that is denied. It is said that it has not yet commenced. I fear that whether it did happen three days ago or not, it will immediately ensue, and that Europe will again be exposed to the calamities and devastation of a war between vast armies and great and powerful States; and it will remain for the government to show, when Parliament meets, in what degree and by what means they have used their endeavors to put a stop to this great catastrophe, and preserve to Europe the blessings of peace. I believe that they honestly meant to do so. I fear, however, that it is in some measure from their want of capacity to effect this result that their endeavors have failed. They began to mediate without being officially accepted as mediators by either of the parties, France or Austria, between whom their mediation was to be carried out. A proposal for a congress was substituted by Russia or by France—some say the one, some say the other—instead of this mediation. The congress was declined by Austria except upon conditions which it was absurd to propose. Austria, we are informed, required as a preliminary in going into the congress, that all the parties concerned should disarm. Why, a disarmament is the result of a successful congress, not its beginning and antecedent. That was putting the cart before the horse. (A laugh.) Why do men arm? To obtain some object. They meet to deliberate, in order to see whether that object can be attained by peaceful negotiation; but they will not naturally disarm until they know whether their object can be so secured, because in their own minds they feel that if negotiations fail to accomplish the end for which they took up their arms, those arms must be used for the purpose of obtaining by force what they have been unable to get by peaceful means. Therefore the demand of Austria that the disarming should precede the negotiation, was in other words, civilly saying that she declined a congress altogether. But if that demand was absurd in regard to France, it was most ungenerous in regard to Sardinia; for what was it in effect that they proposed? They proposed that Sardinia should at once deprive herself of adequate means of resistance—that they should only withdraw their troops to other stations; and that then, if the negotiation failed—and it might fail at any time by their withdrawing themselves from the congress—they should be at liberty, in return for the disarming of Sardinia, to fall upon her with their accumulated strength, the latter being still weaker than she naturally would have been by the disarmament which they had exacted from her as the previous condition to the congress. Well, the main question I believe to be one which Austria ought to have settled peaceably, amicably and freely. (Cheers.) Nobody, that I am aware of, meant to wrest from Austria the Territories in Venice and in Lombardy which she possesses by virtue of the treaties of 1815. These possessions are hers by right; the judgment of Europe affirms that she is entitled to keep them. I do not say the sympathies of Europe, because unfortunately, her system of governing those provinces has been such that no man can deny that the discontent which prevails among the people of those countries is justified by the maladministration of Austria since she has possessed them. (Cheers.) But in 1815, after the great war, when Europe was resettled, men looked to what had been the danger of the preceding period. *That danger was the overwhelming power of France, and it was against the recurrence of that peril that almost all the European arrangements were then made.* Austria was at that time supposed to be the Power which could oppose a barrier to France in Italy; and territories were given to Austria in Italy which, I believe she did not herself then wish to have, but the possession of which has been a source of infinite misery to the people of the whole of that peninsula. For Austria, not content with ruling her own provinces in her own way—and Heaven knows that here was a way that no right minded government would have persevered in—entered into negotiations and engagements, exerted influence, over and exacted treaties from all other States of Italy, from the Po down to the Mediterranean, by which, in all those countries from that time to this, the most abominable system of misgovernment has been supported by the confidence which their governments felt that, if the just discontent of their subjects should at any period break out into open resistance, Austria was there by an overwhelming military force to compel obedience. (Cheers.) *Now, that which Austria ought upon the present occasion to have conceded, and that which, I believe, if Austria had conceded, would have prevented the outbreak of this war her consent for the future to confine herself within her own rightful limits, and to forego any interference by influence or by military force in the internal affairs of the countries in Italy southward of the river Po.* (Cheers.) I think, if that were done, there is so much intelligence, so much education and enlightened political knowledge among the people of those different States, that you may allow the people to discuss with their governments all those settlements which are so urgently required, and that you need do nothing else except to withdraw once and forever from those States every interference of a foreign military force. (Cheers.) Well, if Austria had agreed to that, my belief is that, for a time at least, Europe would have remained at peace. There are those who say, justly or not I know not, that Austria was afraid to meet the other Powers in Congress, because she feared that there a bill of indictment would have been preferred against her by the enumeration of all those evils which her influence and her interference have produced in Southern Italy. What might be the reason, it is not for us to know, but she seems now to have chosen the lot of war, and apparently when she has drawn the sword, she must have thrown away the scabbard. It is said on her behalf that she knew there was a combination of France, Sardinia, and, perhaps, Russia against her; that they meant to eject her from her own dominions; and that she had better fight now, while she is prepared, than wait till a later period, when she might be less able to cope with her adversaries. That is a bad argument. She has put herself in the wrong. If she has invaded Sardinia, she has broken the treaties on which she rests as the security of her own possessions. She has put herself in the wrong by a military movement, which, unjust in itself, cannot by any possibility, lead to any permanent success. She may, indeed, be successful at first, but her first success will inevitably be followed by subsequent reverses; and those who, like myself, think it an object of great European advantage that there should be in Germany a considerable Power like [...] position and condition of Austria. (Cheers.) If the war is confined to Italy—if the consequences of Austria's aggression should be that she should be compelled to withdraw to the north of the Alps, and leave Italy free to the Italians, why, however, much we may deplore the disastrous shedding by which that result may be obtained, still every generous mind will feel that sometimes out of evil good may come, and we shall rejoice at the issue, though we may regret the miseries which may have preceded it. (Cheers.) Gentlemen, her Majesty's government seem to have been exceedingly ill-informed as to the course of events. In the first place, they failed to give that official character to their mediation which if it had carried with it would have made it difficult for France or Austria to have escaped from that mediation. But, in the next place, what shall we think of their state of information, when we see that on last Monday week, in the houses of Parliament, they covered Austria with praise, talking of her "dignified conciliation," while they charged Sardinia with "ambiguous" conduct, and I know not what? In short, they declared themselves not only the partisans of Austria, but expressed their confidence that her course would be one of dignified conciliation. Why, I think, on that very day that arrogant and insulting message was sent by Austria to Sardinia, calling on her to disarm within three days' notice, and telling her that war would be the consequence of a refusal or an evasive answer. Did the government know what was going on? It was their duty to know. I can hardly suppose they could have been ignorant, although it should seem that they must have been, that at that very moment the Austrian army was on the point of crossing into the Sardinian territory. Well, but seven days later, at the Lord Mayor's dinner on Monday last, furious at being taken in, they rush from one extreme to the other, and not only do they no longer talk of the "dignified conciliation" which marked the course of Austria, but denounced the unjustifiable, and even the "criminal" conduct of that Power. In one short week these dignified conciliators had been converted into public criminals and offenders. (Cheers and laughter.) That was the anger of schoolboys—the anger of men who had been deceived by their want of foresight, their want of intelligence, their want of knowing what was going on in the world, when it was their duty to know and with common prudence they must have known, that things were in a different position from that in which they thought them to be. (Hear, hear.) Gentlemen, I say, then, that as they have failed in their domestic legislation, so also they have failed in the conduct of these great European interests. But they say that we are all sent to our constituents in the hope that, under the blessing of Providence, a Parliament may be returned which will support by a majority some administration or other. Well, every man must concur in that fervent prayer. What that administration is to be I will not undertake to foretell, but if one may judge from what has passed, and from the conduct of the present government, what is likely to be the opinion of the country and of the Parliament soon about to assemble, I should be disposed to think that it will not be very different from the opinion of the Parliament which preceded it; that the present government will not receive that confidence which they pray heaven the electors may instruct their representatives to repose in them, and that the result of their appeal to their constituencies, may be to confirm, in regard to them, that unfavorable opinion of Parliament the expression of which they say has been the cause of the present dissolution. (Cheers.)

……何貨並值銀若干如報單有差該國官府所留與本火輪船公司無涉……月十三日火輪船公司啟

已未年六月廿一日火輪船公司啟

往

茲者鐵行火船公司擇於英七月以後每兩個禮拜一次有火輪船名亞梳扶前往上海後去日本長崎埠其人客位與貨腳開列如左 由香港往日本上艙人客一百五十員即返者……

……有二枝……隻名亞……

前

茲有好駛花旗二枝半桅船一隻名哥石船主

六月廿一日本港火輪船公司謹啟

已未年六月廿一日本港火船公司啟

香港船頭貨價紙

第二百八十一號　己未年七月二十日　禮拜四

啓者此紙係在孖剌處每日所印之新聞紙同館印刷每逢禮拜二禮拜四禮拜六出期遞派香港各舖戶每月收回銀一大員如　貴客有事要印落此紙內務宜早一日走字通知未士孖剌便妥印刷唐字價錢如左　一凡每次落尾字者五十個字已下收銀一員倘五十個字已上其外每字收銀一個先士如欲再落者每個禮拜照前一半算如意者祈請到本館印刷便是未士孖剌　新文紙館謹啓

京報

辦理福建軍務前任兵部侍郎臣曾國潞跪　奏爲恭謝　天恩仰祈　聖鑒事竊臣弟曾國華上年十月初十日在三河殉難情形業經臣專摺奏陳在案昨准湖廣總督臣官文恭錄咨會咸豐八年十二月十八日奉　上諭候選同知曾國華着追贈道員照道員例從優議卹欽此臣聞　命之下悲感難名伏念臣弟曾國華一介書生滿腔熱血痛原急難虎穴孤行爲畫救趙之謀贊作乞秦之舉轉戰千里遄下六城東道始通西江無恙乃長圍之甫合遽銜恨以返轡撫里音旋鈞州亦克嗣以降服翔滿事赴宛營與李續賓共濟艱危誓同患難逮三河之失利竟一瞑而偕亡田橫之客俱從先軫之元未返幸邀恩卹備極哀榮　贈秩監司延光苗裔魂招千里淚灑九泉昔荷一門忠義之褒今叨百世馨香之典執干戈以衛社稷聊攄目情之忱鵷鼓舞而思將臣渥荷非常之澤合門銜感累葉增榮臣仲沐　殊施倍懷同氣志不忘平凊髮名已冀于太山在胞弟黃壤有知敢忘結草啣環之報在微臣素餐無狀永矢[illegible]薪膽之誠所有感激下忱理合繕摺叩謝　天恩伏乞　聖鑒謹奏奉　朱批知道了欽此

白蜡出賣

未士非立廉時行有日本白蜡出賣如意者請到本行面議已未七月初四啓

新聞

聞說有船一隻名咽雲查拏　命前往加利吉打戰西竹縣兵五百名來粵守城〇又聞法蘭西提督除留在安南守度耶細江埠外將法國船隻兵勇調回中國北上會同英師未知即往攻大沽抑或在鎮海調撥候該國　上諭到然後行事云云

茲因十八日風颶被將未士亞非列之新戲棚吹去打爛其中新奇變戲之架生甚多故於二十晚不能再演特此聲明可也

啓者唐人如有切要時事或得之目擊或得之傳聞不論何事但取其有益於唐人有合於同好者均可備至本館刻刷分文不取特此佈聞　新聞紙館謹啓

尋貨主

於一千八百五十五年九月有船一隻名孖時都由上海來貨埔其船遇風颶後到福州將各水濕壞貨當公出投如有各附貨物人到本行未士孖剌即以所應得之銀派回便是其貨開列於下　福記貨OT乜頭八十七件KD二百二十一件XY六十九件WR二十件以上係四方欖核乜W九十件MD六件LK十三件OL三十九件WB一百五十三件以上係用三角乜　亞一貨JT乜頭一百四十一件GDK六十件極品貨HY乜頭二百一十八件　合貨J乜九十件　亞棋貨O乜一百九十六件　寶典貨L乜一百三十三件　福記貨D乜八十件　和源ST乜一百一十九件SH二十件SO六件　亞錦貨Adam乜二十七件以上係四方欖核乜頭

己未年四月廿一日　司理據辦人孖剌啓

有銀出揭

茲有銀二萬五千員出揭如唐人有好地紙在本港要係月者自願將屋地寫典數到巴值時狀師間便妥如外國人有屋要揭銀亦可　己未年五月十四日啓

前往新金山

未士士店臣公司有好駛三枝桅洋船一隻名澳多那船主名裔時準於早日揚帆前往新金山雪梨埠非立埠此船已經租去大半如有搭客搭貨者請到本行面議　己未年五月十一日啓

前往新金山

未士了利華壓有好駛船一隻名孖香地時船主名羅平六百噸大准於早日揚帆前往新金山雪梨埠非立二埠如有搭客搭貨者請到本行面議〇己未年七月初四日啓

賞帖

茲有暹羅船一隻名剌沙劣船主名非立時於本月十八日因遇颶風在西營盤青洲外海面斷去桅帆羅纜帆紅等件如有四方君子將船所斷去之桅帆律纜帶回該船其船主即賞花紅銀二百五十大員此帖是實　己未年七月十九日啓

欲買舖屋

茲有人欲買大街當道舖屋如有舖屋出賣者請到本新聞紙館通知便妥〇己未年七月十四日啓

鞋皮出賣

茲有上好來路鞋底皮發客零星散賣亦可如意者請到新聞紙館問便妥〇己未年七月初十日啓

面鏡出賣

未士伯顚公司有新到上好大小面鏡出賣由十八英寸至五十二寸大如有客欲要買請到本行面議　己未年五月二十日香港伯顚行啓

戒指出賣

茲有頂大上好鑽石戒指一個出賣如意者請到本新聞紙館看貨辦價便是〇己未年六月廿三日啓

啓者中環泰盛洋貨舖有何老咸膏藥藥丸出賣此藥馳名日久所有外科奇難雜症用之無有不效

投夜冷

未士賓剌弼時因風雨改期奉　憲命於二十日上午十一點鐘有堅固銅底華艇一隻連桅帆纜纜六磅碼大砲一口出投其船泊在上環差館海面〇是日十二點半鐘在石塘嘴亞興船廠有新裝華艇船一隻出投此船尚未下水一凡下椎之後其船如遇不測係買者之事一凡投到此華艇要即交價銀三份一其餘二十四點鐘交清　己未年七月十三日啓

未士賓剌弼奉　憲命於七月二十日在西砲台未士罷列度屋內有床櫃櫈椅大餐所用器具廚房什物各樣家私出投又有帆布纜纜磅秤巴蔴油臯蔴油巴爾時油火藥指蜆鐵釘手鎗劍繩仔纜纜六磅砲一口連砲架象牙棋子紙通獵衣服等物出投現銀七一七兌　己未年七月十八日啓

未士瑣於七月廿二日正午十二點鐘在船政官馬頭有各樣餅干占巢道壓平巢千桃千西打酒燈籠印字架磅秤一雙爛粉七十五桶水濱棉花三箱舊桅纜出投現銀七一七兌　己未七月十七日啓

未士麥記壓架於七月二十一日上午十一點鐘在吠嘛查士庫有水濱洋紗八十細出投現銀七一七兌　己未年七月十九日啓

鴉片行情

香港鴉片行情新公烟沽七百六十五員舊公烟土是日無市新鴉烟土沽價七百五十員舊鴉烟土沽是日無市白皮烟土沽價五百九十員至五百九十五員

現在香[illegible]往各埠之船列左

船名	船主名	口庄名
〇往英國京城		
渙臣拜禮	波地厘也	惡時弗公司
希厘咽希倫	華臣	閃臣公司
〇往花旗島約埠		
租地	播耶	剌時厘公司
機厘打士蘋乎	贊臣	喝公司
喝士巴	砵打	伯頓公司
衣力的士北	羅打祿	丫厘芬公司
士胆京	茄剌漢	剌時厘公司
〇往雪梨砵非立		
澳多拿	爺	士店臣公司
孖舌地時	羅乎	丫利華厘公司
〇往江南上海縣		
哥石	記咧	剌士厘公司
亞加士打士	荷力	些化公司
北力便連士	播耶	喝公司
〇前往上海日本		
火船亞梳扶	嘅披	鐵行公司
羅打爹厘	包亞	華厘公司
〇往福州上海		
火船占時抑厘	福	沙宣公司
往汕頭廈門福州		
火船埃爹厘仁	威時打	丹拿公司

已上皆早日揚帆

鐵行火輪船

拿打船主名當臣準於七月廿六下午兩點鐘由本港啟行裝載搭客貨物書信前往新加波埠加厘賓打剌時盌買英國祖家等埠雜貨限落至廿四日下午五點鐘止金銀落至廿三日午時止小件頭落至廿三日兩點鐘止如要知其詳細到本行問便妥所有貨物付往歐羅巴諸國要書明何貨並值銀若干如報單有差該貨被埃及國官府所留與本火輪船公司無涉

已未年七月十三日火輪船公司啟

茲有火輪船名亞頓船主名班拿準於祖家火輪船到港兩日後啟行前往上海

已未年六月廿一日火輪船公司啟

名上海船主名息厘布準於祖家火船到兩日後啟行往汕頭福州

已未年六月廿一日本港火輪船公司謹啟

名剌查船主名那厘準於祖家火輪船到港後廿四鐘點啟行前往小呂宋

已未年六月廿一日本港火船公司啟

前往福州

啟者畢行有二枝桅洋船一隻名亞厘鴨扶蘇役二百四十八墩大船主名阿頓准於早日揚帆前往福州如搭客搭貨者請至本行面議

已未年七月初一日啟

往日本上海

茲者鐵行火船公司擇於英七月以後每兩個禮拜一次有火輪船名亞梳扶前往上海後去日本長崎埠其人客位與貨腳開列如左　由香港往日本上艙人客一百五十員即渡返者來回二百二十五員二艙人客九十五員即渡返者來回一百四十員船面搭客每名收客腳銀五十五員〇由上海往日本上艙人客六十兩即渡返者來回九十兩二艙人客三十五兩即渡返者來回五十兩船面搭客每名收客腳銀二十兩正〇由香港每墩貨收銀二十員金銀每百收一員〇由上海每墩貨收銀八兩金銀每百員收半員粗重貨面議腳銀

已未年六月十七日鐵行火輪船公司啟

前往上海

茲有好㘵花旗二枝半桅船一隻名哥石船主名記厘准於早日揚帆前往上海如有客附搭貨物請到剌時厘公司面議

已未年六月廿七日啟

夜冷館

未士班時厘現在上環馬路賃得有行一間名苍保林常有各色貨物出投又做各樣經紀如　貴客光顧託他買賣之事無不妥辦特此聲明

已未年二月十九日謹啟

茲有行一間出賃坐在中環澳爐俾厘街德臣印字館對面每月租銀四十員如有合意者請到中環大街未士加律治行間便妥〇已未年二月初十日啟

茲有乾爽石棧房在金魚行出貨如欲貯貨請與未士孖剌面議棧租便宜〇戊午年十二月初七日啟

格木出賣

茲有上好呂宋格木出賣裝船砌屋甚是合宜又有樟磁上好鋼瑞典國鐵枝發客如意者請到畢行面議〇已未六月十六日啟

新鮮粉出賣

未士𤸪公司有架厘哥新鮮粉三百桶出賣

已未年四月十五日謹啟

松木出賣

未士巴勞有新到八寸至十二寸方停松木四寸厚板一寸半厚板一寸厚板又有圓木二十八條出賣如要買松木者請到本行面議

已未年三月十五日啟

瑞坤豐敬記

瑞坤豐敬記棧名和豐棧在上環海邊門牌第六百零九號常有海嶼洋貨各色洋布疋頭發客　諸商光顧請至本棧面議價錢便宜

已未年六月廿八日陳敬記啟

啟者中環馬路未士的鐵匠專做船隻鐵器皿如有貴客光顧者請到本行面議

已未年四月十九日啟

啟者如有船隻往廈門欲要船底壓載者可到本行面議此壓載不須紋錢

已未年四月廿二日未士丹拿公司啟

金鷄勒出賣

茲有金鷄勒霜出賣每磅重一安沙即八錢三如有貴客欲買此藥可移玉到本新聞紙館問便知

已未年三月初九日啟

洋硝出賣

茲者未士孖剌有新到上好洋硝出賣如意買者請到本新聞紙館面議

戊午年十二月初八日啟

呂宋烟出賣

啟者本新聞紙館有呂宋烟夏那華烟哥爹那時烟出賣每箱五百口如有貴客光顧者請到本館面議〇已未四月十八日啟

藥材出賣

花旗國老富臣醫生自製藥水名沙時把厘剌馳名天下凡用之者無有不效此藥專治婦科各症傷風咳嗽內傷癆瘵痛眼一概皮膚濕熱之症現本港藥店皆有出賣

禮打醫生藥房在與隆大街對面有來路藥材成箱出賣凡接新舊金山搭客船者要來路藥材便請與禮打醫生面議價錢便宜其藥保照香港官例製備

樟磁出賣

啟者畢行有上好樟磁出賣如意買者請到本行面議

已未年五月十四日啟

香港書信館

香港管理書信館官示　照得每凡泰西書信火輪船到港後六點鐘即有根砵帶書信往黃埔省城除附搭各庄口火輪船往省之外每禮拜四早晨七點鐘亦有根砵往省書信準以每禮拜三下午五點鐘截收〇每逢禮拜一早晨七點鐘即有根砵由省啟行落黃埔來香港

戊午十二月廿九日示

香港船頭貨價紙

第二百八十四號　己未年七月廿七日　禮拜四

啟者此紙係在孖剌處每日所印之新聞紙同館印刷每逢禮拜二禮拜四禮拜六為期遍派香港各舖戶每月收回銀一大員如　貴客有事要印落此紙內務宜早一日走字通知未士孖剌便妥印刷唐字價錢如左　一凡每次落唐字者五十個字已下收銀一員倘五十個字已上其外每字收銀一個先士如欲再落者每個禮拜照前一半實如意者祈請到本館印刷便是未士孖剌　新文紙館謹啟

新聞

聞說於六月初九日花旗公使在北壇河口與直隸總督恆大人相會此北壇河離大沽不過三十里恆大人對花旗公使云上日在大沽地方與英法攻擊不過因英法人不由其門而入　大皇帝實欲與外國和好但英人偏執必要由大沽而入用火船前進被去木閘鐵柱以致動起干戈雖僧王得勝亦非　皇帝本意恆大人又聞花旗公使英法欲差何往為何不同貴公使一齊進京云云天津道憲送許多雞鴨菓菜米麥等類到花旗公使船上花旗人送還各物價值但差人辭辭不敢受於六月廿一日直隸總督帶花旗公使上岸並隨員二十名漢人番吏十名護送入京〇又聞於六月十五日有俄羅斯西比利亞省總督名麼剌非屋駕駛船一隻名亞英利駕根砵撒隻到北壇河口有五六名俄官登岸拜候該處地方官即時請車帶文書入京後於七月初三日出京到北壇河口下船花旗人聞其來意據伊云俄帝欲設一度鐵線由俄國至北京用電氣以通來往文書云云若此乃俄人來意不必用如此多火船到北壇河但恐其中必有別故未可知也

呂宋烟出賣

啟者本新聞紙館有呂宋烟夏那華烟哥參那時烟出賣每箱五百口如有　貴客光顧者請到本館面議〇已未四月十八日啟

京報

上諭綏芬烏蘇里河地關吉林並不與俄國接壤亦並非黑龍江將軍所轄地方上年該將軍奕山輕信副都統積拉明阿之言並不與俄國使臣剖辦明白實屬辦理不善咎無可辭黑龍江將軍奕山著即革職暫留本任仍責令將從前辦理含混之處辦明定議革職留任副都統積拉明阿著即革任並著特普欽派員拿赴烏蘇里地方加號示衆以示懲儆欽此

啟者唐人如有切要時事或得之目擊或得之傳聞不論何事但取其有益於唐人有合於同好者均可偶至本館刻刷分文不取特此佈聞　新聞紙館謹啟

尋貨主

於一千八百五十五年九月有船一隻名孖時都由上海來黃埔其船遇風颶後到福州將各水漬壞貨當公出投如有各附貨物人到本行未士孖剌即以所應得之銀派回便是其貨開列於下　德記貨 OT 乜頭八十七件 KB 二百二十一件 XY 六十九件 WR 二十件以上係四方欖核乜 W 九十件 MD 六件 LK 十三件 OL 三十九件 WR 一百五十三件以上係用三角乜　亞一貨 JT 乜頭一百四十一件 ODK 六十件　極昌貨 HY 乜頭二百一十八件　合艮 J 乜九十件　亞棋貨 C 乜一百九十六件　寶興貨 L 乜一百三十三件　福記貨 D 乜八十件　和源 ST 乜一百一十九件 SH 二十件 SO 六件　亞錦貨 Achum 乜二十七件以上係四方欖核乜頭　已未年四月廿一日　司理擺數人孖剌啟

火船出賣

茲有鐵行火輪船公司有火船一隻名蘇富出賣其船二百一十八墩半大其車爐可比一百五十隻馬力食水甚淺往來內河極合宜如早晚有人承買此船即當公出投以價高者得　已未年七月廿五日啟

前往新金山

未士士店臣公司有好駛三枝桅洋船一隻名澳多那船主名龐時準於早日揚帆前往新金山雪梨砵非立埠此船已經租去大半如有搭客搭貨者請到本行面議　已未年五月十一日啟

未士了利華匣有好駛船一隻名孖舌地時船主名羅平六百墩大准於早日揚帆前往新金山雪梨砵非立二埠如有搭客搭貨者請到本行面議〇已未年七月初四日啟

瑞芳茶店

具稟投明外國　貴商以杜假冒事　竊我芳泰字號親赴武彝不惜工本揀選上茶配合包種貨真價實緣　貴商見信履有多年自咸豐四年因與林記分夥包茶紙面啟印崔瑞芳招牌箱身橫頭寫瑞芳選庄以昭公當更加工本揀選上烏龍茶配合包種招牌款色如一真垂永久不料近有無恥之徒環珠橋福泰號李福記以低偽貨假冒本號原印一千件希圖射利貽累不淺本號誠恐魚目混珠特此稟明　貴商切勿被其所愚倘照顧本號買茶伏祈細察貨色認明包茶紙面招牌崔瑞芳箱身橫頭瑞芳選庄箱面正老山包種字跡庶不致悞　已未年七月十二日廣東省河南洸涌中約崔瑞芳正芳泰字號啟

賞帖

茲有暹羅船一隻名利沙劣船主名非立時於本月十八日因遇颶風在西營盤青洲外海面斬去桅帆纜纜帆杠等件如有四方君子將船所斬去之桅帆律纜帶回該船其船主即賞花紅銀二百五十大員此帖是實　已未年七月十九日啟

前往上海

未士了匣芬公司有兩枝半桅洋船一隻名拈扶船主名拜禮時准於早日揚帆前往上海如貴客有貨附搭者請到本行面議　已未年七月十九日啟

澳門南興

省城同文街第五號人和今在澳門蘆石塘第十二號新張南興號承辦生絲綢緞綉巾茶葉八角油桂皮油糖菓草蓆什貨生貨發行貨真價實貴客光顧請認南興字號爲記庶免致悞　已未七月廿五日啟

未十架律時林茂於七月廿六日正午十二點鐘有卡剌律龍繭地遮厘砵酒三邊被打破酒甑酒蒔街油丁香油節甯架厘粉黃潺魚火腿之時彌粉咸猪肉咸牛肉纜欖油香油鐵釘大小門插洋畫洋鏡時辰錶首飾手鎗家私什物出投又有上好林酒四十打臣纜鎗二十枝出投現銀七一七兌　已未年七月廿四日啟

未士賢麼匣時於八月廿五日上午十一點鐘在船上有好駛洋船一隻出投船名吠禮榮非時其船現泊九龍海面所有下層桅桿律纜俱全其船上架生有單開列是日驗船官紙必將先驗然後出投如欲知其詳細請問未士麼匣時便妥　已未年七月廿六日啟

未士麥記匣架於七月廿九日上午十一點鐘在吠禮查貨倉有水漬原色洋布二十七綑洋紗七十綑出投現銀七一七兌　已未年七月廿六日啟

鴉片行情

香港鴉片行情新公烟土沽七百七十員至七百七十二員半舊公烟土是日無市新鴉烟土沽價七百七十五員舊鴉烟土是日無市白皮烟土沽價五百九十二員半至五百九十五員

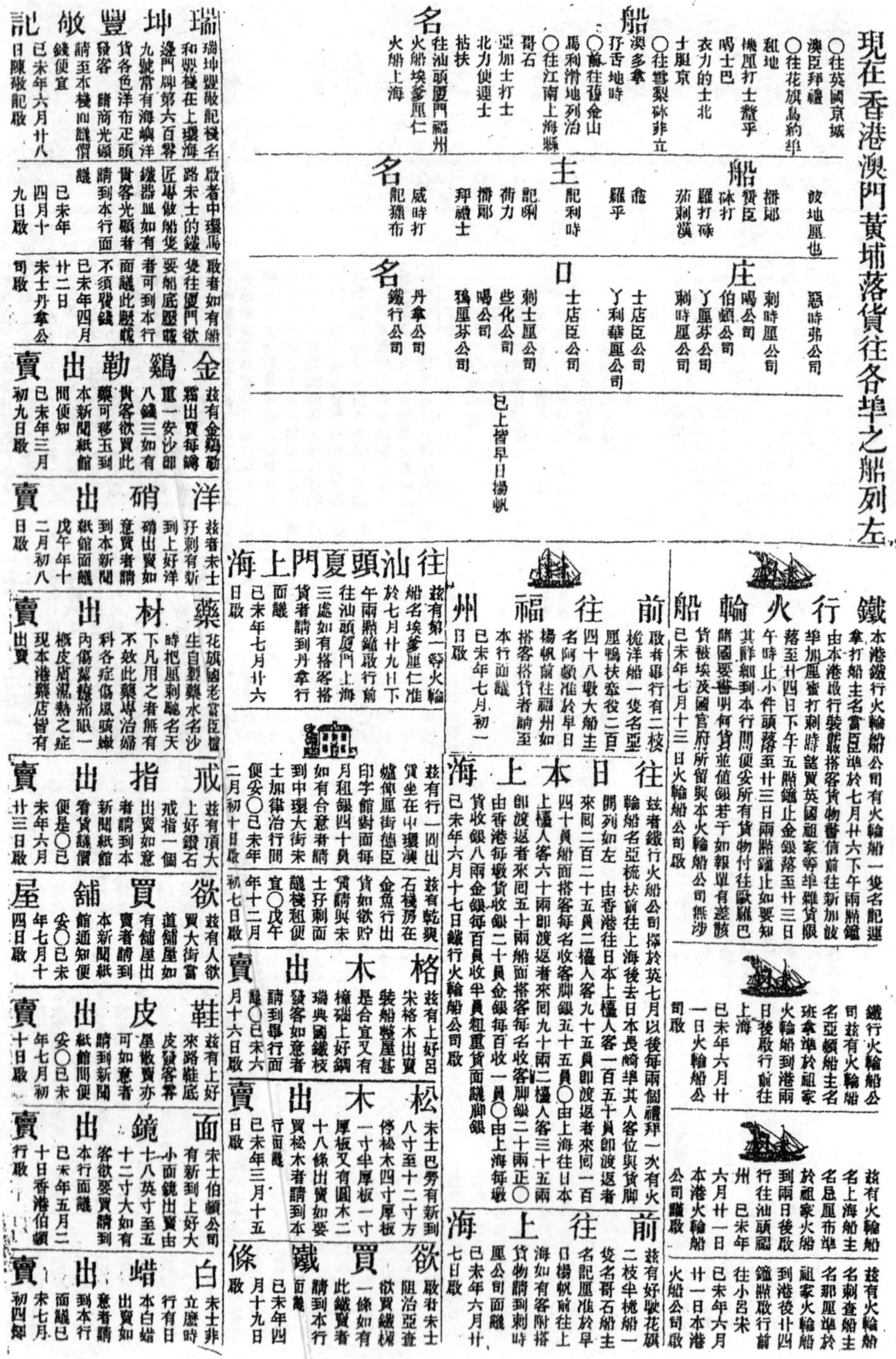

現在香港澳門黃埔落貨往各埠之船列左

船名	船主名	口庄名
○往英國京城 澳臣拜禮	故地厘也	惡時弗公司
○往花旗島約埠 租地	播郎	剌時厘公司
機厘打士幣乎	贊臣	喝公司
喝士巴	砵打	伯頓公司
衣力的士北	羅打砵	了厘芬公司
士腿京	茄剌漢	剌時厘公司
○往雪梨砵非立 澳多拿	鶬	士店臣公司
孖香地時	羅乎	了利華厘公司
○前往舊金山 馬利洲地列治	䳱利時	士店臣公司
○往江南上海縣 哥石	䳱唎	剌士厘公司
亞加士打士	荷力	些化公司
北力便連士	播郎	喝公司
拈扶	抑禮士	鴉厘芬公司
往汕頭廈門福州 火船埃爹厘仁	威時打	丹拿公司
火船上海	䳱獵布	鐵行公司

已上皆早日揚帆

鐵行火輪船

本港鐵行火輪船公司有火輪船一隻名䳱連拿打船主名當臣準於七月廿六下午兩點鐘由本港啟行裝載搭客貨物書信前往新加坡埠加厘蜜打剌時謎買英國祖家等埠雜貨限落至廿四日下午五點鐘止金銀落至廿三日午時止小件頭落至廿三日兩點鐘止如要知其詳細到本行問便妥所有貨物付往歐羅巴諸國要番明何貨並值銀若干如報單有差駭貨被埃及國官府所留與本火輪船公司無涉 已未年七月十三日火輪船公司啟

鐵行火輪船公司茲有火輪船名亞頓船主名班拿準於祖家火輪船到港兩日後啟行前往上海 已未年六月廿一日火輪船公司啟

茲有火輪船名上海船主名吕厘布準於祖家火船到兩日後啟行往汕頭福州 已未年六月廿一日本港火輪船公司謹啟

茲有火輪船名剌查船主名那厘準於祖家火輪船到港後廿四鐘點啟行前往小呂宋 已未年六月廿一日本港火船公司啟

前往福州

啟者畢行有二枝桅洋船一隻名亞厘鴨扶叄役二百四十八墩大船主名阿頓准於早日揚帆前往福州如搭客搭貨者請至本行面議 已未年七月初一日啟

往日本上海

茲者鐵行火船公司擇於英七月以後每兩個禮拜一次有火輪船名亞梳扶前往上海後去日本長崎埠其人客位與貨腳開列如左 由香港往日本上艙人客一百五十員即渡返者來回二百二十五員二艙人客九十五員即渡返者來回一百四十員船面搭客每名收客腳銀五十五員○由上海往日本上艙人客六十兩即渡返者來回九十兩二艙人客三十五兩即渡返者來回五十兩船面搭客每名收客腳銀二十兩正○由香港每墩貨收銀二十員金銀每百收一員○由上海每墩貨收銀八兩金銀每百員收半員粗重貨面議腳銀 已未年六月十七日鐵行火輪船公司啟

前往上海

茲有好駛花旗二枝半桅船一隻名哥石船主名記厘准於早日揚帆前往上海如有客附搭貨物請到剌時厘公司面議 已未年六月廿七日啟

往汕頭廈門上海

茲有第一等火輪船名埃爹厘仁准於七月廿九日下午兩點鐘啟行前往汕頭廈門上海三處如有搭客搭貨者請到丹拿行面議 已未年七月廿六日啟

茲有行一間出賃坐在中環澳爐倾厘街德臣印字館對面每月租銀四十員如有合意者請到中環大街末士加律治行問便妥○已未年二月初十日啟

茲有乾爽石棧房在金魚行出貨如欲貯貨請與末士孖剌面議棧租便宜○戊午年十二月初七日啟

格木出賣

茲有上好呂宋格木出賣裝船整屋甚是合宜又有樟磁上好鋼瑞典國鐵枝發客如意者請到畢行面議○已未六月十六日啟

松木出賣

末士巴勞有新到八寸至十二寸方停松木四寸厚板一寸半厚板一寸厚板又有圓木二十八條出賣如要買松木者請到本行面議 已未年三月十五日啟

欲買鐵條

啟者末士阻治亞查欲買鐵梯一條如有此鐵賣者請到本行面議 已未年四月十九日啟

瑞坤豐敬記

瑞坤豐敬記棧名和興棧在上環海邊門牌第六百零九號常有海嶼洋貨各色洋布疋頭發客 諸商光顧請至本棧面議價錢便宜 已未年六月廿八日陳敬記啟

啟者中環馬路末士的鐵匠專做船隻鐵器皿如有貴客光顧者請到本行面議 已未年四月十九日啟

啟者如有船隻往廈門欲要船底壓載者可到本行面議此壓載不須費錢 已未年四月廿二日末士丹拿公司啟

金鷄勒出賣

茲有金鷄勒藥出賣每樽重一安沙即八錢三如有貴客欲買此藥可移玉到本新聞紙館問便知 已未年三月初九日啟

洋硝出賣

茲者末士孖剌有新到上好洋硝出賣如意買者請到本新聞紙館面議 戊午年十二月初八日啟

藥材出賣

花旗國老當臣醫生自製藥水名沙時把厘剌馳名天下凡用之者無有不效此藥專治婦科各症傷風咳嗽內傷廢癥瘀眼一概皮膚濕熱之症現本港藥店皆有出賣

戒指出賣

茲有頂大上好鑽石戒指一個出賣如意者請到本新聞紙館看貨議價便是○已未年六月廿三日啟

欲買舖屋

茲有人欲買大街當道舖屋如有舖屋出賣者請到本新聞紙館通知便妥○已未年七月十四日啟

鞋皮出賣

茲有上好來路鞋底皮發客聲屋做賣亦可如意者請到新聞紙館問便妥○已未年七月初十日啟

面鏡出賣

末士伯顛公司有新到上好大小面鏡出賣由十八英寸至五十二寸大如有客欲要買請到本行面議 已未年五月二十日香港伯顛行啟

白蜡出賣

末士非立應時行有日本白蜡出賣如意者請到本行面議已未七月初四日啟

香港船頭貨價紙

第二百八十五號　己未年七月廿九日　禮拜六

啟者此紙係在孖剌處每日所印之新聞紙同館印刷每逢禮拜二禮拜四禮拜六為期遍派香港各舖戶每月收回銀一大員如 貴客有事要印落此紙內務宜早一日走字通知未士孖剌便妥印刷唐字價錢如左 一凡每次落唐字者五十個字已下收銀一員倘五十個字已上其外每字收銀一個先士如欲再落者每個禮拜照前一半算如意者祈請到本館印刷便是未士孖剌 新文紙館謹啟

新聞

聞說在花旗有一省名免衛梳打多出上好洋參有一處地方名澳多化每人每日可獲二十餘磅若每磅值銀十個先時即每人每日可得銀二員餘〇又聞近日有一隻新西洋船到澳門載來西洋兵一百五十名以加增澳門兵數〇又聞俄羅斯皇帝已經招有四萬餘人前來綏芬烏蘇里河地方開墾貿易該地上年乃黑龍江吉林所屬今被俄人據守開耕種植設立墟市因該處土人乃韃子俗不務農業終日以遊獵牧畜牛羊為生故無城池墟市云云

啟者唐人如有切要時事或得之目擊或得之傳聞不論何事但取其有益於唐人自合於同好者均可攜至本館刻刷分文不取特此佈聞 新聞紙館謹啟

火船出賣

茲者鐵行火輪船公司有火船一隻名諫當出賣其船二百一十八墩半大其車勢可比一百五十隻馬力食水甚淺往來內河極合宜如早晚無人承買此船即當公出投以價高者得 已未年七月廿五日啟

前往上海

未士丫厘芬公司有兩枝半桅洋船一隻名拈扶船主名拜禮時准於早日揚帆前往上海如貴客有貨附搭者請到本行面議 已未年七月十九日啟

京報

直隸總督臣恆福跪奏 為海防軍需緊要現擬官紳並捐輸以濟工程而重防務恭摺奏祈 聖鑒事竊查天津為京師門戶海防緊要全局攸關上年欽差大臣親王僧格林沁駐天津建築炮台辦理善後盡心籌畫周密精詳本年到防復行添辦木筏水雷鐵柱鐵練繪炮位等項均為戰守利器並續添炮位營壘層層布置節節設防僧格林沁晝夜在工力求尊節臣亦時至工次商同經理承辦各員均能認真妥辦不敢稍涉草率稽延臣伏查海防重要既有必不可少之工程即有必不能省之經費刻下庫部支絀籌餉維艱雖有江蘇山西協濟之款而每月兵餉為數已多現在緊要各工又刻不可緩必須寬為籌備以濟急需因思此項海防關係大局非尋常防務可比通省官紳均宜量力輸將以冀眾擎易舉倘能集有成數即可先儘工次之用除天津通永兩道所屬飭令地方官妥勸紳商並由司通飭各屬一體勸辦外所有官捐一節臣現在倡捐銀五千兩長蘆鹽政寬惠捐銀一萬兩清河道崇厚捐銀三千兩天津道孫治捐銀四千兩司現在省垣已飭令量力捐輸並由司移飭各道府州縣一律捐輸以期集成鉅數收捐數目隨時具奏即將此項銀兩發交天津通永兩道台以備海防軍需撥用須于兵餉可資接濟所有籌辦官紳並捐緣由謹繕摺具奏伏乞 皇上聖鑒再臣受 恩深重捐輸助餉分所應為不敢仰邀議敘至寬惠捐銀一萬兩洵屬急公于上年內務府御茶膳房尚膳正瑞璽由三品頂戴在京捐輸捐錢二萬吊仰蒙 恩賞加二品銜在案今該鹽政寬惠捐數較之瑞璽捐項有盈無絀且同係三品頂戴可否賞加二品銜並將崇厚孫治移獎各該子弟之處出自 天恩謹奏奉 旨已錄

前往新金山

未士士店臣公司有好駛三枝桅洋船一隻名澳多那船主名飛時准於早日揚帆前往新金山雪梨砵非立埠此船已經租去大半如有搭客搭貨者請到本行面議 已未年五月十一日啟

未士丫利華厘有好駛船一隻名孖舌地時船主名羅平六百墩大准於早日揚帆前往新金山雪梨砵非立二埠如有搭客搭貨者請到本行面議〇已未年七月初四日啟

瑞芳茶店

具稟投明外國 貴商以杜假冒事 竊我芳泰字號親赴武彝不惜工本揀選上茶配合包種貨真價實蒙 貴商見信歷有多年自咸豐四年因與林記分夥包茶紙面改印崔瑞芳招牌箱身橫頭寫瑞芳選庄以昭公當更加工本揀選上烏龍茶配合包種招牌款色如一冀垂永久不料近有無恥之徒環珠橋福泰號李福記以低偽貨假冒本號原印一千件希圖射利貽累不淺本號誠恐魚目混珠特此投明 貴商切勿誤其所愚倘照顧本號買茶伏祈細察貨色認明包茶紙面招牌崔瑞芳箱身橫頭瑞芳選庄箱面正老山包種字跡庶不致悞 已未年七月十二日廣東省河南洮涌中約崔瑞芳正芳泰字號啟

賞帖

茲有暹羅船一隻名利沙劣船主名非立時於本月十八日因遇颶風在西營盤青洲外海面斬去桅帆纜纜帆杠等件如有四方君子將船所斬去之桅帆律纜帶回該船其船主即賞花紅銀二百五十大員此帖是實 已未年七月十九日啟

澳門南與

省城同文街第五號人和今在澳門蘆石塘第十二號新張南與號承辦生絲綢緞綉巾茶葉八角油桂皮油糖菓草蓆什貨生貨發行貨真價實貴客光顧請認南與字號為記庶免致悞 已未七月廿五日啟

洋船出賃

未士各有第一等好駛二枝半桅花旗船一隻名了厘不出賃與人如意租賃此船者請到本行面議 已未年六月十五日啟

啟者中環泰盛洋貨舖有何老威喬藥藥丸出賣此藥馳名日久所有外科奇難雜症川之無有不效

未士贊麼厘時於八月廿五日上午十一點鐘在船上有好駛洋船一隻出投船名吠禮榮非時其船現泊九龍海面所有下層桅纜律纜俱全其船上架生有單開列是日驗船官紙必將先驗然後出投如欲知其詳細請問未士麼厘時便妥 已未年七月廿六日啟

未士卜𠩤時於八月初二日上午十一點鐘有白鉛油二百六十一桶黑油九十六桶紅油九十五桶綠油八十一桶白錫油一百零七桶運舌油化蘭仁女人衣服等物出投又有面巾兩綑各樣等物出投現銀七一七兌 已未年七月廿八日啟

未士麥記厘架於七月廿九日上午十一點鐘在吠禮查貨倉有水漬原色洋布二十七綑洋紗七十綑出投現銀七一七兌 已未年七月廿六日啟

鴉片行情

香港鴉片行情新公烟土沽七百七十員至七百七十二員半舊公烟土是日無市新鴉烟土沽價七百七十五員是日無市舊鴉烟土是日無市白皮烟土沽價五百九十五員至六百大員正

現在香港澳門黄埔落貨往各埠之船列左

船名	船主名	庄口名
〇往英國京城		
澳臣拜禮	波地厘也	懇時弗公司
〇往花旗烏約埠		
租地	播郎	剌時厘公司
機厘打士熾平	贊臣	喝公司
喝士巴	砵打	伯頓公司
衣力的士北	羅打礫	丫厘芬公司
士胆京	茄剌漢	剌時厘公司
〇往雪梨砵非立		
澳多拿	侖	士店臣公司
孖舌地時	羅平	丫利華厘公司
〇前往舊金山		
馬利渞地列治	記利時	士店臣公司
噎厘不	谷	士店臣公司
〇往江南上海縣		
亞加士打士	荷力	些化公司
北力便遮士	播郎	喝公司
拈扶	拜禮士	鴉厘芬公司
往汕頭廈門福州		
火船埃爹厘仁	威時打	丹拿公司
〇前往福州		
羅士齕	便架	閔臣公司

已上皆早日揚帆

鐵行火輪船

本港鐵行火輪船公司有火輪船一隻名記連拿打船主名富臣準於七月廿六下午兩點鐘由本港啟行裝載搭客貨物書信前往新加波埠加厘蠻打剌時盛買英國祖家等埠雜貨限落至廿四日下午五點鐘止金銀落至廿三日午時止小件頭落至廿三日兩點鐘止如要知其詳細到本行問便妥所有貨物付往歐羅巴諸國要書明何貨並值銀若干如報單有差該貨被埃及國官府所留與本火輪船公司無涉
已未年七月十三日火輪船公司啟

鐵行火輪船公司茲有火輪船名亞頓船主名班拿準於祖家火輪船到港兩日後啟行前往上海
已未年六月廿一日火輪船公司啟

茲有火輪船名上海船主名㐂厘布準於祖家火船到兩日後啟行往汕頭福州
已未年六月廿一日本港火輪船公司謹啟

茲有火輪船名剌查船主名那厘準於祖家火輪船到港後廿四鐘點啟行前往小呂宋
已未年六月廿一日本港火船公司啟

前往福州

啟者畢行有二枝桅洋船一隻名亞厘鴨扶華役二百四十八墩大船主名阿頓准於早日揚帆前往福州如搭客搭貨者請至本行面議
已未年七月初一日啟

往日本上海

茲者鐵行火船公司擇於英七月以後每兩個禮拜一次有火輪船名亞梳扶前往上海後去日本長崎埠其人客位與貨脚開列如左　由香港往日本上艙人客一百五十員即渡返者來回二百二十五員二艙人客九十五員即渡返者來回一百四十員船面搭客每名收客脚銀五十五員〇由上海往日本上艙人客六十兩即渡返者來回九十兩二艙人客三十五兩即渡返者來回五十兩船面搭客每名收客脚銀二十兩正〇由香港每墩貨收銀二十員金銀每百收一員〇由上海每墩貨收銀八兩金銀每百員收半員粗重貨面議脚銀
已未年六月十七日鐵行火輪船公司啟

前往上海

茲有好駛花旗二枝半桅船一隻名哥石船主名耙厘准於早日揚帆前往上海如有客附搭貨物請到剌時厘公司面議
已未年六月廿七日啟

往汕頭廈門上海

茲有第一等火輪船名埃爹厘仁准於七月廿九日下午兩點鐘啟行前往汕頭廈門上海三處如有搭客搭貨者請到丹拿行面議
已未年七月廿六日啟

茲有行一間出賃坐在中環澳爐伸厘街德臣印字館對面每月租銀四十員如有合意者請到中環大街未士加律治行間便妥〇已未年二月初十日啟

茲有乾興石棧房在金魚行出貨如欲貯貨請與未士孖剌面議棧租便宜〇戊午年十二月初七日啟

格木出賣

茲有上好呂宋格木出賣裝船整屋甚是合宜又有撑磪上好鋼瑞典國鐵枝發客如意者請到畢行面議〇已未六月十六日啟

松木出賣

未士巴勞有新到八寸至十二寸方停松木四寸厚板一寸半厚板一寸厚板又有圓木二十八條出賣如要買松木者請到本行面議
已未年三月十五日啟

欲買鐵條

啟者未士阻治亞查欲買鐵梯一條如有此鐵賣者請到本行面議
已未年四月十九日啟

瑞坤豐敬記

瑞坤豐敬記棧名和豐棧在上環海邊門牌第六百嚳九號常有海嶼洋貨各色洋布疋頭發客　諸商光顧請至本棧面議價錢便宜
已未年六月廿八日陳敬記啟

啟者中環馬路未士的鐵匠專做船隻鐵器皿如有貴客光顧者請到本行面議
已未年四月十九日啟

啟者如有船隻往廈門欲要船底壓載者可到本行面議此壓載不須費錢
已未年四月廿二日未士丹拿公司啟

金鷄勒出賣

茲有金鷄勒霜出賣每罇重一安沙即八錢三如有貴客欲買此藥可移玉到本新聞紙館問便知
已未年三月初九日啟

洋硝出賣

茲者未士孖剌有新到上好洋硝出賣如意買者請到本新聞紙館面議
戊午年十二月初八日啟

藥材出賣

花旗國老富臣嚮生自製藥水名沙時把厘剌馳名天下凡用之者無有不效此藥專治婦科各症傷風咳嗽內傷癆瘵痛眼一概皮膚濕熱之症現本港藥店皆有出賣

戒指出賣

茲有頂大上好鑽石戒指一個出賣如意者請到本新聞紙館看貨議價便是〇已未年六月廿三日啟

欲買鋪屋

茲有人欲買大街當道鋪屋如有鋪屋出賣者請到本新聞紙館通知便妥〇已未年七月十四日啟

鞋皮出賣

茲有上好來路鞋底皮發客等星散賣亦可如意者請到新聞紙館問便妥〇已未年七月初十日啟

面鏡出賣

未士伯頓公司有新到上好大小面鏡出賣由十八英寸至五十二寸大如有客欲要買請到本行面議
已未年五月二十日香港伯頓行啟

白蜡出賣

未士非立廉時行有日本白蜡出賣如意者請到本行面議已未七月初四啟

后　　记

带着极其欣慰的心情,我仔细看了本书的三校稿。毕竟,能将此书呈献给广大的中国读者,是中国新闻史研究者的一大夙愿。

与 1990 年的日文版和 1998 年的繁体字版最大的不同之处,是本书增加了 79 份 1859 年(2 月 3 日至 8 月 17 日,内有缺号与一页残缺不全)的《香港船头货价纸》影印本。《香港船头货价纸》是第一家中文日报《香港中外新报》的前身,在中国近代报业发展史上占有其特殊的地位。但由于长期以来未被发掘和使用,不少报史研究者迄今尚未目睹其面貌。现征得珍藏此原件的美国麻省 Peabody Essex Museum 图书馆当局的同意,将此硕果仅存的该报附录于本书,希望有助同行与读者对此“新报”源头的认识。谨此向惠允本书收录该报的馆方致以万分的谢意。

应该指出的是,以增订版的形式大量收录珍贵报纸原件的影印本,并非笔者的本意。因为这必将增添读者阅读本书正文时的不便。最理想的做法是报纸影印本另行刊印。早在拙著日文版《中国近代新闻成立史 1815~1874》面世时,曾有一家学术味甚浓的日本出版社主动建议让我编辑一套现存相关时期的中国报纸资料集。当时我也曾跃跃欲试,准备将多年来收集到的相关资料逐辑而编,无奈往后的日本经济一蹶不振,该出版社只好打退堂鼓。但此事却令我耿耿于怀。眼看着同一时期数十卷的《日本初期新闻全集》陆续杀青,中国早期的报纸更显得未受到应有的重视。

我曾将此情况反映给中国报史研究的前辈与同行,大家都甚感惋惜但又无可奈何。曾有位前辈建议我退而求其次,设法将其中一部分较难寻觅且有重大意义者公诸于世。增订版附录《香港船头货价纸》,正是朝着此方向的一个尝试。

另外,我想着重指出的是,自从 80 年代后半期与中国大陆的学术界交流以来,我就一直得到中国报史学界的前辈与同行,特别是中国新闻史学会会长方汉奇教授和副会长宁树藩教授的诸多教示。本书繁体字版面世后,承蒙宁教授详细阅读并撰写了长达7000字的书评。现征得宁教授同意,亦附录于本书中。至于方汉奇教授,在百忙之中还为本书撰写序言,更大大地壮大了本书的声色。与宁教授的书评一样,序言中的诸多勉励之言将成为对笔者今后持续报史钻研的鞭策。

愿与同行在此领域共勉之。

最后,我想借此机会向方、宁两位学界长辈及所有关心与协助此书出版的同行与朋友致以衷心的谢忱。同时感谢本书的责任编辑张小颐小姐及责任校对林福国先生。

作者

2002年7月21日

书于未名湖畔 健斋

后　记

简体字增订版面世迄今,匆匆又过了十二三年。

这十二三年来,承蒙同行和广大读者的厚爱,笔者直接间接获得了不少对拙著的反馈。值此增订新版付梓之际,笔者除了向各方致以万二分的谢意之外,也结合十余年来与两岸三地学者的交流和经验,撰写了"我对中国近代新闻史研究的若干思考和体会"的长篇自序,希望有助读者进一步了解笔者对中国近代新闻史研究的基本视点和定位。

就中国近代报刊原始资料的发掘而言,十余年来笔者最大的收获是发现400余份珍藏于日本国立国会图书馆的《香港华字日报》(自1872年5月6日的第9号至1874年8月25日的第442号)长达两年又三个多月、相对完整的原件。另一原件的发掘是藏于德国亚琛市国际报纸博物馆的一份《香港中外新报》(1885年7月9日)。有关前者的研究,即《〈香港华字日报〉创刊初期大量原件(1872~1874年)的发掘与意义》,已附录于本书增订新版;有关后者,即1885年7月9日的《香港中外新报》发掘的意义,也简略反映于本增订新版的自序中。

此外,笔者对于较早时期两名分属不同教会的美国传教士先后在宁波创办的《中外新报》(1854~1861)大量原件之发掘及其日本版之考究、其内容之分析等,也已成文收录于日文版的拙著《东亚新闻事业论》(2010年)(部分章节曾在中文学术期刊发表),并预定刊于"北京大学新闻学研究会学术文库"②的《东亚新闻事业论》(中文版)一书中,本书不重复收录。

感谢"北大新闻史论师资特训班"同窗会毛章清、阳美燕、李杰琼、李松蕾、刘扬等诸多前学员协助本书繁琐的校阅工作。

本书增订新版能够顺利出版,还得感谢前责任编辑张小颐女士和现责任编辑田文主任的积极推动、责任校对林福国先生的耐心校阅。

作者

2015年3月

书于星洲百馨园

北京大学新闻学研究会
学术文库

主编：程曼丽 [新]卓南生

①戈公振：《中国报学史》(1927 年商务版影印本)

②[新]卓南生：《东亚新闻事业论》(简体字版)

③程曼丽：《〈蜜蜂华报〉研究》(简体字版)

④《北大新闻史论青年论衡》

⑤《北大新闻学研究会复会新篇章》

⑥《北大新闻学茶座精编 1》

⑦《北大新闻学茶座精编 2》

⑧ [新]卓南生：《中国近代报业发展史 1815~1874》(增订新版)

⑨阳美燕：《日本在华首家政论报纸〈汉报〉(1896~1900)研究》

⑩李杰琼：《半殖民主义语境中的“断裂”报格：北方小型报先驱〈实报〉与报人管翼贤》